땅의 문명

Civilization of the Land

땅의 문명

Civilization of the Land

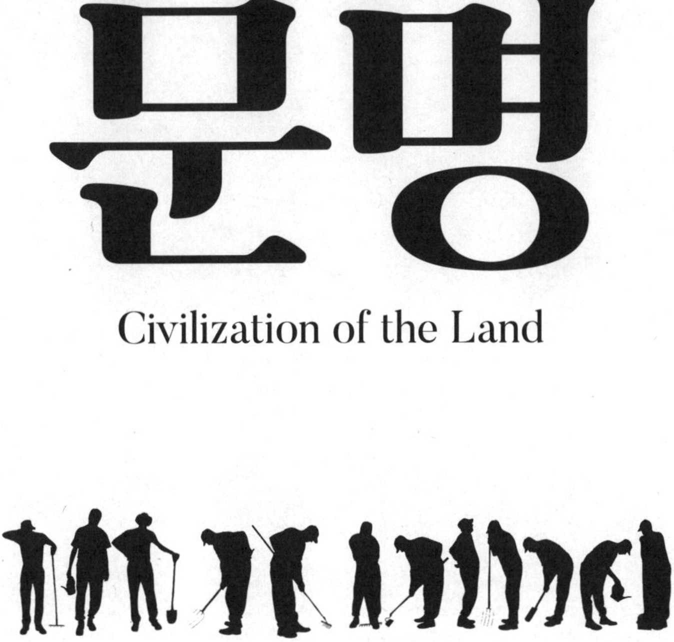

남영우 지음

문학사상

■ **일러두기**

영어 및 한자 병기는 본문 안에 고딕 서체의 작은 글씨로 처리하였습니다. 인명 및 지명은 국립국어원의 외래어 표기법에 따라 표기하였으며, 규정에 없는 경우는 현지음에 가깝게 표기하였습니다.

나에게 문명론의 영감을 준 스트라본, 비달, 구루,
로버츠, 레드먼, 다이아몬드 등의 선학들과 스승,
그리고 나의 사랑하는 손녀 하린과 같은
미래세대에게 이 책을 바친다.

| 책머리에 |

문명사를 규명하기 위한 나의 답사는 주로 대학이 방학에 들어가는 여름철과 겨울철에 이루어졌다. 나는 처음부터 문명의 창출 메커니즘을 규명하고자 한 것은 아니었다. 고대도시가 어떤 장소에 형성되는가에 대해 관심을 갖고 세계 각지의 이곳저곳을 답사했다. 답사 횟수가 반복되고 그에 따른 연구가 축적되면서 연구의 초점이 분명해지기 시작했다.

해외의 고대도시를 답사하면서 "왜 이곳에 도시가 생겼을까?"라는 의문은 "왜 문명은 도시에서 만들어졌을까?"라는 의문으로 이어졌다. 모두 엇비슷해 보이는 땅인데, 어떤 땅에는 문명이 꽃피었고, 또 어떤 땅에는 그렇지 못했는지 의문이 생기기 시작한 것이다. 세계적 석학들의 선행 연구를 읽어보아도 명쾌한 해답을 찾을 수 없었다. 땅에 관한 문제라면 당연히 나와 같은 지리학자가 풀어야 할 과제라 생각했다.

121개국을 노비자로 다닐 수 있을 만큼 한국의 위상이 높아졌지만, 내가 가고 싶은 나라 중 많은 나라가 여행금지국가로 지정되거나 특별여행경보가 발령된 국가들이었다. 각지에서 분쟁으로 인한 테러들도 나의 답사를 가로막았다. 시리아 · 예멘 · 이라크 · 아프가니스탄 · 파키스탄 등이 그 예였다. 불행 중 다행히도 메소포타미아의 중심국인 이라크는 미군이 침공하기 전에 다녀올 수 있었다.

문화는, 그리고 문명은 어떤 과정을 거쳐 형성되는가? 어떻게 생긴 땅에서 문명이 창출되었는가? 이 명제는 비록 나뿐만 아니라 독자들도 궁금할 것이다. 독일의 벤츠와 미국의 포드 자동차를 사례로 설명해보겠다.

기계공학을 전공한 카를 벤츠는 시간이 날 때마다 연구를 거듭한 끝에 1886년 1월 29일 마침내 인류의 역사를 바꿔놓은 놀라운 발명품을 만드는 데 성공했다. 그러나 말이 끌지도 않는데 혼자서 털털거리며 이동하는 새로운 교통수단에 사람들은 좀처럼 마음과 지갑을 열지 않았다. 때문에 예상보다 판매량이 많지 않았다. 카를의 아내 베르타는 세상 사람들에게 여자 혼자서도 장거리 여행을 할 수 있다는 사실을 보여주면 자동차가 얼마나 대단한 발명품인지 알 수 있을 거라 생각했다. 그녀는 만하임에서 남쪽으로 100킬로미터 떨어진 포르츠하임의 어머니 집까지 자동차를 몰고 가기로 했다. 하이델베르크를 거쳐 비슬로흐에 도착하자 자동차의 연료가 떨어졌다. 그녀는 가까운 약국으로 달려가 석유 용제의 일종인 리그로인을 구입해 자동차에 주입했다. 이 약국은 '세계 최초의 주유소'라는 타이틀을 달고 지금도 영업을 계속하고 있다.

미국에서도 농장주의 장남으로 태어난 헨리 포드가 벤츠와 같은 시기에 자동차를 발명했다. 유럽과 미국에서 자동차를 이용하는 사람이 늘어나자 종래의 마차도로를 대신하여 각지에 자동차도로가 건설되었고, 곳곳에 신호등과 주유소가 설치되었다. 자동차 속도가 빨라지면서 교통사고가 발생함에 따라 많은 병원과 교통경찰이 필요하게 되었고, 교통사고에 대비한 보험회사와 자동차 수리점이 생겨났다. 자동차에 소요되는 에너지 수요가 커지자 유전 발굴이 활성화되었다. 또한 자동차의 보급이 늘어나자 생산 체제와 경영 방식에도 변화가 일어났으며 면허증 제도가 생기고 사람들의 움직임이 빨라져 각 산업의 생산량이 증가했다. 이에 따라 공장 · 회사 · 병원 · 관청 등에서 근로자 · 회사원 · 의사 · 공무원 등의 고용이 늘어나 도시가 성장할 수 있게 되었다.

우리가 벤츠와 포드의 사례에서 목격할 수 있는 것은 무엇일까? 그것은 제도와 인프라가 갖춰진 땅에서 새로운 문명이 창출되었다는 사실이다.

이 책은 전문학술서가 아니라 일반 독자들을 위해 집필되었다. 문명의 지리학적 속성에 초점을 맞춰 설명한 서적은 많지 않다. 특히 문명의 창출 메커니즘을 땅의 생김새인 '지절肢節'이라는 개념을 빌려 설명한 책은 없을 것이다. 독자들은 지금까지 역사학이나 문화인류학 또는 국제정치학 분야에서 접근한 문명론을 접해보았을 것이므로, 지리학적 관점에서 본 문명론이 다소 생소하게 느껴질지도 모르겠다.

일본이 패전한 후 맥아더 연합군 사령관이 일본의 모든 학교에서 지리 과목을 가르치지 못하게 한 사실을 아는 사람은 많지 않을 것이다. 1945년 12월 31일에 연합국 최고사령부로부터 하나의 지령이 내려졌다. 그것은 일본의 초중등교육에서 지력교육地歷教育을 폐지하라는 내용이었다. 왜 맥아더는 일본의 학교에서 지리 과목을 가르치지 못하게 했을까? 그것은 맥아더가 지리학의 중요성을 누구보다 잘 알고 있었기 때문이다. 그는 지리교육이 애국심을 고취시키고 국가관을 갖게 만드는 데에 있어서 필수적이라고 생각했다.

최근 우리가 일제의 만행에 대한 일본 교과서 왜곡을 우려하는 것 또한 같은 맥락이다. 이러한 맥아더의 교육정책에 대하여 일본의 지식인들은 경악을 금치 못했다. 그들은 일본의 청소년들이 지리학을 배우지 못하면 '나무를 보고 숲을 보지 못하는' 대국관大局觀의 결여를 우려한 것이다. 지리적 사고와 활용은 지구가 직면하고 있는 환경문제와 세계관의 형성에 지대한 영향을 미치는 것이 사실이다. 일본의 지성들은 지리 역사적 지식은 과거의 상황은 물론 인간의 생각과 행동의 경위를 올바르게 인식하고 추론할 수 있게 만들어준다고 생각했다. 따라서 오늘날 일본 지성들 역시 연합국 최고사령부가 왜 지리교육을 금지하지 않으면 안 되었는지 곱씹어 보면서 반성해야 할 것이다.

인류의 문명은 창출되고 소멸되는 과정을 약 6천 년간 반복해왔다. 그 배경에는 약육강식의 야만과 문명이 뒤섞여 있었다. 그러므로 나는 문명의 이전 단계를 야만 혹은 미개라 부르고 싶지 않다. 인류는 오늘날에도 새로운 문명을 창출하기 위해 노력하고 있다. 그것을 위해서는 역사를 돌이켜보고, 역사를 만들었던 인류를 생각하며, 마지막으로 인류가 살았던, 또 장차 살아갈 땅을 생각해야 할 것이다.

처칠은 역사를 잊은 민족에게는 미래가 없다고 했다. 지구촌에 살고 있는 우리들은 자신만의 역사가 아닌 인류 모두의 역사를 알아야 한다. 역사란 땅속의 지층과 같아서, 신생대를 이해하기 위해서는 중생대를, 중생대를 이해하기 위해서는 고생대를 알아야 하는 것처럼 어제를 통해 오늘을 이해해야 한다. 어느 시기에 어떤 지각변동에 의해 카타스트로피 습적 변화가 있었는지 지층의 습곡과 단층을 통해 파악할 수 있다. 역사 또한 마찬가지일 것이다.

지역에 따라 인류의 역사가 다르고 문명의 콘텐츠가 다른 것은 그 땅에 살던 인간 때문이 아니라 땅의 차이에서 비롯된 것이다. 그와 같은 문명적 차이가 생물학적 차이가 아닌 지리적 차이에 의해 달라졌다는 사실은 여러 연구가들에 의해 조금씩 밝혀져 왔지만, 구체적으로 어떤 메커니즘이 작용한 결과인지 명쾌하게 규명된 바 없다. 문명이 땅 위에서 생겨난 것이라면 역사와 문명의 차이가 땅에서 비롯된 것임은 당연할 텐데도 말이다.

이 책에서는 독자들의 이해를 돕고 현장감을 살리기 위해 많은 사진과 지도를 실었으며, 더 전문적 지식을 필요로 하는 독자들을 위해 참고문헌을 수록하였다. 또한 중요하다고 생각되는 지명 및 인명은 원어와 한자를 병기해놓았다. 관련 문헌 중 내가 소장하고 있지 않은 많은 문헌들을 고려대학교 포털 사이트를 통해 접할 수 있었고, 50여 개국에 걸친 해외답사도 고려대학교 연구비의 도움을 받았다. 그러므로 이 책을 발간함에 있어 가장 먼저 고려대학교에 감사한 마음을 전한다.

쾌적한 연구실을 마련하여 집필에 몰두할 수 있게 해준 한문희 박사께 고마움을 표하며, 학문의 눈을 뜨게 해준 은사님들께 감사의 뜻을 표한다. 그리고 문명론의 저술을 독려해준 이경택 박사를 위시해 자료 정리를 도와준 손승호 박사, 장성민 군, 석학이 되어 달라며 토인비 저서를 선물한 제자 임태연 군, 일본문헌을 보내준 기타다 박사께 심심한 감사를 표한다. 그 외에도 일일이 거명할 수 없을 정도로 수많은 제자들과 동료학자들로부터 많은 도움을 받았다. 모두에게 고마운 마음을 전한다.

마지막으로 항암 치료를 받는 나를 보살피고 지켜준 사랑하는 내 가족에게 이 모든 영광을 돌린다.

노블레스타워 연구실에서

남영우

차례

책머리에 · 7

제1장 _ 문명이 창출되는 땅은? 17

잘생긴 땅이란? 17

문명이란? 28

역사는 지리의 포로인가? 34

문명 발생의 메커니즘: 지리에서 해답을 찾다 46

문명은 움직이는 유기체 61

씨줄의 문명과 0.005%의 기적 73

구대륙의 한가운데 땅에서 시작된 문명

제2장 _ 문명의 발생지 퍼타일 크레슨트 101

문명의 씨앗을 뿌린 메소포타미아 남쪽 땅 수메르 101

수메르 북쪽 땅 아시리아와 아카드 132

가나안은 젖과 꿀이 흐르는 땅인가? 146

문명 창출에 기여한 유목민 166

디아스포라의 땅 이스라엘 172

3대 종교의 성지 예루살렘 181

'왕의 대로'를 따라서 191

페니키아문명을 창출한 레반트 땅 199

제3장 _ 메소포타미아를 넘어 205

차탈회위크는 인류 최초의 도시인가? 205
인도 · 유럽어족의 민족 대이동 222
페르시아문명의 모태가 된 엘람문명 227
제철 기술의 위력을 보여준 히타이트 제국 233
나일강에서 비롯된 이집트문명 237
메소포타미아문명과 인더스문명 간의 관계는? 251
인더스문명에서 갠지스문명으로 261
버려진 땅의 잊힌 문명 아라비아 펠릭스 274
아프리카 대륙은 왜 문명 중심으로부터 빗겨갔나? 285

서진을 시작한 에게문명과 지중해문명

제4장 _ 유럽문명의 기초가 된 그리스문명 295

징검다리 역할을 한 크레타문명: 에게문명의 서막 295
펠로폰네소스반도의 미케네문명: 그리스문명의 서막 302
폴리스의 성립과 다양한 국가체제 305
유럽문명의 꽃이 된 그리스의 사상과 철학 339
알렉산더 대왕의 동방 원정과 헬레니즘 시대의 도래 353
동서축의 자극磁極이 된 파르티아와 카르타고 375

차례

제5장 _ 지중해 세계를 형성한 로마문명 383

에게해에서 지중해로 383
공화정의 쇠퇴와 로마 제국의 탄생 392
높은 지절률을 갖게 된 로마 영토 399
고도의 물질문명을 향유한 로마의 도시 생활 407
시간이 멈춰진 폼페이에서 로마인의 생활을 보다 415
예수의 등장과 기독교의 성립 430
로마 제국의 분열과 서로마 제국의 붕괴 441
서쪽 땅에 등장한 프랑크족 453

유라시아 대륙 끝을 향한 유럽문명과 태평양을 향한 아메리카문명

제6장 _ 중세 유럽문명의 개막 461

돌의 문명, 나무의 문명, 평원의 문명을 형성한 유럽 461
어둠은 빛을 이길 수 없다 464
베네치아의 '게토'를 통해 중세 유럽을 보다 478
시대의 흐름을 간과한 중세의 지상낙원 두브로브니크 491
한자문명의 요충지 브뤼헤 505
이슬람 세력의 확장과 십자군전쟁의 영향 511
동서양 교류를 촉진한 몽골 침략 523

제7장 _ 유라시아 대륙 끝의 유럽문명 535

콜럼버스 시대: 근대 유럽의 개막 535

땅끝이 땅의 시작이다 540
프랑스대혁명과 유럽을 넘본 나폴레옹의 야망 557
유럽 정치 지도의 고착화 567
오스만 제국의 쇠퇴와 화약고가 된 발칸반도 574
세계를 뒤흔든 유럽의 제국주의 580
문명 발달의 동력이 된 산업혁명 591

제8장 _ 사멸한 신대륙문명과 팍스 아메리카나의 미국문명 599

스페인 제국 콩키스타도르의 '옥수수문명권' 정복 599
신神들의 장소에 탄생한 테오티우아칸문명 604
지절을 이룬 아즈텍문명과 마야문명 614
마야문명의 루반툰에 신전을 세운 이유는? 624
서부 개척사로 상징되는 미국문명의 서진 631
미국을 하나로 통합한 요인과 미국문명의 속성 658

제9장 _ 태평양 시대의 문명의 중심은? 671

문명 서진의 스키마 671
문명 간의 갈등 691
주목받는 아시아의 가치 699
한 · 중 · 일 3국의 관계 723

참고문헌 736
그림 자료 출처 763

제1장

문명이 창출되는 땅은?

잘생긴 땅이란?

삼라만상에 존재하는 모든 것에는 아름다운 것과 추한 것이 있듯이 땅에도 잘생긴 땅과 못생긴 땅이 있다. 지금까지 인류는 아무 땅에서나 살지 않았다. 한민족이 그랬던 것처럼 그들 나름대로 살기에 적합한 땅을 골라 살았다. 신석기 시대의 사회가 모든 땅에서 동일한 시기에 동일한 수준의 기술과 지혜가 보급된 것은 아니었다. 어떤 땅에는 신석기 시대가 빨리 찾아왔고, 또 어떤 땅에는 뒤늦게 찾아왔다. 같은 시기인데도 마제석기와 토기 제작법을 발명한 사회가 있었는가 하면, 이미 가축화와 작물화를 시작한 사회도 있었다. 문자가 출현해 문명이 진보하는 단계도 천차만별이었다. 또 문명의 발생 조짐이 전혀 없는 땅도 많았다.

왜 이러한 지역적 차이가 발생했을까? 그것을 규명하기 위해 위에서 언급한 잘생긴 땅과 못생긴 땅의 이야기로 돌아가 보자. 잘생긴 사람의 경우 몸매와 얼굴이 아름답게 보이려면 패션모델처럼 앞모습과 옆모습

비율이 잘 맞아야 하고 곡선이 아름다워야 하는 것처럼, 땅도 아름다움을 갖추기 위해서는 평면 형태와 입면 형태의 비율과 곡선이 아름다운 조화를 이뤄야 한다. 바로 이 점이 내가 이 책에서 시종일관 주장하려는 논점이다. 잘생긴 패션모델은 어떤 의상을 걸쳐도 멋있게 보이기 때문에 많은 사람들의 부러움을 산다. 땅도 이와 같아서 잘생긴 땅에서는 걸출한 문화와 문명이 생겨났다.

역사적으로 인류의 문명이 도시에서 창출되었다는 점은 이론의 여지가 없을 것이다. 서남아시아의 퍼타일 크레슨트Fertile Crescent 가운데 특히 메소포타미아에서 가장 일찍 고대도시가 형성되었으니 문명의 역사는 도시의 역사라 할 수 있는 약 5,500년 전으로 거슬러 올라간다. 이러한 사실은 많은 학자들이 수많은 연구에 의해 도출한 결론이다. 아리스토텔레스에 비견되고 이슬람의 석학으로 손꼽히는 이븐할둔은 라코스테(Lacoste, 1981)가 번역한 그의 저서《역사서설》에서 인간은 사회적 결합이 없이는 살아갈 수 없는 존재라 규정했다. 그리고 사회적 결합이 이루어진 곳은 궁극적으로 도시polis라 부르는 땅이며, 문명이란 단어 역시 동일한 개념을 지니고 있음을 지적하면서 도시와 문명을 동일시할 수 있음을 언급한 바 있다. 잘생긴 땅에서 고대도시가 형성되었다고 볼 수 있으므로, 찬란한 문명을 창출한 고대도시가 형성된 땅의 이치를 살피는 일은 잘생긴 땅을 찾는 것에 다름 아니다.

오늘날의 지구 모습이 만들어진 것은 지금으로부터 약 1만 년 전의 일이다. 지구의 지형 골격을 이루는 대륙과 해안선, 주요 산맥과 하천은 마지막 빙하기가 끝난 이후의 자연경관이므로 현재의 모습과 별 차이가 없다. 다만 하천들이 유로流路를 변경했거나 해안선이 조금 달라졌을 정도일 것이다. 그 이전의 수십만 년과 비교하면 이 1만 년은 기후가 안정되었고, 이로 인해 자연 대신에 인간들이 지구에 변화를 일으키는 시대로 돌입하게 되었다. 기나긴 선사 시대에 비하면 문명이 발생한 기원전 3500년부터 기원전 500년에 걸친 약 3,000년이란 세월은 인류가 직립 보행을 시작한 700만 년에 비하면 일순간에 불과한 것이다.

땅은 문명을 만드는 자궁인 동시에 문명을 담는 그릇이다. 그런데 어떤 땅은 문명을 잉태했고, 또 어떤 땅은 그렇지 못한 불임의 상태였다. 그것은 이미 언급한 것처럼 땅의 생김새와 관련이 있기 때문이다. 그것이 바로 문명 창출의 메커니즘인 것이다. 나는 땅의 생김새를 거론하면서 잘생긴 땅이라 함은 문명이 발생할 수 있는 땅이라는 담론을 제시했다. 땅의 생김새는 지형적으로 설명할 수 있는데, 평면적으로 볼 때 해안선의 만입 상태가 풍부해 드나드는 것이 복잡한 지형과, 단면적으로 볼 때 평지와 산악의 굴곡이 다양한 지형으로 가늠할 수 있다. 이것을 '지절肢節'이라 부르는데, 이 용어는《조선왕조실록》에도 수록되어 있고 일제강점기 종교사상가이며 지리학자인 김교신(1927)이 그의 논설집 중 〈조선지리 소고〉에서 사용한 적이 있으므로 내가 고안한 용어는 아니다. 다만 나는 지형적 다양함과 복잡함의 정도를 의미하는 '지절률sinuosity ratio'이란 용어를 사용하려 한다.

평면적으로 본 지형적 다양성을 수평지절이라 부르고, 입면 형태의 그것을 수직지절이라 구별했다. 따라서 수평지절은 대륙으로부터 돌출한 반도와 해안의 만입이나 하천의 출입 상태를 뜻하며, 수직지절은 단면으로 본 지표면의 기복 상태를 가리킨다. 그림 1-1에서 보는 것처럼 직선에 가까운 A의 지절률(S_A)을 1.0이라 한다면, 그보다 굽이치는 정도에 따라 B의 지절률(S_B)은 1.5, C의 지절률(S_C)은 2.0, D의 지절률(S_D)은 3.0의 순으로 높아진다. 결국 지절률이 높을수록 복잡한 형태로 다양성을 띠게 된다.

곡선 B의 곡률도가 1.5 이상이면 지절률이 높은 편이라고 할 수 있다.

그림 1-1 지절률의 개념

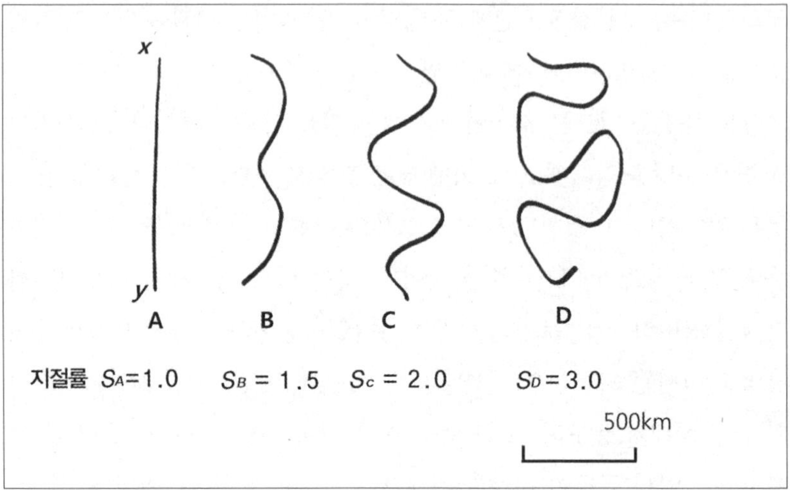

이 그림에서 주목해야 할 점은 그림 하단부에 표시된 스케일의 축척에 있다. A의 길이 x와 y 간의 실제 거리가 1,000킬로미터라는 점에 유의해야 한다. 다시 말해서 여기서 말하는 지절률은 김교신이 설명한 것과 같은 국지적 스케일이 아닌 대륙적 스케일에서의 지절을 의미하는 것이다. 그러므로 곡선 D의 3.0은 3,000킬로미터가 되는 셈이다. 여기서는 주로 국지적 스케일이 아닌 대륙적 스케일의 경우만을 대상으로 언급하려고 한다.

내가 제시한 지절의 개념은 대륙적 스케일에서 볼 경우를 의미하지만, 국지적 스케일에서 볼 경우에도 지절률이 높은 지역에서 문화가 창출됨은 물론이다. 이처럼 개념은 동일하지만 공간적 스케일이 다를 경우 적용되는 것이 프랙털 이론fractal theory이다. '프랙털'은 일부 작은 조각이 전체와 비슷한 기하학적 형태를 취하는 것을 가리킨다. 이런 특징을 자기유사성이라고 하는데, 이 특징을 갖는 기하학적 구조를 프랙털 구조라

하며 동일한 구조는 동일한 기능을 갖게 된다. 가령 메소포타미아의 하천은 나일강과 모습이 전체적으로 비슷하고, 어느 지역에서나 강의 국지적 모습 역시 유사한 형태를 지닌다. 이런 경우 부분적인 지류와 전체적인 강줄기의 모습은 유사하다고 볼 수 있다. 하천의 원류가 각각 터키의 아르메니아고원과 에티오피아의 아비시니아고원인 점도 매우 유사하다. 이들 하천은 많은 비가 내려 흘러가면서 곳곳에 분기점을 형성했다. 이 하나하나가 작은 강이 되어 큰 줄기로 만났다가 다시 작은 줄기로 뻗어나가는 형태를 반복한다. 다만 그들 하천은 남쪽으로 흐르는가, 북쪽으로 흐르는가의 차이점만 있을 뿐이다.

원래 프랙털 기하학은 동형이종同形異種이라 표현될 수 있는 프랙털의 성질을 연구하는 수학 분야에서 고안된 것이지만, 풍수지리와 같은 분야에서도 적용된다. 지리적으로도 곳곳에서 프랙털 구조가 자주 발견되며, 해안선 및 기복 등의 지형이 여기에 해당하므로 수직지절과 수평지절 모두에 프랙털 이론이 적용될 수 있다.

그림 1-2 지절률의 도식적 표현

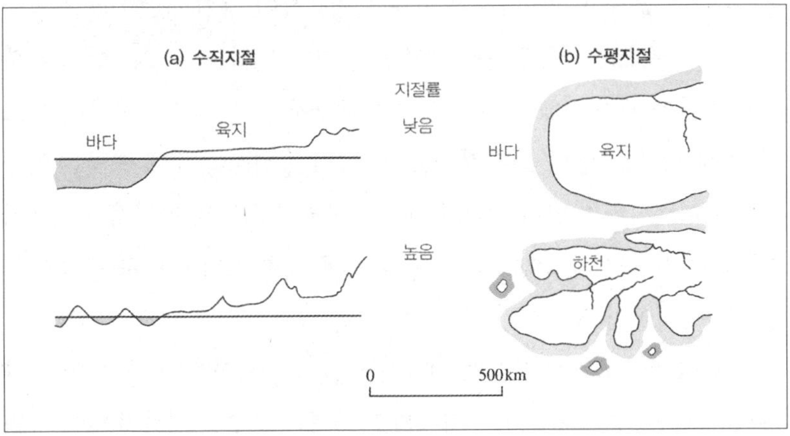

그림 1-2의 (a)에서 보는 것처럼 수직지절은 육지의 가장 높은 지점으로부터 바다의 가장 깊은 곳까지를 단면도로 그렸을 때 땅의 기복을 나타내는 지절의 상태를 의미한다. 이 기복은 해수면을 기준으로 한 해발고도와 상대적 고도 차이의 비고比高를 포함한다. 대륙별로 보면 유럽과 아시아 대륙의 기복차가 다양하며 높고, 아프리카와 오스트레일리아 대륙의 수직지절이 상대적으로 단조로워 낮은 편이다. 그리고 수평지절은 그림 1-2의 (b)에서와 같이 대륙별 대축척지도를 보면 해안선의 만입에 따른 굴곡의 정도를 쉽게 이해할 수 있다. 여기에 추가적으로 섬이 있거나 배가 다닐 수 있는 가항하천可航河川이 있으면 지절률은 더 높아진다. 결국 지절이란 수직지절이든 수평지절이든 지형의 단순성과 복잡성을 뜻하는 것이다.

지리학자인 다이아몬드(Diamond, 1997)는 그의 저서《총, 균, 쇠》에서 지절률이란 용어를 적시해서 사용하지 않았지만, 인류의 문명사가 서남아시아의 퍼타일 크레슨트에서 아시아 쪽으로 동진하지 못하고 에게해와 그리스의 유럽 쪽으로 서진한 이유를 지절의 상태에서 찾았다. 즉, 메소포타미아 서쪽인 지중해 동부의 에게해와 그리스 일대의 지절률은 높은 데 비해 동쪽인 중앙아시아 일대는 지절률이 낮기 때문이라는 것이다. 다이아몬드는 중국은 통일되어 있을 때가 많았고 유럽은 언제나 분열되어 있을 때가 많았던 것은 땅의 생김새에 의한 것임을 지적했다. 그는 세계문명사에서 중국이 정치적 · 기술적 우위를 유럽에 빼앗긴 일을 제대로 이해하려면 먼저 중국의 만성적 통일과 유럽의 만성적 분열부터 이해해야 할 것이라고 강조했다. 이 문제에 대한 해답은 바로 지절의 문제로 설명되어야 할 것이다.

유럽 대륙의 해안선은 섬에 버금갈 만큼 고립되어 있는 큰 반도가 다섯 개나 있어 매우 복잡하며, 각각의 반도에는 모두 독립적인 언어와 민족 집단과 정부가 들어섰다. 다섯 개의 반도는 이탈리아 · 이베리아 · 덴마크 · 노르웨이 · 스웨덴을 가리킨다. 여기에 발칸반도로 이어지는 펠로폰네소스반도를 합치면 모두 여섯 개의 반도가 있는 셈이다. 반면에 중앙아시아는 대부분 내륙이며, 중국의 해안선은 유럽에 비해 훨씬 단조로워 별개의 중요성을 갖게 된 곳은 랴오둥 및 산둥반도밖에 없다. 동아시아 지도에서 한반도를 바다라 가정해보면 쉽게 이해할 수 있을 것이다. 다시 말해서 중국 대륙에서 한반도와 랴오둥반도가 없다면, 또 산둥반도도 없다면 해안선이 얼마나 단조로웠을 것인가. 이와는 달리 유럽은 알프스의 높은 산맥과 여러 반도들에 의해 생긴 해안의 만입 때문에 언어 · 민족 · 정치 등의 측면에서 각각 독립적인 단위들로 조각조각 나뉘어졌다. 유럽 대륙의 총 면적은 약 35%가 반도와 섬으로 구성되어 있는데 비해 중국은 그렇지 않다.

기원전 221년 마침내 중국이 통일되자 그때부터 중국에서는 다른 독립국가가 창건되어도 오래 버티지 못했다. 물론 그 이후에도 몇 차례에 걸친 분열 시대가 있었지만 언제나 통일로 마감되었다. 그러나 유럽의 경우, 나폴레옹이나 히틀러와 같은 강력한 정복자들의 노력에도 불구하고 통일되지 않았다. 심지어는 절정기에 있던 로마 제국조차도 유럽 면적의 절반 이상을 지배하지 못했다. 이와 같은 사실이 중국에 비해 유럽 문명이 세계사에서 우월적 위치를 차지하고 문명사적으로 주류를 이루는 이유가 되었다.

수평지절과 달리 수직지절 역시 문명의 발생 메커니즘을 분석하는 데 매우 중요하다. 미국의 고고학자 레드먼(Redman, 1978)은 그의 저서 《문명의 발생》에서 문명이 처음 발생한 오리엔트 땅의 환경을 8개 지대로 분류한 바 있다. 그는 비록 다이아몬드와 마찬가지로 지절이란 용어를 사용하지 않았지만, 북쪽의 흑해로부터 남쪽의 페르시아만에 이르는 단면도를 작성하여 8개의 상이한 환경지대가 존재하고 있음을 지적했다. 그것은 해안평야 · 충적평야 · 산록지대 · 반半건조 고원지대 · 구릉 및 계곡지대 · 산악지대 · 저지대 · 사막지대의 8개 유형이다. 이보다 더 세분할 수도 있겠지만, 대체로 이 정도로 구분하면 어느 정도는 각각의 동질성을 담보할 수 있을 것이다.

레드먼은 이들 각각의 환경지대들이 지닌 생태학적 가치에 주목하면서도 각 유형에 따른 문화적 이질성에 대해 깊은 분석을 하지 않았지만, 지대별로 각기 다른 기후 · 식생 · 자원 등의 환경하에서 상이한 문화가 형성되었을 것이라는 의미를 함축하고 있다. 이들 문화는 상호 교류를 하면서 더 발전해 문명을 창출할 수 있는 조성 단위로 작용했을 것이다. 다시 말해서 다양한 지대를 하나의 총체로 묶으면 그것이 '지절'이 되는 것이다. 그러므로 지절은 다양성과 융합성을 담보하는 개념이라고 보아야 한다.

프랑스 식민지였던 튀니지에서 태어난 프랑스 지리학자 구루(Gourou, 1948)는 유년 시절부터 지도 보기를 좋아해 지도 속에서 세계 여행을 하면서 해안선과 섬의 형태에 주목했다. 그는 인문지리학이 경관의 인문적 요소와 경관 전체를 연구 대상으로 함에 있어 경관의 자연적 틀 속에서 파악하지 않으면 어떤 의의와 정당성도 인정받을 수 없음을 지적했다. 인문경관은 장소마다 차이가 있으며, 각각의 인문경관은 자연적 요소와 인문적 요소가 결합해 전체를 형상화한다. 그뿐만 아니라 지리학의 본질은 경관의 다양성과 지리적 통일이라는 이중적 인식 속에서 찾을 수 있다. 구루는 다음과 같은 사례를 들면서 자연과 인간과의 관계에서 환경결정론에 매몰될 위험성을 지적했다.

기후와 인종별 형질을 논할 경우, 흑인종은 고온다습한 기후 때문에 피부색이 검어졌고, 몽골 인종의 눈이 가는 것은 눈보라와 티끌로부터 눈을 보호하기 위함이고, 셈족이 돼지고기를 먹지 않는 것은 아열대기후에서는 부패하기 쉽기 때문이며, 열대 다우 지역의 주민이 노동의욕이 결핍된 것은 기후 때문이라는 점이다. 그리고 지형과 인간과의 관계를 논할 경우, 산악 민족은 자유를 사랑하고, 델타지대의 주민은 전제주의에 익숙하며, 사막의 유목민은 일신교를 믿는다는 점이다. 또한 기후와 건축물의 관계를 설명할 경우, 북유럽의 짙은 안개는 고딕 양식을 낳고, 민가의 지붕 경사는 강수량이나 적설량에 비례한다는 점이다. 이와 같은 결정론적 해석은 근거가 있는 내용이지만, 인과관계를 설명하지 못하는 경우도 많다. 그럼에도 불구하고 우리는 여전히 자연환경이 인간을 결정짓는다는 환상을 무의식중에 갖고 있다.

그런 까닭에 구루는 경관의 설명 원리에 관하여 '자연적 요소', '문명', '인문적 요소'라는 세 가지 항목을 검토해야 한다고 지적했다. 자연환경은 인간으로부터 독립한 객관적 존재가 아니며, 인간은 항시 자연을 고려한다는 것이다. 즉, 자연환경은 각 인간 집단이 지닌 문명에 따라 그 중요성이 달라진다는 것이다. 그러므로 인문경관을 설명하기 위해서는 자연과 인간의 직접적 관계보다도 양자를 관계시키는 매개 항으로서 반드시 문명을 포함시켜야 한다.

미국의 해군제독 출신으로 전략지정학자이자 전쟁사학자인 머핸(Mahan, 1980)은《해양세력이 역사에 미치는 영향》이란 저서에서 역사적으로 해양세력이 갖춰야 할 필요조건으로 긴 해안선과 적당한 항만이 있어야 하고, 지리적으로 혜택받은 땅을 보유해야 한다는 점을 지적한 바 있다. 19세기 미군의 전략에서 가장 중요한 인물로 꼽히는 그는 비록 지절이란 용어를 사용하지는 않았지만, 카르타고와 로마를 비롯해 베네치아 · 네덜란드 · 영국 등의 사례를 인용하여 역사적으로 지절률이 높은 땅을 보유해야 해양세력이 생겨날 수 있음을 역설했다. 이와 같은 주장은 군사적 측면에서뿐만 아니라 문명사적 측면에서도 수긍할 수 있는 내용임을 직감할 수 있게 해준다.

고대도시를 연구한 애덤스(Adams, 1966)는 주민 간의 상호작용에 의해 변화하는 사회적 과정 속에서 도시가 등장한다고 지적했다. 하지만 우리는 각 주민 간의 문화적 속성은 각기 다른 환경적 배경하에 형성된 것임을 유념할 필요가 있다. 또한 레드먼이 강조한 것처럼 문명은 공동체의 규모와 복잡성에서 누적적이며 지속적인 성장 과정의 결과물이므로, 지절률이 낮은 지역에 예외적으로 문명이 발생하더라도 그것은 곧 소멸되거나 장기간 지속되기 어렵다.

우리는 이상에서 설명한 내용으로부터 문명사의 흐름이 땅의 비교우위comparative advantage에 따른다는 사실을 간파할 수 있다. 문명의 흐름, 즉 확산과 이동은 시대에 따라 속도를 달리했다. 시대가 경과함에 따라 그 속도가 빨라지고 있다는 말이다. 오늘날은 과거에 비해 상대적으로 변화하는 속도가 격심해졌다. 역사적으로 볼 때 어림잡아 현대사의 1년은 구한말의 10년, 고려 시대의 100년에 해당될지도 모르겠다.

인류문명은 오래전부터 내려온 지혜와 기술의 축적 위에 성립하여 다양한 변화를 거듭하면서 급속히 발전하기 시작했다. 여기에 인간의 지능, 기술, 사회조직, 부의 축적, 인구 증가 등이 더해져 여러 측면에서의 진보 속도가 가속화되었다.

우리들은 흔히 중세 유럽을 암흑기라 부르는데, 중세사를 연구하는 학자들 가운데는 이에 대해 반론을 제기하는 사람들이 많다. 그것은 오늘날의 급속한 변화 속도에 기준을 두고 내린 평가라는 것이다. 그들은 석기 시대의 변화 속도에 비하면 중세의 그것은 상대적으로 매우 빨랐다고 강조한다. 그럼에도 불구하고 중세 유럽의 진보 속도는 매우 완만했던 것 또한 사실이다. 시대의 움직임을 변화의 속도를 염두에 두고 이해하는 것은 역사학 분야뿐만 아니라 모든 분야의 연구자들에게는 대단히 중요한 일이다. 더 나아가 과거와 현재를 바탕으로 미래도 예측할 수 있을 것이다. 역사는 지구상에서 전개된 인류의 행동을 기록한 것이라고 할 수 있으므로 미래학 역시 존재할 수 있다.

이와 같은 역사적 사실은 릴과 윌슨(Rill and Wilson, 1992)이 주장한 것처럼 수학을 이용해 공간적인 패턴과 과정에 대한 해석으로 설명이 가능하다. 이것은 앞에서 언급한 것처럼 인문 현상의 발생 이유를 사후 추정postdiction 또는 예측prediction하거나 공간적 질서를 규명하는 작업이라고도 할 수 있다. 즉, 현재의 공간적 패턴을 알면 그와 같은 패턴이 도출된 과정을 알 수 있다는 것이다. 문명을 하나의 구조이면서 과정이라 정의한 정수일(2009)은 그의 저서《문명담론과 문명교류》에서 과정이란 시공간적인 부단한 변화와 이동을 말하며, 그 속에서 문명 간의 만남과 교류가 이루어져 결국 문명 간에는 상관성과 융합 등의 공통분모가 발생하게 된다고 주장했다.

문명은 도시에서 발생하므로 도시의 공간적 분포 패턴과 공간적 과정을 알면 문명의 공간적 범위와 확산 과정을 파악할 수 있다. 가령 현재의 도시 분포를 통해 그 분포 패턴이 형성된 지리적 과정을 유추할 경우, 일단 그것들의 분포와 확산 법칙을 확립하여 그것을 수식화하면 수학적 예측이 가능해진다.

인류의 역사는 공간상에 전개된 인간 행동의 기록이라 할 수 있다. 문명의 전파를 예로 든다면, 밀의 작물화作物化는 서남아시아에서 시작되었는데, 그것이 유럽 전역에 전파되기 위해서는 대략 1,000km당 1,000년이 소요되므로 총 3,000년 가까이 걸린 것으로 추정된다(그림 1-8 참조). 또 구석기 시대의 어떤 도구가 전파되기 위해서 걸리는 시간도 그와 유사하다.

문명이란?

'문명'이란 단어가 생긴 시기는 고대 그리스로 소급되지만, 일상적으로 사용되기 시작한 것은 18세기 후반 스코틀랜드의 보즈웰(Boswell, 1791)이 미개barbarity의 반대 개념으로 문명civilization을 상정한 것에서 비롯되었다. 문명의 메커니즘을 설명하기 위해서는 인구 규모, 농업 생산, 취락 간 이동 거리, 육상 및 해양 수송 등을 염두에 두고 생각해야 한다.

나는 문화와 문명을 엄격히 구분하지 않고 혼용하여 기술하고 있는데, 보즈먼(Bozeman, 1975) 역시 《스트레스하下의 문명》에서 문화와 문명의 개념을 구태여 구분할 필요가 없다고 주장했다. 이러한 주장은 19세기 독일의 사상가들을 제외하고는 대체로 일치하는 견해다. 구체적으로, 문명은 문화적 실체로 파악될 수 있는데, 19세기 독일의 사상가들은 물질적 요소와 결부되어 있는 문명과, 한 사회의 가치관 · 이상 · 지적으로 높은 수준에 있는 예술적 특성과 결부되어 있는 문화를 엄격하게 구분했다. 하지만 일반적으로는 《문명의 역사》에서 브로델(Braudel, 1994)이 주장한 것처럼 문화를 그 저변의 문명으로부터 억지로 분리하는 것은 기만적 정의라고 할 수 있다. 그는 문화를 지역적 특성과 현상의 집약으로 보았다.

왜 독일에서는 영어권이나 프랑스어권과 달리 문명 대신에 문화란 단어가 사용되고 있을까? 이는 우연적 산물이 아니라 서로 다른 정신사精神史에 뿌리를 두고 있기 때문이다. 구체적으로, 영어권과 프랑스어권에서는 사회적 행위를 가리키는 포괄적 개념으로 문명이란 용어를 사용하기 때문에 사회적 행위의 근본적 특성들이 동일하면 문명도 동일한 것으로 인식하고 있다. 그러나 독일에서는 그 개념이 정착되지 못했고, 보편성을 강조하는 문명 대신에 개별성에 역점을 둔 '문화*kultur*'란 개념을 개발하여 사용했다. 다시 말해서 문명이 인류의 보편적이고 물질적인 측면을 의미한다면, 문화는 개별적이고 특수한 정신적 측면을 지향한다는 것이다.

1908년에 설립된 대일본문명협회大日本文明協會가 정의한 바에 의하면, 문화가 독일의 정신이라면 문명은 영국의 정신이라고 규정했다(田制佐重 · 石田善佐 編訳, 1919). 그 의미는 문화가 국민에 근거를 두는 데 비해 문명은 전 인류를 포함하는 개념을 뜻한다. 독일은 오늘날에도 오페라를 문화정책으로 인식하지만 과학기술은 포함하지 않는다. 그런 까닭에 독일의 철학자 슈펭글러(Spengler, 1918)는《서구의 몰락: 세계사의 형태론》에서 문화와 문명의 생성과 멸망에 관해 논하면서 문명을 문화의 몰락 단계로 파악한 바 있다.

여기서 우리는 문화와 문명에 대한 정의를 살펴보면서 두 개념의 차이가 무엇인지 비교해볼 필요를 느낀다. 먼저, 문화란 무엇인가? 테일러(Taylor, 1884)의《문화의 정의》에 의하면, 문화는 지식 · 신앙 · 예술 · 도덕 · 법률 · 관습 등과 같이 사회의 한 구성원으로서의 인간에 의해 획득된 모든 능력과 습관을 포함하는 복합체라고 정의했다. 반면에 문명은 이러한 문화를 소유한 공동체가 가시적이고 조직적으로 이루어진 구조적 산물이며 문화의 현상학적 표현 양식인 동시에 힘이라고 정의했다. 따라서 문화와 문명은 상호 불가분의 관계이며, 문화 없이 문명의 존재도 없고, 문명이 없이는 문화의 항구성을 보장받기도 힘들다.

헌팅턴(Huntinton, 1996)의《문명의 충돌》에서는 문명을 단일 문명과 복수 문명으로 구분하면서 문명은 여러 개이며 각각의 문명은 독자적 방식으로 문명화되고 문명을 이루는 구성단위들은 서로 상호적 관계나 전체와의 관련성으로 정의될 수 있다고 설명했다. 취락 · 지역 · 민족 집단 · 종교 집단은 모두 문화적 혼합성의 서로 다른 수준에서 독특한 문화를 가지고 있으므로, 문명은 생활양식을 뛰어넘는 표현으로 광의적 의미를 가지며 가장 광범위한 문화적 실체라 할 수 있다.

영국의 철학자이자 경제학자였던 밀(Mill, 1859)은《자유론》에서 문명은 진보와 발전을 의미하며 합리성, 개인의 자유와 발전, 부의 생산 그리고 권력과 행복을 생산하고 분배하기 위한 사회 발전을 의미한다고 지적했다. 그는 미개인들과 달리 유럽인들이 강성한 이유를 결합할 수 있는 능력에서 찾았고, 문명화의 결과로 권력이 점차 개인으로부터 대중에게로 옮겨 간다는 사실에 주목한 바 있다. 또한 밀(Mill, 1834)은《문명》에서 문명의 중심이 유럽에 있으며, 특히 영국에서 뚜렷하게 존재한다고 확신했다. 나는 그의 인종적 편견에는 동의할 수 없지만, 문명이 발달할수록 정보 확산의 영향으로 인간이 사회제도에 의존하게 된다는 지적에는 공감한다.

뒤보스(Dubos, 1865)는 특정 지역에서 고유하게 생성되는 생활양식을 문화로 간주했기 때문에 모든 집단 간에 공유할 수 없지만, 문명은 인종·종교 등과 무관하게 모든 인류 집단들이 공유할 수 있으며 더욱 보편화될 수 있는 가치라고 설명했다. 월러스틴(Wallerstein, 1974)은《지정학과 지문화地文化》에서 문명은 모종의 역사적 총체를 형성하면서 서로 다른 현상들과 공존하는 세계관·관습·물질문화 및 정신문화가 특수하게 연계된 것이라고 정의했다. 그러므로 문명과 문화는 상위, 하위의 위계적 개념이 아니라 총체와 개체, 복합성과 단일성의 포괄적 관계로 보아야 한다. 분명한 것은 프랑스의 지리학자 숄리(Cholley, 1951)가 지적한 것처럼, 문명이란 용어는 글로벌 스케일로 분포하며 세기를 단위로 하여 변화하는 시공간적인 것이라 인식해야 한다.

할둔Khaldun은 그의 저서에서 주로 서서 활동하는 유목 생활*umran badawi*이 앉아서 일하는 도시 생활*umran hardari*로 변화하는 과정에 초점을 맞춰, 문명*umran*이란 인간들이 자신의 주거지에서 펼치는 지리학적·사회학적 또는 인구학적 활동을 포함한 복합적 의미를 내포하고 있다고 정의했다(Lacoste, 1981). '움란*umran*'이란 터키어로는 '번영'이란 단어이지만 아랍어로는 '거주하다,' '경작하다,' 또는 '집을 짓다' 등의 다양한 뜻을 가진 용어인데, 이들 가운데 주거와 경작은 지리적 의미를 뜻하므로 동일시될 수 있는 개념이다. 왜냐하면 문화culture와 경작cultivation이란 두 단어는 어원을 같이하는 용어이기 때문이다. 할둔은 문명을 "지적 · 예술적 재능과 인간의 노동력이 투자된 경제활동이 결합하여 창출한 결과물"이라고 규정했다.

그러나 17~18세기에 일어난 서구의 시민혁명과 산업혁명을 계기로 근대적 시민사회가 형성됨에 따라 새로운 개념의 문명이 대두되었다. 즉, 라틴어로 시민*civis*이란 단어로부터 'civilization'으로의 전환이었다. 새로운 개념은 문명을 발전시키기 위한 수단의 하나로 자연을 개발하거나 정복하는 것으로 이해되었다. 오늘날 문명은 이상적인 인간사회를 의미하는 개념으로 일반화되었다고 하지만 그래도 여전히 추상적 정의에 불과하다. 이는 마치 시골이 도시urban로 변해가는 과정을 도시화, 즉 'urbanization'이라 부르는 것과 일맥상통한다. 그렇다면 도시화의 개념과 마찬가지로 문명화 역시 이상적 인간사회로 변모해가는 과정이라고 정의해야 마땅하다. 도시지리학에서는 도시화를 경관적 도시화와 기능적 도시화로 구분하여 파악하는데, 이는 가시적 경관과 불가시적 경관을 모두 포함한다는 것을 의미한다.

그것과 동일한 맥락에서 우리는 문명을 하드웨어와 소프트웨어로 구별해서 생각할 필요가 있다. 왜냐하면 문명이란 인간의 육체적 노동뿐만 아니라 정신적 노동을 통해 창출된 결과물의 총체이기 때문이다. 그러므로 문명은 물질문명과 정신문명으로 대별될 수 있다고 보아야 한다. 정신문명은 물질문명의 토대 위에서 성장할 수 있지만, 물질문명과 정신문명은 상호 보완적이면서 서로 긴밀하게 연결되어 있다. 또한 물질문명은 파괴될 수 있으나 정신문명은 그렇지 않다.

영국의 역사학자 로버츠(Roberts, 1998)는 문명을 정의하는 일을 마치 '교양 있는 인물을 찾아내는' 것에 비유한 바 있다. 교양 있는 인물을 찾아내는 것은 크게 어려운 일이 아니지만, 문제가 되는 것은 교양 있는 사람이 모두 주변 사람들로부터 그렇게 인정받고 있는가에 있다. 아무리 교양인으로서의 자격을 갖추었더라도 그것을 증명할 수는 없는 노릇이다. 사회가 어떤 방향으로 나아가며, 또 어느 정도의 수준까지 도달해야 문명으로서의 자격을 갖게 되는지 막연할 따름이다. 그리하여 로버츠는 하나의 방법을 제시했다.

문명인지 미개인지 의견이 분분한 경우는 일단 보류해놓고 모든 사람이 문명이라고 인정하는 것만 선별적으로 주목하여 그것들의 공통된 특징을 찾아내면 된다는 것이다. 이와 같은 방법으로 문명을 규명하다 보면 모든 문명이 일정한 수준의 복잡성을 지니고 있음에 귀결된다. 선사시대와 비교할 수 없을 만큼 복잡화한 사회 속에서 인간은 다양한 활동을 하며 많은 경험을 축적했다. 사람들 간에 유의미한 교류가 생겨나고 문화적 잠재력과 잉여식량이 충분히 축적된 상태를 문명이라 부를 수 있는 것이다. 이러한 단계에 도달하면 인간의 능력은 자연스럽게 발전해 나아간다. 로버츠의 생각에 수긍이 간다.

프랑스의 지리학자 페브르(Febvre, 1922)는《대지와 인류의 진화》에서 문명을 역사적·철학적 개념과 지리적 개념으로 나누어 설명했다. 문명의 역사적·철학적 개념이란 국민생활의 경제·사회·정치·종교·도덕·지적 요소에 의해 이해되는 것이며, 문명의 지리적 개념이란 자연환경이 제공하는 자원을 인간사회가 개발하는 것을 가리키므로 한정적 의미를 지닌다. 이에 대해 앞서 소개한 구루는 페브르가 설명한 문명 개념을 계승했지만, 페브르의 정의보다 더 명쾌하다. 구루가 정의한 문명은 인간과 자연환경과의 관계, 인간 상호 간의 관계, 토지 공간의 조직화 패턴을 규제하는 기술의 조화를 의미한다. 기술은 인간 집단의 물질적 생활을 뒷받침해주는 기술인 생산기술과 공간을 조직하고 인간관계를 맺게 하는 인적 기술을 가리킨다. 따라서 문명은 결코 우열을 가릴 수 없는 존재지만, 문명에 따라 경관에 미치는 영향은 결코 동일하지 않다. 이처럼 프랑스의 문명론은 대체로 지리적 특성을 중시하는 전통이 있다.

뮐러(Müller, 1998)는《문명의 공존》에서 문화는 문명보다 협소한 개념으로 인간의 '아름다운 활동'만을 가리킴으로써 사회 전체 레퍼토리의 일부분만을 파악하는 것이라 정의했지만, 이 역시 전체 레퍼토리가 없다면 주어진 역사적 환경의 틀 안에서 제대로 파악할 수 없을 것이다. 동물은 본능의 도움으로 삶을 영위하지만, 인간은 본능의 많은 부분을 상실했으므로 부족분을 문명의 도구로 보완하는 존재다. 문명의 기원과 발달을 문제로 삼는다면, 그 전제 조건으로 먼저 인간은 어떻게 기술을 발명할 수 있었는가의 문제에 귀결하게 된다. 이러한 기술의 발명에 관해 구루는 인류가 그런 능력을 갖고 태어난 존재라고 생각했다. 즉, 인류의 유전자 속에는 도구 · 농경 · 언어 · 사회생활의 규칙 · 문자 등을 발명할 수 있는 능력이 두뇌에 프로그램화되어 있다는 것이다.

이상에서 장황하게 설명한 문명과 문화의 개념을 지리학적으로 정리한다면, 문명은 도시라는 공간과 관련되기 때문에 도시의 발생과 관련이 없는 '채집문명'과 '수렵문명'이나 '유목문명'은 성립될 수 없고, 잉여산물에 기초해 형성된 도시로부터 '농업문명'과 '상업문명'이 성립될 수 있게 된 것이다. 재차 강조해두지만, 인구의 집적에 따른 잉여의 재생산은 문명이 탄생할 수 있는 필요조건인 동시에 충분조건으로 조직화가 이루어져야 비로소 완성되는 것이다. 만약 농사를 재생산한다고 하더라도 조직화가 수반되지 못하면, 그것은 단순한 농경문화일 뿐 농업문화라 할 수 없을 것이다. 지금까지 인류는 인간의 부족분을 채우기 위한 문명을 만들기 위해 또 물질적 삶을 위해 분업 형태를 띤 조직을 필요로 했다.

조직화는 문자의 존재 없이는 불가능하다. 즉, 문자 없이는 도시가 형성될 수 없다는 뜻이다. 그런 측면에서 볼 때 서양의 'civilization'보다 한자문화권의 '文明'이 더 본질에 가깝다. 문화와 문명의 구분은 생물과 무생물을 확연히 구분할 수 없는 것처럼 이들도 명쾌하게 구분하기 어렵다. 다만 양극단에 문화와 문명을 놓고 그 속성들이 얼마만큼 나타나는가에 대한 스펙트럼 분석에 의해서는 가능하다. 하지만 주로 직관과 상황에 따라 판단하는 경향이 있다. 이와 같은 견지에서 나는 문화와 문명을 엄격하게 구별해서 기술하지 않음을 밝혀두고자 한다.

역사는 지리의 포로인가?

구석기 시대의 인구밀도는 앞서 밝힌 바와 같이 1제곱킬로미터당 0.1명이었던 것으로 추정되고 있는데, 이것은 유목 민족인 경우의 인구밀도다. 미국의 도시학자 제이콥스(Jacobs, 1969)는 《도시의 경제》에서, 채집경제하의 1제곱킬로미터당 평균 인구밀도는 프랑스 0.04~0.08명, 아메리카 0.04명, 오스트리아 0.01명이었을 것으로 추정한 바 있다. 이러한 추정치에 따르면, 2,000명 규모의 인구 집단을 유지하기 위해서는 최소 5만 제곱킬로미터에 달하는 면적을 가진 배후지가 필요하다는 계산이 나온다. 이 면적은 결국 반경 63킬로미터의 원에 상당하는 면적이다. 이 거리는 한국의 전통적 거리 단위로 환산하면 약 160리에 달하는 거리인데, 운송 수단이 없던 채집경제하에서는 왕래하기 힘든 거리다.

신석기 시대에 들어와 농업경제 체제로 전환되면서 밀은 1년간 1헥타르당 모로코에서는 300킬로그램, 유럽에서는 2,500~3,000킬로그램을 수확했고, 세계 평균으로는 970킬로그램의 수확이 있었던 것으로 추정된다. 당시의 1인당 밀 소비량은 연간 300킬로그램이었으므로 1제곱킬로미터의 경작지에서 100명의 인구를 부양할 수 있었다는 계산이 나온다. 그러나 가뭄 · 홍수 등의 기상재해를 고려할 경우에는 그보다 10배 정도에 해당하는 10제곱킬로미터의 경작지가 필요했던 것으로 생각할 수 있다.

반경 2킬로미터인 원의 면적은 약 12.6제곱킬로미터이므로, 그곳에는 120여 명이 거주하는 촌락이 형성될 수 있다. 이와 마찬가지로 반경 5킬로미터인 면적은 78.5제곱킬로미터이므로, 그곳에는 780여 명이 거주하는 촌락이 형성될 수 있을 것이다. 한 개의 마을당 인구 규모는 아메리카 100~700명, 서남아시아의 퍼타일 크레슨트는 300~1,000명, 메소포타미아의 자르모는 200명 정도였다. 자르모는 터키의 차탈회위크나 하산케이프와 더불어 인류 최초의 취락 농경 공동체가 발견된 이라크 북동부 키르쿠크 동쪽에 위치한 선사 시대의 유적지다.

한편 농경 시대의 인구밀도는 수렵 · 채집 시대의 10배에 달하는 제곱킬로미터당 1명으로 추정되므로 500제곱킬로미터당 500명의 주민이 거주하는 촌락이 한 개 존재한다는 계산이 나온다. 그리고 촌락과 촌락 간의 거리는 이론상 25킬로미터이지만, 현실 세계에서는 촌락 입지가 균등하게 분포되어 있지 않으므로 약 30~40킬로미터라는 계산이 나온다. 실제로 고대 이집트와 메소포타미아에서도 취락 간 간격이 대체로 30킬로미터 정도였고, 한국의 경우는 약 32킬로미터에 달했다. 이러한 고대 취락 간의 거리는 바퀴 달린 수레와 도보로 이동할 수 있는 거리인 70~80리와 대체로 일치한다.

생활에 필요한 각종 도구는 돌로부터 단단한 나무나 흙 또는 청동기로 대체되었다. 인구가 증가해 여러 사람들이 경작을 하다 보니 규모의 경제scale economy가 작용해 생산량이 늘어나 잉여식량이 생겨났다. 이에 따라 신석기혁명은 자연스럽게 농업혁명을 수반하게 되었다. 이는 노동을 안 해도 되는 부류가 생겨났음을 의미하는 것이다. 촌락에 거주하는 주민 간에 잉여식량의 분배에 불균형이 발생하고, 농민을 비롯한 군인 · 승려 · 상인 · 기능공 · 귀족 등의 직업으로 분화해 지배계급과 피지배계급이 형성되기에 이르렀다. 이런 현상은 사회적 계층 분화와 노동력의 분화를 의미하며 동시에 도시의 성립을 시사하는 것이다.

《고대사회》를 집필한 모건(Morgan, 1877)의 영향을 받은 여러 학자들은 농업혁명을 계기로 그 이전 사회에서는 소유권보다 인권과 복리를 우선하던 사회가 각박하게 변질되기 시작했음을 지적했다. 토지소유권이 중시됨에 따라 개인과 개인 간의 사회적 연대는 혈연관계로부터 소유관계로 변해갔다. 이런 경향이 지속됨에 따라 혈연관계를 바탕으로 한 통합은 땅을 바탕으로 한 통합으로 바뀌게 되었다. 인류학자의 표현을 빌리자면, 그것은 라틴어로 소시에타스*societas*로부터 시비타스*civitas*로의 변화였던 것이다. 소유의 관념은 이주보다는 정착 생활이 한층 유리하다는 사실을 깨우친 계기를 제공해주었다.

취락 규모가 촌락 수준에 머물렀을 때에는 잉여식량의 규모가 작기 때문에 여러 단계의 계급이 형성될 수 없지만, 그 규모가 커짐에 따라 잉여식량의 규모도 커져 취락 내부에는 지배계급과 피지배계급은 물론 부유층과 빈곤층이 생겨난다. 부유층은 잉여산물의 소유에 머물지 않고 보석과 같은 귀중품 및 사치품을 소유하게 되고, 그것을 구하러 여러 곳을 여행하는 상인이 필요하게 되었다. 당시의 귀중품이란 흑요석 · 동석凍石 · 모피 · 보석 등의 천연자원뿐 아니라 도구 · 장식품 · 향료 등의 가공품에 이르기까지 시대적 상황에 따라 다양했다.

잉여식량의 발생은 주변부에 대해 인구 흡인력으로 작용하고, 촌락의 인구가 증가하면 생산력이 더 증대되어 잉여식량의 규모가 커지게 된다. 이렇게 되면 촌락의 중심성이 강해져 정치 · 군사 · 종교 · 경제의 중심지로 거듭나게 된다. 나아가 취락의 규모가 커지면 노동의 분화가 더 진전되어 각 분야의 장인匠人과 전문가가 등장하게 된다. 이들 전문가들은 건축물과 관개시설 등의 토목사업을 설계하거나 생활용구 · 농업용구 · 무기 등을 제조한다. 이와 같은 일련의 과정을 거쳐 도시는 정치 · 종교 · 생산의 중심지로부터 원시적이긴 하지만 공업 · 상업의 중심지로 기능이 바뀌어 경제적 기능이 더 중시된다. 이에 따라 잉여식량의 수혜자인 그들은 새로운 역할을 담당하게 되었다.

이와 같이 도시의 기능이 비농업적 성격을 띠게 됨에 따라 중심성이 더 강화되어 농촌에서 도시로 인구가 이동하게 된다. 그러므로 도시 내부에는 서로 다른 노하우를 가진 사람들이 모여 각자 지혜와 정보를 교환함에 따라 그 도시는 더욱 번창하게 된다. 그러나 농민들은 도시 외곽에서 농사를 지어야 하고 이동 수단이 빈약하므로 도시의 팽창에는 한계가 있기 마련이다. 그런 까닭에 고대에는 소수의 대도시보다는 다수의 소도시가 형성될 가능성이 높았다.

잉여식량의 발생은 좋은 점만 있는 것은 아니었다. 인류에게 마이너스 현상도 생겨났다. 가진 자와 못 가진 자, 부유한 부류와 가난한 부류가 생겨났음은 물론이지만 그것보다 중요한 것은 전쟁의 발생이었다. 식량 구득을 위해 약탈과 정복을 위한 대규모 전투가 각지에서 벌어졌다. 정주민과 유목민의 대립은 이때부터 생겨났다. 주어진 지리적 환경에 따라 농경민과 유목민이 갈라진 것이다. 농작물을 지키기 위해서는 마을 주민의 협력과 결속이 필요했다. 이러한 일을 지휘한 사람 중에 정치적으로 힘을 가진 자가 출현한 것은 매우 자연스러운 일이었다. 무력을 가진 수렵·채집민들이 농사를 짓는 무력한 정주민들을 약탈하거나 정복하여 노예로 삼는 일도 벌어졌다. 그러므로 정주민들도 그들의 식량과 재산을 보호하기 위해 노력했다. 선사 시대는 이처럼 폭력과 무법이 난무하는 시대였다. 그러나 인구가 적고 땅이 넓었던 당시에는 농경 민족이 수렵 민족과 타협하여 생활권을 넓혀나갈 수 있었다.

여러 선행 연구에 의하면, 고대도시가 형성되기 위해서는 적어도 약 3,000명 이상의 농민들이 집약적 농업을 행해야 가능하다. 그들이 전부 농민은 아니지만 인구 규모가 그 정도의 수준을 넘어야 교역의 필요성이 생겨난다는 것이다. 교역의 중심지가 된 도시 농민들은 농사를 짓거나 가축을 돌보기 위해 매일 먼 거리를 왕래해야 한다. 가령 5,000명의 주민이 거주하는 도시의 경우에 식량 공급을 위해 3,000제곱킬로미터에 달하는 농경지와 목초지가 필요하다고 가정하면, 그곳의 농민들은 자신의 경작지로 가기 위해 편도 20~30킬로미터 정도를 걸어야 한다는 계산이 나온다. 취락의 규모가 이보다 더 크면 농민들의 도보 거리는 더 멀어진다. 가축과 수레를 사용하더라도 농기구를 싣고 왕래하는 일, 수확물을 약탈자로부터 지키는 일, 창고가 있는 곳까지 운반하는 일 등 부담이 큰 일은 여러 가지일 수밖에 없다. 이러한 이유에서 수송업자가 등장하게 되었다.

이러한 사실은 도시가 발달하기 위해서는 수송의 가능성과 인구의 규모성이 갖춰져야 함을 뜻하는 것이다. 아리스토텔레스는《정치학》에서 국토의 규모와 형태가 인간과 정치조직에 미치는 영향을 설명하는 가운데, 해안의 수도 입지가 위에서 지적한 것처럼 수송 가능성과 방어의 유리함에서 탁월하다고 설명한 바 있다. 16세기 말 프랑스 지리학의 환경론자들은 역사상 자연적 요소, 특히 지형의 역할에 대해 논하는 가운데 장소의 지리적 차이가 노동 방법의 차이를 일으킨다고 주장했다. 즉, 땅의 형편에 따라 어떤 노동을 어떻게 할 것인지 선택된다는 것이다.

메소포타미아에 고대도시의 문명이 가장 빨리 꽃필 수 있었던 것은 구대륙의 중앙적 위치였다는 점 이외에도 평탄지대의 장점인 교통의 편리성으로 인한 인구 집중이 용이하다는 점과 교역의 편리함이 작용했기 때문이다. 이에 대해서는 제2장에서 상세히 설명할 것이다. 수학자 라셰프스키(Rashevsky, 1968)에 의하면, 일반적으로 수송 거리와 수송 속도는 수상교통이 육상교통의 약 75배 정도 편리한 것으로 알려져 있다. 육상교통의 경우, 수레에 짐을 싣고 운반하는 데 시간당 0.2킬로미터 이동하므로 이론상 최대 1일 4.8킬로미터 이동 가능하다고 볼 수 있다. 해안에 입지한 도시가 내륙의 도시보다 수송량이 약 50~100배 많으며, 하천의 연안에 입지한 도시 역시 그렇지 않은 도시에 비해 약 10배 이상 수송량이 많다. 그렇기 때문에 도시들의 입지는 하천변에 입지하는 것이 유리했다.

여러 사례에서 알 수 있는 것처럼 우리는 지절과 같은 지리적 차이에 따라 문명 발달의 차이가 발생했음을 확인할 수 있었다. 일본의 수학자 곤도(近藤, 1977)는 인류문명의 발달사를 10,000년이라고 볼 때 자연을 어느 정도 극복하게 된 근대사의 300년은 겨우 3%에 불과하므로 다른 요인보다 해안선과 하천의 길이에 따른 영향이 크게 작용했다고 주장한 바 있다. 수학자의 눈에도 문명 발달에 있어서 지절의 중요성이 보였던 모양이다.

초기의 문명은 현대문명에 비해 훨씬 더 지리적 조건에 구속되는 바가 컸다. 그러나 또 한편으로 인간들은 지리적 제약을 조금씩 극복하기 시작했다. 인간들의 이동을 가로막는 산맥과 하천을 가로질러 여행하는 기술이 이 시대에 발달한 것이다. 이 시대의 해류와 기류, 즉 바람은 오늘날과 거의 동일했으며, 기원전 2000년대에는 이미 그와 같은 해류와 바람을 이용한 항해술이 존재하고 있었다. 항해술이 존재했다는 사실로부터 인류는 상당히 오래전부터 공간을 극복해 활발하게 교류했었음을 짐작할 수 있다.

이런 관점에서 문명이 독자적으로 정해진 패턴에 따라 탄생한다는 학설은 재검토되어야 한다. 예를 들면, 지금까지 문명은 큰 하천을 끼고 있는 유역의 비옥한 땅에서 잉여식량을 산출하여 탄생하는 것이라고 여겨져왔다. 메소포타미아 · 이집트 · 인도 · 중국 등의 문명들이 이러한 패턴에 들어맞는다. 그러나 큰 하천이 없는 크레타 · 펠로폰네소스 · 메소아메리카 등과 같은 땅에서도 문명은 탄생했다. 특히 크레타문명과 그리스문명은 독자적으로 발전한 것이 아니라 주변 지역으로부터 영향을 받아 성립한 것이다.

큰 하천을 끼고 발달한 이집트문명과 인더스문명 역시 상당히 이른 시기에 당시 선진 지역이었던 메소포타미아와 교류가 있었다. 이 교류는 육상교통과 수상교통에 의해 이루어졌다. 수송 거리의 극대화와 수송량 및 잉여산물의 최대화는 교역을 활성화시키고, 교역은 정보 교환과 지식 전달에 큰 도움이 되었다. 말의 가축화와 보급은 인간의 도보에 비해 이동 속도를 3배 이상 빠르게 만들었다. 교역 중심지는 큰 규모의 취락인 도시였고, 그 도시는 문명의 발생지였다. 이런 측면에서 도시혁명은 문명의 상위개념으로 보아야 한다.

독보적인 역사학자 토인비(Toynbee, 1957)는《역사의 연구》에서 자연조건이 지나치게 좋은 환경에서는 문명이 생겨나지 않았고, 안락한 자연환경보다는 가혹한 환경에서 문명이 발생했다고 주장하면서, 인류의 역사는 도전과 응전의 수레바퀴에 의해서 진행되었다고 지적한 바 있다. 즉, 문명의 발생 메커니즘을 발생 · 성장 · 쇠퇴 · 해체의 과정을 거치는 유기체로 파악하면서 도전에 대한 성공적 응전이 있어야 문명이 탄생한다고 설명했다. 구체적으로, 그는 문명이 발생하는 메커니즘을 인종이나 환경은 불충분한 설명에 불과하다고 주장했다. 나는 토인비의 신선한 통찰력에 경의를 표하면서도 전적으로 그의 지론에 동조하지는 않는다. 그렇다면 과연 문명은 어떻게 탄생되었을까?

토인비의 주장은 다이아몬드(Diamond, 1997)의 주장과 동일한 맥락에서 의견이 일치하고 있다. 즉, 다이아몬드는《총, 균, 쇠》에서 자연조건이 양호한 땅에서 문명이 나타나지 않는다는 사실을 경제학자들의 말을 인용해 '천연자원의 저주'라는 패러독스로 표현했다. 예컨대 황금과 석유 자원은 물론 값비싼 열대 활엽수의 축복을 받은 나이지리아는 이렇다 할 만한 금광도 없고 열대 활엽수도 없는 이탈리아보다 훨씬 부유해질 것으로 예상되지만, 결과는 정반대로 나타났다. 브루나이를 제외하고는 천연자원이 풍부한 나라는 이상하게도 부유하기는커녕 가난하다. 지리에 해박하지 않은 사람이라도 천연자원은 풍부하지만 경제적으로 가난한 국가를 어렵지 않게 생각해낼 수 있을 것이다.

경제학자들은 이 패러독스를 자원의 편재와 부패 및 비리로 설명했지만, 그것은 완벽한 설명이 될 수 없다. 박선미 · 김희순(2015)의《빈곤의 연대기》에 따르면, 100년 전 부유한 국가와 가난한 국가 간의 평균 소득은 6대1이었으나, 오늘날에는 70대1로 크게 벌어졌다. 그리고 OECD 회원국 중 최빈국은 적도를 기준으로 남반구에 집중되어 있다. 가난한 나라에 태어난 사람은 가난해질 가능성이 높지만, 누구도 자신이 태어날 나라를 선택할 수는 없다. 그들이 빈곤으로부터 탈출하기 위해서는 개인적 노력으로 가능할 수도 있지만, 국민 전체가 부유해지기 위해서는 토인비의 주장처럼 역사의 도전과 응전이 요구된다.

토인비는 그 해답을 신화와 종교에 대한 통찰에서 찾으려 시도했다. 그의 설명에 따르면, 창조는 만남의 결과이며 그 만남의 과정이 도전과 응전으로 묘사되었다. 또 도전과 그에 대한 응전은 실제로 효과적 창조를 가져올 수 있는 한계를 자각하게 한다는 것이다. 그 결과 어느 한 문명이 존재하기 위해서는 강한 자극이 필요하고, 그 도전은 창조성을 질식시킬 정도로 심각한 것이지 않으면 안 된다는 점을 밝히고 있다. 그러나 그는 만남의 과정이 어떻게 도전과 응전으로 묘사될 수 있는지 구체적으로 설명하지는 않았다. 하지만 나는 문명이 도전과 응전으로부터 발생한다는 사실에 주목했다. 왜냐하면 이 책의 제2장부터 나의 문명 답사를 통한 인류문명사가 전개되는데, 도전과 응전은 문명 간의 교류라는 형태로 나타났기 때문이다.

저널리스트인 마셜(Marshall, 2015)은 25년 넘게 30개 이상의 분쟁 지역을 직접 현장에서 취재하며 국제 문제를 다루었다. 그는 그렇게 알게 된 사실들을 그의 저서《지리의 힘》에서 날카롭게 파헤쳤다. 그는 정치와 종교적 이데올로기는 성쇠를 겪지만, 지리적 요소는 시간이 흘러도 그 자리에 그대로 남아 있음을 깨달았다. 그는 나폴레옹이나 히틀러와 같은 인물은 물론 나치와 소련의 위협은 시간이 경과되면서 사라졌지만, 북유럽 평원과 동유럽의 카르파티아산맥 등은 여전히 그 자리에 있음을 지적했다. 그는 지리의 힘이 21세기의 현대사에 미치는 영향이 막대함을 강조하여 그것을 '지리의 포로prisoners of geography'라 표현했다. 과연 역사는 지리의 포로인지 이제부터 추론해보자.

역사적으로 자연환경이 좋은 나라는 늘 발전에서 뒤처졌고 고대문명과 세계종교의 발상지가 모두 척박한 땅이었다는 사실은 우리의 상식을 뒤엎는 이론이다. 그것이 사실이라면 인류의 문명은 과연 어떤 땅에서 꽃피웠을까? 이에 대한 해답은 지리학자가 내려야 한다고 생각한다. 토인비의 문명론은 독특한 시각에서 체계적으로 간명하게 분석한 점은 높이 평가할 만하지만 지리적 환경 요소들을 경시했거나 간과한 탓에 객관성을 상실하는 우를 범했다. 그는 "지구는 인류의 어머니다"라고 언급했음에도 불구하고 나무만 보고 숲을 못 보는 우를 범한 것이다.

지리학은 땅의 생김새를 기술한다는 'geo-graphia'에서 비롯된 학문 분야다. 그 전통에 따라 지리학에서는 땅의 형태에 많은 관심을 기울인다. 물론 땅의 형태란 해안선의 드나듦에 의해 좌우되는 평면형태와 땅의 기복으로 결정되는 입면형태를 모두 포함한 것이다. 또한 한자문화권의 '地理學'은 땅의 이치를 규명한다는 점에서는 서양의 'geography'보다 한발 앞서 있다.

도시문명은 메소포타미아 남부의 수메르문명으로부터 시작되어 메소포타미아 전역으로 퍼져 나갔고, 이는 지중해 연안의 레반트Levant를 따라 나일강 유역까지 확산되었다. 프랑스어에서 유래된 '레반트'란 동지중해 연안을 가리키는 지명으로 이탈리아어로 '태양이 떠오르는 땅'이란 뜻을 지니고 있으므로 다분히 유럽 중심적 사고에서 유래된 지명이다. 서남아시아를 근동 · 중동으로, 동아시아를 극동 혹은 원동으로 부르는 것도 마찬가지다. 이는 고대 그리스가 에게해 건너편 동쪽의 터키를 소아시아라 부른 것과 마찬가지로 서구 중심의 지리관地理觀에서 비롯된 것이다. 그런 까닭에 나는 이 책에서 가능한 그와 같은 용어를 사용하지 않을 것이다.

한편, '오리엔트orient'는 해가 뜨는 곳이라는 뜻의 라틴어 '오리엔스*oriens*'라는 방위 개념에서 유래되었다. 유럽에서 볼 때에는 퍼타일 크레슨트를, 서양사에서는 고대의 이집트와 메소포타미아를 가리킨다. 일반적으로 오리엔트는 오늘날의 터키 · 시리아 · 이라크 · 이란 · 이집트 · 아라비아 등지를 포함하는 지역을 가리킨다. 오리엔트의 반대말은 그리스와 로마 일대를 가리키는 옥시덴트*Occident*다.

아무튼 레반트는 오늘날의 터키를 포함한 서남아시아와 이집트에 이르는, 오리엔트와 동일한 범위를 가리킨다. 여기에 이라크(이란 포함)의 메소포타미아를 포함한 지역이 마치 초승달과 닮았다고 하여 'Fertile Crescent'라 부르게 되었다. 그러나 이것은 지명을 가리키는 고유명사이므로 '비옥한 초승달'이 아니라 원어대로 '퍼타일 크레슨트'라 표기해야 옳은데, 많은 한국 · 일본 · 중국의 학자들은 친절이 지나쳐 고유명사를 번역하는 오류를 범하고 있다. 퍼타일 크레슨트의 범위 속에는 종종 터키와 키프로스를 포함시키기도 한다.

메소포타미아문명을 중심으로 한 퍼타일 크레슨트문명은 이집트문명과 더불어 크레타섬을 중심으로 한 크레타(미노아)문명 및 미케네문명 등의 에게문명과 그리스문명을 거쳐 로마문명으로 중심 이동을 하면서 발전되어 나아갔다. 이들 문명은 서구문명에 의해 지속되었고, 서구문명의 근간을 이룬 실용주의와 합리주의는 그것으로부터 잉태되었다고 보는 견해가 지배적이다. 구체적으로, 역동적인 히브리 정신은 감정적이고 열정적인 측면이 강한 데 비해 그리스 정신은 감성적이고 이성적인 측면이 강하다. 지리적으로 볼 때, 히브리 정신은 무미건조한 자연환경하에서 비롯되었으며, 그리스 정신은 생산성이 낮은 척박한 땅에서 잉태되었다. 이들 두 정신이 서로 다른 것처럼 보이지만, 그들은 상대적으로 양호하지 못한 자연환경하에서는 실용성이 으뜸이라는 공통적 정신을 가지게 되었다.

이러한 정신이 서구문명을 꽃피웠다고 설명하기에는 무리가 따른다. 또한 환경론자였던 헌팅턴(Huntington, 1915)은 《문명과 기후》에서 문명이 발생하는 메커니즘을 기후와 관련지어 설명한 바 있지만, 이들 지역의 경우에는 그가 말하는 것처럼 열악한 기후환경이 아니므로 합치되지 않는다. 토인비가 지적한 것처럼 문명이 발생한 땅의 기후는 인간이 거주하기에 양호하지 않지만, 서구문명에는 부합되지 않는다. 바로 여기에서 지절에 대한 설명이 첨가되어야 할 필요성을 느끼게 된다. 지절에 관한 설명이 아니고는 서구문명이 위에서 설명한 그리스 정신과 히브리 정신의 계승으로 발전했다고 한다면 과연 납득할 수 있겠는가?

도시의 입지에 대한 명쾌한 설명은 프랑스를 대표하는 지리학자 비달 블라슈(Vidal Blache, 1922)의 저서《인문지리학의 원리》에서 찾아볼 수 있다. 그의 설명에 따르면, 도시란 스스로 도달할 수 없을 정도의 대규모 사회조직이며 일정한 문명 단계의 반영물이라는 것이다. 도시문명이 스스로 형성될 수 없다는 것은 배후지의 역할과 경제력 · 정치력이 도시 창출의 기반임을 암시하는 것이다. 비달은 도시가 입지하는 장소를 산악지대의 입구, 하천의 도하 지점, 사막의 관문, 육지와 바다의 접촉점인 해안선, 산악지대와 평야지대의 경계 등을 꼽았다. 그리고 밀물 때 조수가 하천 깊숙한 곳까지 미치는 지점을 비롯해 도서지방 · 만 · 하구 등도 도시의 발생 가능성이 높은 땅으로 꼽았다.

우리는 그가 꼽은 땅 중에서 공통점을 찾을 수 있을 것이다. 즉, 비달이 도시문명의 형성 가능성이 높은 곳으로 거명한 땅은 대체로 지절률이 높은 곳에 해당한다. 그의 구체적 설명에 의하면, 가령 산악지대와 평야지대의 경계에 해당하는 경우에는 평야의 각종 생산물 · 운반 수단 · 교통 등이 새로운 조건들과 타협해야 하는 지점이기 때문에 하나의 결절結節이 생겨 도시가 발생한다는 것이다.

이상에서 설명한 비달의 지적은 비록 '지절'이라는 용어를 사용하지 않았지만 그 개념을 적용한 문명 해석이라 할 수 있다. 즉, 앞에서 소개한 수평지절로 설명하면, 도시문명의 확산과 문화의 전파는 바다에 면한 땅이어야 신속하고 원활하게 이뤄질 수 있으며 돌출한 반도부와 하구의 만입부가 복잡해야 이질적인 자생문화와 토착문화가 교류할 수 있게 된다는 것이다. 하천의 경우에는 동일 유역권의 문화가 동질적이라 여겨지지만, 자세히 보면 하류 지방 문화와 상류 지방 문화 간의 이질성이 교차하는데, 이것 또한 그것의 유사한 예다. 수직지절의 경우 역시 평야문화와 산악 및 고원문화 간의 교류, 천해淺海와 심해深海의 수산자원 획득, 해상 교통로의 확보 등을 보장받을 수 있으므로 매우 중요하다. 일단 도시적 취락이 형성되어 문화 또는 문명의 싹이 움트면, 그것은 반드시 타 지역의 취락에서 잉태된 문화 · 문명과 접촉하거나 교류하게 된다. 문화의 발생지가 다르면 문화의 특성도 다르기 마련이듯이 문명 또한 마찬가지다. 문화와 문명은 타 지역의 그것과 접촉하거나 융합하는 가운데 더욱 발전하는 것이 보통이다.

지금까지 우리는 어떤 땅에서 문명이 창출되는지, 문명이 지닌 의미는 무엇인지에 대해 살펴보았다. 결국 문명이 발생할 수 있는 조건이 마련되어 하나의 문명이 창출되면, 그 문명의 중심지가 형성되고 그 영향을 받는 주변 지역이 생기게 될 것이라고 상정할 수 있다. 즉, 문명권文明圈이 형성된다는 것인데, 문명권이란 문명의 교류와 확산을 통해 이루어진 공통적인 문명의 구성 요소들을 공유한 공간적 범위를 뜻한다. 하나의 문명권이 형성되기 위해서는 다른 지역에서 창출된 문명과 구별되는 일련의 문명 구성 요소들을 공유해야 하며, 문명의 시대성과 지역성이 보장되어야 한다. 그리고 문명은 시대적으로 장기간에 걸쳐 주변 지역에 지속적 영향력을 행사하면서 존속해야 하고, 공간적으로 한정된 국가나 민족의 범위를 벗어나서 광역에 걸쳐 확산되어야 한다.

문명 발생의 메커니즘: 지리에서 해답을 찾다

인류문명의 발생에 대해 마치 한국인들이 족보란 것을 펼쳐보면서 자신의 뿌리를 찾는 것처럼 오늘날 현대 인류는 자신의 조상이 언제, 어디서, 어떻게 탄생했는지 궁금증을 갖고 있다. 이러한 호기심은 도시가 어떻게 탄생했는가에 대한 의문과 연결된다. 인류 최초의 도시는 과연 어떤 모습이었는지에 대한 의문은 다행히 어렵지 않게 풀린다. 왜냐하면 초기의 도시들은 인류 역사상 비교적 늦은 시기에 출현했고, 어느 특정한 장소에 집중적으로 형성되었으며, 그것들은 발굴 조사가 가능하기 때문이다.

고대도시를 연구하는 여러 분야의 학자들은 유적지의 유물에 대한 연대 측정을 위해 방사성 동위원소 분석을 위시한 화학적 방법, 유전학적 기술, 통계적 기법, 컴퓨터 분석 등의 테크닉을 이용해 도시에 대한 이해가 깊어질 수 있게 되었다. 더욱 다행인 것은 고대도시들은 대부분 문자 기록을 남기고 있다는 점이다. 그것 덕분에 학자들은 여러 유적지에서 인간의 사상이라든가 규범과 같은 정신문명을 추적할 수 있게 되었다. 문명이 발생한 선사 시대의 취락을 연구함에 있어서 봉착하게 되는 문제는 어떤 도시를 사례로 할 것인가에 있다.

고대문명의 발생적 기원을 규명하기 위해서는 몇 가지 기본적 의문이 풀려야 한다. 그 의문은 문명이 창출된 도시적 취락이 형성되기 위해 구비해야 할 조건이 무엇인가에 있다. 이에 대해 비교사회학자 데이비스(Davis, 1973)는 두 가지 의문을 꼽았다. ① 도시가 출현하기 위해 도달해야 할 기술적 발달 단계는 무엇인가? ② 기술이 도시를 지탱해줄 만큼의 생산력, 즉 잉여산물을 확보하기 위한 전제 조건으로서의 지리적 특징은 무엇인가? 이 두 가지 의문에 대한 해답을 얻을 수 있다면, 우리들은 언제, 어디에서 최초의 도시가 형성되었는가를 설명할 수 있게 된다. 데이비스가 말한 지리적 특징은 비록 그가 '지절'이란 용어를 사용하지 않았더라도 그와 같은 의미일 것이다.

도시의 발생이 사회 진화의 주요 단계 중 하나라고 볼 때, 어떤 과정을 거쳐 고대도시가 발전했는가에 대한 의문이 남는다. 그리고 어떤 방법으로 기술적 필요조건과 물질적 환경의 이용이 유기적으로 연결되었는지 궁금하기 짝이 없다. 마지막으로, 도시문명의 기원에 관한 문제에서 왜 문명이 발생했는가에 대한 해답까지 밝혀야 한다. 또 문명은 무엇에 공헌했을까? 인류의 삶의 가치를 높인 것은 어떤 구조였을까? 문명을 탄생시킨 도시 구조는 어떤 역할을 위해 내 · 외부적으로 어떻게 조직되었을까?

문명이 발생하기 위한 필요조건은 인류가 식량 채집자에서 식량 생산자로 바뀌는 신석기 시대의 기술이었다. 작물화와 가축화는 아시아 서쪽 끝의 아나톨리아의 경우 12,000년 전, 아프가니스탄은 10,000년 전, 중앙아메리카에서는 9,000년 전에 시작되었지만, 당시의 인류는 유목적인 형태로 주업이던 수렵과 채집을 하는 정도에 머물렀으므로 이주성移住性이 있는 마을에 살았다. 선사 시대의 농경민들은 수렵민들과 함께 혼거하는 경우가 많았다. 즉, 사냥꾼들은 신석기 경제에 유용한 역할을 했기 때문에 농경민들은 그들을 못이긴 채 받아들인 것이 아니라 오히려 적극적인 환대를 하기도 했다. 왜냐하면 그들은 무기를 다루는 재주와 사냥 솜씨를 이용해 마을에서 가장 위험하고 유일한 적이었던 맹수로부터 농경민들을 보호할 수 있었기 때문이다.

이러한 이유로 오랜 기간에 걸쳐 마을 사람들은 사냥꾼 덕분에 안전은 보장되었지만 수동적이고 심약해졌다. 제2장에서 수메르문명을 설명할 때 등장하는 우루크의 왕 길가메시Gilgamesh가 영웅 대접을 받은 이유는 그가 바로 유능한 사냥꾼이기 때문이었다. 그는 양치기와 농민들이 밤에 편히 잠들 때 맹수를 사냥했다. 사냥꾼들의 보호를 받은 마을들은 맹수들에게 짓밟히고 잡혀 먹히는 마을에 비해 더 번영을 누릴 수 있었다.

《역사 속의 도시》를 저술한 멈퍼드(Mumford, 1984) 역시 도시 발생의 역동적 요소가 마을 외부로부터 왔다고 지적하면서 사냥꾼의 역할을 강조했다. 사냥꾼의 모험적 이동에서 얻은 지리 정보, 위험을 무릅쓰는 도전 정신, 사냥감을 쫓을 때 느끼는 심한 피로와 스트레스, 목숨을 건 맹수와의 싸움 등의 모든 것은 마을 사람들에게 믿음직한 지도자로서의 특별한 자질을 보여주기에 충분했다. 공동체 생활의 규모가 커지면서 사냥꾼의 용맹성은 농업 취락에서 형성된 느린 집단 반응보다 훨씬 박력 있고 생동감이 넘치게 보였다. 아무튼 여러 가지 이유로 인간은 예전부터 경험해온 관성이 있기 때문에 식량 생산만으로 정주성定住性 있는 마을을 형성하기까지는 상당한 시간이 필요했다. 미국의 고고학자 레드먼(Redman, 1978)은 해부학적으로나 지적 능력으로 볼 때 현대인과 꼭 닮은 인간이 나타난 시기를 후기 홍적세에 해당하는 기원전 10만~1만 년으로 상정한 바 있다.

대부분의 농업경제에서 농업 생산에 방해가 되는 행위는 곧 폐기되었다. 예를 들어 덴마크에서 인골의 화학 성분을 분석해보니, 기원전 4000년 전 사람들은 해안가의 한 지역에서 주로 바다에서 채취한 해양자원을 먹고 살았는데, 농경 생활로 바뀐 이후로는 사람들이 그들의 촌락이 물고기와 다른 해양자원이 풍부한 해안가에서 수백 미터밖에 떨어지지 않았는데도 불구하고 거의 전적으로 농산물에만 의존하게 되었다. 인간의 관성이 얼마나 고집스러운가를 말해주는 대목이다.

수렵·채집 사회에서 출산율은 가임 여성의 완만한 이동성에 의해 크게 억압되었다. 아마 회귀한 연어나 야생곡물에 의존하면서 이동성이 줄어들게 된 시기의 집단이 출산율 증가를 경험했을지 모른다. 또한 고고학자 웬크와 올스제위스키(Wenke and Olszewski, 2006)의 《선사 시대의 패턴》에 의하면, 탄수화물의 양과 출산율 사이에는 직접적 상관관계가 존재한다는 사실이 밝혀졌다. 수치가 정확한지 확신할 수는 없지만 여성들은 대략 27,000칼로리 또는 몸무게의 20~25%의 칼로리를 지방으로 저장하기 전까지는 임신이 거의 불가능하다는 연구 결과도 있다. 여성은 아이를 돌보는 데 하루에 1,000칼로리 정도가 요구되며, 많은 수렵 · 채집 사회에서 이동과 고단백 식량 확보의 어려움 때문에 2~3년 정도의 간격으로 계속 임신을 할 수 있을 정도의 충분한 지방을 축적하지는 못했다. 그러나 탄수화물이 많은 곡물 위주의 식료를 섭취할 기회가 많아지고 정주 생활로 이동성이 줄어들면서 출산율이 급격히 높아질 수 있었다. 결국 작물화가 정주 취락을, 또 정주 취락이 인구 증가를 초래하는 문명 발달을 위한 선순환 구조가 만들어진 것이다.

스미스(Smith, 1976)의 《농경의 기원과 인류의 역사》에 의하면, 인간이 정착 생활을 시작하면서 주거지를 옮겨 다닐 때와 비교해 많은 물질적 축적이 가능하게 되었다. 식량은 물론 그 밖의 자원 생산 능력과 저장 능력이 향상되었고, 정착지가 장기화함에 따라 주거 집단을 더욱 집중화시켰다. 한정된 땅에 인구밀도가 높아지자 재화의 불공평한 재분배가 일층 심화되었다. 집단은 땅이 모자라자 새로운 땅을 찾아 분열될 수밖에 없었다. 그러나 인접한 땅을 이미 다른 집단이 차지하고 있다면 마찰이 생길 수밖에 없었으므로 공동체가 평화롭게 공존하는 것도 불가능했다. 이에 따라 혜택받은 땅과 그렇지 못한 땅에 사는 집단 간에 빈부차가 발생하기에 이르렀다.

농업과 목축의 발달, 재배식물의 양적 · 질적 향상, 도구의 발명에 따라 마을은 점차 적당한 장소에 정착하는 패턴을 보였다. 정주 생활은 당연히 영구적 건물을 수반한다. 지금으로부터 약 10,000년 전에 인간 사회는 정주 취락에 거주하게 되면서 연중 대부분의 시간을 함께 살며 집단적 유대감과 결속력을 낳게 되었다. 전통적으로 고고학자들은 이 시기의 사람들이 평등하고 단순한 형태로 조직된 사회를 가졌다고 가정했으나, 그들은 부와 권력과 명예를 쟁취함에 있어서 사회집단 간의 차별성을 극대화시키는 복잡한 사회 시스템을 간과했다.

마을이 소도시라 불릴 만큼 성장한 취락의 규모를 추정해보면 약 3,000명을 웃도는 정도였을 것이다. 충적지 토양에서 관개시설을 갖추고 집약적인 농업을 행한다면 이 정도 주거지가 형성되었을 것으로 짐작되기 때문이다. 어느 정도 발달한 도시 구성원은 농민들이 대부분이겠지만, 적어도 비전업적 상인 · 사제 · 군대 · 관료 · 기능공 등과 같은 일에 종사하는 사람들도 소규모로 존재했을 것이다. 인구가 3,000명을 넘어서면 그 장소는 교역의 중심이 되었을 것이며, 그 중심지에 거주하는 사람은 농부가 아니었을 것이다. 왜냐하면 많은 농부들은 토지를 경작하거나 가축을 사육하기 위해 매일 먼 거리를 왕복하기 힘들므로 중심지보다는 외곽지대에 거주했을 것이기 때문이다.

역사학자 로버츠(Roberts, 1998)에 의하면 수렵과 채집 생활을 영위하던 무렵 하나의 가족이 생활하기 위해서는 약 3,000평의 토지가 필요했지만, 농경과 목축을 시작할 무렵에 이르러서는 필요한 토지를 1/100로 줄일 수 있었기 때문에 잉여식량을 산출하는 일은 그다지 어려운 일이 아니었다. 그러므로 로버츠는 좁은 땅에 많은 사람들이 모여 살 수 있게 됨에 따라 취락의 성격이 바뀔 수 있게 되었다고 설명했다. 그렇다고 취락의 규모가 무한정으로 커질 수 있었던 것은 아니다.

앞에서 거론했던 사례를 다시 들어 설명하겠다. 5,000명에 달하는 취락이 배후지의 한가운데 위치하고, 각 세대가 7,000여 평에 달하는 농경지를 소유했다고 가정할 경우, 그 취락에 사는 사람들은 자기 토지에 가기 위해 평균적으로 편도 2킬로미터를 걸어가야만 한다. 취락의 규모가 커지면 걷는 거리는 더욱 멀어질 것이다. 농촌은 농경지까지의 거리를 최소화하기 위해 규모가 커지지 못하는 대신에 여러 개가 많이 분포하게 된다.

아무리 문화가 발달해도 고도의 기술이 농민들을 일정한 장소에 집중시키거나 중심지의 비농업 종사자 비율을 증가시킬 수 없었다. 그런 까닭에 중심지인 도시에는 농업인구의 비중이 작을 수밖에 없었다. 이러한 과정을 거쳐 도시는 중심지가 배후지를 지배하는 기능적 힘인 결절성 nodality 혹은 중심성centrality을 갖게 되었다. 이것에 대한 이론은 지리학을 대표하는 유명한 이론 중 하나인 크리스탈러(Christaller, 1966)의 중심지 이론을 보면 자세히 알 수 있다. 고대 취락의 분포 패턴을 분석하기 위해서 고고학 분야에서 이용하는 중심지이론은 매우 유용하게 원용된다. 고고학자들과 마찬가지로 지리학자들도 취락의 형성 과정과 비교 연구에 많은 관심을 가지고 있지만, 고고학자들과 달리 지리학에서는 주로 현재와 과거에 주안점을 두어 시간과 공간을 모두 망라한 공간 과정의 분석에 이용한다. 그러므로 레드먼(Redman, 1978)이 지적한 것처럼, 지리학자들이 사용하는 주거 유형 모델은 고고학적 자료에 적극적으로 이용되어 왔으며 문명 발생에 관한 연구에도 많은 해답을 제공해줄 수 있다.

중심지이론은 취락이 육각형 형태로 분포함에 있어 규모에 따라 계층적 질서가 존재하며 이 질서에 의해 취락 간의 거리가 정해지는 원리를 밝히고 있다. 또한 상위계층의 큰 취락은 배후지가 넓고 하위계층의 작은 취락은 그것이 좁아지는 이유를 설명하고 있다. 존슨(Johnson, 1975)은 이 이론을 메소포타미아에 적용한 결과 일반적 분포 패턴이 육각형이 아니라 마름모꼴 형태로 변형됨을 발견하고, 그 이유를 하천 혹은 관개수로 때문이란 사실을 규명해냈다. 그러므로 중심지이론은 고대도시의 가설을 수립함에 있어서 지리학적 공간 분석의 중요성을 보여주고 있다.

고도의 기술이 발달된 취락이라도 신석기 시대에는 생산력을 극대화할 수 있는 땅에 문명이 발생했다. 구체적으로 말하면, 많은 물이 충분히 흘러 관개에 이용할 수 있고, 기후는 건조하더라도 일조가 양호하며, 겨울도 따뜻해서 토양 갱신이 가능하고, 무엇보다 수송이 비교적 원활하게 이뤄지는 장소에 문화가 발생했다. 결절성이 커져 배후지가 넓어지면 하나의 문명권이 형성된다는 것이다. 이러한 이유 때문에 신대륙과 구대륙 모두 최초의 도시가 중위도의 하천과 호수 부근의 충적평야이거나 건조기후 지역에서 발생했다. 그리고 외부로 연결되는 도로를 갖고 있었다. 이런 사실은 결코 우연이 아니다.

데이비스는 메소아메리카를 포함한 중남미 해안과 지중해 남쪽 연안, 메소포타미아, 나일강 계곡 등이 그와 같은 조건을 갖추고 있었음을 지적했다. 유일하게 예외적 사례는 마야 일대였지만, 마야의 도시는 중앙아메리카 최초의 도시는 아니었다. 마야 도시의 급속한 발생 및 확장과 쇠퇴는 도시 건설의 기술이 모든 저지대의 정글에서 시작된 것이 아니라 오히려 즉각 개발할 수 있지만 자원이 불안정하여 곧 고갈되어버릴 장소에서 시작되었음을 암시하고 있다. 그들의 주식은 오늘날 인디오와 마찬가지로 옥수수였다. 옥수수는 비교적 적은 노력으로 충분한 잉여식량을 생산할 수 있는 우수한 곡물이다(Sjoberg, 1973).

지금까지 문명이 발생하기 위한 필요조건으로 기술의 중요성에 대해 설명했다. 그렇지만 그것만으로는 문명이 발생하지 않는다. 기술은 필요조건이긴 하지만 충분조건이 아니기 때문이다. 필요조건의 문제점은 좋은 환경과 기술은 있지만 인구 증가로 도시를 지탱해주던 잉여식량이 소진되어버린 상황을 상정하면 이해가 갈 것이다. 즉, 그와 같은 조건은 최초의 도시문명이 언제, 어디에서 출현했는지를 알려줄 뿐이며, "어떻게? 왜?"라는 의문에 해답을 주지는 못한다.

신석기 시대의 기술 발달은 농민들이 누구나 소유할 수 있을 만큼의 충분한 토지가 없었던 것에서 기인했다. 대부분의 취락 주민들이 농업에 종사하는 경향이 있었으며, 그 일부가 기술자 · 상인 · 군인 · 사제 등에 종사했다. 그러나 토지 부족에 따라 그와 같은 비농업적 인구는 더 늘어날 수밖에 없었다. 직업의 분화가 일어난 것이다. 이로부터 문명의 싹이 움트게 되었다. 토지 부족은 토지소유권을 인정하는 계기가 되었고, 그 권리는 부족의 지도자 혹은 종교적 행사를 담당하는 주재자(제사장)가 갖고 있었다.

취락의 인구가 증가한다는 것은 어떤 의미를 내포하고 있을까? 한 사람만 존재할 경우에는 교류 대상이 없으므로 상호작용이 발생하지 않지만, 4명 이상일 경우에는 상호작용(I_n)은

$$I_n = \frac{n}{2} \times (n-1)$$

이 된다. 위의 조합식($_nC_2$)에 따라 상호작용이 급증한다. 즉, 4명일 경우 6회, 7명일 경우 21회의 상호작용을 가질 수 있다. 그러므로 인구 규모가 1,000명만 되어도 그들 간의 상호작용 가능 횟수는 499,500회, 인구 5만 명이면 무려 14억 회를 넘는다는 계산이 된다. 사람이 이동하거나 타인과 접촉하는 것은 그 행위 이상의 의미를 갖는다. 왜냐하면 사람에게는 각종 정보와 지혜를 비롯해 문화 · 관습 · 사고 등이 포함되어 있으므로 물자와 재화는 물론 이들 비가시적인 것들의 이동과 교환이 수반되기 때문이다. 이 상호작용은 도시 내부뿐 아니라 도시 간 교류에도 적용될 수 있다. 활발한 상호작용으로 정보 구득이 많았던 땅은 발전했고, 그렇지 못한 땅은 정체되었다. 역사적으로 인류는 시대와 공간에 따라 명칭은 바뀌었지만 도시의 아고라 · 포럼 · 마르크트 · 바자르 · 플라자 · 수크 · 스퀘어 등이라 불리는 광장에 모여 그들의 지혜와 사상을 교류했다.

미국의 경제학자 애쓰모글루와 로빈슨(Acemoglu and Robinson, 2013)은《국가는 왜 실패하는가》에서 세계사에서 주목할 만한 증거를 토대로 실패한 국가와 성공한 국가를 가르는 결정적 차이가 무엇인지 밝혀냈다. 즉, 국가의 성패를 가르는 결정적 요인은 지리적 · 역사적 · 인종적 조건

이 아니라 바로 제도라는 점을 강조하면서, 포용적인 제도를 펴는 국가는 발전한 반면 착취적인 제도를 가진 국가는 실패했다는 것이다. 특히 남한과 북한을 그 예로 들어 어떻게 이토록 완연히 다른 운명의 길을 걷게 되었는지를 분석했다. 이러한 주장의 맥락에는 포용적 제도하에서는 정보량이 우월하게 많이 축적되어 그것이 발전의 원동력이 된다는 내용이 포함되어 있다. 그러나 착취적 제도하의 사회에서는 정보의 상호작용을 저해하는 요소들이 작용하고 있으므로 발전에 장애가 된다. 인터넷과 복사기를 자유롭게 사용할 수 없는 나라에서 정보량이 축적될 리 만무하다.

이러한 사실은 세계문명의 발상지와 고대도시의 주요 발생지가 서로 일치하는 점으로 미루어 보아도 충분히 짐작할 수 있는 일이다. 물론 모든 지적 활동이 단순히 인구 규모에만 비례한다고는 볼 수 없으나, 사람들이 상호 접촉하면서 정보를 교환하고 지혜를 나누면 창의성 있는 문명을 창출해낸다는 것은 틀림없는 사실이다. 이와 같이 인류는 여럿이 모여 함께 살아야 하는 존재다. 사람도 많아야 하지만 마을도 여러 개 있어야 한다. 신석기 시대에서 여러 사회집단이 존재할 경우, 잉여식량이 많은 집단이 우월적 힘을 갖게 된다. 도시가 출현하기 전에 이미 비농업적 사회를 만드는 제도적 메커니즘이 작용하고 있었던 것이다. 잉여식량이 많을수록 토지, 즉 농경지는 더 커져야 했고 비농업 인구가 많아졌다. 세금으로 거둬들인 잉여식량은 수확량뿐만 아니라 농민의 수에도 비례했고, 잉여식량의 규모를 키우는 메커니즘은 보다 광범위한 지역에 미치는 정치·종교적 권위를 더욱 공고하게 만들었다.

인구가 많아져 공동체를 형성함에 따라 종교·정치구조·상업구조·법 등의 협업 체계가 만들어졌다. 다이아몬드의 저서로부터 영감을 받은 히브리대학교 하라리(Harari, 2014)는 그의 저서 《사피엔스》에서 호모 사피엔스라 불리는 인류가 석기 시대부터 현재에 이르기까지 인지혁명 · 농업혁명 · 과학혁명의 세 계기를 통해 진행되어 온 인류의 역사에 대해 기술하면서 호모 사피엔스가 다수의 타인들과 함께 융통성 있게 협업한 덕분에 세계를 지배할 수 있었다고 설명했다. 또한 이렇게 협업할 수 있었던 이유는 이들이 신 · 국가 · 화폐 · 인권 등과 같이 인류의 상상 속에 순수하게 내재된 가치와 존재를 굳건히 믿을 수 있는 특별한 능력을 지녔기 때문이라고 주장했다. 그는 인류의 방대한 규모의 협업 체계가 궁극적으로 허구에 근거한다고 보았으며, 최근 본격화된 생명공학혁명으로 인해 사피엔스(현대의 인류)는 사이보그(가상의 인조인간)로 대체되면서 사라지게 될 가능성이 높다는 결론을 내렸다.

또 하나의 문명 발생 메커니즘은 교역이었다. 인접한 경쟁 도시를 잉여산물로 압도해 중심지가 된 대규모 취락은 여러 취락에서 몰려든 상인들이 일상적 생산품을 교환했다. 뿐만 아니라 소문이 퍼져 먼 곳에 있는 상인들까지 찾아와 처음 보는 산물을 물물교환하는 장소가 되었다. 교역에 따른 부가가치의 창출로 부가 축적됨에 따라 더 많은 기술자 · 사제 · 관료 · 군인 등이 하나의 도시에서 생활할 수 있게 되었고, 그에 따라 보다 넓은 주변 지역에 세력을 확장해 먼 지역까지 교역 범위를 넓힐 수 있었다. 도시의 배후지가 확대되어 광역화한 것이다.

사실상 지배계급은 비농업적 활동에 전념함으로써 더욱 조직화되었으며, 지위가 높은 군인은 관료인 동시에 사제였고, 기술자는 상인이 될 수 있었다. 군인은 약탈자로부터 잉여산물과 축적된 부를 지켜주기 때문에 많은 권한을 거머쥐게 된 것이다. 이리하여 도시 사회는 지배계급과 피지배계급으로 분화되었고, 계급에 따라 정치적으로 지배하기 위해서는 기록이 필요하게 되었다. 세제를 확립하여 농업으로부터 생긴 잉여식량과 기술자들로부터 생긴 잉여산물은 물론 교역하면서 생겨난 이익에 대해 세금을 거둬들이며 영수증을 발급하고 법을 만들기 위해 문자가 만들어졌다. 문자는 더 나아가 질서 있는 행정 체제를 확립할 수 있게 만들었다. 이러한 일련의 과정 속에서 문명이 창출되기에 이르렀다. 모든 도시에서 문명이 창출된 것은 아니며, 기술과 사회조직의 개혁이 누적되고 지절률이 높은 양호한 입지 조건을 갖춘 도시에서 선별적으로 문명이 자생하기 시작한 것이다.

문명은 땅의 비옥함보다는 효율성이 좋은 땅에서 발생했다. 문명이 발생하는 이유는 선사 시대의 취락과 마찬가지로 오늘날의 현대 도시에도 동일할 것이다. 여기서는 인간사회의 두 가지 기본적 양상은 전문화와 교류라는 사실을 상기하면서 설명하도록 하겠다. 전문화는 생산력을 높여주지만, 교류에는 거리가 문제였다. 왜냐하면 생산물을 운반하기 위해서는 교통수단이 필요하기 때문이다. 그러므로 상인들이 공간적 장애를 극복하는 가장 손쉬운 방법은 공급지와 수요지를 가깝게 위치시키는 것이다. 그러면 많은 생산품을 저렴한 가격으로 교환할 수 있고 여러 사람의 노동으로부터 보다 많은 이익을 얻을 수 있다. 이러한 이유로 생산지와 소비지는 가능한 인접한 곳에 입지하게 된다.

도시들은 천연자원이 편재해 있다든가 인구밀도가 조밀해 살기 어렵게 되면 분산될 수밖에 없지만, 허용되는 범위 안에서 일정 지역에 집중한다. 이는 생태학적으로 인간뿐만 아니라 생물들도 마찬가지다. 인간이 채집과 수렵 생활을 하거나 농경의 초기 단계에서 생활했을 때, 그들이 살던 땅은 대부분 규모가 작고 일시적인 거처에 불과했다. 각 집단들은 생산성이 낮았으므로 더 넓은 땅을 필요로 했기 때문에 이동해야만 했다. 한층 발달된 기술을 이용할 수 있게 되면 토지의 단위면적당 생산성이 증가하고 거주 가능한 장소가 크게 확대되며 한 단계 높은 전문화와 교류를 자극하게 된다. 더 이상 이동의 필요성을 느끼지 않게 된 것이다.

여기서 잠시 문명은 땅의 비옥함보다는 효율성이 좋은 장소에서 발생한다는 사실을 다시 한 번 구체적으로 설명해야 할 것 같다. 왜냐하면 문명은 어떤 땅에서 발생했는가에 따라 불균등성이 나타나기 때문이다. 이에 대해 프랑스의 구루(Gourou, 1948)는 먼저 지리적 위치의 불균등성을 지적한 바 있다. 그것은 상대적 위치situation를 의미하는 것이지 결코 절대적 위치site를 뜻하는 것이 아니다. 역사적 맥락에서는 기술을 획득하기에 충분한 땅을 차지하고 있는 집단이 유리한 조건을 갖춘 것으로 생각될 수 있다. 구루는 그런 땅을 이집트, 동지중해, 이란 남부, 인더스강 유역, 황하 중류 지방으로 보았다. 이런 땅에 거주하는 집단은 다양한 장소 간에 빈번하게 행해지는 기술 교류로부터 이익을 얻을 수 있다고 생각된다. 다만 말레이반도 남부처럼 훌륭한 지리적 위치를 점하고 있어도 문명의 중심으로부터 멀리 떨어져 위치한 경우에는 정교한 기술을 발명하지 못하므로 고등문명이 탄생하지 않는다. 구루는 앞서 설명한 것처럼 위도 문제는 고려 대상에 넣지 않았다.

생산품이 부가가치가 높은 수공예품이라면 토지가 필요하지 않으므로 도시 내에 집중적으로 입지할 수 있었다. 교역 그 자체는 공간을 필요로 하지 않으며 오히려 시장이 집중된다는 점에서 유리했다. 기술이 발달할수록 작은 마을의 네트워크는 확대되며, 교역의 중심지는 더 커졌다. 많은 학자들은 문명 발달을 설명할 때 교역의 중요성을 강조한다. 예를 들면, 제3장에서 설명할 이란 동남부의 테페 야햐는 자원이 적은 메소포타미아와 자원이 풍부한 페르시아 간의 교역에서 중간 지점으로서 유리한 위치에 있었기 때문에 2,400킬로미터 떨어진 먼 곳까지 교류할 수 있었다.

일반적으로 인류를 모건(Morgan, 1877)이 지적한 것처럼 야만 단계→미개 단계→문명 단계의 과정으로 설명하지만, 쇼버그(Sjoberg, 1973)는 인류사회를 도시화 이전 상태의 부족사회를 1단계, 산업화 이전 상태의 봉건사회를 2단계, 산업혁명 이후 근대적 공업도시가 출현한 사회를 3단계로 구분하면서, 1단계의 부족사회를 문자가 발명되지 않고 잉여식량이 없어 동일 종족들이 자급자족하며 식량 구득에 모든 에너지를 쏟는 사회라고 정의했다. 이 사회는 잉여식량이 없는 탓에 노동의 전문화 및 직업의 분화가 이뤄지지 않고 계급 차별이 거의 없었음을 지적했다. 이와는 달리 2단계의 봉건사회는 수확량이 많아 장기적으로 저장 가능한 곡물을 선정하여 경작한 덕분에 잉여식량을 확보할 수 있었다고 설명했다. 더불어 가축화에 성공하고 관개 방법을 발전시킬 만큼 노력 동원이 가능하여 노동의 전문화와 계급 조직이 탄생한 사회라 했다.

쇼버그는 부족사회의 단계로부터 봉건사회의 도시 단계에 이르는 데에는 기술의 진보와 더불어 두 가지 요인이 작용했다고 보았다. 첫째 요인은 잉여생산물을 거두어 비축하고 분배할 수 있는 특별한 형태의 사회조직이 있었음을 지적하면서 대규모 공사에 필요한 노동력을 요인으로 꼽았다. 그 사회조직에는 지배계급인 엘리트의 지휘를 받는 각종 전문가와 피지배계급인 농민들이 정기적으로 농산물을 공여하게 하는 강력한 정치력이 필요했다. 지배계급은 정치력을 보완하기 위한 수단으로 대부분 종교에 기초한 이데올로기를 이용했다. 서두에서 지적한 것처럼 도시문명이 일찍 발생한 서남아시아의 기후는 인류가 윤택한 삶을 영위하기에는 자연환경이 척박한 편이었으므로 인간의 능력을 초월한 신적 존재에 의지하려는 심리가 있었다. 두 번째 요인으로는 물 공급이 가능한 환경을 꼽았다. 실제로 메소포타미아를 포함한 퍼타일 크레슨트는 하천이 흐르고 있어 광대한 충적평야가 펼쳐져 있다.

취락의 집중적인 입지로 공간적 제약을 최소화한 덕분에 인간 생활은 효율성이 향상되는 중요한 단계를 맞이하게 되었다. 인류의 채집과 수렵생활은 길었지만, 유목민의 야영 생활에서 정착 생활로, 또 마을에서 도시로의 변화는 매우 빨랐다. 수렵을 위한 야영지는 인류의 탄생 이래 어느 시대에도 또 어느 곳에서도 존재했지만, 2,000~3,000년 사이에 완전히 새로운 형태인 도시적 형태를 취하게 되었다. 이것은 생물적 진화의 타임 스케줄에서 보면 거의 순식간에 일어난 사건이었다. 도시는 다른 취락들과 경합하면서 시행착오를 거친 우역곡절의 산물이었다. 도시에 나타난 새로운 특징은 생산 · 교통 · 교역의 촉진이었다. 이들 가운데 주목할 것은 바퀴 달린 수레 · 동물의 축력 · 도로 · 선박 · 물레방아 · 토기 제작 · 야금술 · 화폐 주조 · 계산법 등의 발명이었다.

이들보다 더 중요한 발명은 문자였으며, 정치적 중앙집권화와 상업 및 재산 관련 법규의 제정이었다. 즉, 교역 · 노동의 조직화 · 토지 경작 등을 위해 만들어진 사회조직과 그 업무 기록을 유지하기 위한 관료가 필요했고, 소유지에 대한 권리를 확립할 필요성과 상품 거래에 관한 면밀한 감독 역시 고려 대상이었다. 비대해진 공동체는 문자에 의한 기록의 도움 없이는 질서 있는 통솔이 불가능했다.

문자 발명은 도시 생활이 체계화되고 집중화하는 데 불가결한 것이었으며, 궁극적으로는 더 많은 사람들이 문명의 혜택을 받을 수 있게 된 것이다. 문자의 유무는 도시문명을 설명함에 있어 매우 중요하므로, 쇼버그는 도시를 문자를 읽고 쓸 줄 아는 엘리트를 포함해 농업 이외의 직종에 종사하는 전문가가 존재하는 커뮤니티라고 정의했다. 문자의 유무는 전前도시 단계와 도시 단계를 구별하는 기준이 되는 것처럼, 문명과 미개의 단계를 구별하는 기준도 된다.

문자를 사용하게 되면 사회질서에 커다란 변화가 발생하게 된다. 왜냐하면 문자는 과학 발달에 필요불가결하며, 문자의 존재는 사회질서 속에서 다수의 전문 분야를 육성하게 하고 직업의 분화를 가능하게 해주기 때문이다. 그러므로 문명은 문화와 달리 잉여산물이 교환되고 사회적 조직화가 발생한 도시의 출현과 함께 창출된 것으로 생각할 수 있다. 그러나 세계사 연구의 일인자로 꼽히는 로버츠(Roberts, 1998)는 문자가 사용되지 않던 사회도 문명권에 포함시킨 바 있다. 문명과 문자 사용 여부의 문제는 유보해두기로 하겠다.

문명은 움직이는 유기체

우리는 지금까지 문명의 발생 조건에 대해 살펴보았다. 하나의 문명이 생겨나면 타 지역과 교류하게 된다. 그럼에도 미국의 새뮤얼 헌팅턴과 같은 학자는 문명들 사이의 접촉은 예외적인 경우를 빼고는 전혀 없거나, 있었다고 하더라도 제한적이거나 간헐적으로 이루어졌다고 주장한 바 있다. 슈펭글러(Spengler, 1918)와 토인비(Toynbee, 1957)의 문명론 역시 교류의 개념이 결여되어 있거나 불충분한 측면이 있다. 나는 하나의 문명은 다른 문명과 교류하기 마련이므로 그들의 설명은 문제가 있다고 생각한다. 문명 간 거리가 먼 경우는 다소 시간이 걸릴 뿐이며 인접한 문명권이라면 곧 만나서 교류하게 된다.

문명은 부단히 이동하는 실체이므로 인접 지역이 아니더라도 이동 루트만 있으면 이질적 문명과 접촉하기 위해 이동하는 속성이 있다. 토인비의 이론이 문명순환론이라 한다면, 영국의 인류학자 페리(Perry, 1924; 1937)가 《문명의 성장》에서 제시한 이론은 문명이동론이라고 할 수 있다. 문명은 이질적 문명 간의 접촉과 교류에 의해 발달하거나 지절이 다양하고 복잡한 지리적 환경하에서 생성되는 것이다.

최초 이족직립보행을 시작한 인간은 아프리카 대륙의 온난한 초원지대의 일정한 땅에서만 서식하던 포유류에 불과했다. 5만 년 전까지만 하더라도 인간은 아프리카와 유라시아의 열대 및 온대 지역에 한정적으로 분포했다. 서식지가 모든 대륙으로 확대되면서 인간은 한정된 땅의 무리에 속해 인접한 집단과는 접촉했지만, 멀리 떨어져 있는 집단과는 접촉할 수 없었다. 대부분의 인간들은 비교적 최근까지도 자신의 출생지에서 수십 킬로미터 이내의 범위 내에서 전 생애를 보냈기 때문에 멀리 살고 있는 사람들의 존재를 알지 못했다. 인접한 부족과는 적대적 감정이 있었지만 필요에 따라 불안한 교류를 할 수밖에 없었다.

그러나 인류의 분포 지역이 크게 확장되면서 문화적 다양성이 생겨났다. 각 부족들은 서로 다른 산물과 지혜를 교환하기 위해 교류하면서 동시에 부족 간의 긴장 관계와 경쟁 관계에 놓여 있었다. 경쟁 관계는 적대적 관계로 표출되기 십상이었다. 경쟁 단위는 동물마다 다양하여 1대 1이거나 집단 대 집단인 경우도 있었으나, 사회성을 가진 동물은 대부분 집단 대 집단 간의 경쟁을 보였다. 인간은 사회성 있는 동물과 마찬가지로 세력권을 둘러싸고 서로 적대시했다.

구루(Gourou, 1966; 1973)는《인문지리학을 위하여》에서 인류가 한 장소에 머물지 않고 다른 집단과 교류할 수밖에 없는 이유를 도태 과정이 작동한 결과라고 해석했다. 인류는 시행착오의 과정을 통해서 인구를 증식시키기 위해 생산기술과 인적 기술을 동원하면서도 근친상간을 금하는 것이 좋다는 사실을 알게 되어 내혼內婚보다는 외혼의 유리함을 깨달았다. 그리하여 외부와의 관계를 확대할 필요성을 느끼게 되었으며, 그로 인해 인간 집단들은 새로운 기술을 흡수하고 개방적 사회를 만들게 되었다.

이와는 달리 생물지리학자인 다이아몬드(Diamond, 1933)는 늑대나 침팬지에서 볼 수 있는 것처럼 집단과 배우자의 교환을 통해 일시적으로 우호 관계를 맺지만, 전통적으로는 자신의 영역 밖의 외지인을 혐오하는 적개심을 표출하여 갈등적 관계에 놓이게 된다고 설명했다. 다만 인간은 동물과 달리 물자를 교환했다는 차이점이 있을 뿐이며, 외지인을 혐오하는 감정은 자연스러운 것이었다.

문명의 발생에 있어 지리적 조건의 중요성에 대해서는 여러 차례 강조되어왔다. 그러나 지리적 조건에 못지않게 중요한 것은 그 땅 위에 살고 있는 사람들이 자연을 활용하는 능력이다. 이런 능력을 배양함에 있어 큰 역할을 하는 것이 주변 지역과의 교류였다. 모든 문명은 주변 지역과 교류하며 서로 영향을 주고받으면서 문명 창출 능력을 조금씩 키워 나갔다. 만약 주변 지역이 지니고 있는 문화 혹은 문명이 이질적인 것이라면 금상첨화다. 그 이유는 동질 문명끼리의 교류보다 이질 문명 간의 교류가 더 배울 점이 많으므로 한 차원 높은 문명으로 승화될 수 있기 때문이다.

앞에서 언급한 바 있는 구루는 "인류에 내재된 발명 능력은 발명에 선행한다. 훌륭한 석기는 그곳에 좋은 돌멩이가 있었기 때문이라고만 볼 수 없다"라고 설명했다. 고대 이집트문명의 기원에 대해 토인비는 스텝(초원)지대의 주민이 기후의 건조화로 나일강으로 몰려들어 그곳에서 새로운 환경의 도전에 대한 응전을 위해 농업을 발명했다고 설명했다. 이러한 토인비의 주장에 대해 구루는 반론을 폈다. 그는 초원지대의 건조화에 따라 인간들이 나일강 유역으로 피난해간 것은 사실이지만, 그들은 이미 나일강으로 옮겨가기 전부터 농경 기술을 습득하고 있었다는 것이다.

문화 및 문명은 땅이 다르고 사람이 다르기 때문에 다양화하는 것이 일반적이다. 이런 사실은 너무 당연한 사실이기에 오히려 간과하는 경우가 허다하다. 문명의 탄생과 더불어 건축 · 기술 · 복장 · 행동양식 · 사상 · 사회구조 등은 다양한 분야에서 독자적 특성을 지니게 되었다. 지역적 특성, 즉 땅의 차이점과 공통점을 연구하는 분야가 지리학이다. 지역성은 이미 선사 시대부터 나타나기 시작했으며, 그것은 문명의 탄생과 더불어 한층 확대되었다. 선사 시대에 다양화를 촉진한 것은 자연환경의 차이였고, 그 이후는 각각의 문명이 지닌 창조력이 새로운 다양화로 가는 원동력이었다. 그런 까닭에 지절 이야기를 또 꺼내들어야 한다.

지절의 정도를 나타내는 지절률은 문명의 발달과 깊은 관련이 있다. 앞서 지적한 것처럼 문명은 공간상에 고착되는 것이 아니라 타 문명과 접촉해 교류함으로써 확산되어 발달하는 속성을 지녔다. 문명권 간의 교류는 농경문화와 유목문화 간의 교류, 과학기술이나 종교적 상호작용으로 발생하는 문화권 간의 교류, 대륙문화와 해양문화(혹은 도서문화) 간의 교류에 의해서도 일어난다. 이와 같은 교류는 수평지절과 수직지절이 단조로운 대륙보다 다양하고 복잡한 대륙에서 발생하기 마련이다. 단조로운 자연환경하에서는 문명 간의 교류가 왕성하지 못해 문명 발달을 기대하기 어렵다. 극단적인 예로 광활한 사막에서, 혹은 연속된 대평원에서 무슨 교류가 일어날 수 있겠는가. 그렇지만 농경문화와 유목문화는 서로 주고받을 것이 많을 것이다. 또 대륙문화와 해양문화 역시 서로 이질적이므로 상호보완성complementarity이 있다. 교류가 발생하기 십상인 이유가 여기에 있다.

미국의 울만(Ullman, 1980)이 지적한 것처럼, 지리학에서는 지역 간에 공간적 상호작용이 발생하는 메커니즘으로 위에서 언급한 상호보완성을 비롯해 기회간섭intervening opportunity과 수송가능성transferability의 세 메커니즘을 꼽는다. 상호보완성은 이동 또는 교류를 유발하는 수요와 공급의 필요성을 의미할 뿐만 아니라 생산지와 수요지, 원료산지와 소비지(도시) 간에 발생하는 사람이나 물자의 이동을 가리킨다. 메소포타미아 고대도시의 임산물 및 농산물과 광물자원을 자그로스산맥과 레바논산맥에서 구한 것이 바로 그것이다. 기회간섭이란 최초의 공급지보다 더 가깝게 존재하는 대체 공급지를 뜻하므로 교류 규모에 영향을 미치는데, 이는 메소포타미아문명과 인더스문명 간의 징검다리 역할을 한 이란 동남부의 테페 야야가 하나의 사례가 될 수 있을 것이다. 그리고 수송가능성은 공급지와 수요지 또는 생산지와 도시 간의 이동 시간과 운송비가 임계 한도를 벗어나지 않은 거리 내에 있어야 교류가 발생할 수 있음을 뜻하는 용어다. 이들 세 메커니즘이 작용함으로써 지표 공간상에서 교류나 이동이 발생하게 되고, 이에 따라 문화권 또는 문명권 간에 상호 유기적 관계가 형성되는 것이다.

프랑스의 제1세대 지리학자인 시옹(Sion, 1909)은 지리학에 담겨진 방향성 중 하나인 '문명의 지리학'을 거론한 바 있다. 이것은 본질적으로 '비달 블라슈(Vidal Blache, 1922) 지리학'의 명맥을 잇는 것으로, 장기간에 걸쳐 안정된 관습의 총체로 정의되는 문명을 먼저 규명하여 그로부터 거꾸로 지역을 설명하려는 시도다. 비달은 문명의 진보 또는 정체의 지리적 조건을 주로 지역 간의 접촉과 교류에서 찾았다. 시옹은 비달과 마찬가지로 먼저 위치와 교류의 흐름에서 문명 발생의 조건을 찾았으나 그것에 머무르지 않고 문명의 전파에도 주목했다. 문명이 타 지역과 교류한다고 하여 모두 그것을 받아들이는 것이 아니라 그들이 그 혁신을 수용하는가의 여부에 달려 있음을 지적했다. 혁신을 수용할지의 여부는 그 땅에 살고 있는 인간 집단의 사회적 상황에 따라 좌우된다는 것이다.

인류문명사를 통틀어 볼 때, 지역과 시대를 달리하는 다수의 문명권이 형성되어 위에서 설명한 상호작용의 메커니즘에 의해 교류가 전개되어 왔다. 일반적으로 문명 교류란 이질적인 문명권 간의 교류를 의미하며, 문명권이란 문명이 발생한 중심지와 그것의 영향을 받는 배후지를 가리킨다. 지리학에서 권역이란 영어로 'region'으로 표현되지만, 이는 경계가 존재하는 공간적 범위를 의미하는 용어다. 권역은 중심지와 배후지의 관계이므로 기능지역 또는 결절지역의 개념에 해당되는 지역적 범위를 가리킨다. 이 개념은 지리학을 공부한 사람이라면 쉽게 이해할 수 있다.

정수일(2002)은 그의 저서《고대문명교류사》에서 하나의 문명권이 형성되기 위해서는 다음과 같은 세 가지 조건을 구비해야 한다고 제안한 바 있다.

① 문명의 구성 요소에서 이질성이 있어야 한다. 즉, 다른 지역 문명과 구별되는 일련의 문명 구성 요소들을 공유해야 한다. ② 문명의 시대성과 지역성이 보장되어야 한다. 즉, 시대적으로 장기간 존속해야 하고 지역적(공간적)으로 한정된 국가나 민족의 범위를 벗어나서 비교적 넓은 지역에 유포되어야 한다. ③ 문명의 생명력이 유지되어야 한다. 즉, 장기간에 걸쳐 지역사회 전반에 영향력을 지속적으로 행사해야 한다.

이와 같은 문명권 형성의 조건은 의미 있게 받아들일 수 있다. 지리학적으로 재해석하면, ①조건은 문명의 지역적 고유성을, ②조건은 문명의 공간 과정과 광역성을, 그리고 ③조건은 ②조건과 부분적으로 중복되지만 지속 가능성을 의미하는 것이라 생각된다. 광역성은 문명의 중심지가 되는 도시와 이에 종속되는 배후지를 포함한다는 의미다. 문명의 발생 지역이 다를 경우 고유성이 강조되어야 할지, 아니면 유사성 혹은 동일성에 주목해야 할지 판단을 유보하게 한다. 그 이유는 문명이 발생한 곳의 지역성은 자연환경의 영향을 받아 다른 지역에서 발생한 문명과 상이할 수밖에 없다고 생각되지만, 인간이 살고 있는 곳이라면 인간 본연의 공통적 삶을 영위하기 위해서는 어느 곳이라도 비슷할 것이라는 생각이 들기 때문이다.

일반적으로 문명이나 문화는 유사성을 가진 것들끼리의 교류보다는 고유성을 가진 것들 간에 교류가 발생한다고 여겨져왔다. 이것이 바로 문명 교류의 전제인 동시에 필수적 요인이라고 볼 수 있다. 그런 까닭에 우리는 후술하려는 문명단원설보다 문명다원설에 더 무게를 두게 되는 것이며, 서로 다른 문명에 대한 이해와 비교 연구를 시도하게 된다. 그리하여 여러 문명사학자들은 비교론적 관점에서 문명의 고유성과 형성 과정을 다각적으로 연구해왔다. 그러나 지리학 분야에서는 고유성과 상이성은 물론 유사성과 동질성에 관한 비교 연구에도 관심을 기울이고 있다.

문명이 지절률이 높은 땅에서 발생하는 것은 사실이지만, 문명이 발생한 지역의 수평지절과 수직지절은 각기 다르다. 그것은 자연환경의 지리적 차이를 수반하고 있으므로 문명은 동일성보다는 지역의 특성에 따라 고유성을 지니게 된다. 각기 다른 문명이 접촉할 경우 당연히 같음보다는 다름에 주목할 필요가 있지만, 다른 땅의 문명을 받아들이면 모방성이 생겨난다. 이는 어떤 문명권이 타 문명권의 이질성에 주목하여 그것을 받아들이면 결국 동일한 문명권이 됨을 의미하는 것이다. 문명은 그러한 공간적 과정을 거쳐 인류의 보편적 가치로 정립된다. 더욱 광역화된 문명권은 또다시 이질성을 가진 타 문명권을 찾아 나서게 된다. 문명의 유사성 내지 동일성은 동일한 환경이나 상이한 환경하에서 시간과 공간을 초월해 그 유형과 형태에서 닮은꼴 문명이 창조된다는 것을 뜻한다.

인류의 문명사는 역사적으로 볼 때 남북 교류사라기보다는 동서 교류사였다. 문명의 핵심적 요소는 무엇보다 잉여식량을 산출하는 농업이라고 여겨지는데, 농업은 유라시아가 아메리카 원주민이나 사하라 이남의 아프리카에 비해 더 빠르게 전파되었다. 그 이유는 신대륙에 비해 유라시아의 문자 · 야금술 · 기술 등이 아프리카나 아메리카 대륙보다 더 신속하게 확산되었기 때문이다.

그림 1-3에서 보는 바와 같이 세계지도에서 각 대륙의 형태와 방향을 비교해보면 분명한 차이를 발견하고 놀라게 될 것이다. 남북아메리카는 남북의 길이가 동서보다 훨씬 길다. 그러므로 아메리카 대륙의 주요 축은 남북 방향이라고 할 수 있다. 아메리카 대륙보다는 덜 극단적이지만 아프리카의 경우도 마찬가지다. 이와는 대조적으로 유라시아 대륙의 주

그림 1-3 각 대륙의 축

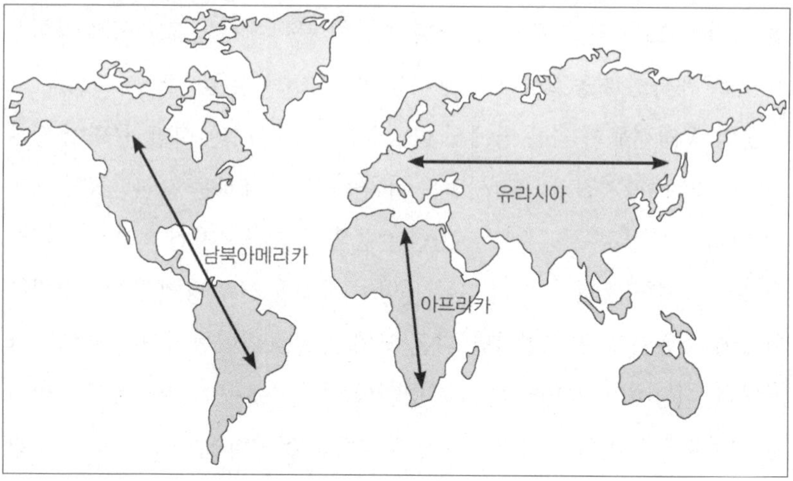

요 축은 동서 방향이다. 그렇다면 각 대륙의 축 방향에서 나타나는 이러한 차이는 과연 인류 역사에 어떤 영향을 미쳤을까? 지리학자 다이아몬드는 다음과 같이 해석했다.

대륙의 축 방향은 농작물과 가축은 물론이고 문자와 바퀴 등과 같은 발명품들의 전파 속도에도 영향을 미쳤을 것이다. 그 결과, 이러한 기본적인 지리적 특성은 지난 500년 동안 아메리카 원주민, 아프리카인, 유라시아인 등이 각각 전혀 다른 경험을 겪게 되었던 중요한 요인으로 작용하였다. 각기 다른 경험은 인류의 교류로 공유되면서 한 차원 더 높은 문화로 발달해 나아갔을 것이므로, 대륙의 축은 교류의 축으로 간주할 수 있다.

식량 생산이 전파되었던 주요 경로를 살펴보면, 먼저 서남아시아에서 유럽, 이집트와 북아프리카, 에티오피아, 중앙아시아, 인더스강 유역으로, 사헬지대와 서아프리카에서 동남아프리카로, 중국에서 동남아시아, 인도네시아, 한국, 일본으로, 또한 중앙아메리카에서 북아메리카로 전파되었다. 선사 시대에 식량 생산이 전파된 지역들도 그 전파 속도와 시기는 상당한 차이를 보였다. 식량 생산이 가장 신속하게 전파된 경우는 남북축이 아닌 동서축이었다.

가령, 서남아시아에서는 유럽과 이집트 등의 사례에서 보는 것처럼 서쪽 방향으로 전파되었고, 인더스강 일대에서 동쪽의 갠지스강으로 전해졌다. 퍼타일 크레슨트에서 작물화된 농작물이 다른 지역에 비해 전파 속도가 빨랐던 이유는 유라시아의 동서축에 위치해 있었기 때문이었다. 동일한 위도상에 동서 방향으로 늘어서 있는 지역들은 계절의 변화도 동일하고 낮의 길이도 똑같다. 그리고 정도의 차이는 있지만 강수량의 추이를 비롯한 생물의 서식지나 형태 등도 서로 비슷하다. 물론 문명과 문화가 동서 방향의 축으로 이동하면서 지형적 고도차가 있을 경우, 인류는 아시아와 남아메리카에서 경험한 것처럼 농작물을 개량하면서 어렵지 않게 극복했다.

이와 같이 동물과 농작물이 이리저리 옮겨지고 확산되는 전파 가능성이 용이한가와 어려운가를 가늠하는 난이도가 지리적 환경에 따라 달라지는 현상을 다이아몬드는 선제적 가축화 또는 선제적 작물화라고 일컬었다. 역사적 견지에서 볼 때 농업에 관해 가장 중요한 사항 중 하나는 단순히 많은 양의 식량을 생산하기보다는 신뢰할 수 있고 예측 가능한 종자들을 선택하는 것이 바로 선제적 작물화인 것이다. 당시의 인류는 가축화 및 작물화의 가능 여부를 가리는 지혜를 터득했으므로 그 범위를 확대하지 않더라도 별 문제가 되지 않았다. 야생 상태의 곡물은 작물화됨에 따라 생산량이 무려 100배 이상 많아졌다. 가축화할 수 있는 동물은 모두 엇비슷하고 가축화할 수 없는 동물은 가축화할 수 없는 이유가 제각기 달랐다.

야생 작물은 낟알이 여물었을 때 며칠 내에만 채집될 수 있으며, 그나마 그때도 새나 다른 약탈자와 경쟁 관계에 놓인다. 수렵이 전문화된 사회에서의 여성과 어린이는 직접적인 경제적 수확이 적은 데 비해, 곡물을 채집하는 사회에서의 여성과 어린이는 식량 공급에 큰 공헌을 할 수 있었다. 이들 식물은 약 10,000년 전에 거의 동시에 작물화되었으며, 양 · 염소 · 돼지와 소 또한 일찍 가축화되었다. 그들은 처음 들개를 가축화했던 요령으로 가축화의 범위를 넓혀 나갔지만, 가축화가 불가능한 짐승은 포기했다. 닭의 가축화는 약간 뒤늦은 시기에 가능했던 것 같다. 인간이 닭 울음소리를 듣고 잠에서 깨어난 것은 기원전 1000~2000년경의 일이었다.

양을 사육했다는 가장 오래된 흔적은 메소포타미아 북부에서 발견된 바 있다. 주변 구릉지대에는 야생 염소들이 우글거렸으며, 돼지는 구대륙 어느 곳에나 서식하고 있었다. 사람들은 양과 염소를 식용하는 것은 물론 그것들의 가죽과 털을 이용하는 용도도 찾아냈다. 또한 우유를 먹을 수 있게 되었다. 하지만 축력으로 이용한 것은 얼마 후의 일이었다. 유라시아 대륙의 동서축 덕분에 퍼타일 크레슨트의 농작물들은 서쪽으로는 아일랜드, 동쪽으로는 인더스강 유역까지 전파되었다. 이로 인해 온대성 위도대에 농업을 촉발시킬 수 있었고, 동아시아에서 독자적으로 발생한 농업을 더욱 보강해줄 수 있었다. 그리고 퍼타일 크레슨트로부터 멀리 떨어져 있지만 동일한 위도상에 위치한 땅에서 처음으로 작물화된 유라시아의 농작물들도 거꾸로 퍼타일 크레슨트로 전파될 수 있었다. 이러한 농작물의 전파와 확산은 중위도 내에서 진행되었다.

앞에서 소개한 다이아몬드의 주장을 뒷받침하는 일본의 와카야마(若山, 1990)는《로마와 장안: 고대세계의 수도》에서 도시문명론을 전개하는 가운데 유라시아문화권의 공간구조모델을 자석의 주위나 전류가 지나는 선 주위에 생기는 자기력이 작용하는 공간으로 설명했다. 즉, 서양문명의 중심지 로마와 동양문명의 중심지 시안長安은 각기 자극磁極이 되어 이것을 연결하는 '유라시아 벨트'에 커다란 문화의 자장磁場이 형성된다는 것이다. 두 자극을 연결하는 중간지대가 페르시아와 인도이며, 이것은 동서의 두 자장에 대한 경계 역할을 하는 동시에 문명 교류의 중간지대 혹은 점이지대로 자리매김할 수 있었다. 나는 와카야마의 주장에 공감하지만, 동쪽 자극 중심지 주변에 동남아시아를 포함시킨 것에는 동의하기 곤란하다.

지금까지는 세계지도만 보아도 금방 확인할 수 있는 위도 문제를 집중적으로 설명했다. 해당되는 지역의 지도를 펴놓고 읽으면 이 문제를 이해하는 데 도움이 될 것이다. 지구를 구성하고 있는 날줄과 씨줄, 즉 경도와 위도 중 문명 전파에서는 위도가 중요함을 지적한 것이다. 그 이유는 위도가 기후뿐 아니라 생물의 성장 조건, 식량 생산 및 작물 전파의 난이도 등을 결정하는 주된 요소이기 때문이다. 그러나 위도만이 그와 같은 결정 요소였던 것이 아님은 물론이며, 어떤 두 지역이 동일한 위도상에 인접해 있다고 해도 낮의 길이는 동일할 수밖에 없지만 반드시 기후 환경이 동일하지는 않을 것이다. 이처럼 각 대륙에 따라 정도의 차이는 있겠지만 지형적 · 생태적 장애물도 각 지역에서 확산과 전파를 방해하는 중요한 걸림돌로 작용했다.

예를 들면 미국 동남부와 서남부는 동일한 위도상에 놓여 있지만, 두 지역 사이의 농작물 확산은 매우 느리고 선택적이었다. 그것은 두 지역 사이에 끼어 있는 텍사스와 대평원 남부가 건조하고 농업에 부적당한 땅이기 때문이었다. 미시시피강은 북아메리카의 문화를 동질화시키는 데 영향을 미쳤지만, 이 강이 남북 방향으로 흐르고 있는 까닭에 동서 교류가 지체될 수밖에 없었다. 만약 북아메리카에 동서 방향으로 흐르는 하천이 있었다면 지절률이 높아져 미국의 서부 개척사가 앞당겨짐에 따라 문명의 동서 교류사에 촉진제가 되었을 것이다.

유라시아에서 이와 유사한 사례를 찾는다면, 퍼타일 크레슨트의 농작물의 전파에 존재했던 동진東進의 한계선을 들 수 있다. 이 농작물들은 서쪽으로는 대서양까지, 그리고 동쪽으로는 인더스강 유역까지는 별다른 장애물 없이 신속하게 전파되었다. 인도 아대륙의 문명은 인더스문명과 갠지스문명으로 대별될 수 있는데, 인더스강 유역의 문명이 먼저 시작된 이유는 인더스강 일대에서 동쪽의 갠지스강 유역으로 농업이 전파되는 데 약 5~6세기 정도 늦어졌기 때문이었다.

또한 인도·유럽어족에 속하는 아리아인들의 남진에 따른 고대문명은 갠지스강보다 아대륙 서쪽의 인더스강 상류로부터 시작되었는데 이것은 당연한 순서였다. 오늘날에도 이라크로부터 시작해서 이란을 거쳐 파키스탄과 인도로 이동하는 것을 생각하면 이해가 갈 것이다. 이란은 원래 페르시아였으나 1935년에 '아리아인의 나라'라는 뜻의 '이란Iran'으로 국명을 바꾼 바 있다.

일반적으로 메소포타미아문명권과 인더스문명권 간의 거리가 멀어 교류가 불가능할 것으로 생각하기 쉽지만, 현재 이란 동남부에 위치한 테페 야햐 유적지의 발굴 결과 두 문명이 교류했다는 증거 유물이 발굴되고 있다. 이런 사실은 문명 간의 접촉과 교류는 시간이 문제일 뿐 거리가 멀더라도 이루어진다는 사실을 입증하는 획기적 발견이라고 할 수 있다. 다시 말해서 지절률이 높은 메소포타미아와 인더스강 계곡에 각기 발달한 독립적인 문명권이라 할지라도 걸림돌이 없거나 디딤돌이 있을 경우에는 문명 교류가 이루어지지만, 이들 문명과 황하문명 간에는 디딤돌이 될 만한 중심지가 없거나 걸림돌이 있는 탓에 교류가 불가능했다는 사실을 적시하고 싶은 것이다. 그러므로 문명의 전파는 디딤돌과 걸림돌의 유무를 잘 살펴야 한다. 문명 전파의 디딤돌은 지중해 동안의 경우, 에게해에서 여러 섬들이 징검다리 역할을 하기도 했던 사실에 비춰볼 때 쉽게 이해할 수 있다. 이는 마치 우리가 개울을 건널 때 징검다리를 이용하는 것에 비유할 수 있을 것이다.

문명의 기원에 관해서는 두 가지 학설이 있다. 하나는 문명이 한 곳에서 발생한 후에 다른 지역으로 전파되었다는 문명단원설文明單原說이고, 다른 하나는 별개의 문명이 여러 곳에 각기 자생적으로 발달되었다는 문명다원설文明多元說이 그것이다. 주로 맨체스터학파가 주장하는 문명단원설은 문명이동설을 의미하는 것으로, 인류문명의 유일한 발상지가 이집트의 나일문명이라는 것이다. 그러나 그들의 주장은 메소포타미아문명이 최초라는 사실이 밝혀졌으므로 의미가 없다. 또한 그들의 주장이 동양문명의 서양기원설에 이용되어 오도되고 있어 인정할 수 없다. 이 이론의 대표적 인물은《문명의 성장》을 저술한 페리(Perry, 1937)인데, 그의 주장은 문명다원설이 제기되면서 사실상 부정되었다.

만약 문명단원설을 받아들인다면 인류의 문명은 지리적으로 고립되었던 메소아메리카에서 발생하지 말았어야 옳다. 문명단원설은 메소포타미아 혹은 이집트문명이 전 세계로 퍼져 나갔다는 문명확산설과 궤를 같이 하는 것인데, 이는 방사성탄소에 의한 연대측정법이 등장하면서 논리적으로 부정된 바 있다. 문명은 그것이 발생할 수 있는 잠재력을 지닌 땅이라면 어느 곳에서나 탄생할 수 있는 것이다. 즉, 지절률이 높은 땅이라면 문명 발생이 가능하다는 것이다. 사회의 진화에 표준적 패턴이 존재한다는 생각은 문명확산설이 쇠퇴하기 전까지는 설득력이 있었으나 지금은 그렇지 않다.

씨줄의 문명과 0.005%의 기적

지구상에는 지절률이 높은 지역이 그림 1-4에서 보는 바와 같이 대략

아홉 군데 분포하고 있다. 그것은 퍼타일 크레슨트를 위시하여 발칸반도·이탈리아반도를 포함한 지중해 연안, 서부 유럽, 북미의 서안 및 동안, 메소아메리카, 동아시아, 인도 서북부를 가리킨다. 이들 중에서 적도에 가까운 저위도에 속하는 동남아시아와 메소아메리카는 제외하고 싶다. 우리는 이 그림을 통해 지절률이 높은 땅에서 고대도시가 집중적으로 발생한 사실을 확인할 수 있다.

또한 지절과 문명 간의 관계를 확인할 수 있다. 다만, 동남아시아의 경우는 저위도 지방인 까닭에 인류사를 좌우할 만한 문명이 발생하지 못했으며, 북아메리카의 경우 원주민에 의한 인디언문명이 생겨나지 못했지만 19세기에 이르러 뒤늦게 현대문명을 꽃피웠다. 앞서 소개한 와카야마(若山, 1990)의 유라시아문화권의 공간구조모델에 대해 전적으로 동의할 수 없는 이유가 바로 여기에 있다.

인간의 활동 능률이 중위도 지방에 거주하는 사람들이 가장 높다는 점

그림 1-4 지절률이 높은 지역의 분포

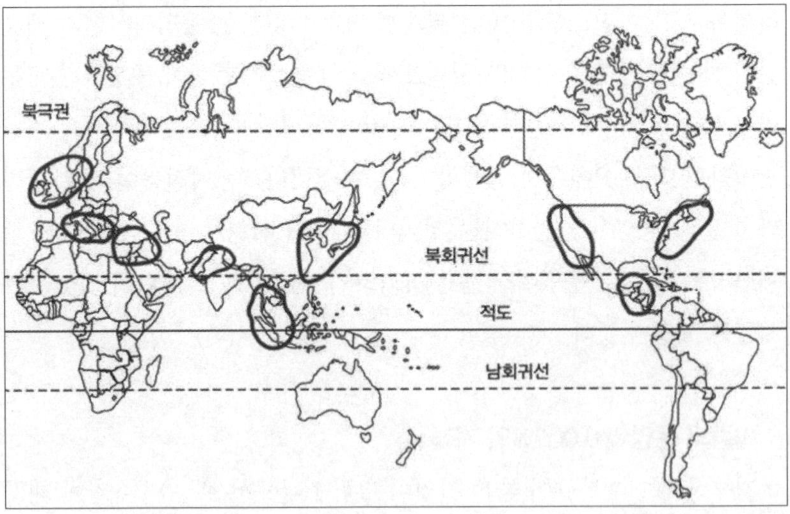

에 대해서는 이론의 여지가 있긴 하지만, 어떤 도구와 장치를 발명하는 행위와 문제 해결 행위는 중위도에 위치한 환경에서 가장 적합하다고 할 수 있다. 만약 이 사실에 동의한다면, 그것은 중위도에서 환경에 가장 잘 적응할 수 있는 인간이 그곳에 살아온 결과일 것이다. 고대도시가 집중적으로 발생한 지역을 보면, 큰 하천을 끼고 있는 중위도 지방이라는 점과, 문명의 발상지와 동일하다는 공통점을 발견할 수 있다. 결국 고대도시의 발생지와 고대문명의 발상지가 일치한다는 사실은 무엇을 의미할까? 그것은 도시에서 문명이 생겨난다는 사실을 뒷받침하는 것이며, 그래서 문명이 도시문명과 동의어라고 생각하는 것이다.

위도 문제에 관해서는 할둔Khaldun 역시 《역사서설》에서 지구의 기후대를 7개로 구분하고 위도 0~16도의 제1기후대와 위도 17~20도의 제2기후대에 거주하는 인간들을 비롯해 위도 39~43도의 제6기후대와 위도 44~48도의 제7기후대에 거주하는 인간들은 공기의 질이 나빠 야만인이 될 수밖에 없다고 주장했다. 그들은 뜨거운 공기와 차가운 공기 탓에 피부가 검거나 희어졌다고 풀이하면서 그들의 기질과 성품 때문에 사회적 집단생활을 하지 않는다는 것이다. 오직 위도 27~38도의 제3 · 4 · 5기후대에 거주하는 인간들만이 종교를 가진 문명생활을 할 수 있다고 주장한 할둔의 생각은 지나친 이슬람적 사고에서 비롯된 것이다.

이런 문제를 일본의 지리학자 스즈키(鈴木, 1990)는 그의 저서 《풍토의 구조》에서 이른바 '중위도 중심사고'의 문제로 자리매김했다. 그는 너무 덥거나 너무 춥지 않은 기후하에서 인간의 사고력 · 생산력 · 기술력 등이 극대화된다고 생각하는 것은 중위도 지방에 사는 사람들의 생각에 지나지 않는다고 지적했다. 가령, 에티오피아에서는 열심히 일을 하는 쪽보다 하지 않는 쪽을 선善이라 여긴다. 그들의 가치관은 그들의 심적 · 신체적 상황을 아무 일도 하지 않고도 생존할 수 있는 기후 환경에 맞추려면 하루하루 변화가 적은 저위도 지방이 적합하다고 생각하는 것이다. 이러한 반론이 중위도에 대한 반反서구 의식 속에서 비롯되었음을 부인할 수 없는 데도 저위도 또는 고위도의 학자들로부터 '중위도 중심사고'에 대한 반론이 이상할 정도로 제기되지 않았다. 그럼에도 불구하고 우리들의 의식 속에는 분명 위도별 문명의 수준이 존재하고 있음을 인정하지 않을 수 없다.

위도를 둘러싼 문제에 대해서 다이아몬드(Diamond, 2014)는 그의 저서 《인류사회 비교》에서 "왜 어떤 국가는 부유하고 어떤 국가는 가난한가?"란 명제를 지리적 요인을 들어 설명했다. 한국에서는 이 책의 번역본이 《재레드 다이아몬드의 나와 세계: 인류의 내일에 관한 중대한 질문》이란 제목으로 출판되었다. 그는 이 문제의 해답을 지리적 요인과 제도적 요인으로 나누어 설명했는데, 지리적 요인이란 다름 아닌 위도의 문제였다. 대체로 중위도의 온대 지역에 위치한 국가들이 저위도의 열대 지역 국가들보다 부유한 편임을 지적한 다이아몬드는 위도가 국부에 미치는 영향이 위도상에서 남북으로 상당히 넓은 지역을 차지하는 개별 국가에서도 어김없이 나타난다고 설명했다. 그러면서 미국과 이탈리아의 예를 들었다. 즉, 온대 지역의 뉴욕주와 오하이오주는 열대 지역에 가까운 미시시피주와 앨라배마주보다 훨씬 부유하다. 북이탈리아가 남이탈리아보다 부유한 이유 역시 동일하다.

이와 마찬가지로 브라질에서도 가장 부유한 지역은 적도에서 한참 떨어진 중위도에 위치한 리우데자네이루와 상파울루와 같은 도시지역이다. 그런 점에서 수도를 브라질리아로 천도한 것은 브라질의 실책이었다. 중위도의 온대 국가에 비해 저위도의 열대 국가가 가난한 이유 중 하나는 낮은 농업 생산성과 열악한 보건 위생에서 찾을 수 있다. 일반적으로 열대 지역은 온대 지역에 비해 따뜻하고 곡물의 빠른 성장 때문에 식량 생산량이 많을 것으로 생각하기 쉽다. 그러나 현실은 중위도 지방에 위치한 온대 지역의 토양이 신생대 제4기에 네 번의 빙기와 세 번의 간빙기가 있었던 관계로 더 비옥한 심토深土가 만들어진 까닭에 생산성이 저위도에 비해 더 높다. 또한 토양이 지나치게 다습하면 양분이 침출되어 농업에 적합하지 않고, 비가 많이 내리는 저위도의 열대우림지대와 비가 적게 내리는 고위도의 냉대지대 역시 증발량이 적어 습도가 높기 때문에 농업에 불리하다.

씨줄별, 즉 위도별로 볼 때 예나 지금이나 중위도는 고위도와 저위도에 비해 인류가 거주하기 적합한 위치다. 특히 남반구에 비해 북반구의 중위도가 그러했다. 원래 구대륙의 아프리카를 제외한 남반구에는 인구가 많이 분포하지 않았었다. 북반구의 중위도에 위치한 땅은 아무래도 인구가 많이 분포하는 땅에 도시가 발생하고 교류하여 그 속에서 문명이 창출되기 때문일 것이다. 결국 문명은 씨줄에 의해 결정되는 바가 크다.

나는 4계절의 변화가 비교적 뚜렷한 중위도지방에 거주하는 사람들의 기후에 적응하는 능력인 기후순화에서 하나의 답을 찾으려고 한다. 한국인은 오래전부터 농경 민족이었으므로 24절기에 맞춰 생활해왔는데, 만약 타이밍을 놓치면 1년 농사를 그르치기 때문에 항상 철, 즉 계절의 변화에 민감할 수밖에 없었다. 한국인은 타이밍을 놓치는 사람을 보면 "철없는 녀석"이라 비난을 한다. 우리는 사우나에 들어가 몸에 자극을 주기 위해 온탕 · 열탕 · 냉탕을 번갈아 오가며 목욕을 한다. 4계절이 번갈아 찾아오는 중위도는 그와 같은 '사우나 효과'를 누릴 수 있다. 적당한 자극은 인간에게 활력소가 되어 창의력을 극대화시켜준다. 동서 문명 교류의 상징인 실크로드가 중위도에 걸쳐 놓여 있는 까닭을 생각해보면서, 위도 문제에 관한 설명은 이 정도로 끝내고 다시 본론으로 들어가기로 하겠다.

문화의 교류에 힘입어 가장 이른 시기에 눈부신 성과가 나타난 땅은 오리엔트의 메소포타미아였다. 이 땅에서 가장 먼저 문명이 탄생한 것은 어찌 보면 당연한 일이었다. 왜 그랬을까? 여기서 우리는 메소포타미아 일대에서 인류 최초의 문명이 발생한 이유에 대해 살펴볼 필요를 느끼게 된다. 이는 곧 인류 최초의 도시가 메소포타미아에서 발생한 이유를 찾는 것이기도 하다.

인류의 역사에서 최초의 정착 주거 형태는 곡물의 경작과 함께 나타났으며, 도시적 취락은 잉여식량이 충분히 확보되면서 발생한 것이다. 식량 생산에서 최초의 성공적 경험은 서남아시아에 있는 퍼타일 크레슨트에서 얻게 되었다. 또한 이 지대 중 메소포타미아에서는 3,000~4,000년이라는 장구한 기간에 걸쳐 다양한 민족이 왕래해 번영과 전란의 무대가 되었다. 이에 따라 퍼타일 크레슨트에는 오래전부터 다양한 문화가 혼재했다. 즉, 주변 지역으로부터 이주는 물론 이곳을 통과하는 사람들이 많았기 때문에 끊임없이 정보와 사상이 흐르고 있었다. 이 지대에서 서로 다른 언어와 종교, 사회제도 등이 영향을 주고받으면서 다양한 사상과 관습이 탄생한 것이다.

위의 사실을 뒷받침해주는 구루(Gourou, 1966; 1973)는 문명의 발달을 위한 조건으로 상대적 위치가 아무리 중요한 요소라고 하더라도 대륙의 형상과 지리적 배열을 통해 작동하는 것이 문명의 흐름이라고 주장했다. 물론 그 흐름은 역사의 흐름으로 바뀐다. 경관적 특징으로 볼 때 문명의 불균등성은 지리적 위치의 불균등성과 역사적 상황, 문명 자체의 문제라는 3요소가 복합적으로 작용해 발생한다는 것이 구루의 핵심적 주장이다. 여기서 문명 자체의 문제란 구체적으로 집단이 내포하고 있는 사회조직의 문제를 의미한다. 결과적으로 문명은 인종이나 자연환경만으로 결정되는 것이 아니란 점이다.

인류 최초의 도시가 등장한 것은 이곳이 구대륙의 지리적 중심부에 해당하는 지역으로, 아프리카 · 유럽 · 아시아문화가 교차하며 접근성이 양호하기 때문이었다. 그림 1-5에서 보는 것처럼 지구의 건조화로 말미암아 하천 유역으로 이동한 아프리카문화, 펠로폰네소스반도와 아나톨리아고원으로부터의 유럽문화, 자그로스산맥을 넘어온 중앙아시아문화가 교차하는 지점이 메소포타미아 일대임을 알 수 있다.

사실 메소포타미아에는 하천 덕분에 잉여식량이 확보될 정도의 농산자원과 건축재가 된 갈대와 진흙은 풍부했지만, 문명이 발생할 만한 다른 자원들은 별로 없었다. 하나의 문명을 창출하기 위해서는 농산자원 이외에도 임산자원이나 광산자원이 필요하다. 그러므로 메소포타미아는 일찍부터 교역권이 넓어질 수밖에 없었고, 그 범위가 광역화하는 덕분에 서로 다른 자연환경이 포함된 지절을 보유할 수 있게 되어 다양한 문화가 접촉할 수 있었던 것이다.

그림 1-5 퍼타일 크레슨트의 주요 고대도시 분포

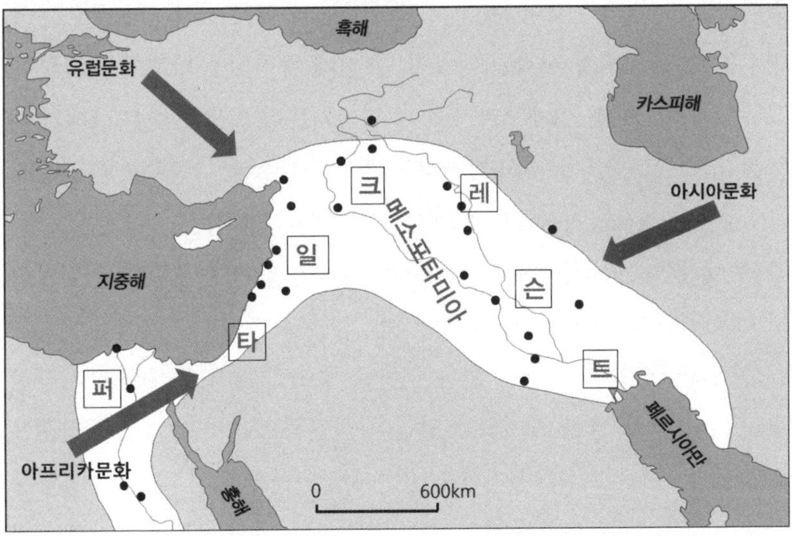

문화가 교차하는 곳에서는 혁신이 생겨난다. 사회적으로 혁신이 받아들여질 수 있는 토양이 만들어져야 비로소 개화의 필요성이 심리적 요구로 작용하는 것이다. 이는 고고학자 맬루웬(Mallowan, 1966)이 주장한 것처럼, 도시문명은 사회적으로 개화의 필요성에 대한 심리적 요구가 전제되어야 발생할 수 있는 것이다. 그러나 대부분의 인간사회는 주어진 환경에 순응하는 경향이 있다. 그 상태를 바꾸기보다는 오히려 변화에 저항하면서 전통을 지키려 하는 속성이 있다는 것이다. 우리는 그들을 수구 세력이라 부른다.

이와 같은 보수적 사회가 고대에는 하나의 규범이 되기도 했지만, 경우에 따라서는 전통에 대한 보수적 고집보다는 오히려 혁신과 변화에 만족감과 해방감을 느끼는 민족이 출현하기도 했다. 우리는 이러한 혁신적 사회를 문명의 창시자로 지목하게 된다. 따라서 모든 취락과 공동체가 정해진 과정을 거쳐 문명사회로 발달해가는 것은 아니다.

지금으로부터 약 5,000~8,000년 전 지구상에 커다란 기후변동이 있었다. 빙하기가 끝난 시기를 지질학에서는 충적세Holocene라 부르는데, 기후는 이 충적세가 시작된 약 1만 년 전에 급격히 온난해지게 되었다. 그 후 4,000년간은 현재보다 지구의 평균기온이 2~3도 높은 상태가 이어졌다. 오늘날 지구상에서 발생하는 현상들(강수량과 수분 증발량이 변하여 기상이변이 발생하고, 지구의 숲이 줄어들며, 사막화가 진행되고, 극해의 빙하가 녹아 해수면이 상승하고, 저지대 육지가 침수되거나 홍수가 발생하는 것 등)이 지금보다도 더 급격하게 진행되었을 것이다.

사실 지구상에 존재하는 물은 넘쳐날 정도로 많지만, 해수가 지구상 물 총량의 약 97%를 차지하고 인간이 실질적으로 사용 가능한 담수는 2.5%에 불과하다. 담수 중에서도 빙하와 극지대의 눈이 약 69%, 지하수가 30%, 호수와 토양수가 약 0.8%를 차지한다. 하천의 물이 차지하는 비중은 겨우 0.005%에도 미치지 못한다. 즉, 0.005%도 되지 않는 하천수 중 일부에서 인류의 문명이 시작된 것이다. 그러므로 인류문명의 시작은 '0.005%의 기적'이었다고 볼 수 있다.

사막화로 인해 오아시스 면적이 감소하고 경작지가 급격하게 부족해지게 되었다. 이렇게 인류는 점차 연안에서 내륙으로 이주를 하면서 자신들이 살 땅을 찾게 되고, 그렇게 찾은 공간이 바로 앞서 언급한 유역 면적이 넓은 큰 하천들이었다. 특히 사하라 일대가 사막화됨에 따라 이 지역의 정착민들은 큰 하천 주변으로 이동하게 되었다. 그리하여 그곳은 아랍어로 불모의 땅이란 뜻의 '사하라Sahara'라는 지명이 생겨났다. '자갈'이란 말에서 유래된 메소포타미아 남쪽의 네푸드사막과 '공백지대'란 뜻의 룹알할리사막 역시 마찬가지다. 그곳으로부터의 이주민들을 받아들인 하천 유역의 토착민들은 늘어나는 인구에 대처하기 위해 식량 증산을 위한 관개기술을 개발하거나 유입된 이주민을 노예화하고 노동력을 가혹할 정도로 착취하여 잉여식량의 창출을 꾀했다. 그럼에도 불구하고 인구 증가는 너무 부담스러운 문제였다. 즉, 인구과잉이 해결해야 할 당면과제였다.

"그 시대에 인구과잉이라니 웬 말인가?"라고 의문을 갖는 사람이 많을 것이다. 세계사 연구의 석학인 로버츠(Roberts, 1998)에 따르면, 기원전 4000년경 지구상의 인구는 겨우 8,000만~9,000만 명에 불과했다. 당시의 인구 증가율은 오늘날과 비교하면 매우 낮았는데, 그것은 식량 부족이 가장 큰 이유였다. 여기서 말하는 인구과잉이란 의미는 바로 식량 대비 인구가 지나치게 많았다는 뜻이다. 당시는 가뭄이라도 발생하면 농작물이 치명적 피해를 입었다. 멀리 떨어진 곳으로부터 식량을 운반하기 시작한 것은 훨씬 후의 일이었다. 따라서 흉작이 발생하면 마을 전체가 혹독한 기근에 시달려야만 했다.

굶주림에 지친 고대인들은 살던 마을을 버리고 대규모 이동을 하지 않으면 안 되었다. 그들은 때로는 충돌을 일으키기도 했고, 때로는 협력하기도 했다. 이런 이동이 다른 전통을 가진 민족의 교류를 촉발한 원인이 되었고, 나아가 역사를 발전시키는 아이러니한 결과를 초래했다. 그것은 사람들이 서로 다양한 것을 배우며 사회 전체가 지식과 경험을 축적해 나아갔기 때문이었다. 일부 학자들의 주장에 따르면, 퍼타일 크레슨트에서 활약한 사람들은 모두 하얀 피부를 가진 백인종이었는데, 사하라사막의 북부로부터 북동부에 이르는 햄어족을 위시하여 아라비아반도의 셈어족, 그리고 러시아 남부로부터 이주해온 인도 · 유럽어족과 조지아 및 아제르바이잔에서 기원한 캅카스어족들로 구성되어 있었다는 것이다. 이들이 뒤섞여 메소포타미아의 주인공이 되어 도시를 건설한 것이다.

그러나 나는 생각을 달리한다. 알렌의 법칙Allen's rule에 의하면, 황인종이 백인종에 비해 코 높이가 낮은 이유가 추운 기후하에서 동체로부터 돌출부를 최소화하여 열 방출을 감소시키기 위함에서 비롯된 것이다(Allen, 2014). 그런 까닭에 서양인이 동양인에 비해 이목구비가 뚜렷하게 진화한 것이다. 즉, 퍼타일 크레슨트에 살던 사람들의 피부는 백인종보다 약간 더 검은 피부를 지니고 있었다는 것이다. 백인종이 등장한 것은 햇볕이 밝은 동아프리카의 고원지대에서 발생한 인류의 일부가 서남아시아를 거쳐 암울한 유럽으로 이주하여 일조량이 적은 환경에 적응하면서 햇빛을 흡수하기 위해 피부가 흰색으로 퇴화함에 따른 것이었다.

식량 생산에서 최초의 성공적 경험은 서남아시아에 있는 퍼타일 크레슨트에서 얻게 되었다. 특히 그 지대의 남쪽에 위치한 수메르 땅의 수확량은 다른 지역의 무려 76배에 달할 만큼 많았다. 그러나 인류의 정착 생활이 반드시 경작과 함께 시작된 것은 아니었다. 원시적 농경 생활을 영위하던 무리들은 수렵과 보조적인 생계 수단으로 어로를 하게 되면서 정착 생활을 하는 경우도 있었다. '고기 반, 물 반'이었던 당시에는 물고기가 풍부하여 이동할 필요를 느끼지 않았기 때문이다. 또한 그들은 채집을 강화하면서 야생의 이삭을 훑어서 수확하는 과정에 이르렀다. 그리고 이 과정을 거쳐 씨를 뿌리게 되는 파종에 도달하게 되었다. 이로부터 농경이 시작되었고 농법의 노하우가 쌓여 농경 생활로 전환하는 단계로 접어들었다. 잉여식량을 산출하게 된 농경 생활 덕분에 수렵 · 채집 생활을 하던 1만 년 전 무렵 약 1,000만 명이던 세계 인구가 오늘날 75억 명을 넘게 된 것이다.

농경에서 펴타일 크레슨트의 유리한 점은, 지중해성 기후 지역에 속하여 건조기에도 살아남았다가 다시 비가 내리면 재빨리 성장을 재개할 수 있는 품종을 선택할 수 있었다는 사실이다. 특히 곡류와 콩류가 인간에게 유용했다. 또한 이 지대에는 야생 조상의 식물군이 풍부하고 생산성이 높은 경우가 많았다는 점이다. 밀은 벼와 옥수수에 비해 단백질 함량이 높다. 그리고 펴타일 크레슨트는 지절률이 높은 까닭에 환경이 다양하여 농작물의 잠재적 조상인 야생식물도 풍부하고 상이한 문화가 발달할 수 있었다. 이 지대의 고도차, 즉 수직지절률의 다양함은 곧 수확기가 각기 상이했음을 의미한다. 고원에서 자라는 식물들은 평야에서 자라는 식물들에 비해 종자를 늦게 생산했다. 그리하여 수렵 · 채집인들은 곡물이 익는 속도에 따라 산비탈을 오르면서 수확을 할 수 있었다. 여기서 말하는 산이란 자그로스산맥을 가리킨다.

오늘날 메소포타미아 동쪽의 산악지대에 비해 이라크는 저지대에 속하므로 페르시아어로 '저지대低地帶'를 뜻하는 '이라크'라 국명을 정했다. 작물화가 시작되자 산비탈에서 불규칙한 비에 의존해 자라던 야생 종자를 최초의 농경민들이 물이 풍부한 하천 유역으로 옮겨 심는 것은 간단한 일이었다. 특히 충적지대인 메소포타미아에서는 광물자원의 구득이 어려워 멀리 떨어진 산악지대나 외국으로부터 들여오게 되어 일찍부터 교역이 발달할 수 있었다. 이는 메소포타미아가 수직지절률이 높은 지역이기 때문에 가능한 일이었다. 그러므로 메소포타미아, 나아가서 퍼타일 크레슨트의 공간적 범위를 획정할 때에는 반드시 자그로스산맥은 물론 토로스산맥으로 이어지는 아나톨리아고원을 위시해서 레바논산맥을 포함해야 옳다. 자그로스산맥과 토로스산맥은 물론 캅카스산맥의 남쪽 사면에 살고 있던 사람들은 집약적인 식물채집에 기초한 정주 공동체를 형성하던 중이었다.

지절률에 대한 개념이 없는 학자들의 경우 퍼타일 크레슨트의 공간적 범위를 경작이 가능한 평야지대만을 포함시키는 우를 많이 범하고 있다. 유프라테스강의 중 · 상류에 위치한 텔무레이비트Tell Mureybit는 농업의 기원을 따질 때 매우 중요한 선사 취락 중 하나다. 서남아시아에서 지명 앞에 '텔Tell'이란 단어가 들어가면 고대에 반복적으로 인간이 거주하던 언덕 형태의 유적지를 의미한다.

'텔'의 개념을 이해하는 데 도움을 주기 위해서 이라크에 갔을 때 구입한 아르빌Erbil의 사진엽서가 생각나 그림 1-6에 게재해놓았다. 이 도시는 한국의 유엔평화유지군인 자이툰 부대가 파병되었던 이라크 북부에 위치한 도시인데, 기원전 6000년부터 사람들이 오랫동안 거주하면서 그 유산으로 대형 언덕을 남겨놓았다. 그런데도 이 도시에는 '텔'이란 지명이 붙어 있지 않다.

겔세비치(Gershevitc, 1985)에 의하면, Arbil 또는 Irbil로도 표기되는 아르빌은 후르리인의 언어였던 '위쪽 도시'를 뜻하는 우르빌룸*Urbilum*에서 유래된 지명이다. 제4장에서 기술하는 것처럼 기원전 331년 알렉산더가 아케메네스Achaemenid 왕조를 물리친 가우가멜라Gaugamela 전투가 벌어졌던 곳으로 유명하다. 이 경관을 보면 비록 세월이 많이 흘렀어도

그림 1-6 텔(언덕)을 형성한 아르빌 시가지 경관

고대 메소포타미아의 초기 도시를 보는 듯한 착각에 빠진다. '텔'은 터키와 이란의 경우 '테페*Tepe*'와 동일한 단어다.

웬크와 올스제위스키(Wenke and Olszewski, 2006)에 의하면, 오늘날 시리아의 아르라카Ar-Raqqah에 해당하는 텔무레이비트에서는 야생 보리 · 렌즈콩 · 피스타치오 · 완두 등의 식물 유체와 더불어, 탄화된 야생 밀과 야생 보리의 종자가 검출되었다. 사실 야생 밀과 야생 보리는 이 지역에서 자라지 않고 서북쪽으로 100~150킬로미터가량 떨어진 아나톨리아고원지대에 자연 서식처가 분포한다. 따라서 유프라테스강변의 텔무레이비트는 서남아시아에서 초창기 농업 취락 중의 하나였을 듯하며, 이곳과 인접한 지역에서 집약적 채집인들이 처음으로 종자를 자신의 밭에 심어보았던 것 같다.

새로운 사회 · 경제적 관계의 발달은 한정된 장소에 더 많은 사람들이

그림 1-7 야생 작물이 발견된 유프라테스강변의 텔무레이비트

집단적으로 거주할 수 있는 가능성을 열어주었다. 규모의 경제가 작용하여 주민들이 더 많은 잉여식량을 생산하게 되자, 그들은 잉여분을 다른 산물과 교환할 수 있었고 또 그것을 관리하는 계급이 형성되었다. 즉, 지배계급 · 상인계급 · 농민계급과 같은 사회계층의 분화가 진행된 것이다. 이에 따라 생산지와 취락 간 또는 타 취락 간의 교통로가 만들어지고 각 사회계층의 주거지역과 왕궁 · 신전 · 성곽 · 상점 · 창고 등의 시설이 건설되면서 도시가 형성되기에 이르렀다.

이러한 일련의 변화는 신석기혁명이라고 불리며, 이 혁명은 결국 농업혁명으로 발전했고 또 도시혁명으로 이어지게 되었다. 인류 최초의 고대도시는 기원전 6000년 내지 기원전 5000년 사이에 등장했지만, 이 시기에 출현한 도시가 과연 도시다운 면모를 갖춘 도시였을까? 이런 의문은 고대도시를 정의함으로써 명확해진다.

고대도시란 수천 명 이상의 주민이 집단적으로 거주하는 비교적 큰 규모의 취락이며 주로 비농업적 기능, 즉 상업 · 공업 · 정치 · 종교 · 군사적 기능을 보유하거나 부분적으로는 농업 중심지로서의 기능도 보유한 취락을 가리킨다. 일반적으로는 취락에 대다수의 주민이 비농업적 직업에 종사하고 일련의 통합된 건축물들이 존재하며, 단일 정부에 의해 통치되고 그 영향력이나 지배력이 주변 지역까지 확대될 경우, 그 취락의 규모와 상관없이 고대도시로 확대해석을 한다. 그러나 사회학자 쇼버그(Sjoberg, 1973)는 고고학자 차일드(Childe, 1947)와 마찬가지로, 이완되지 않고 고도로 조직된 사회에서만 도시가 형성되므로 문자 사용이 전제되어야 한다고 강조한 바 있다. 그러므로 아직 문자 사용의 흔적을 찾아내지 못한 아나톨리아고원의 차탈회위크와 잉카의 도시들은 도시라 불릴 수 있는 조건을 갖추지 못했다고 보아야 한다.

건축 · 도시계획 · 미술 · 비석 · 인장 등에 새겨진 신에 바치는 그림은 그것만으로 우루크 시대의 메소포타미아 전역에 걸쳐 도시 생활의 복잡한 구성을 증명하기에 충분하다. 따라서 문자로 기록하는 기술이 발명된 것은 이 시대였다고 해도 놀랄 일이 아니다. 초기에는 사회생활 속에 주요 역할을 하는 생물과 무생물을 표현한 그림으로 의미가 전달되었지만, 점차 그림문자로 축약되기 시작했다. 그림문자로 표현되는 개념은 제한된 범위에 머물렀으나, 곧 더 복잡한 뜻을 표현할 필요성을 느껴 그에 대한 방법이 강구되었다. 즉, 그림문자가 추상적 개념의 기호로 발전한 것이다.

단음절 억양을 가진 수메르어는 표음문자화에 큰 도움이 되었다. 최종적으로 문자화된 회화적 개념은 메소포타미아와 이란 토기에 새겨지게 되었다. 선사 시대의 도공들은 그림문자를 새겨 넣었지만, 글자를 전담하던 서기(필경사)들은 토기에 종 방향으로 새겨 넣던 것을 후에 횡 방향으로 그려 넣기 시작했다. 초기의 종서는 글자를 우측 방향으로부터 시작하여 배열했지만, 횡 배열로 바뀌면서 글자를 새기는 손의 움직임이 편해져 더 명료해졌다. 그리고 손이 더럽혀지는 단점도 해소되었다. 지적 노동을 하는 서기들은 귀족에 속했으며 부유한 생활을 누릴 수 있었다.

문자의 발명은 수메르인들만의 전유물로 끝나기에는 너무 편리한 것이었다. 기원전 2000년에 이르러 설형문자는 자그로스산맥 일대의 엘람Elam 왕국에도 보급되었다. 이집트와 같이 파피루스가 없던 수메르인들은 진흙이 굳어지기 전에 갈대로 찍어 문자를 고안했기 때문에 다른 문자와 달리 곡선이 없는 글자였다. 설형문자를 쐐기문자라 부르는 이유가 바로 그것 때문이다. 현재의 이란 서부에 속하는 엘람을 그리스인들은 수시아나Susiana라 부르기도 했는데, 그들은 아카드 설형문자를 변형하여 사용했다. 그러나 당시의 자급자족적 성격을 지닌 사회는 그림과 달리 문자의 보급을 절실하게 필요로 하지 않았으므로, 문자는 인접 지역으로 전파되는 데에 그쳤다. 이것은 지리학에서 말하는 확대전파의 형태에 속한다.

문화전파의 개념을 분석한 스웨덴의 지리학자 헤거스트란트(Hägerstrand, 1967)는 문화전파의 형태를 확대전파와 이전전파의 두 유형으로, 또 확대전파를 접촉성 확대전파와 계층성 확대전파로 세분한 바 있다. 수메르로부터 오늘날 이란 서쪽 엘람으로의 문자전파는 접촉성 확대전파에 속하는데, 이는 문화 혹은 문명이 직접적인 접촉에 의해 확대하는 과정을 뜻한다. 이 형태에서는 전파가 기원지로부터 인접한 장소에서 가장 빨리 이뤄지는 것이 보통인데, 이 개념은 고고학 분야에서도 원용되고 있다(Deetz, 1967).

가령, 신석기 시대의 어느 시기에 청동으로 만든 도끼가 어떤 마을에서 발명되었을 경우, 10년에 16킬로미터의 비율로 인접한 마을들로 확대되어 전파한다고 가정해보자. 그러면 도끼 분포지의 원 반경은 20년 후에는 32킬로미터, 50년 후가 되면 80킬로미터가 된다. 이와 같은 방식으로 서남아시아와 유럽에서의 농경을 곡물과 식용식물, 농기구 등의 발굴지로부터 추정하면, 기원전 7000년부터 기원전 2800년까지의 기간에 진행된 농경의 전파는 그림 1-8의 실선으로 표시된 것처럼 현재의 터키로부터 유럽 쪽으로(영국 및 아일랜드와 스칸디나비아반도 일부를 포함) 거의 같은 속도로 확대되었다는 사실을 알 수 있다. 또한 이 도끼가 동쪽인 인더스강 유역까지 전파되는 데에는 그림 1-8의 아래 그래프에서 점선의 화살표로 표시된 것처럼 약 1,200년 정도 소요되었을 것이다. 이는 실제

그림 1-8 서남아시아와 유럽의 신석기 문화전파

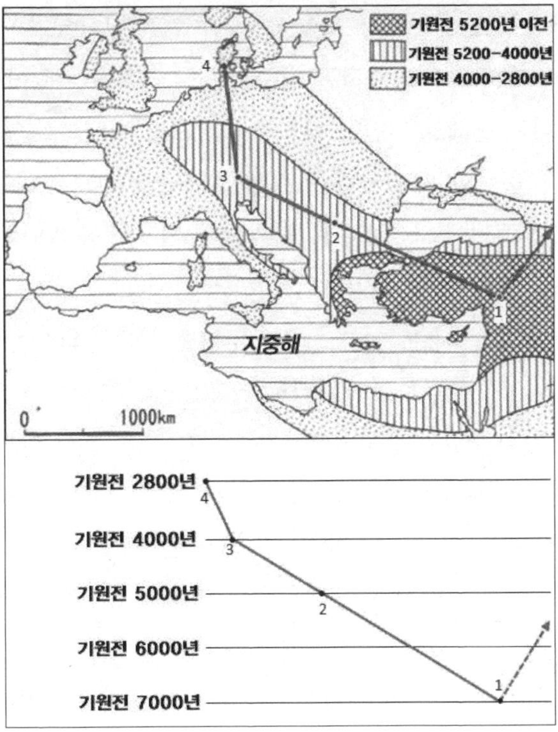

로 메소포타미아문명과 인더스문명 간의 시기적 차이가 1,200년 소요되었다는 것을 감안하면 놀라울 정도로 일치한다는 사실을 확인할 수 있다. 나는 고고학자 디츠Deetz의 날카로운 분석에 경의를 표하고 싶다.

퍼타일 크레슨트의 농업혁명은 잉여식량을 낳았고, 이를 바탕으로 고대도시의 성립을 보게 되었다. 인류는 농사를 짓기 시작하면서 계획적인 식량 소비나 파종할 종자의 비축 등과 같은 지적 계획知的計劃이 필요함에 따라 논리적 사고를 전개할 수 있는 능력을 갖게 되었다. 나아가 농법개발과 관개시설과 같은 과학기술의 필요성을 느끼기 시작했다. 또한 농경민은 일단 거처가 고정되어 생업을 농업으로 정한 때부터는 출산 간격을 단축시킬 수 있기 때문에 출산 빈도가 잦아져 인구밀도가 높아지게 되었다. 이에 반해 유랑 생활을 하는 수렵 · 채집인들은 수유기의 무월경, 금욕, 유아 살해, 낙태 등으로 4년 정도의 터울을 유지하는 것이 보통이었다.

일정한 곳에 정착해 거주하는 정주형定住形 사회에서는 어린아이들을 데리고 다니는 문제로 고민할 필요가 없으므로 제대로 먹일 수만 있다면 얼마든지 출산할 수 있었다. 농경 민족의 출산 간격은 약 2년으로 수렵 · 채집민의 4년에 비해 절반에 불과하다. 이것이 농경 민족이 유목 민족보다 인구가 많아진 이유였다.

다이아몬드(Diamond, 1993)가《제3의 침팬지》에서 밝힌 바와 같이, 농업이 시작되면서 계급 차별이 나타났을 뿐만 아니라 남녀의 불평등도 더욱 심화되었다. 농업이 출현하면서 여성들은 노동의 노예가 되었고, 매우 긴 임신 기간과 빈번한 출산으로 체력을 빼앗겨 건강 상태가 악화되었다. 오늘날에도 세계 도처에서 남자들은 빈손으로 다니는 반면, 여자들은 무거운 짐을 머리 위에 이고 다니는 모습을 볼 수 있다. 한민족도 과거에는 그러했다. 또한 다른 동물에 비해 어머니들은 인간의 긴 유년 시절로 인해 육아에 시달려야 했다. 이는 인류가 농업을 시작하면서 생겨난 여성 차별의 잔재라고 볼 수 있다. 더욱이 인류의 가축화는 개에 이어 양 및 염소와 소 등으로 확대되면서 목축 사회를 이루게 되었고, 그 사회는 남성주의와 그 가치에 중점이 두어졌다. 사실상 목축 사회가 가부장적이었음은 아리안족과 셈족을 비롯한 여러 민족에게서 증명된다.

농업의 출현은 문명의 시발점이 되었다는 긍정적 측면이 있지만 단점으로 작용한 요인도 있다. 이에 대해 다이아몬드는 세 가지 요인을 열거했다. 첫 번째로, 수렵 · 채집인은 여러 가지 음식을 먹으며 단백질 · 미네랄 · 비타민을 적절하게 섭취한 반면, 농민은 대부분의 영양을 전분질에서 얻었다. 두 번째로, 농민은 하나 또는 몇 안 되는 종류의 작물에 의존하고 있었기 때문에 흉작이 들면 기근에 빠질 위험이 수렵 · 채집인보다 훨씬 높았다. 인류는 농사를 시작하면서 흉년이란 것을 경험하게 되었다. 농업의 출현이 인류에게 단점으로도 작용했다는 것은 아이러니가 아닐 수 없다.

어떤 사회를 농경 사회로 자리매김하면 좋을지 판단하는 것은 쉬운 일이 아니다. 그것은 인간이 작물화 및 가축화로 얻은 식량이 전체에서 어느 정도의 비중을 차지하느냐에 따라 달라지기 때문이다. 이런 문제에 대한 해결책으로 미국의 머독(Murdock, 1964)은 식량 생산 사회를 전체 식량 중 절반 이상을 '농경+목축'에 의지하거나 또는 농경이나 목축만으로 충당할 경우로 한정했다. 그는 식량 생산 사회는 어느 정도 효율적 수준의 식량을 생산한다는 것을 필연적 상황으로 전제하여 ① 적어도 1년 중 일정 기간만이라도 그 공동체가 필요로 하는 식량의 절반이 직접 생산을 통해 획득된 식량으로 충당될 것, ② 작물화 및 가축화된 동식물을 자연 서식지와 야생식물군으로 돌아가게 하지 않을 것이라는 두 가지 기준을 제시했다. 이 기준에 의하면 농경 사회는 식량 구득을 위해 모든 시간을 할애하는 단계가 이미 지났음을 뜻한다.

그러므로 문명은 식량 수탈자가 아닌 식량 생산자에 의해 창출된 것이라 생각해야 한다. 식량 수탈자는 농경 활동에 관심이 없으므로 소규모 농경 활동이라도 매진할 생각을 하지 않는다. 그 이유는 농경에 의한 식량 생산은 오랜 시간이 걸리지만, 수렵과 채집에 의한 식량 수탈은 즉시 대가를 얻을 수 있기 때문이다(Smith, 1976). 다시 말해서 인내심을 필요로 하는 농경 활동은 그다지 매력적이지 않다는 것이다.

농업을 선택한 인류는 종종 식량난으로 고통을 받아야 했다. 19세기 중반에 발생한 아일랜드의 감자 기근이 그 예다. 굶주림으로부터 벗어나기 위해 1912년 4월 10일 아메리칸 드림을 꿈꾸며 그들은 타이타닉호의 3등칸에 몸을 실었으나 5일 후 참변을 당했다. 1921년 영국으로부터 독립한 아일랜드와 아직도 독립을 꿈꾸는 북아일랜드 주민들은 여전히 영국에 대해 가지고 있는 강한 반감의 뿌리가 남아 있다. 1997년 토니 블레어 영국 총리는 150년 전 120만 명을 굶어죽게 방치했던 과거사에 대해 사죄한 바 있다.

마지막으로 다이아몬드가 지적한 농업의 세 번째 단점은 오늘날 세계 도처에서 위력을 보이는 전염병이나 기생충의 위협이 농업의 출현 전에는 심각하지 않았다는 사실에서 찾을 수 있다. 인간은 가축화로 많은 혜택을 누렸지만, 인간과 가축이 섞여 살면서 질병이 생겨났다. 각종 전염병은 수렵 · 채집인들 사이에서는 오랜 기간 존속할 수 없었지만 도시에 인구가 밀집하면서 전염되기 시작한 것이다. 천연두 · 홍역 · 결핵 등이 소로부터 감염되고, 돼지로부터는 인플루엔자, 말로부터는 감기, 원숭이로부터는 에이즈에 감염되었다.

미국의 지리학자 헌팅턴(Huntington, 1915)은 악명 높은 그의 저서《문명과 기후》에서 기온 및 습도, 풍속 등과 관련된 기후 환경이 인간의 능률을 지배하고 그것에 따라 문명의 발달 정도가 좌우된다고 주장했다.

그는 보다 양호한 환경을 찾으려고 노력해온 서양인의 본능적이고 현실 불만족 정신이 서양 역사의 활력소가 되었으며 어느 누구도 이것을 가로막을 수 없다고 주장함으로써 서양인들의 제국주의적 기질을 미화했다. 헌팅턴은 세계문명 수준의 정도를 나타낸 분포도를 작성해 이것이 기후값을 나타내는 최적 기후와 거의 완전히 일치함을 증명하려고 시도했다. 그는 이를 토대로 문명이 기후의 산물임을 주장한 것이다.

이러한 주장은 환경결정론에 뿌리를 둔 고대 그리스 이오니아학파의 히포크라테스까지 거슬러 올라간다. 그는 기후가 인간의 지력知力은 물론 건강과 성격에 큰 영향을 미친다고 생각했다. 또한 온난하여 농작물이 잘 자라는 그리스 남쪽 민족은 온순하지만 용기와 근면성이 결여되었고, 춥고 자연의 혜택을 못 받은 그리스 북쪽 민족은 인내력과 진취성이 결여되었다는 것이다. 그 중간에 위치한 그리스 민족은 근면하고 독립심이 강할 뿐더러 지성적이라는 자기(그리스)중심적 궤변을 전개했다. 그렇다면 그리스 북쪽 마케도니아의 알렉산더 대왕을 어떻게 평가해야 할지 난감해진다.

이러한 서구우월주의의 사상적 계승자인 루소(Rousseau, 1762), 헤겔, 마르크스, 랑케를 거쳐 지리학 분야의 라첼(Ratzel, 1896)과 헌팅턴(Huntington, 1915)에 이어 셈플(Semple, 1922)이나 마쉬(Marsh, 1965)가 궤를 같이하는 주장을 펼쳤다. 그러나 고대환경사학자인 휴스(Hughes, 1975)는 인류가 이룩한 문명과 자연환경 간의 관계를 설명하는 가운데 문화적 특성을 위시해 인류가 체득한 과거의 경험, 적극성과 창의성, 기술 수준 등과 같은 요인들이 무시하지 못할 요인들임에 틀림없지만 기후환경만으로 설명하는 것은 아전인수我田引水라고 지적했다. 즉, 문명의 절정기에 달한 유럽문명의 우위성을 논리화한 것에 지나지 않는다는 것이다. 만약 그들의 주장을 받아들인다면 영국과 같이 추운 땅에서 발전한 문명은 어떻게 설명할 것인가?

그럼에도 불구하고 우리는 반대편의 시각에서도 생각해볼 필요가 있다. 즉, 기후와 문명 간의 상관관계는 이상기후로 인해 빈번하게 기아에 시달려 아사자를 낳았던 과거의 유럽이나 메소아메리카에서 확인할 수 있고, 오늘날에도 아프리카 · 동남아시아 등의 발전도상국의 문명 상태를 보면 알 수 있다. 역사적으로 볼 때 구대륙의 경우, 로마 제국의 멸망은 기후 환경의 악화로 배후 지역의 농업 생산성이 떨어지고 말라리아와 같은 전염병이 창궐하여 초래된 것이다. 물론 로마 제국의 멸망에는 복합적 원인이 있었겠지만, 기후 환경의 악화가 몰락의 중요한 요인으로 작용했음은 틀림없다.

지구과학자 장 등(Zhang *et al.*, 2007)의 연구에 의하면, 지난 1400~1900년에 걸친 기후변화와 이 기간에 발생한 전쟁 4,500건의 연관성을 분석한 결과, 기후변화와 과거 동서양에서 발발한 각종 전쟁들 사이에 상관관계가 있음이 밝혀졌다. 이것에 따르면, 지난 500년간 평균기온이 상대적으로 낮은 기간에 전쟁이 발발한 경우가 많았고, 따뜻한 기간에는 비교적 평화로웠다는 것이다. 결과적으로 낮은 기온이 농사에 악영향을 미쳤고, 이에 따른 식량 부족이 전쟁으로 이어졌음을 시사하는 것이다. 기후가 전쟁을 직접적으로 유발한 것은 아니었으나 그 요인으로 작용했다는 것이다. 특히 전 세계적으로 평균기온이 낮았던 17세기에는 유럽과 아시아에서 대규모 전쟁 발발 건수가 대폭 늘어났고, 이에 따른 인구 감소폭도 컸다. 과거에는 낮은 기온이 전쟁을 일으키는 요인으로 작용했으나, 그와는 반대로 지구온난화 현상도 농사에 악영향을 미치기 때문에 인류 평화에 부담이 될 전망이다.

지리학자 헌팅턴이 일관되게 주장한 기후결정론은 많은 비판을 받아왔으나, 인류의 문명은 기후변화에 따라 여러 차례 변화하고 발전해온 것도 사실이다. 특히 셈플과 같은 지리학자는 지중해 연안을 사례로 과거 농업 발전은 토양의 비옥도보다 기후 조건이 더 중요하다는 사실을 지적한 바 있다. 아무튼 문명은 하루아침에 생겨난 것이 아니라 장구한 시간 속에서 서서히 발전해왔으며, 그 진보의 속도는 느릴 때와 빠를 때가 있었다. 기후는 식량과 생산자원 획득의 난이도와 관련되어 문명 발달에 크게 영향을 미쳤다. 특히 고대에 인류가 생존하기 위해서는 식량 획득이 불가결했고, 식량 생산은 기후에 의존하는 바가 컸다.

인류는 잉여분의 식량자원이 충분하게 얻어지는 땅에서 기원했으며 그곳에서 문명을 발전시켰다. 기후는 정신적 에너지와 육체적 에너지를 포괄하는 활동 에너지에도 심대한 영향을 미친다. 인간의 활동은 섭씨 15도를 정점으로 하여 섭씨 10~20도에서 가장 능률적으로 정신적 · 육체적 에너지를 발휘할 수 있다. 헌팅턴이 주장한 바와 같이, 기후가 인간의 활동에 알맞은 땅에서는 인간의 창의적인 활동력이 왕성해져 문명이 발달할 뿐만 아니라 생산이 증진된다. 그 결과 생활 내용이 풍부해짐에 따라 문명 발달을 가져오게 된다.

나는 지금까지 설명한 것처럼 문명의 발달이 위도와 관련된 기후적 요인보다는 지절률이 높은 땅에 위치한 도시의 결절성結節性에서 이루어졌음을 일관되게 설명해왔다. 다시 말해서 문명의 발생은 도시 간 상호작용, 즉 도시문명의 상호 교류란 관점에 초점을 맞춰야 한다는 주장이다. 도시는 인간의 지혜가 축적된 공간이므로 도시 상호간 교류야말로 문명 발생의 역동성인 동시에 메커니즘의 근원이 된다. 이는 서로 다른 지혜를 축적한 도시 간 교류가 엄청난 시너지 효과를 발휘하기 때문이다.

지리학자 다이아몬드는 지역별 문명 수준의 차이가 인류의 유전적 요인 때문에 생긴 것이 아니라, 문화적 특성에 끼친 지리적 영향 때문이라는 주장을 폈다. 정복자가 피정복자보다 유전적으로 우수하다는 증거는 어디에도 없다. 어느 민족이라도 충분한 학습 기회가 주어진다면 피정복자라 할지라도 우수한 문명을 창출할 수 있다. 다이아몬드는 유럽인이 아메리카 대륙과 오스트레일리아를 정복할 수 있었던 것은 그들이 우수한 유전자를 가졌기 때문이 아니라, 천연두와 같은 세균, 철로 만든 무기와 선박과 같은 기술, 문자에 의한 정보 축적과 정치 체제 때문이었다고 분석했다. 그 점은 나와 생각을 같이하는 것이지만, 다이아몬드는 대륙간의 지리적 조건의 차이에서 문명의 우열이 가려졌다고 포괄적인 설명에 그쳤다. 즉, 그는 지리적 조건의 차이를 지절이 아닌 위도만으로 설명한 것이다.

자, 이제 다음 장부터 본격적인 나의 문명 답사가 시작된다. 나의 답사는 인류 최초의 문명 발생지였던 메소포타미아로부터 시작해서 페니키아문명의 중심지였던 시리아 · 레바논 · 이스라엘 등의 레반트로 옮겨가게 된다. 더 나아가 퍼타일 크레슨트라 불리는 문명의 중심부를 이해하기 위해 북으로는 오늘날의 터키와 동으로는 이란, 서로는 이집트로 답사 범위가 확대된다. 그다음으로 유럽문명의 기초가 된 그리스문명을 규명하기 위해 에게해 일대의 그리스와 아나톨리아 서부 해안지대로 옮아갈 것이다. 그리고 유럽 세계를 일깨웠던 로마문명을 탐사하기 위해 이탈리아반도를 위시한 지중해 연안의 여러 나라로 향하게 될 것이다.

지중해 시대를 마감하며 로마문명의 뒤를 이은 유럽문명의 개막을 조사하기 위한 나의 답사는 거의 유럽 대부분의 나라에 걸쳐 이루어졌다. 그다음으로 문명의 중심이 아메리카 대륙으로 옮겨져 대서양 시대로 바뀐 팍스 아메리카나를 조사하기 위한 북미 답사는 메소아메리카문명을 포함하기 위해 중앙아메리카로 향하게 될 것이다. 그리고 태평양 건너 일본열도와 내가 한평생을 보낸 한반도와 중국 대륙을 탐사하면서 나의 문명 답사는 종지부를 찍게 된다.

이제부터 시작되는 나의 문명 답사기는 대체로 시대순으로 전개되지만 반드시 그렇지는 않다. 역사학에서는 시간에 초점을 맞추지만, 지리학에서는 공간에 초점을 맞춰 스토리텔링을 전개하기 때문에 가끔 시공간을 초월하여 설명할 경우가 있을 것이니 혼동하지 말 것을 부탁한다. 땅의 생김새와 그 속성을 음미하면서 제2장부터 전개되는 문명사 속으로 들어가 보자.

제2장 관련 지도

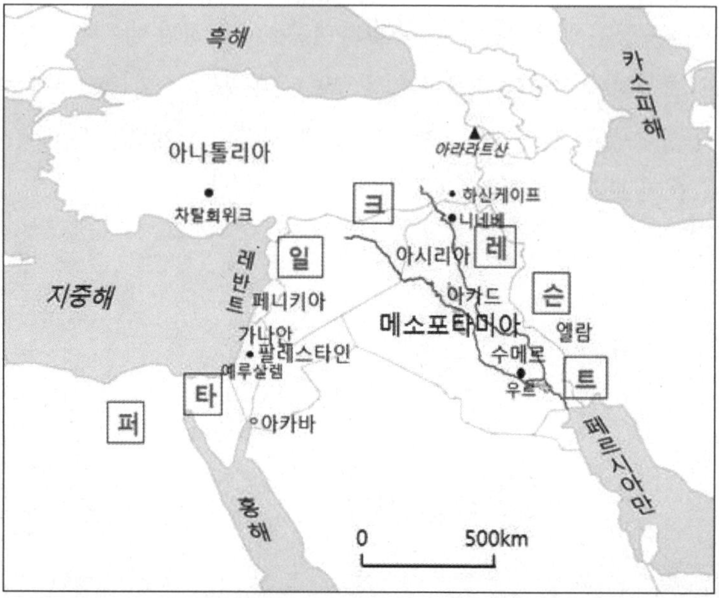

제3장 관련 지도

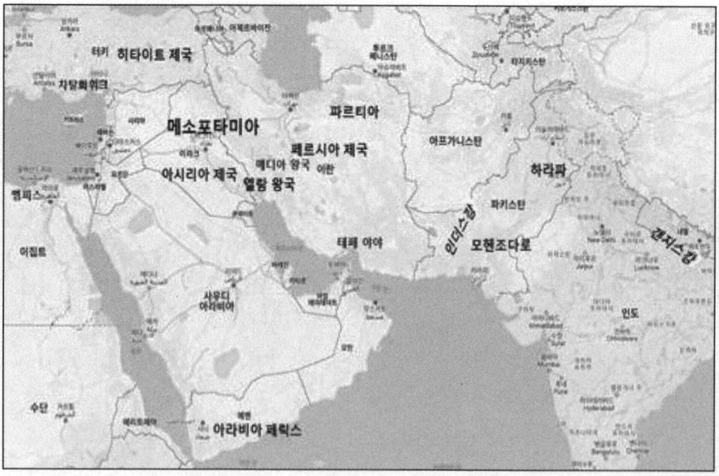

Civilization of the Land

구대륙의 한가운데 땅에서 시작된 문명

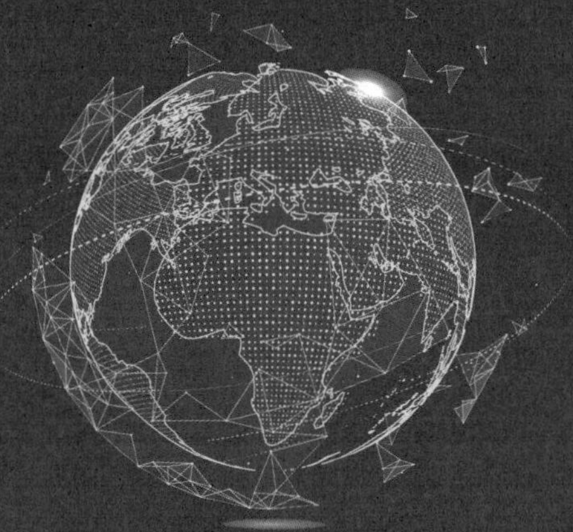

제2장 문명의 발생지 퍼타일 크레슨트

제3장 메소포타미아를 넘어

인류문명의 태동을 알린 메소포타미아문명과 레반트의 페니키아문명을 조사하기 위한 나의 답사는 주로 이라크와 이란을 중심으로 시리아 · 레바논 · 이스라엘 · 요르단에 걸쳐 두 차례 이루어졌다. 이 답사는 경제적 · 시간적 제약으로 2001년부터 2013년까지, 무려 13년간에 걸쳐 진행되었기 때문에 나의 기억에서 사라진 내용도 많을 수밖에 없었다. 퍼타일 크레슨트 답사는 제1차 걸프전쟁이 종료된 직후에 요르단의 암만에서 이라크의 바그다드에 도착하면서 시작되었다. 메소포타미아를 답사하기 위해서는 중부의 아카드를 중심으로 남쪽의 수메르와 북쪽의 아시리아를 두루 살펴보아야 하기 때문에, 이라크 중부의 바그다드에서 남쪽의 우르로 가서 다시 방향을 북쪽으로 돌려 바빌론을 거치는 코스를 택했다. 또 북쪽의 아시리아 답사를 위해 사마라–님루드–모술–니네베를 지리적 관점에서 차례대로 살펴보았다.

나는 메소포타미아 답사를 마치고 캅카스산맥 이남 지방과 지중해 연안의 레반트 답사에 나섰다. 그것은 이들 지역이 메소포타미아와 깊은 관련이 있기 때문이다. 답사는 레바논 북쪽의 트리폴리로부터 시작하여 비블로스–베이루트–베카 계곡의 안자르와 바알베크–티레–시돈–나사렛–텔아비브로 이어지는 코스와, 가나안의 핵심부에 해당하는 갈릴리해–느보산–사해–마사다–예리코–예루살렘, 그리고 이른바 '왕의 대로'를 따라 제라시–암만–마다바–알카라크–페트라–와디럼–아카바에 이르는 코스였다. 특히 베카 계곡을 답사하면서 퍼타일 크레슨트의 이해를 넓힐 수 있었다. 그러나 나는 현지 사정과 국경 때문에 그와 같은 순서로 답사한 것은 아니었다. 설명하는 순서 역시 시간보다는 공간에 초점을 맞춰 이들 코스와 좀 다르게 배열했다.

제2장
문명의 발생지 퍼타일 크레슨트

문명의 씨앗을 뿌린 메소포타미아 남쪽 땅 수메르

인류의 문명이 탄생한 시기를 정하는 문제는 인류의 기원을 따지는 것만큼 어렵다. 우리는 어느 시점에서 획을 그을 수 있을 만큼의 중요한 변화가 있었는지 정확히 알 수 없다. 기원전 5000년경에 이르러 오리엔트의 이곳저곳에서 농작물의 잉여가 생기기 시작해 문명의 기초가 갖춰졌다. 터키의 차탈회위크와 하산케이프에서 선사 유적지가 발굴되어 요르단강 서안의 예리코보다 약간 앞선 시기라는 것이 밝혀지긴 했지만, 아직 문명 단계에 접어든 것은 아니었다.

기원전 4000년경까지는 퍼타일 크레슨트의 대부분 지역에 캅카스 산악 지방으로부터 이주해온 캅카스어족이 정착해 살고 있었다. 아마 이 무렵에 셈어를 사용하는 민족들이 침입해 들어왔을 것으로 짐작된다. 아랍어의 조상격인 셈어족은 점차 세력을 넓혀 기원전 3000년대 중엽에는 티그리스강과 유프라테스강 중류를 넘어 메소포타미아 중앙부에 정착했다. 한편, 캅카스어족들도 메소포타미아 북동부의 고지대를 먼저 차지하고 있었으므로 두 어족 간에 대립이 지속되었다. 기원전 2000년대에 접어들면서 인도 · 유럽어족이 메소포타미아 남부로 침입해 들어왔는데, 그들은 유럽 쪽으로부터 소아시아로 들어온 히타이트인과 동쪽으로부터 침입해온 이란인이었던 것으로 추정된다. 이들은 이미 메소포타미아를 차지하고 있던 셈어족이나 캅카스어족과 대립과 화해를 기듭하면서 융합된 문명을 창출하였다.

모든 학자들이 인정하는 인류 최초의 문명은 메소포타미아에서 생겨났다. 메소포타미아Mesopotamia란 고대 그리스어로 '두 강 사이의 땅'을 의미하는 말이다. 두 강이란 유프라테스강과 티그리스강을 가리킨다. 두 강 모두 터키 아나톨리아고원에서 흘러오는 물을 발원지로 하고 있는데, 서쪽을 흐르는 강이 유프라테스강이고, 동쪽은 티그리스강이다. 유프라테스강은 아르메니아와의 국경 인근을 발원지로 하며, 터키 중앙부의 산악지대를 돌아 시리아 평원으로 흐르다가 다시 남하해 이라크에 이른다. 티그리스강은 터키의 반호Van lake 주변에서 발원해 이란고원의 자그로스산맥으로부터 흘러드는 지류들과 합류하여 이라크 평원으로 흘러든다. '자그로스Zagros'란 지명은 고대 페르시아 부활신의 이름에서 유래되었다.

'메소포타미아'라는 지명이 역사에 등장하기 시작한 것은 기원전 4세기 알렉산더 대왕의 동방 원정에서부터였다. 기원후 10세기경까지 메소포타미아의 범위는 두 강의 발원지인 터키 동부의 산록부로부터 바그다드에 이르는 땅, 즉 아시리아와 아카드를 가리키는 지명이었으며 그 이남은 일반적으로 바빌로니아라 불렀다. 그러므로 원래 메소포타미아는 기원전 334년을 기점으로 그 범위가 넓어진 셈이다.

2,735킬로미터에 달하는 유프라테스강과 1,931킬로미터에 달하는

티그리스강은 평평한 지대를 지나 페르시아만까지 유유히 흐르기 때문에 범람기를 제외하면 훌륭한 교통로의 역할을 했다. 농경지 확장을 위한 삼림 벌채는 홍수를 더 빈번하게 만들었다. 두 하천 중 문명 발달과 산물 교역에 영향을 미친 강은 티그리스강보다는 유프라테스강이었다고 할 수 있다. 왜냐하면 유프라테스강은 자연제방이 비교적 낮고 홍수가 적을 뿐더러 교통에 편리하기 때문이다. '티그리스Tigris'는 급류란 뜻이며, '유프라테스Euphrates'란 큰 하천을 의미한다. 두 하천 덕분에 남북으로 길게 펼쳐진 메소포타미아 평원은 교통에 아무런 지장을 주지 않았다. 우리는 제1장에서 확인한 바와 같이 수상 교통이 육상 교통에 비해 75배 정도 편리하다는 사실을 상기할 필요가 있다. 육상은 수레 또는 낙타를, 수상은 범선을 이용했을 것이다. 정말 그 당시에 낙타를 운반 수단으로 이용했을까?

사족처럼 느껴질지 모르겠지만 여기서 잠시 낙타에 관해 알아보기로 하자. 낙타가 오래전부터 각 대륙에 서식한 것은 사실이지만, 그것이 가축화된 것은 수메르문명 이후의 일이다. 《구약성서》를 보면, 기원전 2000년경에 수메르의 우르에 살았던 아브라함과 같은 유태인의 조상들이 낙타를 가축화한 것으로 기록되어 있다. 가령 《구약성서》 창세기 24장에 아브라함의 하인이 낙타를 타고 이삭의 부인을 찾으러 가는 대목이 나오는데, 이는 시대착오적인 내용이다. 당시에는 낙타가 아직 가축화되기 전이었으므로 《구약성서》가 훗날 쓰였거나 편집되었다는 증거일 것이다. 당시에는 이 땅에 낙타와 말이 가축화되지 않았다.

메소포타미아의 북부와 남부 간의 교류는 육로보다 수로에 의존하는 바가 컸으며, 티그리스강보다 유프라테스강이 더 원활했다. 이런 사실은 유프라테스강 상류의 지류에 위치한 텔 브라크와 하류의 우루크가 무려 1,289킬로미터나 떨어져 있음에도 불구하고 예술과 건축 분야에서 두 도시 간에 놀랄 정도의 유사성이 입증된 것에서 확인할 수 있다. 텔 브라크에서는 재분배 경제를 상징하는 계량 도구였던 빗각테두리 사발이 대량으로 출토된 것으로 보아, 이 도시의 노동자들은 일단 생산한 곡물을 모두 지도자에게 바친 후에 자신의 할당량을 배급받았을 것으로 추정된다.

유프라테스강을 이용한 교통은 진정한 메소포타미아의 생명줄인 동시에 젓줄이었다. 이 하천의 옛 지명이 구리를 의미하는 '우르도우강'이라 명명된 것은 아나톨리아고원이 구리의 원산지였음을 뜻하는 것이며, 초기 수메르의 기술자들이 그것을 가공해 상품화할 수 있었다는 뜻이다. 따라서 이 강이 고대에 페르시아만에서 지중해로 통하는 각종 물자의 교역로였음을 의미하는 것이다.

한편, 티그리스강은 '이디그라트diglat'라는 수메르어의 옛 지명이 뜻하는 것처럼 물살이 화살같이 빠르고 거칠며 고르지 못한 까닭에 유프라테스강만큼 수상 교통에 유리하지 못했다. 그 결과 티그리스강 유역의 경우 상류 쪽 취락은 하류 쪽 그것과는 사뭇 달랐다. 예를 들면, 상류 니네베 근처의 테페 가우라Tepe Gawra와 같은 취락은 수메르의 고대 취락과는 전혀 다른 선사 시대의 유형에 속했다. 그렇지만 전체적으로 보았을 때에는 티그리스강 역시 메소포타미아 평원의 획일화에 영향을 미쳤다고 보아야 한다. 그 이유는 양 하천이 서로 50킬로미터도 떨어져 있지 않고 동일한 방향으로 흐르고 있으며 어느 한쪽 하안河岸이 다른 쪽 하안과 복잡하게 교차하는 지점이 있기 때문이다. 그러므로 두 강이 메소포타미아를 통합하는 기능과 분할하는 기능에 모두 복합적으로 연관되었다고 볼 수 있는데, 전체적으로는 통합하는 기능이 우세했다.

두 강의 유역 면적은 한반도의 약 3.5배에 달하며, 광활한 유역의 대부분은 메소포타미아문명과 관련이 있다(제9장 그림 9-9(a) 참조). 문명의 중심은 오늘날의 이라크 지역이지만 이란 · 터키 · 시리아 지역을 포함한다. 이들 국가들은 전쟁에 휘말려 있어 현지 답사가 매우 곤란하다. 나는 2001년 2월과 2013년 1월 두 차례에 걸쳐 답사를 했다. 첫 번째 답사는 메소포타미아 유적지를 조사하기 위함이었고, 두 번째 답사는 메소포타미아와 연결된 레반트 일대의 유적지를 포함한 퍼타일 크레슨트를 조사하기 위함이었다.

메소포타미아의 중심국인 이라크는 1990년 걸프전쟁 이래 유엔으로부터 경제제재를 받고 있었고, 비행 금지 구역으로 지정되어 비행장은 폐쇄되어 있었다. 그 때문에 나는 요르단의 수도 암만에서 차 바닥에 구멍이 뚫려 땅이 훤히 보이는 낡은 벤츠 자동차를 타고 1,000킬로미터에 달하는 시리아 사막을 밤새워 가로질러 바그다드에 도착할 수 있었다. 가도 가도 산이 없고 끝없는 지평선밖에 없는 메소포타미아의 땅을 보면서 국토의 7할이 산악지대인 한반도에서 살아온 나는 불현듯 한국의 산이 보고 싶어졌다. 고층 빌딩의 스카이라인에 익숙한 나는 사막을 밤새워 횡단하는 일이 난생 처음이었다. 아이러니하게도 인류 최초의 문명 발생지를 보러가면서 문명의 저편에 있다는 느낌을 받았다. 요르단-이라크 국경으로부터 이라크의 수도 바그다드에 이르는 600킬로미터의 도로는 국제적으로도 악명 높은 '죽음의 도로'였다. 이곳을 달리다 죽은 사람이 매우 많았다는 뜻이리라.

이라크 국경 검색대에서는 엄격한 짐 수색이 있었고, 에이즈 검사를 위해 채혈을 하고 나서 검사 결과가 나올 때까지 장시간 대기해야만 했다. 이슬람권 국가들이 동성애자와 에이즈를 혐오한다는 사실은 알고 있었지만, 에이즈 검사를 하는 나라는 처음 경험했다. 국경 수비대는 짐 검사와 채혈 과정에서 노골적으로 뇌물을 요구했다. 나는 오랜 기다림 끝에 에이즈 검사필증을 받을 수 있었지만, 아랍어를 몰랐으므로 무슨 내용이 적혀 있는지는 알 수 없었다.

우리 일행의 고대도시 답사에 이라크 정부요원이 함께 수행했다. 그것은 외지인들을 감시하기 위한 조치였을 것이다. 그러나 그들은 우리 일행의 답사에 도움이 될지언정 전혀 방해가 되지 않았다. 메소포타미아 유적지 답사는 바그다드에서 시작하여 북쪽으로는 사마라, 니네베, 님루드, 모술 등이었고, 남쪽으로는 바빌론, 보르시파, 니푸르, 나시리아, 우르 등의 순으로 진행되었다(그림 2-1). 이들 고대도시 가운데 니푸르에서는 우르남무 법전이 발견된 바 있다.

그림 2-1 메소포타미아의 고대도시 분포

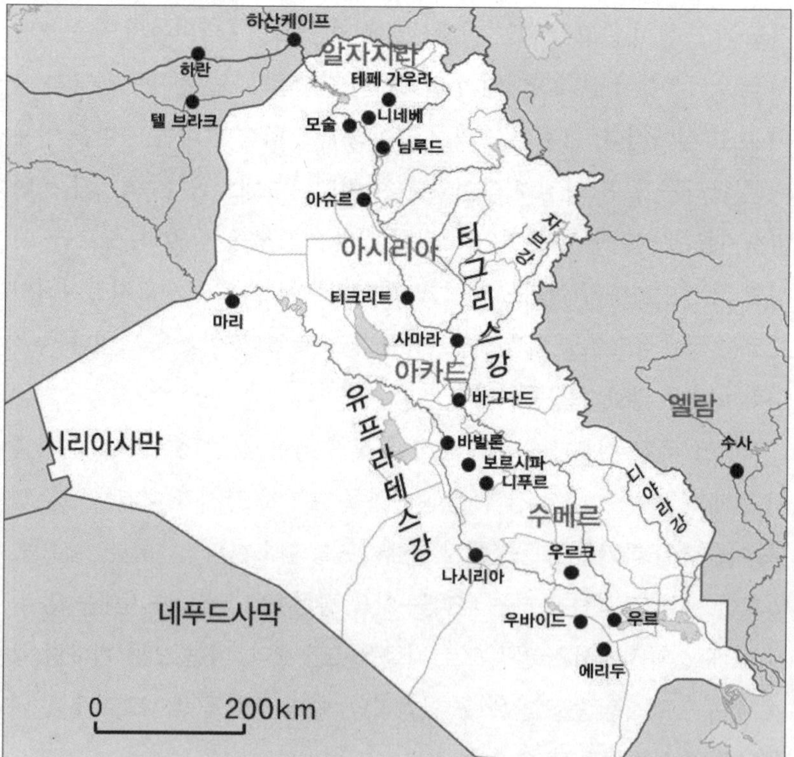

우르남무Ur-Nammu의 법전은 현존하는 가장 오래된 법전을 담은 점토판이며, 후술하는 함무라비 법전보다 약 3세기 빠른 인류 최초의 성문법이다. 그것은 기원전 2100~2050년 사이에 수메르어로 기록되었다. 그 내용은 대체로 함무라비 법전과 유사한 점이 많지만, 주목할 점은 함무라비 법전의 처벌 조항이 보복적인 데 비해 우르남무 법전은 벌금형에 처한다는 점이다. 니푸르에서 발견된 이 법전의 첫 사본은 몇 개의 돌 조각에 새겨져 있었는데, 1952년 미국의 고고학자 크레이머(Kramer, 1959; 1988)에 의해 번역되었다. 혹자는 모세가 기록한 히브리 법전을 최초의 것으로 꼽는 경우가 있으나, 나는 그것이 실존하지 않을 뿐만 아니라 제작 시기가 우르남무 법전보다 늦으므로 수긍하지 못한다.

바그다드에서 우리 일행은 한국 영사관 관저를 방문했고, 그곳에서 융숭한 대접을 받았다. 대한민국 주이라크 대사관은 1994년에 잠정적으로 폐쇄되어 요르단의 암만으로 옮겼고, 영사관이 그 업무를 담당하고 있었다. 외교관이라 할지라도 신변의 위협이 염려되는 시기였는데, 영사는 관저 주변의 이라크 주민들과 친분이 두터워 보였다. 이때가 미군이 이라크를 점령하기 2년 전이었는데, 이라크의 반미 성향은 매우 강해 보였다. 나는 바그다드에서 '아라비안나이트'로 알려진 천일야화千一夜話를 떠올리면서 잠들었다. 내가 묵은 호텔의 타월은 흰색이 아니라 거의 회색에 가까울 정도로 낡은 것이었다. 이는 연합국의 경제봉쇄로 물자난에 시달리고 있다는 증거였다.

메소포타미아문명은 우루크기期라 불리는 기원전 3500년 전부터 남부 메소포타미아에서 시작되었다. 이 시기는 서남아시아의 여기저기서 취락들이 증가하던 때였다. 최초의 고대도시는 우루크Urk였는데, 구약성서에는 에레크Erech로 기록되어 있다. 이 유적지는 우르Ur 및 에리두Eridu와 더불어 유프라테스강 지류에 입지한 도시였으나, 당시에는 군사지역이라 답사가 불가능했다.

역사적으로 메소포타미아 북부를 아시리아Ashiria라 부르고, 그 남부의 충적지대를 재구분하여 북쪽을 아카드Akkad, 남부를 수메르 지방이라 부른다. 이 일대에서 발생한 수메르문명은 세계에서 가장 오래된 문명으로 그들이 상류의 북부 지방에서 농업기술을 습득한 뒤에 남쪽 수메르로 내려온 농부들이었다는 것 외에는 어디서 왔는지는 정확히 알 수 없다. 나는 캅카스 지방도 가능성이 있지만 그보다 터키의 아나톨리아 지방의 차탈회위크나 하산케이프에서 왔을 가능성이 높다고 생각했다. 왜냐하면 메소포타미아 답사 2년 전인 1999년 여름의 터키 아나톨리아고원의 차탈회위크 답사가 생각났기 때문이다. 이에 대해서는 제3장에서 상세히 설명할 예정이지만, 하산케이프는 발굴이 종료되어야 알 수 있을 것 같다.

메소포타미아의 문명을 설명할 때에는 우선 기원전 2000년 이전의 수메르 왕국과 아카드 제국, 그리고 우르 왕국에 대해 논해야 한다. 그리고 그 이후의 바빌로니아 왕국, 아시리아 제국, 신바빌로니아 왕국의 약 1,500년간 지속된 문명을 설명해야 한다. 세 왕국과 더불어 메소포타미아 북쪽에 융성했던 히타이트 제국이 꽃피운 문명도 빠뜨리면 안 된다. 이들 왕국은 대체적으로 고대 이집트문명과 시기적으로 동시대에 지속되었다. 메소포타미아문명과 이집트문명이 사라지거나 쇠퇴할 무렵 그리스의 아리스토텔레스, 인도의 석가모니, 중국의 공자 등이 거의 동시에 두각을 나타냈다.

수메르인은 대략 기원전 7000년부터 수메르 지방에서 살기 시작한 것으로 추정된다. '수메르Sumer'라는 말의 어원은 고대의 명칭이었던 '세메르Semer'에서 왔는데, 이는 곧 '셈족의 나라'라는 뜻일 것이다. 그들은 《구약성서》에 나오는 셈족 계통의 아브라함의 핏줄이었는데, 내가 우르를 답사할 때 일부 복원된 아브라함의 생가를 볼 기회가 있었다. 그러나

그림 2-2 우르의 아브라함 생가 유적지

그것이 정말로 아브라함이 60년간 살던 생가였는지 복원 상태가 지나치게 완벽하여 오히려 확신할 수 없었다. 그 유적은 그림 2-2에서 보는 것처럼 큰 규모의 대저택이었다. 아브라함은 유대교 · 기독교 · 이슬람교의 공통된 조상이다. 그가 추구하는 종교는 그것들 중 과연 어떤 것이었을까?

《구약성서》 창세기의 아브라함은 칼데아라 불렸던 수메르의 우르를 떠나 자기 자신을 통해 미지의 땅에 새로운 민족을 만들겠다는 야훼의 가르침에 따라 기독교가 탄생하기 2,000년 전에 유프라테스강을 거슬러 올라가 하란Haran에서 잠시 거처했다. 그러다가 방향을 남쪽으로 틀어 레반트 중 하나인 미지의 땅 가나안에 정착했다. 성서 속의 칼데아인Chaldeans은 셈족의 한 종족으로 아수르어에서 유래된 명칭이다. 야훼가 아브라함에게 약속한 땅은 이집트의 나일강으로부터 유프라테스강에 이르는 범위, 즉 가나안이었다.

그 후 아브라함은 이집트에 살다가 다시 가나안으로 돌아왔다. 내가 여기서 아브라함 이야기를 끄집어낸 이유는 그의 이동 루트가 당시의 교역 루트였음을 적시하고 싶기 때문이다. 특히 현재 터키의 카르하에Carrhae로 알려져 있는 비옥한 땅 하란은 메소포타미아의 주요 상업 · 문화 · 종교 중심지였던 규모가 큰 도시로서 아브라함의 이동 루트를 따라 페니키아의 티레와 교역을 한 매우 중요한 고고학적인 장소다. 그리고 그의 이동 루트는 교류의 공간적 범위가 메소포타미아문명과 이집트문명을 연결하는 레반트를 포함했으므로 퍼타일 크레슨트의 범위임을 알 수 있다.

수메르문명이 가장 융성했던 때는 기원전 약 3000년 전으로, 역사학자들은 통상적으로 이 기간을 크게 수메르 왕국의 초기 왕조 시대, 아카드 제국 시대, 그리고 우르 제3왕조 시대의 세 시대로 구분한다. 그 후 기원전 2000년경에 유프라테스강 서쪽의 아라비아에서 온 셈족 계통의 아모리인이 수메르 지방을 점령하고 고대 바빌로니아를 세움으로써 수메르문명은 국가 형태로서는 완전히 소멸되었다. 그러나 수메르의 종교와 문화의 흔적이 바빌로니아인과 아시리아인을 비롯한 다른 민족 및 문화 집단들의 신화와 종교 그리고 문화 속에 남아 있었다.

수메르에서 발견된 유적과 유물 들을 판독해나가는 과정에서 《구약성서》에 등장하는 야훼의 창조 이야기, 에덴동산의 설화, 노아의 홍수 이야기, 욥기, 아가서, 바벨탑 사건 등의 수많은 내용들이 수메르에 그 기원을 두고 있음이 밝혀지자 성서학자들은 충격에 빠졌었다. 성서학자들은 인류 최초의 문명 발상지가 가나안 땅인 팔레스타인(특히 벧산)이라고 믿어왔고, 에덴동산도 그 지역 어딜 것이라 믿어오던 터에 수메르 유적의 발견은 그야말로 전 세계 기독교의 본질을 뒤흔드는 일이 아닐 수 없기 때문이었다. 성서학자들이 주장하는 '에덴Eden'의 의미는 바빌로니아어로 '황무지' 또는 '사막'을 의미하지만, 히브리어로는 '즐거움'이란 뜻을 갖는다.

동쪽의 에덴동산은 에덴이라는 사막의 동쪽에 있는 오아시스를 가리킨다. 그곳은 물이 있어 수목이 무성하게 자라고 농업과 목축이 가능한 땅일 것이므로 티그리스강과 유프라테스강 하류 지방의 어딘가를 적시하고 있다. 이스라엘 땅에서 보면 에덴은 당연히 동쪽에 위치할 것이다. 아무튼 건조지역에서 에덴동산은 지리적 위치가 불분명하지만, 오아시스나 하천이 흐르는 땅일 것이라는 합리적 추론이 가능하다. 내가 아르메니아의 수도 예레반을 답사할 때 그곳이 에덴이었다고 주장하는 사람도 만났다.

《구약성서》에 의하면 최초의 인간은 아담과 이브였다. 이브는 종종 라틴어로 '에바', 히브리어로 '하와'라 불리기도 한다. 이들 최초의 인간은 그들의 자유의지에 따라 선善보다 악惡을 택해 에덴에서 쫓겨나게 되었다. 이로 인해 17세기 영국의 밀턴(Milton, 1667)은《실낙원失樂園》이란 걸작을 완성할 수 있었다. 아무튼 에덴에서 쫓겨난 그들은 어디로 갔을까? 이에 대한 해답은《구약성서》에서 밝히지 않고 있지만, 내 생각으로는 엘람 왕국의 수사Susa 쪽일 것이라고 추론한다. 뒤에 등장하는 카인 역시 에덴의 동쪽으로 도주했다는 기록으로 미루어 동일한 장소로 갔을 것이라는 주장을 펴고 싶다.

수메르만큼 종교가 중시된 사회는 적어도 동시대에는 없었을 것이다. 수메르에서는 기쁨이나 슬픔 등 인간의 모든 감정을 신에 의존하고 있었다. 메소포타미아 남부는 하천 유역에 펼쳐진 저습지대와 간석지밖에 없는 평탄하고 단조로운 땅이었다. 그곳에는 신들이 머물다갈 산도 없었다. 이러한 자연환경과 평원을 지배할 높은 곳이 필요했던 수메르인들은 지구라트Ziggurat를 만들었다.《구약성서》에 등장하는 바벨탑은 아마 이러한 지구라트를 모델로 한 탑이었을 것이다. 그들은 거대한 신전을 건

그림 2-3 우르 지구라트의 상상도와 현재 모습

설하여 자신들을 신에 봉사하기 위해 태어난 민족이라고 인식했다. 그들은 안전에 대한 욕구와 의복, 주택 등의 생활필수품을 생산하기 위해 농한기에 공동 작업을 했고, 정신적 안녕을 기원하기 위해 신전을 필요로 했다. 그것이 바로 그림 2-3에서 보는 것처럼 피라미드 형태의 지구라트였다.

메소포타미아인들이 지구라트와 같은 높은 건축물을 세운 이유에 대해 환경사학자 휴스(Hughes, 1975)는 《고대문명의 환경사》에서 색다른 분석 결과를 제시했다. 그들은 본래 고지대의 숲이나 산악지대에 거주하던 사람들이었는데, 산이 없는 편평한 평야지대로 이주한 후 자신들이 살던 곳의 환경과 유사한 것을 만들어놓으려는 열망에서 지구라트를 만들게 되었다는 것이다. 그와 같은 열망은 산악지대에서 저지대로 침입해 들어온 1세대와 2세대에 해당하는 것이었으나, 그 이후 세대들은 평야지대의 자연환경을 당연시함에 따라 종교적 건축물로 인식이 변화했다. 하늘과 땅의 세계를 매개하는 곳이 땅보다 높은 곳이라는 인식은 인류의 보편적인 신앙심일 것이다.

일반적으로 산악지대에 성립한 국가는 여러 국가로 분단되기 쉬우므로 통일국가의 형성이 어렵지만, 평원지대에 성립된 국가는 통일국가를 세우기 용이하다. 대규모 집단의 발생은 거대한 권력기구를 매개로 한다. 그리고 권력을 과시하려는 상징물로서 지구라트와 같은 건조물을 만들려 한다. 그 때문에 평원국가의 백성들은 노동력 동원에 시달리기 십상이다. 2001년 우르에 갔을 때 지구라트의 벽돌에 400여 개의 총탄 자국을 발견할 수 있었다. 수메르문명 중에서 우르는 정치 · 경제적 중심지로 번영한 고대도시다. 이곳은 걸프전 당시 다국적군이 쿠웨이트에서 바그다드로 진격하는 전략적 요충지였으므로, 우르는 격전지가 될 수밖에 없었다. 당시 메소포타미아를 연구하는 세계의 학자들은 미국의 부시 대통령에게 "인류 최고最古의 도시인 우르를 절대 공격하지 말라"는 공동성명을 발표한 바 있었다.

메소포타미아의 유적지는 이라크만의 것이 아니라 인류 공동의 유산이라 할 수 있다. 그러나 미군의 전투기에 의한 공격은 단행되었으며, 지구라트가 완전히 파괴되었다는 소문도 나돌았다. 외신 기자들의 취재를 허용하지 않았기 때문에 그 소문의 진위를 확인할 수 없었다. 그런 와중에 약간의 피해는 입었지만 건재한 지구라트의 모습을 내 눈으로 직접 확인하고는 마음이 놓였다. 현지 주민들의 증언에 따르면, 미군들이 우르 주변에 주둔했을 때 병사들이 유적지를 도굴하여 유물들을 반출했다고 한다. 현지 주민들의 말만 듣고서는 확인할 수 없는 소문이지만, 사실이 아니길 바라는 마음이다.

지구라트 정상부에 오르니 성벽으로 둘러싸인 타원형의 도시 유적지가 한눈에 들어왔다. 성곽의 길이는 1.28킬로미터이며, 면적은 36만 평방미터(약 10만 평)에 달한다. 왕궁과 왕묘를 비롯해 주택지와 도로 흔적이 보였다. 지금은 유로가 변경되어 볼 수 없지만, 성곽의 서쪽과 북쪽에는 유프라테스강으로 연결되어 선박이 드나드는 운하와 항구가 있었다. 이는 우르 왕국의 배후지가 광역적이었음을 시사하는 것이다. 하천은 분수령에 의해 일정한 유역권流域圈을 갖게 마련이며, 이 유역권은 동질적 문화를 형성하는 것이 보통이다. 메소포타미아는 도시 발달을 위해 유프라테스강과 티그리스강이 만들어낸 지리적 요람의 땅이었다. 이 지역의 북쪽으로부터 남쪽으로 이주하는 데에는 아무런 장애가 존재하지 않는다. 밀 · 보리 · 생선 · 조류 등의 풍부한 산물은 우루크기 이전의 우바이드기(기원전 3500~4500년)부터 인구 증가를 촉진했다.

발굴 결과, 수메르 왕국의 수도였던 우르에는 당시 34,000명에 달하는 인구가 살고 있었던 것으로 추정되며, 성곽 밖에 거주하던 인구를 합하면 그 규모가 25만 명에 달하는 당대 최대 규모의 도시국가였다. 성곽 내부에 거주하던 사람들은 신관 · 관료 · 서기(필경사) 등의 지배계급을 비롯해 보석과 목재 등의 가공기술자들이었다. 그 인구의 대부분은 농업 · 목축업 · 어업 등과 같은 식량 생산 활동에 관여하는 사람들이 아니었다. 바로 이러한 점이 도시의 본질 중 하나인 것이다. 인구 규모가 크다고 하여 모두 도시가 아닌 것이다. 도시의 본질 중 하나가 '비농업성'에 있다. 나는 나의 저서 《도시구조론》에서 지적한 것처럼 평소 시대를 초월한 도시의 본질은 '집단성', '비농업성', '결절성'에 있다고 생각해왔다(남영우, 1985).

토인비(Toynbee, 1970)는 그의 저서《폭발하는 도시》에서 수메르의 정치공동체는 왕을 수장으로 하는 도시국가였지만, 법적으로는 신 또는 여신이 주권자이며 사제들이 경제공동체로 생활했다는 측면에서 신전국가였음을 지적했다. 수메르의 국가들은 시민과 농민들을 동원해 늪지대를 농경지로 개간하기 위해 관개시설을 만들었다. 이를 위해서는 장기간에 걸친 팀워크가 필요했으므로 고도의 희생과 조직화가 필요했을 것이다. 그들은 노력의 성과를 기대하지 않았지만, 노동력을 기꺼이 제공한 것은 신앙에 고무되었기 때문이었다. 따라서 수메르의 국가들은 도시국가이기 전에 신전국가였다고 간주할 수 있다.

많은 사람들이 지구라트가 있는 취락으로 몰려들었다. 수메르의 취락은 사회계층이 분화된 도시를 이루었다. 이 사실은 기원전 2600년경에 제작된 '우르의 스탠더드'라 불리는 미술 작품에서 확인할 수 있다. 자개와 청금석을 박아 만든 패널에는 그림 2-4에서 보는 것처럼 상단부에는 지배계급이, 하단부에는 육체적 노동을 하는 농민들이 묘사되어 있다. 우리는 우르의 한 왕묘에서 발견된 이 작품에서 사회계층이 존재하던 당시 우르 주민의 생활상을 엿볼 수 있다.

메소포타미아의 지구라트는 이집트의 피라미드와 많이 닮았지만, 의미하는 바는 다르다. 일본의 마쓰모토(松本, 1996)는《문명과 환경》에서 둘의 가장 큰 차이점은 피라미드가 묘인 반면, 지구라트는 신전이란 점에 있음을 지적했다. 이것은 이집트인들이 닥쳐올 내세를 믿은 반면, 수메르인들은 생명의 유한성을 믿고 현실에 충실했다는 점을 반영한 것이 아닐까? 이런 점에서 지구라트는 메소아메리카 고대도시의 피라미드와 동일한 목적으로 건설된 것이라고 할 수 있다. 그러므로 그림 2-3의 지구라트 꼭대기에는 원래 신전이 있었다고 추정할 수 있다. 현재는 3층의

그림 2-4 미술 작품 '우르의 스탠더드'

계단 형태만 남아 있지만, 원래는 4층이었다는 것이다. 정상부의 신전에는 풍요를 기원하기 위한 달月의 신 난나Nanna를 섬기는 건축물이 있었다. 메소포타미아 지방과 같이 기복이 없는 평탄한 평원에는 인공적으로 높은 장소를 만들어 신을 맞이한다는 발상이었을 것이다.

우르의 주택은 햇볕에 말린 흙벽돌을 사용했지만, 구운 벽돌로 쌓아올린 지구라트는 튼튼해 보였다. 시멘트가 없던 당시에 점성이 강한 역청(자연 아스팔트)을 벽돌과 벽돌 사이에 발라 단단히 고정해 쌓아올렸으므로 방수 효과도 있었다. 역청 산지는 메소포타미아 지방에서 흔히 볼 수 있지만, 우르로부터는 먼 곳에 있었다. 오늘날에도 이 지방 주민들은 배를 건조할 때 방수 처리를 위해 검은색의 끈적끈적한 역청을 사용하고 있는 것을 목격할 수 있다. 건조한 기후를 보이는 지역이므로 강수량은 미미하지만, 하상이 얕아 하천의 범람이 자주 있었다. 《구약성서》의 '노아의 홍수'를 떠올리면 이해가 갈 것이다. 하천이 범람해 도시가 물에 잠기면 사람들과 가축들은 지구라트로 피신했다. 따라서 지구라트는 홍수와 같은 비상시에 피수대避水臺 역할을 한 셈이다.

당시 우르 주민들의 생활상과 인생철학은 점토판에 아카드어로 적혀 있는 길가메시Gilgamesh의 서사시에서 엿볼 수 있다. 길가메시는 전설적인 우루크 왕으로 실존 인물이었으며 수많은 신화나 서사시에 등장하는 영웅이다. 그가 영웅으로 대접받은 것은 앞서 밝혔듯이 우수한 사냥꾼으로서 농경민들을 보호해주는 존재였기 때문이었다. 그의 무훈담을 기록한 길가메시 서사시는 기원전 2000년대에 점토판에 기록되었다. 그 내용의 일부를 소개하면, 가장 먼저 눈에 띄는 것은 대홍수 에피소드일 것이다. 이 홍수로 인류는 한 가족을 제외하고는 모두 멸망했다. 홍수가 끝나자 그 가족으로부터 새로운 인류가 탄생하여 세계로 퍼져 나갔다.

이 에피소드는 《구약성서》의 노아의 홍수에 나오는 이야기와 매우 흡사하다. 그러나 사실 이것은 당초의 길가메시 서사시에는 없던 내용이었는데, 오리엔트 각지에서 전해 내려오던 홍수 이야기가 그 후 어느 시점에서 아트라하시스Atrahasis의 전설에 첨가된 것이다. 아카드어로 '현명하다'는 뜻의 아트라하시스는 수메르의 대홍수 속에서 살아남아 인류와 지상의 동식물을 보존한 존재였다(McCall, 1990). 추측해보면, 홍수 이야기는 수메르의 빈번한 홍수로 관개시설이 피해를 입는 등 홍수에 대한 불안과 공포가 컸는데, 아마 이것이 만들어낸 신화일 것으로 생각된다.

소설가 이병주(2006)는 "햇빛에 바래면 역사가 되고, 달빛에 물들면 신화가 된다"고 했다. 아무튼 길가메시의 서사시 내용이 《구약성서》에 기록된 것은 둘 사이에 어떤 관계가 있을 것 같다는 생각이 든다. 아마 우르에 살던 아브라함도 홍수 이야기를 알고 있었을 것이며 후에 바빌론에 포로로 끌려갔던 이스라엘인들도 그곳에서 전해 내려오던 서사시를 들었을 것이다. 맬루웬(Mallowan, 1966)의 연구에 의하면, 영국의 고고학자 울리 경卿은 우르의 발굴 현장에서 홍수의 흔적이 남아 있는 기원전 3500년의 유적층을 발견했는데, 그는 이것이 성서에 나오는 노아의 홍수가 실제로 있었다는 증거라고 주장했다. 그러나 수메르 기록에 의하면

홍수는 기원전 2900년경에 발생했으므로, 그의 주장은 신빙성이 없어 보인다. 만약 홍수 이야기가 사실이라면, 우르에서만 아니라 메소포타미아 전역에서 그 퇴적층이 발견되어야 한다. 홍수는 어떤 장애물이 있더라도 두꺼운 퇴적층을 남기기 마련인데, 그 흔적은 이 유적지 이외에서는 발견되지 않았다. 이는 수메르와 같은 저지대를 흐르는 하천의 하상이 높아 비가 많이 올 경우 범람하기 쉬우며 그 피해가 컸던 당시 상황에서 과장되어 생겨난 트라우마일 것으로 생각된다.

홍수 이야기가 사실에 근거한 것이 아님에도 불구하고, 《구약성서》 창세기와 아르메니아 전설에 나오는 노아의 방주는 표류하던 끝에 해발 5,165미터의 아라라트산 중턱에 닿았다는 전설이 전해 내려오고 있다. 이 산은 현재 터키 영토이지만 과거 아르메니아의 번성기에는 아르메니아 민족이 살던 곳이어서 그들의 상징적 산이 되었다. 오늘날 아르메니아 국장國章에 아라라트산이 그려져 있는 것을 보면 그들은 우리가 백두

그림 2-5 노아의 전설이 서린 아라라트산

산을 영산靈山으로 생각하는 것처럼 민족의 정신적 구심점으로 인식하고 있음을 알 수 있다. 아시리아인들이 우라르투Urartu라 불렀던 아르메니아 왕국은 기원전 9~6세기에 소아시아의 반Van 호수를 중심으로 메소포타미아 북부로부터 캅카스산맥의 남부에 걸쳐 있었으므로 반 왕국이라고도 불렸다(Piotrovsky, 1969). '우라르투'라는 국명은 현재의 아라라트Ararat 지명과 관련이 있다.

수메르인들에게는 당시의 어두운 사회적 분위기 탓으로 비관적 운명론이 팽배해진 것을 반영하듯 또는 인간의 운명에 저항이라도 하듯 "인생의 기쁨, 그 이름은 맥주", "칠칠치 못한 마누라는 악마, 결혼은 기쁜 것, 그러나 이혼은 더 기쁜 것", "인간은 모두 죽는다. 그러니 쓰자. 하지만 금방 죽지 않는다. 저축도 해야 한다" 등의 속담을 서사시에 남겨 놓았다. 더 놀라운 것은 길가메시의 서사시에서 여성의 오르가슴을 거론할 정도로 성을 도덕적 문제로 간주하지 않았다는 사실이다.

프랑스 철학자 옴람(Omraam, 1984)의 《사랑과 섹슈얼리티의 역사》에서 번역한 서사시의 내용은 거의 포르노 수준이라 여기서는 인용할 수 없지만 매우 노골적 표현이 담겨져 있다. 메소포타미아의 여신 이슈타르는 풍요의 신 두무지Dumuzi와의 사랑에 빠져 정부情夫인 상대방을 혈연관계가 아님에도 호칭을 '오빠'라 불렀다. 이는 마치 요즘 한국의 젊은 여성들이 애인이나 남편을 오빠라 부르는 것과 같은 현상이다. 당시 여성의 정부는 절도범으로 간주해 처벌받았다. 또한 왕이 여사제와 성관계를 갖는 것은 성공적 통치행위를 위한 의례 정도로 받아들였다. 간통죄는 사형에 처했지만, 그것은 여성의 정조 문제가 아니라 재산상속 문제와 관련이 있었기 때문이었다. 메소포타미아에서는 최초로 먼 길을 떠나거나 항해를 앞둔 선원을 대상으로 자선적 의미의 매춘 행위가 시작되었다. 이는 일종의 사회봉사로 간주되었으며 나아가 신성화되기까지 하여 종교적 성격을 내포하게 되었다(Mancini, 1951). 그리스의 역사학자 헤로도토스(Herodotus, B.C. 440)의 기록에 따르면 매춘은 이집트와 소아시아 서부에 위치한 리디아 왕국에서도 존재했다.

술통에 빨대를 꽂아 맥주를 마시던 우르 주민들은 여유로운 생활을 했지만, 남성 위주의 사회에서도 그들은 부부 싸움을 했던 모양이다. 이혼한 여성은 남성과 동등한 대우를 약속받았다. 그래도 그들은 현실에 만족하는 생활을 영위했으며, 인간이 흙으로 빚어 태어났으니 죽어서도 다시 흙으로 돌아간다고 믿었다. 우르 주민들이 입었던 양털 옷은 당시로서는 최첨단 패션이었다. 이러한 풍요로운 생활은 잉여식량에 기초한 빼어난 문명 덕분이었다. 기원전 3세기 아테네의 플라톤은 "맥주를 발명한 사람은 현자賢者다"라고 칭송한 바 있다. 오늘날 그들의 후손이라 할 수 있는 이라크 국민들은 무슬림이 되어 술을 마시지 않지만, 맥주를 처음 만든 이들이 그들의 조상이었다니 아이러니한 이야기가 아닐 수 없다.

수메르에서 발명된 맥주는 곧 레반트를 거쳐 나일강 유역으로 전파되었고, 크레타섬을 경유해 그리스로도 확산되어 플라톤 역시 맥주 맛을 볼 수 있게 되었다. 수메르인들은 당시에 이미 약 제조법을 개발하고 있었다. 한 장의 점토판에 설형문자로 기록된 목록에는 인간을 괴롭히는 병 치료를 위한 약 이름이 기록되어 있었다. 가령 양치질에는 소금물, 상처 소독에는 알코올, 해열제로는 아스피린과 같은 효과가 있는 버드나무 껍질로 만든 분말 등이 그것이다.

잘 알려진 것처럼 인류 최초의 농경이 티그리스강과 유프라테스강 본류에서 시작된 것은 아니었다. 정확하게는 아나톨리아고원이나 자그로스산맥이 메소포타미아 저지대로 이어지는 산록완사면에서 농경이 시작된 것이다. 과연 그럴까? 이와 같은 의문은 상상력을 동원해야 풀린다. 아마 관개시설이 없는 농경지에도 수로를 파서 하천 물을 끌어들였든지,

물이 있는 별개의 땅을 찾았든지 했을 것이다. 아니면 관개시설이 구비된 토지의 인접지에 다시 수로를 잇대어 농경지를 확대해 나가는 방법도 있었을 것이다. 그러나 초기의 농경은 대하천이 아닌 소하천 주변에서 시작되었다. 즉, 유프라테스강이나 티그리스강의 지류에서 시작되었던 것이다. 따라서 농경지 규모가 작았기 때문에 큰 규모의 취락은 형성되기 어려웠다. 특히 초기의 농경이 시작된 티그리스강 지류는 자그로스산맥의 골짜기를 타고 흘러드는 소하천이 대부분이었다. 이 산맥으로부터 많은 양의 실트silt 토양이 공급되어 땅을 비옥하게 만드는 요인이 되었다.

메소포타미아는 대부분 건조 내지 아亞건조지역에 속해 강수량이 매우 적은 편이다. 그런데 어떻게 잉여식량을 확보할 수 있을 만큼 농사를 지을 수 있었을까? 아무리 아나톨리아고원의 아르메니아 산지로부터 흘러내리는 물이 공급된다고 하더라도 퍼타일 크레슨트 일대에서 발견된 야생작물들이 과연 잘 자랄 수 있었을지 의문이 생긴다. 이런 의문은 그림 2-6을 보면 풀리게 된다. 이 지역의 강수량은 매우 적은 곳은 연간 100밀리미터 이하이며, 많은 곳이라 해도 200밀리미터 이하에 불과하다. 강수량이 적은 시리아의 자지라Jazira주의 경우 농경이 불가능한 기후이지만, 이곳에도 고대도시의 유적지가 많은 것으로 보아 유프라테스강과 오아시스 주변에서 농사를 지었던 것으로 보인다. 여름과 겨울에는 지중해로부터 레바논산맥을 넘어 바람이 불어오고, 겨울에도 서쪽의 자그로스산맥과 북쪽의 캅카스산맥으로부터 바람이 불어와 강수량을 300~500밀리미터까지 증가시키는 요인으로 작용한다.

자그로스산맥과 두 강 연안의 충적지대 사이에 있는 완사면 지대에는 우기인 겨울이 되면 연 강수량이 200밀리미터를 넘는 비가 내려 충분하지는 않지만 관개시설 없이도 농사가 가능하다. 미국의 지리학자 부처

그림 2-6 퍼타일 크레슨트의 강수량 분포

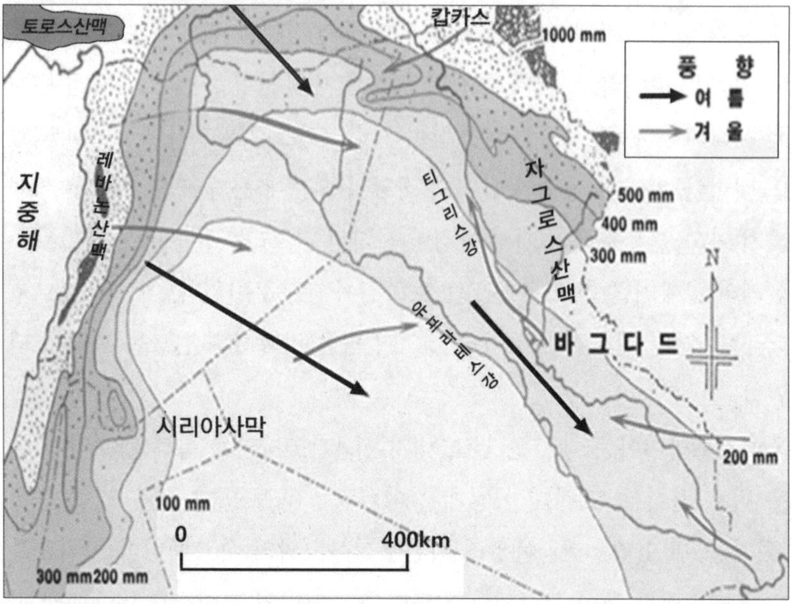

(Butzer, 1965)는 초기 농경문화가 바로 여기서부터 시작되어 중앙 저지대인 하천 유역으로 전파되었음을 밝힌 바 있다. 그러나 영국의 하이암스(Hyams, 1952)는 《토양과 문명》에서 최초의 농경이 이스라엘 북쪽에 위치한 카멜 산기슭에서 나투피안인Natufians에 의해 시작되었다고 주장한 바 있으나, 나는 어느 학설이 옳은지 판단이 서지 않는다.

인류문명사의 중심 무대가 되었던 메소포타미아의 충적지대는 관개시설 없이는 농사가 불가능했으므로 농경문화가 전파되었다고 하더라도 거기에는 커다란 조건의 차이가 있다. 건기에 접어들면 메마른 토양이 단단하게 굳어져 파종을 할 수 없으므로 동일한 농법을 적용하면 안 된다. 그렇다면 어떻게 그와 같은 조건적 차이를 극복하고 도시가 형성될 수 있을 만큼 잉여식량을 산출할 수 있었을까? 일본의 지리학자 무라야마(村

山, 1990)는 그의 저서《성지聖地의 지리》에서 구약성서 시대에는 현재보다 4계절의 구분이 뚜렷하여 폭우도 내리고 공기 중에는 습기도 많았으며 나뭇잎에 이슬이 맺혔고, 가을이 되면 서리가 내릴 정도였다고 주장했다.

인구가 증가해 취락의 규모가 커지면 식량 증산의 필요성이 대두되기 마련이며, 이는 관개시설의 필요성을 의미하는 것이다. 관개시설은 기원전 5000년 이후부터 메소포타미아의 이곳저곳에서 만들어지기 시작했다. 또한 평탄지의 하천은 수시로 유로를 변경했다. 이에 관해서는 미국의 고고학자 애덤스(Adams, 1981)의《도시의 심장부》에서 규명된 바 있다. 하천의 유로 변경으로 오늘날에는 과거와 달리 고대도시의 유적지가 하천과 떨어진 곳에 위치해 있어서 도시 입지와 하천 간의 관계를 간과하기 쉽다. 그러나 지질학자들의 연구 결과, 페르시아만의 해안선은 기존의 학설과 달리 현재의 그것과 별 차이가 없음이 확인된 바 있다.

본래 모든 도시는 자연 하천이나 인공 수로에 면하여 입지했으며, 상인들의 교역로 역시 수로를 따라 열려 있었다. 이들 수로는 주민들에게 농업용수와 생활용수만 제공한 것이 아니라 교류의 채널이 되었다. 이리하여 이 지역에서는 소하천 주변의 마을→인구 증가→식량 증산의 필요성→농경지 확대의 필요성→대하천으로 이동→관개시설→노동력의 필요성→도시 형성이란 순환이 생겨나게 되었다. 각 도시와 마을들은 수로로 연결되어 있었고, 사막과 늪지대가 그들을 분할하는 장애물이었다.

교역권의 확대는 교역 루트, 즉 교통로가 전제되어야만 하는데 메소포타미아의 평탄지대에서는 별 문제가 없었다. 그러나 그 외곽부의 고지대의 경우에는 그림 2-7에서 보는 것처럼 시리아사막을 피해 하천과 골짜기가 교역 루트로 이용되었다. 자그로스산맥의 서쪽 사면은 티그리스강의 지류를, 지중해 연안의 레반트 방향으로는 유프라테스강을 따라 거슬러 올라가다가 해안선을 따라가면 된다. 유프라테스강 이남은 평탄지대

그림 2-7 메소포타미아 일대의 주요 교역로

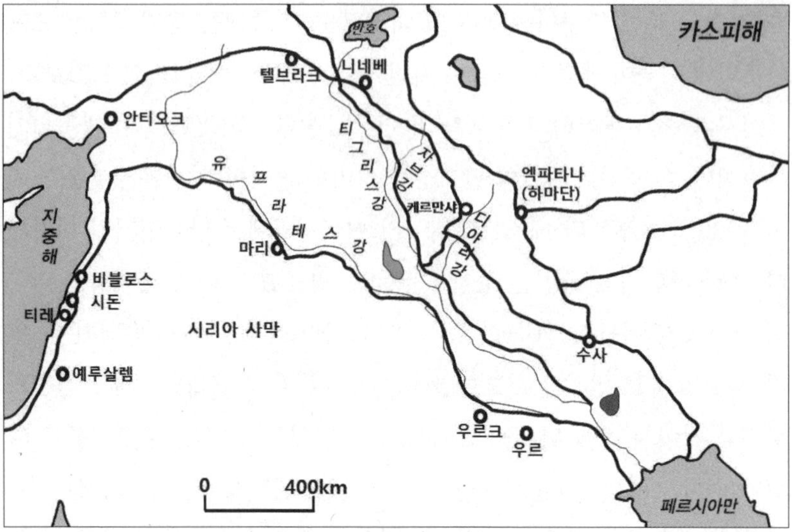

라 할지라도 사막지대이므로 교역 루트로는 부적합했다.

물 문제와 식량 문제만 해결된다고 하여 곧바로 도시가 성립하는 것은 아니다. 건축 · 농기구 제작 · 토목 사업 등을 위해서는 목재와 금속 등을 필요로 했다. 메소포타미아에는 그와 같은 자원이 없었던 탓에 외부로부터 수입해야만 했으므로, 그들의 교역권은 서쪽으로 레바논산맥을 위시해 북쪽으로는 아나톨리아고원과 동쪽의 자그로스 산악지대까지 확대될 수밖에 없었다. 우루크기期의 도시들은 이미 자그로스 산지로부터 석회암 · 현무암 · 목재 · 홍옥 등을 다량으로 수입했고, 아라비아반도의 오만에서 생산된 니켈이 함유된 동광을 사용했다. 그들은 수메르의 풍부한 보리 · 밀 등의 곡물과 교환했다.

메소포타미아와 오늘날 이란 쪽에 위치한 엘람 간의 통상 교역로는 자그로스산맥을 넘는 협곡이었다. 이 산지는 습곡작용을 받아 형성된 까닭에 북쪽으로 통하는 골짜기가 많이 형성되어 있다. 당시의 주요 교통로는 디야라 계곡으로부터 하마단을 거쳐 엘부르즈산맥을 횡단해 카스피해에 이르는 루트였다. 수메르와 엘람과의 접촉은 티그리스강 지류인 자브강과 디야라강을 통해 이루어졌다. 이밖에도 새로운 목초지를 찾아 침입해 들어오는 중앙아시아와 인도의 유목민들이 왕래하는 루트를 이용하기도 했다. 기원전 2000년경에는 페르시아만의 바레인이 메소포타미아와 인도 간의 교역을 위한 무역 중계항 역할을 했다.

이상에서 설명한 내용은 메소포타미아의 수메르 왕국과 자그로스산맥의 엘람 간의 극단적인 지리적 차이를 설명한 것이다. 메소포타미아는 풍부한 수산물과 곡식은 있었으나 도시 생활에 불가결한 원료 물자가 없었고 정치체제를 경제적 수요에 맞출 필요가 있었다. 이에 반해 자그로스 산악지대는 식량자원이 부족했으나 산지의 목초와 풍요로운 광산자원을 보유하고 있었다. 이런 까닭에 상호보완적 관계에 따라 평야지대와 교류할 수밖에 없었다. 이러한 사실은 앞에서 설명한 평지문화와 고원문화의 교류, 구체적으로 농수산물과 임 · 광산물의 교류였다고 할 수 있다. 그러므로 우리는 다시 한 번 지절률이 문명 발생에 작용했다는 사실에 주목할 필요가 있다.

수메르의 도시에서는 이미 기원전 4000년 중엽부터 건축 · 미술 · 각종 토목 기술을 비롯한 야금술이 상당한 진보를 보이기 시작했다. 특히 단단한 벽돌로 쌓아올린 성벽과 공공건축물은 도시의 위용을 자랑했으며, 높게 솟은 신전인 지구라트는 눈에 잘 띄었다. 이와 같은 도시경관은 유프라테스강 상류까지 확산되었는데, 여기에 사용된 자재는 대부분 외지로부터 수입된 것들이었다. 특히 건축자재로 필요한 목재는 자그로스산맥 외에도 수메르에서 1,000킬로미터 떨어진 레바논에 자생하던 삼나무와 개잎갈나무deodar를 가져다 사용했고, 공예품으로 인기가 높았던 청금석은 아프가니스탄에서 수입했다. 얼마나 먼 거리인가?

기원전 2100~2000년경의 우르 제3왕조 왕들의 거대한 무덤과 그들이 세운 신전은 엘람족에 의해 약탈당하고 파괴되고 말았다. 비록 지구라트는 제3왕조를 승계한 왕들에 의해 복구되었지만, 영원할 것 같았던 우르는 무참히 파괴되었다. 문명의 가장 가치 있는 발명품인 도시는 출발부터 끊임없는 파괴와 절멸을 경험하게 되었다.《구약성서》에 기록된 '그가 도시를 취하여 그 안에 살던 사람들을 모두 죽이고 도성을 때려 부수고 거기에 소금을 뿌렸다'라는 내용은 비정함과 공허한 절망감이 마치 《일리아드》의 서사시에 전개된 인간의 마지막 장면과 너무 흡사하다.

나는 우르를 떠나 13년간에 걸쳐 유럽인으로서는 처음으로 메소포타미아를 답사한 유태인 학자 베냐민(Benjamin, 2009)이 된 기분으로 바빌론 답사에 임했다. 그의 조사 결과는 최근에 와서《고대 이라크의 문명》으로 출판되었고, 고대의 정착문명에서 7세기 아랍 정복에 이르기까지의 장구한 역사를 재미있게 설명했다. 유프라테스강 동쪽에 입지한 바빌론은 두 하천이 가까워지는 교통의 요지에 위치하여 페르시아만의 교역을 장악할 수 있었다. 기원전 3000년경에는 평범한 도시였지만, 바빌론 제1왕조 시대에 해당하는 기원전 1800년경 함무라비 통치하에 들어오면서 중요 도시로 발전했다. 내가 이곳을 방문했을 때에는 발굴 작업은 물론 복원 작업이 완료된 상태였다.

유적지 주변에는 후세인의 별장에 해당하는 대통령 궁이 있었는데, 삼엄한 경비를 펴고 있었다. 유적지에 이것을 만든 것은 연합국의 공격을 피하기 위한 교묘한 위장술로 보였다. 이 별장 주변에는 이라크군의 미사일 부대가 주둔하고 있었던 탓인지 사진 촬영이 엄격히 금지되어 있었다.

아카드어로 '신神의 문'이란 뜻의 바빌론Babylon은 여러 차례에 걸친 침입자들로부터 도시가 파괴되었지만, 종교적 중심지로서의 중요성 때문

그림 2-8 바빌론의 사담 후세인 별장

에 수차례 수복되었다. 발굴된 부분은 신新바빌론 시대(바빌론 제4~10왕조)의 유적지였다. 자세히 보니 복원된 성벽의 벽돌에 '위대한 지도자 사담 후세인이 1982년 바빌론 고성을 복원한 것에 감사드린다'란 아랍어 글자가 새겨져 있는 것을 보고 나는 적이 실망했다. 유적은 복원할 것이 있고, 그대로 보존해야 할 것이 따로 있기 때문이다.

가장 먼저 눈에 띄는 것은 이슈타르 문Ishitar gate이었다. 바빌론의 정문에 해당하는 이 대문은 아치형의 테두리에 황금색 문양이 장식되어 있고, 대문 전체는 푸른색 벽돌에 동물들이 모자이크되어 있어 화려하기 그지없다. 전술한 것처럼 '이슈타르'란 여신 이름에서 따온 것으로, 메소포타미아 신화에 나오는 아시리아와 바빌로니아의 여신이다. 수메르인에게는 '하늘의 여왕'이란 뜻의 이난나Inanna라 불리기도 하며, 풍요와 다산 또는 전쟁을 상징한다. 페니키아의 셈족에게는 메소포타미아와 달리 아슈타르테Astarte로 통했다.

이 대문은 기원전 600년에 만들어진 것이라고는 믿을 수 없을 만큼 눈부시게 아름다웠다. 이슈타르 문에 대한 나의 감탄은 2010년 12월 독일 베를린 박물관의 페르가몬 미술관에 가서 실망으로 바뀌었다. 바빌론에

그림 2-9 바빌론의 이슈타르 문

복원된 것은 복제품이며, 이라크 국립박물관에도 일부 보관 중이지만 진본의 대부분은 베를린에 있는 것이라는 설명을 들었기 때문이었다. 이는 1899년 독일 동양학회가 바빌론 발굴 조사를 했을 때 일어난 사건이었다. 이처럼 바빌로니아 왕국의 유물은 거의 모두 외국이 강탈해갔다. 강대국의 문화재 약탈은 비록 이곳만이 아니다. 구한말 도쿄제국대학 교수였던 세키노關野貞는 한국의 개성 경천사지에 있던 십 층 석탑을 통째로 일본으로 반출한 바 있다. 그와 반대로 아라이荒井信一 교수와 같은 양심적 학자는 "문화재는 태어난 자리에 있을 때 가치가 있다"라며 약탈 문화재 반환에 앞장선 사례도 있다.

영국 케임브리지대학의 고고학자 오츠(Oates, 2008)는 그녀의 저서《바빌론》에서 네부카드네자르Nebuchadnezzar 대왕이 이스라엘을 정복하고 예루살렘에 있던 유태인들의 성전을 파괴했음을 소상히 설명한 바 있다. 오펜하임(Oppenheim, 1964) 등의 역사가들은 네부카드네자르가 기원전 605~562년에 재위했고 대규모 건축 사업을 벌인 것으로 보고 있다. 가장 유명한 건축물은 후술하는 바벨탑이 아니라 세계 7대 불가사의의 하나로 꼽히는 바빌론의 공중정원이다. 이라크의 사담 후세인은 바빌로니아의 전설적인 대왕 네부카드네자르의 후계자가 되어 이라크의 옛 영광을 재현하겠다고 장담한 바 있다. 하지만 네부카드네자르는 엘람 왕국을 비롯한 다른 민족을 정복하고 억압했으며, 이스라엘의 성전을 약탈하고 불태웠다. 유태인들은 지금까지도 그 일을 결코 잊지 않고 있다고 한다.

도시는 바둑판 모양의 격자형으로 건설되었고, 성곽 내부에는 유프라테스강과 연결된 운하가 설치되어 있었다. 바빌론 성곽의 중앙부에 건설된 탑은《구약성서》에 바빌론을 '바벨Babel'이라 불렀으므로 바벨탑으로 비정될 수 있다. 이것은 당시의 신전에 해당하는 지구라트인데, 과거 이 유적지를 찾은 탐험가들 역시 이 지구라트가 바벨탑일 것이라고 생각했다.

네부카드네자르가 다스린 제국은 곧 무너져 페르시아에게 정복되었다. 그러나 최근의 연구 결과에서는 바빌로니아 왕국의 '공중정원'이 바빌론이 아닌 인접국 아시리아에 건설되었다는 주장이 제기되었다. 영국 옥스퍼드대학 오리엔탈 연구소 스테파니(Stephanie, 2013)는 20년에 걸친 연구 결과 공중정원의 실제 위치는 바빌론이 아닌 이웃한 아시리아의 니네베 일대이며 네부카드네자르 2세가 만든 것도 아니고 라이벌이었던 아시리아의 왕 센나케리브Sennacherib가 건설한 것이라고 주장했다. 그러나 나는 니네베 답사에서 그것을 보지 못했으며, 공중정원 유적은 정확한 위치는 불분명하지만 분명 바빌론 성곽 내에 있었다. 그것을 공중정원이라 부른 것은 지상보다 높은 계단식 발코니 위에 만든 정원이었기 때문인데, 페루의 험준한 산 위에 건설한 마추픽추를 '공중도시'라 부르는 것과 일맥상통한다.

바빌론에 공중정원이 건설된 이유는 네부카드네자르 2세가 메디아 왕국 출신의 공주를 아내로 맞아들인 것에 연유한다. 인도 · 유럽어족에 속하는 그녀는 자그로스산맥에 위치한 산악지대 출신이었던 까닭에 초록빛의 꽃과 초목이 우거진 산이 그리워 향수병에 젖어 있었다. 이것을 안타깝게 여기던 네부카드네자르 2세가 산을 볼 수 없는 평지의 바빌론에 공중정원을 건설한 것이다. 이는 마치 17세기 인도의 무굴 제국 황제인 샤자한이 아내를 위해 타지마할을 건설했던 것에 비유할 수 있는 것이다. 메소포타미아뿐만 아니라 페르시아의 도시에서도 발견된 바 있는 공중정원이 주목받는 이유는 이것이 만들어지기 위해서 동원된 고도의 과학기술의 단면을 엿볼 수 있기 때문이며, 조경 사업의 역사가 고대까지 거슬러 올라간다는 사실이다. 그들은 이미 아르키메데스 원리를 알고 있었던 것이다.

바빌론은 유프라테스강을 끼고 서쪽과 동쪽의 양안에 건설되었는데, 서쪽이 먼저 건설되었다. 그러나 성곽의 정문인 이슈타르 문은 동쪽 성곽에 있었고, 이 대문을 통과하면 왼쪽에 진흙으로 인간을 만드는 여신 닌마흐Ninmah의 사원이 있었다. 그리고 네부카드네자르의 왕궁은 깊숙한 곳에 위치해 있었다. 전해지는 전설에 따르면 바로 이곳에서 알렉산더 대왕이 사망한 것으로 전해지고 있다. 내가 이곳을 조사할 때 유적지의 안내원은 어느 큰 방을 가리키면서 여기가 기원전 323년 알렉산더 대왕이 죽은 곳이라고 일러주었다. 증거가 있느냐는 나의 질문에 그는 구전되는 이야기라고 대답할 뿐이었다. 그는 왜 이곳에서 최후를 맞이했을까? 알렉산더 대왕의 유명한 이야기는 제4장에서 펼쳐질 것이다.

그림 2-10 바빌론의 복원도

함무라비 시대에 가장 괄목할 만한 업적이라면 영토 확장이나 통치 수단의 개혁보다는 그의 통치 철학이라 할 수 있다. 이는 '함무라비 법전'이 잘 말해준다. 어떤 국가든 틀이 완성되는 과정에서 가장 먼저 손을 대는 것이 바로 법체계다. 따라서 국가를 정의하는 여러 기준 중에 법체계만큼 중요한 요소도 아마 없을 것이다. 아카드인들도 법률을 갖고 있었지만, 함무라비 법전은 기원전 1800년경 수메르 등의 여러 법률을 종합적으로 수정한 세계 최초의 성문법전으로 함무라비 왕에 의해 편찬되었다. 8피트 높이의 돌기둥에 새겨져 있어 거의 4천 년이 지난 오늘까지도 프랑스 파리의 루브르 박물관에 원형 그대로 남아 있다.

함무라비 법전에서 눈에 띄는 것은 '눈에는 눈, 이에는 이'란 조항이다. 이러한 보복의 법칙을 탈리오법칙lex talionis이라 부르는데, 인도의 간디는 "눈에는 눈으로 처벌하면 세계가 모두 장님이 된다"며 이에 반대했을 정도로 어찌 보면 매우 원시적인 법 조항이다. 하지만 함무라비 왕은 법질서를 중시하고 싶었던 모양이다. 구체적인 예로, 제196조에는 '평민이 귀족의 눈을 멀게 했다면 그의 눈을 뺀다', 제200조는 '귀족이 같은 계급의 치아를 상하게 했다면 그의 치아를 뽑는다', 그리고 제229조에 '건축가가 타인의 주택을 부실하게 지어 무너져 집주인이 죽으면 그 건축업자를 죽인다'와 같은 조항에서 법이 만인 앞에 평등하다는 메시지와 책임을 엄하게 추궁하는 사회질서를 세우려 한 함무라비 왕의 의도를 엿볼 수 있다. 더욱 감탄할 대목은 이 법전의 마지막 부분에 법률의 사명이 사회 안정과 깨끗한 정치를 보장하는 것인 동시에 강자가 약자를 능멸하지 못하게 하고, 정의의 이름으로 사건을 심판하여 피해를 입은 이들이 공정함과 평온함을 얻을 수 있도록 해야 한다고 명시된 부분이다. 오늘날의 법 정신과 별 차이가 없어 보인다.

그러나 청동기 시대의 지배자들은 함무라비 왕처럼 그들의 정복과 멸망의 많은 업적을 자랑함과 동시에, 평화와 정의의 업적도 기록함으로써 균형을 맞췄다. 예를 들어 함무라비 왕은, "나는 전쟁을 종식시켰고, 땅 위의 복지를 증진시켰으며, 백성들이 우의가 넘치는 안식처에서 편히 쉬도록 만들었고, 어떤 것도 백성들에게 횡포를 부리지 못하도록 막았다"라고 자랑스럽게 선전했다. 그렇지만 팽창 · 약탈 · 파괴의 주기가 다시 돌아올 때는 그의 입에서 그런 말이 나올 수 없었다. 더 좋은 조건을 추구하려면 다른 도시를 황폐화시키지 않고서는 안 되었기 때문이다.

수메르 북쪽 땅 아시리아와 아카드

함무라비 왕이 죽음에 따라 왕국 역시 얼마 후 쇠퇴하기 시작했다. 메소포타미아 북부에서는 바빌로니아 왕국이 탄생하기 전부터 이미 강력한 민족이 꿈틀거리고 있었다. 그것은 여러 민족이 각축전을 벌이는 무대였던 아시리아였다. 아시리아는 제철 기술을 발명한 히타이트와 미타니 등의 왕국 사이에 끼어 오랫동안 약소국에 머물러 있었으나, 그들로부터 교역을 통해 제철 기술을 배우는 데 성공하여 이윽고 사상 최대의 제국으로 발전했다.

최초의 제국을 건설한 아시리아 제국은 기원전 7세기에는 이집트를 포함한 퍼타일 크레슨트 전역을 통일하는 위세를 떨쳤지만 극심한 가뭄 탓으로 갑자기 멸망했다. 이 제국의 등장은 메소포타미아의 역사가 남부에서 북부로 중심이 옮겨가고 있음을 상징하는 것이었다. 히타이트의 뒤를 이은 세력이 아시리아 제국이었다. 바빌로니아 왕국을 비록 히타이트에 의해 멸망하지만, 수메르의 문명과 전통은 정복자들에 의해 계승되었다. 다만, 문명의 무게 중심이 서서히 옮겨가고 있을 뿐이었다.

나는 바그다드에서 모술 방향으로 북상하다가 사마라Samara를 지나게 되어 그곳을 잠시 들러보았다. 티그리스강변에 위치한 이 도시는 기원전 5000년 전 선사 시대부터 사람이 살기 시작했지만, 3~7세기에 도시로 성장한 작은 도시였다. 836년 튀르크 군대와 바그다드의 시민 사이에 일어난 충돌로 바그다드에서 밀려나면서 새로운 수도로 천도하였다. 당시의 칼리프는 궁전을 세우고 정원들을 조성했으며 그의 후계자들이 꾸준히 세력을 넓혀 티그리스강을 따라 도시 영역을 확장했다. 칼리프caliph란 이슬람 국가의 지도자이며 최고 종교 권위자를 가리키는 말이다. 이 도시는 892년 칼리프 알 무타미드가 수도를 바그다드로 다시 옮기면서 차츰 쇠퇴했고 1300년에 이르러서는 도시 대부분이 폐허가 되었다.

2007년에 유네스코가 세계유산으로 지정한 사마라의 모스크가 눈에 들어왔다. 그것은 아바스 제국의 중심지였던 9세기에 세워진 것으로 시아파 이슬람교도의 순례 중심지로서 시아파가 신성하게 여기는 돔형 구리 지붕의 모스크였다. 그곳에는 52미터에 달하는 거대한 뾰족탑인 나선형의 미너렛minaret도 있다. 나는 세계의 여러 이슬람 사원들을 보았지만 이렇게 특이하게 생긴 미너렛을 일찍이 본 적이 없다. 하지만 북유럽을 여행할 때 어느 도시에선가 사마라의 미너렛을 흉내 낸 조형물을 본 기억이 난다. 허허벌판에 우뚝 솟은 미너렛은 군사용 전망대로도 사용되었을 것이다. 사마라는 아바스 제국의 수도가 바그다드로 천도되면서 쇠퇴하게 되었다.

사마라를 뒤로 하고 잠시 북상하니 티크리트Tikrit를 지나게 되었다. 티그리스강의 이름을 딴 티크리트는 후세인 전 이라크 대통령이 태어난 곳으로 권력의 지지기반이 되었던 도시이며, 이곳에도 그의 궁전이 있었다. 또한 이 도시는 1187년 이집트 군대와 함께 십자군을 격파하고 예루살렘을 탈환한 쿠르드족 출신인 살라딘Saladin 장군이 태어난 곳이기도 하다. 티크리트와 아슈르를 지나 모술과 가까운 곳에 님루드Nimrud란 고대도시가 있었다. 기원전 3000년부터 발달하기 시작한 님루드는 티그리스강변의 동쪽에 위치하며 전성기에는 10만 명을 수용한 도시였다. 니네베와 함께 꼭 가보고 싶은 도시였기 때문에 내 가슴은 설레었다. 겨울이었음에도 불구하고 대낮의 햇볕은 무척 따갑게 느껴졌다.

현재 이라크의 모술에서 동남쪽 30킬로미터 지점에 위치한 님루드는《구약성서》에서 칼라Calah 또는 칼후Kalhu라 불렸고, 아랍에서는 전설적인 사냥 영웅의 이름을 따서 니므롯Nimrod이라 불렀다. 이 도시는 아시리아 왕이 도읍지로 만들었으며 기원전 13세기의 아시리아 수도로 약 150년간 기능했었다. 이 도시가 번영의 전성기였던 때는 기원전 9세기경으로 추정되는데, 기원전 10~7세기의 신아시리아 영토는 메소포타미아 전역과 레반트 일대를 지배했다. 성곽의 서쪽에는 지구라트가 있고, 성문 기둥에서는 날개를 가진 인간의 얼굴과 동물의 몸으로 조각된 라마수Lamassu라 불리는 신神 조각상이 발견되었다. 라마수 조각상을 보니 우르의 것과 매우 흡사함을 알 수 있었다. 이것은 메소포타미아 북부의 아시리아와 남부의 수메르문명 간에 큰 차이가 없었음을 의미하는 것이다. 폐허가 된 지구라트 정상에 오르니 서쪽으로 멀리 유프라테스강 주변의

그림 2-11 님루드의 지구라트와 라마수 조각 기둥

님루드의 지구라트 유적지

기둥의 일부

경작지가 펼쳐져 있는 것을 볼 수 있었다.

나는 10여 년 전 영국 런던의 대영박물관에서 이들 유물을 본 기억이 떠올랐다. 도시의 유적은 1845년부터 수차례에 걸쳐 영국의 고고학자들에 의해 발굴되어 주요한 유물은 영국의 박물관으로 옮겨졌는데, 앞에서 서술한 바 있듯이 1949~1957년에 발굴한 맬루웬(Mallowan, 1966)과 오츠 부부(Oates, J. and Oates, D., 2001)의 업적이 주목할 만하다. 당시에는 메소포타미아의 유물들이 왜 여기에 있어야만 하는지 회의적이었지만, 최근 이슬람 국가를 표방하는 IS가 세계 인류의 문화유산을 파괴하는 것을 보고는 오히려 다행이라고 여기게 되었다.

님루드는 티그리스강변에 입지하고 지형을 최대로 이용한 전형적인 고대도시였다. 나는 이 유적지를 보면서 니네베와의 유사성을 떠올렸다. 규모의 차이는 있어도 지형지물을 고려한 성안의 시설물 배치와 하천 간의 관계에서 닮은꼴이었다. 그런 점에서는 니푸르를 포함한 여러 고대도시들이 공통적 요소들을 보였다. 영국 발굴단이 철수한 후에 이라크 전통문화재관리국이 구릉지 위에서 그림 2-12의 궁전 유적과 왕묘를 발

굴했는데, 아시리아 여왕의 것으로 추정되는 묘에서 황금으로 만든 다수의 부장품이 발견되었다.

나는 이 지역을 답사하던 중 이라크 어린이들을 만났는데, 순식간에 내 주위로 아이들이 우르르 몰려들어 놀랐다. 그들은 낯선 이방인이 카메라를 들고 나타나니 신기했던 모양이다. 사진을 찍어 달라며 아이들이 내게 달려들었는데, 그 아이들이 입고 있던 옷에 새겨진 일본 글자를 볼 수 있었다. 아마 일본이 이라크에 원조한 의복으로 짐작되는데, 그것을 그대로 입고 있었던 것이다. 이라크전쟁이 끝날 것에 대비해 석유자원을 염두에 둔 일본 정부의 외교 전략일지는 모르겠지만, 나는 유적지에서

그림 2-12 님루드의 유적지

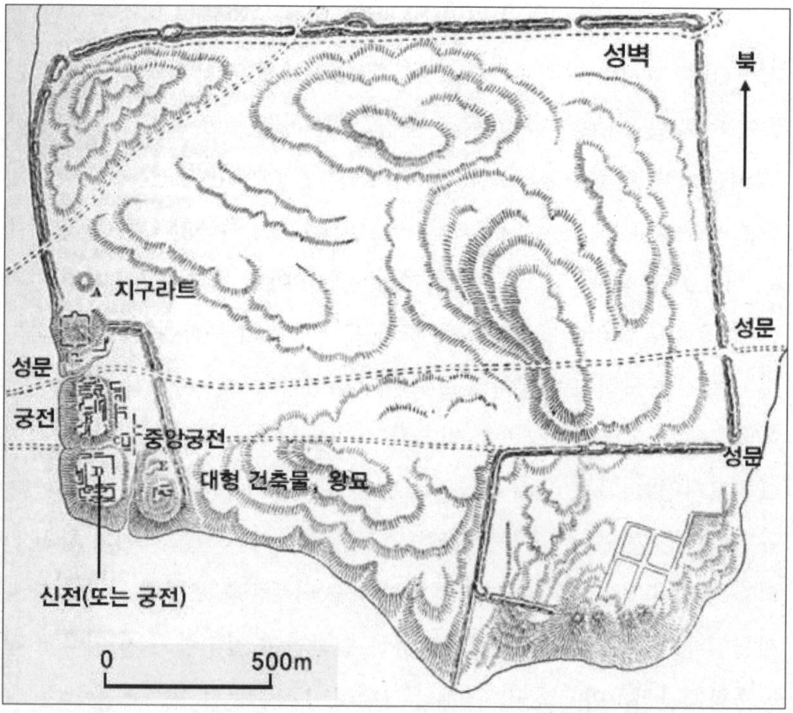

메소포타미아문명을 연구하는 일본 학자들이 많다는 것을 알고 감탄을 금치 못했다. 메소포타미아 답사에서 영국, 미국, 독일, 일본 등의 학자들이 남긴 흔적을 볼 수 있었다.

님루드를 뒤로 하고 티그리스강에 위치한 이라크에서 두 번째로 큰 상업도시인 모술로 향했다. 모술은 곡물과 과일이 풍성하게 자라고 석유도 많이 매장되어 있는 도시다. 특히 대리석이 유명하다. 내가 이곳을 방문했을 때에는 인구가 약 70만 명이었으나, 후세인의 '아랍화 정책'으로 약 180만 명으로 증가했다. 그 영향으로 주민은 아랍인이 많아졌지만 도시 주위에는 쿠르드족이 많이 거주하여 민족 문제를 안고 있다. 따라서 그들은 후세인 정권을 지지하지 않는다. 나는 그것도 모르고 후세인을 치켜세우는 입에 발린 말을 했는데 그들은 황당하다는 표정을 지어보였다. 거리의 노점상들은 한국산 담배를 팔고 있었다. 마르코 폴로의 《동방견문록》에서는 이탈리아인이 '무솔리니Mussolini'라는 성을 가졌다면 모두 이곳 모술 상인의 후예라고 밝힌 바 있다. '모술Mosul'이란 나루터를 의미하는 것으로, 티그리스강을 건너는 지점에서 유래되었으며 면사를 촘촘하게 짜서 표백하지 않은 흰색 직물인 모슬린muslin의 원산지이기도 하다.

모술에는 '붉은 모스크'를 비롯한 여러 사원과 그리스도교 교회 등의 많은 건축물이 눈에 띄었는데, 1534년부터 오스만 제국의 지배를 받기 시작하여 1918년까지 무역 중심지이자 행정 중심지로 중요한 역할을 했다. 제1차 세계대전이 발발하고 이라크가 독립하면서 오스만 제국 영토로부터 떨어져나간 모술은 점차 그 상업적 중요성이 줄어들었다. 그러나 모술 일대의 영유권을 주장하던 터키가 이 지역을 포기하고 난 후 다시 교역량이 늘어나기 시작했다. 모술 동쪽과 북쪽 근교에 있는 주요 유전들이 개발된 후로는 예전의 명성을 되찾았지만, 그것은 IS의 거점이 되기 전까지의 일이다.

최근에 들어와 이곳이 인류의 문명을 거부하는 IS의 거점 도시가 될 줄은 아무도 몰랐을 것이다. 이곳은 2014년 6월 이후 IS가 장악하여 그들의 자금줄 역할을 해온 곳이다. 내가 이 책을 집필하던 때에 'IS 척결'이라는 공동 목표를 위해 이라크 정부군은 물론 쿠르드 자치 정부, 일부 수니파 부족 세력이 동참한 시아파 민병대, 미국을 비롯한 연합군, 그리고 터키까지 참여해 '모술 탈환 작전'이 시작되었다.

문명사적으로 중요한 고대도시인 니네베Nineveh는 티그리스강을 끼고 모술과 마주하고 있는데, 이 지명은 니네베의 수호신 니나Nina에서 유래되었다. 이곳의 최초 주거지는 신석기 시대인 기원전 7000년경 작은 움집으로부터 시작되었다. 니네베 유적지는 18세기와 20세기 초에 걸쳐 레이어드(Layard, 1853a)를 비롯한 영국의 여러 고고학자들에 의해 수차례 발굴 작업이 진행되었던 곳이다. 여기에 프랑스 발굴단이 가세함에 따라 발굴 작업은 경쟁적으로 이루어졌다.

그들이 선사 시대의 지층에서 발견한 유적 가운데서 가장 눈길을 끄는 것은 흙 속에 묻혀 있던 비스듬한 모양의 거칠게 빚은 그릇 종류였는데, 이는 집에서 악령을 쫓아내는 주술 행위에 쓰였던 것으로 짐작되는 그릇이다. 이 그릇은 4,000년 전 티그리스 · 유프라테스강 유역 전역에서 널리 발견되는 우루크의 도기와 동일한 유형에 속한다. 티그리스강 유역의 도시들은 같은 시기에 속하는 유프라테스강 하류에 있는 도시들과 많은 공통점을 보여준다. 이러한 유사성은 기원전 3000년 이전의 어느 시기에 경제적 번영으로 남쪽과 북쪽의 상업적 수요가 증가함에 따라 교역이 이루어졌음을 보여준다는 점에서 특히 중요하다.

기원전 3000년대의 유물 중 가장 주목할 만한 것은 턱수염이 난 왕의 머리 부분을 부조로 넣어 실물 크기로 주조한 청동 두상이다. 지금까지 메소포타미아에서 복원된 유물 중 가장 뛰어난 금속 작품으로 꼽히는 이 조각상은 아카드 제국의 유명한 왕이던 사르곤Sargon을 표현한 작품으로 짐작된다. 그러나 몇몇 전문가들은 화려한 기법을 근거로 부정하고 있다. 하지만 사르곤 왕의 조각상으로 주장하는 가설이 더 유력한 것으로 생각된다. 왜냐하면 당시 메소포타미아에서는 금속 작품이 석조 작품보다 양식면에서 빠른 발전을 이루었기 때문이다. 이와 같은 사실로 추정해볼 때 아시리아 왕국의 설립자 조각상이 그곳에 세워졌던 것으로 짐작된다.

그림 2-13에서 보는 것처럼 당시 메소포타미아에 살고 있던 인종이 황인종의 모습이 아님을 확인할 수 있다. 아시리아인들은 화장술에는 관심이 없었고 오직 머리와 수염 손질에 관심이 많았다. 그들은 웨이브가 진 장발의 헤어스타일과 가슴까지 내려오는 긴 수염을 선호했고, 대머리는 수치스럽게 여겨 모자나 가발로 숨겼다. 독특한 헤어스타일은 아무런 손질을 하지 않은 짧은 머리의 스키타이와 같은 북방의 야만족과 구별하는 상징이라 생각했다. 아시리아 군사들은 머리를 손질한 후 전쟁터에

그림 2-13 사르곤 왕의 청동 두상과 상상도

나갈 수 있었다. 아시리아인의 헤어스타일은 그리스인의 동경의 대상이 되기도 했다.

정복 전쟁으로 일관한 사르곤 왕의 유년기에 관해서는 밝혀진 바 없지만, 후대의 메소포타미아인들은 사르곤이야말로 그들 셈족 역사에 일관되게 나타나는 군사적 전통의 창시자라고 불렀다.

니네베를 웅장한 도시로 만든 주역은 기원전 700년경의 센나케리브 왕이었다. 그는 훌륭한 거리와 광장을 설계하고 어디에 견주어도 손색이 없는 최고의 웅장하고 화려한 궁전을 티그리스강과 조화를 이루도록 건설했다(Bahn, 2001).

유적지를 살펴볼 때 이 거대한 도시는 성벽의 둘레가 약 12킬로미터에 달하는 규모였던 것으로 짐작된다. 해자가 설치된 이 성은 거대한 바깥 성벽이 완성되지 않은 채 남아 있으며, 도시 중심부를 관통해서 흐르는 호사르Khoser강은 도시의 서쪽에서 티그리스강과 합류한다. 해자와 운하의 흔적은 아직 곳곳에 남아 있으나, 오늘날 호사르강 이남은 도시화되어 있어 유적지를 제대로 보기 어려워졌다.

성벽 곳곳에 설치된 거대한 성문은 진흙 벽돌이나 돌로 만들어져 있다. 동쪽 성벽에는 문이 6개 있으며 남쪽 성벽에는 '아슈르'라고 부르는 성문이 하나 있다. 서쪽 성벽에는 5개, 그리고 북쪽 성벽에는 아다드 · 신 · 네르갈이라고 불리는 3개의 성문이 있는데, 이곳을 꼭 보아야 한다. 주요 출입구 몇 군데에는 측면에 사람 머리를 한 황소의 조각상들이 나란히 세워져 있다. 이 시대에 니네베는 총면적이 700평방킬로미터 가량이었으며, 내가 2010년 중국 당나라의 수도였던 시안西安의 장안성을 답사할 때 보았던 성벽을 연상케 하는 두터운 성벽에는 거대한 성문이 모두 15군데 있었다(남영우 · 곽수정, 2011). 그들은 고도의 기술 수준을 보여주는 수로망을 통해 구릉지대에서 물을 끌어다 썼다. 성문들 가운데

아다드 문을 비롯한 몇 개의 성문 앞에는 거대한 석상(라마수)이 우뚝 서 있었다. 네르갈 성문에는 센나케리브가 세웠다고 하는 날개 달린 석상 황소 두 마리가 있다. 네르갈 성문 가까이에는 이라크 전통문화재관리국에 의해 유적지 박물관이 세워졌다.

성곽 동남쪽에 위치한 샤마시Shamash 성문에는 여러 개의 교량으로 해자 두 군데와 수로 한 군데를 가로지르는 통로가 있다는 것이 이라크 전통문화재관리국의 발굴 결과 밝혀졌다. 대리석 담으로 둘러싸인 성벽 바깥

그림 2-14 니네베 유적지

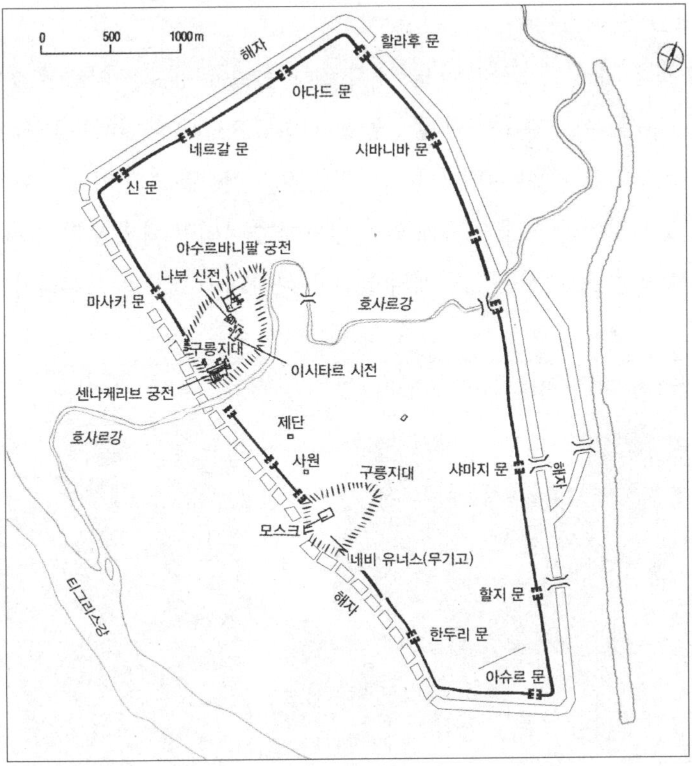

쪽에는 외벽이 설치되어 있으며 그 뒤로는 방어용 둑길이 나 있다. 이 구조물은 센나케리브 왕의 인장이 찍힌 구운 벽돌과 진흙으로 만들어졌다.

《구약성서》 창세기 제10장 12절에 등장하는 이곳은 홍수 이후 노아의 둘째 아들인 함의 손자 니므롯Nimrod이 셈의 후손들이 건설한 도시를 정복한 후 아수르 성의 북쪽에 새로운 도성 니네베를 건설하고 아수르 백성들을 강제로 이주시킨 땅이다. 이곳을 제국의 수도로 삼은 왕은 기원전 705~681년 기간 동안 아수르를 통치한 센나케리브였다. 감동적 발굴 모험담을 정리한 블랙먼(Blackman, 1981)의 《니네베 발굴기》에 따르면, 니네베는 아시리아 제국의 새로운 수도가 되면서 마치 바빌론을 연상시킬 만큼의 웅장한 도시의 면모를 갖췄던 것으로 전해지고 있다(Layard, 1849a; 1849b; 1853a; 1853b).

왕위를 계승한 그의 아들 에사르하돈Esarhaddon과 아슈르바니팔Ashurbanipal은 이곳에 화려한 궁전들을 건설함으로써 니네베를 더욱 장엄하게 만들었다. 당시 니네베를 방문하는 외지인들은 도시의 웅장함에 압도되었을 것이다. 성문 안쪽에 있는 석판에는 불타는 탑의 모양이 거칠게 새겨져 있는데, 이것은 니네베의 몰락을 나타내는 것으로 아시리아 시대

그림 2-15 니네베 성의 아다드 문과 라마수

이후의 유물인 것으로 생각된다. 현지에서는 눈여겨 살펴야 보인다.

아시리아 제국은 압도적인 군사력을 바탕으로 다른 제국과는 차별화된 방법으로 영토를 통일해 나갔다. 다른 제국들은 타국을 속국으로 복종시킨 반면에, 아시리아 제국은 각지의 지배자를 제거하고 아시리아인 총독을 파견하여 통치했다. 기원전 729년 바빌론을 점령한데 이어 이집트를 병합했으며, 마지막으로 중요한 엘람 왕국의 일부까지 정복하는 데 성공했다. 아시리아 제국과 신바빌로니아는 지배자뿐 아니라 백성들을 강제적으로 이주시키는 정책을 취했다. 이 정책으로 희생된 대표적 사례로는 이스라엘 왕국의 백성을 들 수 있다. 히브리 민족이 바빌론에 포로로 끌려간 것을 '바빌론의 유수幽囚'라 하는데, 그것이 끝날 때까지 그들은 이스라엘 사람이라 불렸다.

아시리아 제국의 번영은 오리엔트 전역을 하나의 통치 체제로 전환하게 되었다는 점에서 중요한 의미를 갖는다. 아시리아 제국은 기원전 612년 마나이Mannai 연합이 만든 메디아 왕국이 니네베를 점령함으로써 멸망했고, 반농반목半農半牧을 하던 메디아인들은 말 다루는 기술이 뛰어났으나 페르시아 제국에 복속되었다. 메디아는 기원전 152년에 파르티아에 점령당해 사산 왕조로 흡수됨으로써 그들의 정체성은 완전히 소멸되고 말았다. 결국 단순화하여 요약하면 메소포타미아문명은 수메르와 아카드에 의해 시작되었고, 바빌로니아가 발전시켰으며, 아시리아가 물려받아 아시리아 제국→메디아 왕국, 신바빌로니아→페르시아→파르티아 제국으로 이어진 것이다. 그림 2-16을 보면 퍼타일 크레슨트에서 명멸한 주요 왕국과 제국의 변천사를 이해할 수 있다.

비록 니네베가 역사적으로 불분명한 점이 있기는 하지만, 기원전 7000년 전부터 인류가 거주하기 시작하여 성장한 아시리아의 중요한 도시임은 분명하다. 2014년 6월 9일 IS에 의해 이 도시의 성벽과 유물이

그림 2-16 퍼타일 크레슨트 세계의 변천

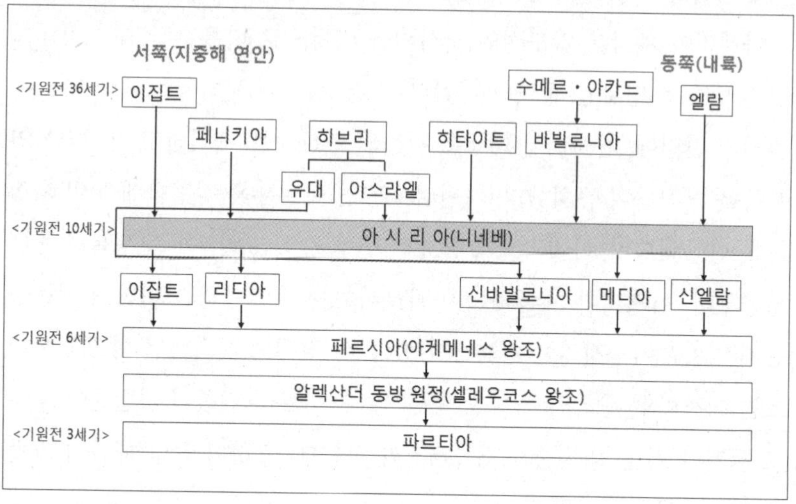

폭파되었다는 소식은 모든 인류에게 충격을 안겨주었다. 인류의 문화유산이 야만적 세력에 의해 파괴된 것이다. 내가 니네베를 답사한 2001년 2월의 온전한 유적지를 이제는 다시 볼 수 없게 된 것이 너무 안타깝다. 니네베 답사를 마친 후 다시 바그다드로 귀환했다.

나는 이라크를 떠나면서 메소포타미아문명의 몰락에 대해 다시 한 번 생각해보았다. 이 문명의 재앙은 단순한 기후변화나 파괴적 전쟁의 결과만은 아니었다. 그들은 관개수로를 지속적으로 유지 · 관리하는 데 실패한 것이다. 광활한 지역으로 운반되던 관개수로의 물은 뜨거운 햇볕에 노출된 탓에 증발되고 물에 섞인 염분이 땅속에 잔류하여 관개수로의 혜택을 받던 농경지가 피해를 입었다. 수메르인들은 밀보다 염해에 강한 보리를 재배하는 것이 좋을 것이라고 생각했지만, 보리의 수확량 역시 차츰 감소하기 시작했다. 농업의 쇠퇴는 훌륭한 수메르문명의 가치를 떨어뜨렸다. 환경사학자 휴스(Hughes, 1975)가 지적한 것처럼 본래 사막이었던 땅을 관개시설을 통해 경작지로 개간한 곳은 어디든지 그와 같은 염분화의 피해를 입게 된다. 메소포타미아의 농경지는 바로 배수가 문제였던 것이다.

강과 수로를 통해 운반되는 충적토와 진흙은 관개수로의 양쪽 가에 쌓여, 그 진흙더미는 배수를 방해하는 결정적 장애물이 되었다. 요컨대 관개수로는 강물을 끌어다가 농경지에 물을 끌어대는 기능은 훌륭히 수행했으나, 수로에 침전물이 쌓이는 것을 막기 위해 퍼 올려진 흙더미 때문에 배수 기능을 상실하고 말았다. 그 결과, 토양은 더욱 염분에 의해 불모지로 변했다. 나는 메소포타미아를 답사하면서 소금 성분이 쌓여 있는 하얀 땅을 눈으로 착각하여 "이곳에 눈이 쌓일 리가 없을 텐데……"라고 혼잣말을 한 적도 있다.

메소포타미아에서 형성된 각 사회는 두 하천이 제공하는 조건들을 이용했으나 토지의 염분화를 막는 데 소홀했다. 그러므로 메소포타미아와 그 주변에서는 하나의 통일된 큰 세력이 생기지 못했다. 토양을 회복시키는 노동을 할 수 있는 청년층들은 군대에 동원되어 경제활동을 할 수 없었고, 군사력의 신장은 전쟁으로 토양의 비옥도를 더욱 떨어뜨리는 결과를 가져왔다. 구체적으로 메소포타미아의 군국주의는 지력 회복을 위한 시도와 토양의 염분화 방지를 막으려 애썼지만, 편평한 땅은 염분화의 비율을 증가시키는 요인으로 작용했다. 특히 수메르보다 덜 집약적 농업을 한 메소포타미아 중앙부의 아카드는 상당 부분의 토지가 목초지로 이용됨에 따라 염분화가 더 빨랐다. 관개수로를 만드는 일은 고된 작업이었다. 앞에서 언급한 길가메시의 서사시에 인용된 '아트라하시스'에 의하면 처음에는 신들이 관개수로를 파는 장면이 나온다.

신들은 물길을 파야만 했다네.

물줄기가 땅의 생명줄이 흐르게 해야 했다네.

신들은 티그리스강 바닥을 팠다네.

그리고 유프라테스강을 팠다네.

고된 삽질에 진저리가 난 신들은 이 문제를 해결하기 위해 인간을 만들었다. 그러므로 인간이 탄생한 이유는 신들의 노고를 대신하기 위해서였다는 것이다. 우리는 위의 서사시를 통해 당시의 메소포타미아인들이 관개수로를 만들면서 얼마나 큰 고통을 받았는지 알 수 있다.

메소포타미아 평원의 일부는 아직도 퇴적물의 무게에 압력을 받아 계속 가라앉고 있다. 그러므로 시간이 경과함에 따라 염분화가 적게 나타나는 산록지대를 향해 문명의 중심이 북쪽으로 이동하는 요인이 되기도 했다. 인류학자 제틀러(Zettler, 2003)는 100여 년간 번영을 누린 아카드 제국이 이란고원으로부터 침입해온 구티Guti족에 의해 멸망했음을 밝힌 바 있지만, 지구의 엘니뇨 현상으로 인한 이상기후로 농업이 붕괴되어 몰락한 최초의 제국이 되었다는 견해도 있다.

가나안은 젖과 꿀이 흐르는 땅인가?

퍼타일 크레슨트의 공간적 범위는 메소포타미아와 가나안을 포함한 레반트 일부를 포괄한다고 앞에서 설명했다. 그런데 지도를 놓고 보면 연속되어야 할 지대가 레반트 중 현재의 레바논과 이스라엘 일대에서 끊기는 것처럼 보인다. 이 지대를 따라 도시문명이 발달하려면 농업지대가 연속적으로 펼쳐져 있어야 한다. 나는 이에 대한 의문을 품고 2013년 1월 레반트 일대에 대한 답사에 나섰다. 시리아와 레바논을 거쳐 요르단과 이스라엘을 답사했다. 요르단을 제외하고는 내전과 종교전쟁으로 모두 위험한 곳이었지만 그 정도의 리스크는 각오해야만 했다. 다행스럽게도 그런 의문은 나의 답사로 곧 해소될 수 있었다.

고대 페니키아였던 레바논은 레바논산맥과 안티레바논산맥이 지중해 방향으로 나란하게 뻗어 있으며, 양 산맥 가운데 베카Bekka 계곡이 길게 펼쳐져 있다. 이 계곡은 레바논의 대표적인 비옥한 농업지대로 손꼽히며 북쪽에 있는 오론테스강과 남쪽에 있는 리타니강은 이곳을 거쳐 흐르는데, 계곡에는 주변 지역의 도시에 식량을 조달할 수 있는 충분한 경작지가 있었다. 이곳은 전략적으로도 중요하여 1975년 레바논 내전 발발 때부터 2005년까지 이스라엘과 시리아, 팔레스타인해방기구 사이에 큰 전투가 벌어지기도 한 곳이다. 물론 베이루트 북부의 트리폴리와 남부의 티레 부근에도 평야지대의 경작지가 있지만, 그것만으로는 잉여식량에 기반한 도시문명이 발생하기에는 부족하다.

'레바논Lebanon'이란 고대 엘람어 레반Leban에서 유래한 지명으로 '하얀 산맥'이라는 뜻이다. 겨울에는 눈이 내려 하얗고, 여름에는 석회암 때문에 희게 보여 붙여진 지명이다. 내가 이곳에 도착했을 때에도 그림 2-17에서 보는 것처럼 높은 산은 하얀 눈으로 덮여 있었다. 나는 베이루트의 도심을 답사하면서 기독교 교회와 이슬람 사원이 나란히 서 있는 모습을 목격했는데, 두 건물은 묘한 대조를 이루었다. 건물 규모는 새롭게 지어진 이슬람 사원이 더 크고 웅장해 보였다. 이것이 현재의 레바논 상황을 잘 대변해주는 광경이었다. 레반트에서 가장 아름다운 도시로 꼽힌다는 레바논 경관이 내 눈에는 그다지 아름답게 보이지 않았다.

레바논의 수도 베이루트Beirut는 페니키아어로 '우물' 또는 '물의 도시'란 뜻의 지명인데, 레바논산맥에서 흘러내리는 물이 풍부하여 붙여진 지명이다. 베이루트는 오랫동안 서남아시아 아랍권에서 경제 · 사회 · 문화의 중심지였지만, 사회적 · 정치적 혼란으로 특히 1970년대 이후 모습이 극적으로 달라졌다. 도시가 무계획적으로 개발되었기 때문에

그림 2-17 베카 계곡의 경관과 농경지의 위성사진

1950년대에는 옛 도시의 자취를 거의 찾아보기 어려운 상태가 되었고 흩어져 있던 유적들도 1970년대 중반의 내전과 그 여파로 거의 파괴되었다. 그리스도교 민병대의 주도하에 내전을 딛고 일어선 동베이루트는 그리스도교 일색의 지역이 된 반면, 이슬람교도가 절대적으로 우세한 서베이루트에는 라스 베이루트Ras Beirut를 비롯한 몇 군데의 중립 지역이 남아 있다.

레바논은 기원전 3000년경부터 페니키아인이 해안지대에 거주하며 도시국가를 세운 곳이다. 11세기 말에 시작된 십자군전쟁 때에는 셀주크 튀르크와 쟁탈의 대상이 되었고, 이후에는 오랫동안 오스만 제국의 지배하에 있다가 제1차 세계대전 이후에는 프랑스의 통치하에 놓였었다. 베이루트 도심을 둘러보다가 로마 시대의 유적지를 발굴하는 모습을 관찰하던 중, 한 아이가 다가와 내게 어디에서 왔냐고 물었다. 한국에서 왔다고 하니 그 아이는 두 손을 앞으로 모으더니 '강남 스타일'이란 노래를 부르면서 '싸이'라는 한국 가수가 추던 '말춤'을 추었다. 나도 신이 나서 서툰 솜씨로 그 아이와 함께 춤을 추었다. 이런 모습은 이슬람권에서는 흔히 찾아볼 수 없던 광경이다. 그 유적지는 더 발굴 작업이 진행되어야 알 수 있겠지만, 내가 보기에는 로마 시대의 목욕탕 같아 보였다. 이 도시의 도심 한복판에 이런 유적지가 있으니, 모든 시가지 땅 밑에는 엄청난 유적이 있을 것이라고 추정해보았다. 중심부의 경비는 매우 삼엄했다.

그림 2-18 베이루트의 이슬람 사원과 기독교 교회

나는 해안 도로 남쪽으로 가기 전에 먼저 북쪽의 트리폴리 방향으로 발길을 옮겼다. 트리폴리Tripoli는 기독교 역사상 레반트에 건설된 4개의 주요 십자군 국가 중에 가장 나중에 건국된 나라다. 이 도시는 지중해와 아부알리강이 만나는 곳으로 입지적 조건이 양호한 위치에 자리하고 있다. 기원전 700년 이후에 세워진 트리폴리는 기원전 300년 페르시아 지배 시대에 도시국가인 시돈 · 티레 · 아르바드Arvad로 이루어진 페니키아 3국 동맹의 수도가 되었다. 그 후 알렉산더의 계승국이었던 셀레우코스 왕조의 지배를 받았으며 이어서 로마의 수중에 들어갔다가 638년 무렵부터는 이슬람교도의 지배를 받았다.

트리폴리로 향하다 보면 베이루트 근교에 위치한 페니키아인들의 발상지로 여겨지는 비블로스Byblos가 있는데, 일본학자 호리구치(堀口, 2005)에 따르면 이 지명은 그리스어의 파피루스βύβλος에서 유래되었다

그림 2-19 베이루트 중심부의 유적지 발굴 현장

고 한다. 영어의 종이를 뜻하는 paper 역시 마찬가지다. 이집트에서 종이원료인 파피루스를 실은 배들이 에게해를 거쳐 그리스로 갈 때 이곳이 중간 기착지로 활용되었다. 비블로스는 장기간에 걸쳐 이집트 지배하에 있었다. 이 항구로부터 이집트로 삼나무가 수출되었고, 그 대가로 파피루스가 이 도시를 경유해 그리스 등지로 운반되었다. 그런 관계로 그리스에는 파피루스의 원산지가 이집트가 아닌 수출항 비블로스로 알려지게 되었다. 또 파피루스를 뜻하는 비블로스로부터 책book을 뜻하는 비블리오byblio라는 단어가 만들어졌고, 나아가 바이블Bible이 생겨났다. 바이블의 어원이 되었다는 점에서도 비블로스가 지닌 중요성을 알 수 있을 것 같다. 이 도시가 유네스코 세계유산으로 등재되었음은 물론이다.

비블로스 유적지는 1921~1924년 프랑스 고고학자 몽테Montet가 처음으로 체계적인 발굴 작업을 시작했다. 뒤이어 1925~1926년 뒤낭(Dunand, 1940)의 발굴 결과, 이곳에는 늦어도 신석기 시대부터 사람이 살기 시작했고 기원전 3000년부터는 페니키아인들이 거주하기 시작해 넓은 주거지가 형성되어 있었다는 사실이 밝혀졌다. 페니키아인들은 레바논산맥에 자생하는 삼나무를 벌채하여 선박을 만들고 그 나무에서 기름을 채취하여 이집트에 수출하면서 지중해 무역의 주역이 된 것이다. 이곳의 목재는 수메르 도시 건설에도 이용되었다.

이 유적지는 시대별 유적들이 누적되어 페니키아, 아람, 이집트, 로마, 이슬람, 십자군의 흔적이 혼재되어 있는 탓에 매우 복잡했다. 폭우가 내릴 때 한 언덕이 허물어지면서 석관이 노출되었는데, 비블로스의 아히람Ahiram 왕의 석관으로 밝혀졌다. 또한 그 석관에 음각된 문자를 연구한 결과 최초의 페니키아문자라는 사실도 밝혀졌다. 그 석관은 현재 베이루트의 레바논 국립박물관에 보존되어 있다고 하는데, 나는 가보지 못하고 다음 기회를 기약하며 레바논으로 돌아와 베카 계곡으로 발길을 돌렸다.

그림 2-20 비블로스의 페니키아 및 로마 유적

비블로스로부터 해안 도로를 따라 베이루트 방향으로 나 있는 도로 옆에는 가파른 경사의 산지만 있을 뿐 농경지는 거의 없었다. 그나마 있던 해안평야는 베이루트가 성장함에 따라 시가지로 덮여버렸다. 역시 내 예상대로 베카 계곡과 요르단강이 없었더라면 퍼타일 크레슨트가 연결될 수 없었을 것이다.

베카 계곡 답사에서는 유감스럽게도 겨울이어서 농경지의 작물들을 확인할 수 없었지만, 여름철에는 각종 곡물과 과일을 재배하고 있다. 포도 재배가 이루어지는 베카 계곡은 서남아시아에서는 보기 드문 와인 생산지이기도 한데, 이는 종교적 이유로 기독교도들이 주로 재배하는 것 같았다. 고대사를 통해 문명의 회랑으로 알려진 베카 계곡은 시리아의 다마스쿠스를 거쳐 아카바만으로 연결해 아라비아반도를 잇는 주요 통상로의 교차점이다. 이 계곡의 동쪽에는 '왕의 대로King's Highway'가 남북 방향으로 향하고 있다. 이에 대해서는 나중에 다시 설명하기로 하겠다.

베카 계곡의 인상적인 고고학적 유적지들은 문명의 십자로에 위치하여 그에 걸맞은 역사적인 역할을 하게 된 것이다. 레바논에서 가장 많은 여행자들이 찾고 있는 이 계곡에는 세계에서 가장 거대하고 잘 보존된 로마 유적지가 바알베크Baalbek에 있고, 안자르Anjar에는 8세기경 이슬람교를 계승한 최초의 왕조라 할 수 있는 우마이야Umayyad 왕조의 칼리프에 의해 안티레바논산맥 기슭에 세워진 도시가 있다. 우마이야 왕조는 안자르를 사냥 별장이자 여름의 가장 더운 몇 달을 보내기 위한 휴양지로 이용한 것 같다. '안자르'란 지명은 아랍어로 '바위에서 샘솟는 물'이란 의미를 갖는 '아인알리잔Aynalizan'에서 유래되었다.

이 유적지는 1953~1975년 사이에 레바논 고고학자와 건축학자들에 의해 발굴되었다. 안자르는 시리아의 홈스Homs와 이스라엘의 티베리아스Tiberias, 그리고 레바논의 베이루트와 시리아의 다마스쿠스를 연결하는 대상로의 요충지로 중계무역을 할 수 있는 입지 조건을 갖춘 도시였다. 발굴 결과, 이 도시는 비록 규모는 작지만 로마 제국 도시의 영향을 받은 고대의 궁전도시를 극명하게 잘 보여주는 계획도시임이 밝혀졌다.

안자르는 사방이 성벽으로 둘러쳐진 로마식 성곽도시로, 직각으로 교차하는 대로는 도시를 네 구역으로 분리시켰다. 모든 도로는 바둑판 모양의 직교식 가로망을 갖춘 격자형 도시였으므로 처음부터 계획된 도시였음을 알 수 있다. 이 도시는 약 6천여 개에 달하는 많은 상점들이 들어섬에 따라 중요한 무역 중심지로 번창할 수 있었다. 우아한 아케이드를 형성했던 상점의 높은 기둥과 아름다운 아치가 늘어선 도로의 유적들이 그대로 남아 있다. 상점에는 로마 도시에서 흔히 볼 수 있는 것처럼 상점 출입구와 상품 진열대가 개방된 개구開口가 있었고, 이 유적지에서는 목욕탕, 주택, 궁전, 모스크, 수크(시장) 등은 물론 잘 포장된 도로의 유적도 발굴되었다.

그림 2-21 안자르의 상점가 유적

1984년 유네스코 세계문화유산으로 등재된 바알베크Baalbek는 '베카 고원의 주신主神'을 의미하며, 제섭(Jessup, 1881)의 연구에 의하면 페니키아의 신이었던 바알Baal을 섬기는 것에서 유래한 것으로 전해지고 있다. 따라서 이 도시는 원래 페니키아계 신들의 성지였던 곳으로 생각된다. 그러나 그 후 1세기경부터 3세기에 걸쳐 그리스·로마계의 신들과 결합하여 주피터·비너스·바커스의 신전이 들어서게 되었다(Jidejian, 1975). 바알베크의 유적은 주로 이들 세 신을 섬기는 3개 신전으로 구성되어 있다.

영국의 역사학자 쿡(Cook, 1914)에 의하면, 이 유적지는 독일의 빌헬름 2세가 1898년 예루살렘으로 가던 중 이곳에 들러 폐허가 되어버린 로마 유적지를 보고 깊은 감명을 받은 것이 계기가 되어 1904년까지 독일 학자들에 의해 발굴 작업이 시작되었다고 한다. 1977년에는 프랑스 고고학자 애덤(Adam, 1999)에 의해 바알베크 유적지가 로마 제국 건축의 진수임을 보여주는 대대적인 발굴 작업이 단행되었다. 그러나 안타깝게도 레바논의 계속된 내전에 따른 혼란과 무질서를 틈타 무지한 인간들에 의해 문화유산의 해외 반출이 있었던 모양이다. 이런 일은 비단 바알베크에서만 벌어진 것이 아니라 여러 유적지에서 볼 수 있는 일이다. 이는 과거 찬란한 문명을 자랑했던 고대 유적지들이 가난과 전쟁에 시달리는 나라에 위치한 탓이리라.

로마의 콘스탄티누스 대제가 기독교를 국교로 삼으면서 신전의 파괴가 진행되었기 때문에 바알베크에 있는 신전들도 기독교 교회로 역할이 바뀌었을 것으로 짐작된다. 그럼에도 불구하고 이곳의 신전들은 이탈리아의 로마 유적지에 있는 신전보다 더 온전하게 남아 있다. 기독교 교회로 보이는 건물은 보이지 않고 로마의 신전과 후에 세워졌거나 개조된 아랍식 성채와 모스크를 볼 수 있다. 이 유적지의 입구인 반원형의 광장을 지나면 건축물의 위용에 위압감을 느끼게 된다.

내가 갔을 때에는 겨울이라 그런지 관광객도 없었고 스산한 분위기였다. 이러한 분위기는 나로 하여금 마치 타임머신을 타고 로마 시대로 온 착각을 불러일으키게 했다. 인구 7만여 명의 이곳 주민들은 아마 관광업보다는 고원농업으로 생계를 꾸려나가고 있을 것이다. 바알베크 유적이 유네스코 세계유산으로 등재된 이유를 보면, 인류의 창조적 재능을 표현한 걸작이며, 인류의 역사상 중요한 시대를 예증하는 건축 양식과 기술이 집적된 경관의 빼어난 사례라는 사실이다.

나의 베카 계곡 답사는 바알베크에서 끝내야만 했다. 나는 원래 시리아의 다마스쿠스로 가고 싶었지만, 한국 영사관으로부터 시리아는 내전 중으로 위험지역이니 가지 말라는 휴대폰 문자를 받았기 때문이다. 지금은 시리아의 정부군과 반군 간의 전투뿐만 아니라 여기에 IS까지 가세한

그림 2-22 바알베크의 상징물 주피터 신전의 상징 6열주랑

내전으로 인류의 문화유산들이 무참하게 파괴되고 있는 것이 안타깝다. 시리아의 수도인 다마스쿠스는 현존하는 도시 중 역사가 가장 오래된 도시이며, 그 북쪽의 시리아 최대 도시 알레포Aleppo와 동쪽의 마리Mari도 고대문명의 유적이 많이 남아 있어 가보고 싶은 도시였다. 사실 베카 계곡의 안자르로부터 다마스쿠스까지는 100리 길에 불과한 가까운 거리였다. 특히 알레포는 기원전 2000~1000년 사이에 히타이트를 비롯해 미타니 왕조와 이집트 등에게 차례로 지배를 받았던 적이 있다. 지중해 연안 지역과 동방을 잇는 고대 대상로의 관문으로서 기원전 6~4세기에는 페르시아 아케메네스 왕조의 지배를 받았던 도시다.

나는 시리아가 내전을 겪으면서 파괴되는 세계유산도 안타깝지만, 그 내전으로 인해 고통받는 어린아이들의 참혹한 모습을 볼 때 분노가 치밀 정도로 가슴이 아프다. 내전의 고통과 참상을 극명하게 보여주는 네 장

의 사진을 이 책에 꼭 게재하고 싶었다(그림 2-23). 2015년 9월 2일 시리아의 난민 아이가 시신이 되어 파도에 밀려온 사진은 내 기억 속에서 지워지지 않는다. 세 살배기 이 아기는 시리아 북부 코바니 출신의 쿠르디인데, 그의 가족은 시리아 내전을 피하기 위해 캐나다로 난민 신청을 했지만 거부당했다. 하는 수 없이 배를 타고 그리스로 향하던 중 파도를 만나 배가 전복되면서 같이 탔던 어머니와 다섯 살짜리 형도 함께 세상을 떠났다.

또 한 장의 사진은 2016년 8월 18일 무너진 건물 잔해 속에서 구조된

그림 2-23 시리아 어린이 난민

쿠르디

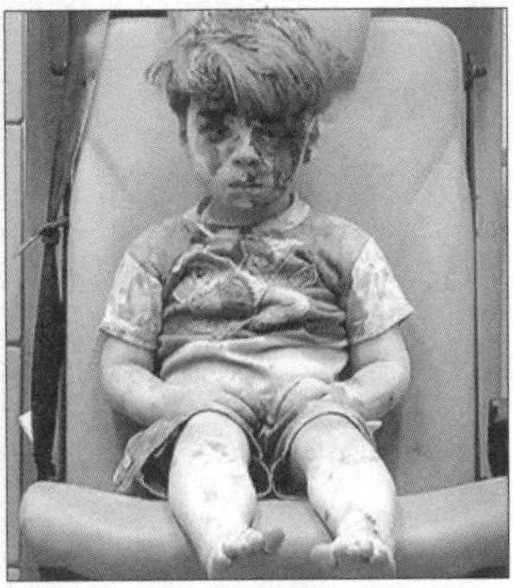

다크니시

손을 들어 항복 자세를 취하는 어린이

다섯 살 소년 다크니시의 사진이다. 시리아 내전의 격전지인 알레포의 폭격 현장에서 가까스로 구조된 다섯 살 소년의 울지도 못하는 참혹한 모습이 전 세계를 분노와 슬픔에 빠뜨렸다. 여덟 살의 형은 숨을 거두고 말았다. 그리고 아래 사진은 시리아 난민촌의 어린이가 취재기자의 카메라를 보고 총으로 오인하여 쏘지 말라며 손을 들어 항복하는 자세를 취하고 있는 모습이다. 전쟁은 누구에게나 고통스럽지만, 특히 어린이들이 받는 상처는 평생 지워지지 않을 것이다. 나는 문명론을 펼치면서도 세상에 대한 고발이 담겨진 이 사진을 보고 야만과 반反문명을 떠올렸다.

야만적 문명이 무슨 의미를 갖는가? 인류의 역사를 구성하는 문화사 · 전쟁사 · 경제사 등 가운데 어느 분야가 많은 비중을 차지하는지 잘 모르겠지만, 역사의 지향점은 인류의 보편적 가치를 위한 문명이어야 한다고 생각한다. 토인비는 일본이 한국에 대해 오만함을 갖고 존경심을 갖지 못하면 반드시 멸망할 것이라고 경고한 일본의 종교가 이케다池田大作와 나눈 대담집 《21세기를 여는 대화》에서, 문명의 동력 역할을 한 인류의 잉여생산물 대부분을 전쟁에 소비하는 우를 범했다고 안타까워했다(Toynbee and Ikeda, 1976).

고대 레반트를 남북으로 종단하는 주요 교통로는, 지중해 연안을 따라 뻗은 해안 도로, 시리아의 알레포를 지나 레바논의 베카 계곡을 거쳐 갈릴리해→요르단강→사해로 남하하여 아카바만에 이르는 길, 그리고 '왕의 대로'라 알려진 도로, 이렇게 3개가 있다. 《구약성서》에 나오는 이 길은 지금까지 이용되는 도로 중 세계에서 가장 오래된 도로 가운데 하나일 것이다. 그림 2-24에서 볼 수 있는 '왕의 대로'는 고대부터 나일강과 메소포타미아를 연결하는 남북 교역로로서 매우 중요한 길이었다.

성지순례길, 헤자즈 철도, 사막 고속도로를 비롯한 유사한 길이 발달하면서 점차 '왕의 대로'는 중요성이 약화되었다. 그럼에도 불구하고 이

길은 관광객들의 명소로 알려졌고 요르단 시골의 여러 지역을 여행할 수 있는 아름다운 여행 코스가 되었다. 이 길은 느보산, 마다바, 알카라크, 페트라에 있는 역사적 명소들을 포함해서 요르단의 가장 중요한 역사적 장소들로 연결되어 있다. 나는 이들 세 교통로 중 해안 도로를 제외한 나머

그림 2-24 성서 시대 팔레스타인의 간선 교통로

지 두 개의 교통로를 답사했다.

먼저 해발 2,814미터 높이의 눈 덮인 헤르몬Hermon산이 멀리 바라보이는 갈릴리해를 찾았다. 팔레스타인에 있는 두 개의 바다인 갈릴리해와 사해는 호수라 불러야 마땅하지만, 고대 히브리어에는 '호수'라는 단어가 없었으므로 그때부터 바다라 불렀던 것이다. 바다를 본 자는 호수를 보고 바다라 부르지 않는다. 그러나 당시 인간들은 이렇게 큰 오아시스를 본 적이 없었으므로 바다로 인식했을 것이다. 내가 갈릴리해에서 유람선을 탔을 때 선장은 고맙게도 태극기를 게양해주는 센스를 발휘했다. 《구약성서》에는 '사해'란 명칭이 나오지 않고 '소금해'라 기록되어 있다. 사해는 해수면보다 낮으므로 요르단강을 비롯한 모든 하천들이 사해로 흘러들어 그곳에서 끝난다.

헤르몬산은 이스라엘 · 시리아 · 레바논의 3국 국경이 접하는 곳에서 융기하여 형성되었고, 두 바다는 단층 작용으로 함몰된 골짜기 형태의

그림 2-25 갈릴리해에서 바라본 헤르몬산

지구대地溝帶 안에 해수면보다 낮은 위치에 형성되었다. 헤르몬산의 동남쪽 사면과 레바논을 발원지로 하는 갈릴리해는 남쪽 방향으로 요르단강을 거쳐 사해로 흘러들어간다. 건조한 지역을 흐르는 물은 팔레스타인 지방의 젖줄이라고 할 수 있다. 레바논의 베카 계곡에서 남쪽으로 이어지는 이 지구대는 퍼타일 크레슨트가 연속적으로 형성될 수 있는 벨트가 된 셈이다.

나는 갈릴리해에서 요르단강을 따라 남쪽으로 향했다. 요르단강은 역사적 또는 종교적으로 성스러운 강으로 여겨지고 성경에 많이 언급되어 있다. 《구약성서》의 '출애굽기'에 따르면 현재의 이집트인 애굽埃及에서 탈출한 이스라엘 민족이 가나안 땅에 들어가기 위해 이 강을 건넌 것으로 전해지고 있다. 특히 세례자 요한은 이 강에서 세례를 주었고 예수도 여기서 세례를 받은 것으로 전해지고 있다. 요르단Jordan강은 히브리어의 나하르 하-야르단*Nahar ha-Yarden*과 아랍어의 나하르 알-울둔*Nahr al-Urdun*에서 유래된 지명으로 '내려오는 강'이란 뜻을 지니고 있다. 나는 북쪽의 헤르몬산에서 남쪽으로 흘러 내려오는 강이란 의미일 것이라고 생각했다. 요르단강 서안의 길보아산맥을 지나면서 1260년 몽골과 맘루크 군대가 벌인 아인 잘루트 전투를 떠올렸다. 이에 대해서는 제6장 몽골 제국과 이집트의 맘루크 제국 간에 발생한 전투에서 재차 언급할 기회가 있을 것이다.

이스라엘 민족의 리더였던 모세는 40년간의 방황 끝에 느보산에 이르러 '약속의 땅'인 가나안 땅을 바라보았다. 야훼와 이스라엘인들과 달리 내 눈에는 느보산에서 바라본 가나안 땅이 사람 살기에 좋은 땅으로 보이지 않았다. 다만, 지리적으로 평가한다면 요지임은 분명하다. '가나안Canaan'이란 지명이 노아의 후손 '가이난'에서 유래되었다고 주장하는 설도 있지만, 팔레스타인의 고대 지명으로 자주색을 뜻하는 단어에서 유래되었다는 설이 더 유력하다. 자주색은 당시에는 고귀한 의미를 지닌 색깔이었다.

약속의 땅인 가나안과 관련된 여러 가지 표현 중 가장 대표적인 것은 '젖과 꿀이 흐르는 땅'이라는 표현이다. 이 표현은 성서 전체에서 20회 정도 사용되었는데, '젖'과 '꿀'을 레반트 일대의 신화와 연결시켜 신의 특별 선물이거나 신의 기호식품으로 해석하려는 하이아트(I Iyatt, 1971)와 피셔(Fischer, 1989) 같은 학자들도 있었다. 하지만 다른 주석가들은 그동안 일관되게 '젖과 꿀이 흐르는 가나안 땅'이라는 표현은 땅의 비옥도를 함축적으로 나타낸 것으로, 가나안을 생산성이 넘치는 땅으로 과장하고 미화한 시적 표현이라고 해석했다. 이는 그곳에서 생산된 물품들을 매우 가치 있는 것으로 평가하고 있기 때문에 내려진 판단일 것이다.

특별히 사막의 유목민들이나 이집트에서 노예로 살던 굶주린 이스라

그림 2-26 느보산에서 바라본 가나안 땅의 이정표

엘 민족에게는 먹을거리가 풍부한 땅을 묘사하는 것으로 받아들여졌다. 《구약성서》에서의 젖과 꿀은 대표적인 고단백질 음식으로 여겨졌다. 압살롬의 난을 피해 광야에서 숨어 지내던 다윗과 그의 신하들에게 제공된 중요한 음식물 중에는 젖과 꿀로 만든 것이 포함되었다. '압살롬Absalom의 난'은 이스라엘 다윗 왕의 아들 압살롬이 일으킨 반란으로 최초로 히브리 민족들이 자기들끼리 싸운 내전이었다. 젖과 꿀은 고대사회에서 중요하게 취급되었던 교역 물품들이었으며, 제사장과 레위인(야곱의 열두 아들 중 레위의 자손)들에게 봉헌되는 물건이기도 했다. 꿀은 《구약성서》의 창세기에서 양식을 구하기 위해 이집트로 내려가는 아들들에게 야곱이 함께 보내는 선물에 포함된 물품이기도 했다. 건조한 기후에서는 달콤한 것이 입에 당긴다.

설탕이 없던 퍼타일 크레슨트에서는 꿀을 먹었다. 인도 사람들은 기원전 350년경의 굽타 왕조 때에 처음으로 설탕을 어떻게 결정화하는지 알아냈다. 사탕수수는 원래 열대 남아시아와 동남아시아로부터 전해진 것이지만, 설탕은 인도 사람들이 사탕수수 물에서 저장과 수송이 용이한 형태의 사탕 결정체를 만들어내는 방법을 알아내기 전까지는 비교적 중요하지 않게 여겨지고 있었다. 알렉산더 대왕의 어느 부하 장교가 인더스강을 따라가다가 꿀벌의 도움 없이 꿀을 만들어내는 풀, 즉 사탕수수를 발견한 것이라고 한다. 하지만 이 이야기는 확실한 근거가 없어 신빙성이 별로 없어 보인다. 설탕이란 어원은 희고 고운 당이라는 설당雪糖에서 왔는데, 한국에서는 그 발음이 격음화하면서 설탕이 된 것 같다.

아무튼 이와 같은 해석에도 불구하고 내 생각은 좀 다르다. '젖과 꿀'로 표현되는 가나안 땅은 요르단강 주변을 제외하고는 눈을 씻고 찾아보아도 그다지 비옥한 땅이 별로 없다. 그러므로 이는 유목민과 농경민을 가리키는 은유적 표현이라고 생각된다. 즉, '젖'은 목축을 하는 유목민, '꿀'

은 농사를 짓는 농경민을 의미하는 것이 아닐까? 다시 말해서 나는 유목 문화와 농경문화의 교류가 한 차원 높은 새로운 문화를 창출해주었다는 은유적 표현이라고 생각한다. 만약 그런 의미가 아니라면 인간의 마음이 황폐해진 것을 개탄하면서 가나안 땅에 이상향을 건설하려는 이스라엘 민족에게 꿈과 희망을 주기 위한 목표였을지도 모르겠다.

고대 히브리인들은 농업 활동보다 목축 활동을 인간이 행하는 가장 정상적이며 선한 활동으로 간주했다. 그들의 초기 역사는 목축 중심의 생활양식과 정착 농경 중심의 생활양식 사이에서 어느 것이 좋은지 갈등했다. 《구약성서》 창세기에서 야훼는 땅에서 산출된 생산물로 이뤄진 카인의 제물을 거부했고, 초원에서 사육한 양으로 이뤄진 아벨의 제물은 기꺼이 용납했다. 또한 잉여농산물을 바탕으로 도시를 이루고 사는 문화와 목축업을 바탕으로 광야와 초원을 떠도는 문화 사이의 적대적 관계에 대해서도 묘사하고 있다.

가나안은 성지Holly Land, 팔레스티나 혹은 팔레스타인Palestine이라고도 불린다. 역사학자 한센(Hansen, 2000)과 고고학자 킬리부루(Killebrew, 2005)에 의하면, 팔레스타인은 '펠레세트Peleset'란 단어에서 유래된 지명이라고 주장했다. 펠레세트는 미케네문명 당시 남부 그리스에서 이주했던 필리스틴인Philistines을 가리키던 명칭이고, 《구약성서》에 나오는 블레셋인이 바로 필리스틴인들이다. 삼손이 사랑한 델릴라Deliah의 고향이란 설도 있다. 이들 세력은 이스라엘 민족의 강력한 적으로 《구약성서》에 자주 등장한다. 그런 이유로 이스라엘 민족은 '팔레스타인'이란 지명을 싫어하는 모양이다. 골치 아픈 그들을 추방시켜 살게 한 곳이 가자Gaza 지구의 평원이었다. 가자 지구는 1994년 오슬로 협정에 따라 오늘날 팔레스타인 정부가 통치하는 땅이 되었다. 그러므로 오늘날의 팔레스타인 문제는 이미 3,000년 전부터 잉태되었다고 볼 수 있다.

삼손이 델릴라의 유혹에 빠진 것은 유목 민족이 농경 민족이 거주하는 도시에 현혹된 것이라고 해석할 수 있다. 삼손과 같은 구국의 영웅을 사사judge라 부르는데, 사사士師는 무엇보다도 이스라엘을 위기에서 구하는 구원자로서의 성격이 강하다.《구약성서》에는 12명의 사사가 언급되어 있다. 그 후 이스라엘은 왕국 시대에 돌입하게 되었다. 초대 왕으로는 사울Saul이 선정되었다. 이스라엘은 필리시테의 압력에 대항하기 위해 느슨한 사사제士師制를 버리고 중앙집권적인 왕제를 택한 것이다. 나는 1960~1970년대를 풍미했던 영국 가수 톰 존스의 〈딜라일라〉란 노래를 떠올리며 읊조려 보았다.

팔레스타인에도 메소포타미아처럼 야생 상태의 밀과 보리가 서식했으므로 일찍이 그것을 작물화한 탓에 신석기 시대에 진입할 수 있었다. 처음에는 씨를 뿌려 곡식을 거두는 방법을 몰랐던 미개인을《구약성서》에서는 "심지 않은 데에서 거두고 뿌리지 않은 데에서 모으는 사람들"이라고 불렀다. 서양인들이 한민족의 고유한 '나물문화'를 폄훼하는 것이 바로《구약성서》에서 비롯되었다. 팔레스타인 주민들은 곧 씨를 뿌려 그 결실을 수확하는 작물화 기술을 터득하여 안정적이고 풍족한 식량 조달이 가능해졌다.

메소포타미아문명이나 나일문명과 달리 큰 하천이 없는 팔레스타인 지방에 뿌리를 내린 히브리인들은 이집트인들이 표현한 것처럼 하늘 위에 나일강을 지니고 있었던 셈이다. 다시 말해서 그들에게 강은 야훼가 있는 하늘이었다는 것이다. 히브리 민족은 바빌론을 설명할 때 언급한 것처럼 아시리아를 멸망시킨 신바빌로니아의 왕 네부카드네자르에 의해 바빌론으로 끌려간 유수, 즉 포로의 신분에서 벗어난 기원전 606~536년(혹자는 기원전 586~516년)까지 이스라엘인으로 불렸다. 따라서 엄밀히 말하자면 그들의 호칭은 이스라엘인→히브리인→유태인의 순으로 바뀐 셈이지만, 보통 혼용해서 부르는 경향이 있다. 그러나《구약성서》를 보면 히브리Hebrew라는 말은 이스라엘인 스스로 칭한 것이 아니라 다른 민족들이 그들을 가리키는 경우에 자주 쓰는 것 같다. '히브리'란 유프라테스강 '건너편에서 온 사람'인 유태인을 가리키는 말이다.

문명 창출에 기여한 유목민

지금까지 우리는 경작cultivation과 문화culture, 그리고 시민civil과 문명civilization의 연관성을 염두에 두고 농경과 도시의 관련성에 대해 여러 사례를 살펴보았다.

목축민 또는 유목민은 문명 밖의 존재로 인식하는 경우가 많고, 농경과 목축이 별개로 발달한 것으로 생각하기 쉽다. 하지만 실제로는 모두 신석기 시대의 메소포타미아에서 동시대에 동일한 사람들에 의해 발전해왔다. 그 이전 사람들은 채집과 수렵이라는 식물자원과 동물자원 양쪽으로부터 식량을 구해 생활을 영위했고, 이에 대한 적극적 행동이 차츰 농경과 목축으로 발전한 것이다.

그렇다면 신석기 시대의 그들은 농경과 목축 중 어느 한쪽을 선택했던 것일까? 아니다. 그들은 둘 모두를 특화시켰다. 비옥한 충적평야에서 관개시설을 정비한 메소포타미아 사람들은 밀이나 보리를 재배하면서 농경지 주변의 목초지에 양 · 산양 · 소를 풀어놓아 사육했다. 맨 처음 야생개의 가축화에 성공한 인류는 이미 가축화의 노하우를 터득하고 있었기 때문에 다른 짐승들도 손쉽게 가축으로 만들 수 있었다. 더욱이 축력을 이용할 수 있게 되거나 고기 맛을 알게 된 인류는 목축을 결코 포기할 수 없었다.

이처럼 인류는 농경과 목축을 동시에 꾸려나갈 수 있었던 것이다. 이러한 사실은 예컨대 영어의 'farm'이란 단어를 보아도 알 수 있다. 이 단어는 동사의 경우 '경작하다'란 뜻도 있지만 '동물을 사육하다'란 의미를 포함하고 있다. 평소 우리가 사용하는 '농경민'과 '목축민'을 구별해서 사용하는 것은 다만 어느 쪽을 중시하는가 하는 비중의 문제일 뿐이다. 메소포타미아에서는 목축에 비중을 둔 사람들, 즉 유목민들이 농경지 주변에 나타나기 시작했다. 당시의 유목은 수렵 활동의 연장선상에서가 아니라 농경지에서 목축의 경험을 바탕으로 하여 행해진 생활 방법이었다. 이러한 생업 형태는 어쩌면 농경 못지않은 새로운 발명이라고 볼 수 있을 것이다. 그러므로 문명 창출에는 농경문화뿐만 아니라 유목문화도 기여했다고 보아야 한다.

유목민은 정주하지 않고 천막에 살면서 가축과 함께 이동하는데, 광범위하게 산재하는 목초와 물 등의 자원을 이용하는 유목 기술 자체는 메소포타미아를 넘어 퍼타일 크레슨트의 땅에서도 개발되었다. 내 생각으로는 양과 산양의 가축화에 성공한 사람들이 서쪽으로 이동하는 과정에서 유목 또는 반半유목(농업과 목축업의 겸업) 생활을 발달시켰을 것 같다. 관개농업지대의 인구가 증가함에 따라 인구압人口壓에 밀려난 무리들도 있었을 것이다. 유목민이 된 그들은 처음에는 약자의 입장이었지만 생존을 위해 우수한 기동성과 전투 능력을 갖추게 되었다. 그들은 농경민의 1할 정도에 불과했지만 군사력은 막강했다. 농경지대의 정주 취락에서 생산되는 물자에 의존할 수밖에 없던 그들은 물물교환을 하거나 약탈하며 생활했다. 유목민들은 농민과 도시민들을 비웃거나 야만인으로 얕잡아 봤다.

중세 이슬람을 대표하는 이븐할둔Ibn Khaldun은 그의 저서 《역사서설》에서 문명의 본질을 설명하는 가운데 다음과 같은 주장을 폈다. 그는 도시민과 유목민은 모두 조미료를 사용하지만 도시민들은 조리 과정을 거친 음식을 먹기 때문에 험난한 사막이나 황무지 사람들에 비해 유약하다고 주장했다. 또 풍요롭고 사치한 생활을 하는 도시민보다 그렇지 못한 유목민의 신앙심이 더 강하다는 점을 지적한 바 있다. 그는 사치와 풍요의 정도에 따라 인간의 대처 능력에 차이가 발생한다고 설명하면서 맛있는 음식을 먹는 도시민들은 환경적 재앙이 닥치면 유목민보다 빨리 죽는다고 주장했다(Lacoste, 1981). 마그레브(북아프리카)의 모로코 페스Fez 시민들이 한발과 기근에 취약한 이유를 그렇게 설명한 것인데, 그와 같은 판단은 이븐할둔의 사고가 다분히 환경결정론에 뿌리를 두고 있음을 단적으로 보여주는 대목이라 할 수 있다. 내가 2009년 답사한 페스는 마그레브 통일국가의 수도로 번창했던 도시다(남영우 · 곽수정, 2010).

나는 우선 암만에서 북쪽으로 가까운 곳에 위치한 제라시Jeash로 향했다. 그 이유는 이 도시가 유적의 보존 상태가 양호하며 발굴 범위가 넓고 규모가 크므로 '중동의 폼페이'라고 부를 만큼 역사적 가치가 있는 고대도시이기 때문이다. 게라사Gerasa로 불렸던 제라시는 청동기 시대였던 기원전 3200년 전부터 취락이 형성되어 기원전 63년에 로마에 정복된 고대 그리스 · 로마 시대에 세워진 '데카폴리스Decapolis'라 불리는 일종

그림 2-27 요르단의 제라시 유적지

의 식민 도시 가운데 하나다. 보석과 비단, 상아 등의 판매가 이루어지던 사막 대상隊商들의 경유지이기도 했다. 로마 제국의 멸망과 지진으로 인해 이 도시는 폐허가 되었으나 최근에 실시된 발굴 작업으로 원형이 복구되어 고대 로마 시대의 도시 흔적을 거의 완벽하게 갖춘 도시로서 유명해졌다. 이 유적지를 보면 마치 요르단에 재현된 로마의 도시를 보는 듯한 착각을 불러일으킨다.

350년부터 이 도시에 기독교도의 공동체가 형성됨에 따라 400~600년간에 수많은 교회가 건축되었다. 교회 바닥은 화려한 모자이크로 장식되어 있는데, 잠시 뒤에 소개할 마다바Madaba처럼 도처에 건물 벽과 바닥이 모자이크로 장식된 것을 볼 수 있었다. 여기서 눈에 띄는 것은 '시나고그synagogē'라 불리는 유대교 사원이 기독교 교회 밑에서 발굴되었는데, 여기에 '노아의 홍수'를 묘사한 모자이크 그림이 발견된 것이다. 그리고 불교의 심벌인 '卍'자 형태의 문양도 발견되었다. 이것을 보고 고개를 갸우뚱하는 사람도 있는데, 가톨릭 십자가의 종류는 라틴식 · 그리스식 · 켈트식 · 이콘식으로 구분되어 다양하다. 그중 그리스식 십자가는 이콘식과 결합하여 卍의 형태와 유사한 디자인을 낳게 되었다. 이것을 보고 유럽 백인의 원조인 아리안족 최고의 상징이었던 하켄크로이츠를 나치의 심벌로 사용했던 것을 떠올리는 경우도 있다.

'왕의 대로'를 따라 알카라크로 향하다 중간에 마다바에 머무를 기회가 있었다. 마다바의 한 교회 바닥에서 유명한 '마다바 모자이크 지도'를 볼 수 있게 되었다. 지리학자로서 큰 행운을 잡은 것이다. 이 지도의 지리학적 가치는 성서를 설명하기 위해 제작된 회화 컬렉션이 아니라, 진정한 지리적 지도라는 점에서 찾을 수 있다. 크기가 30평방미터에 달하는 이 지도는 지도학적으로 상당한 정도의 정확성을 가지고 있을 뿐 아니라, 19세기 이전에 볼 수 없는 팔레스타인 지방에 관한 가장 오래되고 정확한 고지도라 평가받는다.

6세기 후반에 제작된 이 지도는 중세 암흑기로 대표되는 T-O지도류가 등장하기 직전의 지도로서 당시의 레반트문명권의 범위를 알려주는 귀중한 지도다(남영우 · 김부성, 2013). 'T-O지도'란 둥근 지구의 O 속에 유라시아 대륙과 아프리카를 T로 나타낸 지도를 뜻한다. T-O지도에서는 성서의 기술에 따라 세계의 중심에 예루살렘이 위치하는 것으로 인식되었다. 또한 세계의 가장 동쪽에는 지상낙원인 유토피아가 위치하는 것으로 인식되어 7세기부터 등장한 T-O지도를 비롯하여 13세기의 세계지도 등은 모두 동쪽이 지도의 상단에 위치하도록 방위를 잡았다.

알카라크Al-Karak 또는 카라크Karak는 마다바에서 '왕의 대로'를 따라 남쪽으로 가면 높은 곳의 가파른 절벽 위에 성벽으로 둘러싸여 있어 눈에 잘 띄는 도시다. 고대 그리스의 지리학자인 프톨레마이오스Ptolemaeos가 이 요새를 인지하고 있었다고 하니 유명했던 모양이다. 이 도시는 고대 이스라엘 동쪽에 있었던 모압Moab의 수도 가운데 하나로《구약성서》에 나오는 키르 헤레스Kir Heres 혹은 케르 하레세스Qer Harreseth와 동일한 도시다. 이것은 히브리어로는 '질그릇 조각으로 이루어진 성벽', 고대 모압어로는 '질그릇 조각으로 이루어진 도시'라는 뜻이며, 지금의 아랍어 형태는 성서에 나오는 것처럼 히브리어 '키르*kir*'에 대응되는 울타리를 뜻하는 그리스어 '카락스*charax*'에서 비롯된 것 같다. 이슬람 지리학자 야쿠비Yáqubi는 중세에는 알카라크가 맙*Maāb*이라는 지명으로 불렸음을 밝혀낸 바 있다(Daly, 2005).

나는 인구 3만 명도 채 안 되는 작은 도시 알카라크 시내의 구불구불한 길을 따라 유적지 정상부에 올라가 주변을 조망해 보았다. 멀리 사해와 요르단강 서안이 희미하게 시야에 들어오는 것을 보고 이곳의 지리적 중요성은 물론 전략적 가치를 알 수 있었다. 이곳이 왜 십자군전쟁 때 예루

그림 2-28 요르단의 알카라크의 성곽

살렘 왕국의 주요 거점이 되었는지 수긍이 갔다. 유적지 성곽 내에 있는 카라크 고고학박물관에 전시된 하나의 비문이 눈에 들어왔다. 이 카라크 비문은 1958년에 이곳에서 발굴된 것으로, 모압인들이 신봉했던 신에 관한 내용이 새겨져 있다. 따라서 《구약성서》에 나오는 모압은 실재했던 왕국이었음을 알 수 있었다.

현대도시와 인접한 알카라크는 발굴 결과 천연의 요새로 성서 시대 이후에도 지속적으로 사람이 거주한 흔적이 남아 있지만, 지금의 성곽은 십자군이 축조한 것이다. 이 유적지의 건축물들은 로마와 비잔틴 양식은 물론 아랍의 건축 양식이 혼재하고 있어 역사의 흐름을 무언으로 말해주고 있다. 물론 앞에서 소개한 마다바 모자이크 지도에도 성곽도시로 묘사되어 있다.

2016년 12월 18일, 나는 알카라크에서 무장 괴한들의 총격으로 최소 10명이 사망하고 요르단 경찰과 민간인 등 27명이 부상을 당했다는 보도를 접하고 경악했다. 두 번째 총격 테러가 발생한 곳이 내가 답사했던 카라크 성에서 발생했다는 소식은 간담을 서늘케 했다. 범인은 이슬람 수니파에 속한 급진 무장 세력 IS의 소행이었는데, 내가 그곳에 갔을 때 이런 사건이 벌어졌다면 어찌 되었을까? 나는 해외 답사 중 1999년 1,500여 명이 숨진 터키의 강진을 비롯해 2005년 1,836명의 목숨을 앗아간 미국 남부의 초대형 허리케인 카트리나 등으로부터 간신히 목숨을 구한 기억이 있다. 또 그리스 아테네 뒷골목을 답사할 때에는 맹견들에게 물릴 뻔도 했다.

디아스포라의 땅 이스라엘

사해 주변을 답사하기 위해 요르단을 떠나 이스라엘로 향했다. 예상대로 경비가 삼엄한 국경은 입국 절차가 까다롭고 번잡했지만, 나는 순조롭게 이스라엘에 입국할 수 있었다. 입국 심사가 지극히 세심하게 진행되는 과정에서도 젊은 세관원들은 친절하고 기계적으로 움직였다. '하느님은 강하다' 혹은 '신과 경쟁하는 자'란 뜻의 '이스라엘Israel'은 계약을 통해 하느님의 백성이 된 사람들을 지칭하는 용어로 야곱Jacob에서 유래되었다.

나는 사해에서 몸이 물에 둥둥 뜨는 신기한 체험보다는 과거의 해안선을 뜻하는 구정선舊汀線을 눈여겨보았다. 사해 규모가 우즈베키스탄의 아랄해처럼 점점 작아진다는 것을 금방 알 수 있었다. 요르단강물이 흘러드는 데도 사해가 작아지고 있는 이유는 관개농업으로 유입되는 수량이 줄어들고 있기 때문일 것이다. 고농도의 염분 때문에 아무런 생물도 살 수 없는 이곳이 사해Dead Sea라고 불린 이유를 알 수 있을 것 같았다.

이스라엘은 일부를 제외하고는 메마른 사막과 황량한 광야로 이뤄진 국토임에도 불구하고, 그 땅에 사는 사람들은 앞에서 서술한 것처럼 '젖과 꿀이 흐르는 가나안'이라고 믿었다. 그들의 땅은 천연자원의 측면에서 볼 때도 서남아시아에서 가장 열악한 최악의 조건이다. 그러나 이스라엘 국민들은 단기간에 농업생산물의 가치를 무려 16배나 증대시킴으로써 진정한 젖과 꿀이 흐르는 국토를 만들었다. 그들이 이룩한 문명도 인류문명 발전에 기여한 바가 있을 것이다. 나는 이스라엘 백성을 보고, 스탈린이 태어난 조지아의 고리Gori를 답사할 때 1937년 소련이 연해주에 살던 17만여 명의 한인들을 중앙아시아로 강제 이주시킨 일을 떠올렸다. 이스라엘 민족과 한민족의 유사성을 생각했던 것이다.

사해 남쪽에 위치한 마사다Masada는 서기 70년에 예루살렘이 함락된 후 유태인들이 로마군에게 마지막으로 항전했던 곳으로 유명한 요새다. 유네스코 세계유산으로 등재된 마사다는 히브리어로 요새란 뜻의 '멧사다*metsada*'에서 유래된 지명이다. 황무지 한가운데 위치한 이 요새는 사해 해면으로부터 434미터 높이의 암석으로 이루어진 고위평탄면의 대지 위에 건설되었다. 정상부까지 걸어서 올라가는 젊은 관광객들도 많았지만, 나는 케이블카를 택했다. 정상부에 올라가니 생각보다 편평한 곳이었다. 배처럼 생긴 이 요새는 정상의 면적이 7만 평방미터가량 된다.

1955년부터 이스라엘 고고학자들이 이 유적지 전체를 조사했고, 1963년부터는 야딘(Yadin, 1965; 1966)이 세계 여러 지역에서 모여든 자원봉사자들의 도움에 힘입어 정상부 전 지역에 대한 발굴 작업을 벌였다. 어떤 학자들에 따르면 이곳에 사람이 살기 시작한 것은 기원전 900년부터라고 하지만, 이곳이 유명하게 된 이유는 로마 제국의 지배를 받던 유대 왕국의 궁전과 요새를 위시하여 서기 72~73년에 유태인들이 로마군의 공격에 맞서 저항한 사건 때문이다. 이 유적지에서는 헤롯Herod 대왕이 사용하던 두 개의 궁전과 빗물을 저장했던 거대한 수조, 로마식 목욕탕과 유대 저항군의 막사, 창고 등이 발굴되어 복원되었다. 그리고 로마군이 요새를 둘러쌓았던 성채와 그 외곽에 로마군 막사의 유적도 발굴되었는데, 정상부에서 내려다보면 잘 보인다.

서기 70년 예루살렘이 함락되자 예루살렘에서 쫓겨난 다른 유태인들이 마사다로 피난해 합류했으며, 2년 동안 이곳을 근거지로 삼아 로마군은 물론 자신들과 뜻을 달리하는 다른 유태인을 공격했다. 72년 로마 제10군단이 마사다로 진격해 여러 차례 요새를 공격했으나 성벽은 무너지지 않았고, 이에 로마군은 요새 서쪽에 같은 높이의 거대한 성채를 쌓아 올려 공성攻城을 준비했다. 73년 드디어 공성을 위한 성채가 마련되자 로마군은 성벽 일부를 무너뜨리고 요새로 진격해 들어갔다. 그러나 식량 창고를 제외한 요새 안의 모든 건물이 방화로 불에 타 있었고 엄청난 수의 자살한 시체들만 즐비했다.

유태인들은 그들의 율법이 자살을 엄격히 금지하고 있었기에 제비뽑기를 해 서로를 죽였으며, 최후에 남은 두 명은 한 명이 다른 한 명을 죽이고 남은 한 명은 자살했다고 한다. 다른 건물을 모두 불에 태우면서도 식량 창고만 남긴 것은 최후까지 자신들이 노예가 되지 않으려고 자살한 것이지 식량이 없거나 죽을 수밖에 없어서 자살한 것이 아니라는 것을 보여주기 위한 목적이었다. 마사다에서 살아남은 것은 여자 두 명과 다섯 명의 아이들뿐이었다. 로마군은 그 무서운 자살 광경에 겁을 먹고 그들을 죽이지 않았다고 한다.

로마군에 의한 마사다 함락이 유태인들의 전투적이고 메시아니즘적인 생활양식을 종식시킨 것은 아니었다. 식민 통치와 빈곤으로 충돌이 끊임없이 일어나, 마사다가 진압된 지 60년이 경과한 후에도 더 극적인 메시아 드라마가 전개된 것이다. 132년에는 코흐바Kochva가 20만 군대를 조직하여 유대국을 수립했는데, 3년 동안 지속되었다. 코흐바의 기적적인 승리를 목격한 예루살렘의 랍비들은 그를 메시아라고 찬양했다.

그림 2-29 마사다 요새(위)와 주변의 황무지 및 사해(아래)

1개 로마 군단이 완전히 궤멸되는 희생을 겪고 나서야 코흐바를 진압할 수 있었다. 로마군은 1천여 유태인 마을을 파괴하고 50만 명의 유태인을 학살했으며 수천 명 이상을 포로로 잡아갔다. 이 후유증은 몇 세대에 걸쳐 지속되었고, 그 쓰라린 고통을 당한 유태인 학자들은 코흐바를 원망해 조국을 잃게 만든 '거짓의 아들'이라 불렀다. 로마군에게 패한 유태인들은 135년에도 반란을 일으켰다가 진압되면서 팔레스타인 지방에서 쫓겨났다. 이 일로 인해 1948년 이스라엘이 건국될 때까지 세계 각지를 전전하는 디아스포라Diaspora를 겪게 되는 운명에 처하게 된 것이다.

이스라엘에서 전쟁의 영웅으로 추앙받는 국방장관 모세 다이안은 이곳의 고대 신화를 이스라엘 군인의 상징으로 평가하고 신병훈련을 마사다에서 끝마치게 했다. 그로부터 이스라엘 신병들은 부대에서 이곳까지 명예스러운 행진을 하며 밤에 이곳에 올라 "다시는 마사다가 함락되게 하지 않으리라!"라는 맹세를 하는 의식을 치른다. 또한 이스라엘 민족은 이집트의 노예 신분으로부터 벗어난 날을 영원히 잊지 말자는 의미에서 그날이 오면 딱딱한 빵을 먹는 관습이 있다. 이 이야기는 한민족처럼 나라를 잃어버린 경험이 있는 국민들에게는 무척 감동스러운 일화다. 외세의 침략을 자주 받은 우리 한민족에겐 왜 그와 같은 이벤트가 없는가? 마사다 요새의 마지막 날, 죽음이 두려워 떨고 있는 그들을 향해 12지파 중 사해 동쪽 땅 루벤 지파의 지휘관이었던 엘리에셀은 다음과 같이 피를 토하듯 말했다.

> 나의 동지들이여! 이제 하룻밤이 남았습니다. 우리는 우리에게 닥친 이 운명으로 인해 절대로 비관하거나 절망하지 않습니다. 오히려 우리 자신이 저 로마인의 손에 의해 노예가 된다는 것을 상상이나 할 수 있겠습니까? 우리의 아내들이 치욕을 당하고 자녀들이 노예로 팔리는 것을 차마 볼 수 있겠습니까? 동지 여러분! 우리에게는 자유가 있습니다. 그리고 이 자유를 영원히 누릴 수 있도록 우리 손에는 칼이 주어졌습니다. 이제 우리의 영원한 자유를 쟁취합시다. 그리하여 우리의 적들로 하여금 승전가를 부르지 못하게 합시다!

나는 마사다 성채와 그 일대의 황량한 광야를 보면서 자연환경 못지않게 지리적 위치가 중요한 요소임을 다시 한 번 재확인하는 기회를 가졌다. 성채에서 바라보이는 사해 남쪽 끝에는《구약성서》에 죄악으로 인해 불과 유황으로 절멸된 도시 소돔과 고모라의 유적지가 있을 것이다. 아마 불과 유황이 뜻하는 바는 지질학적 지각변동인 지진을 암시하는 것이리라. 북쪽의 갈릴리해로부터 남쪽의 아카바에 이르는 지구대는 지각변동으로 해수면보다 낮게 함몰되어, 두 유적지는 사해 밑바닥에 묻혀 있을 것이다. 이 지구대를 따라 요르단강이 흐르며, 이스라엘과 요르단 간의 국경이 지나고 있다. 수간獸姦을 뜻하는 '소도미sodomy'라는 용어는 소돔Sodom이라는 지명에서 유래된 것인데, 그것은 소돔 사람들이 그러한 비인간적 성행위를 저질렀기 때문일 것이다.

마사다를 뒤로하고 예루살렘으로 향하다가 요르단강 유역 서쪽에 위치한 예리코 유적지에 잠깐 들렀다. 예리코Jericho는 기원전 7000년경부터 형성되기 시작한 취락으로 추정되는데, 세계에서 가장 오래된 도시 가운데 하나다. 먼 옛날에 중석기의 나투피안Natufian문화를 가진 수렵인들이 이곳에 정착했으며, 그들의 후손이 오랜 기간 살던 흔적들이 발견되었다. 이곳은 한 번도 마른 적이 없는 샘물이 있고, 예로부터 그 주변에는 커다란 오아시스가 있었다. 바로 이곳에 1만 년 전 옛날에도 사람들이 거주했으며, 선사 시대 후기에는 농경이 시작되었다. 오아시스 인구는 이탈리아 고고학자들의 발굴 결과 나투피안인들이 대략 2,000~3,000명에 달했고, 그들은 문명 단계에 접어든 것은 아니었지만 이미 관개농업을 하고 있었던 것으로 밝혀졌다.

이는 지금으로부터 3,200년 전의 사건이므로 후기 청동기 시대에서 철기 시대로 옮아가는 시기였을 것이다.《신약성서》에 나오는 로마 시대의 예리코는《구약성서》에 나오는 이곳 예리코에서 남쪽으로 약간 떨어진 지점에 위치하고 있었다.《구약성서》의 예리코는 그림 2-30에서 보는 것처럼 주변 평야 위에 약 21미터 높이로 솟은 작은 구릉 위에 있었던 것으로 확인되었다.

캘러웨이(Callaway, 1979)의《캐년에 대한 회고》에 의하면, 이 유적에 대해 여러 차례 중요한 고고학적 조사가 이루어졌는데, 그중에 1952~1958년 예루살렘 소재 영국고고학연구소의 캐년이 이끈 발굴단의 탐사가 유명하다. 탐사의 주요 목적 가운데 하나는 이스라엘인들이

그림 2-30 예리코 유적지

예리코를 파괴한 연대를 확정짓는 것이었다. 이것은 이스라엘인의 가나안 점령 연대기를 작성하는 데 중요한 자료가 되기 때문이다. 그러나 유적 주위를 둘러싼 석벽 전체를 비롯해서 그 무렵의 취락 대부분이 침식작용으로 사라졌으며, 그 시대에 둥근 구덩이가 설치된 환호취락環濠聚落이 있었다는 증거만이 남아 있을 뿐이다. 석벽은 방어를 위한 것이 아니라 홍수를 막기 위한 제방이었던 것으로 추정되는데, 이 마을은 기원전 14세기 후반에 파괴되었을 가능성이 있지만 정확한 시기를 확인하기에는 증거가 부족하다.

모세의 후계자 여호수아가 이끌던 이스라엘 백성은 가나안의 예리코를 침략했다. 그 땅에는 이미 여러 종족들로 구성된 선주민先住民들이 살고 있었으므로 침략으로 간주해야 한다. 그렇다면 여기서 그들의 신이 과연 가나안의 침략을 허용했는지 궁금해진다. 아무리 이스라엘 민족이 야훼가 선택한 민족이라 할지라도 선량한 선주민을 쫓아내거나 멸망시킬 권리는 없을 것이다. 그들에게 혹시 성전사상聖戰思想이 있었던 것은 아니었을까? 이 사상은 기독교뿐 아니라 이슬람교도에게서도 찾아볼 수 있다. 과거 십자군 전쟁을 위시해 독일 · 일본 · 이라크 · 이란 · 미국 등도 정의를 위한 전쟁이라며 타국을 침략한 바 있다. 나는 이 궁금증을 풀기 위해《구약성서》를 면밀히 탐독했다. 가나안에 거주하고 있던 선주민은 불륜과 부도덕으로 오염되고 있었다는 사실을 알 수 있었다. 이런 사실은 비록 이스라엘 입장에서 기록된 것일지라도 그들의 가나안 침략을 정당화한 내용이라 할 수 있다. 나는 '역사의 심판'과 '정의'란 것이 강자의 논리라는 생각이 들었다.

《구약성서》에서 예리코는 상술한 것처럼 요르단강을 건너 침략한 여호수아가 이끄는 이스라엘인들에게 처음으로 함락당한 곳으로 유명하다. 그들이 요르단강을 건널 수 있었던 것은 기적과 같은 일이었다. 왜냐하면 그들이 요르단강을 건너던 4~5월은 우기가 아직 끝나지 않은 시기이며 이 강의 원류가 있는 헤르몬산의 눈이 녹아 흘러내려 강물의 수위가 높을 때였기 때문이다. 가나안의 예리코 선주민들은 요르단강을 누구도 건널 수 없는 방어선이라 굳게 믿고 있었지만, 이스라엘인들은 위험을 무릅쓰고 도하작전을 전개해 적군의 의표를 찌른 것이다. 이곳에서 바로 유명한 '라합의 붉은 줄' 이야기가 전해 내려온다. 라합의 붉은 줄Scarlet Cord of Rahab이란 라합이 목숨을 걸고 그녀의 집 창문에 붉은색 줄을 매어 예리코를 정탐하기 위해 파견된 이스라엘 첩자를 탈출시키고 자신도 생명을 보장받았다는 일화다. 그 후 이스라엘 민족에게 이 붉은 줄은 구원의 상징이 되었다. 여기에서도 홍해를 가른 모세의 기적이 재현된 덕분에 여호수아를 신뢰하는 이스라엘 군대는 상대적으로 약한 예리코 군대를 물리칠 수 있었던 것이다.

《구약성서》에 당시의 이스라엘 집단이 장정만 60만 명이 넘는다고 기록되어 있으나 믿기 어렵다. 이른바《구약성서》에 기록된 출애굽기와 노아의 방주에 관한 고고학적 발굴이 시도된 바 없고, 또 그 증거가 될 만한 유물이 발굴된 바도 없다. 아마 이런 전설은 고대로부터 구전되는 과정에서 과장되었거나 변질된 탓이라 여겨진다. 우선 출애굽에서 거대한 집단이 이동했다면 많은 흔적을 남겨야 하며, 노아의 방주는 이미 설명한 것처럼 지질학적으로 홍수 지층이 존재해야 하지만 아직 그런 증거가 발견되지 않고 있기 때문이다. 특히 출애굽은 이스라엘 민족에게는 큰 사건이었지만, 이집트 역사에서는 주목할 만한 사건이 아니었던 모양이다. 왜냐하면 이집트 역사에서 이스라엘 민족의 이동에 관한 기록이 없기 때문이다.

예리코 유적지는 그 후 철기 시대가 도래할 때까지 방치되었다. 그러나 예리코가 성서 시대보다 훨씬 과거로 거슬러 올라가는 아주 오랜 역사를 가졌다는 사실이 발굴 작업의 결과로 밝혀졌는데, 이 유적이 중요성을 갖는 이유는 초기 정주 취락의 발전에 관한 증거와 문명으로 이행하는 첫 단계의 증거도 제공하기 때문이다. 그렇지만 그들이 문명 창출에 어떤 기여를 했는지 확실하지 않아 알 길이 없다.

나는 예리코에서 예루살렘으로 향하는 차 속에서 《신약성서》에 등장하는 사마리아인의 일화를 떠올렸다. 어떤 사람이 예루살렘에서 예리코로 내려가다가 강도를 만나게 되었다. 상류계급의 제사장이었던 레위인은 이 부상당한 유태인을 보고 그냥 지나쳤지만, 유태인들에게 멸시당하며 적대적 관계였던 사마리아인은 이를 보고 구조해주었다. 사마리아인은 이스라엘 민족과 아시리아 민족의 혼혈인 것으로 추정된다. 레위인 Levite은 야곱의 열두 아들 중 레위의 자손을 가리킨다. 이런 행위는 법적인 의무는 없지만 도덕적 차원에서 인간이 당연히 해야 할 의무임을 일러주는 것이다. 오스트레일리아의 의학자 굴람(Gulam, 2007)에 의하면, '착한 사마리안 법'은 《신약성서》에 등장하는 착한 사마리아인의 비유에서 유래한 일종의 응급의료법인데, 한국에서는 2008년에 이 법이 개정된 바 있다. 이는 인간의 도덕적 의무에 대한 상징으로 널리 쓰이는 이야기로 유명하다.

3대 종교의 성지 예루살렘

나는 드디어 예루살렘에 도착할 수 있었다. '예루살렘Jerusalem'이 지닌 의미는 '예루Jeru'는 도시, '살렘Salem'은 평화이므로, '평화의 도시'란 뜻이지만 결코 평화로운 도시가 아니다. 예루살렘은 국제법상 어느 나라에도 속해 있지 않는 도시이며 현재 이스라엘이 이 도시를 점령 중에 있다. 이스라엘 국회는 1980년 7월 30일 예루살렘 전체를 '분리될 수 없는 이스라엘의 영원한 수도'로 규정한 '이스라엘의 수도 예루살렘에 관한 기본법'을 통과시켰지만 대외적으로 인정받지 못하고 있다. 특히 그림 2-31에서 보는 성곽이 둘러쳐진 구시가지를 포함한 동예루살렘은 제3차 중동전쟁 이후 이스라엘이 실효적 지배를 하고 있지만 팔레스타인 정부가 잠정적 수도로 정한 곳이기도 하다. 한국 대사관을 비롯한 대부분의 외교 공관들이 예루살렘이 아닌 텔아비브에 소재하고 있다.

유태인들에게 있어 예루살렘은 가장 거룩한 기억의 장소이자 종교적인 경외심은 물론 민족의식의 원천이며, 기독교도들에게는 십자군 원정을 감행할 만큼 구세주 예수 그리스도의 고통과 승리의 현장이다. 또한 이슬람교도들에게는 마호메트의 신비한 여행의 목적지이자 이슬람교 제3의 성지다. 예수는 왜 자신의 모국에서 메시아로 인정받을 수 없었는지 신학 공부를 더 해봐야 하겠다는 생각을 하면서 나는 예루살렘 시가지를 거닐었다. 곳곳에 무장경찰들이 많이 보였지만 내가 염려했던 것보다는 평화스러워 보였다. 적어도 이 땅에서는 IS가 출몰하지 않을 것처럼 보였다.

그림 2-31 올리브산에서 바라본 동예루살렘 전경

이스라엘 민족이 가장 존경하는 왕이 다윗이다. 필리시테인의 영웅이던 골리앗Goliath을 물리친 다윗은 사울이 질투할 정도로 민족의 영웅이 된 것이다. 사울이 용감한 전술가였다면, 다윗은 유능한 전략가인 동시에 정략가로서의 소질을 지니고 있었다. 그는 이스라엘 역사에서 전무후무한 황금 시대를 이룩한 왕이었기에 국기에 그의 별을 그려 넣은 것이다. 그들은 아직까지 "꿈이여 다시 한 번!"이란 염원을 갖고 다윗의 재래를 고대하고 있다.

다윗이 죽은 후 그의 아들 솔로몬 왕은 도시에 왕궁과 신전 및 성채를 새롭게 건설하고 언약궤를 신전 안에 보관했다고《구약성서》에 기록되어 전하고 있다. '언약궤言約櫃'란 모세의 십계명 석판을 보관했던 나무상자라고 전해지고 있지만, 그것을 직접 본 사람은 아무도 없다. 이 도시는 모세와 아브라함의 신이 영원히 거주하는 장소로서 3,000년간 종교적 수도와 정신적 수도의 지위를 얻게 되었다. 초기의 이슬람교도들은 메카를 향해 기도하기 전에 예루살렘을 향해 기도했다.

다윗이 사용한 모든 기물이 순금이었을 정도로 호화 생활을 누렸고, 시바Sheba의 여왕과도 교류했다는 전설이 있다. 시바 여왕의 이야기는 이슬람교의 경전인《코란》과 페르시아 전설에도 나온다. 에티오피아 전승에 따르면 시바가 솔로몬과 결혼해 낳은 아들이 에티오피아의 정통 왕조를 세웠다고 한다. 아무튼 이 이야기는 고대 이스라엘과 아라비아 사이에 중요한 상업적 관계가 있었음을 보여주는 증거일 것이다. '솔로몬 Solomon'이란 평화를 의미하는 히브리어의 샬롬*shalom*에서 유래되었다. 지혜의 왕이었던 솔로몬은 왜《전도서》에서 "헛되고 헛되니 모든 것이 헛되도다!"라고 말했을까? "모든 것이 빛나는 것은 아니라네. 다만 빛나는 것들이 있을 뿐이지"란 의미일까? 모든 것이 바람과 같은 허망한 존재일 뿐이라는 것일까?

솔로몬이 남긴 명언은 또 있다. 어느 날 큰 전쟁에서 승리한 다윗은 승리의 기쁨을 오랫동안 기억할 수 있도록 반지를 만들기로 하고 보석 세공인을 불러서 이렇게 말했다. "반지를 만들되 거기에 내가 큰 승리를 거두어 기쁨을 억제하지 못할 때 그것을 조절할 수 있는 글귀를 새겨 넣어라. 동시에 내가 절망에 빠져 있을 때는 그 글귀를 보고 용기를 낼 수 있어야 하느니라." 보석 세공인은 왕의 명령대로 매우 아름다운 반지를 만들었지만, 반지에 넣을 적당한 글귀는 좀처럼 생각나지 않아 여러 날 고민하다가 솔로몬 왕자를 찾아가 자문을 구했다. 보석 세공인의 설명을 들은 솔로몬은 '이 또한 지나가리라This, too, shall pass away'라는 글귀를 새겨 넣을 것을 권했다. 나는 사업을 하다가 부도를 내 검찰 소환을 앞두고 깊은 시름에 빠진 친구가 읊조리던 이 말을 기억하고 있다. 과분한 행운이 찾아들었거나 불행한 일이 닥쳤을 때 이 말을 기억하기를 권하고 싶다.

솔로몬 왕이 사망하자 이스라엘은 남북조 시대로 접어들었고, 예루살렘은 유다 왕국의 수도가 되었다. 기원전 587년 신바빌로니아의 네부카드네자르 2세에게 정복되어 이스라엘 백성들은 바빌론에 억류되었다. 신바빌로니아는 페르시아에 정복당했고, 기원전 537년 페르시아 왕 키루스 2세에게 석방된 유태인들은 예루살렘으로 돌아와 성전을 재건했다. 독자들은 '바빌론의 유수'를 기억하고 있을 것이다. 이스라엘 지도자는 고국으로 귀환해 페르시아 당국의 허가를 받아 그들의 성전을 솔로몬 신전이 있던 곳에 재건한 것이다. 1970년대에 유행한 보니 엠Boney M.의 〈바빌론의 강가에서By the Rivers of Babylon〉는 유태인들이 바빌론에 끌려갔을 때의 고통을 노래한 곡이다. 물론 바빌론강은 유프라테스강을 일컬음이다.

성전이 개축된 시기는 기원전 63년 폼페이우스의 로마 공화정에 정복된 때였다. 페르시아 제국의 지배하에 헤롯 대왕이 재건한 신전은 로마군에 의해 다시 파괴되고 말았다. 로마는 헤롯 대왕이 사망하자 팔레스타인 전역에서 70년과 135년의 두 차례 봉기가 있은 후 모든 유태인을 예루살렘에서 추방하고 이 도시를 '이방인의 도시'라 불렀다. 현재는 이슬람교의 신전이 되었지만, 이 신전의 잔재로 남아 있는 것이 바로 후술하는 '통곡의 벽'이다.

638년 아랍의 이슬람교도들이 예루살렘을 정복했으나 그들은 기독교의 성지를 존중하면서도 동시에 이슬람 사원을 솔로몬의 성전 터에 세웠다. 1099년 제1차 십자군이 예루살렘을 점령하여 이슬람교도와 유태인을 무차별 학살하고 예루살렘 왕국을 세웠으나, 1187년 이집트의 술탄 살라딘이 예루살렘을 탈환했다. 1300년대 후반, 몽골군이 예루살렘 근방까지 육박해 맘루크 왕조의 5대 술탄과 맞서게 되었다. '맘루크*Mamluk*'란 노예라는 뜻의 아랍어이며, 13세기에서 16세기까지 이집트와 시리아를 지배하던 터키계 이슬람 왕조다.

나는 금빛 찬란한 돔 형태의 지붕을 바라보면서 광장이 있는 쪽으로 걸어가다가 유명한 '통곡의 벽'과 마주쳤다. 이것은 고대 유태인들이 거룩하게 여긴 곳으로 서기 70년 로마군에 의해 파괴된 예루살렘 제2성전

그림 2-32 통곡의 벽

가운데 유일하게 파괴를 면한 현존하는 유적지다. 기원전 2세기에 건축된 이 벽은 이슬람의 바위 사원과 알아크사 모스크를 둘러싸는 더욱 큰 벽의 일부를 이루고 있기 때문에 유태인들과 아랍인들은 관할권을 놓고 오랫동안 다투어왔다. 유태인들이 이곳에서 예배를 보기 시작한 것은 비잔틴 시대 초기부터이며, 이곳에서 행하는 예배는 '하느님의 임재는 통곡의 벽을 떠나지 않는다'라는 랍비들의 신앙을 재확인하는 것이다. 유태인들은 성전이 파괴된 것을 애도하고 다시 세울 수 있게 되기를 기도한다.

나는 여기서 얼마 전 중국의 작가이자 학자인 위치우이(余秋雨, 1999)가 집필한《세계문명기행》의 글 가운데 통곡의 벽에 관한 글이 생각났다.

수많은 유태인들이 벽 앞에 고개를 숙인 채 오른 손을 가슴에 얹고 왼손으로《성서》를 읽으며 기도를 올린다. 몸을 조금씩 흔들면서《성서》의 한 구절을 다 읽으면 벽에 입을 맞춘 후에, 미리 준비해간 쪽지 하나를 벽돌 틈으로 밀어 넣는다. 그 쪽지에 어떤 내용을 적었는지 다른 사람들은 알 길이 없다. 유태인들은 이것이 하느님에게 보내는 비밀 편지이며 벽이 바로 우체통 이라고 생각한다.

나도 그들을 따라 위치우이가 말했던 것처럼 한반도의 평화통일과 손녀의 건강을 비는 쪽지를 집어넣었다. 뒤돌아서면서 인류 평화를 기원하는 내용을 빠뜨린 것을 후회했다.

이스라엘은 예루살렘을 분할할 수 없는 영구적인 수도라고 주장하고 있지만, 성곽 내부의 구시가지는 기독교도 구역을 위시하여 이슬람교도 구역 · 유대교도 구역 · 아르메니아인 구역으로 나뉘어져 있기 때문에 종교의 전시장과 같아 보였다. 그러나 미국의 지리학자 브룬 등(Brunn *et al.*, 2008)의 《세계의 도시》에 따르면, 실상은 구시가지 전체가 아랍인 구역이거나 또는 유태인 구역이다. 더욱이 구역의 경계는 더 이상 문화적 경계가 아니다. 예루살렘의 구시가지의 성벽은 오스만 제국 시기에 축성된 것인데, 이곳에는 이슬람과 유태인이 깊게 뿌리를 내리고 있으며 기독교인은 감소하고 있다. 아르메니아인들은 지난 1,500년 동안 그랬던 것처럼 기독교 소수집단으로 남아 있다.

그럼에도 불구하고 유태인들에게 예루살렘은 가장 거룩한 기억의 보고이자 종교적인 경외심과 민족의식의 원천이며, 이슬람교도들에게는 마호메트의 신비한 야간 여행의 목적지이자 이슬람교 제3의 성지다. 또한 "이민족이 교회를 부수고 십자가를 불사를지라도 그 칼에 살아남은 단 한 명의 아르메니아인이라도 있다면 교회를 위해 첫 삽을 뜰 것이다"라는 신앙고백을 하는 아르메니아인들도 결코 물러서지 않을 것이다. 영국 구약학의 권위자 롤리(Rowley, 2011)의 지도를 보니 예수가 최후의 만찬을 행한 집도 이곳 아르메니아인 구역에 있었음을 확인할 수 있었다. 어느 종교도 양보할 수 없는 분쟁의 씨앗이 된 것은 불을 보듯 뻔해 보였다. 나는 구시가지 동쪽의 기드론 골짜기 건너편의 올리브산에 올라 그 곳을 바라보며 많은 생각에 잠겼다.

예수의 등장으로 인해 유대교와 기독교가 갈라졌지만, 그들은 사실 이슬람교와 더불어 뿌리를 함께한다. 이들이 둘로 분파되었을 무렵에 동양에서는 중생 구제를 강조하는 대승불교가, 동남아시아에서는 개인의 해탈을 강조하는 소승불교가 성립되었다. 이스라엘 민족 간에 명확한 형태를 취한 유일신교는 유대교로부터 기독교가 분리되어 여러 민족에게 전파되었는데, 나는 이슬람교와 불교가 동진한 데 비해 기독교는 대부분 서진한 것에 주목했다. 즉, 기독교의 서진은 문명의 이동 방향과 일치하는데, 기독교가 인류 역사의 흐름을 타고 중심이 된 것은 그 방향성에서

그림 2-33 동예루살렘의 구시가지

찾을 수 있다고 생각했다. 이들 종교의 전파 방향이 달랐던 이유는,《사도행전》 제16장에서는 바울의 환상에 성령聖靈이 나타나 동진을 가로막아 서진했다고 기록되어 있지만, 나는 자연환경과 관련이 있다고 생각한다.

유대교와 기독교의 자연관은 동일한 것이었다. 왜냐하면 자연환경에 대한 기독교적 관점들은 직접적으로 유대교로부터 물려받은 것이기 때문이다. 기독교인들은 유대교의 경전들 중 상당 부분을《구약성서》라는 이름 아래 자신들의 경전으로 삼고 있을 뿐만 아니라 상당수의 주요 교리들을 공유하고 있다. 유태인들에게 예수는 수없이 나타났다가 사라지는 자칭 예언자들 가운데 한 사람일 뿐이다. 그러나 기독교인들은 예수를 신의 아들인 동시에 구세주로 인정한다. 초월자를 유일신으로 이해하는 것은 습윤한 삼림지대보다 건조한 사막에서 더 쉽게 이해된다. 지리적 관점에서 기독교가 서진한 것은 이스라엘로부터 서쪽 방향에 지중해가 있었기 때문이었다.

역사학자 기번(Gibbon, 1776)은《로마 제국 쇠망사》에서 기독교 신앙이 알프스산맥을 넘어 삼림지대로 전파되는 데에는 시간이 걸렸지만 광활한 지중해 연안 지역으로는 확산이 빨랐음을 지적한 바 있다. 삼림지대는 다신교적 색채가 농후하므로 삼림적 전통을 갖는 지중해 북안의 경우 눈에 보이는 형체를 통해 유일신에 대한 이해가 필요했지만 건조지대인 남안은 상황이 달랐다. 고대 기독교의 위대한 사상가인 아우구스티누스는 건조지대인 알제리에서 태어난 탓에 사막적 성격을 갖고 있었다. 그는 신에 의한 천지창조로부터 종말에 이르는 역사는 신이 계획한 대로 흘러갈 것이라 믿었다.

예수가 보여준 두드러진 특징 가운데 사람들이 잘 모르는 사실 중 하나는 자연을 사랑했다는 점이다. 그의 생활 자체가 시골 마을과 팔레스타인 광야에서 보낸 시간들이었다. 예수는 홀로 기도하기 위해 멀리 떨어진 산이나 사막으로 향했다.《신약성서》에서 이런 곳은 흔히 '광야'로 표현하는데, 그는 광야를 설교하기 위한 장소로도 이용했다. 약간 높은 언덕에 올라 바람을 등지고 군중들을 향해 "수고하고 무거운 짐 진 자들아! 다 내게로 오라! 내가 너희를 쉬게 하리라!"라고 설교를 하면 확성기 없이도 잘 들렸을 것이다. 그는 광야에서 유혹과 시험에 빠지기도 했으며, 자신의 사명을 완수할 용기를 얻기도 했다. 그러나 기독교인들은 "이 세상에 있는 모든 것들을 사랑하지 말라!"라는 권고를 조물주인 신을 섬겨야 할 뿐, 창조된 것들을 섬겨서는 안 된다고 곡해하여 자연을 폄하했다.

나는 몇 해 전 내가 연구했던 이슬람의 석학 이븐할둔의 행적 중 역사의 한 장면을 떠올렸다(남영우, 2012). 이븐할둔은 1300년대 후반 신학교에서 율법을 가르치는 교수로 임명되어 법학자로서 최고의 지위에 올랐다. 그는 급속한 출세와 술탄의 신임을 시기하는 사람들의 모략과 비방, 처자식의 사망으로 시련에 빠졌다. 그 무렵, 이슬람권 동부를 석권한 몽골의 티무르Timur가 시리아를 침공하자 술탄은 군대를 이끌고 다마스쿠스로 진군했으며 이븐할둔도 그와 동행했다. 이슬람 세계는 십자군전쟁으로 국력이 쇠진하여 몽골군에 대항할 힘이 없었다.

술탄이 카이로를 비운 틈을 타서 본국에서 반란이 일어나자 이집트 원정군은 귀환하고 말았다. 다마스쿠스 시민들은 소수 민병대의 도움만으로 티무르의 강력한 군대와 맞설 수밖에 없었다. 결국 시민들의 생명을 보장받는 대신 막대한 공납을 바치기로 하고 사절단이 파견되었다. 바로 이때 티무르와 이슬람 석학인 이븐할둔의 역사적 만남이 이루어진 것으로 추정된다. 1401년 당시 이븐할둔의 나이 68세였다. 그의 자서전에는 티무르가 이슬람권 서부의 정치 · 지리적 특징에 관해 질문한 내용이 기술되어 있다. 티무르는 맘루크 왕조와 북아프리카의 사정에 정통한 이븐할둔을 통해 장차 세계 정복에 필요한 정보를 입수할 수 있었을 것이다.

나는 그곳에서 예루살렘의 어느 대학 박사 과정에서 국제정치학을 공부하고 있는 한국 유학생을 만났다. 그는 내게 "방울토마토를 좋아하십니까? 평소 컴퓨터를 이용할 때 USB를 사용하시죠?"라고 물었다. 우리들이 일상생활에서 자주 접하는 것들의 상당수가 이스라엘에서 개발된 것이라는 사실을 이때 알게 되었다. 세계 유수의 대학에서 우등생이 많은 민족은 한민족과 이스라엘 민족이라고 한다. 그는 "어떤 면에서 보면 이스라엘 민족과 한민족은 유사한 점이 참 많습니다"라고 말했다. 물론 나도 이스라엘 민족의 저항 정신과 타민족에 흡수되지 않은 끈질긴 민족성을 생각하며 그의 말에 동감했다.

나는 예수가 십자가에 못 박혀 죽었다는 골고다Golgotha 언덕을 오르면서 당시의 상황을 상상해보았다. 예수가 오르던 길을 '비아 돌로로사*Via Dolorosa*'라 부르는데, 이는 '십자가의 길'이란 뜻이다. 이 길의 끝인 골고다 언덕에는 'Holy Sepulchre'라 불리는 성묘교회가 세워져 있다. 지금은 기독교도들의 가장 중요한 성지순례 중 하나이며 관광지가 되어버렸지만, 2,000년 전에는 이와 많이 달랐을 것이다.

나는 예수가 십자가를 짊어지고 이 언덕길을 힘겹게 오르는 할리우드 영화 〈벤허〉의 한 장면과 아르메니아 예레반에서 본 로마 병사 '롱기누

그림 2-34 예수가 골고다 언덕으로 향하던 길(비아 돌로로사)

스의 창'을 떠올렸다. 《요한복음》에 기록된 십자가에 못 박힌 예수의 옆구리를 찌른 창은 오스트리아의 호프브르크 박물관에도 소장되어 있다던데, 어느 것이 진본인지 모르겠지만 예수의 존재는 인류 역사와 문명에 커다란 영향을 미친 것은 분명하다. '비아 돌로로사'를 오르면서 '만약 야훼와 대화를 나눈 모세나 십계명에서, 후세에 나타날 메시아의 존재와 그 인물을 밝혀두었더라면 인류의 역사는 어찌 흘러갔을까?'라는 생각을 해보았다.

브룬 등(Brunn *et al.*, 2008)의 지리학자는 예루살렘이 매력적인 위치도 아니며 전략적 입지도 아님을 지적한 바 있다. 지리적 관점에서 볼 때 예루살렘은 중심적 위치가 아니며 주요 경로도 아니고 그냥 통과하는 도시에 불과했다. 이 도시는 국가를 통치할 만한 위치가 아니었지만 다윗 왕이 남과 북의 히브리 민족이 거주하던 중간적 위치라는 이유에서 수도로 정했던 것이다. 예루살렘은 유대교 · 기독교 · 이슬람교의 세 종교가 성지로 여기고 있지만 종교적 숭배와 갈등의 진원지일 뿐이다.

'왕의 대로'를 따라서

'왕의 대로'를 따라 남쪽으로 향하니 페트라가 있었다. 두 번째 방문한 페트라였지만, 여전히 신비로움을 간직하고 있었다. 2007년 유네스코 세계유산으로 등재된 '페트라Petra'는 그리스어로 '바위'라는 뜻인데, 혹시 독일의 하인리히(Heinrich, 1827)가 주장한 것처럼 성서의 기도나 시편에 나오는 히브리어의 셀라*Selah* 혹은 솔라*Sollah*가 이렇게 바뀐 것일지도 모르겠다.

이 유적지는 1812년 스위스 육군 대령의 아들인 부르크하르트Burckhardt에 의해 발견되었다. 페트라에서는 구석기 시대와 신석기 시대 이후의 유적도 발굴되었다. 페트라는 이처럼 깊숙한 곳에 위치했던 협곡이었기 때문에 수세기 동안 사람들에게 발견되지 않았다. 페트라 안쪽으로 더 깊숙이 들어가면 '이집트 파라오의 보물창고'라는 뜻의 '알카즈네'라 불리는 건축물이 있다. 아니 건축물이라기보다는 조각품이라고 해야 더 정확할 것 같다. 이곳에 갈 때는 대개 '시크Siq'라 불리는 3미터도 채 안 되는 좁은 협곡을 따라 1킬로미터 이상 걸어야 한다. 나는 두 번째 답사에서는 20달러를 내고 이 협곡을 말을 타고 달려 보았는데, 중국의 신장웨이우얼자치구를 답사했을 때 톈산산맥 근처에서 익힌 승마술 덕분이었다.

역사학자 아레타스(Aretas, 2009)에 의하면, '알카즈네Al Khazneh'라는 이름은 베두인족들이 붙인 것이라고 한다. '베두인*Bedouin*'이란 아랍어로 '사막에 살고 있는 사람'이란 뜻이다. 베두인족은 모두 천막생활을 하면서 떠돌아다니며 사는 종족이라 생각했는데, 이곳에는 정착해 살고 있는 베두인들도 많았다. 그들은 조각상 뒤쪽으로 보물이 숨겨져 있다고 믿었기 때문에 보물창고란 이름을 붙인 것이다. 나는 여기서 몇 해 전에 고고

그림 2-35 아론산 동쪽 페트라 인근의 베두인 마을

학자를 주인공으로 묘사한 할리우드 영화 〈인디아나 존스〉의 한 장면을 떠올렸다. 이곳이 그 영화에서 주인공 해리슨 포드와 숀 코네리가 성배를 찾는 장면의 로케 현장이었기 때문이다.

메소포타미아의 우르를 발굴하여 유명해진 영국의 고고학자 울리 경(Wooley, Sir, 1934)은 페트라의 경관을 보고 "나바테아의 건축가들은 고전적인 건축물을 세밀히 분해하여 여러 조각을 낸 다음 처음 설계도와는 전혀 다르게 마음 내키는 대로 결합시켰다"고 술회한 것으로 보아 처음부터 체계적인 도시계획에 의거 건설된 것이 아닌 것 같다. 결국 페트라는 시간이 경과되면서 인구 증가로 점차 확대된 것으로 생각할 수 있다. 현재 페트라 유적지 발굴은 겨우 10%도 진척이 되지 않은 상태이므로 확실한 해석은 유보해두어야 할 것 같다.

사해와 아카바만의 중간에 위치한 페트라는 기원전 400년경에 요르단 일대에 정착한 유목 민족 나바테아인Nabataeans의 종교적 중심지이

그림 2-36 페트라의 보물창고 알카즈네

자 수도였으며, 그들은 기원전 168년에 나바테 왕국을 건국했다. 해발 950미터에 위치한 은닉처 페트라는 그 주위로 높고 가파른 암벽들이 어두운 골짜기를 형성하고 있어서 접근이 어려웠기 때문에 적의 침입으로부터 안전할 수 있었다. 이런 이유로 2세기 초 페트라의 로마 합병에 대해 테일러(Taylor, 2001)와 같은 학자들은 로마가 페트라를 정복한 게 아니라 페트라가 합병을 정략적으로 이용한 것이라고 추정했다. 그곳의 로마 유적지를 둘러보다 원형 경기장에서 대리석 자재를 볼 수 있었다. 페트라는 사암뿐이고 요르단에는 대리석이 없는데 어디서 구해왔을까? 매우 궁금했다.

나바테아인들은 지중해 연안까지 여러 대상로를 장악했는데 그중에는 모세와 이스라엘인들이 이집트 땅을 떠나 '약속의 땅'으로 향하면서 통과한 '왕의 대로'도 있다. 페트라를 건설한 나바테아인들은 이곳을 통과하는 대상들로부터 통행료도 거둬들였을 것이다. 그들은 고대사회에서 수요가 컸던 알로에 · 계피 · 유향 · 몰약 등을 아라비아 남부와 인도에서부터 이집트와 가나안을 비롯한 지중해 연안을 포함하여 저 멀리 인도까지 교역을 했다. 기원전 4세기부터 전설적인 유향로乳香路의 북부를 장악할 정도로 그 세력이 컸다. 척박한 땅이었지만 물이 있는 장소를 알고 사막의 모래바람을 피하는 요령을 터득하고 있었기에 가능했다.

내가 첫 번째 페트라를 방문했을 때에는 나바테 왕국과 로마 유적지를 둘러보느라 가보지 못했던 유적지인 서북쪽의 아론Aaron산의 정상에 올라가보기로 했다. 모세의 형 아론 무덤에서 유래된 아론산은 겨울철 강풍이 불어 경사가 급한 비탈길을 오르기가 위험했다. 이런 곳에서 베두인족으로 보이는 어린아이들이 보잘 것 없는 물건을 팔고 있었다. 산에 오르는 도중에 수도원으로 생각되는 에드-딜*Ad-Deir*을 볼 수 있었다. 신전일 수도 있고 무덤일지도 모르겠지만, '엘 딜*El Deir*'이라고도 불리는 이

그림 2-37 페트라의 에드-딜

유적은 사암을 깎아 만든 50미터 높이의 거대한 유적이었다. 사람들에게는 알카즈네가 더 알려져 있지만, 내가 보기에는 에드-딜이 덜 세련되긴 했어도 규모가 크고 더 아름다워 보였다. 아론산 정상에 오르니 멀리 이스라엘 땅과 사해가 희미하게 시야에 들어왔다. 당시의 나바테아인들은 산 정상에서 외부 세계의 동향을 주시하며 혹시 있을지도 모를 외부인의 침입을 경계했을 것이다.

7세기경에 이르러 페트라는 갑자기 황량해져 적막 속으로 사라지게 되었다. 그 첫째 원인은 그동안 교역하던 상인들이 바닷길을 개척해 더 이상 페트라를 중간 거점으로 이용하지 않게 되었기 때문이다. 그리고 둘째 원인은 두 차례에 걸친 지진으로 협곡에 낙석이 심해 사람들이 거주할 수 없게 되고 말았기 때문이다. 다이아몬드(Diamond, 1993)는 또 하나의 원인으로 환경 파괴를 꼽았다. 즉, 페트라는 원래 떡갈나무와 피스타치오가 많은 삼림지대였으나 로마와 비잔틴 시대에 이르러 수목이 잘

려나가 초원지대로 변해 서기 900년경에는 삼림의 2/3가 사라져버렸다는 것이다.

신석기 시대로부터 비잔틴 제국 시대에 이르는 동안 삼림 파괴가 일어난 이유는 숲이 농경지로 개간되었기 때문이다. 또한 나무가 벌채되어 염소나 양의 먹이가 되었으며, 땔감이나 집을 짓기 위한 목재로 사용되었기 때문이다. 비잔틴 제국이 멸망한 후 경작지는 방치되고 인구는 감소했지만, 남아 있는 주민이 의지할 것은 방목밖에 없었기 때문에 황폐화는 더욱 심해졌다. 포만감을 모르는 염소들은 덤불과 풀을 닥치는 대로 먹어치웠다.

페트라는 더 이상의 문명 창출이 불가능해져 알카즈네와 로마 경기장은 문명으로부터 철저히 소외되었다. 황폐해진 페트라의 모습은 서구문명의 발상지에서 무슨 일이 일어났었는지를 암시하는 것이다.

페트라에서 '왕의 대로'를 따라 더 남쪽으로 이동하면 와디 럼 사막지대가 나온다. 붉은 사암과 화강암으로 이루어진 산과 사구가 어우러진 모래사막은 묘한 조화를 이룬다. '여기도 과연 지구인가?'란 생각이 들 정도로 경관이 매우 몽환적이다. 화성과 같은 별들이 이런 경관일지도 모르겠다. 그래서 이곳을 배경으로 한 〈아라비아 로렌스〉, 〈트랜스포머〉, 〈마션〉 등의 영화가 촬영된 모양이다.

당시 오스만 제국은 헤자즈 철도 건설에 필요한 목재를 얻기 위해 그나마 남아 있던 숲까지 모두 베어버렸다. 홍해 연안의 아라비아고원에 위치한 헤자즈 지역에는 전략적으로 중요한 기반시설이 있었는데, 그중 하나가 오스만 세력을 강화하기 위한 헤자즈 철도였다. 나는 영화 〈아라비아 로렌스〉를 보면서 아라비아 로렌스가 아랍 게릴라를 이끌고 철도를 달려가는 모습에 열광했었다.

와디 럼은 2011년 유네스코 세계문화복합유산으로 등재되었으며, 최근에는 사막 관광지로 각광을 받고 있다. 고대에도 많은 대상들이 이 길을 지나갔을 것이다. 지리학에서 와디Wadi란 사막에서 비가 내릴 때만 물이 흐르는 골짜기를 가리킨다. 습윤 지역에서는 물이 항상 흐르기 때문에 물길이 좁고 깊게 형성되지만, 사막에서는 물이 가끔 흐르기 때문에 물길이 얕고 넓게 퍼지며 윤곽 자체가 뚜렷하지 않은 것이 일반적이다. 그리고 럼Rum은 아랍어로 '고지대'란 의미다. 따라서 와디 럼은 고원의 와디란 뜻이 되는데, '달의 계곡'이라 불리는 경우도 있다. 내가 2011년 여름 중국의 신장웨이우얼자치구에서 본 실크로드의 경관과 매우 흡사하다. 그런 까닭에 이곳은 '왕의 대로'라 불려도 손색이 없을 만큼 대상들이 이동하기에 아주 훌륭한 교통로가 되었을 것이다.

《구약성서》에 의하면, 이스라엘 백성을 이끌고 시나이반도를 지난 모세는 '왕의 대로'를 따라 가나안으로 가고 싶었지만 에돔 왕이 길을 막아

그림 2-38 요르단의 와디 럼

우회해서 사해 동쪽의 모압 땅으로 향했다. 알가잘리Al-Ghazālī 계곡에서 선사 시대의 유목민들 또는 대상들이 새겨놓은 암각화를 볼 수 있는데, 사람과 낙타와 같은 동물들의 그림을 새겨놓은 것이다. 오리엔트에서는 기원전 1000년 동안 낙타가 가축화되기 이전에는 소가 수레를 끌었다. 또 어떤 암각화는 그들의 이동 루트와 지리 정보를 새긴 지도와 같은 것도 있었지만, 해독이 불가능했다. 자세히 관찰해보면, 이들 암각화가 동시에 새겨놓은 것이 아니라 오랜 기간에 걸쳐 시차를 두고 여러 사람들이 새겨놓은 벽화임을 알 수 있다. 그들은 다른 사람들에게 무슨 메시지를 남기려 했을까?

나는 아제르바이잔 바쿠 남쪽에 위치한 암각화의 보고인 고부스탄Gobustan과 한국 울산의 반구대 암각화를 떠올리면서 이 와디 럼의 계곡에 유목민들이 새겨놓은 암각화가 의미하는 바를 곰곰이 생각해보았다. 영국의 저술가 하우드(Harwood, 2006)는 유목민들이 물을 구하면서 안전하게 사막을 횡단할 방법을 숙지하고 다른 사람들에게 알려주기 위해서 암벽에 지도를 새기는 경우가 많았음을 지적한 바 있다. 혹시 그런 의미가 담긴 암각화가 아닐는지? 나는 여행이 싫증난 독자들에게 페트라와 와디 럼에 가볼 것을 권하고 싶다.

와디 럼을 따라 남쪽으로 가면 요르단에서 바다로 통하는 유일한 출구

그림 2-39 와디 럼 암벽의 암각화

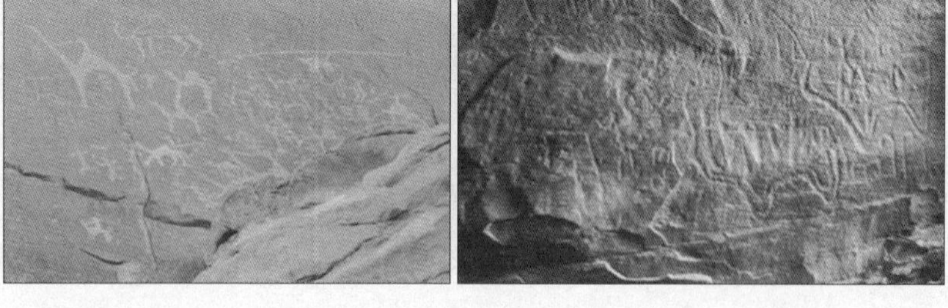

인 아카바Aqabah만에 도착하게 된다. 아카바는 근처에 수원지가 있기 때문에 기원전 4000년 전부터 수천 년 동안 사람들이 정착해서 살았으며, 솔로몬 왕은 이곳을 교역의 거점으로 삼았다. 로마 제국 시대에는 로마 군단이 주둔하기도 했고, 비잔틴의 지배를 받던 4세기 초에는 주교 관할구의 중심지가 되었다. 아카바는 631년 마호메트에 점령되면서 이집트 이슬람교도들의 메카 성지순례를 위한 중요한 경유지 역할을 하기도 했다. 12세기 십자군에게 점령되었으나, 1183년 다시 이슬람교도의 지배를 받게 되었다.

나는 아카바 근처에 요르단 고고학자들이 발굴한 탈 알-마가스Tall Al-Magass 유적지가 있다는 얘기를 들었지만 직접 가보지 못했다. 그곳에서 아카바의 구리 생산지와 교역의 거점이었다는 유적과 유물이 출토된 바 있다. 그리고 3세기에 교회 건물로 건축된 유적도 발견되었는데, 이것이 세계 최초의 교회 건물로 1998년 기네스북에 등재되었다. 지도를 놓고 보면, 아카바는 이집트 · 아라비아 · 레반트를 연결하는 요충지임을 확인할 수 있다. 여기서 '왕의 대로'를 따라간 나의 답사는 일단 끝이 났다.

페니키아문명을 창출한 레반트 땅

지중해를 따라 뻗어 있는 해안 도로는 터키의 안티오크Antioch에서 시리아의 라타키아Latakia를 거쳐 레바논의 남쪽까지 뻗어 있지만, 이곳이 레바논과 이스라엘 간의 국경에 가로막혀 갈 수 없었다. 특히 양국 국경과 인접한 티레 남쪽의 안나쿠라An-Naqurah까지는 유명한 헤즈볼라의 거점이 되는 위험 지역이다. 티레에서는 유엔 평화유지군으로 파병된 한국의 동명부대를 볼 수 있어 무척 반가웠다. 작은 민병대로 출범한 헤즈볼라는 레바논에 기반을 둔 시아파 이슬람 무장 조직으로 레바논 정부에 진출했으며, 이들은 이란과 시리아의 재정 지원과 여러 시아파 교도의 후원을 받고 있다. 그러나 평상시에는 그저 평범한 시민들로 보일 뿐이다. 티레는 기원전 332년 알렉산더 대왕의 침략을 받아 처참하게 유린된 적이 있다.

페니키아에 대한 이집트의 영향력이 줄어들면서 정치적으로 독립한 티레는 곧 모든 지중해 지역과 교역 관계를 맺어 시돈을 누르고 교역 중심지로 부상했다. 기원전 9세기에 이곳의 식민지 개척자들은 북아프리카에 카르타고를 세웠으며, 카르타고는 그 후 로마의 주요 경쟁 상대가 되었다. 바로 이런 점에서 페니키아인은 고대 세계의 문화 중계자로서 큰 역할을 했다고 볼 수 있다. 페니키아인의 활동력은 당시의 주요 자원이었던 주석을 장악한 것이 한 요인이었던 것으로 생각된다. 토인비(Toynbee, 1970)는 지금까지 문명을 창출한 도시 발달사에서 인구밀도가 절정에 달했던 것은 기원을 전후한 1,000년간이었는데 그 중심에 페니키아의 도시들이 있었음을 지적했다. 오늘날 미국 북동부 연안의 보스턴-뉴욕-워싱턴에 이르는 메갈로폴리스의 인구밀도는 기원전 9세기의 시돈-사렙다-티레의 그것보다 낮을 정도였으니 페니키아문명의 정도를 가늠할 수 있을 것이다.

나는 기원전 3000년대에 건설되어 1,000년 동안 번영을 누렸던 페니키아에서 가장 오래된 도시 가운데 하나인 시돈을 답사했다. 예수가 방문하기도 했다는 이 도시는 아시리아, 바빌로니아, 페르시아, 알렉산더 대왕, 이집트의 프톨레마이오스 왕조, 로마 제국 등의 지배를 차례로 받았으며 자주색 염료와 유리제품으로 유명했다. 시돈Sidon은 페니키아어로 어장漁場을 뜻하며, 페니키아Phoenicia란 지명은 그들이 독점했던 자주색 염료의 이름에서 비롯된 것이다. 자주색은 우아하고 고상한 심리적 효과를 느끼게 할 뿐만 아니라 고대에는 구하기 어려운 색깔이었다. 특권계급의 독점적 전유물이 된 자주색은 의복에도 도입될 정도로 당시 문명의 상징이 되었다. 내가 시돈의 시가지를 답사할 때에는 팔레스타인 난민들로 보이는 사람들과 쉽게 마주칠 수 있었다.

나는 시돈에 이어 기원전 2000년경부터 로마 시대에 이르기까지 페니키아의 주요 항구도시였던 티레Tyre를 답사하면서 페니키아 유적은 땅

그림 2-40 레바논 시돈(위)과 티레(아래)의 로마 유적지

에 묻혀 있어 보지 못했다. 하지만 프랑스의 베이루트 고고학연구소가 발굴한 알렉산더 대왕이 건설한 제방과 로마 시대의 유적을 볼 수 있었다. 섬과 육지에 걸쳐 있던 티레는 그 제방으로 연육화되었다. 티레는 원래 북쪽에 위치한 시돈의 식민지였으나 모든 지중해 연안과 교역 관계를 맺음으로써 시돈을 누르고 교역 중심지로 부상했다. 현지 주민들은 내게 파괴된 로마의 유적지를 가리키며 이스라엘군의 공습에 의한 것임을 일러주었다.

페니키아문명은 기원전 1200년경에서 900년경까지 지중해를 가로질러 퍼져나간 진취적인 해상무역문화를 포함하고 있었다. 고대의 국경이 변하긴 했지만, 페니키아 최남단 도시의 문화 중심은 티레로 여겨진다. 토인비는 페니키아가 바다를 이용해 성립한 최초의 해양문명이라고 지적하면서 크레타문명과 그리스문명의 모체라 설명했다. 페니키아 본토의 도시 가운데 시돈과 티레 사이에 위치한 사렙다Sarepta는 가장 완벽하게 발굴된 도시로 알려져 있는데 나는 그곳을 지나치기만 했다. 히브리 성경인《열왕기列王記》에는 사렙다 마을의 가난한 과부가 그녀의 마지막 식량을 예언자 엘리야에게 대접하여 야훼의 축복을 받았다는 이야기가 기록되어 있다.

페니키아는 최초로 갤리선을 사용한 문명으로, 이들은 레바논 삼나무로 만든 당시로서는 최첨단 선박을 이용한 독점 무역을 통해 번성했다. 갤리선은 고대 지중해를 중심으로 사용된 대형 범선 가운데 하나로, 바람보다는 주로 노를 이용해 많은 짐을 싣고 항해했다. 페니키아문명이 단일한 민족에 의한 것이었는지는 분명하지 않지만, 그들은 고대 그리스와 같이 도시국가를 이루었으며 각각의 도시국가들은 정치적으로 독립되어 있었다. 페니키아의 도시국가들은 서로 동맹을 맺고 협력하기도 했지만 도시 간에 갈등이 있는 경우도 있었다. 레반트 땅의 티레와 시돈은 페니키아의 가장 강력한 도시였다. 페니키아문명은 메소포타미아문명과 이집트문명을 연결하는 고리 역할을 하는 해양문명이었다.

페니키아문명의 중심에는 문자가 있었다. 페니키아문자는 기원전 10세기경에 만들어진 것으로 원시 가나안문자에서 비롯된 음소문자이다. 표음문자는 음소문자와 음절문자로 구분되는데, 음소란 한글이나 알파벳처럼 더 이상 작게 나눌 수 없는 최소 단위의 말소리다. 셈족 계통의 해양 민족이었던 그들은 고대 지중해 세계를 중심으로 활동하던 상업 민족으로서 무엇인가를 페니키아어로 기록하기 위해 만들었을 것이다. 이 문자는 알파벳은 물론 히브리문자, 아랍문자, 그리스문자, 로마문자, 키릴문자의 조상에 해당한다.

나는 여기서 고구려의 후예 고선지 장군을 떠올렸다. 문명이 발달하기 위해서는 학문이 발달해야 하는데, 이를 위해서는 점토판, 파피루스, 양가죽 등만으로는 부족하다. 고선지가 탈라스 전투에서 대패하면서 포로로 끌려간 2만여 명 중에 제지공이 포함되어 있었다. 탈라스 전투는 751년 당시 세계의 두 강대국이던 이슬람의 아바스 제국과 중국의 당나라가 지금의 키르기스스탄에 있는 탈라스 평원에서 맞붙은 고대 최대 규모의 세계대전이다. 만약 이 전투에서 고선지가 패하지 않았더라면 종이의 유럽 전파가 없었을 것이다. 그리고 종이가 없었으면 르네상스도, 산업혁명도 불가능하거나 지체되었을 것이다. 서구의 문명 발달에 종이가 없었다면 페니키아문자나 알파벳이 무슨 도움이 되었겠는가? 종이의 전파는 서진하는 문명사의 촉진제가 되었다. 이는 전쟁사에서 비롯된 문명사의 산물이었다.

인류문명은 메소포타미아 남부의 수메르에서 시작되어 퍼타일 크레슨트로 확산되어 나아갔지만, 그곳에서만 문명이 태동된 것은 아니었다. 메소포타미아의 주변부에서도 문명은 창출되고 있었다. 나는 그것을 확인하기 위해 나의 버킷리스트 중 하나인 차탈회위크를 답사할 목적으로 고대 그리스인들이 처음 아시아라 불렀던 터키로 향했다. 두 번에 걸친 터키와 캅카스 답사는 히타이트 제국을 비롯해 페르시아 및 오스만 제국이 차지했던 땅인 만큼 역사적으로 중요한 곳이다. 캅카스산맥 일대에 대한 답사는 이 책의 집필 중에 이루어졌다. 나는 터키의 최대 도시 이스탄불에 도착하여 앙카라–카이세리–코니아–차탈회위크–안탈리아–파묵칼레–이즈미르를 거치는 코스와 바쿠–트빌리시–예레반 코스를 택했다. 그리고 이집트문명과 인더스문명을 조사하기 위해서 각각 카이로–알기제–멤피스와 인도 중북부 일대를 답사했다.

제3장

메소포타미아를 넘어

차탈회위크는 인류 최초의 도시인가?

1999년 여름 터키 아나톨리아고원 답사는 나를 설레게 했다. 나는 평소 메소포타미아문명의 뿌리가 그곳에 있을 것이라고 생각했다. 왜냐하면 고대문명의 밑알이 된 것은 잉여식량에 있는데, 이 일대에는 작물화와 가축화를 가능케 한 야생작물들이 대량 분포할 뿐 아니라 퍼타일 크레슨트의 범위에 속한다고 생각했기 때문이다. 우리는 앞에서 퍼타일 크레슨트의 공간적 범위에 대해서 살펴보았지만, 사실은 학자에 따라 그 범위가 각양각색이다.

그림 3-1에서 보는 것처럼 퍼타일 크레슨트의 범위는 출판사마다 상이하게 묘사되어 있다. '퍼타일 크레슨트'란 용어는 1916년 시카고대학의 이집트 연구가였던 브레스테드(Breasted, 1916)의 저서 《고대: 초기 세계의 역사》에서 처음 사용되었다. 뒤를 이어 미국의 역사학자 클레이(Clay, 1924)가 퍼타일 크레슨트의 용어를 재정리했지만, 당시만 하더라

도 이 용어의 첫 글자를 영어 소문자로 표기했었다. 그 후 여러 학자들에 의해 고대 오리엔트의 중심지를 가리키는 용어로 사용하기에 이르렀다. 또 영어 대문자로 표기하게 되어 하나의 고유명사로 정착되었다.

'퍼타일 크레슨트'란 지명 속에 '퍼타일fertile'이란 단어가 들어가 있으므로 많은 사람들은 비옥한 토양을 머릿속에 떠올리게 된다. 그런 까닭에 한국을 비롯한 중국과 일본의 한자문화권 학자들이 이 지명을 '비옥한 초승달'이라 부르는 오류를 범한다는 사실을 앞서 지적한 바 있다. 각종 세계사 및 지리교과서에도 그와 같이 기술하고 있다. 물론 비옥한 토양이 있어야 잉여식량을 생산할 수 있지만, 그것이 부족하거나 없을 경우에는 다른 특산품과 교환이 가능하므로 충분조건은 아니다. 또 다른 이유는 문명이 농경지가 분포하는 평야지대에서만 창출될 수 있다는 많은 학자들의 편견에서 비롯되었음을 꼽을 수 있다. 그것이 사실이라면 그들은 고원이나 산악지대에서는 문명이 꽃필 수 없다는 그릇된 생각을 갖고 있는 것이다.

여러 영어권 출판사에서 발간한 퍼타일 크레슨트를 비교해보면, 일반적 범위보다 좁게 설정한 협의적 범위와 넓게 포괄적으로 설정한 광역적 범위까지 다양하게 묘사되어 있는 것을 알 수 있다. 내가 이 책에서 시종일관 강조하는 것처럼 '지절'이란 개념을 염두에 두고 생각한다면 당연히 광역적 범위의 퍼타일 크레슨트여야 한다. 그럼에도 불구하고 메소포타미아에 국한해 설정한 협의적 범위는 잘못 설정한 것이다. 또한 우르에서 태어나 야훼와의 약속을 지키기 위해 가나안 땅으로 향한 아브라함의 이동 루트에 초점을 맞춘 성서적 해석의 범위 설정 역시 오류를 범했다고 할 수 있다. 그리고 퍼타일 크레슨트를 내곽 퍼타일 크레슨트와 외곽 퍼타일 크레슨트로 구분해 캅카스 산지를 포함한 것은 너무 광범위한 것처럼 보이지만 눈여겨볼 필요가 있다.

그림 3-1의 마지막 지도에서 보는 것처럼 캅카스 일대를 외곽 퍼타일 크레슨트의 중심으로 보는 견해도 있다. 인류문명의 하나인 맥주가 메소포타미아에서 만들어졌지만, 나는 와인이 기원전 6000년 전에 바로 이곳에서 처음 만들어졌음을 캅카스 답사 중 트빌리시 남쪽의 유적지에서 알 수 있었다(McGovern *et al*., 2017). 앞에서 밝힌 것처럼 메소포타미아문명이 평야지대에서 생성된 평야문명임에는 틀림없지만, 산악지대와 고원지대에서 발생한 문명들과의 교류에 의해 발전된 것으로 이해해야 한다.

터키 카파도키아의 경관은 마치 요르단의 와디 럼과 같은 몽환적인 경관으로 내게 다가왔지만, 그것보다 차탈회위크 답사가 나를 더 흥분하게 만들었다. 고대도시를 설명하는 대부분의 교과서에는 차탈회위크에 관

그림 3-1 다양한 퍼타일 크레슨트의 공간적 범위

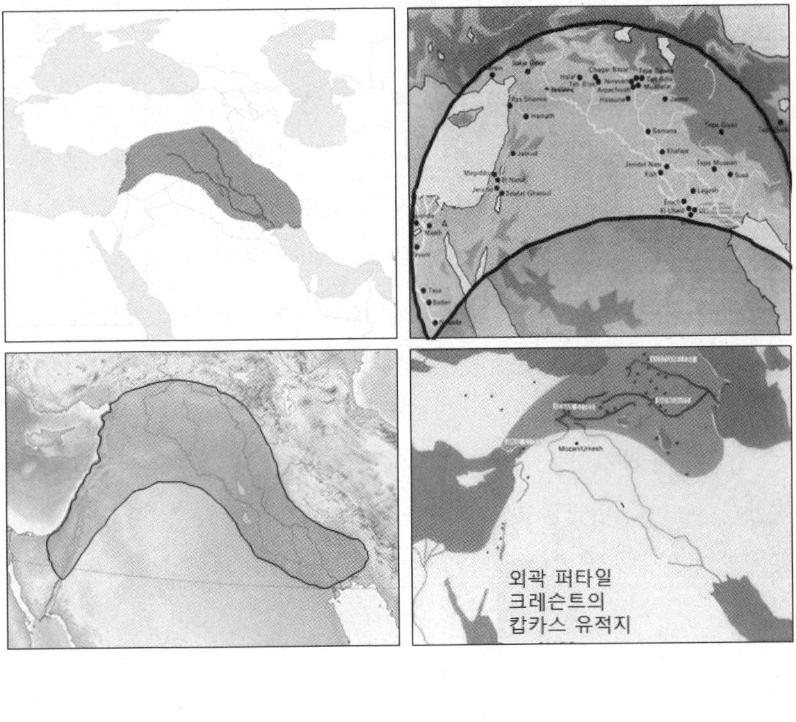

한 설명이 조금씩이라도 언급되어 있다.

내가 이 유적지를 찾은 때가 1999년 7월이었으므로, 그로부터 13년 뒤인 2012년에 유네스코의 세계유산으로 등재되었다. 나는 유적지 입구에 마련된 방명록에 기재하면서 내가 동양인으로서는 첫 번째 방문객이라는 사실을 알게 되었다.

'차탈회위크'란 지명은 지리학도는 물론이고 일반인들에게도 생소한 지명일 것이다. 영어로는 Catalhuyuk이지만, 터키어로는 *Çatalhüyük*라 표기된다. 더욱이 그곳이 인류 취락의 기원이라고 한다면 더 의아해질 것이다. 그 이유는 지금까지 인류 최초의 고대도시가 수메르 일대에서 기원했다고 생각되어 왔기 때문이다. 이들 고대도시의 대부분은 메소포타미아에서 발생했으므로 고대문명의 발상지를 이곳으로 지목한 것이다. 그러나 고대도시는 그렇다 하더라도 고대 취락의 경우는 일찍이 터키의 차탈회위크와 하산케이프 등과 같이 퍼타일 크레슨트 이외의 지역에서도 발생했다.

터키 아나톨리아고원의 남부에 위치한 차탈회위크의 유적지는 1950년대 후반 멜라트(Mellaart, 1964)와 그들의 동료들에 의해 처음으로 발견되었다. 첫 번째 발굴 작업은 1961~1965년에 걸쳐 멜라트의 주도하에 영국 앙카라 고고학연구소가 주관했다. 멜라트는 나지막한 언덕을 이루고 있는 유적지 서쪽에서 몇 가지 실험적 발굴 조사를 행했으나, 그보다 규모가 더 큰 언덕 동쪽의 발굴에 주력했다.

그림 3-2의 동쪽 언덕의 유적지는 신석기 시대 전기의 것이지만, 서쪽은 그 후기에 해당하는 유적이다. 동쪽의 유적은 내가 방문했을 때에는 전체의 4%만이 발굴된 상태였지만, 이 유적지의 중요성은 기네스북에 등재된 것은 물론이거니와 각계각층으로부터 인정받았다. 특히 멜라트(Mellaart, 1967)의 저서《차탈회위크: 아나톨리아의 신석기 취락》은 이 유

적지의 중요성을 국제적으로 인정받는 계기를 제공했다. 나는 멜라트의 저서를 토대로 차탈회위크의 발굴 내용을 한국에 소개한 바 있다(남영우, 1999; 2011).

12개 유적층에서 수백 개의 건물이 동쪽 언덕의 남서부에서 발견되었다. 1965년부터 이 유적지는 터키 정부에 의해 보호를 받게 되었다. 그 이유는 평지에서 14층 빌딩 높이에 해당하는 유적지의 언덕이 수많은 방문객과 토양침식으로 중대한 손상을 입고 있었기 때문이었다. 이에 대해 터키 문화부는 1993년 앙카라 고고학연구소와 멜라트 두 형제의 개인적 지원을 조건으로 이 유적지의 발굴 작업을 호더(Hodder, 1997; 2004; 2005; 2008)에게 승인했다.

고대 유적지 중 이처럼 언덕을 이루는 곳이 많은 이유는 원래 마른 땅의 구릉지에 터전을 잡으면 수백, 수천 년이 지나도 동일한 땅에 계속

그림 3-2 차탈회위크 유적 발굴지

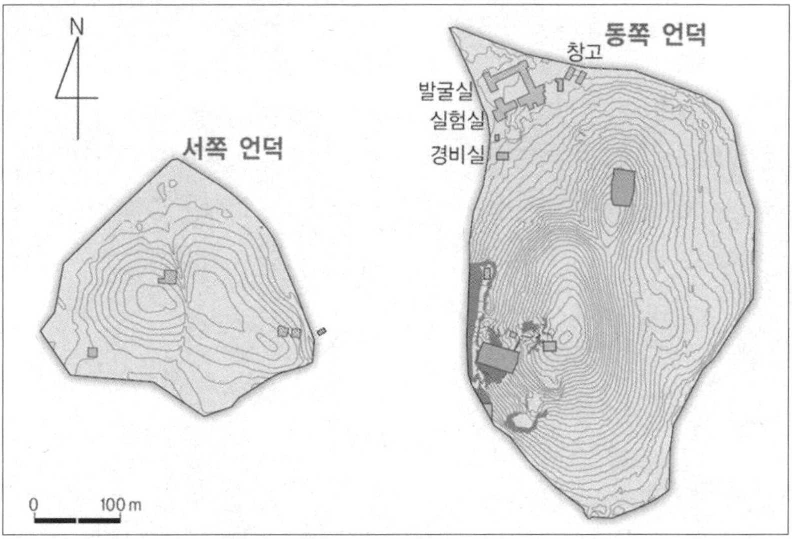

해서 집을 짓고 살아서 더 높은 언덕을 형성하게 되기 때문이다. 그림 3-3에서 보는 것처럼 당시의 인간들은 늪지대를 피해 약간 높은 구릉지에 살면서 어로와 수렵생활을 병행했다. 빙하 시대가 끝나면서 신석기 시대의 사람들은 구석기 시대의 사람들과 달리 단백질 공급을 위해 덩치가 작은 짐승들을 사냥하기도 했지만, 물고기를 잡는 어로생활도 겸했다. 바닷가인 경우에는 조개를 채취하여 먹을 수 있었지만, 차탈회위크는 내륙 지방이라 불가능했다.

이 발굴 작업의 참가자와 후원 단체는 앙카라 고고학연구소와 터키 정부 이외에도 영국 케임브리지대학 고고학과, 미국 버클리대학 차탈회위크 고고학자 모임BACH, 쉘 석유회사, IBM, VISA, 영국 항공사 등이 포함되어 있다. 그리고 영국 · 미국 · 그리스 · 독일 등과 국제적 공동연구로 진행되고 있는 이 프로젝트는 유적지의 중요성 때문에 많은 인원과 다

그림 3-3 선사 시대(9,000년 전)의 차탈회위크 상상도

양한 스폰서들이 참여하고 있다. 안타깝게도 한국 기업이나 대학은 없었다. 나는 이제 글로벌 기업의 반열에 든 한국의 대기업들도 차탈회위크와 같은 중요한 유적지 발굴 작업에 참여할 때가 되었다고 생각한다.

발굴 결과, 놀랍게도 9,000년 전에 차탈회위크 주민들은 5,000명을 훨씬 넘을 정도의 커다란 공동체를 형성해 고대도시 초기 형태를 이루고 있었음이 밝혀졌다. 선사 시대의 취락 규모로서는 매우 큰 편에 속한다. 미국의 역사학자 발터(Balter, 1998)는 10,000명의 인구가 살았다고 주장했다. 수천 세대가 약 4만 평의 공간에 조밀하게 사각형의 주택에서 거주했으며, 하나의 주택에서 약 100년 정도 사용한 후에 그것을 메우거나 부숴버리고 그 위에 새로운 주택을 건설한 것이다.

이러한 과정이 약 1,000년간 반복된 결과, 이곳에는 고도 20미터에 달하는 언덕이 형성되었다. 초기의 주택은 길과 공터를 확보해 여유 있게 배치되었으나, 인구가 증가함에 따라 주택 간의 간격이 좁아지기 시작했다. 그 결과, 대부분의 주택은 이웃집과 벽을 맞대어 건설되었고, 주택의 출입은 지붕에 구멍을 뚫어 이루어졌다. 이 구멍은 출입구인 동시에 부엌의 화덕과 방의 벽난로로부터 나오는 연기를 배출하는 굴뚝으로도 이용되었다. 그 까닭에 가옥 내부는 연기가 자욱하여 건강을 해치게 되었을 것이다. 이 사실은 시신의 폐에서 시커먼 그을음의 흔적이 발견됨으로써 확인되었다.

중앙 아나톨리아고원의 코니아Konya 근처에 위치한 차탈회위크 사람들은 지금으로부터 약 9,000년 전에 독특한 형태의 주택을 건설하고 그들 특유의 미술품과 상징물을 만들기 시작했다. 돌연히 등장한 그들은 선사 시대 초기에 해당하는 농경 정착민이었다. 발굴 결과, 그들은 양 · 염소 · 소 등의 가축을 사육하는 동시에 차탈회위크 일대의 풍요로운 늪지대에서 야생동물을 사냥하거나 야생의 과일 · 콩 등의 채집에 많은 시간을 소비했던 것으로 추정된다. 그들은 목축과 수렵, 농업과 채집을 병행한 셈이다. 그러나 고고학자 하란(Harlan, 1967)의 연구에 의하면, 야생식물이 풍부하여 채집이 용이하므로 한 가족이 몇 주간 곡물을 채집하면 1년을 먹을 수 있는 분량임이 입증되었다. 그러므로 식량 생산의 장점은 노동력 투하 대비 수확량이 많은 데 있으므로 단위 면적당 수확량이 담보되어야 한다는 사실을 알 수 있다. 나는 차탈회위크의 사람들이 목축과 수렵, 농업과 채집을 병행한 이유를 그 점에서 찾을 수 있었다.

아나톨리아의 농업은 기원전 7000년경 그리스에 전해지면서 서양과 관계를 맺기 시작했다. 농경활동과 달리 수렵활동은 용이한 것이 아니었다. 짐승을 사냥하기에는 인간보다 동물이 더 민첩했고, 어떤 경우에는 오히려 인간이 잡아먹히는 경우도 있었을 것이다. 그들이 사냥에 성공할 확률은 4% 정도에 지나지 않았으므로 육식은 어쩌다 재수 좋은 날만 할 수 있었다. 그들은 사냥한 짐승을 여러 사람들이 함께 먹기 위해 뼈에 붙어 있는 살점까지 뜯어 먹거나 뼈를 끓여서 국물을 만들어 먹었다. 그러기 위해서는 당연히 토기가 필요했을 것이다.

가장 중요한 관심사는 사람들이 이 지역에 집단적으로 거주한 이유일 것이다. 확실한 이유는 아직 밝혀지지 않았지만, 배후습지로 둘러싸인 이 유적지는 주변보다 고도가 약간 높으므로 유일하게 취락을 조성할 만한 마른땅의 공간이라는 점이다. 그리고 많은 사람들이 방어를 목적으로 모여 살았을 것으로 추정된다. 최근 2000년대에 들어와 케임브리지대학 미스(Meece, 2006)의 발굴 보고에 의하면, 화덕의 형태가 원형에서 사각형으로 바뀌었음을 알 수 있는 유적이 발견되었다. 이는 시간이 경과함에 따라 화덕의 중요성이 커졌음을 의미하는 것이다. 즉, 취사의 빈도가 많아졌음을 뜻하는 것으로 식량 조달이 개선되었거나 기후변화가 있었음을 암시하는 것이다.

멜라트(Mellaart, 1964)는 1960년대의 발굴 결과를 분석하면서 차탈회위크 주민들이 방어를 위해 주택의 벽을 견고하게 축조하거나 출입구를 지붕에 만들고 가옥과 가옥을 붙여 배열함으로써 성곽 효과를 낼 수 있도록 고안되었다고 주장했다. 그러나 1990년대의 발굴 결과는 출입구의 위치와 가옥 배치가 방어 목적이 아닌 것으로 밝혀졌다. 성곽의 흔적이 차탈회위크에서는 발견되지 않았지만, 전쟁이 있었던 증거는 일부나마 발견되었다. 건물을 빼곡하게 붙여 지은 이유는 여름철의 햇볕 차단과 겨울철의 추위를 막기 위한 목적도 있었던 것 같다.

이 유적지의 발굴이 완전히 종료되면 밝혀지겠지만, 차탈회위크가 대규모 취락을 형성한 이유는 무엇보다도 이 일대의 풍부한 자원 때문이었을 것으로 추정된다. 우선 풍부한 물은 생활용수와 농업용수로 사용되었을 것이며, 각종 식물과 동물은 채집과 수렵 혹은 가축화의 대상이었을 것이다. 그리고 하천 주변의 충적지대는 비옥하여 농경에 적합했을 것이다. 만약 이들이 집단 취락을 형성한 이유가 다른 것에 있다면, 그것은 흑요석이나 사회적 요인에서 찾을 수 있을 것으로 생각된다.

차탈회위크의 주택은 주요 건축재가 흙벽돌과 목재인 것으로 밝혀졌다. 특히 초기 유적층에서 발굴된 벽돌은 길고 얇았는데, 그것은 진흙과 짚을 섞어 만든 것이었다. 벽을 쌓던 벽돌 크기는 작았지만, 벽의 상단을 덮는 벽돌은 초기의 것보다 더 두껍고 작아졌으며 그 두께는 오늘날의 그것보다 더 얇았다. 흙벽돌을 쌓아 만든 지붕은 경사 없이 편평하게 만들었고, 목재로 만든 서까래에 갈대와 진흙을 덮었다. 차탈회위크를 중심으로 한 코니아 평원 일대에서는 오늘날에도 9,000년 전과 같이 편평한 지붕 위에서 가축을 사육하고 있다. 방 안은 채광이 안 되는 탓에 햇볕이 들지 않아 어두컴컴했다. 그들은 낮에는 주로 지붕 위에서 생활했다.

흙벽돌로 만든 벽은 겨울철 코니아 평원의 추위에 대비해 매년 봄에 새롭게 벽토를 한 것 같다. 취락 형성 초기에는 벽에 출입구를 만들었으나, 많은 주택들이 밀집해 서로 둘러싸게 되자 지붕 위에 출입구를 만들었다. 이와 같은 독특한 구조는 앞서 설명한 것처럼 방어 목적을 위해 고안된 것 같지 않다. 결과적으로 동일한 구멍으로 부엌의 연기도 빠져나가고 사람도 출입한 셈이다. 지붕의 출입구는 건물의 남쪽 방향에 배치하고 오르내리기 쉽도록 사다리를 설치했다. 발굴단은 작업 도중에 어떤 건물에서 사다리 바로 밑바닥에 파놓은 웅덩이를 발견했다. 이것은 비와 눈 녹은 물의 배수를 위해 고안된 것으로 판명되었다.

기원전 6200~6050년의 유적층을 탐사한 멜라트는 팔레스타인 지방의 선사 취락과 달리 차탈회위크는 계획된 취락일 것이라고 추정했지만, 그 가능성은 후술하는 지도의 발견으로 짐작할 수 있다. 이 지역 주민들은 주어진 공간에 적합하도록 건물을 배치했고, 일반적인 법칙에 따라

그림 3-4 차탈회위크의 가옥 내부 복원도

가옥 구조를 결정했다. 주택의 배치는 노후화된 주택을 재건축했으므로 시간이 경과해도 동일했다. 그러나 주택의 건축 기술은 시간이 경과함에 따라 노하우가 축적되어 더욱 정교해졌다. 이것은 사회적 지위와 부富가 조상의 계보에 따라 세습화되어 갔음을 의미하는 것이다.

동물 분포와 고식물학 · 토양학적 자료는 터키 중부의 9,000년 전 선사유적지인 차탈회위크의 생존 전략을 파악하는 데 이용되었다. 당시의 동물 분포는 이 유적지의 일부가 스텝 지역이었음을 시사해주고 있다. 이 일대는 소 · 양 · 염소 등이 많이 서식했으며, 이들 가운데 야생동물과 가축화된 동물들이 공존했다. 특히 소아시아는 지리학자 아이삭(Isaac, 1970)의《가축화의 지리학》에서 지적한 것처럼 염소 · 소 등의 기원지 중 하나다. 차탈회위크의 후기 유적층을 분석한 결과, 주민들의 동물 사육에 따라 가축이 증가했음이 밝혀졌고, 농경생활을 영위한 사실은 유적지에서 발굴된 씨앗을 저장하는 용기로 입증되었다.

차탈회위크를 중심으로 한 코니아 일대의 유적지들은 서로 연계되어 있었다. 신석기 시대에 각 취락들이 연계하는 방법은 물물교환을 통한 것이었다. 교역 물품은 다양했지만, 특히 중앙 아나톨리아에서 채집된 흑요석은 칼 · 송곳 · 거울 등으로 이용될 수 있는 훌륭한 자원이었다. 제이콥스(Jacobs, 1969)는 차탈회위크에서 수렵인들의 전前농업도시가 형성된 요인을 흑요석에서 찾아야 한다는 이른바 '신흑요석이론new obsidian theory'을 제기한 바 있다. 화산활동에 의해 생성된 흑요석은 잉여식량과 대등한 가치를 지니고 있었으며, 나아가 화폐로서의 기능도 지니고 있었다. 흑요석의 대부분은 차탈회위크로 운반되어 가공하는 작업이 행해졌다. 흑요석은 지배층에 의해 주민들에게 분배되었다.

흑요석의 교역권은 기원전 8000~5000년 기간에는 터키 아나톨리아 남부 일대에 걸쳐 있었다. 유적지에서 발견된 흑요석은 하산 닥Hasan Dağ

으로부터 온 것이 아니라 그림 3-5에서 보는 바와 같이 괼뢰 닥Göllü Dağ과 네네지 닥Nenezi Dağ이란 산에서 나온 흑요석이었다(Carter *et al*., 1984; 2006). 카파도키아에 위치한 이들 산은 차탈회위크로부터 멀리 떨어져 위치했으므로 선사 시대의 교역권 역시 매우 광역적이었다는 사실을 입증하는 대목이다.

카파도키아는 유명한 관광지이므로 독자들 중에는 직접 목격한 사람도 있을 것이다. 그 후 기원전 5500~2500년 기간에는 그 배후지가 더욱 광역화하였음이 여러 연구에 의해 밝혀진 바 있다(Hamblin, 1973; Chataigner *et al*., 1998; Fevzi, 2010). 즉, 하산 닥 등의 카파도키아 흑요석은 서쪽으로는 크레타섬으로부터 동쪽으로는 지중해 연안의 페니키아와 시나이반도까지 확대되었고, 또한 빙괼Bingöl과 넴루드 닥Nemrud Dağ의

그림 3-5 아나톨리아 흑요석의 페니키아와 메소포타미아 교역권

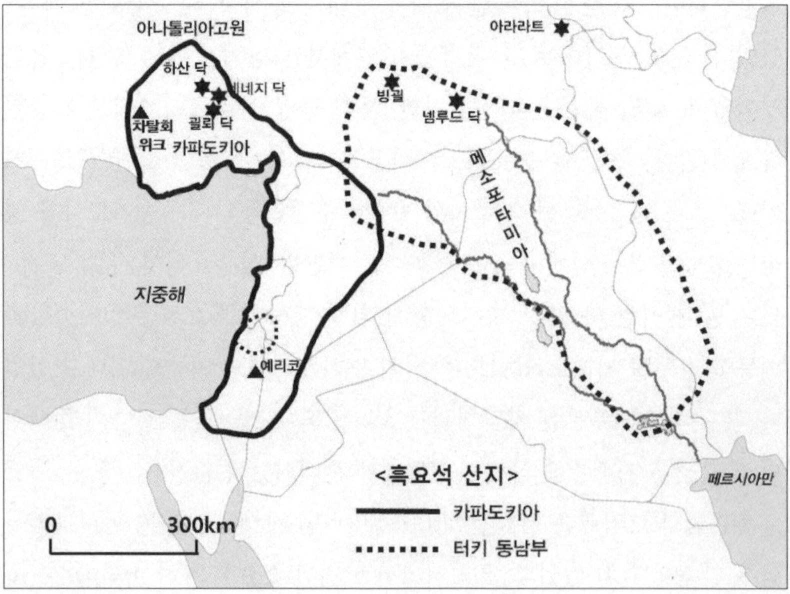

흑요석은 메소포타미아의 북부와 남부까지 확대되었다.

흑요석으로 만든 그릇은 귀중품이었으므로 대부분의 주민들은 토기를 사용했다. 각종 생활용구로 사용된 민무늬토기는 이 유적지 일대의 풍부한 점토로 만들었다. 토기 역시 교역의 대상이 되면서 질적으로 급속히 개선되었다. 한편, 가옥을 건축할 때에 사용된 목재는 고산지대에 자생하는 노간주나무를 사용하거나 주변 지역의 풍부한 팽나무를 사용했으며, 석재는 근처에서 채취한 것을 사용하거나 부족한 양은 다른 지역으로부터 조달했다. 그리고 장신구인 구슬을 만들기 위한 다양한 재료들이 남부 아나톨리아 전 지역으로부터 입수되었다. 이와 같은 재료를 구하기 위해서는 흑요석이 위력을 발휘했을 것이다.

지금까지 설명한 것처럼 차탈회위크는 교역 네트워크에서 형성된 취락임을 알 수 있다. 특히 흑요석의 교역권은 900킬로미터 떨어진 이스라엘의 예리코에서 발견될 정도로 광역적이었으며, 취락 간 물품 교환은 문화전파에도 영향을 미쳤을 것이다. 이 유적지에서는 상품 혹은 위탁화물의 소유권을 뜻하는 징표가 발견되었다. 다른 지역 간 교역의 증거물이기도 한 징표는 교역품의 소유권을 밝히는 것으로 오늘날의 스탬프 혹은 영수증이나 로고에 해당하는 것이다. 진흙으로 만든 스탬프는 메소포타미아에서도 더욱 정교해진 원통형의 스탬프가 발견된 바 있다. 우리는 메소포타미아에서 교역이 행해지면 영수증에 해당하는 징표가 필요하여 문자가 생겨나는 사례를 볼 수 있었지만, 이곳 차탈회위크에서는 문자 사용의 증거가 아직 발견되지 않고 있다.

차탈회위크의 본질적 의미를 이해하기 위해서는 지역공동체의 또 다른 측면을 조사해볼 필요가 있다. 여기서는 이 유적지에서 발굴된 벽화와 조각 등이 의미하는 상징성에 대해 살펴보아야 한다. 발견된 유물 가운데 현대인이 음미해보아야 할 예술품은, '정교한 장식물을 어떻게 해석할 것인가, 독수리는 왜 머리 없는 시체의 살코기를 쪼는 것일까, 목 없는 여인은 왜 표범 가죽의 권좌에 앉아 있는 것일까, 벽화의 독수리 주둥이가 쪼는 것은 여인의 가슴인가, 그들은 왜 시신을 볼썽사나운 족제비의 음경 뼈로 묻었는가?' 등이다.

상징물의 기묘함은 현대인들의 호기심을 불러일으키기에 충분하다. 혹시 시신을 새에게 맡기는 풍습은 조로아스터교의 장례 풍습에 영향을 미친 것은 아닐까? 이러한 장례 풍습을 조장鳥葬이라고 하는데, 고대 페르시아 사람들은 이 과정을 통해 사람의 손을 더럽히는 것을 막고 죽은 사람의 영혼은 새처럼 높이 올라갈 수 있을 것이라고 믿었을 것이다.

예술의 상징성에 대한 의문은 다른 지역에서 발굴된 것과 연관시킴으로써 부분적으로 풀 수 있다. 차탈회위크의 어떤 유적층은 아나톨리아 지방은 물론 에게해 연안국의 문명을 묘사한 예술품도 포함하고 있지만, 차탈회위크의 예술을 이해하는 일은 다른 지역의 고대문명에서 볼 수 있는 유형과 판이하기 때문에 난해한 측면이 있다. 차탈회위크에서는 신전과 사제가 존재하는 국가 종교의 형태를 갖춘 국가의 흔적이 발견되지 않고 있다.

방 안 무덤 속의 부장품은 목걸이와 같은 장신구와 잘 다듬어진 도끼 등이다. 목걸이는 젊은이와 여자의 유골에서 발견되었다. 여자들이 장식을 했다는 사실은 문화가 형성되고 있었음을 의미한다. 유골의 치아를 조사한 결과 그들은 비교적 부드러운 음식을 먹었던 것으로 밝혀졌다. 치아의 수명은 인간의 수명과 비례한다고 해도 과언이 아니다. 또한 이 유적지에 거주하던 주민들은 빵을 불결한 땅바닥에서 만들지 않고 청결한 곳에서 조리했다. 그들은 빵보다 감자류에 해당하는 줄기를 묽은 죽의 형태로 조리했다. 육류 역시 잘게 부순 뼈와 함께 구워 먹기보다는 끓여 먹었다. 그것이 여러 명이 함께 먹을 수 있는 조리법이었을 것이며, 조리법의 변화는 전술한 것처럼 필연적으로 토기를 만들게 했다.

알타이족을 포함한 중앙아시아 유목 민족은 죽은 자의 영혼을 달래기 위해 종종 그림을 이용했다. 즉, 그림을 그리는 행위와 그림을 바치는 행위는 그 자체가 죽은 자의 영혼을 달래는 일이었다. 이 유적지에서 발견된 그림은 하나의 쟁점이 될 수 있다. 그 그림은 젊은이들의 혼백을 달래주기 위해 제작되었거나 죽은 자의 영혼을 보호하는 기능을 갖고 있었을 것이다. 가족들은 비록 좁은 공간이지만 방바닥 밑에 매장된 조상이나 가족과 함께 감정을 공유하면서 식사하고 잠을 자면서 일상생활을 영위했던 것이다. 이런 풍습은 전술한 터키 동남쪽의 하산케이프의 유적지에서도 발견되었다. 벽화의 내용은 제사장이 죽은 자의 영혼과 접촉하기 위한 일종의 메커니즘이었을 것이다. 그들은 죽은 자의 영혼이 강력한 힘을 빌어 부활할 수 있는 것으로 믿었다.

1963년 발굴 작업 중 큰 사건이 벌어졌다. 즉, 멜라트가 바로 이 유적지에서 하나의 벽화를 발굴한 것이다. 이 유적지의 중요성과 고유성에 대해서는 이미 고고학자들에 의해 알려졌지만 더 놀라운 사실이 밝혀진 것이다. 그는 유적지의 여러 감실 중 하나의 벽에서 그림을 찾아냈다. 감실龕室이란 숭배하는 신을 안치한 작은 공간을 가리킨다. 그것은 유적지의 조밀한 주택들을 조감도로 표현한 벽화였다. 처음에는 이 벽화가 설마 지도일 것이라고는 아무도 상상하지 못했다. 지도에는 유적지 근처의 하산 닥 화산이 폭발하는 그림이 희미하게 그려져 있었다. 이 화산은 최근의 연구 결과가 발표되기 전까지만 하더라도 전술한 것처럼 차탈회위크에 흑요석을 제공해준 산으로 알려져 있었다.

터키의 고고학자 윌커쿨(Ülkekul, 1999)에 의하면, 이곳에서 발견된 지도는 방사성 탄소 측정의 결과, 기원전 6200년경에 제작된 것이라고 한다. 그야말로 세계 최초의 고지도인 것이다. 지금으로부터 무려 8,200년

전의 고지도가 이 유적지에서 발견된 것은 지도학사를 새롭게 써야 하는 획기적 사건이었다. 이 지도의 위대함은 기원전 4000년경 티그리스강과 유프라테스강에서 수메르인들이 설형문자를 만든 것보다 훨씬 빠른 2,200년 전에 이 지도가 제작되었다는 점에서 찾을 수 있다. 지도학자 미스(Meece, 2006)는 조감도 형식의 차탈회위크 지도를 선사 시대의 지도학적 표현의 효시라고 지적했다.

멜라트는 처음 이 벽화를 발견했을 때만 하더라도 이것을 지도라 생각하지 않고 표범을 상징하는 그림이라고 판단했다. '차탈회위크 맵map'이 처음 발견되었을 때, 그는 주택 내부의 장식을 위한 기하학적 패턴의 문양이라고 착각한 것이다. 완벽하게 복원 작업을 마친 후에야 지도임을 깨달았다. 희미하게 보이는 벽화는 마치 표범의 가죽무늬와 같은 문양이었다. 벽화 발견 후 몇 년 정도 경과한 다음에서야 조감도 형식의 취락 지도임이 밝혀진 것이다.

지도상에 그려진 취락의 규모로 판단할 때 취락 형성 초기의 모습이거나 계획도일 가능성이 크다. 가옥의 배치가 언덕 사면의 능선을 따라 배열된 유적층은 초기에 해당되는 것이므로, '차탈회위크 맵'은 이곳에 취락을 건설하기 위해 제작된 도시(취락)계획도로 간주될 수 있다. 지도에는 건물의 배치와 도로계획이 담겨져 있다. 특히 건물은 가옥의 실내까지 표시될 정도로 상세하게 묘사되어 있다.

당시의 지도 중 이렇게 상세하게 묘사된 지도는 이것밖에 없다. 건물의 배치는 그림 3-6에서 보는 바와 같이 남북 방향으로 길게 계획되었다. 북쪽과 동쪽 벽으로 나뉘어 제작된 지도를 합성해보면 남북 방향으로 더 길다. 이는 유적지가 약간의 경사가 있는 구릉지였기 때문에 지형적 조건이 반영된 결과였을 것으로 추정된다. 이 지도와 실제 차탈회위크의 가옥 배치 상황과 비교해보면, 이것은 취락 초기이거나 계획 상태

그림 3-6 세계 최초의 선사 시대 지도 '차탈회위크 맵'

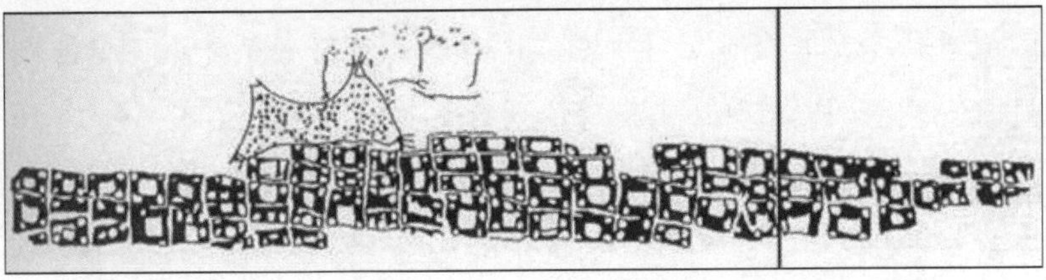

임이 분명하다.

지도 제작은 문자의 발명과 더불어 인간 생활에 있어 매우 중요한 의미를 갖는다. 그러므로 인류 최초의 차탈회위크 지도는 중요한 발굴의 성과물이다. 지도의 발달은 지표면을 공간적 지각으로 전환하는 능력을 향상시킨 결과물이다. 지금까지 인류는 3,500년 전에 알타미라Altamira 동굴의 벽화와 같은 자연의 이미지를 재생산할 수 있었던 것으로 알려졌으나, 이번에 발견된 지도는 인간이 공간을 축소해 표현할 수 있는 능력이 더 오래전에 가능했다는 것을 증명해주었다. 차탈회위크 지도는 당시의 주민들이 그들의 장소를 어떻게 이해하고 있었는지 보여주는 것이다. 조감도 형식의 지도는 인간이 2차원 지표면을 하늘에서 굽어볼 수 있는 상상력을 3차원으로 구체화한 증거물이라 할 수 있다.

지금까지 살펴본 바와 같이 차탈회위크는 다른 유적지와 부분적으로 유사한 점도 있지만 대부분 특이한 문화를 보유했던 신석기 시대 유적지라고 할 수 있다. 이 유적지는 형성 시기가 기원전 7000년경까지 소급될 수 있는 선사 취락이며, 현재까지 발굴된 유물은 기원전 4000~2000년 기간 중의 유물이 가장 많이 출토되었다. 이 취락은 대략 5,000~10,000명이 거주했던 세계 최대 · 최고의 선사 취락임이 판명되었다.

차탈회위크를 둘러싼 최대 쟁점은 이 유적지가 과연 인류 최초의 도시로 간주될 수 있는가에 있다. 이에 대해서는 견해가 분분하다. 전술한 제이콥스 등은 차탈회위크를 도시적 성격을 지닌 취락으로 간주한 데 대해 휠러(Wheeler, 1966)와 모리스(Morris, 1979) 등의 학자들은 도시적 조건을 갖추었다는 견해에 난색을 표한 바 있다. 즉, 그들의 주장은 문명화된 도시의 조건으로서 인구 5,000명 이상이어야 한다는 조건은 충족시키더라도 신전과 같은 의식의 중심지가 존재해야 한다는 것이다. 그러나 이런 주장들은 이 유적지의 발굴 작업이 극히 일부에 불과한 상태에서는 속단일 수밖에 없다.

나는 차탈회위크를 제2장에서 언급한 바 있는 이스라엘의 예리코와 마찬가지로 원시도시proto-town로 자리매김하면서 대규모 취락이라고 규정하고 싶다. 내가 현지 답사를 마친 후인 2000년대 이후의 발굴 조사 결과를 보더라도 기존의 학설을 바꿀 만한 내용이 아직 발견되지 않고 있다. 아무튼 이 유적지의 발굴은 시리아의 국경에 가까운 하산케이프와 괴베클리 테페Göbekli Tepe의 발굴과 더불어 더 지켜볼 필요가 있을 것 같다.

인도 · 유럽어족의 민족 대이동

구대륙 세계를 크게 바꾼 계기는 기원전 2000년경부터 약 1,000년간에 걸친 민족의 대이동이었다. 기본적으로 비슷한 생김새를 한 민족이 동일한 패턴을 보이며 각지로 이동했다. 오늘날과 같이 엄격한 국경이 존재하지 않았던 당시에는 얼마든지 가능한 일이었다. 그중에서 가장 큰 이동은 퍼타일 크레슨트의 동서 방향으로 밀려 내려온 인도 · 유럽어족이었다. 이들 어족에는 다양한 민족이 포함되어 있었으며, 이동 규모가 점차 커졌다.

그 결과, 그 어족들은 메소포타미아에 살던 셈어족과 충돌하게 되었다. 그들 중 별도의 무리는 지금의 이란 쪽으로 침입해 들어가 후에 오리엔트에서 최대의 제국인 페르시아 제국을 건설했다. 그러나 그들이 이동해 들어오기 전부터 그 지역에 거주하던 원주민들은 정착 농경보다는 주로 떠돌아다니는 유목생활을 하고 있었다. 도시를 형성하지 못했기 때문에 그들에게서 인구집중과 사회적 분화 등을 통한 본격적인 문명이 탄생될 수 없었다. 그들 중 일부는 다시 인도로도 진출했다.

바로 이 시기에 각지에서 왕국이 성쇠를 거듭했는데, 그 배경에는 이러한 민족 대이동이 있었다. 그들이 유목민이며 기마 민족 출신이란 사실은 '페르시아Persia'란 명칭에서도 알 수 있다. 페르시아는 원래 고대 파르수아*Parsua*족의 명칭에서 유래된 라틴어로 '말 타는 사람'이란 뜻이다. 페르시아의 어원이 파르티아에서 유래되었다는 주장은 오류다. 파르티아는 카스피해 남쪽 땅 고대 페르시아였던 '파르사와*Parθava*'에서 유래된 지명이다.

몇몇 왕국들은 장기간에 걸쳐 지속되었다. 가령 캅카스 산악지대로부터 이동해온 카시트인들은 기원전 1600년에서 1200년에 걸쳐 자그로스산맥과 메소포타미아 일대를 지배하게 되었다. 기존의 제국과 왕국이 쇠퇴한 배경에는 새롭게 등장한 민족의 강력한 힘이 작용했다. 메소포타미아인들은 견고한 요새와 공성술攻城術을 보유하고 있었지만, 인도 · 유럽어족이 보유한 이륜전차와 기병은 평야지대의 전투에서 엄청난 위력을 발휘했다. 특히 바빌론의 군대는 기병대가 없어 카시트인들의 전차에 당해낼 수 없었다. 문명인이 야만인에게 군사적으로 압도당한 것이다. 말의 가축화는 중앙아시아의 초원지대에서 시작되었지만, 병사들의 승마술은 기원전 2000년경에 이란 고원에서 시작되어 기원전 1000년까지는 오리엔트와 에게해로 확대되었다. 말을 탄 채로 활과 창으로 적을 공격하는 것은 당시로서는 고도의 기술이었다. 기병은 보병을 압도함에 따라 전쟁의 주역이 되었다.

인도 · 유럽어족에 속하는 언어를 사용하는 민족은 '아리아인'이라고도 불리며 그 분포가 매우 광범위함을 알 수 있는 학설이 있다. 흔히 아리아인은 넓은 의미에서 인도 · 유럽어족의 총체를 가리킨다. 이른바 쿠르간 가설은 지금의 러시아 남부에 있었던 쿠르간문화가 산스크리트어에서 분파된 인도 · 유럽어의 원조였다는 가설이다. 리투아니아의 고고학자인 김부타스(Gimbutas, 1956)는 1956년에 고고학과 언어학을 결합해 인도 · 유럽어를 구사하는 사람들의 기원에 관한 쿠르간 가설을 제창했다. 그녀는 러시아 남부의 '쿠르간Kurgan'이라 불리는 분묘를 가진 문화를 조사하여 이를 '쿠르간문화'라고 부르고, 쿠르간형의 분구묘墳丘墓가 유럽 · 중앙아시아 전역에 퍼졌다는 사실을 밝혀냈다. 나 역시 이들 지역을 답사하면서 이런 형태의 분묘를 본 적이 있다.

쿠르간 가설은 흑해 북부에서 카스피해에 이르는 스텝 지역에서 말의 가축화와 더불어 발전한 쿠르간문화를 가진 사람들이 쓰던 언어가 기원전 5000년경 원시 인도·유럽어였을 것이라는 내용이다. 인간의 승마 습관의 발생지로 추정되는 볼가강 일대를 본향本鄕으로 비정比定하여 이곳에서 최초로 인도·유럽어족이 생겨났다는 이론이다. 앞에서는 승마술의 발생지를 이란고원이라고 밝힌 바 있다. 이것이 영국의 역사학자 로버츠(Roberts, 1998)와 김부타스의 견해차다. 영국의 고고학자 맬러리(Mallory, 1989)는 쿠르간 가설을 정설로 받아들여야 한다고 주장했다.

그러나 영국의 언어학자 그레이와 앳킨슨(Gray and Atkinson, 2003)은 《인도·유럽어 논쟁: 역사적 언어로 본 사실과 오류》에서 언어연대학glottochronology의 측면에서 볼 때 인도·유럽어족의 본향은 기원전 9000년에 아나톨리아였다는 대립 가설을 제기했다. 즉, 이른바 아나톨리아 가설은 쿠르간이 2차 본향이며 1차 본향은 아나톨리아라는 주장이다. 나는 지리학적 안목으로 볼 때 김부타스의 쿠르간 가설이 그들의 주장보다 더 신빙성이 있다고 생각한다. 아무튼 이러한 주장은 언어학적 견해일 뿐 지리학적 근거가 없어 보이지만, 히타이트어가 기원전 7000년경에 인도 · 유럽어로부터 분화가 시작되었다는 데 방점을 찍어야 할 것 같다. 언어학자 월터(Walter, 2001)는 19세기 문헌학자들의 노력으로 만들어진 인도 · 유럽어족의 원형을 분석하여, 그들이 4계절의 변화가 있는 중위도권에 살았고 농경문화권에 속한 부족이었으며 지중해 연안 지역에 거주한 부족이 아니었음을 밝혀낸 바 있다.

한편, 역사학자 로버츠는 아리아인들이 기원전 2000년 이후 고대사에 큰 영향을 끼친 인도 · 유럽어족 가운데 현재의 이란과 인도에 침입한 종족을 가리킨다고 지적한 바 있다. 원래는 중앙아시아의 볼가강 일대에 살던 그들 중 어떤 부족이 이란을 향해 이동을 개시한 기원전 1750년경에 별개의 아리아인 부족도 인도를 향해 이동을 개시했다. 그로부터 수백 년에 걸친 민족 대이동은 인더스강 유역으로부터 펀자브 지방 전역으

그림 3-7 쿠르간 가설에 의한 인도 · 유럽어족의 확산

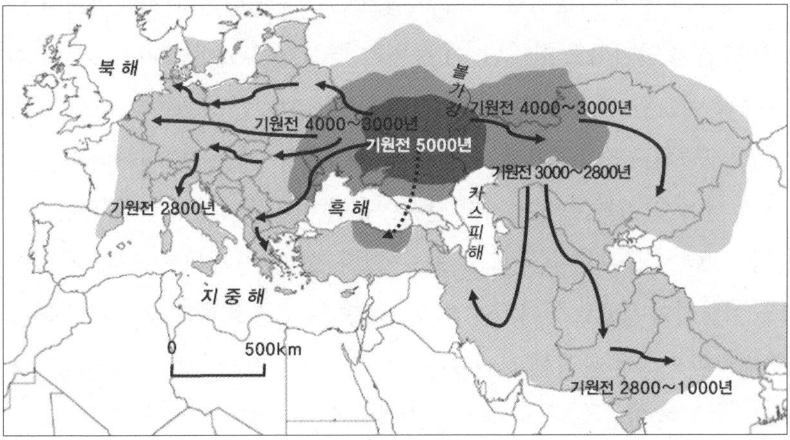

로 확산되어 최종적으로는 갠지스강 상류까지 도달했다. 반농반목半農半牧하던 이들이 인도에 도달할 무렵에 인더스문명은 거의 붕괴되고 있었다. 이에 따라 아리아문명과 인더스문명은 서로 융합하여 새롭게 태어났을 것이다. 결과적으로 기원전 2000~1000년에 걸친 아리아인들의 이동은 지절률이 높은 땅에서 일어난 유목문명과 농경문명의 교류였으며, 이로 인해 문명은 한 단계 높아지게 되었다.

인도 · 유럽어족의 아시리아인들은 그들을 아쉬쿠즈Ashkux, 페르시아인과 인도인들은 '사카Saka'라고 불렀으며, 그리스인들은 스키타이Scythians라고 불렀다. 중앙아시아의 유목민이었던 그들 중 일부 사카족이 남하해 인도에 정착한 종족은 한자로 석가釋迦로 표기된 것이니 기원전 544년 석가모니는 결국 스키타이족의 일파, 즉 석가족에서 유래된 것으로 보아야 할 것 같다. 스키타이문화에 관해서는 다음의 제4장에서 다시 설명할 기회가 있을 것이다. 이러한 문명의 상호작용은 오늘날까지 일관해온 인도 사회에 다양성을 갖게 만들었을 것이다. 그들은 문명적 측면에서 인도의 역사에 결정적 공헌을 했는데, 특히 종교와 사회제도의 두 측면에서 지대한 영향을 미쳤다.

지중해문명의 여명기를 고대 이집트로부터 페니키아 시대까지의 약 2,000년 동안이라고 한다면, 이 문명의 형성기는 고대 그리스 · 로마 시대부터 이슬람 제국의 붕괴기에 이르는 약 2,100년 동안을 가리킨다. 특히 동지중해문명의 특징은 이집트의 햄어계와, 메소포타미아와 페니키아의 셈어계, 그리고 에게해의 인도 · 유럽어계 등 3대 문명이 융합되었다는 점에서 중요한 의의를 찾을 수 있다. 이집트-페니키아-에게-그리스-이탈리아반도로 이어지는 지중해문명은 지절 효과와 앞 접시 효과를 극대화함으로써 탄생한 것이었다. 이와 같이 문명은 교류하며 상호작용하는 속성이 있음을 이 책 곳곳에서 접하게 될 것이다.

페르시아문명의 모태가 된 엘람문명

엘람Elam은 페르시아어의 '산악지대'란 말에서 유래된 명칭으로 수메르와 더불어 기록이 남아 있는 가장 오랜 문명국 중 하나다. 엘람은 기원전 3200년경부터 이란고원에 소재했던 여러 왕국들의 연방국가체제로 이루어져 있었으며, 그 중심지는 고대도시 안샨Anshan이었다. 그 후 기원전 1500년경부터는 자그로스산맥 끝자락에 위치한 저지대의 수사Susa로 중심지가 바뀌었다. 서양의 고전 문헌에서 엘람은 종종 '수시아나Susiana'라고 언급되는데, 이 명칭은 후대의 엘람의 수도인 수사에서 유래한 것이다. 아래의 엘람 왕국의 시대 구분을 보면 이해하는 데 도움이 될 것이다.

기원전 3200~2700년	원시 엘람 시대	안샨, 아완, 케르만, (수사)
기원전 2700~1600년	고 엘람 제국 시대	안샨
기원전 1500~1100년	중 엘람 제국 시대	안샨
기원전 1100~539년	신 엘람 시대	안샨, 수사
기원전 539년	아케메네스 제국에 멸망	

엘람문명은 페르시아 제국의 성립에 결정적인 역할을 했는데, 특히 엘람 제국을 정복한 아케메네스 제국에 큰 영향을 미쳤으며, 엘람어는 아케메네스 제국의 공용어들 중 하나였다. 엘람은 오늘날 이란의 서쪽 끝의、일람주州와 남서쪽 끝의 후제스탄주州 저지대 그리고 오늘날 이라크의 남부를 중심으로 한 왕국이었다. 엘람 제국 시대 이전에는 원시 엘람Proto-Elamite 시대가 있었는데, 이 시대는 기원전 3200년경에 이란고원의 문화가 서쪽으로 전파되어 수사에 영향을 주기 시작하면서 비롯되었다.

원시 엘람문명은 유프라테스강과 티그리스강의 충적평야의 동부에서 발생했다. 이 문명이 꽃핀 땅은 평야의 저지대와 이 저지대에 인접한 북쪽과 동쪽의 산악 및 고원 지역으로 이루어져 있어, 한마디로 평야문명과 고원문명이 결합된 지절의 문명이었다. 이 문명은 안샨과 그 북쪽에 위치한 아완Awan, 그리고 동쪽의 케르만Kerman의 3개 원시 엘람 국가가 결합된 엘람 제국이 창출한 것이다. 아무튼 수사와 안샨이 위치한 엘람은 페르시아의 발흥지였다(그림 3-8).

이와 같이 3개의 원시 엘람 국가가 결합되어 형성된 중심 세력에 수사가 합병되었다가 떨어져 나가는 일이 지속적으로 반복되었다. 카터 등(Carter *et al*, 1984; 2006)의 연구에 의하면, 원래 고원지대의 제국이었던

그림 3-8 엘람 왕국의 범위와 고대 페르시아 초기의 도시 분포

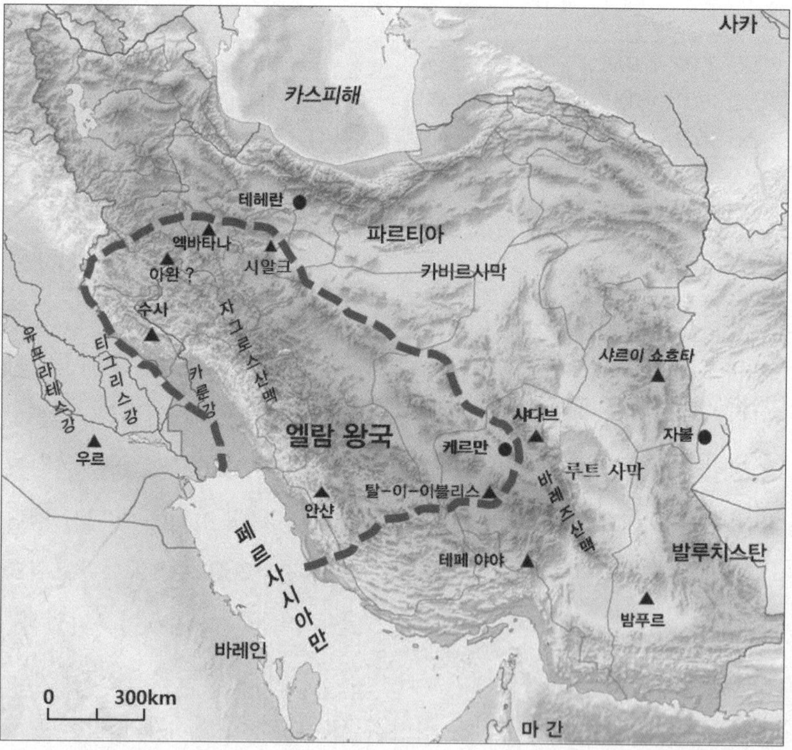

엘람은 후대에서는 점차 저지대에 위치한 수사로 중심지가 바뀌었다. 그 결과, 프톨레마이오스 이후의 지리학자들은 전술한 것처럼 엘람을 '수시아나'라고 불렀다. 수사 남쪽에서 유네스코에 세계유산으로 등재된 '초가잔빌Chogha Zanbil'이라 불리는 지구라트가 발굴된 바 있는데, 이것은 기원전 1250년경에 건설한 지구라트로 엘람의 보호신을 숭배하기 위한 것이었다. 그 형태는 메소포타미아의 지구라트와 형태가 약간 다르긴 하지만 두 지역이 서로 교류했음을 뜻하는 증거물이라 할 수 있다.

이렇게 볼 때 엘람문명은 수메르문명의 동반자이긴 했으나, 아시리아는 좀 달랐던 것 같다. 아시리아는 히타이트를 물리치고 건립된 나라였다. 초기에 '아시리아Assyria'라는 지명은 전술한 바와 같이 티그리스강 상류 지역을 일컫는 말이었으며, 수도였던 고대도시 아수르Assur에서 유래한 명칭이다. 원래 아시리아인의 고향은 티그리스강에서 아르메니아에 이르는 산악 지방이며 '아슈르Ashur의 산'이라고 불리기도 한다. 나는 문명의 중심이 수메르로부터 북쪽으로 이동하게 된 요인을 메소포타미아 남부 평원의 염분화에 있을 것으로 추론한 바 있다.

원시 엘람 제국의 도시 수사는 기원전 4000년경에 카룬Karun강 유역에서 성립되었다. 티그리스강과 유프라테스강은 하류에서 샤트알아랍Shatt-al-Arab강으로 합류하여 흐르다가 다시 카룬강이 합류하여 페르시아만으로 유입된다. 카룬강은 자그로스산맥의 협곡을 따라 횡단하거나 종단하면서 흐르는 하천인데, 이 일대의 지절률을 더욱 높여주어 수메르문명과 엘람문명이 교류하는 매개가 되었다. 오늘날에도 이란과 이라크는 이 강을 두고 1980년에 전쟁을 벌인 바 있다. 두 나라 사람들은 얼굴도 비슷하고 이슬람권 국가인 탓에 동일 민족으로 착각하기 쉽지만, 내가 만난 페르시아 후예인 이란인들은 아랍어족에 속하는 이라크와 구별해 줄 것을 강력히 희망했다. 이란이 1945년에 창설된 아랍연맹에 가입하지 않았음은 물론이다.

카룬강 상류에 위치한 수사는 비옥한 농경지를 바탕으로 원시 엘람문명이 형성된 땅으로 여겨지고 있는데, 수사의 초기 역사 기간 동안 지배자가 메소포타미아인과 엘람인으로 번갈아 바뀌는 변동이 있었다. 오늘날 수사가 위치한 후제스탄Khuzestan이라는 주州 지명은 페르시아어로 '수사 사람'을 뜻한다. 번성하던 수사는 아시리아의 마지막 왕이었던 아슈르바니팔Ashurbanipal에 의해 무참히 파괴되었다. 1854년에 발굴한 문자판에는 아슈르바니팔 자신이 수사를 파괴한 것을 자랑스러워하는 다음의 글이 판독되었다.

> 나는 엘람인들의 신들이 사는 곳이며 엘람인들의 신비의 중심지인 위대한 신성의 도시 수사를 정복했다. 나는 수사의 궁궐로 들어가서 금은보화가 가득 찬 그들의 보물창고를 열었다. (중략) 나는 수사의 지구라트를 허물어뜨렸다. 나는 수사의 빛나는 구리 뿔들을 부수었다. 나는 엘람의 신전들을 더 이상 존재하지 못하도록 무無로 만들었다. 나는 엘람인들의 남신들과 여신들을 바람에 날려버렸다. 나는 엘람인들의 옛 왕들과 최근의 왕들의 무덤을 철저히 파괴하여 햇빛이 들게 만들었다. 그리고 나는 그들의 뼈를 꺼내 아슈르의 땅으로 옮겨버렸다. 나는 엘람의 영토를 완전히 파괴했으며 그 무엇도 자랄 수 없도록 그들의 땅에 소금을 뿌렸다.

나는 소금을 뿌리는 행위의 근원이 한민족의 무속신앙에서 비롯된 것인 줄 알고 있었다. 아슈르바니팔은 기원전 669년 선왕으로부터 아시리아 왕을 승계했다. 그는 뛰어난 지략과 능력을 발휘하고 사제들의 지식에 능통했으며 수메르와 아카드의 어려운 문자를 해독할 수 있었다. 그리고 사냥 · 궁술 · 승마에도 뛰어났다. 선왕이었던 에사르하돈Esarhaddon

왕은 기원전 667년 나일강 상류의 쿠시Kush 왕국이 반란을 일으키자 아시리아 군대를 보내 멤피스에서 곧 진압했음은 물론 반란을 도왔던 이집트의 신하들까지도 모두 니네베로 붙잡아올 만큼 철저한 왕이었다. 그 후, 제4장에서 설명하겠지만, 페르시아는 아테네와의 전쟁에서 많은 국력을 소진했고, 스파르타와 연대해 세력을 회복하려고 시도했으나 내란이 일어나 쇠퇴하기 시작했다. 기원전 4세기는 페르시아의 속주로부터 하나둘씩 이탈하는 식민지들이 늘어나기 시작하던 시기였다. 페르시아는 간신히 반란을 진압하더라도 그 지배력은 더욱 약화될 뿐이었다.

엑바타나가 수도였던 메디아 왕국이 멸망한 후 초기 페르시아 왕조의 아케메네스는 뛰어난 행정조직을 정비하고 대규모 건축 사업을 벌인 왕으로 유명하다. 수많은 반란을 진압한 끝에 행정조직을 정비하고 페르시아 제국을 강화시킬 수 있었던 그는 각 지방의 원활한 교류를 위해 그림 3-9에서 보는 것과 같은 '왕의 길the King's Highway'을 비롯한 교통로를 열었다. 이집트에서 가나안으로 향하는 '왕의 대로'와 혼동하지 말아야 한다. 페르시아 제국이 건설한 '왕의 길'은 수사에서 아시리아의 니네베를 거쳐 소아시아 서쪽의 사르디스에 이르는 길이었으며, 이때 만들어진 역전제驛傳制는 평상시에는 교역로로, 전시에는 수송로로 이용되었다. 이는 동아시아의 역참제驛站制와 유사한 제도였다.

이 교통로는 엘람문명, 메소포타미아문명, 그리스문명을 아우르는 문명 교류의 루트가 되었다. 알렉산더 대왕의 동방 원정으로 창출된 헬레니즘문명 역시 지절을 바탕으로 서로 다른 문명이 융합된 결과물이었다. 이후 아케메네스는 그리스에 침공하여 전쟁을 일으켰고, 기원전 490년 마라톤에서 아테네군에게 패한 후 추가 원정을 준비하다 기원전 486년에 죽었다.

그 후 도시국가 간 경쟁으로 발생한 무력 충돌은 제국의 등장을 촉발

그림 3-9 페르시아 제국의 영토 확장(기원전 6세기경)

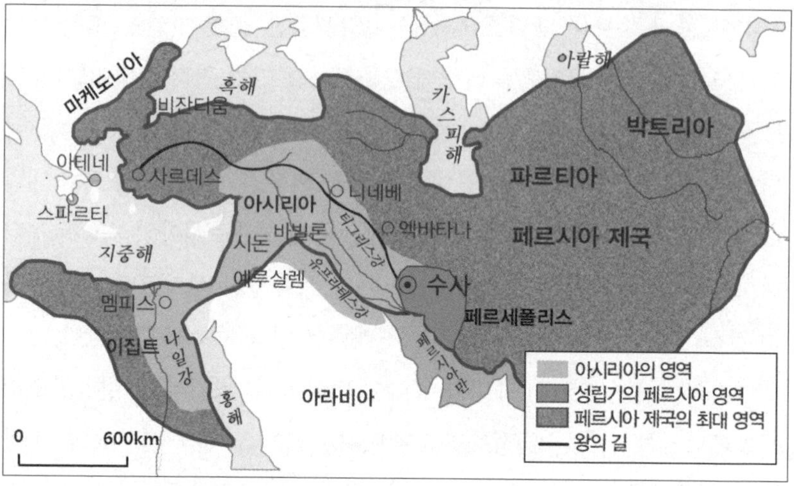

했고, 서아시아에서는 아시리아가 대제국을 건설했으나 곧 멸망했다. 아케메네스 왕조인 페르시아가 부활하여 대제국을 수립했으며, 수사를 수도로 중앙집권 정책을 시행했다. 그리고 각지의 다양한 문화를 받아들여 멸망하기 전까지 글로벌한 문명을 창출했다. 이 시기에 왕의 권위를 뒷받침해주는 조로아스터교가 크게 성장했다. 기원후에 부활한 사산 왕조 페르시아에서는 조로아스터교를 국교로 정해 금화金貨에도 이 종교의 상징인 불을 새겨 넣기도 했다.

엘람문명 이전에도 지금의 이란 북서부 지방에 있었던 마나이Mannai 왕국이 발전시킨 문명을 위시해서 그림 3-8에서 본 엘람 왕국 동쪽의 자볼Zabol 북쪽에 있었던 '불타버린 도시'를 뜻하는 샤르이 쇼흐타Shahr-i Sokhta문명이 이란고원에 존재했었다. 그럼에도 불구하고 나는 그것들보다는 위에서 지적한 바와 같이 엘람문명이 이란 역사의 출발점이라고 생각한다. 그러나 원래 엘람 왕국이 위치했던 지역은 지절률이 높은 땅이지만, 페르시아 전성기의 영토였던 오늘날 파키스탄까지 이르는 동쪽 지방은 그렇지 못했다. 따라서 우리는 페르시아 서남부의 지절률이 높은 땅에서 창출된 문명의 힘이 서쪽으로 지배 공간을 확장했던 것으로 이해해야 한다.

기원전 1175년 엘람은 함무라비 법전을 수사로 가져왔고 기원후 1901년 그곳에서 발굴되어 세상을 놀라게 했다. '이란Iran'이라는 명칭은 그리스어로 '고귀한' 또는 '자유로운'이란 뜻을 지닌 아리아나Aryana에서 유래되었다. 이란으로 국명이 개칭된 것은 1935년의 일이다.

제철 기술의 위력을 보여준 히타이트 제국

히타이트 제국은 기원전 18세기경 아나톨리아 중북부의 하투샤Hattusa를 중심으로 형성된 왕국인데, 헝가리의 언어학자 블라디슬라브(Vladislav, 1974)에 따르면 그들이 사용한 언어는 인도·유럽어족에 속하는 히타이트어였다. 이 제국의 문화적 특징은 주변의 여러 문화를 융합했다는 점에 있었으며 기원전 14세기경 최고 절정기에 달했다. 영토는 그림 3-10에서 보는 것처럼 당시에 아나톨리아의 대부분을 포함해 레반트의 북부, 남쪽으로는 지금의 레바논 영토인 리타니강의 하구까지, 동쪽으로는 메소포타미아 북부까지 장악했었다. 히타이트의 군대는 전쟁 시에 전차를 효과적으로 사용했던 것으로 유명하다. 바빌론을 무너뜨린 '히타이트'라는 말은《구약성서》의 '헤스 후손들sons of Heth'에서 유래했다.

19세기에 아나톨리아에서 히타이트를 발굴한 고고학자들은 처음에 성경에 등장하는 이들을 히타이트와 동일시했다. 현재는《구약성서》에 등장하는 히타이트인이 하투샤를 수도로 한 기원전 18세기경~12세기경의 히타이트 제국의 히타이트인을 가리키는 것인지, 아니면 그 이후인 기원전 12세기경~8세기경의 신新히타이트 도시국가들의 히타이트인을 가

그림 3-10 기원전 14세기 히타이트 제국의 영토

리키는 것인지에 대한 식별 문제가 제기된다. 여기에서는 전자를 말한다.

샌튼(Santon, 2007)의 연구에서 밝혀진 것처럼 히타이트의 군대는 전쟁 시에 전차를 유용하게 사용했던 것으로 유명하다. 캅카스 산지의 고대 토착 민족들 중 하나로 후르리인Hurrians에게 말 기르는 법을 습득한 히타이트인은 말이 끄는 6개의 바퀴살을 가진 전차를 이용해 이집트군과 싸웠다. 히타이트 제국과 이집트는 팔레스타인을 놓고 서로 국경을 마주하여 세력을 다퉜다. 전쟁의 주된 목적은 약소국들이 이집트 편에 서는 것을 견제하고 노예로 삼기 위해 포로를 획득하는 것이었다.

파라오는 기원전 1286년 카데시 전투에 직접 출정해 히타이트와 전투를 벌였다. 이집트는 이 전투에서 거짓 정보에 속아 주력 군단이 괴멸당할 정도의 고전을 면치 못했다고 하니 히타이트의 군사력이 막강했던 모양이다. 이후 28년간에 걸친 전투의 결과에 대해서는 양측의 기록이 달라 아직까지 논란의 대상이지만, 이집트는 히타이트 세력을 팔레스타인에서 몰아내지는 못했다.

양쪽은 서로 상대를 물리치지 못하고 기원전 1258년 평화조약을 체결한 것을 보니 무승부였던 것 같다. 람세스 2세는 히타이트 왕녀를 왕비로 맞이하게 되었는데, 이 조약은 세계사에서 최초의 평화조약이라 평가할 수 있을 것이다. 그림 3-11은 1906년 터키 보가즈쾨이Bogazköy에서 발굴된 히타이트 보존본 평화조약의 내용이 담긴 비석이며, 이집트 보존본 조약문은 카르나크 신전 벽면에 새겨져 있다. 이 조약은 상호불가침 원칙과 기존의 양국 국경선을 인정하는 원칙 등 문명인의 방식으로 평화를 이룩했다는 데에 의의가 있다. 그 내용은 다음과 같다.

이 협약에 따라, 이제부터 영원토록 평화와 우정이 함께할 것이다. 이집

그림 3-11 히타이트-이집트 평화조약문

트의 위대한 왕과 히타이트의 위대한 왕자는, 이제부터 서로를 적대시하지 않을 것을 신들께 맹세한다. (중략) 히타이트의 위대한 왕자는 영원히 이집트의 땅을 침략하지 않으리라. 이집트의 위대한 왕은 영원히 히타이트의 땅을 침략하지 않으리라. 만약 어떤 적이 이집트의 위대한 왕의 땅을 침범한다면, 그의 요청에 부응하여 히타이트의 위대한 왕자는 그 적을 공격할 것이다. 만약 어떤 적이 히타이트의 위대한 왕자의 땅을 침범한다면, 이집트의 위대한 왕은 그 적을 공격할 것이다.

기원전 1180년 이후에 히타이트 제국은 분열되어 여러 독립된 도시국가로 분할되었으며, 기원전 8세기까지 존속했다. 이 도시국가들을 신新히타이트Neo-Hittite 도시국가라고 부른다. 히타이트 제국은 다른 민족이 청동기밖에 만들지 못했던 시기에 고도로 발달한 제철 기술을 바탕으로 이집트와 대등한 국력을 가지고 있었으며 후에 메소포타미아를 정복했던 강대국이었다. 그들은 철광산을 보유하여 철기로 만든 무기를 독점할 수 있었다. 제철 기술은 구리와 주석을 녹이는 방법에서 힌트를 얻은 부산물이었을 것이다. 그럼에도 불구하고 구리를 사용한 청동기 시대와 철기 시대 간에는 상당한 시간적 차이가 있었으며, 철 생산이 구리 만드는 기술을 모르는 집단에 의해 독립적으로 개발되었다고 보기 어렵다. 미국의 고고학자 워타임과 물리(Wertime and Muhly, 1980) 역시《철기 시대의 도래》에서 철 생산은 메소포타미아 북부에서 시작되었다고 보았다.

철로 된 무기뿐 아니라 농기구도 만들어져 단단한 토양을 경작할 수 있게 되었다. 당시의 제철 기술은 초보적 수준이었겠지만, 발전된 철기의 보급을 계기로 지구상의 경작 면적은 비약적으로 증가할 수 있었다. 철로 만든 농기구로 땅을 깊이 파는 심경深耕이 가능해졌기 때문이다. 오리엔트는 기원전 1000년을 기점으로 청동기 시대와 철기 시대로 구분된다. 철기문화는 곧 키프로스를 거쳐 에게해로 전파되었다. 이 제국의 유적지는 아나톨리아고원의 중앙부에 속하는 보아즈칼레Boğazkale에서 발굴 작업이 진행되고 있으니 머지않아 그들의 실체가 밝혀질 것이다.

나일강에서 비롯된 이집트문명

동일한 시기에 메소포타미아문명에 필적할 만한 문명은 이집트문명뿐이었다. 고대 이집트문명은 멸망한 지 2,000년 이상 경과되었지만, 오늘날에도 웅장한 유적과 수많은 예술 작품들이 현대인을 매료시키고 있다. 이집트 역사는 유물과 유적이 대량 남아 있는 탓에 메소포타미아보다 훨씬 잘 알려져 있다. 이집트문명은 메소포타미아문명에 비해 약간 늦게 성립되었기 때문에 이미 존재하고 있던 수메르문명으로부터 많은 것을 배울 수 있었다. 확실한 증거는 없더라도 초기 이집트 예술의 모티브는 메소포타미아의 영향을 받은 것이 분명하다. 가령 원통형 도장이나 벽돌로 지은 대형 건축물에도 수메르의 영향이 남아 있다. 두 문명은 구체적으로 어떤 루트를 따라 교류했는지 정확히 알 수 없지만, 제2장의 그림 2-7을 보면 수메르 지방으로부터 지중해 연안의 페니키아 지방을 경유하여 나일강 삼각주에 이르는 루트였을 것으로 짐작된다.

이집트와 나일강은 예나 지금이나 뗄 수 없는 불가분의 관계인 동시에 표리일체의 관계에 있다. 나일강은 삼각주를 제외하고는 800킬로미터에 달하는 가늘고 긴 오아시스라고 생각해도 좋을 정도의 하천이다. 이 오아시스가 이집트 역사의 무대가 된 것이다. 사막을 종단해 흐르는 나일강은 매년 정해진 시기에 범람하지만 이집트 경제를 지탱해주고 사람들의 생활 리듬을 만들어주었다. 오히려 적절한 규모의 하천 범람은 배수 문제를 자동적으로 해결해주었고, 메소포타미아에서 경험한 토양의 염분화를 막아주는 역할을 했다. 이집트인들은 그와 같은 천혜의 조건

속에서 지속적인 잉여식량을 그리스와 로마 등지로 수출할 수 있었다.

고대 그리스의 지리학자 스트라본은 인간이 자연과 협력해 자연 속에 남아 있는 부족함을 보완한다고 설명하면서 이집트의 풍요가 단지 나일강이 가져다준 공짜 선물이 아니라 이집트인들의 노동과 나일강이 하나가 되어 이룩한 결과라고 확신했다. 그리스인이었던 스트라본의 눈에는 인간의 손길이 전혀 닿지 않은 자연 그대로의 상태에 경탄했고, 인간이 가꾸어 놓은 땅의 풍요로움과 질서에 대해서도 아낌없는 찬사를 보낸 것이다. 또한 역사가인 헤로도토스(Herodotus, B.C. 440)가 '나일강이 관개灌漑하는 곳이 이집트이며, 아스완으로부터 북쪽의 하류에 살면서 그 강물을 마시는 사람이 이집트인이다'라고 기록한 것을 보면, 나일강은 창조주가 이집트에게 내린 선물이었다.

나일강의 길이는 세계 두 번째이며, 유역 면적은 전 국토의 4%에 불과하고 연강수량이 비록 아스완 부근에서 0밀리리터로 비가 전혀 내리지 않지만, 나일강 유역은 관개시설 덕분에 연간 2,000밀리리터에 상당하

그림 3-12 이집트문명의 원천 나일강

는 물을 공급받고 있으므로 웬만한 다우지역에 필적할 만하다. 나일Nile은 셈어와 햄어 모두 하천을 뜻하는 *Nahal*에서 유래된 영어식 지명이므로 사실 '나일강'이라고 부르는 것은 인더스강처럼 모순이다.

나일강의 본류는 적도 다우지대와 빅토리아호를 발원지로 하는 백나일강인데, 하르툼 부근에서 아비시니아고원을 발원지로 하는 청나일강과 합류하며, 여름철에 청나일강과 앗바라강에서 정기적으로 발생하는 홍수는 높은 생산력의 기반을 이루게 했다. 백나일강은 침식을 받지 않는 자연 상태에서 물을 흘려보내기 때문에 청나일강에 비해 비옥하지 않다. 에티오피아의 아비시니아고원은 연중 풍화작용이 발생하는 화산지대이므로 미사微沙, silt 토양의 공급원이 된다. 토양은 구성 입자의 크기에 따라 자갈 〉 모래 〉 실트 〉 점토로 구분되는데, 실트는 농업에 적당한 토양이다.

기원전 4000년경 나일강 상류의 하곡지대에 위치한 상上이집트와 하류 북부 델타지대의 하下이집트에 각각 왕국이 탄생했다. 수메르문명에서 본 것처럼 도시로부터 시작해 서서히 국가로 성장한 것이 아니라 문명이 성립함과 동시에 광대한 지역을 지배하는 왕국이 출현한 것이다. 농작물을 사고파는 시장이 들어선 곳에 최초의 마을이 생겨났으며, 나아가 인접한 농촌과 씨족이 모여 지역공동체로 성장했다. 이집트에서는 메소포타미아보다 700년 일찍 통일국가가 탄생했다. 두 왕국이 수세기에 걸친 항쟁 끝에 세력을 확장할 무렵 문자가 만들어졌다. 이집트는 일찍이 문자가 발명된 덕분에 수메르와 달리 초창기의 역사적 사료가 남겨지게 되었다. 그들은 문자를 행정과 경제활동을 위해서만 아니라 중요한 기록을 건조물에 새겨 후세에 전하려는 목적으로도 사용했다.

기록에 따르면, 기원전 3200년경에 나일강 하류의 상上이집트가 중하류의 하下이집트를 정복하고 아부심벨Abū Simbel에서 나일강 하곡河谷

에 이르는 총 800킬로미터에 달하는 대통일국가가 탄생했다. 일반적으로 이 시기를 고대 이집트문명의 성립기로 보고 있다. 그 후 이집트 왕국은 나일강 상류까지 세력을 떨쳐 영토를 확장했다. 고대 이집트 역사는 기원전 1000년경부터 급속히 쇠퇴하여 로마가 지중해에 패권을 거머쥘 때까지 약 3,000년간 지속되었다. 역사가 장구한 만큼 그 특색을 한마디로 표현할 수 없지만, 고대 이집트문명의 최대 특징은 변화와 혁신을 창출했다기보다는 안정된 사회와 면면히 이어져 내려온 전통에 있었다는 사실만큼은 확실하다.

이집트 역시 메소포타미아와 마찬가지로 기원전 1000년에 이르러 수많은 혼란에 빠져들게 된다. 국경 밖으로부터 조여 오는 동란에 의해 이집트는 위기 상태에 빠져 예로부터 이어 내려오던 전통도 그로부터 수세기 후에는 소멸하고 만다. 물론 그 후에도 이집트인들은 존재했지만, 고대 이집트문명의 경우에는 기원전 1000년경을 기점으로 구분해서 생각하는 편이 옳을 듯하다.

고대 이집트의 위업은 신정국가神政國家를 기반으로 달성되었다. 이런 국가형태 자체가 이집트문명을 나타내는 것이라 해도 과언이 아니다. 최초로 나일강 하류에 건설된 수도 멤피스는 고古왕국 시대에도 수도로서 번창했다. 멤피스는 카이로 남쪽 나일강 좌안에 위치해 있었다. 신新왕국 시대에는 멤피스로부터 나일강 중류에 위치한 테베로 천도되었다. 두 도시 모두 왕국의 소재지인 동시에 신앙의 중심지였으나 더 이상 도시화되지 않았다.

이집트에 도시가 발생하지 않은 것은 정치적으로 중요한 의미를 갖는데, 그것은 이집트 왕이 수메르 왕처럼 도시국가의 대표 중에서 지도자가 되는 것이 아니었기 때문이었다. 이집트 왕은 수메르처럼 백성들과 함께 신들에게 복종하는 존재가 아니라 그 자신이 신, 즉 파라오Pharaoh

였던 것이다. '파라오'란 말이 왕을 가리키게 된 것은 신왕국 시대의 일이었으며, 그 이전에는 궁정을 의미하는 말로 사용되었었다. 왕의 권위는 그 기원을 선사 시대까지 거슬러 올라가야 한다. 선사 시대의 왕들은 원래 풍작과 번영을 가져다주는 신성한 존재로 생각되었었다. 고대 이집트에서는 사실상 풍작과 번영을 가져다주는 것은 물론 나일강이었지만, 그 수위를 조절하는 것은 파라오라 생각했다. 고왕국 시대에 들어오면서 왕은 이집트의 절대적 지배자라는 생각이 움트게 되어 왕을 신들의 자손이라 여기게 되었다. 신왕국 시대에 돌입하여 다른 왕국의 왕들처럼 파라오는 위대한 전사로 그림이나 조각에 등장하면서 세속화하기 시작했다. 중中왕국 시대까지의 이집트는 영원한 행복이 약속된 미래가 파라오에 달렸다고 생각했다. 철저하게 왕이 신의 화신이란 생각을 가진 나라는 이집트밖에 없었다.

이집트의 땅은 퍼타일 크레슨트의 범위에 속하지만, 가장 지절률이 낮은 땅이었음에도 불구하고 어떻게 찬란한 문명을 창출할 수 있었을까? 우선 생각할 수 있는 것은 하천문화와 사막문화, 해안문화와 육지문화의 접합 지역을 떠올릴 수 있을 것이나, 이것만으로는 이집트문명의 발생 메커니즘을 설명하기에 불충분하다.

고대 이집트의 지절을 설명할 수 있는 키워드로는 에티오피아고원, 나일강, 누비아사막, 나일 삼각주를 떠올릴 수 있다. 고대 이집트 백성의 대부분은 농민들이었는데, 그들은 대규모 건축공사와 관개시설의 토목공사에 동원되어 가혹하게 노동을 착취당했다. 그 덕분에 나일강을 따라 농경지가 확대될 수 있었으므로, 이집트문명은 나일강에 대규모 노동력을 동원한 문명이라 할 수 있다.

누구나 이집트에 가면 먼저 피라미드와 스핑크스부터 보게 된다. 나 역시 카이로에 도착해 이집트 국립 고고학 박물관을 들른 후 곧장 피라

그림 3-13 이집트 기제의 고왕국 시대 제4왕조 피라미드

미드를 보기 위해 카이로 근교의 기제Gizeh로 향했다. 아프리카 최대 도시 카이로Cairo는 아랍어로 승리를 뜻하는 '알카히라*Al-Qāhira*'의 영어식 지명이다. 박물관은 나일강 가까운 곳에 있었다.

나는 나일강을 보면서 메소포타미아의 유프라테스강과 티그리스강을 볼 때처럼 깊은 감회에 젖었다. 나는 강단에서 학생들에게 고대 도시문명을 설명하면서 수없이 '하천→취락→도시→문명'의 알고리즘과 같은 법칙을 강조했었다. 카이로 시내에서 기제시로 향하면서 도로 주변의 경관을 관찰했다. 고층 아파트 건설 현장을 지나면서 건설 중인 건물 아래층에 이미 사람들이 입주해 살고 있는 것을 보고 놀라지 않을 수 없었다. 나는 그 광경을 보면서 이집트 국민들은 과거의 찬란했던 조상들의 이집트문명을 어떻게 회상하고 있을지 궁금했다.

기제 시가지에 들어서니 멀리 피라미드가 시야에 들어왔다. 메소포타미아에서 보았던 지구라트와는 규모가 달랐다. 나는 이때까지만 하더라도 아직 메소아메리카의 테오티우아칸과 마야 피라미드를 보기 전이었다. 피라미드를 위시한 거대 건축물은 고대 이집트가 후세에 남긴 위대한 유산이다. 후세 사람들이 이집트인을 '위대한 과학자'라 평가한 것은

당연하다. 이 정도의 거대한 규모의 건설을 하려면 상당한 수준의 과학과 수학적 지식이 필요했을 것이라고 생각하기 쉽지만, 사실은 그렇지 못했다.

고대 이집트의 측량기술이 상당한 수준에 있었던 것은 사실이지만, 바빌론의 수학적 지식에 비하면 낮은 편이었다. 피라미드는 초기 왕조 시대의 제3왕조부터 축조되기 시작했지만, 내가 본 피라미드는 고왕국 시대 제4왕조의 파라오가 건설한 것이었다.

고대 이집트인들은 천문을 정확히 관찰한 덕분에 나일강의 수위를 예측할 수 있었고 정확한 방위에 기초해 건축물을 건설한 것은 사실이다. 천문학에서 평가받을 만한 것은 태양력의 발명에서 찾을 수 있다. 그들은 1년을 12개월 365일로 계산한 태양력을 사용했다. 이것은 시리우스와 나일강 수위 간의 관계에 착안한 이집트인들에 의해 고안되었다. 당시의 1주일은 10일, 3주간이 1개월, 12개월 마지막에 5일을 추가해 1년으로 정했다. 이집트 농민들은 나일강이 지닌 자연의 사이클을 정확히 관찰해 1년을 홍수의 계절, 농작물을 재배하는 계절, 그리고 수확하는 계절 등 3계절로 구분했다. 영원히 반복되는 나일강의 거대한 사이클은 이집트문명에 지대한 영향을 미쳤다.

고대 이집트의 종교는 이집트인들의 세계관을 파악해야 이해할 수 있는 측면이 있다. 이집트문명이 붕괴될 때까지 일관되게 보여준 그들의 세계관은 영원한 행복이 약속된 내세에 도달하는 방법을 종교 속에서 찾는 것이었다. 여기에도 역시 나일강의 존재가 깊이 관련되어 있다. 나일강은 매년 정해진 시기에 넘쳐흘러 홍수를 일으켰다가 다시 원래 상태로 돌아가는 사이클을 반복했다. 이러한 사이클은 안정된 자연환경 속에서 살아가는 고대 이집트인들에게는 우주의 리듬이며 생활의 질서였다. 그러나 그들에게 두려운 것은 그 사이클이 무너지는 '죽음'이란 존재였다.

이집트문명과 종교는 처음부터 죽음의 문제에 직면했다고 해도 과언이 아닐 것이다. 이러한 생각은 중왕국 시대에 들어서면서 왕만이 아니라 모든 이집트인들도 내세에 도달할 수 있다고 믿게 되었다. 이집트의 종교가 장기간에 걸쳐 지속될 수 있었던 배경에는 행복한 내세에 이르고 싶다는 이집트인들의 간절한 염원이 있었기 때문이다. 고대 이집트의 종교는 제18왕조 때에 정치적 의도로 태양신이 유일신이 되었던 적도 있었지만, 지역마다 다양한 신들이 숭배되었다.

이집트인들은 기원전 3000년에 이르러 수메르문명으로부터 표음문자로 기록하는 발상을 터득하기는 했어도 그들이 사용한 설형문자를 도입하지는 않고 사실적인 그림문자를 고안하기에 이르렀다. 이것이 신성문자神聖文字라고도 불리는 상형문자인데, 설형문자에 비해 형태가 더 예술적이긴 하지만 나폴레옹의 이집트 원정 때까지 해독이 불가능했다. 1822년 나폴레옹을 수행했던 프랑스의 역사학자 장프랑수아(Jean-François, 2000)가 이집트의 상형문자를 해독하는 데 성공한 덕분에 고대 이집트 역사가 밝혀진 것이다.

고대 이집트에서는 상형문자를 읽을 수 있는 계층이 신관계급에 국한되어 있었다. 당시 문자를 기록하는 서기書記를 양성하는 데에는 최소 12년이란 세월이 소요될 정도로 그들은 전문직이었다. 제1왕조 시대에 파피루스가 발명됨에 따라 상당량의 문서가 서기들에 의해 작성되기에 이르렀다.

나일강 유역에 대량적으로 자생하는 풀인 파피루스의 잎을 모아 껍질을 벗겨내 가늘게 잘라 엮어 몇 번이고 두들겨 편평하게 만든 것이 파피루스 종이다. 파피루스의 발명은 다른 나라에도 보급되어, 7세기 당나라의 종이가 고선지高仙芝 장군에 의해 서역으로 보급되기 전까지 인류의 진보에 크게 공헌했다. 앞에서 페니키아문명을 설명할 때 언급한 레반트의 비블로스를 떠올리면 좋을 것 같다. 파피루스 종이야말로 고대 이집트문명의 최대 발명품이라 할 수 있다.

파피루스 종이는 양가죽으로 만든 양피지에 비해 값이 싸고, 점토판이나 석판에 비해 훨씬 얇고 가볍다는 장점이 있다. 그러므로 중국으로부터 종이 제조법이 전해지기까지 오리엔트에서 대부분의 통신과 기록은 파피루스 종이를 통해 가능했다. 파피루스 종이가 발명됨에 따라 곧이어 그것을 연결해 길게 만든 두루마리가 만들어졌다. 다시 말해서 고대 이집트인들은 알파벳의 원조에 해당하는 상형문자와 파피루스 종이를 발명한 것뿐만 아니라 책을 발명한 것이다.

이집트에서 화장품이 등장한 것은 기원전 3500년경이었다. 여성들이 사용하던 화장품은 당시의 중요한 산업 중 하나였으며, 미용실과 화장품 공장이 번성했고 화장술도 널리 퍼져 있었다. 당시의 얼굴 화장의 포인트는 오늘날처럼 눈 화장에 초점이 맞춰져 있었는데, 아이섀도는 녹색, 립스틱은 검파랑, 볼연지는 빨간색이 유행했다. 고대 이집트의 여성이 가장 짙게 화장한 것은 제33왕조 클레오파트라 시대였다. 검정 먹을 사용해 눈 화장을 한 이유는 강렬한 햇빛으로부터 눈을 보호하기 위함과 눈을 매력적으로 보이기 위함이었고, 이집트에 흔히 유행되던 눈병을 예방하는 주술적 의미가 있었다. 식물에서 추출한 헤나를 사용해 손과 발을 치장하기도 했다.

이와 같은 화장술은 그 후에 로마와 서아시아에도 영향을 미쳤고, 손톱 화장도 유행했다. 특히 손톱 색깔은 사회적인 지위를 상징하는 것이었다. 클레오파트라는 짙은 빨간색을 칠한 반면, 하층계급의 여성들은 엷은 색을 사용했다. 이집트 남성뿐만 아니라 바빌론 군대의 지휘관들은 전투를 앞두고 빨간색 매니큐어를 칠했다. 당시의 매니큐어는 문명의 상징인 동시에 지배계급임을 드러내는 것이었다.

미국의 이집트 고고학자였던 브레스티드(Breasted, 1909)의 《이집트 역사》에 의하면, 이집트 남자들은 신왕국 이전 시대에는 재산을 소유하지 않았다. 재산은 부인에게 귀속되었고, 남자는 결혼에 의해서만 재산을 얻을 수 있었다. 부모가 죽으면 재산은 딸에게 상속되었다. 이러한 관행에 따라 이집트의 왕위는 여성에게 계승되었다. 이러한 모계체제는 제12왕조까지 지속되었으나, 제15왕조인 힉소스 왕조에 의해 역전되었다. 그것은 이집트를 정복한 힉소스가 원래 초원지대에서 양치기하던 유목민 출신으로 부계사회의 관습을 가지고 있었기 때문이었다.

이집트의 왕위는 기본적으로 여성을 통해 계승되는 경우가 많았다. 왕위는 왕자가 아닌 제1왕녀에게 계승권이 있으며, 그녀의 결혼 상대가 왕이 되었다. 왕자가 왕이 되기 위해서는 근친상간이 필요했다. 그러니 여성의 지위가 높을 수밖에 없었으며 성 문화가 매우 개방적이었다. 여성들의 피임약과 피임기구를 비롯한 임신 테스트기가 고대 이집트에서 발명된 것은 어찌 보면 당연한 일이었다. 서양에서 역사학의 아버지로 일컬어지는 그리스의 헤로도토스는 이집트의 나일강 중류까지 여행하면서 기록한 내용 중에 이집트에는 '처녀virgin'란 단어가 없다고 할 정도로 성 문화가 개방적이었음에 놀란 적이 있다고 한다. 그것이 사실인지 확인해보지는 않았지만, 그리스 역시 고급 매춘부인 헤타이라hetaira가 누렸던 성 문화가 있었는데도 헤로도토스가 감탄할 정도였으니 전반적으로는 이집트가 한 수 위였던 모양이다.

이집트문명은 거대한 석조건축물과 예술작품을 비롯해 파피루스 종이로 만든 책 덕분에 오늘날까지 높은 평가를 받고 있다. 그러나 파피루스와 바퀴의 발명은 제1왕조 시대에 등장한 것일 뿐, 일찍이 메소포타미아의 관개시설을 도입한 것은 그 지방과 접촉한 지 무려 2,000년이 지난 후의 일이었다. 고대 이집트문명이 탄생한 후에는 변화를 두려워하는 것처럼 보일 정도로 새로운 기술 도입에 소극적이었다.

나일강이 가져다준 안정된 자연환경의 사이클은 당시의 사람들에게 커다란 안정감을 안겨주었을 것이다. 주어진 환경에 안주한 이집트인들은 새로운 기술을 배우는 것보다 전통적 삶을 지속하는 쪽이 더 중요하다고 생각했을지도 모르겠다. 우리는 고대 이집트문명에서 보는 것처럼 현재의 상황에 안주하여 새로운 문물을 받아들이지 않거나 게을리한다면 아무리 찬란한 문명이라도 쇠퇴할 수밖에 없다는 교훈을 얻을 수 있다. '고인 물은 썩는다'라는 속담이 어울릴까?

신왕국 시대 말기에 접어들면서 외국과의 교류가 많아지기 시작했다. 기원전 1700년 메소포타미아의 유프라테스강 중류 연안에 후르리인들이 세운 미탄니Mitanni 제국은 말과 전차를 가진 군대를 앞세워 새로운 강국이 되었으나, 히타이트의 세력이 강대해지자 이집트에 접근해 파라오들과의 정략결혼으로 우호 관계를 맺어 대항했다. 이집트의 입장에서는 지중해 동부 연안 지방 팔레스타인을 제압하려 했지만 정복이 불가능하자 미탄니 왕녀와 결혼해 우호 관계를 맺은 것으로 설명될 수 있다. 이를 계기로 이집트는 고립정책에 종지부를 찍게 되었다.

제18왕조의 파라오였던 투탕카멘Tutankhamen이 역대 파라오 가운데 가장 유명한 이유는 그의 짧았던 치세에 비해 화려한 부장품을 많이 남겼기 때문이다. 그것들 가운데 무엇보다도 놀라운 것은 투탕카멘 왕의 미라와 함께 그림 3-14에서 보는 것과 같은 칼날이 철로 만들어진 단검과 황금 칼집이 발굴된 것이었다. 고대 이집트에 제철 기술이 도입된 것은 그보다 훨씬 뒤인 제25왕조가 누비아를 정복하던 전후 시기였는데 어찌된 영문일까? 그것은 외계 물질로밖에 설명될 수 없는 것이었다. 투탕카멘의 단검을 연구하던 이탈리아와 이집트 과학자들(Comelli *et al.*, 2016)은 단검의 성분이 이집트 홍해 인근에서 발견된 우주에서 떨어진

그림 3-14 투탕카멘의 황금 가면과 단검

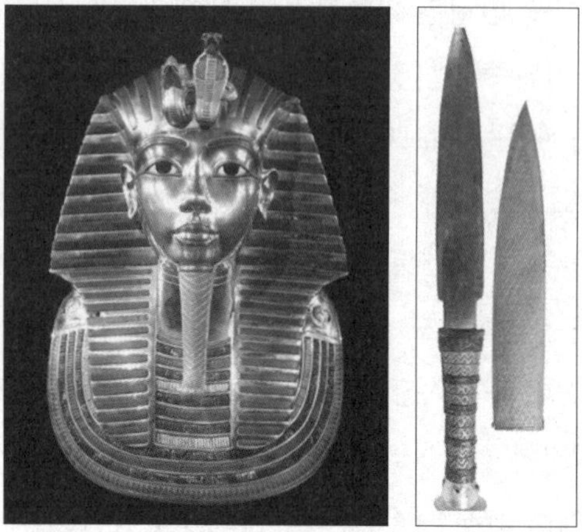

운석들과 유사한 성분이라는 믿기 힘든 사실을 밝혀냈다. 그들은 놀랍게도 운석 속에 철 성분이 포함되어 있다는 사실을 당시에 알고 있었던 것이다.

그가 죽은 후에도 신왕국 시대는 200년간 더 지속되었으나, 이 시기를 제외하면 이집트 왕국은 쇠퇴의 길로 접어들었다고 볼 수 있다. 팔레스타인을 두고 이집트와 히타이트는 장기간에 걸친 전쟁으로 국력을 소모해야만 했다. 전술한 것처럼 양국 간에 왕족들의 정략결혼으로 우호 관계를 맺을 수 있었지만, 에게해 지방에서 발생한 전란으로 가혹한 대가를 치러야 했다. 이 시기에 하下이집트의 나일 삼각주에 거주하던 셈어계의 유태인 조상에 속하는 이스라엘인들이 모세를 따라 시나이반도로 이동해버렸다. 이것이 바로《구약성서》의 출애굽기에 해당하는 사건으로, 그들은 유일신 유대교를 믿던 민족들이었다.

기원전 1150년경부터는 이집트 국내에서도 여러 문제가 분출하기 시작했다. 람세스 3세의 통치로 어느 정도 국력이 회복되긴 했으나, 그가 궁궐에서 암살되는 사건이 발생했다. 그 뒤를 이은 후계자들의 치세 때에는 이집트의 쇠퇴가 가속되었다. 백성들은 굶주리고 노동자들의 저항이 일어났다. 테베에 있던 왕릉은 하나둘씩 도굴되어 파라오의 권위는 실추되고 그 대신 신관과 관료들이 권력을 장악하게 되었다. 제20왕조의 마지막 파라오였던 람세스 6세는 사실상 명목상의 왕에 지나지 않았다. 고대 이집트문명은 이 시점에서 사실상 막을 내렸다고 해도 무방할 것이다. 이집트문명뿐 아니라 이집트가 지배했던 영토 역시 상실하게 되었다.

이집트문명의 쇠퇴 원인은 고대 세계 전체를 뒤흔든 커다란 역사의 흐름 속에서 생각해야 한다. 그러나 신왕국 시대 말기의 혼란을 보면, 나는 이집트문명이 처음부터 지니고 있던 약점이 표출된 것에 지나지 않는다는 생각이 든다. 그들은 피라미드와 같은 대형 건축물과 상형문자를 발명하고 파피루스 종이에 대량으로 문서를 기록하는 찬란한 문명을 일궈냈지만, 그리스인이나 유태인에 필적할 수 있는 철학과 종교적 사상을 갖지 못했던 것이다.

고대 이집트문명만큼 장기간에 걸쳐 존속된 문명은 세계사를 통해 어디에서도 찾아볼 수 없을 만큼 경이적이라 할 수 있다. 이집트는 수차례에 걸친 위기의 순간이 있었지만 그것을 극복해 오랫동안 존속할 수 있었다. 그럼에도 불구하고 왜 그들의 문명이 빠른 단계에서 더 진보하지 못하고 멈췄을까? 이집트는 결국 군사적 측면에서나 경제적 측면에서도 후세에 거의 영향을 미치지 못했다. 이집트의 문명이 국경을 넘어 외부 세계에 뿌리를 내린 적은 없었다.

이집트문명이 장기간에 걸쳐 존속할 수 있었던 요인은 지리적 환경 덕분이었다. 이집트의 젖줄인 나일강 양안의 바깥쪽에는 광활한 사막이 펼쳐져 있어서 외부 세계와 철저히 차단되어 있었다. 그런 까닭에 어떤 고대문명도 이집트문명에 필적할 만한 적대국이 없었던 것이다. 다만 레반트 일대에 세력을 뻗치지 못했을 뿐이다. 그런 까닭에 앞에서 지적한 것처럼 문명을 더 발전시키고 지속할 수 있는 콘텐츠가 채워지지 못했던 것이다.

고대 이집트문명을 놓고 생각할 경우에 잊지 말아야 할 것은 나일강의 존재다. 그 존재가 너무 컸기 때문에 이집트인들은 나일강에 의존하고 있다는 사실을 깨닫지 못했다. 앞에서도 지적했지만, 이집트 영토는 나일강을 제외하고는 지절률을 높이는 지리적 요소가 없었다. 이에 비해 지절률이 높은 퍼타일 크레슨트의 왕국들은 끊임없는 전란을 겪으면서도 상호 교류로 문명 발달의 기회를 포착할 수 있었다.

그러나 이집트인들은 기원전 3200년경부터 시작된 누비아문명과의 교류가 있긴 했으나 문명권으로부터의 접근성이 낮고 저위도 지방에 위치한 까닭에 그 영향이 미미했다. 그리고 오로지 나일강이 베풀어주는 은혜에 감사하고 전통적 삶을 지속하면서 사후死後의 세계를 준비하는 데에만 몰두했을 뿐이었다.

나일강의 제1폭포~제6폭포 사이에 위치한 누비아Nubia는 고대 이집트어로 '황금의 날'이란 뜻이며, 누비아 방언으로는 '노예'란 의미를 갖는 지명이다. 그들은 햄족과 흑인의 혼혈이었던 것으로 추정되며, 오늘날 수단 북부에 위치했던 쿠시 왕국은 이집트처럼 왕을 피라미드에 매장하는 풍습이 전해진 흑인 왕국이었다.

미국의 도시연구가 세넷(Sennett, 1996)이 《살과 돌: 서구문명에서 육체와 도시》에서 고대 이집트문명에는 살(인간)과 돌(인프라)뿐만 아니라 그들의 영혼도 포함하고 있었음을 지적한 바 있다. 그들은 한때 북쪽의 레반트까지 세력을 뻗친 적도 있었지만 나일강 유역을 벗어난 외부 세계를 외면했던 것이다. 우리는 고대 이집트 역사를 보면서 문명은 교류해야 발달한다는 사실을 재차 확인할 수 있다.

나는 나일강 상류를 거슬러 올라가 테베 유적지의 룩소르를 지나 아부심벨 궁전을 가보고 싶었다. 그러나 테러 위험이 있어 발길을 돌릴 수밖에 없었다. 지난 1997년 이집트 룩소르의 한 사원에서 테러 단체의 무차별 공격으로 58명의 관광객이 사망하는 사건이 발생했고, 내가 이집트를 다녀온 후 2004년에는 시나이반도에 인접한 타바 힐튼 호텔에서 연쇄 폭탄 테러가 발생했다. 2014년 이집트 시나이반도 부근에서는 한국인들이 탑승한 관광버스가 테러를 당한 가운데, 이슬람 극단주의자들이 또다시 외국인들을 테러 대상으로 삼았다. 관광산업은 이집트의 국가경제를 이끄는 강력한 엔진으로서 무려 이집트 경제의 11%, 외화 수입의 20%를 차지하는 비중이다. 하지만 이러한 일련의 테러 위험 때문에 사람들의 발길이 끊기고 있다. 이집트 정세가 안정되면 다시 가보아야 하겠다.

메소포타미아문명과 인더스문명 간의 관계는?

일반적으로 메소포타미아문명과 이집트문명 간에는 퍼타일 크레슨트로 연결되어 서로 교류했다는 사실이 많은 연구에 의해서 밝혀진 바 있다. 그러면 메소포타미아문명과 인더스문명 간의 관계는 어떨까? 두 문명 사이의 거리가 너무 멀고 교통이 불편해서 관련성이 없을 것으로 단정 짓기 십상이다. 그러나 두 문명 간의 관련성이 하버드대학의 램버그-칼로브스키(Lamberg-Karlovsky, 1973) 부부에 의해 밝혀지는 획기적인 연구 성과가 나왔다.

그들은 발굴 현장에서 5년에 걸친 조사를 했다. 그 결과가 최근 뮤틴(Mutin, 2014)과의 공동 작업으로《원시 엘람 취락과 그 이웃: 테페 야햐, 원시 엘람층》이라는 단행본으로 출간되었다. 원시 엘람은 엘람 시대가 본격적으로 시작된 기원전 2700년 이전보다 더 거슬러 올라간 기원전 3200년의 시기를 가리킨다.

그림 3-15 메소포타미아와 인더스의 중앙에 위치한 테페 야야

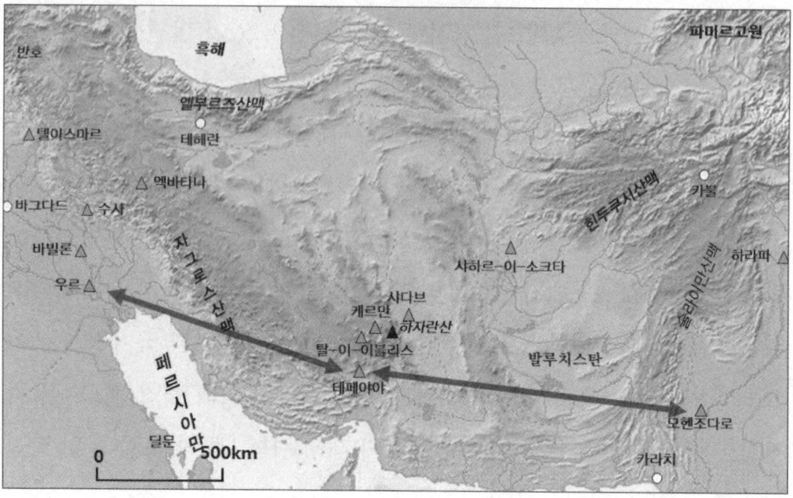

오늘날 유프라테스강과 인더스강 중간에 위치한 유적지는 이란 남부 케르만으로부터 240킬로미터 정도 떨어진 테페 야야Tepe Yahyā란 곳이다. 해발고도 약 1,400미터인 이곳에서 높이 18미터, 직경 180미터에 달하는 거대한 언덕으로 이뤄진 중요한 유적이 발견된 것이다. 이 언덕은 기원전 4500년 신석기 시대부터 기원후 초기 페르시아를 지배한 사산Sassan 왕조에 이르는 장기간에 걸친 주거지였다. 하버드대학 피버디 박물관의 발굴단은 이란 고고학국과 공동으로 테페 야야를 조사했다. 1930년대 케르만 남쪽의 탈-이-이블리스Tal-I-Iblis와 테페 야야 동쪽의 밤푸르Bampur의 두 유적은 발굴된 적이 있었지만, 그때까지 테페 야야의 존재는 아무도 몰랐다.

이 유적은 1967~1975년의 10년간에 걸쳐 발굴되었는데, 이곳에 살았던 사람들은 농촌생활에서 도시생활로 옮아가는 문화적 발전 과정을 거쳤다. 그러므로 테페 야야는 고고학적 연구에서 커다란 의미를 갖는

유적지라 할 수 있다. 발굴단의 본격적 조사는 1968년 여름부터 시작되었다. 이 유적지에서 지금까지 전혀 생각하지 못했던 세 가지 사실들이 밝혀져 그 중요성이 더욱 높아졌다.

첫 번째 놀라운 사실은 언덕의 한 지층에서 점토문서가 발견된 것이다. 방사성 탄소로 연대를 측정한 결과 기원전 3560년(±110년)까지 소급되는 문서였음이 밝혀졌다. 원시 엘람어로 새겨진 점토문서는 메소포타미아의 것이었다. 메소포타미아로부터 멀리 떨어진 장소에서 이런 문서가 발견된 것은 놀라운 일이었다.

두 번째 놀라운 사실은 당시로서는 흑요석 못지않게 진귀한 교역품이던 동석soap-stone을 엘람 왕국이 인접한 수메르 왕국과 거래했다는 것이다. 동석凍石은 암녹색 또는 회색을 띠는 변성암의 일종인데, 유명한 리우데자네이루의 예수상이 바로 이 돌로 만들어졌다. 이는 동석 교역에서 테페 야햐가 중심지였다는 사실을 가리키는 것이다. 엘람은 천연자원이 풍부한 언덕 위의 왕국이었다. 그들은 수메르인들에게 은 · 동 · 주석 · 아연 등의 광물을 비롯해 값비싼 보석과 말을 공급했으며 목재 · 흑요석 등을 공급했다. 수메르에서 발견된 금석문에는 '마간Magan 땅에는 너희들에게 매혹적인 광물이 있느니라!'라는 문구가 기록되어 있는데, 마간 땅은 오만만灣 건너편을 가리킨다. 우리는 이러한 사실로부터 수메르문명 내지는 메소포타미아문명이 어떻게 발전할 수 있었으며, 고원문명과 평야문명 또는 고지대문명과 저지대문명의 결합에 의한 지절의 관점에서 문명 발달의 메커니즘을 확인할 수 있다. 두 문명 간의 동석 교역은 기원전 3000년의 통상 무역에 관한 새로운 사실을 제공해주었다.

세 번째 놀라운 사실은 엘람 왕국의 도시 중 수사는 수메르의 우르와 같은 도시와 거리가 비교적 가깝지만 테페 야햐는 메소포타미아와 매우 먼 곳에 위치해 있음에도 불구하고 교역의 상대가 되었다는 것이다. 이는 테페 야야가 도시문명이 집중적으로 탄생한 메소포타미아 남부와 인더스강 유역 간의 중간적 위치에 해당함으로 두 문명 간의 교량적 역할을 했을 것이라는 암시를 우리에게 던져주는 것이다. 영국의 로버츠와 반더-린든(Roberts and Vander-Linden, 2011)에 의한 이 유적의 시대 구분은 다음과 같다.

구분	시대	시기
제Ⅰ기	사산 왕조 이전	기원전 200~기원후 400년
제Ⅱ기	아케메네스 왕조(?)	기원전 500~275년
제Ⅲ기	철기 시대	기원전 1000~500년
제Ⅳ-A기	엘람(?)	기원전 2500~2200년
제Ⅳ-B기	원시 엘람	기원전 3000~2500년
제Ⅳ-C기	원시 엘람	기원전 3400~3000년
제Ⅴ기	야야문화	기원전 3800~3400년
제Ⅵ기	초기 신석기	기원전 4500~3800년
제Ⅶ기	?	기원전 5500~4500년

이들 각 시기 중 테페 야야는 제Ⅵ기에 해당하는 기원전 4500~3800년이거나 아니면 더 소급하여 기원전 5000~4700년에 해당하는 유적지다. 제Ⅵ기의 유적층에서는 대부분 손으로 만든 조잡한 도기가 출토되었으나, 제Ⅵ기 마지막 층에 가까울수록 더 세련된 도기가 출토되었다. 그들은 다양한 곡물을 재배하는 농경생활과 동물의 가축화에도 성공하여 소 · 양 · 가젤 · 산양 등을 사육했다. 그렇지만 '야야문화'라 일컬을 만큼의 특징적 문화는 제Ⅴ기에 들어와서야 뿌리를 내릴 수 있었다.

테페 야야에서 발굴된 도기 중 가장 일반적인 것은 비커 형태의 도자기인데, 그 밑바닥에 제작자의 도장이 찍혀 있었다. 이는 외부 세계의 접촉과 교역이 있었음을 의미하는 증거다. 타 지역과의 교역을 했다는 증거는 여러 군데에서 나왔다. 특히 제V기 지층에서는 흑요석으로 만든 도구, 상아 등으로 만든 구슬, 대리석으로 만든 교역품이 출토되었는데, 이것들은 테페 야야에 없는 것들이다. 또한 못 · 송곳 · 끌 등은 비소가 함유된 청동이었는데, 이것들은 모두 외지에서 수입한 것들이다. 특히 비소가 3.7% 함유된 끌의 경우, 당시 제련공이 의도적으로 비소가 함유된 광물을 선택했음을 시사하는 것이다. 이것의 발견은 테페 야야가 교역의 중심지였음을 의미하는 강력한 증거였다.

제V기에서 제IV기로 이행되면서 문화적 측면에서 많은 변화가 발생했다. 그것은 원시 엘람어를 사용하는 새로운 종족들이 이곳으로 이주해 들어왔기 때문이다. 유적의 대부분이 주거지였던 것이 차츰 행정 기능을 담당하는 공간으로 바뀌고 상업 기능을 한 것으로 짐작되는 3×6미터에 달하는 공간도 발견되었다. 이 방에서는 메소포타미아와 유사한 도기가 발견되었는데, 그것은 용량을 측정하기 위한 것이었다. 더 중요한 것은 원통형 도장과 점토판이 발견된 것인데, 이는 엘람 왕국의 수도 수사에서 발견된 도장과 동일한 것이다. 수사는 엘람 제국에 속한 도시였지만 메소포타미아에 속한다. 방바닥에서 발견된 84장의 점토판 중 6장에는 원시 엘람어로 된 문자가 새겨져 있었다. 이 문자를 해독해보니 상품을 거래한 기록이거나 영수증임이 밝혀졌다. 아무것도 적혀 있지 않은 점토판이 같은 방에서 발견되었음은 문자를 새기는 작업이 여기서 계속되었음을 의미하는 것이리라. 점토판에 새겨진 것은 이 지역으로 수입된 상품이거나 타지로 수출할 물건에 관한 것이었다.

이들 원시 엘람어는 왼쪽에서 오른쪽 방향으로 쓰는 형식이 메소포타미아의 설형문자와 동일하다. 이전에는 원시 엘람어로 새겨진 점토판이 수사와 그 동북쪽의 시알크Sialk에서 출토된 적이 있었을 뿐이었다. 도자기에 새겨진 원시 엘람어는 케르만 인근의 샤다브Shadab에서도 이란 정부에 의해 출토된 적이 있긴 하다.

테페 야야에서도 일찍부터 문자가 사용되었다는 사실은 기원전 3000년대 후기에 도시가 형성될 때 경제적 기능의 중요성을 고찰하는 데에 중요한 근거가 되었다. 이곳이 동석 가공품의 주요 생산지였다는 사실을 기억해두기 바란다.

제Ⅳ-B기에 들어와서는 녹인 금속을 두드려 만든 단검이 발견되었다. 청동으로 만들어진 단검은 비소가 아닌 주석 3%가 합금된 것이었는데, 이 일대에는 주석 산지가 없으므로 타지에서 수입한 것으로 추정할 수 있다. 그리고 어느 건물의 방에서 발견된 저장 용기 속에 곡물 씨앗이 발견되었고, 바닥과 벽은 그을린 자국이 있는 것으로 보아 화재가 발생했던 곳으로 여겨진다. 방바닥에서 원통형 도장이 발견되기도 했다.

이제부터 본론으로 들어가 메소포타미아문명과 인더스문명 간의 관계에 대해 설명할 차례다. 여러 가지 형태로 가공해 만든 동석 제품이 인더스강 유역의 모헨조다로 유적지에서 발견되었다는 사실이다. 모헨조다로는 그 북쪽의 하라파와 더불어 이른바 하라파문명의 중심을 이루었던 고대도시다. 또한 이 동석 제품은 앞에서도 언급한 바와 같이 2,400킬로미터나 떨어진 수메르와 유프라테스강 중상류의 청동기 시대 유적지에서도 발견되고 있다. 인더스강의 하라파는 필요한 물자를 자급자족하지 못한 지역이며, 메소포타미아 역시 동석을 포함한 천연자원이 부족했던 지역이다.

수메르와 아카드의 문헌 중에 딜문Dilmun과 마룻하Maluhha란 지명이 나오는데, 페르시아만의 바레인섬을 조사한 덴마크 탐험대의 조사 결과, 이 섬의 지명이 고대에는 딜문이라는 설이 확실해졌다. 그리고 마룻하로 알려진 장소가 인더스 하곡의 어디일 것이라는 사실 역시 어느 정도 의견의 일치를 보았다. '바레인Bahrain'이란 지명은 '두 개의 바다'란 뜻으로 이곳에서는 인더스문자가 새겨진 도장과 메소포타미아의 설형문자가 새겨진 원통형 도장이 발견되었다. 이는 딜문문명이 테페 야야와 더불어 두 문명 간의 연결고리 역할을 했음을 시사하는 것이다.

램버그-칼로브스키는 테페 야야의 동석 제품이 메소포타미아의 우르, 텔 아스마르Tell Asmar 등지에서도 발견되었음을 확인했고, 테페 야야 양식의 그릇이 서부 파키스탄의 발루치스탄Baluchistan에서 발견된 사실도 확인했다(그림 3-15). 발루치스탄에서 형성된 문화는 후일 인더스문명의 기반이 되었다. 이와는 반대로 이곳에서 메소포타미아의 우르크 빗살무늬토기와 인더스 양식의 채색토기가 발견되기도 했다. 그러나 테페 야야만이 두 문명 간을 연결한 교량적 중심지는 아니었을 것이다. 테페 야야의 북동쪽 400킬로미터에 위치한 샤하르-이-소크타 유적지도 그중 하나일 것이다.

동석은 테페 야야 이외의 도시에서도 발굴되기는 했지만, 서남아시아에서 가장 많이 발견된 곳은 이곳이다. 테페 야야에서는 완성품과 미완성품을 합쳐 총 1,000개가 넘는 동석이 발견된 바 있다. 제Ⅳ-B기의 유적층에서 발견된 완성품은 구슬 · 단추 · 도장 · 조각 · 그릇 등으로 다양했다. 특히 동석으로 만든 그릇은 무늬가 없는 것과 정교하게 조각된 것이 섞여 있고, 이것들은 메소포타미아와 인더스강 유역에서 발굴된 제품들이었다. 이 지역에 미완성의 동석이 대거 발견되었다는 사실은 테페 야야가 동석 제품의 단순한 중계무역지가 아니라 원산지인 동시에 제조 장소였음을 의미하는 것이다.

발굴단은 1970년에 실시한 발굴 작업 기간에 동석의 광산으로 보이는 원산지를 찾아냈다. 테페 야야에서 조금 떨어진 노천광은 오늘날에도 존재하고 있는데, 동석 광산은 석면 · 크롬철광의 광산과 깊은 관련이 있는 것으로 알려져 있다.

결론적으로 테페 야햐는 동석의 생산지인 동시에 원료를 가공한 완성품을 메소포타미아와 하라파로 수출한 곳이다. 이와는 반대로 하라파에서 생산된 제품이 메소포타미아 유적지에서도 발견된 바 있다. 즉, 날인형捺印型 도장 6개, 원통형 도장 1개, 점토 도장 1개 등이 그것이다. 그중에서 1920년대 프랑스 고고학자 콩트노(Contenau, 1954)가 밝힌 것처럼 메소포타미아에서 발굴한 한 개의 도장은 하라파에서 물품을 보내기 전에 발송주가 찍은 원통형 도장임이 확인되었다.

나는 두 문명 간의 교류가 테페 야햐를 통한 중계무역에 의해서만 이루어졌는지, 직거래는 없었는지에 대해서 연구해볼 가치가 있다고 생각했다. 그리고 교역 루트는 전술한 것처럼 범선을 이용해 해로로 바레인(딜문)을 거쳐 간 해상무역이었거나 육로를 이용했을 가능성도 남겨두고 싶다. 하자란Hazārān산에서 바레즈Barez산맥으로 이어지는 일대의 지형은 건조기후 지역에서 흔히 볼 수 있는 완만한 경사의 페디먼트pediment로 이루어져 있는데, 산봉우리에서 아래쪽으로 갈수록 경사가 1~7도에 불과하여 페디플레인pediplain이란 평지를 이루므로 몹시 고단한 여정이겠지만 대상들이 이동하기 편리하다.

기원전 4세기 알렉산더 대왕 역시 동방 원정 시에 이 루트를 지났을 것이다. 테페 야햐는 그림 3-16에서 보는 것처럼 그 주변이 산과 사막으로 둘러싸여 남북으로 긴 타원형의 분지를 이루고 있는데, 이곳은 퇴적층이 점토로 이루어져 있어 농경에도 유리하고 건축을 위한 벽돌 재료로도 제공되었을 것이다.

오늘날에도 이 분지를 흐르는 하천이 있어 경작지가 분포하고 마을이 형성되어 있음을 위성사진을 통해 목격할 수 있다. 기원전 1000~500년경부터 페르시아에서는 농경을 위해 카나트qanat가 고안되기도 했다. '카나트'는 산록완사면이나 선상지의 위쪽 선정에 고여 있는 산지의 지하수

그림 3-16 위성사진으로 본 테페 야야 유적지

원을 개발하여 구릉 아래에 있는 수 킬로미터 길이의 지하터널을 통해 물을 보내는 일종의 관개시설을 가리킨다. 이러한 기술은 그 후 동쪽으로 아프가니스탄까지, 서쪽으로 아라비아를 거쳐 이집트까지, 북쪽으로는 중국의 신장웨이우얼자치구까지 전파된 것으로 보인다.

오늘날 수천 개의 카나트가 이란과 아프가니스탄에서 주로 관개용으로 이용되고 있다. 아프가니스탄과 파키스탄에서는 카나트를 '카레즈'로, 중국에서는 카레즈를 한자 음역하여 '칸얼칭坎爾井'이라고 발음한다. 요르단과 시리아 지역은 '카나트 로마니'라고 하며, 모로코에서는 '케타라,' 아랍에미리트와 오만에서는 '팔라즈'라고 발음한다. 나는 2012년 8월 신장웨이우얼자치구를 답사할 때 카나트 깊숙한 곳까지 들어가 본 적이 있는데, 그곳에서 물을 구하기 위한 인간의 처절한 노력을 엿볼 수 있었다.

나는 테헤란에서 이란 국내선을 갈아타고 케르만까지 가서 렌터카를 빌려 육로로 테페 야야를 답사할 예정이었지만, 이란의 국내 사정으로 포기해야만 했다. 케르만은 사산 왕조 때 발루치스탄 방면의 침략에 대

비하기 위해 건설한 군사기지로 건설된 도시다. 이 도시는 오래전부터 동서 교통의 요지였던 까닭에 외부 세력의 침탈을 지속적으로 받았다. 이 유적지 바로 옆에는 바칸Bāqān이란 작은 규모의 오지 마을이 있는데, 호텔과 같은 숙박업소가 없어 당일치기로 조사를 마쳐야 한다. 나는 이동 중에 만약 모래 폭풍을 만나면 어떻게 하나, 또 도적 떼를 만나면 어떻게 대처할까 하는 걱정을 했었다. 가보지도 못할 거면서 쓸데없는 걱정을 한 것이 저절로 웃음이 나왔다.

테페 야야는 제VI-A기에 들어와 잠시 단절되다가 제Ⅲ기 철기 시대에 접어들면서 인류가 다시 거주하기 시작했다. 그로부터 다시 번창했던 제Ⅰ기의 사산 왕조 시대까지 약 6,000년에 걸친 인류의 주거 흔적은 상당한 높이의 언덕을 쌓게 되어 '언덕' 또는 '구릉'이란 의미의 '테페Tepe'란 단어가 붙게 되었다. 사산 왕조 시대에는 이곳이 군사적 전진기지였지만, 5세기 이후에는 유목민들의 통과 지점으로만 이용되었다.

인류 최초의 문명권으로부터 멀리 떨어진 테페 야야는 인더스문명이 출현하기 전에 출현한 고대도시다. 그러므로 우리는 과연 어떤 과정을 거쳐 메소포타미아에서 인더스 하곡으로 문명이 전파되었는지 알 수 있게 되었다.

테페 야야에서 본 것처럼 교역 루트와 교역 네트워크가 신석기 시대 초기에 이미 존재했다는 것은 매우 중요한 사실이다. 그럼에도 불구하고 학자들은 교역을 도시화의 부산물로만 생각하는 경향이 있는 것 같아 유감스럽다. 물론 교역이 도시 규모가 커지면서 수요를 촉발시킨 것임은 틀림없는 사실이겠지만, 교역은 물적 교류에 그치지 않고 인적 교류로 이어져 각종 정보와 아이디어가 교환되어 도시문명을 창출하는 데 커다란 자극제가 된다는 사실이 더 중요할 것이다.

인더스문명에서 갠지스문명으로

고대문명의 중심지였던 그리스는 인도가 풍부한 부를 보유한 전설적 국가라는 이미지를 지니고 있었던 것 같다. 고대 그리스의 지리학자 스트라본은《지리학》에서 유례를 찾아볼 수 없을 만큼 번영을 누리는 위대한 국가라고 인도를 기록한 바 있다. 역사의 아버지라 불리는 헤로도토스 역시 인도의 동물은 모두 유럽의 그것보다 크며, 갠지스강에 서식하는 뱀장어 중에는 길이가 100미터에 가까운 것이 있고, 사자와 싸우는 개도 있을 뿐더러 사슴뿔을 가진 말도 존재한다고 과장해 기술했다. 또한 인도를 금 · 은 · 보석 · 향료로 가득한 나라이며, 위대한 철학자가 살고 있다고 생각했다. 이러한 유럽인의 인도 대륙에 대한 이미지는 서남아시아를 거쳐 활동한 상인과 여행자들의 이야기를 근거로 한 것이었다. 유럽인의 눈에는 인도에 대한 막연한 동경심이 근대까지 이어졌다. 오늘날까지도 유럽인은 인도를 '물질적 서양'에 대한 '정신적 동양'의 대표로 인식하고 있다.

인더스문명은 5,500년 전부터 싹이 트기 시작했으나, 3,500년 전에 쇠퇴했다. 이 문명이 시작될 무렵에는 인더스강 유역까지 북상한 적도 편서풍이 차츰 남하하여 기후 최적기가 지나고 건조화하던 시기였다. 편서풍은 고위도와 저위도 간에 발생하는 남북 방향의 열 차이에 의해 비롯되는데, 이 지역에서는 건조화에 따라 관개농업을 하게 되었다. 인더스문명의 주역은 인도 원주민이었던 드라비다족이었지만, 그들이 쇠퇴함과 동시에 중앙아시아의 유목 기마 민족 출신인 아리아인이 인더스강 유역에 침입해 들어와 원주민을 정복했다. 인도의 남쪽으로 밀려난 그들의 언어인 타밀어는 한국어와 유사한 점이 많은데, 그 이유 역시 불가사의한 일이다.

인도 · 유럽어계에 속하는 아리아인의 남하는 거시적으로는 기후 최적기가 끝남에 따라 발생한 환경변화의 산물이었거나, 미시적으로는 중앙아시아에서 발생한 어떤 환경변화가 그들을 남쪽으로 이동케 한 원인이었다고 볼 수 있다. 즉, 기후 최적기의 중아아시아는 현재보다 더 건조했었으나, 그 시기가 끝남에 따라 습윤해진 것으로 추정된다. 건조화한 인더스강 유역에서는 목축을 주업으로 하고 농업을 부업으로 한 아리아인의 생활양식이 농업만을 주로 한 드라비다인의 생활양식에 비해 적합했을 것이다. 여기서는 인더스문명의 대표적 유적지로 나의 또 다른 버킷리스트 중 하나인 하라파와 모헨조다로, 그리고 최근에 밝혀진 돌라비라에 대해 설명해보고자 한다.

그림 3-17 인더스문명권과 갠지스문명권

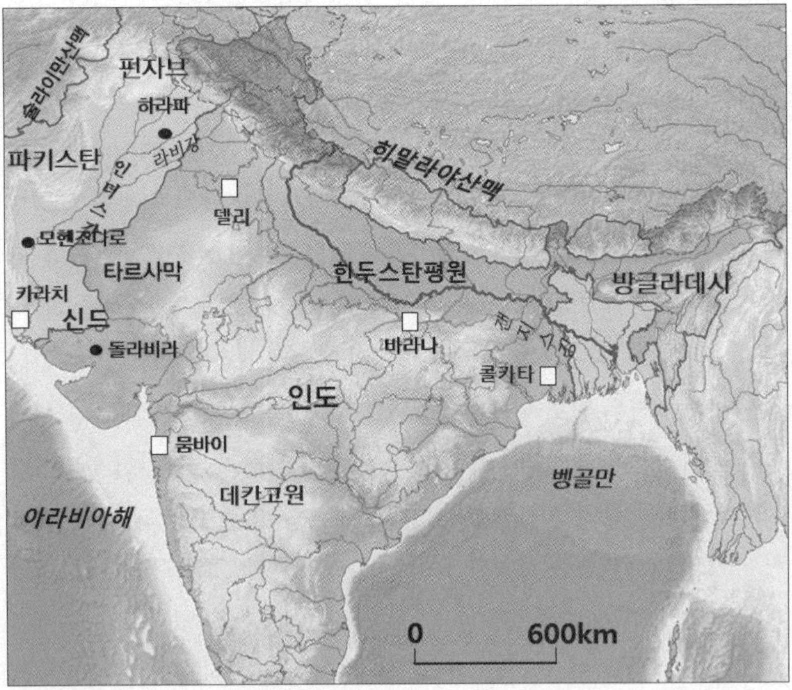

지금은 파키스탄에 위치한 하라파Harappa 유적은 1826년 영국 관리에 의해 발견되어 1853년 영국의 고고학자 커닝엄(Cunningham, 1871)이 발굴 작업을 시작했으나, 당시만 하더라도 특이한 도장이 출토된 유적 정도로만 알려졌을 뿐 인더스문명의 유적지인지 알지 못했다. 또한 영국 박물관의 에링턴(Errington, 2002)이 조사한 바에 의하면, 19세기 찰스 메이슨이란 동인도회사의 탐험가가 집필한 발루치스탄 여행기에서 하라파 일대의 유적에 대한 언급이 있었지만 발굴에 관심을 갖는 사람은 별로 없었다. 1921년부터 영국의 고고학자 마샬 경卿의 지휘하에 본격적으로 시작된 발굴 작업으로 모헨조다로와 함께 비로소 고대도시의 유적지임이 밝혀졌다. 이에 따라 인더스문명의 존재가 세상에 알려지게 된 것이다. 발굴은 1947년까지 지속되었으며, 1986년부터는 미국의 발굴단이 조직적인 조사를 시작했다. 오늘날에는 파키스탄 학자들이 발굴하고 있다.

하라파는 인도 타르사막 북쪽의 펀자브 지방에 위치하는데, 펀자브Punjab란 페르시아어로 '다섯 강'이란 의미이며 인더스강 본류와 주요 네 개의 지류가 흐르는 지역을 가리킨다. 모헨조다로는 신드 지방의 카라치 북쪽에 위치하는데, 인더스강 하류에 있으며 남으로는 아라비아해와 접해 있어서 일찍이 도시문명이 발달할 수 있는 요충지였다. '신드Sind'란 지명은 인더스Indus란 하천 이름에서 유래되었다. 인더스강 하류의 삼각주는 항해가 불가능하여 항구가 발달하지 못했으나, 고대에는 상황이 달랐다. 하이암스(Hyams, 1952)는 그의 저서 《토양과 문명》에서 인더스문명이 메소포타미아문명과 분리되어 발달했다고 주장했지만, 앞에서 설명한 것처럼 두 문명 간에는 분명한 교류의 증거가 있다.

하라파의 발굴 결과, 도시 설계가 모헨조다로와 비슷하다는 사실이 드러났으며, 인더스 하곡에 발달한 문명은 주로 잉여농산물과 교역에 의해 유지되는 도시였음이 밝혀졌다. 4,000년 전 펀자브 지방의 기후는 오늘날과 달리 온화했을 것이며, 인더스인들은 오늘날과 같이 관개에 의한 농업을 영위했을 것이다. 하라파 전성기였던 기원전 2600~1900년 기간에는 23,500가구가 거주했던 것으로 추정되었다. 도시 서쪽 측면에 성채가 있고, 동쪽 옆에는 격자 형태의 가로망에 귀족들과 노동자들의 주거지역이 별도로 배치된 계획도시임이 드러났다. 성채 내부의 도시계획을 통해 인더스강 지류인 라비강 수로와 연결된 인접 구역 내에서 식량 공급을 원활하게 하기 위해 행정적으로 면밀히 관리되었다는 사실을 짐작할 수 있다(Kenoyer, 1997).

이 일대에서 발굴된 것들 가운데 또 한 가지 주목할 것은 기원전 2000년에 사용된 것으로 추정되는 의복용 단추였다. 이 단추는 인류 최초의 단추로 원형 또는 삼각형 형태로 옷에는 두 개의 단추 구멍이 뚫려 있었다. 고대 그리스인들은 단추가 없어 핀을 사용하거나 조개 · 상아 · 보석 등으로 만든 브로치를 장식품처럼 달아 옷을 여몄다. 기원전 1세기부터 그리스는 구슬 모양의 금속 단추를 루프 형태의 고리에 끼우는 단추를 사용했는데, 그 모습이 마치 꽃봉오리와 같은 모습이어서 라틴어로 '*bouton*'이라 부르던 것이 영어의 버튼button이 되었다. 유럽에서 단추문화가 널리 보급된 것은 놀랍게도 훨씬 후인 13세기의 일이었다. 동아시아에서는 장식품으로서의 단추는 있었으나 끈이나 옷고름으로 옷을 여몄다.

모헨조다로Mohenjo-Daro는 '사자死者의 언덕'이라는 뜻으로 오늘날과 마찬가지로 과거에도 장벽을 쌓아 인더스강의 범람에 대비했다. 도시는 놀라울 정도의 규칙성을 보이는 12개의 블록으로 구성되어 있고, 각 블록은 직선과 곡선으로 다시 세분되어 있다. 그림 3-18에서 보는 것과 같이 정상부에 위치한 건물에서는 베란다로 둘러싸인 우아한 욕조와 더불

그림 3-18 모헨조다로의 신전 유적지

어 대형 주거용 구조물, 거대한 곡물 창고, 집회소가 확인되었다. 요새로 보이는 이 건물은 유적 전체의 종교의식과 관계된 제단이 있었던 곳임에 틀림없다.

도시 아래쪽에는 수준 높은 중산층의 주거지임을 보여주는 마당 딸린 주택이 대거 출토되었다. 대부분의 집에는 작은 목욕탕과 수세식 변소가 있었고, 상하수도 시설이 갖추어져 있었으며 벽돌 계단이 있었다. 이런 것을 볼 때 2층 주택이었거나 편평한 지붕에서도 사람이 살았으리라 생각된다. 건물 유적에서는 창문이 설치되지 않았음을 확인할 수 있는데, 이는 뜨거운 열기가 방 안으로 유입되는 것을 막기 위한 고육지책이었을 것이다.

700여 개에 달하는 우물이 유적지에서 발굴되었으며, 도시 중앙에는 커다란 목욕탕이 있었다. 인더스 사람들에게 물과 목욕은 신성한 의식

행위였다. 건물 벽은 원래 진흙을 발라 표면을 다듬었는데, 이것은 변화하는 열과 습기 때문에 벽돌에 포함된 소금기가 반응해 일으키는 부식작용을 막기 위한 조치였다. 많은 유물들이 영국이 철도를 건설할 당시 영국인들에 의해 약탈당했다는 이야기가 여기저기 세워진 모든 안내판에 공통적으로 기록되어 있다. 파키스탄 역시 약탈 문화재에 대한 좋지 않은 감정이 남아 있는 것 같다.

여기서 잠깐 파키스탄Pakistan이란 국명이 정해진 연유를 밝히고 넘어가자. 종교적 대립으로 1947년에 영국령 인도로부터 분리 독립된 파키스탄은 전형적인 합성어로 이루어진 국호다. 1933년 민족자결운동이 궤도에 오를 때 영국의 케임브리지대학에서 유학하던 이슬람 시인 무하마드 이크발Muhammad Iqbal이 조국의 독립이 다가오자 새로운 국호를 고안해냈다. 그의 조국은 펀자브Punjab를 비롯하여 아프간Afghan, 카슈미르Kashmir, 이슬람Islam, 신드Sind, 발루치스탄Baluchistan으로 구성되어 있으므로 각각 첫머리 글자를 따서 PAKIS와 TAN을 합성하여 PAKISTAN이라 명명한 것이다. 우르두Urdu어로 PAK는 청렴, STAN은 페르시아어로 땅 또는 국가를 의미하므로, 파키스탄은 '청렴한 나라'를 뜻한다. 파키스탄의 공용어 중 하나인 우르두어는 인도 · 유럽어군에 속하는 언어이지만, 페르시아어와 아랍어로부터 지대한 영향을 받았기 때문에 힌두어와 전혀 다르다.

지금까지 인더스강변이나 그 지류 근처에서 1,000여 개의 취락과 집단 주거지들이 발견되었고 도시라고 부를 수 있는 유적들도 계속해서 발굴되고 있지만, 치안이 불안해 원만하게 진행되고 있지 않다. 기후의 변화로 비옥했던 인더스강변이 사막지대로 변해가면서 농업을 기반으로 한 활발한 무역 활동에도 불구하고 번성하던 문명이 쇠퇴했거나, 홍수로 인더스강 유역 일대가 큰 피해를 보면서 마을과 도시들이 황폐해졌을 것으로 추정된다. '인더스Indus'란 지명은 산스크리트어로 하천이란 뜻을 지니고 있다. 그러므로 인더스강은 '강강'이란 중복적 의미가 된다.

모헨조다로 유적지에서 과거 인더스강 유역의 기후를 알 수 있는 동물의 뼈가 발견된 바 있다. 그것은 코끼리 · 코뿔소 · 호랑이 · 악어 등으로, 당시의 자연환경을 유추할 수 있는 동물들이다. 그러므로 신드 지방은 과거 맹수들이 우글거리던 사바나의 삼림지대였음을 알 수 있다. 무성한 숲은 결국 기후변화와 남벌로 사라지게 되었다.

서쪽으로는 중앙 브라후이산맥과 술라이만산맥이, 북쪽으로는 히말라야산맥이 병풍처럼 드리우고, 동쪽으로는 타르사막이 펼쳐져 있으며, 그 사이를 인더스강이 흐르는 지리적 환경에서 취락이 발달하는 것은 구태여 프랑스 지리학자 비달 블라슈의 이론을 빌리지 않더라도 지극히 자연스러운 현상이다. 산지문화와 평지문화, 해안문화와 내륙문화, 상류문화와 하류문화, 농경문화와 유목문화, 습윤문화와 건조문화 등이 교차하는 지역은 당연히 지절률이 높은 곳이다.

하천은 평형 작용의 속성이 있으므로 굽이쳐 흐르게 마련인데, 이 곡류하천을 지리학에서는 미앤더meander라 부른다. 또 하천 양안에 번갈아 나타나는 물굽이와 물굽이 사이의 폭을 곡류대曲流帶 혹은 미앤더 벨트라 부른다. 모든 하천은 시간이 경과함에 따라 인더스강 · 황하강 · 티그리스강 및 유프라테스강처럼 미앤더 벨트 내에서 유로를 바꾼다. 특히 인더스강은 미앤더 벨트가 넓은 탓에 여러 갈래의 유로를 갖는 망류하천網流河川을 이룬다.

내가 비행기를 타고 인더스강을 횡단할 때 무려 한 시간가량 걸렸으니 그 폭이 얼마나 넓은지 알 수 있을 것이다. 인도라는 국명이 인더스강 유역이란 뜻의 인디아India에서 유래되었는데, 이제는 문명의 중심이 갠지스강이 되었으니 사실 국명을 바꿔야 하는 거 아닌가 싶다.

인더스문명은 메소포타미아문명과 유사한 점이 있지만, 결정적으로 다른 점이 있었다. 그것은 메소포타미아 도시들이 대부분 햇볕에 말린 진흙 벽돌로 건설되었지만, 인더스강 계곡의 도시들은 예외 없이 불에 구운 벽돌을 사용해 건설되었다는 점이다. 엄청난 분량의 벽돌을 구워내기 위해 막대한 분량의 땔감이 필요했다. 이로 인해 인더스강 유역의 숲들은 급속도로 헐벗고 말았다. 게다가 가축을 사육하기 위해 풀이 필요함에 따라 불충분하던 목초지는 빠른 속도로 감소하게 되었다.

삼림의 황폐화와 초지의 감소는 결국 수자원의 고갈과 건조화는 물론 홍수와 토양침식을 야기했다. 이 영향으로 계절풍이 불 때마다 내리던 비가 인더스 계곡으로부터 동쪽으로 이동해 갠지스강 유역의 힌두스탄 평원에 내리기 시작했다. 인더스문명은 기원전 1500년경 아리아 유목민들에 의해 멸망하기까지 약 1,000년 동안 지속되었다. 그들은 벽돌 굽는 가마, 대장장이의 화로, 도자기 굽는 가마 등에 필요한 연료를 공급하기 위해 나무를 베어냈다. 또 건축업자와 목수가 필요로 하는 나무를 위해서도 대량으로 벌채했다. 그들은 약 30세대에 걸쳐 수목을 베어냈다는 결론에 이르게 된다. 이러한 현상은 하라파보다 모헨조다로 쪽이 더 심했다.

힌두어와 산스크리트어로 '강가Gaṅgā'라 불리는 갠지스강은 힌두교에서 등장하는 강의 여신인 갠지스Ganges에서 유래된 지명이다. 갠지스강 유역은 기원전 700년경에 이미 인구 밀집 지역으로 바뀌어 가고 있었다. 그것은 철기문화에 바탕을 둔 벼농사 덕분이었을 것으로 추정된다. 주지하는 것처럼 쌀은 밀이나 보리에 비해 인구 부양력이 높은 작물인데, 인더스강 유역에서는 벼농사가 불가능했다. 이에 비해 갠지스강 유역은 벼농사에 적합한 땅이었다.

아이작(Isaac, 1970)에 의하면, 벼농사의 기원은 쌀알이 긴 인디카와 쌀

그림 3-19 벼농사를 가능하게 만든 갠지스강

알이 짧고 굵은 자포니카를 포함하는 사티바 품종의 경우 인도의 갠지스강이란 학설도 있지만, 동남아시아 및 중국이란 학설도 유력하다. 갠지스강 유역의 광대한 평야는 대규모 인구 집단과 군대를 거느릴 수 있게 만들었고, 동일한 하천 유역권은 커다란 사회 단위로 통합될 수 있었다. 오늘날 갠지스강 유역에 펼쳐진 힌두스탄 평원은 인도반도의 1/4에 해당하는 면적이며 약 5억 명에 달하는 인구가 집중되어 있다. 갠지스강의 주기적 범람은 나일강처럼 토양의 비옥도를 유지할 수 있게 만들었다. 오늘날 인도문화의 기초는 인더스문명보다는 갠지스문명의 영향을 더 많이 받았다.

이야기는 다시 인더스문명으로 되돌아간다. 내가 이 글을 집필하고 있을 때 세계 4대 문명 중 하나인 인더스문명이 최소한 8,000년 전부터 시작됐다는 연구 결과가 세인들의 이목을 집중시켰는데, 인도 최대 일간지 〈타임스 오브 인디아TOI〉가 2016년 5월 29일 자에서 1면 톱기사로 보도했다. 인도 동북부 웨스트 벵갈주 카라그푸르Kharagpur 인도공과대학IIT과 인도 고고학연구소ASI가 1967년부터 발굴 작업을 시작해 조사한 결과를 〈네이처Nature〉 지에 발표한 논문을 소개했다. 이 신문은 인더스문명이 지금까지 알려진 대로 5,500년 전이 아닌 메소포타미아문명보다 빠른 시기인 최소한 8,000년 전에 시작되었다고 보도했다. 아울러 연구팀이 인더스문명의 전前하라파Pre-Harapp 시기가 최소한 1,000년 동안 지속되었다는 증거를 돌라비라 유적지에서 발견했다고 했다.

돌라비라는 현재 염전지대에 불과하지만, 5,000년 전에는 야생 조류의 천국인 습지였으며 바닷속의 섬이었다. 이곳은 4,500년 전에는 2만여 명이 거주하던 융성한 도시였다는 새로운 사실이 밝혀진 것이다. 이 유적지에서 인더스문명의 상징인 문자가 처음 발견되었고, 하라파인들의 석축기술을 엿볼 수 있는 거대한 암거시설도 발굴되었다. 성곽 북문에서 발견된 인더스문자는 해독이 불가능하지만, 모두 386개에 달하는 상형문자로 목판에 붉은 수정으로 새겨져 있다. 이러한 사실이 학계에서 공인을 받으려면 시간이 필요하겠지만, 인더스문명의 유적지가 파키스탄과 인도에 나뉘어 분포하고 있어서 우리 같은 외국인들은 답사하기가 더 불편하다.

돌라비라인들은 배를 이용해 일단 바다로 나아간 다음 다시 인더스강 상류로 6시간 정도 거슬러 올라가서 목재를 구해왔는데, 당시 하천은 육로에 비하면 오늘날의 고속도로와 같은 존재였다. 이곳에서 생산된 화려

그림 3-20 돌라비라 성곽 북문에서 발견된 인더스문자

한 장신구는 멀리 떨어진 페르시아만의 아부다비에서 발견되었으며, 당시 해상무역의 거점이었던 아부다비는 메소포타미아, 엘람, 발루치스탄, 인더스 등지와 활발한 교역을 했던 도시다. 그 증거라 할 수 있는 기원전 2300~2000년경의 홍옥으로 만든 장신구가 이곳의 왕릉에서 발견된 바 있다. 그뿐만 아니라 바레인에서는 인더스의 도장과 홍옥이 발견되었으며, 설형문자가 쓰여진 메소포타미아의 원통형 도장이 발견되었다. 그러므로 이곳에는 설형문자와 인더스문자를 모두 해독하는 역관이 존재했을 것이라 추정할 수 있다. 이는 페르시아만과 오만만의 해로가 메소포타미아문명과 인더스문명 간의 연결 통로였음을 말해주는 것이다. 아랍어로 *Abu*는 아버지, *Dhabi*는 영양羚羊이므로 '아부다비Abu Dhabi'는 '영양의 아버지'란 뜻이 된다.

아라비아반도 서쪽의 홍해 일대는 지절률이 단조로운 데 비해 동쪽의 페르시아만 일대는 비교적 지절률이 높은 편이다. 이렇게 보면 두 문명 간의 교류는 지절률이 낮은 이란고원을 통한 육로의 비중이 상대적으로 적었을 것이라는 생각이 든다. 나는 문명 간 채널이 해로이건 육로이건 다이아몬드(Diamond, 1997)가 《총, 균, 쇠》에서 지적한 교류의 축이 동서 방향이란 사실에는 부합되므로 별문제는 아니라고 생각한다.

돌라비라인들은 780×630미터에 달하는 4각형의 성곽 외곽부에 대형 저수지를 둘러쳐 물 걱정을 해소했다. 오늘날에는 하천이 사라진 구舊하도를 볼 수 있지만, 그들은 지형적 고도차를 이용해 성곽 내에서 수로로 도시 전체에 물을 공급하는 지혜를 발휘했다. 이 지역은 8월에 몬순계절풍의 영향으로 강수량이 많지만 연중 건조한 편이다. 그들은 인더스 사람들처럼 목욕을 신성한 행위로 생각하는 물 숭배사상이 있었고, 물을 생명의 근원이라 믿었다. 북쪽으로부터 인더스강 유역으로 침입한 아리아인은 기후변화로 히말라야산맥과 데칸고원 사이의 비옥한 땅인 힌두스탄 평원으로 동진하여 갠지스강 유역으로 문명의 중심을 옮겨 놓았다. 그들의 물 숭배사상은 비록 기후 최적기가 종료되자 인더스강이 유로를 바꾸고 메말라버려서 문명의 중심이 갠지스강으로 옮겨 갔어도 여전히 인도문화에 뿌리를 내리고 있다.

기원전 463년경에 고타마 싯다르타悉達多喬達摩가 힌두스탄 평원과 히말라야산맥 사이에 위치한 룸비니Lumbini라는 동산에서 태어났다. 석가모니라 불리는 그는 아리아인의 혈통인지 네팔인의 혈통인지 불분명하지만, 판단중지判斷中止를 가르침으로 삼았다. 즉, 모든 사물은 사람에 따라 다르게 보이므로 일률적으로 어떠하다고 판단할 수 없으며, 따라서 일체의 판단을 중지해야 한다는 교시였다. '판단중지'의 사상적 기반은 습윤한 삼림지대에서 찾을 수 있지만, 그 사상의 시간적 연장선상에서 후에 닥친 건조화를 생각하면 일견 모순으로 보일 수 있다. 그러나 그것은 공간적 연장선상에서 건조지대로부터 습윤지대로 옮아가는 지역이었으므로 장소적 점이지대인 동시에 시간적 점이지대였다고 생각하면 될 것이다. 나는 문명과 마찬가지로 사상 역시 그러한 장소와 시기에 탄생하는 것이라고 주장하고 싶다. 그러므로 문명은 지리적 환경과 역사의 영향을 받으면서 창출되는 것이라 할 수 있다.

부처는 형이상학적 문제에 대한 해답을 거부했다. 여기서 흥미로운 점은 부처의 출현은 여러 차례 있었지만, 유대교와 기독교에서는 메시아의 출현이 단 한 번에 그쳤다는 것이다. 바로 그것이 윤회적 사상과 직선적 사상의 차이라는 것인데, 이는 두 종교의 지리적 환경의 차이에서 비롯된 것이라 생각할 수 있다. 일본의 지리학자 스즈키(鈴木, 1988)는《초월자와 풍토》에서 삼림적 논리와 사막적 논리는 구조가 다르다는 사실을 지적했다. 삼림 환경에서는 앞에서 설명한 것처럼 판단중지이지만, 사막 환경에서는 가야 할 길을 누군가로부터 계시를 받아야 한다는 것이다.

다시 말해서, 단순한 사막에서는 신뢰할 만한 절대자가 나타나 계시, 즉 인간이 주체가 되는 레마rhema로 길을 인도해주지만, 복잡한 삼림에서는 자신이 갈 길을 스스로 판단해야 한다는 것이다. 기독교인이라면 누구나 성경 말씀이라 번역되는 로고스logos의 논리를 잘 알고 있을 것이다. 사막에서는 오아시스에 이르는 길이 맞는지의 여부를 신으로부터 명확하게 단정적 계시를 받아야 하지만, 삼림 속에서는 맞건 틀리건 방향의 선택을 인간의 직관에 맡긴다.

사막에서는 삼림 환경에서처럼 판단중지이면 죽음에 이르게 되므로 어디로인가 나아가야만 한다. 기독교에서는 그 길을 인도해주는 존재가 예수였던 것이다. 이스라엘에서 확립된 일신교는 서쪽으로는 로고스의 논리를 수반한 직선적 세계관을 만들며 확산되었고, 동쪽으로는 레마의 논리를 수반한 윤회적 세계관을 만들며 확대되었다. 건조한 땅이 유일신을 이해하는 데 공헌했다면, 습윤한 땅은 판단중지란 사상의 근저에 도달하는 데 공헌했다고 볼 수 있다. 사막적 성격을 갖는 기독교와 이슬람교는 인간의 판단을 절대자인 신의 판단으로 끌어올려 단정적 방향으로 나아간다.

메소포타미아문명과 교류한 인더스문명권의 종교에서도 유사한 점이 발견된다. 대륙적 스케일로 볼 때 삼림지대와 건조지대의 점이적 환경을 지닌 메소포타미아에서는 '신은 힘이 강하다'란 표현을 '신은 무능하지 않다'란 부정법을 사용하여 표현한다. 또한 '무엇을 해야 천국의 길이며, 무엇을 하면 지옥의 길인가?'라는 문제를 놓고 판단을 유보한다. 이러한 삼림적 사상은 유사한 환경을 보이는 인도에 전파되었다.

그러나 이질적 환경에서 탄생한 이슬람이 인도에 들어와서는 즉시 힌두교에 흡수되고 말았다. 흡수의 정도는 다양했으며, 무슬림처럼 머리에 두르는 터번turban을 벗지 않은 시크 교도들은 유일신에 대한 신앙을 강조하며 우상숭배를 금지하고 도덕률을 강조했는데, 이것은 이슬람의 영향을 받은 탓이다.

인도에서 발달한 문명 중 단연 으뜸은 수학적 개념일 것으로 생각된다. 특히 음수와 복소수 등 수학을 구성하는 거의 모든 토대는 인도에서 나왔다고 해도 과언이 아니다. 이 수학 공식들은 수학자들이 특별히 만들어낸 것이 아니라 인도인들의 생활 속에서 창조되었다. 대표적인 것이 마이너스의 음수 개념이다. 이는 상인들이 상품의 출납을 기록하다가 만들어졌으며 적자와 흑자란 단어도 나가는 물품은 빨간색으로, 들어오는 물품은 검은색으로 표기하던 당시 인도 상인들의 관습에서 유래했다. 인도는 동아시아와 서아시아의 아랍을 연결하는 길목에 위치하고 있었기 때문에 교류의 허브가 될 수 있었다. 바닷길이 크게 발전하기 시작한 시기는 기원후 1세기부터로 알려져 있다. 그리하여 인도는 활발한 교역을 통해 상업이 발전하면서 동시에 수학이 발전할 수 있었던 것이다.

나는 바라나와 콜카타를 보면서 광활한 갠지스강 일대에 전개된 힌두스탄 평원의 극히 일부분만 볼 수 있었던 것에 만족해야 했다. 촉박한 일정 탓에 콜카타에서는 인도국립박물관도 가보지 못한 채 간신히 테레사 수녀의 '마더 하우스'를 볼 수 있었을 뿐이었다.

버려진 땅의 잊힌 문명 아라비아 펠릭스

인류가 창출한 문명 중 특히 서남아시아에서 발흥한 문명 가운데 아라비아 펠릭스Alabia Felix만큼 세상에 알려지지 않은 문명은 아마 없을 것이다. '아라비아 펠릭스'란 지리학자들에 의해 불렸던 아라비아반도의 남부를 가리키는 옛 지명이다. 기원전 1000년경부터 서력 원년에 걸쳐 번창한 이 문명이 알려지지 못한 이유는 서남아시아 문명 발달의 주류를 이룬 퍼타일 크레슨트로부터 멀리 떨어진 곳에 위치하며 풍토가 황량하여 접근이 곤란할 뿐더러 외지인에 대한 현지인들의 경계심이 노골적이기 때문이다. 그런 까닭에 오늘날 예멘에 대한 서구인들의 지식은 최소한의 정보로 제한되기에 이르렀다.

고대 그리스의 지리학자 프톨레마이오스는 이 땅을 홍해와 인도양을 끼고 있어 전략적 요충지라 생각해 '축복받은 아라비아'라고 칭송했지만, 지금은 사우디아라비아 · 이란 · 알카에다의 대리전으로 내분이 격화되어 위기에 처해 있다.

아라비아 펠릭스에 대한 고고학적 발굴 조사는 300년 전 덴마크 탐험대가 비극적 참사를 당한 이래, 1927년 비즈만(Wiseman, 1964; 1968)이 예멘의 수도 사나 근처의 한 사원을 발굴했고, 그 후 톰슨(Thompson, 1948)이 농업용 건물을 발굴하여 과거 이슬람식 관개 시스템을 연구한 사실이 있다. 그 후 1950년에 미국 인류연구재단의 탐험대가 기원전 11~10세기경 인류의 주거지 유적지로 추정되는 언덕에서 약 20개에 달하는 연속적 유적층을 발굴하고, 예멘 내륙과 오만 남동부 해안에 있는 유적지를 찾아냈다.

본격적인 조사는 1961년부터 미국 스미스소니언 연구소의 반 비크의 지휘하에 시작되었다. 반 비크(Van Beek, 1973)는 그의 논문 〈아라비아 펠릭스의 흥망〉에서 남부 아라비아 고대국가 간의 국경을 비롯하여 그들 간의 문화적 유사성과 상이성을 밝히면서 아라비아 펠릭스 왕국들의 번창과 몰락 요인을 규명했다. 유감스럽게도 나는 예멘이 남북으로 분단과 통일을 반복하면서 벌어진 내전 때문에 한국정부가 여행금지국가로 지정한 탓에 이 지역에 대한 답사를 할 수 없었다.

남부 아라비아는 지리적으로 4개 지대로 구분될 수 있는데, 1지대는 홍해로부터 아덴만에 면한 좁다란 해안평야부, 2지대는 해발 3,500미터에 달하는 산악부, 3지대는 내륙 지방의 암석이 많은 고원과 계곡, 그리고

4지대는 사구가 대거 분포하는 광활한 사막지대로 구분된다. 미시적으로 보더라도 1지대는 지절률이 낮아 예나 지금이나 사람이 거주하지 못하는 지역이며, 2지대는 산간 지방에 비옥한 평야가 많고 산록완사면 역시 농업에 적합해서 많은 인구 부양이 가능한 지역이다. 3지대는 강수량이 거의 없지만 산에서 흘러내려오는 상당량의 물을 공급받을 수 있으므로 오늘날에도 인구가 가장 집중된 지역이며, 4지대는 소수의 유목민을 제외하면 거의 사람이 살지 않는 아랍어로 '공백지대'를 뜻하는 룹알할리Rub'al-Khali사막이 차지하고 있다. 이들 중 2지대에서 기원전 6세기의 유적이 발견된 바 있고, 3지대에서는 가장 많은 고대 유적이 분포하고 있다.

지금까지의 연구 결과에 의하면, 아슐리안문화라 불리는 100만 년 전의 구석기가 나지란Najran 산속에서 발견된 적이 있는데, 이 문화는 인류의 선사 시대인 전기 구석기 시대의 고고학적인 석기 제작 기술을 포함하는 것으로 아프리카, 서아시아, 유럽 등지에 걸쳐 분포했었다(Thomas, 1932; Lawrence, 2016; Wilkinson, 2016). 신석기 시대에 사용되었던 도구들은 룹알할리사막의 남부와 하드라마우트Hadhramaut에서 발견된 바 있다. 다시 말해서, 신석기 시대의 아라비아 펠릭스 사람들은 기원전 3000년경 작물화와 가축화를 수반하지 않고 채집과 수렵만으로 생활을 영위했던 것으로 짐작된다.

그렇다면 인류문명의 중심지로부터 멀리 떨어진 이곳에 어떤 이유로 사람들이 들어와 살기 시작했을까? 반 비크의 연구에 따르면, 아라비아 펠릭스에 출현한 고도의 문화는 신석기문화가 발전한 것이 아니라 외부에서 이주해 들어온 사람들이 가져온 것이었음이 밝혀졌다. 그들은 기원전 1300년경에 셈어 계통의 언어를 구사하는 사람들이었는데, 그들이 사용했던 도기는 메소포타미아 서부를 비롯한 시리아 북부와 팔레스타인 지방의 것이었다. 이주자들의 모국은 현재의 퍼타일 크레슨트 남부의 주변 도시, 특히 요르단 동부와 이라크 남부 지방이었던 것으로 추정된다. 참으로 먼 길을 달려온 것이다. 그들을 먼 길을 마다하지 않고 올 수 있게 한 것은 바로 유향乳香과 몰약沒藥 때문이었다.

감람나무과의 식물인 유향frankincense은 당시에는 신에게 바치는 진상품으로서 주로 방향제로 사용하거나 장례용품으로 사용되기도 했다. 화장火葬이 행해지던 로마 시대에는 장례식 때 시신을 장작더미와 함께 유향을 넣어 태우는 것이 관례였다. 아마 시체가 타는 지독한 냄새를 없애기 위한 방편이었을지도 모르겠다. 65년 네로 황제의 두 번째 왕비가 죽었을 때에는 아라비아 유향의 1년 생산량이 모두 태워졌다는 기록이 전해 내려오고 있다.

몰약myrrh 역시 감람나무과에 속하는 식물로 당시에는 주로 화장품과 향료로 사용되었다. 이집트 제18왕조의 하트셉수트Hatshepsut 여왕은 그녀의 몸에서 향긋한 냄새를 나게 하기 위해 그녀의 다리에 몰약을 발랐다는 기록이 있다. 그 정도로 몰약은 중요한 화장품 중 하나였던 것이다. 그뿐만 아니라 유향과 몰약은 한국의 동의보감에도 언급될 정도로 고전적 임상의학에도 사용되었다. 여성의 월경 불순이나 수족 마비, 두통 등의 질병에 대한 처방 수단으로 이용되었다. 원산지는 아라비아반도와 소말리아 일대가 원산지이지만 오늘날에는 한국에서도 한약재로 재배되고 있다.

이들 나무에서는 소나무에서 송진이 나오듯이 수액이 나오는데, 이것은 용도가 다양해 폭증하는 수요에 공급이 달릴 정도였던 모양이다. 그리하여 유향과 몰약은 가격이 상승하여 성서 시대에는 기독교도들에게 가장 인기 있는 선물로 대접을 받았고 뇌물로도 이용되었다. 《구약성서》에는 요셉이 이집트에 팔려갈 때에 그를 매입한 이스라엘 상인들이 취급했던 교역 물품 중에 몰약이 있었다는 기록이 있다. 신약 시대에 들어와

서도 여전히 몰약은 귀중품이었다. 유대 왕을 찾기 위해 먼 길을 여행하여 온 동방박사들이 아기 예수에게 바친 예물 중에 몰약이 있었다는 사실을 통해서 이를 알 수 있다. 몰약 사용의 전통은 그 후로도 이어져 기독교의 분노를 사게 만들었고, 그것은 퇴폐와 방탕의 동의어가 되었다. 2세기 성직자들은 기독교도의 개인적인 향료 사용을 격렬히 비난한 바 있다.

1세기 로마의 박물학자 플리니(Pliny, 77~79)는《박물지博物誌》에서 유향이 가공되던 이집트 알렉산드리아에서 노동자가 공장에서 일을 마치고 귀가할 때 몸수색을 위해 알몸이 되어야 했었다고 주장한 적이 있다. 바로 이 유향과 몰약이 일확천금을 꿈꾸던 북부 셈어족을 아라비아 펠릭스로 오게 만든 원인이었던 것이다.

유향과 몰약 등의 향료는 고대의 성스러운 신전에서 사용되기 시작한 것이므로 제사장이나 사제와 관련되어 있었다. 향료를 뜻하는 영어의 perfume은 라틴어의 *per*와 *fume*의 합성어로 '연기를 통해'란 의미를 갖고 있는데, 살아 있는 제물의 굽는 연기를 좋은 향기에 실어 신도들이 있는 곳까지 풍기게 했다. 당시에 신에게 바칠 수 있는 최고의 공양물은 사냥한 짐승이었으며, 짐승이 탈 때 풍기는 악취를 제거하기 위한 탈취제로 향료를 사용했다.《구약성서》에 홍수에서 살아남은 노아가 짐승을 제물로 굽자 '주님은 그윽한 향기를 맡으셨다'라고 기록되어 있는데, 그것은 짐승의 고기 굽는 냄새라기보다는 향료의 냄새였던 것이다.

아라비아 펠릭스에서 자생하는 유향과 몰약은 가나안 지방까지 운반하기에는 거리가 너무 멀었다. 이것을 해결한 것은 낙타의 가축화였다. 교역의 확대는 낙타의 가축화와 일치하고 있다. 극심한 건조지대의 사막을 한 달 넘게 물 한 모금 마시지 않고 이동할 수 있는 가축은 낙타가 제격이었다. 그러나 낙타에 무거운 짐을 싣고 이동하면 암석으로 이루어진 길에서는 다리가 빠져 산악지대를 통과하기 어렵기 때문에 교역 루트는 모래로 된 길이거나 비교적 평탄한 땅이어야 한다. 그래서 유향과 몰약을 운반하는 대상들은 험준한 산악지대를 피해 아라비아반도 산악지대의 동쪽 사면의 산자락을 택해 대지를 지나 골짜기를 통과하는 루트를 택했다(그림 3-21). 아라비아 펠릭스의 팀나Timna에서 가나안의 가자Gaza까지는 직선거리로 2,160킬로미터이므로 실제 대상들의 이동 경로는 그보다 더 길었을 것이다. 이 구간에는 65개의 숙소가 있었으므로 대상들은 아마 65일에 걸쳐 하루에 평균 100리를 이동해야 할 정도의 강행군이었을 것이다.

유향과 몰약은 육상뿐 아니라 홍해를 따라 해상으로도 운반되었다. 기원전 10세기~기원후 1년경에 아랍 선박들은 계절풍의 풍향이 바뀐 것

그림 3-21 아라비아 펠릭스의 교역 루트

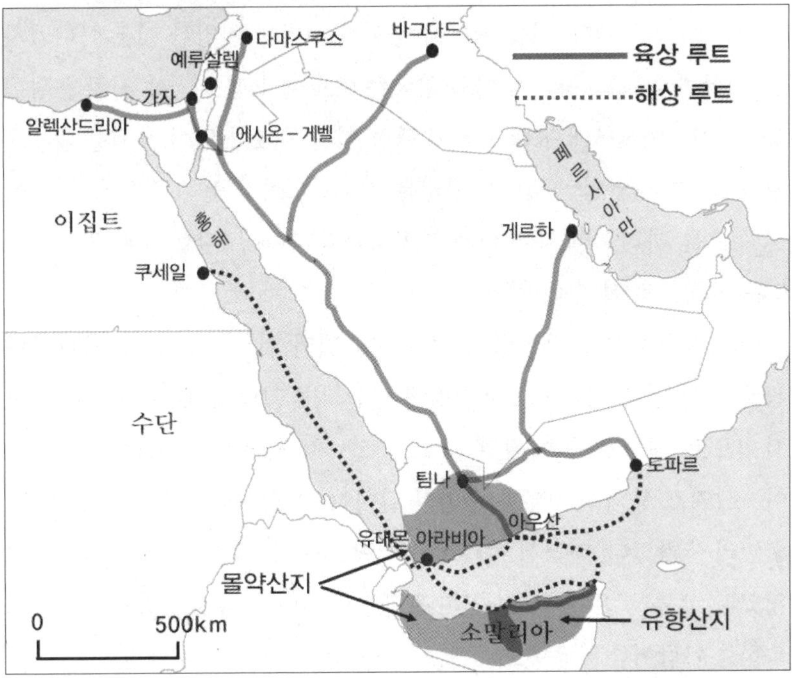

을 이용해 도파르Dhofar에서 유향을 싣고 페르시아만의 반대쪽인 아덴만의 유대몬 아라비아Eudaemon Arabia에서 몰약을 실어 홍해를 거슬러 올라가 이집트까지 운반했다. 그림 3-21에서 보는 것처럼 이 시기에 솔로몬 왕의 함대는 아라비아 펠릭스와 소말리아로부터 홍해를 따라 페니키아 통치하에 있던 지금의 아카바에 해당하는 에시온-게벨Ezion-Geber까지 선박으로 운반한 후, 육로인 '왕의 대로'를 통해 퍼타일 크레슨트의 도시에 유향과 몰약을 공급했다. 그들은 이미 계절풍의 비밀을 알고 있었던 것이다. 기원후 1세기부터는 그리스인들도 유향과 몰약 무역을 활발히 전개했다.

기원전 1000년부터 아라비아 펠릭스에는 마리브에 수도를 둔 사바Saba 왕국을 비롯하여 샤바에 수도를 둔 하드라마우트Hadhramaut 왕국 콰르나우에 수도를 둔 마인Ma'in 왕국, 아덴만 일대 산악지대의 아우산Ausan 왕국 등이 번창했다. 이들 왕국이 동일한 시기에 번창한 것은 아니었지만, 콰타반Quataban 왕국과 마인 왕국은 비교적 오랜 기간에 걸쳐 융성했다. 그러나 이들 5개 고대 왕국에 관한 역사 자료가 없어 상세한 내용은 알 수 없다. 가장 일찍 등장한 왕국은 '사제-왕'이란 뜻의 무칼립Mukarib이란 칭호를 가진 지배자에 의해 통치되었다. 후에 무칼립은 왕만을 의미하는 호칭으로 바뀌었다.

이들 왕국들은 오랫동안 평화를 만끽했던 것으로 보인다. 왜냐하면 왕국 간의 전쟁 기록이 2~3건밖에 발견되지 않았기 때문이다. 당시 군사적으로 대립했던 이집트 · 이스라엘 · 아시리아 · 바빌론 · 페르시아 · 그리스 등의 국가로부터 멀리 떨어져 고립되어 있었으므로 전쟁에 휘말리지 않았다. 따라서 아라비아 펠릭스의 도시들은 거의 요새화되지 않았다. 그들은 언어적으로 어휘와 문법의 차이가 다소 있었지만 셈어에 속하는 아랍어를 사용했으며, 도시의 형태와 양식이 동일했다.

그림 3-22 아라비아 펠릭스의 5개 고대 왕국

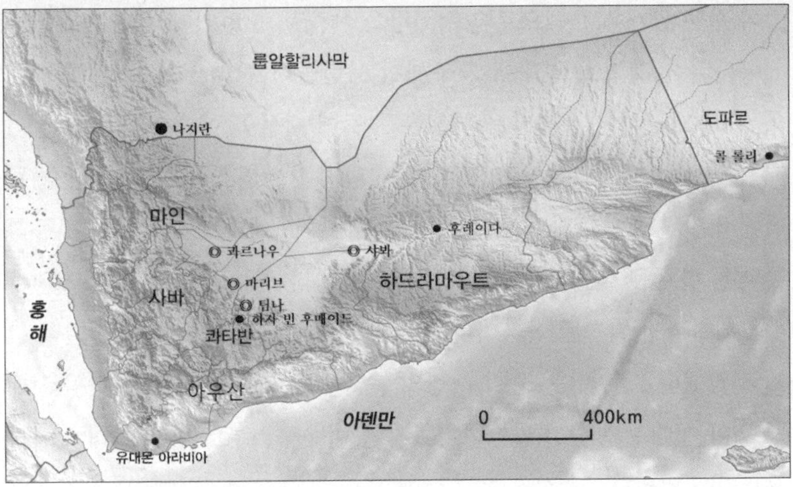

도시 주거의 습관에 젖은 아라비아 펠릭스인들은 지중해 연안과 퍼타일 크레슨트의 문명을 받아들였으므로 관개농업의 기술을 갖고 있었고 알파벳을 사용했다. 특히 석조 건물의 형태는 페니키아로부터 전수받은 것으로 보이며, 그들은 이미 기원전 1000년경부터 퍼타일 크레슨트로부터 청동과 제철 기술을 받아들였다. 그러나 관개 기술은 메소포타미아나 이집트의 그것과 다른 것이었다. 즉, 흐르는 하천을 이용한 것이 아니라 가끔 내리는 빗물을 이용한 것인데, 건조한 와디 하천에 댐을 만들어 비가 내려 하상을 채우게 되면 댐 양쪽에 수문을 만들어 수로를 통해 농경지에 공급하는 시스템이었다. 그리고 산악지대에 내린 빗물을 댐으로 저장하여 농경지에 공급하기도 했다.

이러한 관개 시스템은 앞에서 설명한 카나트와는 다른 것으로 주목할 만한 가치가 있다. 나는 아마 이런 시스템이 페르시아에서 고안된 카나트가 보급되기 전의 형태일 것으로 생각한다. 그리고 지하수층이 얕은 곳에 있는 골짜기에서는 우물을 파서 관개에 이용해 보완했다. 그들은 그와 같은 관개 시스템으로 잉여식량을 산출할 수 있었다.

아라비아 펠릭스 일대에 거주했던 사람들이 교역을 통해 고대 세계의 여러 지역과 접촉했다는 사실은 그들이 사들인 예술품을 비롯한 여러 수입품에서 엿볼 수 있다. 팀나에서 발견된 그리스의 청동 조각, 콜 롤리에서 발견된 인도의 춤추는 여인상 이외에도 메소포타미아, 로마 등과 교역을 한 유물들은 그들의 교역 범위를 대변해주는 것들이다. 기원후 4~7세기까지 지속된 아라비아 펠릭스의 문명은 서서히 쇠락의 길을 걷기 시작했다. 그 이유는 유향 시장의 붕괴에서 찾을 수 있다. 공화정 시대의 로마는 매장 풍습이 일반적이었지만, 아우구스투스 황제 시대에 화장으로 바뀌었었다.

그러나 로마의 콘스탄티누스 대제가 323년 기독교를 국교로 공인함에 따라 전통적 로마 장례 관습에 변화가 일어났다. 즉, 화장 대신에 매장

그림 3-23 기원전 25세기의 마리브 유적지

을 부활시킴에 따라 유향의 수요가 급격히 떨어진 것이다. 그 후에는 여전히 교회 의식용이나 의학용으로는 사용되었지만, 그 수요는 매우 적었다. 교역량이 대폭 감소함에 따라 부의 집중이 줄어들었다. 교역의 감소는 이 땅을 문명의 중심으로부터 고립화시키는 결과를 초래했고, 최신의 정보와 사상 · 기술 등이 뒤처지기 시작했다.

콘스탄티누스가 기독교를 공인한 후 4년도 지나지 않아 홍해 건너편 에티오피아가 기독교로 개종했다. 이 땅은 4세기 후반까지 에티오피아인의 지배 시대가 지속되었다. 이와 동시에 사산 왕조의 페르시아인들이 대거 유입되었다. 그로 인해서 사산 왕조의 국가 종교인 조로아스터교가 이 지역으로 전래되었다.

2001년 이집트의 카이로행 비행기에서 만났던 에티오피아 여인이 생각난다. 그녀의 손에 쥐고 있는 여권은 인쇄 상태가 매우 조잡한 것이었다. 나는 내 옆 좌석에 앉았던 그녀에게 말을 건넸다. 1950년 한국에서 전쟁이 일어났을 때 에티오피아가 6,000여 명의 전투 병력을 파견해준 사실을 이야기했다. 그러면서 에티오피아가 한국에게 고마운 나라임을 설명해주었다. 한국전쟁 때 에티오피아의 강뉴 부대는 죽음을 두려워하지 않는 백전백승의 정예부대였다. 셀라시에 황제는 그들에게 "목숨을 걸고 이길 때까지 싸워라. 그렇지 않으면 죽을 때까지 싸워라"라고 명했다. 그녀는 그런 사실을 잘 모르는 듯했다. 에티오피아의 마라톤 영웅 비킬라 아베베 이야기도 곁들였다. 점차 경계심을 푼 그녀는 지금 카이로의 어느 부잣집에 가정부로 취업하게 되어 가는 중이라고 했다. 그녀의 표정은 돈을 벌게 되었다는 기쁨과 새로운 세상에 대한 두려움이 섞여 있는 듯이 보였다. 에티오피아가 과거 아라비아 펠릭스를 지배했던 강국이었음을 그녀는 알고 있었는지 모르겠다.

7세기에 이르러 페르시아인의 지배가 시작됨에 따라 이곳의 종교는 다시 이슬람으로 바뀌게 되었다. 그리스인은 자신들의 언어로 페르시아 독음인 '자라투스트라Zarathushtra'를 '조로아스터'로 발음했다. 그래서 영어로는 Zoroaster로 표기하며, 배화교拜火教를 조로아스터교라 부르기도 한다. 예언자 조로아스터는 기원전 6세기경에 서아시아의 고대 신앙을 종합하여 새로운 종교를 만들었다. 천사와 악마 · 최후의 심판 · 천국과 지옥 · 영생의 교리가 포함되어 있는 이 종교는 유대교를 비롯해 기독교와 이슬람교 등에 많은 영향을 끼쳤다.

나는 유적지로만 남아 있는 조로아스터교의 흔적을 아제르바이잔의 바쿠 근교에 있는 아타샤하Atashgah 사원과 이란 야즈드에 있는 저메 모스크를 떠올렸다. 조로아스터교 역시 건조지대에서 생겨난 오아시스 종교의 범주를 크게 벗어나지 못한다. 1880년대 독일의 철학자 니체(Nietzsche, 1883)는 《자라투스트라는 이렇게 말했다》에서 "신은 죽었다!"라고 선언한 바 있다. 그는 신을 인간에 의해 창조된 허상이라고 믿었고, 결코 죽음 이후의 세계는 존재하지 않으며 신과 기독교의 윤리를 없앰으로써 인간은 자유로울 수 있다고 생각했다.

아라비아 펠릭스 사람들은 300년이라는 짧은 기간에 그들이 믿던 토착종교 대신에 외래종교를 갖게 되었다. 즉, 토착종교→기독교→조로아스터교→이슬람교 순으로 그들의 종교를 바꾼 것이다. 이에 따라 예로부터 전해 내려온 그들의 토착신앙은 전혀 다른 종교적 이데올로기의 타격을 받아 구제불능 상태로 빠져들었다. 그들이 지녔던 가치체계는 신뢰를 잃고 어떤 이념도 명확한 사상도 갖지 못하게 되었다. 그들은 그들만의 고유한 문명을 방치했고, 그에 따라 문화적 정체성이 돌연히 나타난 새로운 이데올로기 속에 묻혀버렸다. 그들은 이슬람의 새로운 문명에 저항할 만한 고유의 문명을 이미 상실하고 있었던 것이다. 이런 것을 영혼 없는 문명이라 할 수 있지 않을까?

물론 아라비아 펠릭스의 쇠퇴 요인이 종교적 요인 이외에도 정치적 · 경제적 · 문화적 요인이 복합적으로 작용했을 것이라고 반 비크(Van Beek, 1973)는 추정했지만, 나는 종교적 가치체계의 변화가 가장 큰 요인이었을 것이라고 생각한다. 그리고 오늘날에는 아라비아반도를 놓고 볼 때 페르시아만 쪽은 수평지절률이 높아 담맘 · 마나바 · 도하 · 아부다비 · 두바이 등의 대도시가 발달되어 있지만, 홍해 쪽은 지다와 메카 외에는 이렇다 할 만한 대도시가 없다. 이 일대는 산맥이 가로막아 해안평야가 좁고 염분을 포함한 토양, 말라리아 등의 병충해, 극심한 더위와 습도 등의 문제로 사람이 거주하기 곤란하며 해안은 산호초가 연속되어 있어 항만 건설도 불리하다.

예멘은 아랍인의 독특한 기질과 문화적 전통을 가장 잘 이어가고 있는 나라로 손꼽히므로 내전으로 인한 치안 문제와 알카에다 혹은 IS의 테러 위험이 해소되면 죽기 전에 가보고 싶은 나라다. 예멘Yemen이라는 지명은 이슬람 성지 메카를 향해 우측에 위치한 까닭에 '오른쪽 나라'란 뜻을 지니고 있다.

아프리카 대륙은 왜 문명 중심으로부터 빗겨갔나?

지금까지 우리는 주로 구대륙 중 오리엔트문명에 대한 내용을 중심으로 살펴보았지만, 인류의 기원을 설명할 경우에는 진화의 주요 무대가 아프리카 대륙임을 잘 알고 있다. 아울러 이 책에서는 인류의 고대문명을 오리엔트로부터 에게해와 펠로폰네소스반도로 옮겨가면서 전개해 나아갈 것이다.

이러한 지역의 고대사가 우리의 관심을 불러일으키는 것은 그 지역이 남겨놓은 문화유산이 아니라, 문명에 이르는 길이 다양하여 상이한 자연환경에 적응하는 과정에서 다양한 문화가 생겨났다는 사실을 가르쳐준다는 점이다. 나는 그것을 지형순화地形順化 혹은 기후순화氣候順化라 부른다. 즉, 인간이 주어진 지형과 기후환경에 적응하여 유전적으로 변화를 일으키게 되는 현상을 의미하는 것이다.

아프리카는 인류가 시작된 장소이므로 이곳의 문명사를 설명해야 옳은 일이겠지만, 역사 시대에 돌입하지 못하고 선사 시대에 머물러 있던 곳이 많았다. 영국의 아프리카 역사학자 올리버(Oliver, 1999)와 같은 아프리카 역사가들은 아프리카 선사 시대의 중요성에 대하여 역설하고 있으며, 선사 시대의 아프리카를 낮게 평가하는 것에 대해 격렬하게 반론을 제기하고 있다. 그럼에도 불구하고 아프리카는 역사의 중심에서 벗어나 있었다. 앞에서 설명한 이집트문명은 분명 아프리카 대륙에서 창출된 것이었지만, 이 책에서는 이집트를 제외한 아프리카문명에 관한 설명을 생략하려고 한다. 물론 아프리카에서도 문명과 문화는 창출되었지만 문명의 중심에 서보지 못한 채 서구 열강의 식민 통치의 후유증에 허덕이고 있다.

아프리카의 옛 지명은 원래 그리스인들이 불렀던 리비아였다. '리비아'라는 명칭은 이집트에 인접한 지방에 살고 있던 어느 종족의 명칭에서 유래되었다는 설과 고대 그리스 신화에 나오는 여신의 이름에서 유래되었다는 설이 있다. '아프리카'라는 지명은 기원전 2세기경 로마가 카르타고를 멸망시켰을 때 부근에 거주하던 아프리족의 이름에서 유래되었다고 하지만 불확실하다. '아프리카Africa'란 페니키아어의 *Afrygua*로부터 생겨난 지명으로, 오늘날에도 아랍인은 튀니지를 '이프리키아'라 부른다. 그 의미는 '과일의 나라'와 '따뜻한 땅'이란 설이 있지만, '식민지'란 학설이 가장 유력하다. 그러므로 리비아와 이프리키아 모두 이 대륙의 일부에 지나지 않는 지명이었다. 당시에는 아프리카 대륙이 얼마나 큰 규모인지 전혀 몰랐었다. 현재 리비아 항공사 명칭은 그 명칭을 살려 아프리키아Afriqiyah라 부르고 있다.

아프리카 대륙은 유라시아 대륙에서 볼 수 있는 복잡한 해안선과 반도 및 도서 지방이 거의 없어 지절률이 매우 낮다. 아프리카는 일반적으로 사하라사막을 경계로 그 이남을 '흑색 아프리카'라 부르고, 그 이북을 '백색 아프리카'라 부른다. 그것은 사하라 이남의 흑인종과 달리 지중해 연안의 북아프리카는 인종적으로는 백인종에 속하며, 민족적으로는 햄 · 셈어계의 주민이 대부분이기 때문이다. 사하라 사막이 백색 아프리카와 흑색 아프리카 간의 교류 장벽이 된 이유는 교류를 위한 운반 수단이 낙타만이 가능했기 때문이었다. 전술한 올리버에 의하면, 사하라 루트에는 낙타 사육이 증가하여 중세에 이르러 수십만 마리의 낙타가 있었던 것으로 추정된다.

아프리카가 인류문명사의 주역에서 빗겨간 이유를 확실하게 단정 지을 수는 없지만, 그 이유를 굳이 찾자면 자연환경에서 찾을 수 있을 것 같다. 아프리카 북부의 사하라사막은 기원전 3000년경까지만 하더라도 코끼리와 하마가 서식하고 있었다. 그와 더불어 주목할 만한 것은 이 토지가 소 · 양 · 염소를 사육하는 유목민의 발상지였다는 사실이다. '사하라Sahara'는 사막을 뜻하는 아랍어 '사라ṣaḥrā'에서 유래된 말이며, 식생이 없는 적색 평원을 뜻하기도 한다. 오늘날에는 세계 최대의 사막이 펼쳐져 있는 사하라는 당시에는 푸른 초원의 사바나 지역이었다. 그러므로 이 땅의 사막화는 무려 5,000년 동안 지속되고 있는 셈이다. 지금은 니제르강으로 합류하는 하천들이 종횡으로 흐르고, 또 하나의 수계는 멀리 떨어진 차드호로 흘러든다.

그리스의 역사가 헤로도토스(Herodotus, B.C. 440)는 그의 저서 《역사》에서 사하라의 이남 지역에 대해서는 별다른 설명을 하지 않았다. 다만 북아프리카 사람이 사하라사막을 넘어 남쪽의 흑인종들이 사는 땅에 성공적으로 도착했다는 기록이 있을 뿐이다. 이 내용은 니제르에 관한 최초의 역사 기록인데, 만약 그렇다면 이는 기원전 2000년대와 기원전 1000년대의 사하라는 매우 건조하여 사하라사막을 남북으로 종단하는 통로가 차단되어 있었다는 것을 말해주는 것이다.

사하라사막 이남으로는 낙타를 이용하지 못하므로 나귀와 소를 이용해야 안전하게 이동할 수 있었다. 그림 3-24에서 보는 바와 같이 사막의 남방한계는 낙타의 남방한계선은 물론 곡물의 북방한계선과 일치하기 때문에 분배 무역의 체계상 교류를 억제했다. 이 일대는 아랍어로 '주변'을 뜻하는 사헬Sahel지대가 동서로 펼쳐져 있어 사막과 초원의 점이지대를 이루는 땅이다(Batterbury and Warren, 2001).

나귀와 소를 이용한 대상은 낙타 대상에 비해 소규모일 뿐만 아니라 장거리 이동이 힘들었는데, 낙타는 소에 비해 두 배의 짐을 두 배의 속도로 운반할 수 있다. 무엇보다 가축과 사람이 체체파리에 물려 감염되는 트리파노소마증症에 걸리면 졸다가 사망하게 된다. 그러므로 안전지대를 택해 대상 규모를 줄여 머리에 이고 나르거나 카누를 이용해야 했으므로 교류가 어려웠다. 사막의 소금과 사바나의 곡물이 교환된 것은 훨씬 후의 일이다(Davidson, 1974).

사헬지대와 체체파리 서식 북방한계 사이에 위치한 에티오피아는 이집트와 마찬가지로 오리엔트와 교류가 있었다. 에티오피아가 국지적 지절로 볼 때 수평지절률이 비교적 높은 땅임에도 불구하고 찬란한 문명이 꽃피지 못한 이유는 뒤에서 설명할 것이다. 에티오피아Ethiopia란 국명은 그리스어로 '태양에 그을린 얼굴을 가진 사람들의 땅'이란 말에서 유래되었다. 즉, *Atios*는 '햇볕에 그을린', *-ops*는 '얼굴,' *-ia*는 '땅'을 의미한다. 아비시니아고원은 자외선이 강렬해 피부가 햇볕에 그을리게 되므로 그리스인들은 그렇게 부른 것 같다.

그림 3-24 아프리카 교역의 장애물

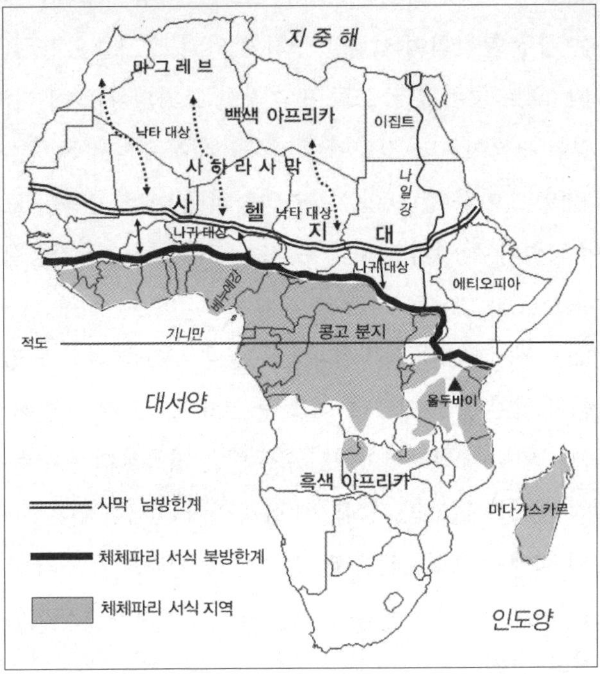

기원전 5000년경에 햄족이 서아시아로부터 이동하여 나일강 하류에 이집트문명을 꽃피웠다. 기원전 4000년경, 지중해 연안에 햄어계에 속하는 베르베르족이 진출했으나, 북아프리카에 진출한 셈어계의 민족, 페니키아인, 로마인 등에 밀려 알제리와 모로코 방면으로 이동했다. 서기 7세기 이후에는 서아시아로부터 셈어계의 민족들이 북아프리카 일대로 진출함에 따라 이슬람 제국의 정치적 발전과 결합하게 되었다. 이집트를 제외한 북아프리카를 흔히 마그레브Maghreb라 부르는데, 이는 좁게는 모로코, 알제리, 튀니지, 넓게는 리비아, 모리타니, 서사하라까지 포함하는 지역을 일컫는다.

아프리카의 토지는 너무 광대하여 주민들이 원시적 농경을 행한 결과, 지력이 소모되면 그곳을 버리고 다른 토지로 이동할 수 있었다. 이에 따라 부족은 항상 분산하여 식량을 구하게 되었고, 그들은 또 흩어져 하위 부족sub-tribe으로 나뉘었다. 그들이 정착한 토지의 지력이 다하면 또 이동하는 것이 관행이었다. 그것이 흑인사회가 특유의 부족 중심적 사회를 이룬 이유였다. 이와 같은 아프리카인들의 분열적 성향은 도시 형성에 걸림돌이 되었다. 당연히 도시의 부재는 문명 창출이 불가능함을 의미하는 것이다.

이 땅에는 체체파리의 북방한계선을 경계로 그 이남의 흑인종과 이북의 백인종이 섞여 살고 있었다. 이들 중 트리폴리로부터 말이 끄는 전차로 남하한 주민들이 원주민이었던 유목민을 정복했다는 추측을 할 뿐이다. 구체적 근거는 없지만 사하라에 유목민이 존재한 것은 사실인 것 같다. 당시의 식생은 오늘날과 달라 말과 양을 사육할 정도의 푸른 초목이 자생하고 있었다. 이처럼 유목민의 존재는 그 토지가 초원이었음을 증명하는 것이다. 그러나 역사 시대에 진입할 무렵, 사하라는 건조한 사막지대로 변함에 따라 풍족한 생활을 영위하던 유목민들과 가축들은 자취를 감추고 말았다. 이러한 사막화는 사하라 이외에도 아라비아반도를 비롯한 여러 곳에서 동시에 진행되었다.

이와는 달리 중부와 남부 아프리카에서 지속적으로 발생한 사건은 반투Bantu족의 대규모 이동이었다. 기원전 2000년경 나이지리아 남부의 베누에강 유역에서 기원한 반투족은 남쪽으로 이동하여 기원전 500년경 콩고 분지를 거점으로 확산되었다. 그들의 팽창은 다양한 자연환경을 두루 거쳐 이동하면서 채집·수렵 민족에서 목축과 농경 민족으로 발전했으므로 고고학·언어학·유전학적으로 인류 이동의 역사에서 가장 중요한 사건 중 하나로 평가받는다(Vansina, 1995). 그러나 그것은 어디까지나 중부와 남아프리카 내부에서 발생한 사건이었을 뿐이다.

아프리카의 중요한 가축이었던 소는 기원전 4000년대 후반부터 사육되기 시작했다. 올리버(Oliver, 1999)에 의하면, 에티오피아와 케냐 북부에서는 기원전 3000년대 중반부터 소 사육이 나타났고, 케냐 중부에서는 기원전 2000년대 후반에 이르러서야 소가 가축화되었다. 에티오피아의 아비시니아고원지대에서는 기원전 3000년 혹은 기원전 4000년대에 곡물과 야채가 재배되기 시작했다. 이 땅의 서쪽에서 햄 · 셈어계의 일종인 쿠시Cushi어가 이식된 것은 유목문화보다는 농경문화의 발달에 따른 것으로 생각된다.

이상에서 설명한 이유로 아프리카의 문명은 역사의 중심에 설 수 없게 되었다. 그것은 한마디로 저위도와 열악한 자연환경, 낮은 지절률 때문이었다고 요약할 수 있다. 중위도 지방에 거주하는 사람들이 도구나 기계를 발명하는 행위와 문제를 해결하는 행위는 중위도에 위치한 환경에서 가장 적합하다는 사실을 앞서 설명한 바 있다. 더욱이 토양이 지나치게 습윤하면 양분이 침출되어 농업에 적합하지 않고, 비가 많이 내리는 저위도의 열대우림지대는 증발량이 적어 농업에 불리하다는 사실을 언급한 바 있다.

그러나 아프리카 대륙 가운데 풍부한 수량이 확보된 나일강 유역은 예외였다. 이집트문명이 발생한 것은 순전히 나일강 덕분이었다. 이집트문명은 나일강 유역을 벗어날 수 없었다. 시종일관하여 지적하고 있는 '하천→취락→도시→문명'의 알고리즘이 적용될 수 있는 땅은 나일강 이외에는 아프리카에 없었다. 그리스의 역사학자 헤로도토스 역시 기원전 500년에 아프리카를 답사하고는 이집트 이외의 아프리카는 기록할 만한 가치가 없다고 생각했다. 사실 아프리카는 오늘날에도 채집 · 수렵문화가 농경문화와 공존하고 있는 실정이다.

제4장 관련 지도

제5장 관련 지도

Civilization of the Land

서진을 시작한
에게문명과 지중해문명

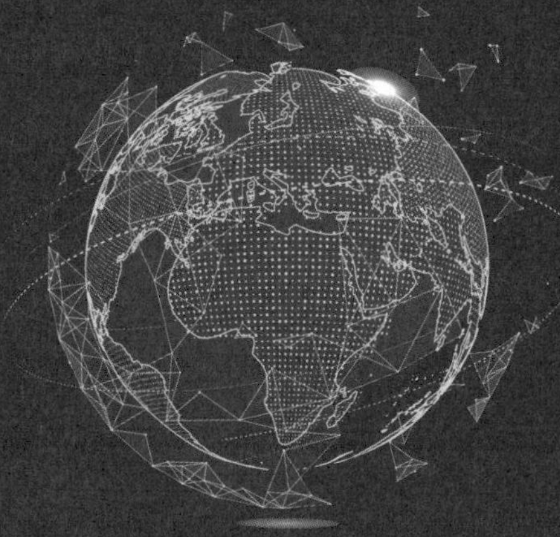

제4장 유럽문명의 기초가 된 그리스문명

제5장 지중해 세계를 형성한 로마문명

현대 유럽문명의 기초가 된 그리스문명을 탐구하기 위한 나의 답사는 터키 이스탄불에서 그리스의 수도 아테네에 도착하면서 시작되었다. 그리스 제국의 중심이었던 아테네에서의 긴 일정을 마치고 에게해를 살펴본 후, 코린토스-미케네-올림피아를 거쳐 스파르타 유적지를 보기 위해 라코니아로 이동했다. 그곳으로부터 다시 발길을 돌려 테베-델파-마케도니아 등지를 돌아보는 여름철 답사는 고된 일정이었다. 이와 같은 일정은 두 번에 걸친 답사로 이루어졌다. '폴리스'라는 독특한 형태의 도시국가연합을 결성했던 그리스 제국의 동쪽에 위치한 터키의 아나톨리아 연안 지방은 이미 앞에서 밝힌 바 있다. 대리석문화라고도 일컬을 수 있는 그리스문명을 조사하기 위해서는 델로스섬과 같은 양질의 석회석 산지로 구성된 키클라데스제도, 미케네문명의 전신인 크레타섬을 답사해야 했으나 그렇게 하지 못한 점이 못내 아쉬움으로 남아 있다.

제4장

유럽문명의 기초가 된 그리스문명

징검다리 역할을 한 크레타문명: 에게문명의 서막

고대 그리스 · 로마문명을 논할 경우에는 반드시 지중해를 먼저 언급할 필요가 있다. 환경사학자 휴스(Hughes, 1975)는《고대문명의 환경사》에서 지중해 연안 지역에 대해 설명할 때에는 바다에 대해 먼저 말하고 그다음으로 육지에 대하여 말하는 것이 순서라고 지적한 바 있다. 그만큼 유럽과 북아프리카는 지중해가 미치는 영향이 크기 때문이다. 지절률이 높은 지중해 연안 지역은 고원지대의 아나톨리아와 이베리아반도의 일부 지역을 제외하면 바다로부터 멀리 떨어진 내륙지방이 매우 드물다. 이는 대부분 지중해와 관련이 있음을 뜻한다. 우리는 제2장과 제3장에서 메소포타미아문명과 이집트문명에 대해 살펴보았다. 이들 문명은 이제부터 설명하려는 그리스문명과 문명 발생의 메커니즘에서 상이하다. 그것은 메소포타미아문명과 이집트문명은 바다보다는 하천의 영향을 더 많이 받아 형성된 것이기 때문이다. 이제부터는 지중해라는 바다를 염두에 두고 읽어주기 바란다.

크레타는 유럽에서 가장 오래된 문명인 미노아문명의 중심이었던 까닭에 크레타문명이라고도 부른다. 라틴어로는 크레타*Creta*이지만, 현대 그리스어로는 '크리티*Kriti*'라 발음된다. 에게해에는 여러 개의 섬이 분포하고, 발칸반도에서 남쪽의 펠로폰네소스반도에 이르는 해안선과 아나톨리아 해안선의 드나듦이 매우 복잡하다. 그리고 내륙에는 높고 낮은 산과 고원이 분포한다. 이로 인해 수평지절률은 물론 수직지절률이 지구상에서 가장 높은 지역이다.

크레타문명의 문화적 측면에 대해서는 많은 연구가 축적되어 있다. 이 문명의 가장 큰 특징은 그들이 해양 민족이었다는 점에서 찾아볼 수 있다. 크레타에 미노아문명이 발생한 1,000년 후의 그리스인은 크레타섬에 대해 함선을 거느린 막강한 해군 국가이며 에게해의 지배권을 장악한 존재로 인식하고 있었다. 크레타섬에 많은 선박이 있었던 것은 분명한 사실이지만, 그것들이 모두 군함은 아니었다. 청동기 시대에는 군함과 무역선이 별도로 존재한 것이 아니었다. 평시에는 무역선으로 사용하다가 전시에 군함으로 전용했던 것이다. 그럼에도 불구하고 그리스인들은 마치 19세기 대영제국이 강력한 해군력을 배경으로 세계를 제패한 것처럼 크레타를 인식했던 모양이다. 하지만 크레타에는 그들이 생각한 것과 같은 해군은 없었다.

사방이 바다로 둘러싸인 탓에 크레타의 섬사람들은 주변을 의식하지 않고 안심한 생활을 영위하고 있었다. 해안선을 따라 약간의 취락들이 분포했고, 토루土壘를 축조할 정도였지 성채를 만들어 주위를 경계할 정도는 아니었다. 이는 외적이 항구로 침입해올 위험성이 전혀 없었음을 의미하는 것이다.

우리는 크레타섬을 중심으로 발달한 모든 미노아문명을 에게문명이라 부르는데, 그 중심이 크레타섬이었다. '에게해'란 지명은 미노스 궁전에 살고 있던 괴물을 무찌른 테세우스란 청년의 아버지였던 아테네 왕 아이게우스Aegeus가 아크로폴리스 언덕에 올라 아들의 생환을 고대했으나 흰 돛 대신 검은 돛이 달려 있자 아들이 죽은 것으로 잘못 알고 바다에 몸을 던져 죽었다는 슬픈 전설에서 비롯되었다고 한다. 사실 아들은 괴물을 무찔렀지만 그를 사랑한 미노스의 공주가 돌연히 병으로 죽자 너무 슬픈 나머지 검은 돛을 흰 돛으로 바꿔 다는 것을 잊어버린 것이다. 이처럼 에게해는 아이게우스 왕의 바다였다.

크레타섬에 최초로 사람이 거주한 것은 신석기 시대로 거슬러 올라가는데, 이들은 소 · 양 · 염소 등의 가축을 사육했고, 곡물과 콩을 재배했던 까닭에 자급자족의 기반 위에 교역을 할 수 있었다. 당시의 크레타 사회는 전해지는 문헌이 없어 알 수 없지만, 유적으로부터 유추해보면 평화롭고 개방적이었던 것으로 생각된다. 기원전 3000년경부터 시작된 청동기문명은 그보다 더 앞선 메소포타미아문명을 비롯한 이집트문명의 영향을 받으며 꾸준하게 독자적인 문화를 발전시켜 나아갔다. 그 당시 크레타섬에서 사용된 언어는 미노아어였던 것으로 짐작되는데, 이 언어는 후에 크레타어로 파생되었지만 사멸하고 말았다.

내가 여러 차례에 걸쳐 강조하는 바와 같이 모든 민족은 자신들에게 처한 지리적 환경에 적응해 지형순화와 기후순화를 거치면서 문화 및 문명 발전으로 향하는 실마리를 찾게 된다. 크레타섬 주민들은 에게해를 그들의 생활 무대로 삼아 각지로부터 문화를 흡수해 고도의 문명으로 발전시켜 나아갔다. 에게문명의 수준은 출토된 유물의 색깔에서도 짐작할 수 있다. 백색 계통의 그릇이라도 단일색이 아니고 적색도 여러 종류의 붉은색이 사용되었다. 혼합색을 선호한 에게문명은 세련된 문명이었다. 이후에 등장한 그리스문명에서는 엷은 자주색이 자주 이용되는데, 이는 백색과 적색 계통 색깔의 영향이거나 페니키아의 영향일 것이다.

그들이 오리엔트문명과는 성격이 다른 독자적 문명을 이룩한 요인은 기원전 2000년경부터 인도 · 유럽어족의 일파인 아카이아인이 발칸반도로 남하하기 시작하여 그리스로 들어왔을 때 그곳의 원주민이 미노아문명을 받아들여 에게문명의 일익을 담당했기 때문인 것으로 풀이된다. '미노아Minoa'란 이름은 그리스 신화에 나오는 크레타의 왕 '미노스'에서 유래한 것이지만, 이는 왕조의 이름이었을 가능성도 있다. 아무튼 그 시기에 문명이 번영했으므로 미노아문명이라 부른다.

크레타(미노아)문명은 기원전 1550년까지 동쪽의 페니키아와 밀접한 관계를 맺고, 서쪽으로는 시칠리아섬을 비롯한 아드리아해 연안 지역과 지중해 서부 연안 지역까지 교역을 확대했다. 그러나 더욱 중요한 것은 그들이 그리스 본토를 통해 선진 문명이었던 메소포타미아문명과 이집트문명을 청동기 시대의 유럽 대륙에 전파하는 역할을 담당했다는 사실이다.

크레타인들은 지모신地母神을 비롯해 자연과 관련된 여러 신들을 섬기는 제정일치의 사회였다. 왕은 많은 관리들을 거느리고 궁전에서 국정에 임했으며, 필경 작업을 담당하는 서기들은 그림문자를 개량해 많은 기록을 남겼다. 하지만 아직까지 이 문자를 해독하지 못하고 있어서 그 내용은 알 수 없다. 크노소스 궁전은 기원전 1700년에 건축되었고 기원전 1400년까지 이용되었다. 괴물을 가두어두었다는 미궁迷宮이나 밀집되어 있는 도시의 유적을 보면 크레타인은 세련된 도시생활을 즐겼음을 알 수 있다. 또한 그들이 남긴 궁전 벽화가 자연에 대한 감각과 사실적인 묘사를 보이고 있어, 퍼타일 크레슨트와는 상이한 새로운 문명의 양상이 움트고 있었음을 알 수 있다.

크레타문명은 별로 실용적인 문명은 아니었던 것으로 보아 후에 창출된 그리스문명과는 차별화된다. 오히려 크레타인들은 예술 활동을 선호했다. 그들의 예술 양식은 바다 건너 이집트와 그리스로 확산되었다. 그들은 이집트로부터 수학을 배웠지만, 그것을 더 발전시키지는 못했다. 크레타의 종교 역시 문명의 멸망과 함께 후세에 영향을 미치지 못하고 역사 속으로 사라져버렸다. 하지만 크레타문명이 고대 그리스문명에 지대한 영향을 끼친 것은 사실이다.

고고학자 파파도포울로스(Papadopoulos, 1997)에 의하면, 크레타 유적지가 1900년 영국의 고고학자 에반스에 의해 발굴이 시작되었을 때, 크노소스 궁전의 유구와 함께 문자가 기록된 점토판이 발견되었다. 그 점토판을 크레타섬 최대 도시 이라클리온 시내에 위치한 고고학박물관에 가면 관람할 수 있지만, 그 내용은 알 길이 없다. 크레타에서 꽃핀 미노아문명은 강력한 국가를 형성하게 했으며, 그 중심에는 크노소스가 있었다. 당시 궁전과 건축물들의 유적이 여러 군데 남아 있는데, 이것은 고대 지중해 세계의 유적 가운데 매우 중요한 유적이다.

크레타문명은 전술한 것처럼 미노아문명이라고도 불리는데, 미노아문명 시대에 만든 도자기들은 지중해 동부 전역에서 발견된 것으로 보아 교역권의 범위가 지중해 동부 연안에 머물렀음을 알 수 있다. 풍부한 농작물과 활발한 교역으로 번영한 크레타문명은 크노소스 궁전이 수차례에 걸쳐 재건된 사실만 보더라도 왕성한 복원력을 가지고 있었다. 이 궁전의 욕실과 화장실의 화려함은 후에 로마 시대의 그것과 비교해도 전혀 손색이 없을 정도였다.

에게해의 델로스섬을 중심으로 한 키클라데스제도에서는 미노아(크레타)문명과 유사한 청동기문명인 키클라데스문명이 꽃피었다. 당시 크레타는 미노아문명의 주도 세력이었다. 미노아 유적에는 화려한 석조 건축물과 계단식 궁전이 있고, 배수 시설과 여왕의 목욕탕, 수세식 변소가

그림 4-1 미노아문명의 중심 크노소스 궁전 복원도

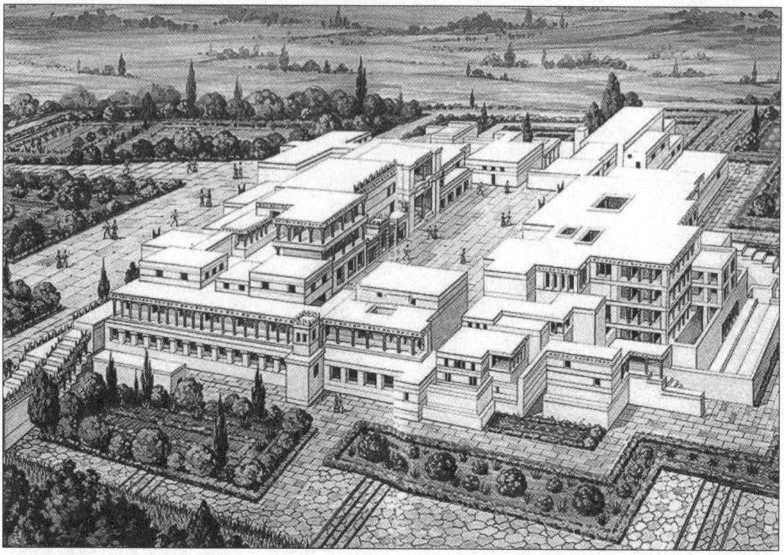

설치되어 있었다. 미노아문명은 기원전 3000경부터 크노소스가 쇠퇴한 기원전 1400년경까지 번창했다.

아카이아Achaioi인은 기원전 1800~1700년경 아테네 북쪽의 테살리아Thessaly 방면에서 남하해 펠로폰네소스반도 일대에 정착한 고대 그리스의 한 집단이다. 후에 그 일부는 이오니아인이라고 불리게 되었다. 아카이아인의 호칭은 호메로스의 서사시에서 그려지는 그리스인의 총칭으로 통했다. 그들은 미케네문명을 구성하는 집단으로 간주되며 기원전 1400년경 크레타섬의 미노아문명을 멸망시켰다. 그들은 원주민과 별다른 충돌 없이 섞여 살면서 그 문명을 받아들인 것이다. 그러나 차츰 그 세력이 커지자 아카이아인들은 자신들의 북방적 문명을 혼합하여 다소 독자적이고 발전된 문명을 이룩했다. 바로 육지문명과 해양문명의 결합이 한 차원 높은 새로운 문명을 형성할 수 있게 한 것이다. 그들이 세운 국가들 중 가장 강대했던 것은 미케네 왕국이었다. 따라서 아카이아인들이 남긴 문명을 미케네문명이라고도 부른다.

크레타가 그리스 본토로부터 침략을 받았다는 사실은 청동기 시대 말기의 상황을 대변하는 것이라고 보아야 한다. 이것은 마치 20세기 최고의 문명국이 된 미국을 침략한 일본에 비유될 수 있을 것 같다. 문명의 이동은 종합적 여건이 성숙되어야 이동하기 마련인데, 그것을 재촉한 것이다. 이집트도 크레타를 침략할 생각을 전혀 하지 않았을 정도로 크레타를 침략할 민족은 어디에도 없었다. 그리스 본토로부터의 침략이 있기 2~3세기 전만 하더라도 미노아문명은 그리스 본토로 그 세력을 확장하고 있었다. 미노아문명을 그리스 본토에 전한 것은 바로 아카이아인들이었다. 크레타에는 이미 그리스문명의 심벌이라 할 수 있는 아크로폴리스라 불리는 요새가 구축되어 있었고, 강력한 무력을 갖추고 있었음에도 불구하고 이에 대한 대비가 전혀 되어 있지 않았다. 그리하여 크레타는 멸망하고 말았지만, 그 영향으로 미노아문명의 소멸 후에도 그리스인들의 마음속에는 크레타의 잔재가 남아 있었다.

미노아문명을 지리적 관점에서 파악해보면, 메소포타미아와 이집트문명을 받아들인 페니키아문명과 관련성이 가장 많을 것으로 생각하기 쉽지만, 사실은 그렇지 않은 것 같다. 물론 여러 문명들과 교류한 것이 사실이지만, 이집트문명의 영향이 가장 커 보인다. 크레타 해안선은 국지적 지절률이 높고 산악부와 평야부가 혼재해 외부로부터 문화를 받아들일 수 있는 지리적 여건이 조성되어 있었다. 나는 안타깝게도 크레타섬에 가보고 싶었지만 기회가 주어지지 않았다. 다음 기회에 크레타를 방문할 기회가 있다면 꼭 카잔차키스의 묘에 가보고 싶다.

카잔차키스(Kazantsakis, 1946; 1950)는 크레타가 낳은 위대한 작가이자 그리스 민족주의자다. 그는 크레타섬이 오스만 제국의 지배에 맞서 반란을 일으킨 시기에 태어난 저항 정신이 투철한 애국지사였다. 그의 작품으로는 19세기에 크레타섬에서 종주국 오스만 제국의 통치자들과 맞서 싸운 그리스인들의 용감한 투쟁을 묘사한《자유냐 죽음이냐》, 가난한 철학자이며 삶을 열렬히 사랑하는 사람을 묘사한《그리스인 조르바》 등의 작품이 있다. 나는 무엇보다 그의 묘비에 새겨진 '나는 아무것도 바라지 않는다. 나는 아무것도 두려워하지 않는다. 나는 자유다'란 글귀를 직접 보고 싶다.

펠로폰네소스반도의 미케네문명: 그리스문명의 서막

미케네문명은 그리스 남부 펠로폰네소스반도 북동부에 있는 아르골리스Argolis의 미케네 유적지에서 이름을 따온 고대 그리스의 문명을 일컫는다. 기원전 2000년을 전후해 그리스 본토의 남부 각지에는 소왕국이 건설되었다. 이들은 기원전 1600년경부터 급속히 국력이 강해져 남쪽 크레타에 대항할 정도로 성장했다. 그중에서도 미케네가 중심이었으며, 크레타의 붕괴 후 지중해 각 지역과의 교류에도 지도적 역할을 수행했다.

미케네와 미노아 왕궁은 각각 두 문화의 차이를 잘 보여준다. 크레타의 평화적이고 개방적인 왕궁과 달리 미케네의 왕궁은 침입과 재해에 대비하기 위해 폐쇄적으로 지어졌다. 그림 4-1과 그림 4-2를 비교해보면 쉽게 알 수 있다. 왕궁의 형태만큼이나 두 왕국의 성향은 달랐던 모양인데, 이는 도서문명과 육지문명의 차이에서 비롯된 것이다. 미케네인들은 미노스인들을 굴복시켰을 뿐 아니라, 그리스 전설에 따르면 미케네의 강력한 적수였던 도시국가 트로이Troy를 두 번이나 패퇴시켰다. 이런 증거는 호메로스의《일리아드》와《오디세이》, 그리고 그 밖의 신화에 입각한 사료에서만 찾아볼 수 있기 때문에 트로이와 트로이 전쟁의 존재는 확실

그림 4-2 미케네 궁전 복원도

하지 않다.

미케네의 취락이 오늘날 핀도스산맥 넘어 그리스와 알바니아 접경의 에페이로스Epeiros, 발칸반도 북쪽의 마케도니아를 비롯해 에게해의 섬들, 소아시아 해안, 키프로스에서도 발견되는 것으로 보아 융성기에는 미케네의 영향력이 컸던 모양이다. 크레타섬과 펠로폰네소스반도 사이의 크레타해(넓게는 에게해)에는 키클라데스제도와 스포라데스제도에 속하는 섬들이 무수히 분포하고 있어 해양문화가 발달하기에 최적의 조건을 갖추고 있다. 이는 서로 문화를 공유하거나 교류할 수 있는 자연적 조건이 갖춰져 있음을 의미하는 것이다. 그렇지 않아도 키클라데스제도에서는 기원전 3000~2000년경 동안 청동기 시대 초기의 문명에 속하는 키클라데스 해양문명이 번성한 바 있다.

기원전 1100년경 미케네문명은 도리아족의 남하로 멸망하고 말았다.

밀로나스(Mylonas, 1966)의 《미케네와 미케네 시대》에 의하면, 수많은 미케네의 도시들이 약탈당했고, 이 지역은 역사가들이 그리스 암흑기라 부르는 시대로 넘어간다고 기록되어 있다. 또 어떤 미케네인들은 아나톨리아고원이나 다른 그리스의 섬들 혹은 키프로스로 도주하기도 하여 산산이 흩어진 것 같다고 기록했다. 이 시기에 그리스는 인구 감소가 진행되었으며, 궁정과 관련된 문자도 사라지고 말았다. 역사가들은 전통적으로 이 쇠퇴의 원인을 다른 그리스인의 침략 때문이라고 여겼다. 그들은 이 지역 주민을 복속시킨 도리아인이었지만, 일련의 지진이나 대규모 가뭄과 같은 자연재해나 기후변화와 같은 가설도 제기되고 있으므로 확실한 원인은 미궁에 빠져 있다.

다이아몬드(Diamond, 1993)는 《제3의 침팬지》에서 찬란한 미케네문명이 붕괴된 이유를 조심스럽게 자연의 파괴에서 찾았다. 그는 지중해 연안의 땅은 오늘날처럼 황량하지 않았으며, 고대에는 나무가 무성한 언덕과 비옥한 계곡이 어우러진 싱싱한 땅이었다고 주장했다. 그러나 인간이 숲을 벌목하고 언덕을 개간하며 많은 가축을 방목한 탓에 토양이 회복 불가능할 만큼 나빠졌고 경작 기간이 짧아졌다. 그는 만약 그리스에 있는 어느 언덕을 1,000년 간격으로 사진을 촬영해 비교해본다면 왜 그리스 삼림이 산양도 살 수 없는 관목뿐인 황야로 변하게 되었는지 그 과정을 일목요연하게 알 수 있을 것이라 주장했다. 하지만 나는 그의 견해에 전적으로 동의하지 않는다. 왜냐하면 그리스가 고대부터 모든 국토가 비옥한 옥토가 아니었다는 증거가 많기 때문이다. 그러나 환경사학자 휴즈 역시 다이아몬드와 같은 견해를 표출한 바 있다.

아무튼 크레타문명과 미케네문명을 보면서 문명을 전수받은 쪽이 문명을 전파해준 쪽보다 더 찬란해졌음을 알 수 있다. 미노아(크레타)문명이 미케네문명에 의해 멸망한 것을 보면, 문명의 흐름이 서진을 위한 북진이었다는 도도한 역사의 흐름을 염두에 두고 이해할 필요가 있을 것 같다.

폴리스의 성립과 다양한 국가체제

고대 그리스의 조상은 발칸반도 서북쪽의 내륙 지방에서 농목업으로 생활하던 종족들로, 그들이 그리스 본토에 등장한 것은 기원전 2000년경이었다. 그들은 발칸반도 남쪽으로 내려오면서 차츰 에게문명을 흡수했고, 일부는 기원전 1700년경부터 해안 지방에서 미케네를 건설해 크레타의 뒤를 잇게 되었다. 도리스족 · 이오니아족 등으로 구성된 다양한 부족들은 에게해 일대의 섬과 소아시아의 해안 지방으로 이동하여 미케네 시대보다 더 넓고 조직화된 헬라 세계를 형성하게 되었다. '헬라Hellas'란 성경에서 그리스를 가리키는 말로, 동양에서는 한자의 음차 표기에 따라 '희랍希臘'이라고 표기하게 되었다.

그리스어로 '폴리스*polis*'는 흔히 도시국가라고 번역되지만, 폴리스의 원래 뜻은 방어용 성채를 의미한다. 영국의 역사학자 칼레지(Cartledge, 2002)에 따르면, 폴리스는 고대 그리스 사회에서 사용되던 2,000개 리스트 중 남자를 뜻하는 아네르*ajnhvr*보다 실제로 더 빈번하게 등장했던 명사라고 한다. 또한 '도시국가'보다는 '시민국가'라 이해하는 것이 더 정확하다고 지적했다. 그리스의 도시화가 괄목하게 진전된 5세기 후기만 하더라도 아테네(아테나이) 시민들의 대부분은 도시 밖 근교에서 전원생활을 영위했었으나 아리스토텔레스가 규정한 것처럼 인간은 정치적 동물이므로 폴리스라는 정치적 틀 속에서만 능력을 충분히 발휘할 수 있도록 설계된 생명체였다. 그 때문에 정치에 뜻을 둔 사람들은 폴리스로 몰려들었다. 이동기의 혼란이 끝나고 안정을 찾자, 언덕 위에서 내려와 평지의 땅에 주거를 옮기고 외곽에 성벽을 구축했다. 평지로 내려왔음은 민주주의가 잉태되었음을 뜻하는 것이었다.

민주정치를 의미하는 영어의 데모크라시democracy는 고대 그리스어의 데모크라티아democratia에서 유래되었다. '데모스'는 자유시민이란 의미이며, '크라토스'는 권위 혹은 지배를 뜻하는 단어였다. 민주정치를 발달시킨 도시국가는 역사상 몇몇 존재했지만, 아테네의 민주정치는 유례를 찾아볼 수 없는 형태로 발진해 지속되었다는 점에서 그 가치를 높이 평가할 수 있다. 이 모범적 정치체계는 별안간 출현한 것이 아니라 사회적 대립과 개혁, 새로운 입법 성과의 산물로 서서히 정비된 것이다.

기원전 7세기부터 아테네 시민은 법률의 성문화와 공평한 정치적 권력을 요구했다. 아테네 사회에 공평성과 권리의 평등을 가져온 법 제정의 목적은 부유한 자와 가난한 자 간의 사회적 대립을 조정하는 것이었다. 아테네의 민주정치는, 법 앞에 평등하며 동등한 법적 활동의 이소노미아*isonomia*, 대등한 욕망의 이소티미아*isothymia*, 평등한 언론자유의 이세고리아*isēgoria*의 정신에서 비롯되었다. 이와 같은 시민의 공통된 인식에 대해 많은 학자들이 간과하는 것이 있는데, 그것은 아티카 지방을 위시한 이오니아 지방 등의 다양한 곳에 뿌리를 두고 있었으므로 환경적 산물이라는 점이다.

남유럽의 지중해식 자연환경은 그리스가 매우 전형적이라 할 수 있다. 아울러 에게해 일대의 복잡하기 짝이 없는 해안선과 무수한 섬, 산 넘어 또 산이 있는 그리스 본토는 그리스만灣이 안고 있는 독특한 지형이다. 그와 같은 지절의 상태는 아나톨리아의 서해안 역시 마찬가지다. 이와 같은 복잡한 지형은 통일성보다 분열적 파편성을 갖게 하여 곳곳에 폴리스를 성립하게 하고 소국가 단위의 건국에 영향을 미친 것이 사실이다. 그러나 그 이유만으로 모든 것을 설명하는 것은 너무 환경결정론적 해석임은 두말할 필요가 없을 것이다.

나는 개인적으로 인간 활동이 자연환경에 강한 영향을 받고 그에 대한 적응의 결과로 지역성이 발생한다는 지리학 개념의 환경결정론에 동의하지 않는다. 이것은 독일의 지리학자 라첼(Ratzel, 1896)이 주장한 것이지만, 그 뿌리는 고대 그리스 이오니아학파를 위시하여 아리스토텔레스, 스트라본, 히포크라테스 등에서 찾을 수 있다. 그리고 헤겔, 마르크스, 랑케, 헌팅턴, 셈플(Semple, 1911) 등에 의해 계승되어 백인을 숭배한다는 숭백주의崇白主義와 서양우월주의에 기초한 서양중심사관史觀으로 자리잡게 되었다. 심지어 다분히 인종적 편견과 정치적 의도가 깔려 있는 유전결정론으로까지 비약되었다. 유전적으로 유럽의 백인들이 동양인에 비해 우월하다는 것이다. 루소에 의하면 "유럽은 아시아나 아프리카처럼 종족들의 단순한 결합체가 아니라 서로 조화롭게 결합되어 있어서 뛰어난 문명을 창출했다. 반면에 다른 대륙의 문명은 곧 시들고 말았다. 오직 유럽 문명만이 진정한 진보를 이룩해 앞서 나아갈 수 있다"라고 주장했다. 나는 그런 이유 때문에 환경결정론을 경계해야 한다고 생각한 것이다.

헤겔은 "나는 중국이란 나라가 존재한다는 것 이외에는 중국에 대해 아무것도 이해하지 못했다"라고 동양에 대한 자신의 무지를 실토한 바 있다. 문명비판론자인 사이드(Side, 1978)는 그의 저서《오리엔탈리즘》에서 18~19세기 유럽이 동양을 비하하던 편향적 시각을 비판한 바 있다. 그에 의하면, 서구인들이 보는 동양은 본래의 모습에 근거하지 않고 부정적 정보와 왜곡된 편견을 통해 투사된 허상일 뿐이며, 그런 의미에서 동양은 그동안 스스로 존재하지 못하고 서구인들에 의해 정의된 형태로만 존재해왔다는 것이다. 이러한 왜곡된 시각에서 서구인들은 동양에 대한 서양의 지배를 정당화했다.

이와 같은 서구인들의 동양에 대한 무지無知는《동방견문록》을 저술한 마르코 폴로도 지적한 바 있다. 그는 자신의 저서에서 동양의 문명적 우

그림 4-3 기원전 5세기 그리스 도시국가의 분포

수성에 대해 절반도 기술하지 못했음을 토로하면서 "서양인들은 거짓말을 회개하라!"고 일갈했다(김호동 역, 2015). 이는 서양의 지식인들이 동양을 제대로 알지 못한 상태에서 평가했음을 뜻하는 것이다.

이야기는 다시 그리스의 자연환경에 관한 설명으로 되돌아간다. 그리스 땅은 메소포타미아와 나일강 유역의 땅처럼 큰 규모의 치수와 관개를 필요로 하는 땅과는 지리적으로 전혀 다르다. 더욱이 고대의 전제적인 대제국이 치수와 관개의 통제 및 조절로부터 잉태되었다는 문명사적 관점에서도 그리스는 그와 같은 조건이 없으므로 해당되지 않는다. 그렇지만 미케네 시대에는 오리엔트풍과 유사한 국가의 싹을 볼 수 있고, 또 기원전 2000년경에 아나톨리아 내륙으로 들어간 인도·유럽어족 국가였

던 히타이트 제국이 큰 하천을 갖지 못했음에도 불구하고 오리엔트풍의 제국을 건설했다는 사실을 간과해서는 안 될 것이다.

자연환경의 지리적 문제는 그 땅에 정착한 사람들의 문제일 뿐만 아니라 다양한 각도에서 생각해볼 필요가 있다. 그리스문명을 이해하기 위해서는 반드시 지리적 지식이 필요하다. 여기서는 그리스가 처한 지중해식 자연환경에 대하여 그 특색을 살펴보기로 하겠다.

첫 번째, 그리스는 본래부터 비옥한 땅이 아니었지만 오랜 시행착오를 거쳐 바위투성이의 땅을 적절하게 이용하는 방법을 터득했다는 점이다. 다이아몬드(Diamond, 2005)는《문명의 붕괴》에서 그리스의 농업이 기원전 7000년경 아나톨리아로부터 전해진 것으로 파악했다. 이 무렵부터 발칸반도를 중심으로 한 유럽은 오리엔트와 관계를 맺기 시작한 것이다. 그 후 그리스는 농업기술을 이용하여 오늘날과 마찬가지로 지중해성 기후에 적합한 포도와 올리브 같은 과수 재배의 최적지를 개간했다. 올리브나무는 포도나무와 더불어 척박한 토양을 개선하는 데 이용하는 작물이기도 했다.

아테네가 위치한 아티카반도의 황폐한 땅의 일부는 포도나무를 재배함으로써 많이 개선되었다. 포도의 기원은 아르메니아고원으로 추정되며, 포도 경작을 기록한 비문碑文은 메소포타미아에서 발견된 바 있다. 포도를 경작한 시기가 기원전 2400년경이므로 메소포타미아에서는 포도주보다 맥주가 먼저 개발되었음을 알 수 있다. 포도 재배는 곧 페니키아로 전파되었고, 그들은 크레타에 수출했다. 그리고 이것은 미케네를 통해 아티카와 그리스의 도시국가로 전파되었다.

영국의 생물학자 헨(Hehn, 1885)의《식물과 동물의 방랑》에 의하면, 서남아시아에서 자생하던 올리브나무는 셈족에 의해 개량되어 척박한 석회질 토양에서 재배되며, 특히 무화과나무처럼 해안가에서 잘 자란다.

고대 그리스인들에게 올리브유는 사치품인 동시에 필수품이기도 했다. 올리브유는 지방분을 섭취하는 데 유용했고, 등불용으로도 사용되었다. 또 그들은 습관적으로 올리브유를 피부에 바르기도 했다. 크레타섬을 비롯한 지중해 연안 지역의 주민들이 육류를 섭취하는 다른 지역에 비해 심장질환 및 암의 발병률이 낮은 것이 올리브유의 섭취와도 관련이 있다고 한다.

그리스를 여행하다 보면 도처에서 올리브나무를 볼 수 있다. 여름철은 매우 건조하고 목초지가 적어 거의 황무지에 가까운 토양이 많아 소와 말 대신 양이나 산양을 사육했다. 그리스인들은 청동기 시대부터 밀 · 보리 재배, 과수 재배, 작은 가축 사육 등을 결합한 혼합농업을 행했다. 곡물은 부족하여 올리브유와 술을 상품화함으로써 잉여식량에 대신했다. 자원이 부족했던 그리스는 이집트와 흑해 연안으로부터 곡물을, 키프로스를 비롯한 인접 지역으로부터는 광물을 수입했다. 키프로스는 '구리섬'이라 불릴 정도로 구리 광산이 많았다.

두 번째 특색은 지중해로 나아가는 에게해 일대의 항해가 대단히 용이하다는 점을 들 수 있다. 여름철에는 극도로 건조한 날씨 탓에 공기가 청명해 시계 확보가 양호하므로 놀라울 정도로 먼 곳까지 잘 보인다. 따라서 선박이 항해할 경우 암초를 피해 안심하고 다닐 수 있어 교역하기 좋다. 그리스 · 소아시아 · 레반트 · 이집트 간의 항해는 동아시아의 한국 · 중국 · 일본 간의 거리에 해당했을 것이다.

기원전 500년에 접어들면서 복잡해지기 시작한 그리스 사회를 정확히 파악할 수는 없지만, 동시대의 다른 사회에 비해 급속한 변화가 있었던 것은 사실이었던 것 같다. 예를 들면 기원전 700년 말경에 일어난 제2차 식민 활동이 그것인데, 아마 기원전 900년 말경에 일어난 것으로 추정되는 제1차 식민 활동은 주로 에게해 동쪽의 소아시아 서안에 도시를 건설하는 데 그쳤다. 그러나 그리스인의 두 번째 식민 활동에서는 에게해를 넘어 지중해 전역으로 확대되어 갔다는 사실이다. 그림 4-4에서 보는 것처럼, 그리스 식민지는 이집트의 나우크라티스로부터 이베리아반도의 헤메로스코피움, 흑해 연안의 타나이스에 이르기까지 광범위한 범위에 걸쳐 있었다. 교류의 공간적 범위가 넓어질수록 문화의 발전 양상은 혁신적으로 변한다.

제2차 식민 활동이 광범위하게 확대된 원인은 역시 인구가 증가함에 따라 협소한 그리스 본토만으로는 잉여산물이 부족하여 생활을 영위하기 어려워졌기 때문이었을 것이다. 또한 이 제2차 식민 활동에 의해 지중해 세계의 상업 활동이 일거에 확대되었는데, 그것은 그리스 이외의 세계와 교역이 활발해지고 새로운 경제적 연계가 차츰 생겨나기 시작했기 때문이다. 그 증거로서 은화의 유통량이 증가했다는 사실을 들 수 있다. 기원전 600년의 그리스에서는 스파르타를 제외하고는 국내와 국외를 불문하고 화폐가 널리 사용되기에 이르렀다.

그림 4-4 서지중해로 확장된 그리스 식민지의 분포

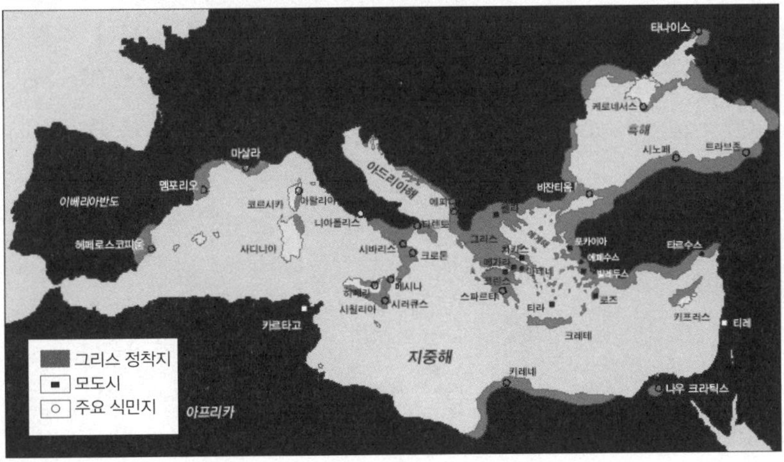

지리학에 능통했던 프랑스의 역사학자 브로델(Braudel, 1996)은《펠리페 2세 시대의 지중해와 지중해 세계》에서 지중해 연안의 자연환경에 대해 다음과 같이 기술했다.

경작지는 부족한 반면 메마르고 척박한 산들이 사방에 널려 있다. 어느 지리학자의 표현을 빌리면, "뼈는 많지만 고기는 부족한 땅"이다. 강우량도 고르지 못해 식물이 동면해야 하는 겨울에는 비가 풍부하지만, 식물이 성장을 위해 비를 필요로 할 때는 비가 내리지 않는다. 이런 기후 조건에서는 많은 일년생 식물과 마찬가지로 밀도 신속히 익어야 한다. 그렇다고 기후가 인간의 노동을 덜어주는 것도 아니다. 태양빛이 한창 뜨거운 여름에 힘든 일을 처리해야만 한다. 그렇다고 해서 거둔 수확이 변변할 리가 없다.

이와 같은 브로델의 설명이 아니더라도 그리스를 비롯한 지중해 연안에 살던 사람들은 새로운 토지를 찾기 위해 외부로 눈을 돌려야 했다. 이러한 사실을 뒷받침하는 근거는 도처에서 많이 찾아볼 수 있다.

기원전 2000년경에 인도 · 유럽어족이 그리스로 들어오기 전부터 이미 그리스에는 다른 민족들이 농업을 행했던 것으로 추정된다. 기원전 7세기경에 활동한 고대 그리스의 서사시인이며 '그리스 교훈시의 아버지'라고 불리는 헤시오도스는 그의 시에서 그리스인들의 식량 사정을 알 수 있는 정황을 다음과 같이 노래했다.

어리석은 자들!

그들은 정당하게 일해서 얻은 작은 몫이 부당하게 가로챈 큰 몫보다 얼마나 훌륭한 것인지를 모른다. 그들은 백합 뿌리와 아욱 줄기에 얼마나 많은 생명의 자양분이 들어 있는지 깨닫지 못한다.

고대 그리스에서 가난한 사람들이 식량이 바닥났을 때 연명하기 위해 먹은 거칠고 보잘것없는 음식물의 대명사가 백합 뿌리와 아욱 줄기였던 것이다. 기원전 5세기만 하더라도 육식은 그리스인들의 식탁에 자주 오르지 않았다. 그들의 주식은 빵이었다. 빵이 차지하는 비중이 높아짐에 따라 올리브와 포도주를 밀과 교환하지 않으면 안 되었다. 이에 따라 농경지를 줄이고 수출용 올리브와 포도 농장을 증가시켰다. 아티카 인구가 시민과 노예를 합쳐 30만 명을 넘지 않았을 때 밀과 보리로 만든 빵은 겨우 7만 5천 명분에 불과했다. 올리브유와 포도주 수출은 관련 산업의 발달을 필요로 했다. 환금작물이었던 두 상품은 커다란 단지에 담아 운반해야 했기 때문에 도자기 산업이 발달했고, 원거리 무역을 위해 조선업과 해운업이 번창하게 되었다. 그들의 항해술은 페니키아인을 능가하게 되었다. 그리스의 도자기 산업과 조선업 및 해운업이 발달한 이유가 바로 여기에 있었다. 개인적으로 이 대목에서 1968년 선박 왕으로 알려진 그리스의 부호 애리스토틀 오나시스와 재혼을 한 미국 대통령의 부인이었던 재클린 케네디가 생각난다.

그리스에는 자연 풍토나 사회적 · 종교적 원인에 따라 수많은 폴리스가 생겨났으나, 그 규모는 작았고 식민지로서 성립된 것이 많았다. 이후에 폴리스는 성벽을 넘어 생활 공간이 확대되어 중심 시가지와 주변 농경지를 포함하게 되었다. 그 중심에 마을이 형성되고 둘레에 영토가 형성되었는데, 마을 중심에는 아크로폴리스나 아고라agora라 불리는 광장이 형성되었다. 이곳은 행정 · 경제 · 종교의 중심이 되었고 도시 주변부에는 시민의 공유지와 사유지가 있었는데, 그 영역은 통상적으로 좁은 범위로 한정되어 있었다.

'고대 그리스'란 그리스의 역사 가운데 고전기에 해당하는 기원전 1100년경~기원전 146년까지의 시대를 일컫는다. 기원전 1100년경은 청동기 시대의 도서島嶼문명으로 자리매김할 수 있는 미노아문명을 비롯한 키클라데스문명과, 미케네문명으로 특징지어지는 에게문명이 끝나고 그리스 암흑기가 시작되던 때이며, 도리아인이 남하하여 침입한 시기였다. 이 지역에는 이미 문명이 잉태될 조건들이 갖춰져 있었다. 그리스의 종말에 해당하는 기원전 146년은 코린토스Korinthos 전투로 고대 로마가 그리스를 정복한 때다. 그러므로 그리스 고전기를 고대 그리스의 대표적인 시대로 보는 것이 일반적이다.

고대 그리스인들은 동족 의식을 가지고 부분적으로 결합했으나, 폴리스를 중심으로 하는 독립성이 강해 통일된 국가를 형성하려는 뜻이 없었고 필요시 여러 폴리스들 간에 동맹을 맺는 형식을 취했다. 이러한 도시 국가체제는 당시 세계의 다른 여러 지역에서는 거대한 제국 또는 왕국이 형성되었던 것과는 다른 그리스만의 독특한 특징이었다.

히타이트 제국에서 본격화된 철기는 히타이트의 멸망과 함께 '아이언 게이트iron gate'라 불리는 다뉴브강을 통해 그리스에 유입되었다. 그리스 민족은 동일한 언어를 사용하는 같은 민족이면서도 여러 종족으로 나뉘어 치열하게 다투었다. 그들은 각각의 종족들이 지닌 관습과 기질적 차이를 고집했던 민족이었던 것 같다. 발칸반도의 지도를 펴놓고 분지가 많은 수평지절을 살펴보면 이해가 가는 대목이다. 그럼에도 불구하고 그들은 자신들이 다른 민족과 차별화된 존재라 의식하고 있었던 모양이다. 그런 까닭에 전쟁 포로라 하더라도 그들끼리는 노예로 삼지 않았다. 그리스인들은 자신들의 명칭인 헬레네스에 대립되는 이민족을 바르바르인Barbarian이라 불렀다.

언어와 마찬가지로 종교 또한 놀라울 정도로 복잡다단하다. 그것은 광역에 걸쳐 분포하던 다양한 공동체들이 각기 전해 내려오던 신화를 통합했기 때문이다. 이들 신화들은 세월이 흘러 합리적으로 정리되기 전까지는 서로 모순되는 내용도 있었다. 그리스인들이 지닌 종교의 밑바닥에는 서로 다른 땅에서 전해 내려오는 미신이 있었지만, 각 지방의 서로 다른 종교는 신을 의인화擬人化했다는 점에서 이민족과 다른 공통점이 있었다. 즉, 그리스인들은 초자연적 힘을 가진 모든 신을 남신 혹은 여신으로 숭배했다는 것인데, 이것 역시 그리스문명의 특징이라 할 수 있다. 따라서 그리스의 다양한 종교 역시 높은 지절률에 의해 잉태된 결과물이라 할 수 있다.

그리스의 신화와 예술에는 메소포타미아와 이집트의 영향이 짙게 남아 있지만, 그들이 믿던 신들은 인간 중심의 신이었다는 점에서 차별화된다. 이는 당시로서는 종교 역사상 혁명적 발상이었다고 평가할 수 있다. 왜냐하면 신이 인간에 가깝다는 것은 역으로 말하자면 인간도 신과 가까운 존재라는 것을 의미하기 때문이다. 호메로스의 트로이 전쟁의 경우 신들은 적대시하는 각기 두 국가의 편에 서서 인간들처럼 싸웠다. 가령《오디세이》에서는 해신海神 포세이돈이 아티카의 왕이었던 오디세우스를 공격하자 여신 아테네가 그것을 도와주는데, 그런 줄거리가 바로 그것이다.

그리스의 활발한 식민 활동과 교역으로 귀족이 소유한 토지가 유일한 재산이었던 시대가 종말을 고하게 되었다. 그때까지 사회적 지위의 상징이었던 토지는 귀족만이 소유할 수 있었다. 이런 토지를 아무나 매입할 수 있게 되었고 신흥 부유층이 생겨났다. 이로 말미암아 그리스 사회의 커다란 변화를 초래하게 되었다. 이에 대해 영국의 로버츠(Roberts, 1998)는 군사적 측면에서 설명한 바 있다. 종래에는 그리스인들이 이상적으로 생각했던 전투는 토지를 소유한 귀족만이 전사였던 만큼 말을 탄 귀족 간의 싸움이었지만, 신흥 부유층이 등장하자 그들은 갑옷과 무기를 구입해 강력한 중무장 보병으로 부대를 편성하게 된 것이다. 이러한 군대편제는 200년간에 걸쳐 그리스 군대의 근간이 되어 군사적 우위를 확보할 수 있게 만들었다. 중무장한 보병의 막강함은 개인적 용맹성에 있는 것이 아니라 군기와 규율에 따르는 밀집 전술에 있었던 것이다.

그리스 군사들은 갑옷에 투구를 쓴 채 방패와 창을 들고 전투한다. 창은 던지기 위한 무기가 아니라 대열을 지어 돌격한 후, 적과 맞붙게 되면 상대방을 찌르기 위한 무기였다. 이런 전술은 평탄지의 좁은 전쟁터에서만 효과적인데, 그리스가 벌인 전쟁은 넓은 평지가 없었으므로 대부분 이런 장소에서 벌어졌다. 그리스의 농경지는 골짜기의 좁은 토지에 분포하는 경우가 많으므로 이러한 농경지를 지키는 일이 무엇보다 중시되었을 것이다.

중무장 보병은 집단적으로 돌격하기 때문에 병사 전원이 지휘관의 명령에 따라 일사분란하게 움직일 필요가 있었다. 일단 돌격에 성공하면, 그다음의 접근전에서는 방패로 상대방을 밀어내면서 적을 압도하는 전술을 사용했다. 병사들은 왼손에 방패를 들고 창을 든 자신의 오른쪽 방어를 옆에 있는 전우의 창에 맡겼다. 그러므로 대열이 흩어지면 문제가 발생하므로 평소 대열을 맞추는 훈련을 했다. 이때부터 모든 군대는 제식훈련에 많은 비중을 할애하게 되었다. 이와 같은 전술 · 전략 덕분에 그리스 군대는 약 3세기에 걸쳐 오리엔트 세계의 군대와 벌인 전투에서 승리를 거둘 수 있었다.

그리스 중에서도 특히 스파르타 병사들은 밀집 전술 능력을 높게 평가받았던 모양이다. 기원전 480년 델피 북쪽의 테르모필레Thermopylae에서 벌어졌던 페르시아군과 스파르타 방어군의 전투를 묘사한 〈300〉이란 영화를 연상하면 될 것 같다. 그러나 이 영화는 오리엔탈리즘과 인종차별주의 혐의가 짙은 문제작이라는 평가를 면할 길이 없었다.

'델포이'라고도 불리는 델피Delphi는 땅의 배꼽 옴파로스*Omphalos*에 해

그림4-5 영화 〈300〉에 나오는 스파르타 병사들

당하는 장소였다고 하니, 고대 그리스인들은 이곳을 세계의 중심이었다고 인식했던 모양이다. 이것은 마치 로마인들이 포로로마노를 '로마의 배꼽'이라고 칭한 것과 잉카인들이 그들 제국의 중심지였던 쿠스코Cuzco를 '잉카의 배꼽'이라 인식한 것에 비유될 수 있을 것이다. 이곳은 신으로부터 신탁을 받는 땅이었다. 신탁神託이란 신이 어떤 일정한 중개인이나 중개 방법을 통해서 인간에게 자신의 의지나 의사를 알려주는 의식을 뜻한다. 마치 무당이 신들리는 것과 같다. 나는 그리스를 여행하는 사람들에게 신탁의 장소였던 델피에 가볼 것을 권한다. 그곳의 경치를 음미하면 고대 그리스문명의 일부가 보일 것이다. 그들이 생각하던 땅은 크레타인들이 생각했던 지모신의 개념이 들어가 있었을 것이다. 그리스 신화에 따르면 아폴론이 이를 지키던 괴물 여신 피톤Python을 죽였고, 그 이래로 델피는 아폴론을 숭배하는 주요 성소聖所가 되었다.

이 무렵 그리스의 커다란 변화는 잘 훈련된 군대의 탄생과 정치에 있었다. 특히 새로운 정치형태의 탄생은 놀랄 만한 변화를 가져왔다. 즉, 공개된 장소에서 집단 간에 개재된 이익을 협의하기 위해 토론을 하는 정치형태인 민주정치democracy를 개발한 것이다. 사실 영어의 politics(정치)는 그리스어의 *polis*(도시국가)에서 유래된 단어다. 그리스에서 '폴리스'란 이익과 목적을 공유하는 사람들의 집합체로 인식되었다. 이러한 시민 의식은 도시국가를 지탱해주는 기반이 되었다. 도시에 거주하던 사람들은 그 도시의 정책이 마음에 들지 않으면 다른 도시로 옮겨 살았다. 이는 오늘날의 민주시민이 지지하는 정당을 바꾸는 행위에 해당한다. 이처럼 시민이 직접 참여하는 민주정치는 각 도시국가의 내부에 강한 결속력을 가져왔지만, 반면에 정치적 한계를 드러내기도 했다. 그리스인의 의식은 오랜 기간에 걸쳐 국내 자치의 수준에서 벗어나지 못했다.

도시국가를 운영하기 위한 이념은 기본적으로 중무장 보병의 정신과 비슷했다고 생각하면 될 것 같다. 즉, 공통의 목적을 위해 서로 돕고 협력하며 규율에 따르는 행동을 취했던 것이다. 초기의 정치에 참여할 수 있는 시민들은 실제로 중무장 보병에 국한되어 있었다. 다시 말해서 도시국가의 방위라는 의무를 맡은 자들만이 시민으로서의 권리를 행사할 수 있었다. 대부분의 도시국가는 과거 미케네문명이 번영을 누렸던 땅에서 탄생했다. 그들은 협소한 산골짜기에 살았기 때문에 겨우 생활을 영위할 수 있을 정도의 농작물밖에 생산하지 못했다. 비교적 넓은 평야를 끼고 있어 자급자족이 가능했던 스파르타도 있긴 했지만, 대부분의 도시국가는 그렇지 못했다. 그리하여 아테네 시민들은 일찍부터 식량을 외부로부터의 수입에 의존해야만 했다.

역사 시대에 진입하면서 그리스는 이미 각 공동체가 서로 독립하여 존재해야 한다는 강한 의식을 갖고 있었으므로 도시국가의 틀을 깨는 행동은 사실상 불가능했다. 결국 그리스의 지형에 기인하여 독자적인 문화와 신화가 생겼고, 150여 개에 달하는 각기 독립된 공동체가 생겨났다. 각

도시국가 내부에서는 시민과 정치가 밀접한 관계를 맺고 있었으며, 국가 규모가 작았기 때문에 관료 제도가 세분화되지 않더라도 운영이 가능했다. 도시국가의 운영은 시민의 수와 시민이 될 수 있는 자격에 따라 다양했다. 아리스토텔레스가 기원전 4세기에 158개에 달하는 그리스 도시국가의 제도와 그 역사적 변천에 대한 자료를 수집하여 분석한 것은 아마 각 국가의 제도가 달랐기 때문이었을 것이다.

민주정치로 이행하는 데에 앞장섰던 것은 아테네였다. 아테네는 스파르타와 나란히 비교적 넓은 영토를 가지고 있었다. 위에서 설명한 바와 같이 스파르타는 농경지가 넓었지만 아테네는 척박한 토지를 극복하기 위해 일찍부터 외부 세계와 교역을 통해 경제적 활력을 갖게 되었다. 당시의 그리스는 아토스산을 제외하고는 무성한 삼림을 보기 힘들 정도였다. 또한 그리스 도시들은 큰 하천이 없어 물이 부족해 생활용수와 농업용수의 조달이 큰 문제였다. 도시 정부는 물 공급에 세심한 주의를 기울여 관리 · 감독했다. 물을 대량으로 사용하는 경우에는 반드시 정부와의 계약을 통해 인가를 받아야만 했다. 물을 도둑질하는 것은 흔한 범죄였으므로 벌금형으로 다스렸다. 도시로 공급되는 물을 오염시키는 사람은 극형에 처해졌다.

그리스의 도시들은 아무런 계획 없이 인구 증가에 따라 규모가 확장되어 갔다. 비상시에는 최후의 방어거점이 되기도 하는 높은 언덕을 중심으로 도시가 형성되었다. 그와 같은 언덕을 흔히 아크로폴리스acropolis라 불렀다. 이 언덕은 그리스인들이 이주해오기 이전이었던 미케네 시대와 그 이전부터 이미 존재했다. 그 언덕은 전망이 양호한 높은 지대라서 적들의 침입에 대비하기 유리한 장소였던 것이다. 아테네와 같은 도시의 거리는 무질서하며 비좁고 불규칙했다. 아리스토텔레스는 도시로 침입해 들어오는 적군을 교란시키기 위해서는 복잡하게 얽혀 있는 미로 형태의 가로망이 더 유리하다는 나름대로의 견해를 제시하기도 했다. 그러나 후술하는 것처럼 밀레토스에서 격자형 가로망이 성공을 거두자 기원전 470년대를 전후한 시기에 도시계획가 히포다무스Hippodamus를 초빙해 아테네 남서쪽으로 약 6킬로미터에 위치한 항만도시 피레우스Piraeus를 건설함으로써 무질서한 도시 확대를 해결했다.

의학의 아버지라 불리는 히포크라테스는 도시의 위생 상태와 시민들의 건강이라는 측면에서 도시계획을 생각했다. 그는 햇볕과 바람에 노출되는 방향을 최우선적 입지 조건으로 고려했다. 그는 일반적 원칙으로 도시는 동쪽을 향해 입지하는 것이 좋다고 주장하면서 개인의 주택 역시 풍향과 일조 간의 관계를 고려하여 입지해야 함을 주장한 바 있다. 그리스는 무덥고 강렬한 태양을 고려하여 중정中庭을 중심으로 주택을 배치했다. 이러한 가옥 구조는 동일한 지중해성 기후인 로마 제국에도 적용되었다.

아테네는 성벽으로 둘러친 시가지보다 성 밖의 근교가 더 넓었다. 약 800평방마일에 달하는 근교는 '코라*khora*'라 불렸는데, 이는 조선왕조 한성부의 성저십리城底十里에 해당한다. 플라톤은 절반 이상의 시민이 거주하는 코라를 물질로 차 있는 공간이라 해석하면서 여성의 이미지를 투영했다. 이에 대해 프랑스의 철학자 데리다(Derrida, 1993)는 코라를 수동적 터(장소)로 해석해 주목을 받았다. 이는 곧 중심지 아테네에 대한 배후지 hinterland라는 지리적 개념을 의미하는 것으로 동양 도시의 교郊에 해당하는 용어다. 당시 중심과 주변을 지배와 종속의 개념으로 파악한 것은 현대지리학의 개념과 동일하다.

아테네의 코라는 소보다는 양이나 염소, 밀보다는 보리를 재배하는 데 적합했다. 이것은 코라를 더욱 황폐화시키는 요인이 되었고, 코라에서는 은이 채굴되고 성벽이 들어선 후에는 토목 · 건축사업을 위해 대량의 대리석이 채굴되었다. 따라서 농업에 투입될 노동력이 부족했고, 농업경영은 지주와 노예 한두 명이 일하는 영세농의 형태를 띠었다. 그러나 그리스인들은 지력을 높이기 위해 사람과 가축의 배설물을 퇴비로 이용하는 지혜를 터득했다. 평소에는 성 안의 인분을 퇴비로 이용하고, 방목하지 않는 겨울철에는 가축의 배설물을 이용했다.

앞서 지적한 바와 같이 그리스의 황량한 자연환경은 농업에 적당하지 못한 까닭에 척박한 토지에서는 실용성이 최고라는 관념이 뿌리를 내렸다. 이 관념은 마치 자연환경을 무미건조한 것으로 인식한 히브리 정신과 궤를 같이 하는 전통이다. 이것은 오늘날 서양인의 자연관이 그리스 정신과 히브리 정신에 뿌리를 두고 있는 이유다.

역사학자 화이트(White, 1997)는 부유한 지역에서조차도 농지에서 살지 않는 한 명을 먹여 살리기 위해 열 명 이상의 노동이 필요했다고 지적한 바 있다. 이에 따라 도시와 근교의 농촌은 긴장된 경제를 유지할 수밖에 없었고, 오히려 이러한 양상은 도시의 문명화를 가능하게 만들었다. 그것은 '도시'와 '농촌'이란 단어의 의미를 심하게 왜곡시키게 만들었다. 그리스어의 도시 '*asteios*'는 '재치 있다'는 의미로, 농촌 '*agroiko*'는 '어리숙하다'는 의미로 번역된다. 도시를 지칭하는 또 다른 그리스어인 '폴리스'는 그리스의 황금시대를 열었던 페리클레스와 같은 아테네인들에게는 단순한 지리적 의미보다 훨씬 더 깊은 의미를 지니고 있다. 즉, 모든 사람들이 통합을 이루는 장소로서의 의미를 갖는다. 이는 오늘날 도시를 'urban'이라고 부르는 것과 동일한 맥락이다.

아테네의 서북쪽 성문을 들어서 아고라를 벗어나면 경사가 더욱 가팔라지기 시작하여 아크로폴리스 입구의 프로필라이아에 이르러서는 최고점에 다다르게 된다(그림 4-6). 원래 요새로 기능했던 아크로폴리스 언덕은 초기 고전주의 시대에 이르러 폐쇄적이며 신성한 종교 영역이 되었다. 기원전 431년경에 완공된 파르테논 신전은 그리스의 다른 신전들과 상이한 형태의 기둥을 배치했는데, 그것은 아테네 여신상을 내부에 수용하기 위함이었다. 아테네가 성벽 주위의 코라 토지에 의존해 생존하는 작은 도시라기보다는 해양 제국이었기 때문에, 파르테논은 과거의 규칙성을 깨뜨린 신전이었고 도시의 수호신을 찬양했다.

아리스토텔레스는 그의 저서 《정치학Politics》에서 '언덕의 요새(아크로폴리스)는 과두정치와 1인 통치에 적합하며, 평지는 민주주의에 적합하다'라고 지적하면서 도시 공간의 변화 역시 도시 정치의 변화라는 관점에서 이해할 수 있음을 암시했다. 아크로폴리스는 종교뿐 아니라 군사적 관점에서도 언덕 위는 가장 바람직한 입지였다. 이곳은 요새였으므로 군사적으로 유리했고, 언덕은 신의 존재를 나타내는 자연의 신비로 가득 차 있기 때문에 종교적으로도 적합했다. 그리고 그의 저서(제3권과 제7권)

그림 4-6 아테네 중심부

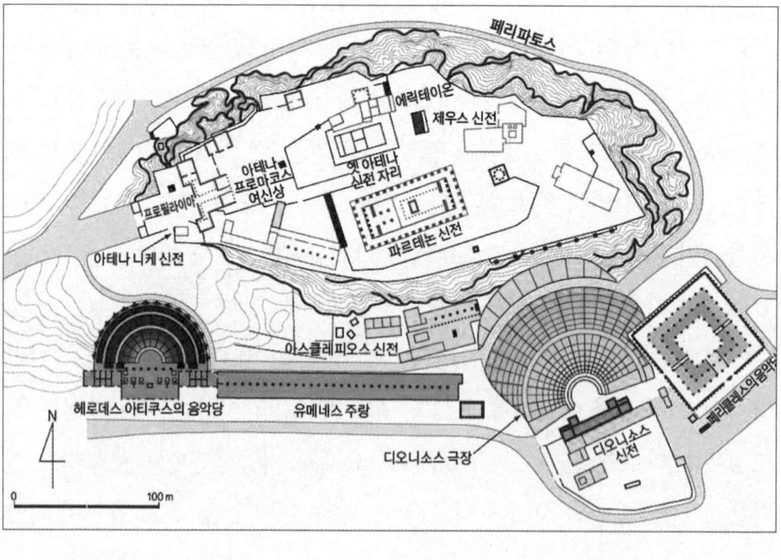

에는 '야만족은 성격상 그리스인들보다 더 순종적이며, 아시아인들은 유럽인들보다 더 순종적이다. 북유럽인들은 기백이 뛰어나지만 가끔 지성과 기교가 모자라며, 아시아인들은 지성과 기교가 뛰어나지만 기백이 부족하므로 항상 복종과 예속 상태에 묶여 있다. 그러나 그리스인들은 모든 것이 출중하므로 계속 자유를 누릴 수 있게 되었고 훌륭한 정치제도를 갖추게 되었다'라고 기술되어 있다. 아리스토텔레스가 어떤 근거로 아시아인을 순종적이라고 평가했는지 확실히 모르겠지만, 그가 생각한 아시아는 오리엔트였던 것 같다. 사실 그리스는 보스포루스 해협과 에게해를 끼고 유럽의 그리스와 아시아의 그리스로 양분되어 있었음에도 불구하고 아리스토텔레스는 그리스 민족주의에 매몰되어 있었다. 그는 민족주의자였던 모양이다.

아테네 시민들은 아크로폴리스 언덕 위에 우뚝 서 있는 파르테논 신전을 바라보면서 그들의 정체성을 확인했을지도 모른다. 그것은 대리석으로 만들어진 건축물이지만, 당시에는 색이 칠해져 있어서 지금보다 더 현란해 보였을 것이다. 나는 체감온도 섭씨 40도가 넘는 그리스의 한여름 무더위와 대리석 바닥의 복사열을 온몸으로 느끼면서 니케 신전을 우측에 끼고 프로필라이아를 지나 급경사를 헐떡이며 올라갔다(그림 4-6). 나는 숭배자의 마음으로 파르테논 신전을 바라보았다. 파르테논 신전의 기념비적 가치를 한껏 강조한 당시의 건축술을 이해할 수 있을 것 같았다. 관청을 도시 전체가 잘 보이는 언덕 위에 입지시키는 권위적 전통은 오늘날에도 지속되고 있지만 말이다. 이런 권위적 특징은 평지에 그리스 신전 양식으로 건설된 미국 워싱턴 D.C.의 링컨 기념관에서도 모방된 바 있다.

독일인 학자 야콥 스폰은 1674년 처음으로 아테네 답사를 했는데, 파르테논 신전의 온전한 모습을 목격하고 기록한 마지막 인물이 되었다.

이 신전을 터키 군대가 화약고로 이용하자, 1687년 9월 26일 베네치아 군이 포격을 가하여 파괴했다. 신전이 폭파되면서 화재가 발생하고 지붕이 날아갔으며 벽과 기둥이 무너져 두 동강이 나고 말았다. 아크로폴리스의 건축물은 2,500여 년 전부터 천재 · 인재 · 노후화 등으로 심각한 문제를 안고 있었는데, 1894년에는 큰 지진으로 중대한 피해를 입고 말았다. 수복 공사는 1979년부터 시작되어 1986년에 일단 종료되었다. 현재는 그리스 문화부에서 복원 및 개축 계획을 시행하고 있지만, 영국이 가져간 대리석 조각품들을 반환하지 않고 있기 때문에 완전한 복원은 어려울 것 같다. 파르테논 신전은 유네스코 세계유산 제1호로 등재된 바 있고, 그 형상은 유네스코의 로고가 되었다.

아테네 시민들은 아고라의 다양하고 열정적인 삶에 열중하기 위해서 아고라와 가까운 곳에서 사는 것을 선호했다. 그러나 도시국가의 인구

그림 4-7 아테네의 아크로폴리스

중 상당수는 아고라에서 멀리 떨어진 성 밖의 코라에 거주할 수밖에 없었다. 후기 아테네인들은 아고라의 다양성이 그들의 정치적 품위와 진지함을 위협한다는 사실을 뒤늦게 깨달았다. 아리스토텔레스는 그의 저서에서 '물건을 사고파는 시장은 공공 광장과 분리되어 멀리 떨어져 있어야 한다'고 지적했다. 이는 동양의 전조후시前朝後市라는 주례식周禮式 원리와 일치하는 대목이다. 그렇다고 하여 그가 도시의 다양성에 대하여 적대적이었던 것은 아니었다. 그는 "도시는 다양한 부류의 사람들로 구성된다. 비슷한 사람들만으로는 도시는 존재할 수 없다"고 언급하면서 도시적 구성 요소의 다양성을 강조했다.

그리스문명은 철학과 문화에서도 눈부신 유산을 남겼다. 고대 이집트나 오리엔트에서도 우주의 본질과 인간을 주제로 한 철학이 있었지만, 그리스 철학은 더욱 발전해 나아갔다. 소크라테스, 플라톤, 아리스토텔레스, 피타고라스 등과 같은 유명한 철학자들이 모두 고대 그리스 사람인 것은 누구나 다 알고 있는 사실이다. 서양 철학의 대부분이 그리스 철학의 영향을 받았을 만큼 그리스 철학은 위대했다.

고대 그리스를 말할 때에는 항상 아테네의 라이벌 도시국가인 스파르타를 빼놓을 수 없다. 두 도시국가는 필요할 때에는 협력을 했지만, 어떤 경우에는 적대적이었다. 스파르타는 아테네와 달리 제도의 개혁이 아니라 변화의 흐름에 저항함으로써 토지 문제에 대응했다. 이는 다른 도시국가에 비해 보수적 해결책을 취했기 때문이다. 스파르타는 라코니아평야 지역 중앙부의 남쪽 끝자락에 위치했으며 라코니아로 들어가는 적의 침입을 방어하는 군사적 요충지였다.

스파르타는 산지가 많은 그리스의 다른 도시국가와 달리 비옥한 평야를 끼고 있어 자급자족할 수 있었으므로 외부 세계와 교류가 적어 폐쇄적인 사회체제가 형성되었다. 그런 까닭에 카틀리지(Cartledge, 2002)의

《스파르타와 라코니아》에 의하면 스파르타는 기원전 4세기 말까지 다른 폴리스와 달리 성벽을 쌓지 않았다. 그리스 도시국가 중 평화 시에도 전쟁에 대비해 군사훈련을 하는 국가는 스파르타뿐이었다. 계몽주의 시대의 이단아였던 루소(2007)는《학문과 예술에 대하여》에서 학문과 예술의 발달로 명성을 얻은 아테네보다 용기와 절제 등의 미덕으로 칭송받는 스파르타를 본받을 만한 국가로 높이 평가한 바 있다.

이와 같은 배경에서 스파르타는 내정에서는 엄격한 사회규범을 유지했고, 외교에서는 타국을 정복하는 길을 택했다. 그 결과, 스파르타는 곧 시대에 뒤처지는 사회구조가 형성될 수밖에 없게 되었다. 스파르타 시민은 어릴 때부터 남녀를 불문하고 부모와 헤어져 엄격한 훈련을 받았다. 스파르타 시민의 기질을 철저하게 가르쳤던 것이다. 그들은 안락함을 거부하며 모든 시민들이 제복을 입고, 남자들은 공동 식사를 해야만 했다. 이른바 '스파르타식 교육'이란 말이 여기서 유래되었다. 스파르타인은 간결한 표현으로 언어를 구사한 것으로 유명하다. 그들에게 중요한 것은 언어가 아니라 행동이었다. 스파르타 역사에 관한 기록이 비교적 적은 이유 중 하나가 바로 그것 때문이다. 스파르타는 문서 작성을 몹시 싫어했으며 법률도 일부러 성문화하지 않았다. 심지어 전사한 병사의 무덤 이외에는 묘지 비석에도 이름을 새겨 넣지 않았을 정도였다.

고대 그리스의 역사가 헤로도토스(Herodotus, B.C. 440)의《역사》에 의하면, 기원전 500년 초의 스파르타 사회는 5,000명에 달하는 중무장 보병이었던 사회계층으로 구성된 귀족사회였다고 설명했다. 기원전 650년경부터 스파르타는 이 지역의 군사적 패권국으로 떠올랐으며, 그리스-페르시아 전쟁 당시 그리스 연합군의 전체 지도자로 인정받기도 했다.

스파르타 사회는 농업에 의존했으며, 상인계급의 존재를 인정하지 않았다. 기원전 600년에 여러 도시국가들이 화폐 제도를 도입했을 때에도 스파르타는 자국의 철로 만든 화폐만 허용했다. 그 후 기원전 400년까지 은화나 금화를 소지하는 것도 금지되었고, 식민 활동에도 소극적이었다. 스파르타에서는 결혼식을 할 때 신부 머리를 짧게 잘라 소년의 행색을 갖추게 했으며, 부부는 함께 살지 못하게 했다. 신부는 30세가 될 때까지 공동생활을 해야만 했다. 말하자면 스파르타는 일종의 군국주의적 평등 사회였다고 볼 수 있다. 그들은 자신들이 헤라클레스의 후손이라고 믿었다.

스파르타 사회는 시민들에게 공포와 불신이 가득한 정신 상태를 가지게 했다. 공포 분위기는 정신병에 걸릴 정도로 심각했으며, 인간을 잔학하게 만들었다. 기원전 424년경 스파르타의 어느 도시 장관은 전쟁에서 훌륭하게 임무를 수행한 노예들에게 이름을 부여하는 사성賜姓을 위해 그들을 초대하는 선언문을 발표했다. 2,000여 명의 노예가 운집해 사성을 받았으나 그 후에 비밀리에 처형당했다. 스파르타 시민은 그들이 시민인 것처럼 자존심을 갖거나, 권리를 주장하는 것처럼 느끼는 것을 허락하지 않았던 것이다.

스파르타가 엄격한 군국주의적 성격을 띠게 된 원인은 시민 수가 매우 적었던 데에 본질적 이유가 있었다. 스파르타 국민의 다수는 시민이 아니라 '헤일로타이heilotai'라 불리는 농노農奴와 같은 존재였다. 아테네의 경우, 자유인 중 시민은 8만 명, 재류 외국인이 4만 명, 노예 9만 명이었는 데 비해 스파르타는 시민 13.5만, 반자유인 5만, 헤일로타이 17만 명으로 노예가 훨씬 많았다. 아테네의 경우 시민과 노예가 절반 정도인데, 《이솝 이야기》의 저자 이솝Aesop도 노예 신분이었던 것을 보면 노예라고 해도 어느 정도의 생활수준은 누렸던 것 같다. 헤로도토스는 이솝이 기원전 6세기에 살았던 노예였다고 했지만, 실재했던 인물이었는지는 불확실하다.

아무튼 스파르타에는 노예의 비중이 너무 컸다. 그들 헤일로타이는 개인의 소유가 아니라 농사일만을 해야 하는 계층이었다. 이들의 비중은 스파르타가 타국과 정복 전쟁을 벌여 전사자가 생기면서 상대적으로 더 늘어나게 되었다. 이러한 정책의 결과, 스파르타 사회는 헤일로타이가 잠재적 위협으로 남게 되었다. 헤일로타이의 인구가 급증했기 때문에 그들이 언제 반란을 일으킬지 몰라 스파르타 사회는 불안에 휩싸이게 되었다. 스파르타는 그리스의 다른 도시국가들과 합동으로 페르시아 군대와 전투를 벌이기 위해 군사를 파견하기가 두려웠다. 그리하여 스파르타는 더욱 임전체제를 갖춘 군국주의적 사회가 되어 갔다.

스파르타는 기원전 371년 올림피아 인근의 레욱트라Leuctra 전투에서 많은 병력을 상실해 다시는 옛 수준으로 회복하지 못했으며, 헤일로타이 반란이 일어나고 말았다. 그러나 스파르타는 200년 넘게 지역 맹주로 버텼다. 마케도니아 왕국의 필리포스 2세와 알렉산더 대왕도 스파르타를 정복하려 들지 않았는데, 이는 스파르타가 더 이상 제거하기엔 그리 큰 위협이 아니기도 했지만 군사력은 여전하여 침략하면 피해를 입을 위험이 컸기 때문이었다. 스파르타는 막강한 장갑 보병 부대를 거느렸음에도 기원전 379~371년 테베가 주도하는 보이오티아-아테네 연맹군과 싸워 패했으며, 그 뒤에는 테베가 그리스의 패권을 장악하게 되었다.

스파르타와 아테네는 기원전 500년에 서로 전투를 벌였기 때문에 양국 관계가 적대적이었다고 보기 쉽다. 스파르타의 무력을 두려워한 아테네는 그들이 몰래 병력을 이동시킬 수 없게 하기 위해 은폐물이 될 수 있는 모든 섬의 수목을 모조리 불태웠을 정도였다. 당시 그리스에는 아테네의 정치체제만이 모델이 된 것이 아니라 다양한 형태가 존재하고 있었다. 오히려 다양한 체제의 도시국가를 형성한 고대 그리스는 정치란 장르에서 인류의 역사에 커다란 공헌을 할 수 있는 역량을 키우게 되었다. 역설적이지만, 그리스는 서로 상이한 정치체제가 있었기 때문에 어느 민족도 경험하지 못한 풍부한 정치적 경험의 지식을 쌓게 된 것이다. 그리하여 인류는 고대 그리스인들이 만든 용어를 빌어 사회문제를 해결하기에 이른 것이며, 그리스는 문명 발전에 크게 기여하게 되었다.

그리스의 급속한 무역 확대는 교역술이 뛰어난 페니키아인들의 질투를 살 정도였다. 항상 바다와 접하며 살아가야 했던 그리스인들과 페니키아인들은 육지로 둘러싸인 페르시아인들보다 항해술과 교역술이 뛰어났다. 그런 이유로 그들은 라이벌이 될 수밖에 없었다. 그리스는 곧 항해술에서 페니키아를 능가하게 되었다. 페니키아인들이 건설한 도시국가 카르타고는 오늘날 튀니지에 위치했었는데, 당시에는 비옥한 토지를 보유하고 있었다. 카르타고는 시칠리아섬의 서부에 거점을 두고 스페인과의 교역에서 그리스인을 추월할 정도의 세력을 갖게 되었다. 부분적으

그림 4-8 카르타고의 영향권

로 볼 때, 카르타고가 있던 튀니지는 아프리카 대륙 중 중위도에 속하는 북아프리카 가운데 지절률이 가장 높은 지역일 것이다.

고대 카르타고Carthage는 기원전 814년경에 세워진 북아프리카를 중심으로 발전한 셈족 문명권에 속한 도시국가였다. 처음에 카르타고는 해상무역이 활발했던 페니키아의 도시국가 티레(티루스)의 종속국이었으나, 티레로부터 망명한 엘린사 여왕이 카르타고를 건설했다. 그 후 카르타고는 기원전 650년경에 독립하여 페니키아계 정착민들 사이에서 패권을 쟁취했으며, 그 패권은 기원전 3세기 말엽까지 유지되었다. 카르타고는 북아프리카의 마그레브를 위시하여 이베리아반도 남부와 서지중해의 사르데냐와 마요르카섬 등을 교역 상대로 삼아 그들의 영역을 넓혀 나갔다.

아무래도 그리스의 숙적은 아케메네스 왕조의 페르시아였을 것이다. 기원전 480년은 그리스문명과 페르시아문명이 충돌하는 역사의 하이라이트라고 할 수 있다. 평화롭던 그리스에 전운이 감돌기 시작했다. 페르시아 전쟁이 발발한 원인은 페르시아의 영토 확장 정책에 있었다. 기원전 540년 페르시아는 아나톨리아에 있던 리디아Lydia 왕국을 멸망시켰는데, 이에 따라 중간에 완충 역할을 했던 나라가 없어져 결국 그리스와 페르시아가 맞부딪치게 되었다. 리디아는 아시리아와 맞서던 히타이트 제국의 영광을 계승한 강국이었는데도 페르시아에 패망했다. 이로 보아 페르시아의 군사력은 더 막강했을 것이다. 이집트도 페르시아에 굴복함에 따라 그만큼 그리스 상인의 이익이 줄어들었다. 페르시아는 보스포루스 해협을 건너 해안 지방의 도시들을 점령하며 그리스 북쪽의 마케도니아까지 영토를 확장했다.

페르시아 군대는 다뉴브강을 건너 진군하려 했지만 스키타이 제국의 저항으로 퇴각해야만 했다. 중앙아시아 대평원의 패권을 장악했던 유목 기마 민족인 스키타이는 주변 민족들과 수많은 전쟁을 벌이며 중앙아시아 대평원의 강자로 부상했다. 학살과 약탈을 당연시했던 고대인들조차 스키타이를 야만족이라고 비난할 정도로 그들은 공포의 대상이었다. 스키타이문명의 흔적은 철저하게 사라졌기 때문에 현재는 헤로도토스의 저서와 로마의 지리학자 스트라본이 남긴 17권의 《지리서》의 내용에 의지할 수밖에 없다. 특히 헤로도토스는 그의 저서 《역사》에서 스키타이 전사들의 야만스러운 풍습을 다소 과장해 다음과 같이 묘사했다.

> 스키타이 전사는 최초에 죽인 적의 피를 마신다. 또한 전투에서 살해한 적병의 머리는 모두 잘라 왕 앞으로 가져온다. 전사들은 그 목의 수에 따라 전리품을 나누어 받으며 머리가 없으면 분배를 받지 못한다. 일 년에 한 명의 적도 죽이지 못하는 것은 커다란 수치이며 부족회의에서 웃음거리가 되는 것을 피할 수 없다.

스키타이가 유럽문명사에서 중요한 위치를 차지하고 있는 이유는 따로 있다. 아이러니하게도 바로 그들의 군사력 덕분에 현재의 유럽이 존속할 수 있었다는 점이다. 다시 말해, 그들의 막강함이 동방의 아시아인들로부터 서방을 지켜주는 방파제 구실을 했다는 것이다. 역사학자들은 러시아의 대평원을 장악했던 스키타이가 아니었다면 동방에 있는 더 큰 공포, 즉 중앙아시아에서 주기적으로 밀고 들어오는 유목민들로부터 유럽을 구할 수 없었을 것이라고 생각하는 것 같다.

동서양문명의 전도사 역할을 한 스키타이족은 인도-유럽어와 알타이어를 혼용하던 종족으로서 기원전 7세기경 흑해 북쪽의 초원 지역으로 진출하게 되면서부터 고대 그리스인들에게 알려진 것 같다. 스키타이족의 선주지先住地에 대해서는 이란고원설과 중앙아시아의 초원지대설 등의 여러 견해가 있지만, 나는 개인적으로 후자일 가능성을 높게 본다. 스키타이로 상징되는 집단은 분포 지역과 경제 행위 등의 차이에 따라 왕스키타이 · 농경 스키타이 · 경작 스키타이 · 유목 스키타이의 4개 집단으로 구별되는데, 초원이라는 곳이 워낙 방대하고 이동 생활이 잦은 곳이라서 모두 동일한 종족 계통은 아니었던 듯하다. 흔히 스키타이족은 주로 유목을 영위한 것으로 알려져 있지만 농경도 겸했던 집단도 있었다.

이미 앞에서 설명한 것처럼 '스키타이Scythians'라는 명칭은 그리스인들이 사용한 것이다. 스키타이문명은 한반도에도 영향을 끼친 것으로 추정되는데, 스키타이 문양의 특징이 신라 세공품에도 나타나며 출토된 스키타이 금관과 신라 금관이 매우 유사하다. 또한 분묘 형태가 경주 대릉원의 적석목곽분과 유사한 점도 주목할 만하다. 그들이 그 많은 금을 어디서 구했는지 의문이지만 오늘날에도 캅카스산맥 계곡에서는 사금이 채취되고 있다. 후에 실크로드가 된 초원길은 황금의 길이었다.

그 후 그리스는 페르시아가 스키타이의 공격에 실패하자 용기를 얻었다. 기원전 5세기 초에 아나톨리아 서부의 리디아 왕국에 있던 그리스 도시국가가 페르시아 지배에 대해 반기를 들기 시작했다. 그리스 본토에서도 이 반란에 가세하려는 움직임이 생겨나 아테네는 아나톨리아 서남부의 이오니아 지방에 함대를 파견했다. 그러나 그 반란은 페르시아 군대에 의해 실패로 돌아갔고, 그리스 본토는 화가 난 페르시아 군대와 맞서게 되었다. 페르시아는 기원전 490년 원정군을 파견해 아테네 동북쪽 마라톤 해안에 상륙했으나 그리스 명장 밀티아데스Miltiades의 교묘한 전술로 격퇴당하고 말았다. 이 전투에서 페르시아군은 6,400명의 전사자를 냈지만, 아테네군은 불과 192명의 전사자밖에 내지 않았다는 기록으로 볼 때 일방적 승리였다. 이 전쟁에서 펠로폰네소스 동맹군의 중심이었던 스파르타는 그리스의 맹주로 부상하게 되었다.

마라톤 전투가 끝난 10년 후, 재차 페르시아 군대가 공격해왔다. 아테네 군대는 막강한 함대를 거느리고 있었지만, 모든 그리스 도시국가들은 스파르타의 지휘권을 인정하는 데 이견이 전혀 없었다. 10만의 페르시아 군대는 아테네 북쪽으로부터 펠로폰네소스반도의 남쪽을 향해 진격해왔다. 페르시아 기병 부대는 수적으로는 우세했으나 지리 정보에 어두운 탓에 사기가 저하되었다. 그리스 군대는 무기가 우수했고 잘 훈련된 병사가 있었다. 그러나 이 전투에서 300명의 스파르타 군대는 모두 전사했고, 그리스 군대는 후퇴를 거듭하다가 아테네까지 함락되고 말았다. 이것이 바로 전술한 〈300〉이란 영화의 배경이 되었던 테르모필레 전투였다. 아크로폴리스의 신전은 불타버렸지만, 이와는 달리 막강 해군은 승리할 수 있었다. 페르시아 군대가 그리스의 추운 겨울 날씨에 대비하지 못한 것이다. 임진왜란 당시 왜군이 한반도의 겨울 추위에 대비하지 못한 것과 흡사하다. 결국 페르시아의 패배로 아나톨리아의 그리스 식민도시들은 해방되어 그리스가 다시 의욕적으로 해외로 진출할 수 있게 되었다.

그로부터 얼마 후 알렉산더 대왕이 통솔하는 마케도니아 왕국이 세계제국을 건설했다. 그리스인으로서의 일체감은 최고조에 달했다. 후세 사람들은 이 영웅적 시대가 그리스가 하나의 통일국가로 거듭나는 기회였을 것이라고 안타까워했다. 아무튼 그리스와 페르시아 간의 전쟁은 세계사에 커다란 영향을 미쳤다. 이 전쟁을 계기로 아시아와 유럽의 구별이 생기기 시작한 것이다. 프랑스의 역사학자 장바티스트(Jean-Baptiste, 1964)가 《유럽의 탄생》에서 지적한 것처럼, 투키디데스에 앞서 그리스의 비극 시인 아이스킬로스(Aeschylus, B.C. 472)는 아시아인들을 그리스인들에 대립시켰지만, 매우 드물게 '유럽'이란 단어를 사용했으며 결코 정치적 차원에서 유럽을 대립시키지는 않았다.

'아시아Asia'라는 지명이 생긴 것은 아주 오랜 옛날의 일로 그 기원에 대해서는 여러 가지 해석이 분분하다. 그리스인들에게는 그들의 동쪽에 있는 지역들을 부르는 이름이었던 'Ασία'로 사용되었으며, '동쪽' 혹은 일출日出을 의미하는 아시리아어 '아수asu'에서 유래했으리라고 추측하기도 한다. 이 그리스어 지명은 아마 서부 아나톨리아에 있던 연합국가 아쑤와Assuwa에서 나온 듯하다. 히타이트어로 '좋다'는 뜻의 '아쑤-assu-'가 이 명칭의 일부일 것이라는 설도 있다. 기원전 12세기부터 동서양의 구분이 생겨난 것이다.

아쑤와 대비되는 '에레브ereb'는 '서쪽' 혹은 '일몰日沒'이란 뜻이다. 이 에레브는 고대 그리스 신화에 등장하는 페니키아 공주의 이름 '에우로페'로 부활하여 '유럽'의 기원이 되었다. '에우로페Europe'란 단어는 '넓은 얼굴'을 가리키는 말이다. 그러나 광범위한 유럽 대륙의 명칭으로 격상된 최초의 기록은 기원전 3세기 그리스 지리학자 에라토스테네스에 의한 것이며, 기원전 2세기의 지리학자 프톨레마이오스가 오늘날의 유럽에 상당하는 범위로 확정하기에 이르러 5세기경까지 유지되었다. 그러나 7세기경 이슬람 세력이 확대됨에 따라 유럽인들의 동양에 대한 인식은 비기독교의 범위로 크게 바뀌었다(그림 4-9).

기원전 440년경 헤로도토스가 페르시아 전쟁에서 그리스와 이집트에 대비되는 지역 개념으로 페르시아 제국을 가리키거나 혹은 아나톨리아 지방을 뜻하는 말로 '아시아'를 처음으로 사용했다는 설도 있다. 그리하여 아나톨리아 지방이 아시아 전체를 의미하는 것이 아니므로 소아시아minor Asia란 지명이 생겨났다. 또 다른 가설은 원래 이오니아 지방의 에페소스Ephesos 평원지대를 가리키는 한 지명이었으나 점차 현재의 소아시아에 해당되는 아나톨리아 지방과 나머지 대륙 모두를 포함하는 지명으로 확장되었다는 해석이 있다. 아무튼 아시아란 지명은 그리스 중심적

그림 4-9 시대에 따른 동서양 경계의 변화

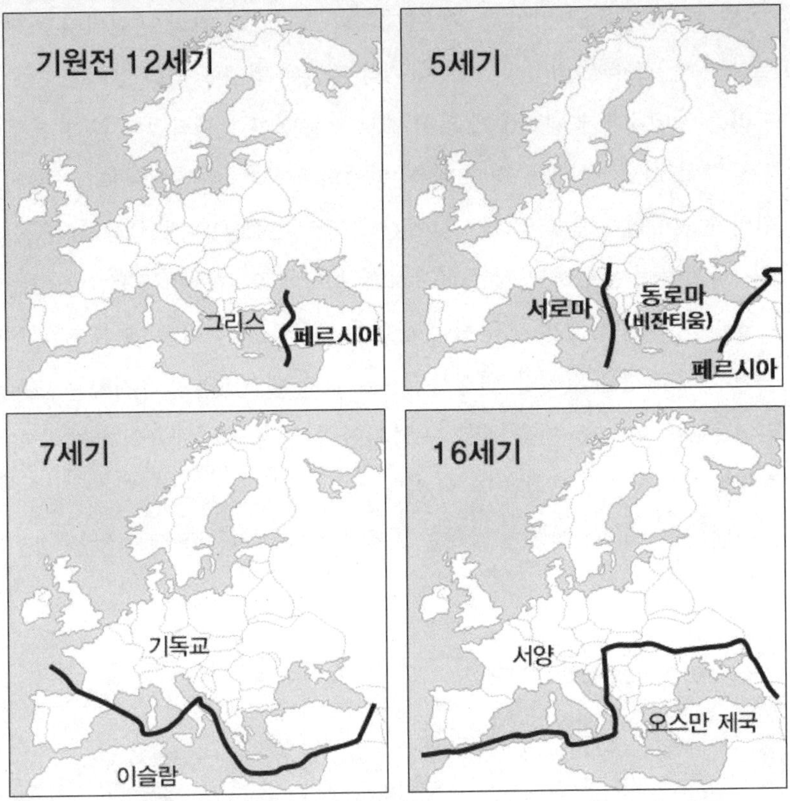

시각에서 유래된 것이다. 페르시아에 승리를 거둔 고대 그리스문명은 전성기를 맞이하게 되었다. 그리스 고전기의 찬란한 역사를 두고 취리히대학의 발터(Walter, 2007)가 '그리스의 기적'이라고 평가할 만큼 그리스문명은 최고점에 도달해 있었다. 그러나 그리스문명을 지탱한 도시국가란 제도는 붕괴의 길을 걷기 시작했다.

그리스가 전쟁에서 대승을 거둔 후에도 페르시아와의 전쟁은 30년에 걸쳐 단편적으로 지속되었다. 그리스는 전성기를 맞이하여 그들의 문명에 취해 페르시아의 위협을 크게 의식하지 않았지만, 그 이면에는 심각한 문제가 발생하고 있었다. 즉, 아테네와 스파르타 간의 대립에서 스파르타는 헤일로타이의 반란으로 내부적 혼란에 빠짐에 따라 그리스 맹주 자리를 아테네에게 넘겨주게 되어 델로스 동맹이 성사되었다. 군대 본부와 금고를 델로스섬에 두기로 한 이 동맹의 목적은 페르시아와의 전투에 대비한 연합함대를 결성하는 것이었다. 델로스섬은 일견하면 그리스의 도시국가들이 분포하고 있는 에게해의 중앙에 위치하여 공정한 것처럼 보였지만, 내막을 보면 해군력이 강한 아테네로서는 이 섬에 본부를 두는 것이 유리했을 것이다. 위성사진으로 보면 델로스섬의 유적지는 교통편이 불편하여 가볼 것을 권할 수 없지만 후술할 로마 제국의 폼페이 유적지를 능가하는 규모임을 알 수 있다.

아테네는 150여 개국에 달하는 가맹국들이 출자금을 내지 않을 경우

그림 4-10 에페소스평원의 유적지

무력으로 압력을 가했다. 곧이어 본부와 금고는 델로스로부터 아테네로 옮겨짐에 따라 아테네는 제국적 성격을 띠게 되었다. 아테네가 다른 도시국가들에 대해 내정간섭을 하게 되자 동맹국들의 불만이 고조되어 기원전 460년에 전쟁으로 비화되었다. 15년에 걸친 전쟁 끝에 진압되긴 했지만, 기원전 431년 고대 그리스문명의 기반을 뒤흔든 펠로폰네소스 전쟁이 발발하게 되었다.

27년간에 걸친 펠로폰네소스 전쟁은 그리스를 양분시키는 결과를 초래했다. 케르키라와 코린토스(코린트) 간의 분쟁에 두 나라가 개입함으로 촉발된 이 전쟁은 육군 대 해군의 전투라 해도 과언이 아니었다. 육군은 스파르타를 중심으로 한 동맹군이었고, 해군은 아테네를 비롯해 에게해의 작은 섬들과 소아시아 서해안에 있던 이오니아 지방의 식민도시들로 구성되어 있었다. 육전에 약한 아테네는 요새 속에 피신해 농성하면서 해전에 승부를 걸었다. 아테네는 비록 육로가 차단되어도 해로를 통해 식량을 공급받았다. 결과적으로 승리를 거둔 펠로폰네소스 동맹은 아테네를 맹주로 하는 델로스 동맹에 반기를 든 스파르타 중심의 세력이었다고 생각하면 될 것 같다. 이와는 달리 스파르타가 펠로폰네소스 전쟁에서 승리할 수 있었던 원인 가운데에는 아테네인들이 전염병에 의해 매우 약해져 있었다는 사실도 포함되어야 할 것이다.

기원전 5세기에 일어난 아테네와 스파르타의 전쟁을 다룬《펠로폰네소스 전쟁사》의 저자 투키디데스는 새로운 강대국이 부상하면서 기존의 강대국이 새로운 강대국을 두려워하게 되고, 이 과정에서 전쟁이 발생한다고 지적했다. 이것을 두고 그의 이름을 본떠 '투키디데스의 함정'이라고 부른다. 아테네 장군으로 펠로폰네소스 전쟁에 참가했던 투키디데스는 자신의 저서에서 두 나라 간의 전쟁은 피할 수 없었다고 주장했지만, 아테네의 급부상으로 그리스 내 힘의 균형이 깨짐에 따라 발생한 전쟁임에는 틀림이 없다. 우리는 이와 같은 '투키디데스의 함정'을 피하지 못한 역사적 사례들을 고대로부터 근·현대에 이르기까지 여러 차례 목격하게 된다.

그리스 중 아테네의 해외 교역에 있어 최대 라이벌이었던 도시국가는 서지중해 무역에서 주도적인 위치를 확보한 코린토스였는데, 코린토스의 식민도시는 풍요로운 시칠리아의 시라쿠사Siracusa였다. 나는 1999년 그리스의 코린토스 지방을 답사할 때 당시의 코린토스는 코린트만에서 에게해로 진출하기 불가능했기 때문에 지중해 서쪽으로 교역 방향을 잡았을 것이라고 상상해보았다.

이 지협은 약 5.8킬로미터에 불과하지만, 당시에는 땅을 훼손하는 데 대한 종교적 저항감으로 선박을 육지로 끌어올려 둥근 통나무를 배 밑에 대고 가축이나 인력으로 끌고 갈 수 있는 길을 만들기도 했다. 그리스인들은 그들의 문명을 꽃피우기 전부터 훼손된 토지를 목격했기 때문에 환경의 본래 모습이 변할 때마다 우주 질서를 파괴한다고 생각했다. 그들은 반도의 지협을 가로지르는 운하를 건설하는 것을 섬으로 만드는 행위라 하여 무척 꺼렸다. 코린트운하는 로마 제국의 카이사르가 공사에 착수했으나 완성하지 못하고 19세기 들어와서야 준공되었지만, 그 당시에 이 운하가 만들어졌다면 역사는 또 달라졌을 것이다.

아무튼 아테네는 함대를 동원해 코린토스의 식량 공급처였던 시칠리아의 시라쿠사를 공격하면 코린토스의 위협으로부터 쉽게 벗어날 수 있을 것으로 예상했다. 그러나 아테네 함대는 시칠리아 원정에서 전멸하여 참담한 패배를 당했고, 페르시아와 결탁한 스파르타는 페르시아 함대를 끌어들여 아테네의 보급로를 차단하고 나서야 아테네 지배하에 있던 도시들을 해방시키는 데 성공했다. 식량 공급이 단절된 아테네는 기원전 404년 항복하고 말았다.

그림 4-11 19세기에 완공된 코린트운하

전쟁이 끝나면서 스파르타는 다시 그리스의 맹주 자리를 회복했지만, 아테네가 그랬던 것처럼 그리스 세계의 미운 털이 박혀 코린트만 북쪽 아티카반도에 위치한 테베Thebes에 의해 기원전 371년 격파되었다. 테베의 승리는 그리스 세계에 큰 충격을 던져주었다. 이 전투에서 스파르타의 패배는 군사적으로는 물론 심리적으로도 그리스 역사의 분기점이 될 만한 대사건이었다. 펠로폰네소스 전쟁에는 다양한 전투와 음모, 비극과 영광 속에 영원히 풀 수 없는 수수께끼가 존재하고 있다. 과거 그리스 연합함대가 페르시아 군대를 격파한 후에 닥쳐온 그리스 통일의 기회를 무슨 이유로 잡지 못했을까?

유럽문명의 꽃이 된 그리스의 사상과 철학

펠로폰네소스 전쟁이 벌어지던 시대는 세계 역사상 유례를 찾아보기 어려울 정도의 위대한 문명이 창출되고 있었다. 이 시대에 발생한 정치 · 군사 · 문화적 사건은 그리스문명의 방향을 잡게 하여 유럽문명으로 가는 계기가 되었다. 그리스라는 작은 나라의 겨우 1세기에 불과한 역사가 고대 모든 대국의 수천 년 역사에 버금갈 정도로 중요한 의미를 갖게 된 것이다.

우리는 고대 그리스문명을 지탱한 기반이 얼마나 작았었는지 돌이켜 생각해볼 필요가 있다. 그리스의 도시국가는 굉장히 많았고 에게해의 넓은 범위에 산재해 있었다. 그리스는 마케도니아와 크레타섬을 합쳐도 한반도의 절반에도 못 미치는 작은 나라였다. 더욱이 경작지로 이용할 수 있는 토지는 전체의 1/5 정도에 불과한 국토였다. 도시국가의 규모는 겨우 2만 명에 불과하거나 최대 규모가 30만 명 정도였다. 그중에서 도시문명을 향유한 사람은 일부 엘리트 계층뿐이었다. 그럼에도 불구하고 그리스는 기원전 5세기경 인류 역사상 찬란히 빛나는 문명을 꽃피웠다. 이는 지리적으로 볼 때 에게해 일대가 지절률이 높을 뿐만 아니라 그중에서 그리스의 중심 도시였던 아테네가 가장 유리한 중앙적 입지를 차지하고 있었기 때문이었다.

그리스문명을 지탱한 경제적 기반은 미케네와 별반 다를 바 없이 의외로 단순했다. 교역 이외의 분야에서는 고도로 발달된 경제활동이 없었던 것이다. 예를 들면, 화폐가 사용되던 시대에도 일상적으로 물물교환이 행해질 정도였을 만큼 그리스의 경제활동은 매우 단조로웠다. 농업 규모가 작았기 때문에 생산 규모 역시 작았다. 심지어는 아테네 도시 건설과 같은 대규모 사업에도 소규모 인원만 동원되었을 정도였다. 도시국가들의 경제는 국내 시장에서 소비되는 곡물과 올리브와 포도를 생산하는 소규모 농업에 의존하고 있었다.

당시 전형적인 그리스 남자들은 소규모 농장에서 일하는 가난한 농부들을 비롯하여 시민권을 갖지 못했던 노예와 해방 노예에 속하는 자유인들로 구성되어 있었다. 시민권을 소유한 남자들은 자신들을 미개인이 아닌 문명인이므로 의복을 입지 않아야 한다고 생각하여 주로 반나체로 생활했다. 이에 대해 시민권을 부여받지 못했던 여자들은 법적 권리는 물론 상거래와 재산상속도 허용되지 않았다. 철저한 남성 중심의 사회였던 당시의 그리스에서는 여자는 남자가 소유한 재산에 불과했다. 또한 상류사회에서는 남자의 동성애가 용인되거나 미화되기도 했다. 이는 자유 신분의 여자들이 격리되었던 탓에 남자와 교제할 기회가 적었기 때문이었을 것이다.

여자들은 사회 규제가 엄격해 외출도 못하는 무료한 생활을 보냈다. 공공장소에 나갈 수 있었던 부류는 춤과 노래를 습득하여 남자들과 지적 대화를 나눌 정도의 교양을 갖춘 무희와 '헤타이라hetaira'라 불리는 고급 매춘부뿐이었다. 그녀들은 평균적인 아테네 여인들 수준 이상으로 아름다운 몸매는 물론 정신적인 면과 재능의 소유자들이었으므로 유명한 철학자와 저명한 정치가들의 마음을 흔들어놓았다. 헤타이라들은 금색 가발을 쓴 것은 물론 눈썹을 밀어내고 양쪽 눈썹이 연결되도록 그렸기 때문에 눈에 잘 띄었다. 이런 화장법은 아마 이집트의 영향이었을 것이다. 원래 건강미를 중시한 그리스인들은 로마인과 달리 화장을 하지 않은 맨얼굴을 선호했다. 그녀들의 금발 선호는 후에 로마 매춘부에게도 영향을 미쳤다.

문화적 측면에서는 아테네의 중요성을 아무리 강조해도 지나침이 없을 것이다. 당시 그리스 세계에서도 아테네의 문화적 우월성은 인정받았다. 그리스의 맹주가 된 그들은 자신들의 아테네를 아름답게 꾸미기 위해 델로스 동맹의 출자금을 마음대로 사용해 아크로폴리스 언덕 위에 파르테논 신전과 같은 화려한 건축물을 건설했다. 아테네의 부와 세력이 최고조에 달한 시기는 펠로폰네소스 전쟁 직전이었다. 이 시기에 시민들의 창조적 활동과 애국심 역시 최고조에 달해 있었다. 즉, 자국의 세력 확장에 대한 자긍심과 찬란한 문화적 측면의 축적이 서로 연계되었다.

아테네의 민주정치는 지나치게 미화된다는 비판을 받는 경우가 있지만, 거꾸로 지나치게 비판하는 것 역시 역사를 왜곡할 우려가 있다. 아테네의 민주화는 아무런 예고 없이 찾아왔기 때문에 보수파에 속한 정치인들은 위기감을 갖게 되었다. 민주화가 가능했던 것은 기원전 6세기에 행해진 제도 개혁에 있었다. 이 개혁으로 종래의 혈연관계를 대신해 주거구역을 단위로 하는 행정구역이 도입되기에 이르렀다. 이로 말미암아 이론과 법률상 혈연관계보다 지역으로의 귀속이 중시되었다. 이러한 움직임은 그리스 전토에 보급되었으며, 모든 도시국가의 정치는 지역적 단위의 조직에 기반을 두기에 이르렀다. 이와 같은 정치 시스템은 2,500년이 지난 오늘날에 이르기까지 변함없이 지속되고 있다.

아테네에서는 정치적 개혁이 지속적으로 이루어져서 5세기 중엽에 이르러서는 성인 남자 전원이 민회에 참여할 권리를 부여받게 되었다. 이것은 성인 남자 전원에게 행정관을 선출할 권리가 주어졌음을 의미한다. 오래전부터 권력을 장악했던 종신제 귀족회의인 아레오파고스Areopagos 의회의 권한은 점차 축소되었다. 기원전 462년의 개혁으로 민중 법정은 배심원에 수당을 지급하는 제도가 마련되어 가난한 시민들도 정치에 참여할 수 있게 됨에 따라 민중의 의견이 널리 반영되기에 이르렀다. 행정관은 아테네 시민들이 추첨으로 선출하게 되어 지위와 권력의 세습을 막을 수 있는 데 목적이 있었다. 아레오파고스는 아테네의 아크로폴리스 북서쪽에 있던 낮은 언덕을 가리켰는데, 이 명칭은 의미가 넓어져 나중에는 그 회의 자체를 가리키게 되었다.

아테네의 민주정치는 여성과 노예를 배제한 사실을 들어 그 정치체제

그림 4-12 아테네의 아레오파고스 언덕

를 저평가해서는 안 될 것이다. 영국에서 21세 이상의 남녀에게 평등한 참정권이 부여된 시기가 1928년이었음을 상기하면 될 것이다. 역사의 수레바퀴는 일정한 단계를 밟아 굴러가는 것이므로 시대를 고려하지 않고 비교하는 것은 무의미하다. 그로부터 2,000년이 지난 오늘날의 문명 세계에서 2015년이 되어서야 여성참정권을 허용한 사우디아라비아를 상기할 필요가 있다. 그러므로 동시대의 국가들과 비교해서 평가할 일이다.

혈연으로 세습된 당시 상황에 비춰볼 때, 혈연으로부터의 해방이란 관점에서 아테네의 민주정치는 어떤 정치 시스템보다 앞서가는 것이었다. 나는 바로 이것이 그리스문명의 최대 업적 중 하나라고 생각한다. 지리적으로 흩어져 있던 초기 그리스 공동체는 독자적으로 정치적 경험을 거쳐 신이 부여한 왕들이 통치를 했던 종래의 체제와 결별하게 됨에 따라 가난한 시민들이 아테네의 위대한 문명을 지탱하는 여러 제도에 참여할 수 있게 된 것이다. 이는 인류 역사상 전례를 찾을 수 없을 정도로 최고의 정치형태를 만들어낸 것이라고 평가되어야 마땅하다.

고대 그리스의 사상은 어느 문명이 잉태한 사상에 비해 결코 뒤지지 않는 중요한 족적을 역사에 남겼다. 그 사상은 그리스문명이 존속한 1,000여 년을 통해 많은 변화가 있었다. 그것은 그리스 사상이 역동적으로 전개되어 갔음을 증명하는 것이다. 따라서 그리스 사상은 통일성을 가진 하나의 사상체계가 아니라 약 4세기에 걸친 일정한 연속성을 가진 사상의 집합체로 생각하는 것이 합리적이다.

고대 그리스의 사상가는 형이상학과 논리학, 수학 등의 추상적 사고를 통해 세계와 자연의 본질에 도달할 수 있다고 믿었다. 바로 이러한 점이 고대 그리스 과학의 진보를 방해했다고 지적하는 학자들도 있을 정도인데, 가령 그리스의 위대한 철학자 중 자료의 수집과 분류를 중시한 것은 아리스토텔레스뿐이었지만, 그의 연구는 대부분 사회학과 생물학 분야에 치중되었을 뿐이다. 고대 그리스의 과학과 철학이 엄밀하게 구별될 수 없는 것은 이러한 점에 원인이 있다.

고대 그리스의 과학과 철학은 탄생한 순간부터 인류의 사상에 개혁을 초래했다고 해도 무방할 것 같다. 그 선두에 선 것이 이오니아학파라 불리는 그리스 최초의 사상가들이었다. 그들 대부분은 기원전 700~600년에 이오니아의 식민도시의 지명을 따 밀레토스학파라고도 불렸다. 소크라테스의 등장과 함께 아테네가 그리스 철학을 주도하게 될 때까지 오늘날의 터키 서부에 해당하는 이오니아 지방의 밀레토스Miletus가 지적 활동의 중심지였다. 이 지역에서 지적 활동이 왕성했던 이유는 역시 오리엔트의 여러 국가들과의 교류가 활발했기 때문이었을 것이다. 또한 밀레토스는 풍족한 도시였던 까닭에 많은 사상가를 배출할 수 있었던 것도 간과할 수 없다. 당시의 사상가들은 부유했으며, 무위도식하면서 오로지 사색에만 골몰하는 사람들에게 한정되어 있었다.

내가 1999년 아테네에 갔을 때 오늘날 그리스 대학교수들에게는 아직도 그러한 전통이 남아 있다는 얘기를 듣고 놀랐던 기억이 있다. 현재도 학문은 부유한 계층의 전유물로 인식되고 있다는 것을 아테네에 교환교수로 와 있던 한국인 교수로부터 들었다. 2016년도 영국의 QS대학평가를 보니 그리스에 있는 대학의 최고 순위가 395위의 국립 아테네 공과대학교임을 보고 고개를 갸우뚱할 수밖에 없었다. 물론 나는 그 QS대학평가를 전적으로 신뢰하지는 않는다.

밀레토스는 에게해에 면한 항구도시로 건설되었으며 이오니아 지방의 상업적 중심지였을 뿐만 아니라 미안데르Maeander강(혹은 멘데레스강) 하구에 위치하여 기름진 충적평야가 전개되어 있어 농업 활동도 왕성한 땅이다. 지리학에서 곡류하천을 '미앤더'라고 부르는 것은 바로 여기서 유래되었다. 오늘날에는 간척사업이 이루어져 지형이 크게 달라졌지만, 터키 이즈미르에서 더 남쪽으로 가면 이 역사적 유적지를 볼 수 있다. 이 도시에서 탈레스, 아낙시만드로스, 아낙시메네스 등과 같은 걸출한 철학자들이 배출되었다. 그들 중 에게해에 산재하는 섬들이 보이는 해안가에 살았던 탈레스는 만물의 근원을 물이라고 주장했다. 만약 그가 건조한 내륙 지방 사람이었다면 과연 그런 주장을 펼칠 수 있었을지 의문이다. 탈레스 이후의 철학자들은 나중에서야 만물의 근원을 공기 · 흙 · 불 등이라고 주장했다.

밀레토스는 그리스 고전기(기원전 5~4세기) 이전의 아르카익기(기원전 8~6세기)의 도시 가운데 가장 번영을 구가했던 도시 중 하나로 오리엔트의 바빌론과 문화적 교류를 하고 있었다. 기원전 7세기 말까지 더 남쪽의 나일강 삼각주와도 교류하여 교역 거점으로 나우크라티스를 건설했다. 바로 이 무렵에 이집트의 피라미드와 오벨리스크의 존재가 병사들에 의해 서양 세계에 알려지게 되었다. 굶주린 그리스 병사의 눈에는 피라미드가 일종의 빵으로 보였고, 오벨리스크는 양꼬치와 같이 꼬챙이에 꿴 음식물로 보였던 모양이다.

밀레토스의 발굴 작업은 1873년 프랑스 고고학자에 의해 처음 시작되었고, 뒤이어 1899~1931년에 걸쳐 독일의 고고학자들에 의해 시도되었지만 전쟁으로 중단되었다가 1955~1957년에 본격적으로 발굴되었다. 그 후에도 터키와 독일의 대학에서 발굴 작업이 계속되고 있지만, 지금까지의 발굴 결과 밀레토스가 기원전 5세기경의 그리스 도시계획가 히포다모스에 의한 계획도시임이 밝혀졌다. 그는 페르시아 전쟁이 끝난

그림 4-13 기원전 5세기 밀레토스의 도시계획(현재 터키)

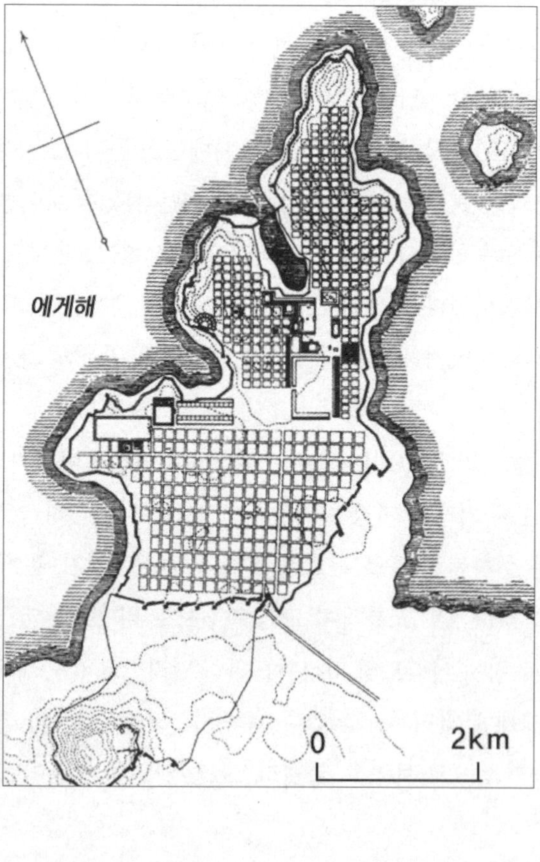

이후 파괴된 자신의 고향을 재건하는 일에 솜씨를 발휘한 바 있다.

도시는 그림 4-13에서 보는 바와 같이 성곽을 북쪽 구역과 남쪽 구역으로 구분하여 모두 격자형 가로망으로 설계되었다. 북쪽 시가지는 블록의 규모가 작고, 남쪽은 북쪽 시가지에 비해 약간 큰 편이다. 이는 초기의 협소한 공간에 적용한 도시계획과 페르시아의 침공 후 도시 재건을 위해 남쪽의 넓은 공간으로 도시를 확장한 후의 도시계획에 변화가 있었음을 의미하는 것이다. 북쪽 구역과 남쪽 구역의 중간에는 아고라를 비롯하여 극장 · 공중목욕탕 · 아테네 신전 등의 공공시설이 배치되어 있었다.

아리스토텔레스는 히포다모스가 격자형으로 도시를 분할하는 방법을 발견했다고 찬양했지만, 사실 격자형 도시는 일찍이 수메르와 이집트의 도시에서도 적용된 바 있다. 건축역사학자 코스토프(Kostof, 1991)에 의하면, 히포다모스는 도시를 먼저 성직자의 주거지로 분할하고, 다음으로 공공용지, 그다음으로 농부들의 주거지로 분할하는 방식으로 설계했다. 당시 격자형 도시계획은 인기가 절정에 달했다. 격자형 도시는 알렉산더의 정복과 함께 헬레니즘 세계에 확산되었다.

이와 같이 그리스인들의 도시계획에 솜씨를 발휘하게 된 것은 전쟁으로 파괴된 도시를 재건하고 항구를 확장하거나 또는 새로운 식민도시를 건설할 때였다. 오늘날에는 간척사업으로 지형이 변했지만, 그림의 지도에서 묘사된 해안선은 당시의 것이다. 비록 철저하게 무너진 도시이지만, 나는 그리스의 전형적 고대도시를 보고 싶은 사람들에게 밀레토스 여행을 권하고 싶다. 발굴된 유적지는 대부분 기원전 3세기의 헬레니즘 시대이거나 프톨레마이오스 왕조, 셀레코우스 왕조 때에 건설된 것들이다. 그리스가 지금으로부터 2,500여 년 전에 이와 같이 훌륭한 도시계획을 했다는 것이 놀라울 따름이다. 이 유적지에는 원형경기장과 목욕탕, 그리고 드넓은 유적지가 남아 있으며, 4개소에 항만 시설이 있었음이 밝혀졌다.

이 땅에는 기원전 8세기 이전의 청동기 시대부터 사람이 살던 것으로 보이며, 밀레토스는 후기 청동기 시대에 크레타섬으로부터 유입된 미노아인과 기원전 6세기경 이오니아인들이 건설한 도시였다. 이 땅은 기원전 12~11세기에 걸쳐 그리스 본토로부터 에게해를 동진하여 소아시아로 향하는 그리스인들의 민족 대이동이 있었다(Cartledge, 2009). 그들 중 일부는 키프로스로 향한 무리들도 있었지만, 대부분은 소아시아의 이오니아 지방을 택했다. 이 이동은 그리스의 식민 활동이 전개되기 훨씬 전의 일이었다.

당시 밀레토스는 그리스 동쪽에서 에페소스Ephesos와 더불어 가장 큰 도시였으며, 후에 리디아Lydia 지방의 도시들과 경쟁했고, 기원전 502년 이오니아 반란이 일어났을 때 반란의 중심 도시가 되기도 했다. 페르시아가 무자비하게 반란을 진압하자 그리스인들은 모두 밀레토스의 함락을 슬퍼한 것으로 전해지고 있다. 그리스와 페르시아 간의 전쟁에서 그리스가 승리한 후 밀레토스는 아테네의 델로스 동맹에 속하게 되었다.

그러나 이오니아 지방을 중심으로 한 지적知的 활동은 얼마 후 그리스 세계의 모든 지역으로 확산되었다. 기원전 600~500년의 그리스 철학의 발전에 커다란 공헌을 한 것은 남부 이탈리아와 시칠리아 등의 서부 지중해의 그리스 식민도시였다. 그 후 헬레니즘 시대에 접어들어서는 지적 활동의 중심지가 알렉산드리아로 옮겨갔다. 이와 같이 그리스문명의 정신적 성과에는 그리스 세계 전체가 기여한 것이므로 아테네 철학의 황금기만을 놓고 그것이 전체인 것처럼 평가하면 안 될 것이다.

기원전 600년경 밀레토스에서 탈레스와 아낙시만드로스가 천지만물의 성질에 대하여 깊은 사색을 시작하면서 신화로부터 과학으로 전환하는 중요한 첫걸음을 내딛었다. 당시 이집트인은 이미 피라미드와 같은 거대한 건축물을 건설하는 과정에서 토목 기술과 측량술 등과 같은 수많은 과학적 지식을 축적하고 있었으며, 바빌론인 역시 중요한 수학적 발견을 행하고 있었다. 이오니아학파는 그와 같은 학문적 성과와 우주론적 개념을 이집트와 바빌론으로부터 도입했을 것이다.

고대 그리스문명의 성과는 플라톤을 빼놓고는 논할 수 없을 정도로 그가 차지하는 비중이 크다. 그는 아테네 귀족 출신으로 정계에 입문하려고 했지만 그의 스승 소크라테스를 사형에 처한 아테네 정치에 환멸을 느끼고 정계에 등을 돌렸다. 이러한 환멸이 그로 하여금 현실 세계를 무시하는 원인이 되었다. 그는 소크라테스로부터 피타고라스 철학을 비롯한 윤리 문제에 대한 이상주의적 사고와 변증법 등을 배웠다. '진 · 선 · 미'라는 중요한 이데아idea는 변증법과 직관으로 발견될 수 있는 것으로 플라톤은 생각했다. 이데아로 구성된 진실의 세계는 감성에 의해 지각될 수 있는 것이 아니라 영혼에 의해 가까이 갈 수 있다는 것이다. 이러한 플라톤의 영육이원론靈肉二元論은 후에 기독교의 사상에까지 영향을 미쳤다.

플라톤이 설립한 학원아카데미는 오늘날 대학이라 부를 만큼의 교육기관에 해당하는데, 이곳에 아리스토텔레스가 입학한 것이다. 그는 플라톤보다 훨씬 균형감각을 가진 사상을 갖고 있었으며, 현실 세계에 대해서도 회의적이지 않았다. 아리스토텔레스는 스승의 가르침을 전면적으로 부정하지는 않았지만, 방법론에서 전혀 달랐다. 그는 생물학에 많은 관심을 갖고 자료를 대량으로 수집해 분류하는 작업을 중시하는 방법론을 사용하여 현실 세계에 기초한 논리를 전개했다. 즉, 플라톤의 사상을 뛰어넘어 보편적 이데아라 부를 수 있는 논리인 개별적 사실로부터 일반적 법칙을 도출하는 귀납적 논리를 편 것이다.

철학과 더불어 역사라는 학문 분야를 발명한 것 역시 그리스문명의 커다란 유산으로 보아야 할 것 같다. 고대국가에서는 어떤 사건들을 기록한 단순한 연대기와 같은 기록물이 존재할 뿐이었지만, 그리스의 역사서는 높은 문학적 가치와 학술적 관점을 지닌 작품으로 탄생했다. 처음 등장한 인물은 헤로도토스와 투키디데스였는데, 이들의 저술은 단기간에 역사학의 정점을 찍게 되었다. 투키디데스는 당시의 그리스를 다음과 같이 묘사했다.

> '헬라'라 불리는 나라는 정착하지 못했다. 사람들은 이동적 성향이 강해 인구가 불어나면 언제나 쉽게 고향을 떠났다. 그들은 교통로가 없었으므로 교역을 할 수 없었다. 몇몇 종족들은 생계를 유지할 만큼 경작했지만 부를 축적하지 못했으며 식물도 심지 않았다. 성벽이 없는 것은 침입자들이 들어와 약탈하리라 믿지 않았기 때문이다. 그렇게 살면 어디서나 근근한 정도의 생계를 유지할 수 있음을 알기 때문에 언제나 떠날 준비가 되어 있었다.
>
> 가장 살기 좋은 땅은 항상 주인이 바뀌었다. 특히 펠로폰네소스는 그리스에서 가장 좋은 땅이었다. 비옥한 땅은 투쟁의 근원이 되었으며, 외부로부터 공격을 받게 되었다. 그러나 아테네가 위치한 아티카Attica는 토양이 척박해 내란이 일어나지 않아 자유를 향유할 수 있었고 인구도 증가했다. 그리스의 지도자들은 자기 나라에서 쫓겨나면 아테네로 피신했다. 그들에게는 시민권이 주어졌기 때문에 인구가 크게 증가해 아티카는 더 이상 이주민을 받아들일 수 없게 되었고, 마침내 식민도시 이오니아를 만들 수밖에 없었다.

우리는 위의 투키디데스의 글 속에서 아티카의 척박함이 그리스의 지도자에게 활기를 불어넣어 오히려 아테네를 문명 창출의 중심지로 만들었음을 알 수 있다. 이는 토인비가 지적한, 안락한 자연환경보다는 가혹한 환경에서 문명이 발생했다는 주장을 수긍하게 하는 대목이다.

그리스 초기의 역사가 헤로도토스는 고대 로마의 최고 지식인이라 간주되는 키케로로부터 '역사의 아버지'라 불리기 시작한 인물이다. 그의 저서의 제목인 '역사*historia*'란 말은 헤로도토스 이전부터 있어 왔지만, '탐구' 또는 '조사'란 뜻으로 사용되었다. 그런데 헤로도토스가 이 단어를 '실제로 일어난 사건을 조사(탐구)하여 기술한다'라는 새로운 의미를 더한 것이다. 그 이후부터 *historia*는 역사란 뜻으로 바뀐 것이다. 그는 각지를 폭넓게 답사하며 그곳에서 수집한 다양한 지지地誌 · 풍속 · 역사 이야기를 페르시아 전쟁이라는 거대한 스토리 속에 끼워 넣어 유럽의 언어로 기록된 현존하는 가장 오래된 저서《역사》를 집필했다. 그것은 그리스가 페르시아 전쟁으로 국난을 맞아 대비하기 위한 답사 노트인 동시에 산문 작품이었다. 헤로도토스는 그리스 민족의 장래를 염려해 지리적 지식을 정치와 전쟁에 적용하려는 발상에서 저서를 남겼다.

영원한 고전으로 평가받는 그의 저서《역사》에는 페르시아 제국과 초기 그리스의 역사에 관한 풍부한 정보 외에도 다양한 답사지에서 수집한 설명이 들어 있다. 헤로도토스는 기원전 484년에 소아시아에 위치한 할리카르나소스에서 태어나 일생의 대부분을 여행하는 데 바쳤다. 아테네에서도 수년간 거주한 경험이 있으나, 그는 이탈리아 남부에 새롭게 건설된 식민도시로 이주해 그곳에서 저서를 집필했다. 헤로도토스는 약 30세를 전후하여 그리스 세계뿐 아니라 이집트, 메소포타미아, 페니키아, 스키타이(현재 흑해 북쪽의 우크라이나 지방)를 두루 답사한 걸출한 여행가이며 지리학자였다. 그의 위대한 저서인《역사》는 바로 그와 같은 폭넓은 경험을 토대로 편찬된 것이었다.

한편, 투키디데스는 해로도토스보다 더 엄밀하게 사실을 기술하고 객관적 관점에서 세상을 바라본 역사가였다. 그의 저서《전사戰史》는《역사》보다 더 학술적인 저서라 평가할 수 있지만, 작품의 매력에서는 헤로도토스보다 다소 떨어진다는 평가를 받는다. 그는 스스로 "나의 기록이 전설적 요소가 배제되어 있으므로 읽으면서 재미없다고 생각할 사람이 적지 않을지도 모르겠다"라고 술회했다. 그 이유는 헤로도토스가 그리스인들이 페르시아와의 전쟁을 대상으로 삼은 것에 비해 투키디데스는 그리스인끼리 싸운 펠로폰네소스 전쟁을 소재로 했기 때문이다.

그는 아테네의 명문가 출신으로 태어나 펠로폰네소스 전쟁에 지휘관으로 참전했지만 스파르타군과의 전투에서 지휘를 잘 못하여 추방된 쓰라린 경험에서 그의 저서를 집필했다. 그런 까닭에 헤로도토스와 달리 그는 사실의 기술에 머무르지 않고 분석적 설명을 시도했다. 헤로도토스가 '역사의 아버지'라면, 투키디데스는 '역사학의 아버지'라고 불러야 한다. 그가 아테네인의 입장에서 한발 물러난 객관적 입장으로, 아테네의 세력 확대와 스파르타의 불안이 양자를 싸우게 만든 원인이었다고 분석한 것은 오늘날의 역사가들이 본받아야 할 점이다.

내가 이 책을 집필 중에 있을 때 일본의 지인으로부터 일본에서 〈불멸의 땅으로의 여행: 고대 그리스의 보석〉이란 특별전을 개최하고 있다는 연락을 받고 그리스 공화국 문화 · 스포츠부(The Hellenic Ministrynof Culture and Sports, 2016)가 제작한 도록圖錄을 입수할 수 있었다. 도록의 내용을 보니 내가 아테네 고고학 박물관에서 보았던 것보다 그리스 유물을 차분하게 살펴볼 수 있는 것들이었다. 유물 가운데 토기를 검토하다가 그리스의 문명 발달이 교류의 산물이었음을 엿볼 수 있는 중요한 사실을 발견하게 되었다. 즉, 함락을 면한 아크로폴리스에 있던 미케네 시대의 궁전에서 출토된 토기에 주목했던 것이다. 그 토기는 기원전 1100~1050년경에 해당하는 아亞미케네 양식과 기원전 1050~900년경에 해당하는 원原기하학 양식으로 변화한 것을 보여주고 있었다. 또한 기원전 900년경부터는 토기 표면이 완전한 동심원과 같은 기하학 문양으로 장식되기에 이르러 기하학 양식 시대가 시작되었음을 알 수 있었다. 그러나 그리스 전체에서 발생한 큰 변화는 폴리스가 형성된 기원전 8세기부터였다. 이 시대에 올림픽이 처음 개최되었고, 오리엔트와의 교역이 본격화되었으며, 그리스문자가 점차 보급되어 호메로스의 문학작품이 나오게 되었다. 이러한 일련의 현상은 문화 교류가 일궈낸 '기원전 8세기의 르네상스'라 불릴 수 있는 성과였다.

뒤를 이어 기원전 700~600년경의 오리엔트 양식 시대에 들어오면서 그리스는 아나톨리아로부터 과학기술과 미술을 흡수하기 시작했다. 기원전 8세기말부터는 오리엔트의 아시리아 제국이 급격히 강대해짐에 따라 아테네의 토기 장식은 기하학 문양으로부터 오리엔트에서 유래한 동물과 식물을 모티브로 한 문양으로 변화했다. 기원전 7세기 후반, 그리스는 이집트와 교류가 빈번해짐에 따라 기원전 6세기 아르카이크 시대에 들어와 석조건축물이 건설되기에 이르렀다. 그리스에서 유행한 남성 나체상을 가리키는 쿠로스*kouros*는 처음 이집트를 모방했지만 차츰 근육질의 조각상으로 변화했고, 여성 조각상을 뜻하는 코레*kore*는 쿠로스와 달리 의상과 머리카락을 섬세하게 표현하는 기법으로 변화해 나아갔다. 이 시대에 제작된 쿠로스의 표정은 부처상이나 모나리자처럼 대부분 입꼬리가 올라간 특유의 미소를 짓고 있는데, 이것을 '아르카이크 스마일archaic smile'이라 부른다.

알렉산더 대왕의 동방 원정과 헬레니즘 시대의 도래

기원전 500년이 지나면서 찬란했던 그리스 역사는 급속히 침체의 길을 걷기 시작하여 세계사에서 그 중요성이 떨어지기 시작했다. 그럼에도 불구하고 그리스문명의 역사는 여전히 세계사의 주역이었다. 장기간 지속된 문명은 어떤 카타스트로피슴catastrophisme적 계기가 없는 한 쉽게 멸망하지 않는다. 점이적 계기로 문명이 멸망한 역사는 찾아보기 힘들다는 것이다. 그리스문명의 위대한 전통을 계승한 것은 공교롭게도 그리스 북부에 위치한 마케도니아였다. 마케도니아는 당시로서는 문명이 뒤쳐진 후발국이었다. 도리스Doris 계인이었던 마케도니아인들은 삼면이 험준한 산으로 둘러싸인 지리적 요인이 작용한 까닭에 선진 문물을 받아들이지 못해 에게문명으로부터 소외되어 있었다. 당시에는 그들을 그리스인으로 인정하지 않는 사람들이 많았던 것 같다.

기원전 400년 후반에 마케도니아는 아케메네스 왕조의 페르시아 영토와 그리스 세계를 병합하여 역사상 유례없는 대제국을 건설하게 되었다. 거대제국의 세력하에 있었던 광대한 지역은 얼마 후 분할되었지만, 그곳에서 펼쳐진 문명은 기원전 1세기 후반에 로마가 들어오기 전까지 약 300년에 걸쳐 세계사의 주역이 되었다. 바로 이 시대를 헬레니즘 시대Hellenistic Greece라 부르는 것은 그것이 헬레네스의 문명과 언어로 통일성을 부여받은 시대였기 때문이다. '헬레네스Hellenes'는 고대 그리스인이 자기 민족을 부르던 이름인데, 전설적인 영웅이며 고대 그리스인의 시조였던 '헬렌Hellen'에서 유래했으며, 그들은 모두 헬렌의 자손이라고 생각했다.

헬레니즘 시대의 이야기는 먼저 페르시아의 몰락을 발단으로 시작되었다. 앞에서 본 것처럼 페르시아는 스파르타와 손을 잡고 세력 회복을 하는 데 성공했지만, 그 이면에는 내란으로 인한 심각한 국력의 쇠퇴가 진행되고 있었다. 페르시아의 몰락을 세력 확대의 기회라고 본 지배자 중에 마케도니아의 필리포스Philippos 2세가 있었다. 마케도니아는 그리스인이라면 누구도 주목하지 않던 북방의 낙후한 땅이었을 뿐이었다. 그리스인들은 그들을 이민족이라고 생각했지만, 마케도니아 왕들은 스스로 그리스 명문가 출신이라고 자부했다. 기원전 395년 왕위에 즉위한 필리포스 2세는 다른 그리스 국가를 침략해 점차 영토를 확대해 나아갔다. 그의 최대 무기는 조직력이 뛰어난 육군이었으며, 그 군대는 전통적으로 귀족계급 출신의 중장비를 갖춘 기병으로 구성되어 있었다. 필리포스는 소년 시절 인질로 테베에 체류할 때 배운 보병 전술을 마케도니아 군대에 도입했다. 그는 중장비 보병 전술을 개량하여 창으로 무장한 병사를 가로 16명, 세로 16명의 256명으로 편성한 방진方陣으로 밀집 전술을 구사했다.

'팔랑크스Phalanx'라 불리는 밀집 장창대형長槍隊形의 보병들은 왼손에 약 15킬로그램에 달하는 방패를 잡고, 오른손에 스파르타 보병보다 훨씬 긴 도리dory라 불리는 길이 6미터의 긴 창을 들고 전투에 임했다. 앞 열은 대체로 젊은 신병이 선두에 서고 뒤 열은 전투 경험이 많은 고참병들을 배열했다(그림 4-14). 팔랑크스의 장점은 무엇보다 특유의 뛰어난 저지력에 있었는데, 기존의 그리스 군대 진형보다 기동성이 뛰어나고 빽빽이 늘어선 장창의 대오는 앞에서 설명한 스파르타 군대보다 강했다. 그러므로 방진을 갖추지 못한 적 보병은 물론 기병들까지 격퇴할 수 있었다.

이러한 새로운 전술은 마케도니아 군대의 공격력을 비약적으로 증대시켰다. 마케도니아 군대가 뛰어난 또 하나의 강점은 공성술攻城術을 숙

그림 4-14 돌격하는 마케도니아 보병의 팔랑크스 복원도

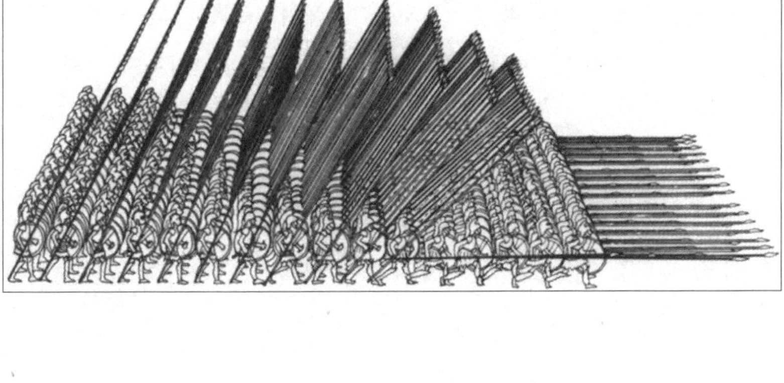

지하고 있었다는 점이다. 다른 그리스 군대는 성곽을 공격하기 위한 효과적인 무기를 갖고 있지 못했다. 펠로폰네소스 전쟁에서 보았던 것처럼 적이 성 안에 숨어 있을 경우 뾰족한 방법이 없었지만, 마케도니아 군대는 투석기, 공성탑과 같은 신형 공성병기를 보유하고 있었다. 마케도니아 이전에 이러한 무기를 보유했던 나라는 아시리아와 그 전통을 이은 오리엔트의 육군뿐이었다.

필리포스가 왕위에 오를 무렵 마케도니아는 재정적으로 풍족한 부국이었고, 국고는 판가이온Pangaion산에 매장된 금광 덕분에 든든했다. 이 산은 오늘날에는 그리스 영토가 되어버렸지만 당시에는 마케도니아의 영역이었다. 23세의 젊은 나이에 왕이 된 필리포스는 군비를 강화하여 주변국의 영토를 잠식해 들어갔다. 아테네 내부에서는 마케도니아에 대한 공격을 주장하는 일파와 힘을 합쳐 페르시아를 공격해야 한다는 일파가 서로 대립했다. 그러나 결국 아테네는 기원전 338년 카이로네이아Chaeronea 전투에서 참패해 굴욕적인 코린토스 동맹을 맺게 되었다. 애국심에만 불타던 아테네와 테베 군대는 잘 훈련된 마케도니아 군대를 당해내지 못했다. 변방의 마케도니아는 그리스 제국의 종주국이 된 것이다.

마케도니아가 테베를 철저하게 파괴함에 따라 고대 그리스의 찬란한 역사는 정식으로 막을 내리게 되었다. 여기서 말하는 테베는 나일강 연안의 테베가 아니라 아테네 북서쪽에 위치한 테베를 가리킨다(그림 4-3). 이 도시는 미케네 왕국의 정착지였으며, 오이디푸스 왕의 전설이 서린 곳이다. 고대 그리스 비극의 대부분과 오이디푸스, 그의 아내이자 어머니, 그의 자녀들의 운명에 대한 여러 이야기가 이곳을 무대로 하고 있다. 즉, 테베의 왕 라이오스Laios가 "아들이 자라서 아비를 죽이고 어미를 취하리라"라는 예언 때문에 아들의 발목을 묶어 내다버린 아들에게는 '부은 발'을 뜻하는 '오이디푸스Oidipous'라는 이름이 붙여졌다. 오스트리아의 정신분석학자 지그문트 프로이트는 이 신화를 '아들이 아버지를 적대시하고, 어머니를 좋아하는 본능의 표현'으로 생각해, 남자 아이가 갖고 있는 어머니에 대한 무의식적인 사랑의 노이로제를 가리키는 말로서 '오이디푸스 콤플렉스'란 말을 처음으로 사용한 바 있다. 정말 알렉산더는 그 콤플렉스로 그의 아버지를 암살했을까?

그리스가 겨우 4세기라는 짧은 기간에 걸쳐 1,000여 개에 달하는 폴리스 네트워크로 구성된 역사상 최대의 도시국가문명을 창출해 '폴리스'라는 정치형태를 만들어냈지만 마케도니아에 의해 명맥을 다하게 된 것이다. 그리하여 그리스에는 마케도니아의 지방장관이 파견되고 마케도니아 군대가 주둔하게 되었다. 막강한 군사력과 거대한 국가가 지배하는 시대가 막을 올리게 된 것이다. 이는 다른 나라에서는 드문 일이 아니겠지만, 도시국가를 기본으로 하는 그리스에서는 획기적 사건이었다. 이로부터 그리스 본토는 정치적으로 침체한 땅이 되었다. 아버지 필리포스 2세로부터 정치적 수완을 전수받은 알렉산더Alexander 역시 그리스 각 도시에 상당한 자치권을 용인하는 회유책을 취했으나 일부의 그리스인, 특히 아테네의 민주파는 강한 불만을 갖게 되었다.

그리스 내부 문제를 해결한 알렉산더는 페르시아 제국에 대항하고 그리스문명의 옹호자라는 아버지의 유지를 계승하기 위해 재차 페르시아에 눈을 돌려 기원전 334년에 그리스 연합군을 이끌고 동방 원정에 나섰다. 알렉산더의 원래 이름은 알렉산드로스Alexandoros인데, 이것은 '인민*andros*의 영웅*Alex*'이란 의미를 갖고 있다. 그가 거느린 군대는 마케도니아군과 그리스 여러 나라의 군대를 합친 4~5만 명의 병력이었던 것으로 전해지고 있다. 이 병력이 페르시아 산악지대를 지나면서 2열 종대로 행군을 했을 것이며, 그 길이는 무려 50여 리에 걸친 긴 행렬이었다. 그는 부하 장병들과 동고동락하면서 끈끈한 유대 관계를 맺으며 지도자로서의 리더십을 발휘한 것으로 소문이 나 있다.

1999년 내가 터키 답사를 갔을 때 알렉산더의 군대가 2,300여 년 전에 지나간 길을 걸어본 적이 있다. 아나톨리아 유적지에는 관광객을 상대로 하는 잡상인들이 많았다. 나는 말이 끄는 전차를 탄 그리스 병사의 청동상을 모조품인 줄 알면서도 기념이 될 것 같아 하나 구입했다. 잡상인은 자신이 직접 발굴한 진품이라고 목청을 높였다.

알렉산더의 동방 원정에는 현실적 이유가 있었다. 필리포스 2세가 정예부대에 봉급을 주기 위해서는 타국을 정복하는 수밖에 없었다. 당시 정예부대는 봉급을 받는 직업군인들로 구성되어 있었다. 22세의 혈기왕성한 청년 알렉산더는 그 후 약 10년간 눈부신 전과를 거두며 짧은 생애를 누렸고, 그의 이름은 전설이 되어 후세에까지 길이 남게 되었다. 오늘날에도 '알렉스'란 이름을 가진 서양남자들이 많은 이유를 알 만하다. 그의 원정은 그리스문화가 동쪽의 광대한 지역으로 전파되는 요인이 되었으며, 각지에 도시국가를 탄생하게 만든 계기가 되었다.

알렉산더는 먼저 마케도니아의 수도 펠라에서 출발하여 소아시아로 들어가 이른바 '고르디온Gordion의 매듭'을 절단했다는 전설을 남겼다. 발상의 전환을 뜻하는 유명한 전설이다. 페르시아 군대를 무찌른 알렉산더가 고르디온이라는 마을의 신전에 묶여 있는 매듭을 푸는 데 도전했다. 당시 매듭을 푸는 자는 아시아를 다스리게 될 것이라는 전설이 있었다. 사람들은 손으로 열심히 풀려고 했지만 풀리지 않았다. 그러나 알렉산더는 단칼로 매듭을 잘랐다. 이것이 손으로 풀어야 한다는 사고방식에서 벗어난 발상의 전환을 의미하는 대목이다.

이 이야기는 아마 알렉산더의 동방 원정을 정치적으로 선전할 목적으로 만들어낸 것 같다. 나는 1996년 폼페이 박물관에 갔을 때 보았던 알렉산더의 모자이크화가 머리에 떠올랐다. 그림 4-15는 기원전 4세기 말

그림 4-15 알렉산더 대왕의 모자이크 벽화

경에 제작된 것으로 기원전 333년에 벌어진 페르시아 왕 다리우스 3세와의 이수스Issus 전투의 모습이 묘사된 것이다. 이수스 유적지는 오늘날 남부 터키의 토로스산맥 동쪽의 말라티야산맥 남쪽에 위치해 있다.

위에서 언급한 고르디온은 프리기아Phrygia 왕국의 수도였다. 터키의 수도 앙카라에서 두 시간 거리에 위치해 있으니, 혹시 앙카라에 갈 기회가 있으면 한번 가볼 것을 권하고 싶다. 기원전 1500년경 유럽에서 인도 · 유럽어족의 프리기아인이 침입해 선주민을 정복하고 프리기아 왕국을 만들었다. 여기서 이 왕국을 세운 고르디오스의 아들인 미다스 왕에 관한 유명한 이야기를 빼놓을 수 없을 것 같다.

"그의 손에 닿는 것은 무엇이든지 황금으로 변한다"라는 전설로 유명하다. 그리스 신화에 따르면, 매우 탐욕스러웠던 미다스Midas 왕은 엄청난 재산을 가지고 있었음에도 더 많은 부귀를 원해 술의 신 디오니소스에게 손에 닿는 모든 것을 황금으로 변하게 해달라고 간청했다. 술에 취한 상태에서 디오니소스는 소원을 들어주었고, 미다스는 닥치는 대로 모든 것을 황금으로 만들었다. 그러나 예기치 않은 문제가 발생했다. 만지기만 하면 황금이 되니 도대체 음식을 먹을 수가 없었던 것이다. 상심한 그는 무심코 자기 딸을 안았다가 사랑하는 딸이 금 조각상이 되었기 때문에 기겁을 했다. 미다스는 디오니소스에게 다시 원래대로 되돌려달라고 간청했으며, 디오니소스의 선심으로 미다스는 강물에 목욕함으로써 원래의 미다스로 회귀할 수 있었다. 금 조각상으로 변한 딸도 강물에 담가서 다시 인간으로 돌아왔다는 것이다. 그러나 그 후에도 어리석음을 저질러 아폴로의 응징을 받아 두 귀가 당나귀 귀로 변해버렸다. 그리하여 "임금님의 귀는 당나귀 귀"라는 말도 오늘날까지 전해 내려오게 되었다.

20세기에 처음 발굴되기 시작한 그의 무덤에서 미다스 왕의 시신과 부장품들이 발굴되었다. 왕릉의 형태는 한국 경주의 신라 왕릉과 유사하나 그 규모는 더 컸다. 발굴 결과, 왕의 귀는 정상인보다 약간 큰 정도였음이 확인되었으며, 황금은 발견되지 않았다. 우리나라《삼국유사》의 내용 중 신라 48대 경문왕이 당나귀 귀였다는 설화가 있는 것으로 보아 미다스의 전설이 약 2,000년이 지나 한반도의 신라까지 전파된 것인지 궁금하다. 나는 서유럽과 요르단 답사에서 탁자식 고인돌을 보고 광역적 문화의 전파에 놀랐던 만큼 고르디온의 적석목곽분을 보고도 놀라지 않을 수 없었다.

알렉산더는 이수스 전투에서 다리우스 3세의 군대를 격파하고 시리아를 거쳐 남쪽으로 내려가면서 페르시아가 지배하던 티레를 멸망시켰다. 티레의 저항은 역사적으로 유명하다. 알렉산더 대왕은 기원전 332년 섬에 접근하기 위해 부유포대浮遊砲臺를 사용하고 둑길을 건설하면서 7개월 동안 포위 공격을 한 끝에 간신히 티레를 점령했다. 티레가 점령된 후 1만 명의 주민이 처형되었으며, 3만 명이 노예로 팔려갔다. 제3장에서

그림 4-16 프리기아 왕국의 수도 고르디온 유적지와 미다스 왕릉

레반트의 페니키아를 설명하면서 유엔 평화유지군으로 파병된 한국의 동명부대를 설명한 대목에서 이미 티레를 언급한 바 있다. 이윽고 티레를 점령한 알렉산더는 이집트까지 도달하는 데 성공했다. 기원전 332년에 그가 이집트의 나일강 삼각주 해변에 건설한 헬레니즘 세계의 최대 도시가 바로 그의 이름을 딴 알렉산드리아다.

알렉산드리아에는 세계 7대 불가사의 중 하나인 파로스 등대와 더불어 전 세계의 문헌들을 수집하는 것을 목적으로 건설된 알렉산드리아 도서관이 있다. 이 도서관은 인류 최초의 도서관이자 가장 오래된 학문의 전당으로 많은 사상가와 작가의 저서 및 학술서가 소장되어 있다. 제본된 서적 형태의 책이 일반적이지 않았던 당시의 문헌들은 파피루스 두루마리 형태였고, 장서의 수는 70만 권에 달했으며 세계 각지에서 우수한 학자들이 모여들어 학문을 연구했다. 알렉산드리아 도서관은 책을 모으기 위해 막대한 자금을 투자했는데, 책의 수집 방법 중 전해지는 일화가 있다. 프톨레마이오스 왕조 당시 알렉산드리아에 입항했던 모든 선박에 대해 소장할 만한 가치가 있는 책이 있는지 전수조사에 들어가, 만약 가치 있는 책이 발견되면 원본을 도서관이 소유하고 사본을 주인에게 주는 대신에 소정의 보상금을 지급했다고 전해지는 것이다.

알렉산더는 알렉산드리아로부터 서쪽으로 400킬로미터 떨어진 리비아사막 한가운데 위치한 시와Siwa에서 봄을 기다렸다가 기원전 331년에 이란고원으로 진격했다. 그는 재차 아케메네스 왕조의 다리우스 3세를 공격해 가우가멜라Gaugamela 전투에서 결정적 승리를 거두고 페르시아의 수도였던 페르세폴리스를 점령하여 막대한 재물을 수중에 넣었다. 피신했던 다리우스 3세는 다음 해 어느 지방장관에게 살해되고 말았다. 다리우스 3세는 알렉산더의 동진을 오늘날의 이라크 북쪽 모술 근처에서 막지 못하면 페르시아가 멸망할 것이라고 판단하고, 가우가멜라 평원에서 최후의 전투를 벌였으나 알렉산더의 전술에 말려들어 패한 것이다. 이리하여 아케메네스 왕조의 페르시아 제국은 멸망하고 말았다.

승전의 기세를 탄 알렉산더는 공격의 고삐를 늦추지 않고 진군하여 북동쪽의 페르시아인들을 오늘날의 아프가니스탄 방향으로 쫓아가 인더스강을 건너 펀자브 지방으로 들어갔다. 그러나 인더스강으로부터 150킬로미터 정도를 진격할 무렵에 알렉산더는 그의 동방 원정을 멈

그림 4-17 알렉산더 대왕의 동방 원정 루트

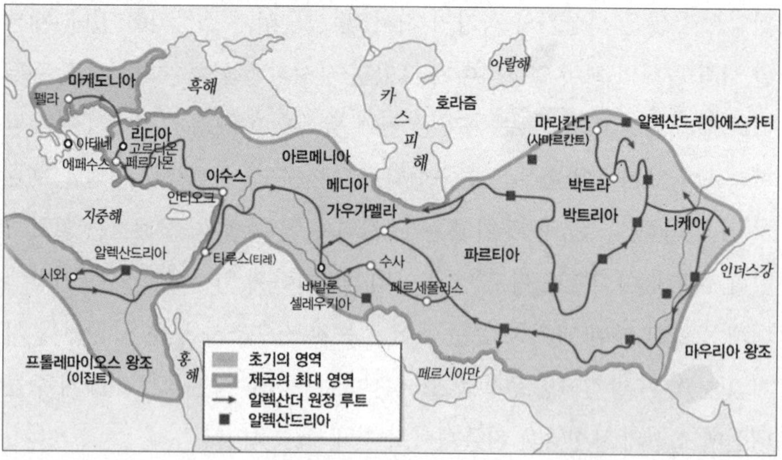

추게 되었다. 장병들이 더 이상 진군을 거부했던 것이다. 군대는 오랜 강행군으로 지쳐 있었고, 200두에 달하는 코끼리 부대를 물리쳤지만 5,000두에 달하는 코끼리 부대가 갠지스강 유역에서 대기하고 있다는 소식을 듣고 전의를 상실하고 말았다. 알렉산더는 갠지스강이 세계의 끝이기 때문에 그 땅까지 차지하면 세계를 정복하는 것이라고 생각했다. 그러나 그는 꿈을 이루지 못하고 메소포타미아로 퇴각하기 위해 수사를 거쳐 바빌론으로 회군했다. 기원전 323년, 10년간에 걸친 원정과 그의 일생은 32세를 일기로 막을 내렸다. 나는 앞에서 바빌론 유적지를 설명하는 가운데 알렉산더가 죽은 장소를 바빌론이라고 적시한 바 있다.

알렉산더의 동방 원정과 정복지의 통합은 그를 천재라 부를 수 있는 업적이었다. 그의 위업을 두고 '단순히 행운이였다던가, 역사적 조건이 유리하게 작용한 결과라던가'라는 이유로 폄하해서는 안 될 것이다. 인류 역사에 이렇게 위대한 인물이 몇이나 있었던가? 그는 천재이면서도 창조적 정신을 소유한 왕이었으며, 젊은 나이에 왕이 되어 정복 전쟁을 벌이다 요절했다는 점에서 고구려의 광개토 대왕과 비교된다. 알렉산더 대왕은 광대한 제국을 다스리기 위해 새 수도를 바빌론에 정하려 했고, 자기 자신은 페르시아 여왕과 결혼했다. 그리고 부하 장병 1만 명을 페르시아 여자와 결혼시켰다. 이것이 유명한 '동서東西의 결혼'이었으며 융합 정책의 일부였다. 그 결과, 그들의 인종적 형질에 많은 변화가 있었을 것이다.

지리적 지식이 풍부한 알렉산더 자신에게도 오리엔트의 풍습을 좋아하는 경향이 있었다. 그는 공식 행사에서 마케도니아인들에게까지 페르시아 의복을 입게 하여 신하들의 반감을 사기도 했다. 그는 페르시아 여왕과 결혼했음에도 또 다리우스 3세의 딸과 결혼했다. 또한 그는 페르시아 풍속을 받아들이고, 전제국가를 세우려 했다. 그리고 또 한편으로는 새로 건설한 도시에 그리스인을 이주시킴으로써 그리스문화를 서아시아에 보급시키는 데 힘썼다. 이것은 하나의 세계를 만들려는 대왕의 원대한 꿈에서 나온 것이었다. 그는 인종과 문화까지도 하나로 만들려고 했지만 원정이 끝난 이듬해에 열병에 걸려 쓰러졌고, 곧 사망했다.

알렉산더는 자기도취적이고 충동적이며 영광을 좇는 일에 집착하는 몽상가적 면모를 지니고 있었다. 지성과 무모하리만큼의 용기를 겸비한 알렉산더는 그리스 신화에 나오는 영웅을 모방하려고 분투했으며, 새로운 영토의 획득뿐만 아니라 자신의 능력을 세계에 증명해 보이려고 시도한 야심가였다. 또한 페르시아와의 전쟁을 그리스의 성전聖戰이라고 생각한 것은 그의 스승이었던 아리스토텔레스의 가르침을 받은 탓이었고, 페르시아문화에 경의를 품었던 알렉산더는 자신의 동방 원정을 시도할 만한 가치로 느꼈다. 아리스토텔레스는 알렉산더에게 아시아인들을 동물처럼 취급하라고 충고했지만, 천재적 두뇌를 가진 그는 여러 민족을 다스려야 한다는 생각에서 스승의 가르침을 따르지 않고 포용 정책을 고수했다.

알렉산더가 죽자 아테네는 다시 반反마케도니아 동맹을 결성하려 시도했으나, 그 결과는 비참했다. 기원전 322년 아테네는 핀두스산맥 동쪽의 비옥한 평야를 차지하고 있던 테살리아Thessalia와 연합군을 조직해 알렉산더가 원정 중인 틈을 타 반란을 일으켰으나 충신이었던 안티파트로스에게 참패했다. 그리하여 사실상 약 200년에 걸쳐 지속된 아테네의 민주정치는 종언을 고하게 되었고, 펠로폰네소스반도는 마케도니아의 지방장관이 통치하게 되었다.

알렉산더의 생애는 너무 짧았으며, 거대한 제국의 기초를 공고하게 만들지 못했다. 만약 그가 오래 살았다고 하더라도 과연 장기간에 걸쳐 대제국을 유지할 수 있었을지는 의문이다. 그렇지만 그의 짧은 생애에 남긴 많은 발자취는 엄청난 것이었음은 의심할 여지가 없다. 그는 짧은 생애에 25개에 달하는 도시를 건설했는데, 이들 도시는 그 후 아시아의 중요한 육로의 거점이 되어 문명 확산에 크게 기여하게 되었다. 그가 시도했던 '동서 융합'이란 대사업은 대단히 지난한 시도였음에도 불구하고 10년이란 단기간에 큰 성과를 거두었다. 역으로 말한다면, 그 이외의 방법이 없었던 것이다.

거대한 제국을 정복하고 통치하기 위해서는 그리스인과 마케도니아인만으로는 중과부족인 까닭에 처음부터 정복한 땅을 페르시아 관료를 통해 위임통치하는 체제를 만들었다. 또한 죽기 직전에는 군대의 재편에 착수해 마케도니아 병사와 페르시아 병사를 합친 혼성부대를 조직했다. 만약 알렉산더가 인더스강을 건넜다면 어떤 역사가 펼쳐졌을까? 이에 대해 프랑스의 역사학자 장바티스트(Jean-Baptiste, 1964)는 다음과 같이 기술했다.

> 알렉산더 대왕이 오래 장수하여 아시아와 동방을 정복한 후에 그가 꿈꿔온 것처럼 진격 방향을 돌려 서방, 즉 서쪽의 유럽을 정복했다고 가정할지라도 그 공동체가 바로 유럽과 일치한다고 말할 수 있었을까? 명백히 그렇지 않다. 유럽은 순수하게 '지리적인 것'으로 남아 있었을 것이며, 알렉산더는 지리학으로부터 어떤 정치철학도 끄집어내지 않았을 것이다. 공간, 그리고 인간들, 알렉산더가 차지하고자 했던 것은 바로 그것이었다. 이 거대한 야망 속에서 유럽과 아시아의 경계가 되는 헬레스폰토스 해협(오늘날의 다르다넬스 해협)이라는 무의미하고 인위적인 경계가 어떤 의미가 있었겠는가?

역사에서 '만약'이란 가정은 통하지 않지만, 나는 알렉산더에 대한 장바티스트의 말에 공감하는 바가 크다. 그리스 신화에 등장하는 '헬레스폰토스Hellespontos'는 그리스어로 '헬레의 바다'를 의미한다. 아테네가 위치한 아티카반도 북쪽의 테살리아의 왕이 헬레라는 공주를 낳고 살았는데, 새 왕비의 계략으로 황금 양을 타고 하늘을 날아 탈출하다가 해협 위를 날아가던 순간 밑을 보게 된 헬레는 그만 아래로 떨어지게 되었다. 후세 사람들은 헬레가 떨어져 죽은 해협을 '헬레스폰토스'라고 부르게 되었다.

전술한 것처럼 알렉산더가 페르시아의 지배령이었던 티레 전투를 제외하고는 트로이 동쪽의 그라니코스강 전투를 비롯해 이수스 전투와 가우가멜라 전투의 단 세 번에 걸친 전투에서 4만~5만 명의 군사로 그 두 배가 넘는 페르시아의 모험심이 강한 다리우스 3세 군대를 물리칠 수 있었던 것은 그의 명석한 두뇌와 리더십, 전술 · 전략은 물론 정복지에 대한 포용 정책 덕분이었다. 훗날 카르타고의 영웅 한니발Hannibal 장군이 100여 년 전에 알렉산더가 구사했던 전술 · 전략을 모방해 로마를 침략한 스토리는 잠시 후 카르타고의 로마 침공에서 언급할 기회가 있을 것이다.

알렉산더 제국이 문화 융합이 아닌 문화적 상호작용에 얼마만큼 역할을 했는지에 대한 평가를 내릴 때가 되었다. 그리스인이 새로운 땅으로 널리 퍼지게 된 것은 사실이지만, 그 결과로서 헬레니즘 세계의 문화가 출현한 것은 알렉산더가 죽고 그의 제국이 붕괴한 이후의 일이다. 그가 사망한 기원전 323년 당시 주민들의 생활이 10년 전 페르시아의 생활보다 크게 달라진 점이 과연 얼마나 있었을까? 인류가 만들어가는 문명의 수레바퀴가 서진하고 있을 때, 그는 거꾸로 동진하여 역사를 역류했다. 또한 알렉산더는 지절률이 높은 땅에서 그것이 낮은 땅으로 향하는 우를 범했다.

그러나 시각을 달리하면, 결과적으로 알렉산더가 동쪽의 페르시아를 정복한 것은 안심하고 서진할 수 있는 상황을 마련하기 위한 동진이었다고 해석할 수도 있을 것 같다. 이보 전진을 위한 일보 후퇴라고나 할까? 결과적으로 그는 헬레니즘이라는 새로운 문명을 창출함에 있어서 해양-

내륙, 저지대-고지대를 아우르는 지절 효과를 극대화하는 데 공헌을 한 셈이다. 아무튼 그의 치세에 해당하는 기원전 4세기 후반의 지중해 세계에서 최대의 관심사는 그리스와 카르타고 간의 분쟁이었는데, 그는 그 분쟁에 관여하지 못했다.

무엇보다 그리스의 서쪽 땅에는 알렉산더의 관심을 끌 만한 라이벌이 없었다고 볼 수 있다. 그는 유럽 쪽에는 적수가 없다고 생각했지만, 동방 원정을 끝낸 후 서방 원정을 꿈꾸고 있었다. 더욱이 알렉산더는 후계자를 정해 놓지 못하고 죽은 탓에 유력한 장군들이 권력 다툼을 벌인 것은 당연한 일이었다. 그의 후계자는 아직 그의 부인 배 속에 있었다. 40여 년에 걸친 후계자 전쟁을 거친 결과 알렉산더 제국은 여러 국가로 분열되고 말았다. 그래도 후세 사람들은 그를 몽골 제국의 칭기즈칸과 훈 제국의 왕 아틸라와 더불어 세계 3대 정복자로 손꼽고 있다.

알렉산더의 부하 중에서 가장 유능했던 프톨레마이오스는 대왕이 사망하자 즉시 이집트에서 권력을 장악하고 알렉산더의 시신을 먼저 확보해 이집트로 옮겼다. 그는 원래 알렉산더의 소꿉친구였으며 알렉산더와 함께 아리스토텔레스의 가르침을 받았던 지식인이었다. 그가 이집트에 수립한 프톨레마이오스 왕조는 그 후 300년에 걸쳐 이집트를 지배했다. 이 왕조는 알렉산더의 후계자들이 건국한 국가 중 가장 장수하고 번영했으며, 기원전 30년에 클레오파트라가 죽을 때까지 존속했다. 그는 2세기 후반 훌륭한 지도를 남겨 유럽에 대한 인식을 넓혀 준 지리학자였음에도 불구하고 스칸디나비아가 섬이라고 믿고 있었다.

한편, 과거 페르시아 영토였던 광활한 땅에는 기원전 300년에 셀레우코스Seleucus 왕조인 시리아가 출현했다. 이수스 근처의 안티오크Antioch에 수도를 둔 이 왕국의 영토는 오늘날의 아프가니스탄으로부터 시리아에 이르는 거대한 제국으로 알렉산더의 부하였던 셀레우코스 장군의 자손이 통치했다. 그리고 마케도니아 본국은 역시 알렉산더의 심복 부하였던 안티고노스Antigonus 1세의 이름을 따서 안티고노스 왕조로 바뀌었는데, '안티고노스'란 명칭은 그리스어로 '아버지만큼 훌륭한'이란 뜻에서 유래된 것이다. 왕조 명칭은 다분히 알렉산더를 염두에 둔 것이었다.

이와 같은 복잡한 변화에 대해서는 상세하게 기억해둘 필요가 없다. 여기서 중요한 것은 약 40년에 걸친 치열한 후계자 전쟁 이후인 기원전 280년경부터 약 60년간 알렉산더 제국을 분할하여 탄생한 세 개의 헬레니즘 왕국이 세력을 거의 균형 상태로 유지하며 존재했다는 사실만 기억하면 될 것 같다. 이러한 평화적 상황이 있었으므로 그리스문화는 크게 확대될 수 있었던 것이다. 헬레니즘 왕국들이 주목할 만한 가치가 있는 것은 문명의 확산과 발전에 공헌했다는 점에서 찾을 수 있다.

알렉산더에 관한 언급을 끝내기 전에 유명한 일화를 하나 소개해보겠다. 알렉산더가 코린토스에서 열린 이스트모스 제전Isthmian Games을 마치고 소문으로만 듣던 철학자 디오게네스를 찾아갔다. 이 제전은 올림피아와 더불어 그리스가 열던 4대 체육 축제 중 하나였다. 그때 디오게네스는 탁발승처럼 시내를 돌아다니면서 음식을 구걸하고서는 자신의 초라한 거처에서 막 푸짐한 점심을 마치고 일광욕을 즐기고 있을 때였다.

디오게네스를 찾아간 알렉산더가 이렇게 말했다. "나는 천하를 지배하는 알렉산더 대왕이다. 내가 그대에게 할 수 있는 일이 있으면 들어줄 테니까 말해봐라." 그러자 디오게네스가 이렇게 대꾸했다. "제발, 햇빛을 가리지 말아주세요." 그 말을 들은 알렉산더는 지식과 덕망을 쌓은 제국의 대왕답게 이렇게 응수했다고 한다. "만약 내가 천하를 정복한 알렉산더가 되지 않았다면 디오게네스와 같은 사람이 되고 싶었을 것이다." 아마 디오게네스가 할 말은 하고야 마는 대쪽 같은 선비라면, 알렉산더는 그러한 상대방을 품에 안는 도량이 매우 넓은 영웅이었다고 할 수 있다.

헬레니즘 시대에는 그리스어가 오리엔트 전역에서 공용어로 사용되었다. 그보다 더 주목해야 할 것은 그리스어가 새롭게 탄생한 헬레니즘 도시의 일상어가 되었다는 점이다. 알렉산더가 살아생전에 열망했던 그리스문명과 오리엔트문명의 융합은 셀레우코스 왕조하에서 실현되었다. 이 왕조는 그리스로부터 백성들을 이주시켜 적극적으로 새로운 도시를 건설했다. 이러한 정책의 목적은 제국의 지배력을 강화하고 토착민들을 그리스화하는 데에 있었다. 새롭게 건설된 헬레니즘 도시는 셀레우코스 왕조의 권력을 떠받치는 존재였던 것이다.

페르시아식의 지방장관에 의존하는 셀레우코스 왕조의 시리아에 대한 통치체제는 실제로 얼마만큼 기능하고 있었는지 잘 모르겠지만, 과거의 전통이 강하게 남아 있던 메소포타미아 또는 소아시아와 달리 그 동쪽 땅에서는 그다지 엄격한 통치가 행해지지 않았을 것이다. 셀레우코스 왕조의 수도를 안티오크에 둔 것만 보아도 짐작할 수 있는 것처럼 헬레니즘화가 실제로 강력하게 추진된 곳은 메소포타미아와 소아시아였다. 그런데 헬레니즘화란 그리스문명의 확산을 의미하는 것이지만, 이 현상이 의도적인 정책의 산물이었는지, 혹은 자연스러운 문명의 전파였는지에 관한 학문적 논쟁이 있어왔다. 내 생각으로는 두 견해가 모두 옳다고 생각된다. 아무튼 헬레니즘은 그리스의 고전문명, 이집트의 고대문명, 페르시아의 오리엔트문명이 융합된 것이었다. 따라서 헬레니즘은 대륙적 스케일에서 본 도서 · 하천 · 평지 · 고원 등으로 구성된 지절의 산물이었다고 볼 수 있다.

헬레니즘 도시의 규모는 기존의 그리스 식민도시를 훨씬 능가하는 것이었다. 새로운 수도 안티오크, 나일강 하류에 건설된 알렉산드리아, 바빌론 근처에 새로 건설한 셀레우키아 등의 인구는 10만~20만 명에 달하는 당시로서는 큰 규모였다. 이와 같은 도시 건설은 페르시아 제국이 축적한 막대한 부가 뒷받침되었기 때문에 가능했다. 즉, 부가 금괴 형태로 널리 유통된 덕분에 오리엔트 전체의 경제가 활성화된 것이다. 그리하여 헬레니즘문명은 인구 증가와 더불어 이전의 문명보다 더 풍요로운 문명으로 발전해 나아갔다. 이것은 서로 이질적 문명이나 문화가 교류하거나 융합되면 한 차원 높은 수준으로 발전한다는 사실을 보여주는 하나의 사례일 것이다. 경제성장이 초래한 부는 각국의 재정을 풍족하게 해주었고, 막대한 세수입은 대대적인 소비를 진작시켜 도시를 발전시키는 선순환을 이루었다.

헬레니즘 도시의 유적지를 보면 그리스풍 도시생활에 필요한 시설을 만들기 위해 막대한 지출이 있었음을 알 수 있다. 많은 도시에 극장과 체육관이 건설되어 스포츠 경기와 제전이 벌어졌다. 헬레니즘문명의 중심은 새롭게 건설된 그리스인이 이주해 살던 페르가몬Pergamon과 같은 도시들이었다. 아나톨리아고원의 서쪽에 위치한 페르가몬은 그리스의 아테네처럼 아크로폴리스와 같은 언덕에 입지하여 건축물과 극장 등은 계단과 행랑으로 연결되도록 설계되었다. 나는 베를린 국립 박물관에 갔을 때에도 바빌론의 이시타르 문과 더불어 페르가몬의 복원 모형을 보았던 기억을 떠올렸다. 이 도시는 현재의 터키 서부의 이즈미르 북쪽에 위치해 있는데, 기원전 3세기 셀레우코스 왕조로부터 독립했고, 기원전 2세기에는 헬레니즘문명의 중심지가 되었다. 미국의 역사학자 한센(Hansen, 1971)과 같은 페르가몬 연구가들에 의하면, 이 도시에는 기원전 400년 그리스의 의신醫神 아스클레피오스의 신전이 설치되어 이 도시가 아스클레피오스 숭배의 중심지 중 하나였음을 밝힌 바 있다.

아스클레피오스Aesculapius는 그리스 신화에서 의학과 치료의 신으로 등장한다. 의술을 배운 아스클레피오스는 뛰어난 의사가 되어 죽은 사람까지 살려낼 정도의 실력을 갖추게 되자 최고의 신 제우스의 노여움을 받아 죽었다고 한다. 아스클레피오스가 자꾸 죽은 사람을 살려내 저승에 죽는 사람이 더 이상 오지 못하게 되자 이를 못마땅하게 여긴 저승 신 하데스가 제우스에게 찾아가 하소연했다. 하데스의 뜻을 받아들인 제우스가 벼락을 던져 그를 죽여버렸다는 것이다. 아스클레피오스는 의학의 신이 되었으며, 고대인들은 아스클레피오스 신전에서 하루를 보내면 모든 병이 낫는다는 신앙을 가지게 되었다. 그의 상징은 오늘날에도 '아스클레피오스의 지팡이'로 알려진 지팡이로 표현되고 있다. 뱀 한 마리가 똬리를 틀면서 지팡이를 기어오르는 모습이 바로 그것이다. 이 신앙은 기원전 420년에 아테네에 도입된 후부터 급속히 번성하게 되었으며, 오늘날 치유를 상징하는 지팡이와 뱀의 형상은 세계보건기구WHO의 로고가 되었다.

그림 4-18 아스클레피오스와 그의 지팡이

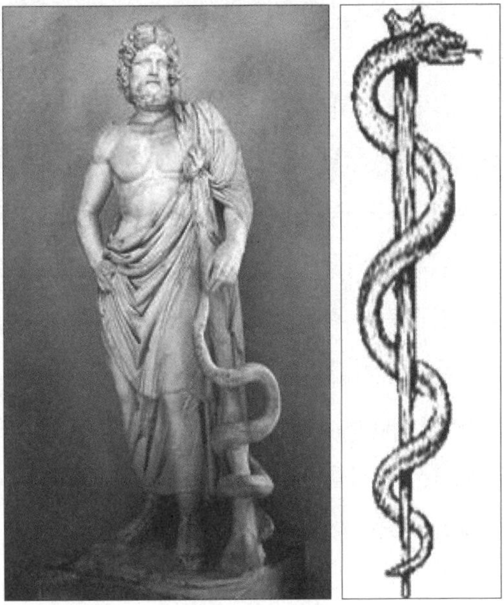

이와 같은 헬레니즘화는 현대적 관점에서 보면 서구화에 해당한다. 서구화에 반발하는 토착 세력도 존재했지만, 전체적으로 헬레니즘문화는 오리엔트 땅에 뿌리를 내리게 되었다. 그 영향은 이슬람교가 도래하기 전까지 남아 있었다. 헬레니즘문명이 그리스의 도시국가에서 창출된 문명을 기초로 형성된 것임에는 분명하지만, 그 정신은 일부 그리스인들이 탄식했을 만큼 상당한 차이를 보였다.

이와는 달리 본토의 마케도니아인들은 도시국가의 삶을 경험하지 못한 채 셀레우코스 왕조가 건설한 몇몇 도시에서 지방장관이 통치하는 낡은 중앙집권적 전제정치하에서 살고 있었을 뿐이었다. 또한 프톨레마이오스 왕조는 도시화 정책을 펴지 않은 탓에 새로운 도시를 거의 건설하지 않았다. 이로 말미암아 헬레니즘 세계는 관료 중심 사회가 되었고, 민주정치의 전통은 시들고 말았다. 그러나 자치 제도의 전통이 희미하게 남아 있던 그리스 본토의 도시들은 과거의 고난으로부터 벗어날 수 없었을 뿐 아니라 헬레니즘 세계에서는 경제적 침체와 인구 감소를 경험하는 유일한 지역이 되고 말았다.

정치적 기세는 꺾였지만 도시문명은 여전하여 그리스 사상을 확산시키는 데 큰 역할을 했다. 알렉산드리아와 페르가몬은 막대한 자금을 쏟아부어 고대사회에서는 가장 규모가 큰 도서관을 건설했다. 프톨레마이오스 1세는 고등교육기관에 해당하는 연구소를 설립하고, 페르가몬에서는 왕 자신부터 교사 자격증을 취득했다. 또 페르가몬에서는 이집트로부터의 파피루스 종이 공급이 차단되자 양가죽으로 만든 양피지 제작법을 완성했다. 아카데메이아Academeia와 같은 교육기관을 통한 그리스의 지적 전통은 모든 장소에서 새로운 활력을 보여주고 있었다. 오늘날 사용하고 있는 아카데미academy는 원래 고대 그리스의 철학자 플라톤이 아테네에 문을 연 아카데메이아에서 유래했으며, 르네상스 이후 학술 단체와

학회 등의 의미로 사용되고 있다.

헬레니즘문명이 그리스의 전통을 계승한 학문 분야는 역시 과학이었다. 오늘날 과학을 'science'라 하는데, 이는 라틴어로 '안다'는 뜻의 '*scire*'에서 유래되었다. 잉글랜드 철학자 베이컨이 말한 '아는 것이 힘이다*plus quam divitias scire valere scias*'란 격언도 그리스에서 유래된 것이다. 아무튼 헬레니즘 도시 중 학술 활동의 메카는 헬레니즘 세계의 최대 도시였던 알렉산드리아였는데, 기하학의 유클리드를 비롯해 수학자 및 천문학의 에라토스테네스, 역학의 아르키메데스 등을 꼽을 수 있다. 이들 중 시칠리아 출신의 아르키메데스는 유클리드의 제자였는데, 그가 고안한 아르키메데스의 원리는 여러 형태의 무기로 응용되기도 했다.

고대 그리스인의 결속을 공고하게 만든 것은 종교였다. 그리스인의 신앙의 원동력은 종교 조직이 아니라 신화에 등장하는 여러 신들에 대한 경외심이었다. 펠로폰네소스 전쟁이 장기화됨에 따라 기원전 5세기 초에 들어와 올림포스의 신들에 대한 경외심이 상실되기에 이르렀다. 그 이유는 전쟁만이 아니라 기원전 4세기에 성행한 그리스 철학의 합리주의 때문이었다. 또 하나의 이유는 헬레니즘 시대에 들어와서 인식하게 된 '운명'이라는 새로운 개념을 들 수 있다. 기원전 1세기에 들어와 사람들은 신흥종교와 사상을 찾기에 이르렀고 점성술과 같은 인간의 마음을 끄는 시대적 상황을 맞이하게 되었다. 이리하여 헬레니즘 세계는 신비와 광신으로 가득한 세계가 되었다.

전통적 종교로부터 비롯된 가치체계가 붕괴됨에 따라 철학에도 변화가 일어났다. 철학 연구는 여전히 그리스 본토에서 활발하게 이루어졌지만, 헬레니즘 영향을 받아 사람들은 가혹한 운명과 험난한 일상생활로부터 구원을 받으려 했다. 이러한 풍조를 대표하는 철학자가 에피쿠로스Epicurus였다. 그는 개인적 '쾌락'을 최고의 가치로 하는 '쾌락주의' 사상을 펼쳤다. 에피쿠로스가 말한 쾌락을 '욕망의 해방'이라고 잘못 해석한 사람도 있지만, 그것은 정신적으로 충만하고 신체적으로 고통이 없는 상태를 의미하는 것이다. 이는 그리스인의 관심이 국가와 정치로부터 개인 생활로 옮겨가고 있음을 의미했다.

한편, 키니코스Cynics/Kynikos학파는 관습을 경멸하고 물질세계로부터 벗어나려고 했다. 특히 키프로스 출신의 제논Zenon은 아테네에 살면서 아고라에 면해 있던 열주랑에서 학당을 열었다. 그리스에서는 기둥이 나란히 서 있는 개방된 건물을 스토아stoa라 불렀던 것에 유래하여 그들을 스토아학파Stoicism라 불렀다. 이 철학의 학파는 인간이 우주에 존재하는 이성적 질서, 즉 코스모스에 따라 살아가야 한다고 주장했다. 구체적으로 인간은 운명을 거부할 수 없으므로 운명에 따라야 한다는 운명론을 편 것이다.

스토아학파의 가르침은 인간이 실천할 수 있는 것이었던 까닭에 헬레니즘 세계에서 커다란 성공을 거둘 수 있게 되었다. 도시국가는 물론 전통적 그리스 종교도 권위가 실추된 시대에서 그 가르침은 새로운 윤리관으로 부상했다. 세계는 거대한 폴리스라는 도시국가이며, 인간은 그곳에 살고 있는 세계시민cosmopolitan으로서 각자의 역할을 수행해야 한다는 것이다. 이 영향으로 그리스인들이 '바르바르'라 불렀던 이민족에 대한 차별이 없어지기 시작했고, 차별 없는 인간애를 역설하면서 노예제도를 비판했다. 이와 같은 스토아학파의 주장은 노예의 강제 노동으로 성립된 고대사회에서는 놀랄 만한 사건이었다. 물론 이러한 사상은 오늘날까지 유효하다.

이상에서 설명한 헬레니즘 세계의 철학은 절충주의와 세계주의가 공존하는 것이었다. 절충주의란 철학과 신학에서 각 학설의 근원이 되는 체계를 전체로 채택하지 않고, 서로 다른 사상체계에서 학설들을 선택하는 수

법을 뜻하는데, 절충주의와 세계주의는 철학만 아니라 헬레니즘문명의 모든 영역에서 찾아볼 수 있는 문화적 조류가 되었다. 하나의 사례로, 알렉산드리아 도서관 관장을 역임했던 에라토스테네스가 "선량한 인간은 모두 동포다"라고 말한 사실을 기억해둘 필요가 있다. 이것이야말로 성숙된 헬레니즘이 탄생시킨 새로운 정신을 잘 나타내주는 말이라 할 수 있다.

동서축의 자극磁極이 된 파르티아와 카르타고

수도인 안티오크가 중앙의 위치가 아닌 서쪽에 치우친 곳에 입지했던 까닭에 기원전 3세기 중엽 헬레니즘 세계의 세력이 미치지 못한 동쪽에서는 파르티아Parthian 제국이 부상하고 있었다. 안티오크로부터 멀리 떨어진 땅을 통치하던 지방장관들이 셀레우코스 왕조로부터 독립의 유혹을 느끼고 있을 때 파르티아가 페르시아 영토였던 산악지대를 중심으로 나라를 세운 것이다. 그들은 중앙아시아로부터 진출한 인도 · 유럽어족에 속하는 유목민들이었다. 초원에서의 삶은 말과 더불어 살아가는 것이었으므로 그들은 기마 민족으로 독특한 전법을 구사하는 강력한 기마병을 보유하고 있었다. 그들은 말을 타고 도주하면서도 뒤를 향해 활을 쏘는 능력을 갖고 있어 후에 로마 병사들이 그랬던 것처럼 헬레니즘 계열의 셀레우코스 병사들 역시 많은 피해를 입었다. 이러한 군사력이 파르티아를 500년 가깝게 지속시킨 이유였다.

유목 민족 출신이 건설한 파르티아 제국은 450년에 걸친 긴 역사를 자랑하지만 아무런 기록도 남기지 않아 그 제왕들의 이름과 중요 사항은 적국인 로마 제국 역사가들의 기록에 의존할 수밖에 없다. 그들은 유목생활을 하면서 낙농제품인 치즈를 섭취했다. 중국의 문명비평가인 린위탕(Lin, 林語堂, 1936)이 중국인들은 한 종류, 즉 우유 식품을 제외하고는 네발 달린 것은 모두 먹을 수 있는 민족이라고 했다. 그는 고대 중국인은 젖소를 사육하지 않았으므로 고대 페르시아인들처럼 우유나 우유로 가공한 식품의 도움 없이 문명을 창출했음을 지적한 것이다. 린위탕은 그들이 과거에 없던 것을 받아들이지 않았던 이유를 우유나 치즈를 주식으로 하는 초원의 유목민이었던 북방 민족(북적과 서융)을 적으로 인식했기 때문이라고 풀이했다. 그러나 페르시아가 파르티아 제국으로 바뀌면서 치즈를 먹게 되었으므로 이 우유문화 역시 헬레니즘 세계에 전파되었을 것이다. 몽골족이 한반도를 침략했을 때에도 우유와 치즈는 보급되지 않았다. 한민족은 우유 대신에 두부를 발효시킨 부유腐乳를 섭취했다.

파르티아가 위치한 카스피해의 동남쪽은 시대가 경과함에 따라 중요성이 한층 높아지는 땅으로 바뀌어가고 있었다. 동쪽 멀리 중국이 있었던 탓이다. 당시 중국에는 진시황제가 춘추 전국 시대를 마감하고 진秦을 건국했고 전한前漢이 그 뒤를 잇고 있었다. 고대의 서양과 중국 간에 가늘고 긴 대상로가 교역을 위해 연결되어 있었다. 이것이 바로 실크로드다. 파르티아는 셀레우코스 왕조의 제도를 모두 모방했고, 공식 문서는 그리스어를 채택했으며, 이 밖에도 바빌론과 페르시아는 물론 헬레니즘의 관습을 그대로 유지했다.

중앙아시아 속담에 "열 명이 가면 발자국을 남기고, 백 명이 가면 오솔길을 만들며, 천 명의 사람이 지나가면 길을 만든다"란 말이 있는데, 이는 동일한 루트를 여러 사람들이 반복해서 왕래하면 밟은 땅이 굳어져 풀이 자라지 않아 길이 만들어진다는 뜻이다. 이 루트는 오리엔트와 동북아시아를 잇는 초원의 길로, 4세기에는 흉노족으로 생각되는 훈족, 1~3세기에는 선비족鮮卑族, 6세기에는 돌궐족, 13세기에는 몽골족이 지나다닌 길이었다.

파르티아의 초기 역사는 이에 관한 기록이 별로 없어 중심 도시가 어디였는지 모를 정도로 밝혀지지 않은 부분이 많다. 셀레우코스 왕조가 파르티아를 견제하지 못한 까닭은 기원전 2세기에 들어와 서쪽 세계와의 전쟁에만 몰입되어 있었기 때문이며, 그 틈을 타 파르티아가 왕국을 건설하고 영토를 확장할 수 있었다. 따라서 셀레우코스 왕조의 영토는 대폭 줄어들었다. 파르티아는 영토를 유프라테스강 연안까지 넓히는 한편, 중국과 교류를 시작했다. 중국의 역사서에는 파르티아를 왕조명인 '아르케사스'를 음역하여 '안식安息'이라 기록하고 있다. 당시 한漢과 로마 간의 중계무역으로 이익을 보는 파르티아 입장에서 로마와 한의 직접 교류가 좋았을 리 만무했을 것이다.

그리스는 세계사의 무대에 새롭게 등장하고 있던 로마라는 위협적 존재에 둔감했다. 파르티아는 물론 그보다 가까운 땅에 위치한 헬레니즘 국가들까지도 전혀 주의를 기울이지 않았다. 그리스인들은 당연히 로마의 존재를 알고는 있었지만, 그들의 관심은 그보다도 그 무렵 직면한 카르타고라는 거대한 위협에 집중되어 있었다. 그리스로부터 카르타고는 서쪽이었음은 분명했지만, 문명의 무게는 그곳에 있지 않았다. 카르타고는 그리스인에 대한 페니키아인의 적대심으로부터 탄생한 도시국가였다고 해도 무방할 것이다. 기원전 800년경에 페니키아인에 의해 건설된 카르타고는 처음부터 금속을 중심으로 하는 지중해 서쪽의 교역을 둘러싸고 그리스와 치열한 다툼을 벌이고 있었다. 그러나 장기간 도시국가의 형태를 유지하면서 시민들도 전쟁보다 교역을 선호했기 때문에 타국과의 정복 전쟁보다 동맹과 상호 교류 쪽으로 외교정책을 펼쳐 나갔다.

페니키아와 카르타고 간의 거리는 직선거리로 약 2,300킬로미터에 달하는 먼 거리이므로 두 지역 간의 교역이 쉽게 이뤄진 사실에 의문을 품기 십상이다. 그러나 해상교통은 육상교통에 비해 75배 정도 수송 속도 면에서 유리하다는 사실을 서두에서 밝힌 바 있으므로, 사실상 오늘날 레바논의 티레로부터 베이루트까지의 거리보다 가까운 지근거리에 불과함을 기억해둘 필요가 있다. 더욱이 지중해는 지구상에서 가장 넓은 내해內海이므로 거의 호수라고 해도 무방할 정도이며 조수 간만의 차이가 거의 없다. 평소 지중해는 폭풍우가 일어나 성난 파도가 이는 겨울철을 제외하면 파도가 그리 높지 않은 편이므로 선박을 이용한 무역에 안성맞춤이다. 최종적으로 지중해 중앙부에 위치한 카르타고는 기원전 146년에 로마에 의해 철저히 파괴되어 멸망당했기 때문에 자세한 역사를 알 길이 없다. 다만 확실한 것은 지중해 교역을 둘러싸고 카르타고가 그리스의 라이벌이었다는 사실이다.

기원전 480년의 시점에서 그리스의 교역권은 이탈리아반도와 시칠리아섬에 한정되어 있었다. 그중에서 그리스 지중해 서쪽의 최대 무역 거점은 시칠리아섬과 그 중심 도시 시라쿠사Siracusa였다. 이곳에 그리스 본토의 도시를 능가하는 도시가 건설되었다. 시라쿠사를 둘러싼 그리스와 카르타고 간의 세 번에 걸친 전쟁이 있었지만, 황금기를 맞이하게 된 시라쿠사는 시칠리아섬뿐만 아니라 이탈리아 남부로부터 아드리아해에 이르는 범위까지 세력을 넓혀 나아갔다. 그러나 기원전 300년이 경과되면서 시라쿠사는 로마의 위협에 직면하게 되었다.

그리스의 교역은 육지보다는 바다를 통해 행해졌던 덕분에 용이하게 이루어졌다. 환경사학자 휴스(Hughes, 1975)에 의하면, 바다에는 해적이나 겨울철의 폭풍과 같은 위험이 있기는 했지만 험준한 산악 지형과 도적 떼가 도사리고 있는 육지보다는 나았다. 그리고 무엇보다 도시국가마다 상이한 관습과 타국의 영토를 지날 때마다 지불해야 하는 통행세와 같은 장애물이 육지에는 기다리고 있었다. 결국 해상운송로가 육로보다는 상대적으로 신속성과 비용 절감 측면에서 효과가 있었고 위험도 덜했다고 볼 수 있다.

이와 같은 과정을 거쳐 유럽 역사의 무대에 해양을 무대로 한 카르타고 · 그리스 · 로마라는 3개국이 주역이 되는 시대로 돌입하게 되었다. 그럼에도 불구하고 동쪽의 헬레니즘 국가들은 알렉산더 대왕 이래 이상할 정도로 서쪽 세계에 관심을 두지 않았다. 이 시점까지만 하더라도 로마인들은 자신들이 아직 역사의 주역이란 생각은 갖고 있지 않았다. 그들은 기원전 264년에 포에니 전쟁이 일어났을 때까지만 하더라도 카르타고를 공포의 대상으로 인식하고 있었다. '포에니Poeni'란 라틴어로 페니키아를 가리키는데, 카르타고는 교역에 능한 페니키아인이 건설한 도시국가였기에 포에니라 불렸다.

로마는 기원전 3세기 말엽 카르타고와의 전투에서 승리를 거둔 이후부터 동쪽 세계에 눈을 돌리기 시작했다. 한니발은 제1차 포에니 전쟁(기원전 264~기원전 241년)에서 패한 아버지가 전쟁터에서 전사한 후부터 일생동안 로마 공화정에 대한 끊임없는 투쟁으로 일관했다. 로마의 선전포고로 제2차 포에니 전쟁(기원전 218~기원전 202년)이 시작되자 피레네산맥을 넘어 남프랑스를 점령하고 알프스를 횡단하여 이탈리아반도로 쳐들어가 로마군을 물리쳤다.

한니발은 한때 로마를 점령할 수 있는 기회를 포착했음에도 불구하고 점령하지 않았다. 모든 군사들이 적국 로마 제국의 수도를 탈취하려고 했지만, 한니발은 그것을 포기했다. 이것은 매우 중요한 미스터리 중 하나였다. 이러한 한니발의 이해할 수 없는 행동에 대해 후세의 군사전문가들은 로마의 파괴를 신에 맹세한 한니발이 로마 점령을 시도하지 않은 것은 전쟁이 너무 빨리 끝나면 로마를 오래 괴롭힐 수 없을 것이라는 판단 때문이었다고 분석했다. 한니발은 로마가 고통 속에서 서서히 죽어가는 모습을 보고 싶었던 것이다. 여기서 우리는 한니발의 복수심의 단면을 엿볼 수 있다.

로마 장군 스키피오의 반격으로 궁지에 몰리면서 결국 전쟁은 로마의 승리로 끝났다. 그 이후에도 한니발은 로마에 대한 보복 기회를 노리다가 흑해 연안의 비티니아에 은신해 있던 중 발각되어 독약을 마시고 64세를 일기로 자결했다.

한을 풀지 못한 한니발이 죽을 때 눈을 감았는지 알 수 없지만, 그는 전술한 것처럼 마케도니아 영웅 알렉산더의 전술 · 전략을 벤치마킹해 로마군에 승승장구를 했으나 알렉산더의 점령지에 대한 포용 정책은 간과하고 말았다. 그는 로마군이 전세가 불리해지면 에트루리아족과 같은 로마 속주의 군대들이 카르타고 편에 설 것으로 기대했지만 포용 정책을 펴지 못한 탓에 실패했던 것이다.

한니발이 간과한 것이 또 있었다. 주로 북부 아프리카 출신들로 구성된 카르타고군은 추위에 약했다는 점이었다. 로마군은 패하면서도 용기를 잃지 않고 겨울 동안에 전투 준비를 철저히 할 수 있었고 한니발 군사들은 봄이 되자 눈이 녹으면서 진흙탕으로 변한 로마 땅을 진군하면서 전력이 약화되었다.

그리스문명 발생의 메커니즘은 지절에 의한 분열과 연합(연맹)으로 설명될 수 있을 것 같다. 분열은 연맹에 의해 보완되었고 연맹은 자유와 민주에 의해 깨졌다. 오히려 그것이 그리스가 인류문명사에 커다란 족적을 남긴 셈이었으니 역사의 아이러니가 아닐 수 없다. 지금까지 우리는 고대 그리스의 문명에 대해 살펴보고, 비잔티움을 중심으로 동쪽의 파르티아와 서쪽의 카르타고가 두 개의 자극磁極이 되어 문명의 중심 이동에 자장磁場 공간 역할을 했음을 보았다.

여기서는 카르타고를 설명하기 위해 로마 역사를 앞당겨 설명했다. 로마인들은 지성에서는 그리스인에 뒤졌고 기술력에서는 에르투리아인에 미치지 못했다. 그리고 체력에서는 켈트족이나 게르만 민족보다 열세였고 경제력에서는 카르타고인보다 못했다. 하지만 광대한 제국을 이루어 로마

문명을 창출했다.

그 이유에 대해 다음의 제5장에서 설명하게 될 것이다.

크레타문명과 미케네문명을 아우르는 그리스문명과 더불어 오늘날의 유럽문명을 잉태한 로마문명을 탐구하기 위한 나의 답사는 로마 제국의 광활했던 영토만큼이나 광역적일 수밖에 없었다. 먼저 로마문명이 잉태된 이탈리아반도의 로마로부터 시작된 답사는 1980년대부터 최근까지 모두 네 차례에 걸쳐 이루어졌고, 내가 관심을 두었던 폼페이와 베네치아 답사만 두 차례에 걸쳐 집중적으로 행해졌다. 개략적인 답사 경로는 로마–피렌체–토리노–피사–제노바–토리노–밀라노–블로냐–베로나–산마리노–베네치아를 경유하는 코스와 로마–나폴리–폼페이–캄파니아를 거치는 코스였다. 스칸디나비아 3국도 답사했으며, 여기서 언급되는 이스라엘의 나사렛과 터키의 콘스탄티노플 등의 도시는 제2장의 답사 코스와 중복된다.

제5장

지중해 세계를 형성한 로마문명

에게해에서 지중해로

고대 그리스문명의 등장은 인류문명사에 하나의 변곡점이 되었다. 원래 지중해문명의 발상지는 에게해를 중심으로 한 동지중해였다. 정수일(2009)의 《문명담론과 문명교류》에 의하면, 지중해문명이란 지중해를 중심으로 한 해양과 그 연안 지역에서 다양한 문명이 융합된 해양문명이라 자리매김할 수 있으므로, 지중해문명은 단일 문명권이 아니라 복합 문명권임을 의미한다. 그는 지중해문명을 키워드로 하여 지중해를 하나의 지역 연구 단위로 설정하는 이른바 '지중해학'의 학문적 정립을 제안한 바 있다.

지중해문명의 여명기는 고대 이집트에서 페니키아 시대까지 약 2,000년 동안에 해당하는 기간이다. 이집트는 레바논으로부터 목재를 수입하는 등 지중해 연안과 교류를 시작했다. 이를 계기로 크레타섬의 미노아문명은 이집트문명과 페니키아문명의 영향을 받아 번성했다. 또한 햄어계에 속한 미노아문명과 셈어계에 속한 미케네문명은 서로 융합해 에게문명을 창출하여 고대 동지중해문명의 중심이 되었다.

로마문명이 꽃피기 전의 지중해 서쪽은 동쪽에 비해 문명 발달이 오랫동안 지체되고 있었다. 오늘날처럼 이탈리아반도를 중심으로 서쪽을 서지중해, 동쪽을 동지중해라 불러야 옳지만 당시에는 문명의 중심이 에게해 일대에 머물러 있었으므로 이탈리아반도는 서지중해에 속해 있었다. 교역을 통한 교류의 중심에 섰던 페니키아인과 그리스인의 활발한 상업활동과 식민도시 건설이 행해졌지만, 문명의 무게 중심이 서쪽으로 옮겨지기에는 아직 역부족이었다.

그런데 펠로폰네소스반도와 발칸반도 서쪽에는 지절률을 높이는 또 하나의 반도가 있었다. 그것은 바로 이탈리아반도였다. 이 반도에 살던 아주 작은 부족이었던 로마인들은 이윽고 서지중해의 전면에 나서게 되었다. 기원전 6세기만 하더라도 인접한 그리스인들은 로마인의 존재를 잘 알고 있지 못했다. 기원전 3세기 말에 로마인들이 이탈리아반도로부터 동쪽으로 진출을 시작한 시점에서 역사는 새로운 시대를 맞이하게 된 것이다.

우리는 위대한 고대 로마문명을 창출한 그들을 과대평가하기 십상이지만, 새로운 역사의 주인공으로 부상한 로마인은 우생학적으로 뛰어난 종족이 아니라 그저 자신들의 고향 땅을 사랑하는 평범한 보통사람들이었다. 그들은 바다보다는 땅을 중요시 여겼다. 땅이야말로 자애로운 어머니라고 확신하여 땅을 '마테르 테라*mater terra*'라 불렀다. 그리고 마테르*mater*는 오늘날 영어의 mother의 어원이 되었다. 이러한 보통사람들이 위대한 업적을 쌓게 된 이유가 무엇일까? 이것이 바로 문명사의 수수께끼를 푸는 열쇠일 것이다.

로마인은 그리스문명으로부터 세계사의 주역을 물려받아 서양 세계

에서 최초로 통일문명을 이룩했으며, 자신들을 특별한 존재라고 생각했다. 로마 제국이 성립된 이탈리아반도는 그리스문명을 골라 담은 그릇이 되었다. 나는 이러한 현상을 '앞 접시 효과'라 부르며, 그 효과에 의해 형성된 문화를 '앞 접시 문화'라 부르고 싶다. 음식을 먹을 때, 식탁에 차려진 음식 중 자신이 먹고 싶은 것을 골라 개인 접시에 떠먹는 것을 중국에서는 '샤오디에즈小碟子'라 하고 일본에서는 '우케자라受け皿'라 부른다. 내가 주장하는 이른바 '앞 접시 효과'란 앞선 문명을 취사선택하는 타협 또는 상식과 상통하는 개념이다.

그리스문명과 로마문명은 유럽문명의 모태가 되었다고 했지만, 사실 지리적으로 펠로폰네소스반도와 이탈리아반도는 지중해에 면한 유럽의 외곽부에 위치해 있다. 펠로폰네소스반도의 북쪽은 디나르알프스산맥과 스타라산맥 등으로 막혀 있고, 이탈리아반도의 북쪽은 알프스산맥으로 차단되어 있으므로 지중해 속에 위치한 큰 섬과 같은 존재라 할 수 있다. 펠로폰네소스반도와 마찬가지로 이탈리아반도의 땅에서도 찬란한 문명이 창출되었다. 그 반도는 유럽 대륙이 아니라 지중해 쪽으로 열려 있었다. 이탈리아반도 남부에는 이미 기원전 8세기경부터 그리스 식민지가 존재했었다. 본래 '이탈리아'라는 지명은 그리스어의 비텔리아*Vitelia*에서 유래되었다. '비텔리아'는 그리스어로 '이타르'라 발음되는데, 이는 '이타르인의 땅'이란 뜻이다. '이타르'는 소를 뜻하므로, 그들은 소를 숭배했던 것으로 여겨진다.

여기서 또 한 가지 지적해두고 싶은 점은 고대문명의 무대였던 지중해 연안의 땅은 기후적으로 아프리카 사하라사막의 연장선에 위치해 있었지만, 식물피복이 단단하지 않았기 때문에 그리스 · 로마 시대에 이미 식생은 파괴되어 토양이 유실되고 바위가 갈라진 틈에 뿌리를 내려 생장하는 포도와 올리브 재배로 옮아갔다는 점이다. 또한 유실된 토사가 하류에 퇴적되어 습지를 형성하고 말라리아가 창궐하기 시작했으므로 문명은 쇠퇴할 운명에 처했었지만, 적당하게 습한 토양 덕분에 영양분의 소모가 적어 비옥한 땅이 유지될 수 있었다는 점이다. 아무튼 로마인들이 이탈리아 땅에 대해 느끼는 각별한 감정은 다른 민족에 비할 바가 아니었다. 그들은 자신들이 살고 있는 땅이 세상의 중심에 놓여 있고 토양도 가장 비옥하며 온화한 날씨의 축복까지 받은 터전이라는 강한 자부심을 지니고 있었다. 이탈리아반도는 로마 제국이라는 아주 특별한 시스템을 갖고 있었다. 과연 그 특별한 시스템이란 무엇이었을까? 이제부터 로마 천년의 문명사를 되돌아보기 위한 나의 문명 답사가 시작된다.

우리나라의 건국신화에 곰(웅녀)이 등장하듯이 로마의 건국신화에는 로물루스와 레무스 쌍둥이 형제와 한 마리의 암컷 늑대가 등장한다. 왕위를 찬탈한 숙부는 아이들을 테베레강에 버렸으나 근처를 지나던 늑대에게 발견되었다. 늑대의 젖을 먹고 자란 쌍둥이는 성장해 세력을 확장하고 로마란 도시를 건설했다. 두 형제는 기원전 753년 싸움이 붙어 레무스를 살해한 로물루스에 의해 로마가 건설되었다. 이 신화는 후세에 만들어진 이야기이지만, 로마를 건국한 형제가 늑대에 의해 양육되었다는 에피소드는 대단히 중요한 의미를 갖는다. 왜냐하면 당시 이탈리아반도에 세력을 떨치고 있던 에트루리아Etruria인들에게는 소를 숭배하던 이타르인들과 달리 늑대를 숭배하는 풍습이 있었기 때문이다.

이처럼 건국신화에 늑대가 등장하는 것은 초기 로마가 에트루리아인으로부터 큰 영향을 받았음을 보여주는 증거일 것이다. 고대 그리스의 역사가 헤로도토스는《역사》에서 에트루리아인들은 원래 지금의 터키인 소아시아반도 서쪽의 리디아에 살다가 이탈리아반도로 이동했다고 기록한 바 있다. 따라서 그들은 로마인의 조상에 해당한다고 볼 수 있다. 그들의 출신지에 관해서는 학설이 분분하지만, 나는 헤로도토스의 기록이

그림 5-1 로마 건국신화에 등장하는 암컷 늑대와 쌍둥이

맞을 것이라고 생각한다.

이탈리아반도에는 이미 토착 세력이 거주하고 있었던 것 같은데, 기원전 2800년경 북쪽으로부터 아리안인들이 남하해 들어왔다(Alexandria, 2013). 그 후 1,000년 동안 일부 지역에서는 고도의 문화가 생겨났고, 기원전 1000년경에는 철기 제작이 시작되었다. 에트루리아인들은 그들로부터 야금술을 습득해 발달시켰을 것이다. 철제 무기로 무장한 그들은 이윽고 오늘날의 이탈리아반도 서안의 토스카나 지방을 중심으로 이탈리아반도에서 가장 강력한 세력이 되어 그리스처럼 도시국가 연합체를 이루었다. 나아가 포강Po江 유역의 롬바르디아 평원으로부터 남부 가릴리아노강 유역의 캄파니아평야에 이르는 광역의 땅을 지배하면서 그들의 문명을 창출했다.

로마문명은 미노아문명과 미케네문명을 포함한 그리스문명이 그러했던 것처럼 하천이 문명 발생의 결정적 메커니즘은 아니었다. 우리가 이

미 살펴보았던 메소포타미아문명과 이집트문명에서는 하천이 문명 발생에 미치는 영향이 절대적이었지만, 그리스와 로마문명은 그렇지 않았다. 그 이유는 물론 건조기후와 지중해성기후의 차이에서 비롯된 것이다. 하지만 하천의 영향력이 상대적으로 덜했다는 것일 뿐 전혀 없는 것은 아니다.

에트루리아인은 기원전 6세기에 접어들자 테베강 남쪽에 세력을 뻗쳐 라틴계의 로마인과 접촉하기 시작했다. 라틴인은 이탈리아 중앙부의 라티움 지방에 살면서 라틴계 언어를 사용하던 사람들이며, 그들이 세운 도시국가들은 기원전 7세기에 라틴 동맹을 결성했다. 이에 우수한 건축술을 보유한 에트루리아계 세력이 가세하면서 로마는 라티움 지방에서 최대의 도시국가가 되었다. 3대에 걸친 에트루리아계 왕이 추방되고 로마가 군주가 없는 공화정 국가가 된 것은 기원전 509년의 일이었다. 에트루리아인은 장기간에 걸친 그리스인과의 항쟁으로 상당히 피폐해져 있었다. 이후 에트루리아문명은 군사제도와 사회제도 등의 측면에서 로마문명에 영향을 남겼지만 역사의 뒤안길로 사라져버렸다. 검투사 경기와 개선식 등은 모두 에트루리아에서 비롯된 것이다.

고대 로마의 공화정은 약 450년 지속되다가 사실상의 군주정치인 제정帝政으로 바뀌었으나, 명목상 공화정 정치체제는 존속했다. 공화정의 옷을 입은 제정 정치체제로 로마는 영토를 크게 확장하고, 그 토양 속에서 기독교문명과 후의 유럽 세계가 탄생하게 되었다. 그리고 고대 로마문명의 유산은 고대 그리스문명의 유산과 함께 훨씬 더 후에 출현할 근대사회의 토대를 만드는 바탕이 되었다. 그러니까 결과적으로 그리스문명의 대부분은 로마를 통해 후세에 전달된 셈이다.

공화정 시대의 로마에서 일어난 변화의 대부분은 시대의 조류 속에서 나타난 필연적 결과였다. 로마의 영토가 비약적으로 확장됨에 따라 공화정은 서서히 몰락의 길을 걸었다. 소규모의 도시국가를 운영하던 제도는 거대한 제국으로 성장하는 데 현실적으로 맞지 않았으므로, 결국에는 사회 전체가 붕괴 위기에 처하게 되었다. 이 위기에서 로마를 구한 것이 뒤이어 등장하는 카이사르와 아우구스투스가 창시한 '제정'이란 통치 시스템이었다. 새로운 통치 시스템이 확립되기까지는 2세기에 걸친 시간과 여러 가지 어려움에 직면해야만 했다.

로마가 공화정으로부터 제정으로 옮아감에 있어서 난관에 직면했던 이유는 로마의 공화정 자체의 목적이 왕정(군주정) 부활을 저지하는 데 있었기 때문이었다. 권력의 집중을 막기 위해 고안된 두 명의 집정관은 서로 거부권을 갖고 있었다. 나는 로마를 답사할 때 길모퉁이의 길바닥 맨홀과 건물 벽에서 'SPQR'이라 쓰인 글자를 자주 보았다. 이것은 공화정 로마의 이념을 나타내는 '원로원과 로마 시민*Senatus Populusque Romanus*'이라는 머리글자다. 공화정 시대를 통해 로마 정치는 정권의 자문기구였던 원로원과 로마 시민이라는 양대 세력의 대립을 축으로 펼쳐지게 되었지만, 실질적인 권력은 귀족들이 주체가 된 원로원계급에 있었다.

초기에는 여러 혼란과 정쟁이 있었지만, 원로원계급과 시민 간의 대립은 비교적 원만하게 수습되었다. 그때마다 시민들의 권리가 확대되었지

그림 5-2 로마 시내에서 볼 수 있는 SPQR

만 원로원이 실권을 장악한 상황에는 변화가 없었다. 기원전 300년경부터는 귀족과 더불어 부유층의 평민들도 원로원에 들어갈 수 있게 되었다. 로마의 공화정이란 사실상 원로원에 의한 소수지도체제였으므로 과두정寡頭政이라 불러도 좋을 것이다. 흔히 '원로元老'라 하면 노인들을 가리키는 이미지를 떠올리지만, 의원 자격은 30세 이상의 젊은이들로 종신제였다. 그들 가운데 요직을 두루 거친 뛰어난 인재가 최고위 공직인 집정관에 선출되었다. 기원전 6세기 말에 왕정이 폐지된 후부터는 왕을 대신해 두 명의 집정관이 선출되어 서로 견제했다.

로마 시민의 대부분이 농민이었다고 해도 로마의 자유민 중에는 커다란 빈부 격차가 존재하고 있었다. 로마의 자유민은 무기와 갑옷을 스스로 조달해 전쟁에 참가하는 유산계급과 자산을 갖지 못한 무산계급으로 구성되어 있었다. 그들 밑에는 노예가 있었음은 물론이다. 로마 영토가 확장됨에 따라 영세농민들은 몰락하는 한편, 귀족계급은 정복지로부터 얻은 부를 이용해 대규모 농장을 소유하게 되었다. 바로 이 점이 농업 국가였던 로마 제국의 근간을 뒤흔드는 문제로 비화되었다. 더욱이 동맹시로 편입된 도시 주민들에게도 로마 시민권이 부여되자 상황은 더욱 복잡한 양상을 보이기 시작했다.

로마에는 공화정 초기의 뛰어난 정치 시스템 덕분에 폭력적 혁명에 의한 급변 사태가 일어나지 않았다. 기원전 5세기에 이르러 로마는 인접 도시를 하나둘씩 정복해 영토를 두 배나 확장했다. 기원전 4세기 중엽에는 100년 전 그리스의 아테네가 그랬던 것처럼 테베레강 유역의 거의 대부분을 세력하에 두는 데 성공해 라틴 도시들을 지배하게 되었다. 로마가 정복한 도시는 동맹시로 자치권을 인정해주고 시민권을 부여하는 대신에 로마군에 병력을 제공하는 의무를 지녔다. 로마인이 에트루리아인을 대신해 이탈리아반도의 지배자로 군림하게 된 것이다.

징병제를 채용한 로마군은 정복을 거듭하면서 더욱 강해졌다. 병사들은 5,000명을 하나의 단위로 하는 군단에 귀속시켜 스파르타 군대가 사용했던 밀집 전술을 구사했다. 그러나 기원전 390년 승승장구하던 로마군에 커다란 사건이 발생했다. 로마인들이 '갈리아인'이라 불렀던 북방의 켈트족Celts이 쳐들어와 로마군이 패하여 도시들이 함락되는 사건이었다. 이민족에 정복당한 상처는 작지 않았지만, 기원전 367년에 평민계급의 세력을 증대시킨 로마는 기원전 4세기 말에 이르러 이탈리아반도의 중남부 지역까지 패권을 장악했다.

로마가 반도의 남쪽으로 세력을 넓히게 되자 로마군이 상대해야 할 상대는 시칠리아섬에서 번영을 누리던 그리스 식민도시였다. 이에 대해 로마의 위협을 느낀 그리스 식민도시는 그리스 본토에 지원을 요청했으나 원정군의 희생이 너무 커 곧 철수했다. 그리스 식민도시는 로마의 위협이 계속되자 얼마 후 카르타고와의 전쟁에 휘말리게 되었다. 이것이 바로 포에니 전쟁인데, 이에 관해서는 이미 설명했으므로 여기서는 생략하기로 하겠다. 2차에 걸친 이 전쟁은 서지중해의 운명을 결정짓는 대사건이었다. 여기서 말하는 서지중해란 이탈리아반도의 서쪽 티레니아해까지를 가리킨다. 로마는 북쪽의 포강 유역을 정복함에 따라 명실상부 이탈리아반도 전체를 장악하게 되었다.

전쟁이 끝나자 로마는 동쪽으로 영토 확장을 꾀했다. 로마의 세력화로 지중해는 서지중해와 동지중해가 단순히 구분할 수 없을 정도로 복잡하게 얽히게 되었다. 기원전 228년에 로마는 그리스에서 열리는 스포츠 축제인 이스트모스 제전의 참가를 인정했다. 이는 로마가 그리스문명권인 헬레니즘 세계의 일원임을 인정받았다는 사실을 뜻하는 것이다. 그런데 헬레니즘 세계로부터 카르타고와 동맹 관계에 있는 마케도니아가 포에니 전쟁에 참전했기 때문에, 역으로 로마는 마케도니아와 대립하는 그리스 도시국가에 대한 지원을 기회로 내정간섭을 시작했다.

기원전 200년에 아테네와 페르가몬으로부터 지원을 요청받았을 때, 로마는 이미 동방 진출의 조짐이 고조되고 있었다. 아무리 그렇다 할지라도 이 시점에서 로마가 그리스문명권 전체를 지배할 것이라고 누구도 예상하지 못했을 것이다. 로마는 알렉산더 대왕이 그랬던 것처럼 문명의 중심은 서쪽으로 옮아가고 있음에도 불구하고 그 반작용으로 동쪽으로의 진출을 모색하고 있었다. 이 무렵 동양의 진나라 시황제는 기원전 221년 최초로 중국을 통일했다.

로마인들은 전쟁을 통한 영토 확장이 새로운 이익을 가져다준다는 사실에 눈을 떠 영토를 획득하려는 야욕을 불태우기 시작했다. 시칠리아섬과 사르데냐섬은 물론 스페인에서 보내오는 노예와 황금이 로마인의 야심에 불을 지폈던 것이다. 장군들이 해외 원정에서 노획한 전리품의 일부를 개인적으로 부하들에게 나누어주기 시작한 것이 바로 이 무렵부터의 일이다.

공화정의 쇠퇴와 로마 제국의 탄생

로마는 기원전 2세기 후반에 동쪽의 오리엔트 세계에도 눈을 돌리기 시작했다. 로마는 기원전 148년 마케도니아를 속주로 삼으면서 수많은 포로를 획득했다. 이 무렵, 시리아와의 대립을 계기로 로마는 처음으로 소아시아에 군대를 주둔시키고 에게해를 제패하기에 이르렀다. 그다음으로 서쪽으로 눈을 돌린 로마는 갈리아 일부(남프랑스)를 귀속시키고 스페인 전토를 정복하며 전략적 요충지 지브롤터해협까지 영토를 확장했다. 동쪽과 서쪽의 다음 차례는 남쪽이었다. 제3차 포에니 전쟁에서 압승을 거둬 지중해를 장악한 로마는 남쪽의 카르타고를 속주로 삼아 북아프리카까지 영토를 확장하는 데 성공했다.

로마에 엄습해오던 카르타고의 공포심으로부터 벗어나면서 속주 획득에 의한 경제적 이익이 원동력이 되어 멀리 떨어진 땅까지 진군한 로마는 광활한 영토를 차지하게 되었다. 이와 같은 과정을 거쳐 로마는 공화정 정치 시스템으로부터 로마 제국을 탄생시키게 되었다. 로마는 영토 확장과 더불어 강력한 군사력을 유지할 수 있었다. 수많은 동맹시로부터 병사를 조달하게 된 로마의 통치 시스템은 군사적으로도 양호한 것이었으며, 로마 영토로 귀속된 땅에는 질서와 안녕이 담보될 수 있었다. 각 속주들에는 집정관과 동일한 권한이 부여된 총독이 파견되었다. 이른바 '공화정의 옷을 입은 제국'은 지중해 일대에서 급속히 패권을 장악할 수 있었게 되었으나 중대한 문제를 안게 되었다.

중대한 문제란 가난한 시민의 정치 참여가 한층 어려워졌다는 것이었다. 장기간에 걸친 전시체제하에서 원로원계급의 권력이 너무 강대해진 것이 큰 문제였다. 또 하나의 문제는 권력을 거머쥐고 개인적으로 막대한 부를 축적하는 장군과 총독들이 출현한 것이다. 특히 침략 전쟁에 승리한 장군에게는 상상을 초월할 정도의 부가 축적되었다. 이에 제대로 대처하지 못한 집정관은 유력한 장군들에게 더 큰 권한을 부여할 수밖에 없었다. 그들은 직업군인이 아니라 원로원계급에 속하는 엘리트들로 전쟁이 끝나면 로마로 돌아가 정치가나 재판관으로 활약했다.

삼면이 바다로 둘러싸인 이탈리아반도에서 패권을 차지한 로마에게는 북서쪽의 갈리아를 제외하면 위협적인 존재가 없었다. 인도 · 유럽어족의 일파였던 켈트족들이 살던 갈리아 지방은 오늘날의 밀라노를 포함한 북이탈리아로부터 프랑스와 벨기에 등을 포함하는 광활한 지역을 가리킨다. 로마는 기원전 121년에 현재 프랑스 남부에 해당하는 갈리아 남동부를 속주로 삼았으나, 켈트족이 빈번하게 침입해 들어와 로마를 괴롭혔다. 켈트족의 침략은 로마 제국으로서는 굴욕이었다. 그러나 기원전

51년에 카이사르Caesar가 그들을 정복해 그 위협으로부터 완전히 벗어날 수 있었다.

기원전 133년에 로마는 소아시아의 페르가몬 왕국을 수중에 넣은 것을 필두로 흑해 연안까지 자신들의 영토로 삼았다. 로마에 의한 일련의 정복으로 지중해 세계의 세력 판도는 완전히 바뀌게 되었다. 즉, 서쪽으로는 스페인으로부터 동쪽으로는 소아시아에 이르는 광대한 영토가 로마의 지배하에 들어간 것이다. 그러나 아직까지 무게의 중심은 로마를 중심으로 동쪽에 치우쳐 있었다. 서진의 문명사가 아직은 무르익지 않았던 것이다.

로마는 영토를 확장하는 데에는 성공을 거두었지만, 국내에서는 소수의 권력 독점으로 긴장이 고조되고 있었다. 공화정 초기에 로마 시민의 대부분을 차지하던 영세농이 몰락함에 따라 자산계급은 무산계급으로 전락한 그들의 선거권을 매수했다. 자산계급은 동맹시의 주민들에게 시민권이 부여되는 것을 싫어했고, 농민에 대한 징병제는 영토가 확장되자 병사 확보가 곤란해져서 기원전 107년에는 재산 조건이 폐지된 무산계급의 지원병 제도가 채택되었다. 이렇게 대담한 개혁을 단행한 사람은 군인 출신 집정관 마리우스였다.

그 결과, 가난한 시민들이 병역을 지원하게 되어 병역 부족 문제가 일거에 해결되었다. 장군과 병사들의 정치적 발언권이 강화되고 빈부 격차가 심화됨에 따라 공화정이 붕괴되는 요인이 되었다. 마리우스는 종래에 각 군단별로 사용하던 별도의 군기를 폐지하고 유명한 독수리 군기軍旗로 통일했다. 독수리 깃발은 로마 제국을 상징하는 심벌이 되어 병사들의 단결력을 높이는 데에 큰 역할을 하게 되었다. 이보다 훨씬 후에 나치군을 창설한 히틀러도 이 군기를 모방한 바 있다. 뿐만 아니라 오늘날 세계 각국의 군대 조직은 대부분 로마의 그것을 본뜬 체제다.

그림 5-3 로마 제국의 심벌인 독수리 군기軍旗

군대는 점차 정치적 발언권을 갖기 시작해 마리우스와 같은 유능한 장군들은 권력을 장악하기 시작했다. 마리우스는 북아프리카의 내란과 갈리아 지방으로부터 가해지는 위협을 해소하는 데 성공을 거두어 5년 연속 집정관에 선출되었다. 이탈리아반도에 거주하는 주민 대부분에게 로마 시민권이 부여됨에 따라 로마의 민회는 최고의사결정기관으로서의 역할을 완전히 상실했다.

기원전 70년에 집정관이 된 폼페이우스는 뛰어난 군사적 재능을 발휘하여 지중해에 출몰하던 해적을 소탕하고 소아시아 영토를 확장하는 등의 공적을 세웠다. 그는 미래의 독재자 후보의 반열에 올라 원로원으로부터 요주의 인물로 꼽히게 되었다. 얼마 후 마리우스의 처남 카이사르가 기원전 59년에 집정관으로 선출되었다. 폼페이우스와 카이사르는 당초 사위와 장인이 될 정도로 원만한 관계를 맺었다. 영어식 발음으로 '시저'라고도 불리는 카이사르는 갈리아 원정군을 7년간 지휘하면서 그 지방을 완전히 정복하는 전과를 거두었으나, 그가 자리를 비운 수도 로마는 폭력과 부패가 만연하고 원로원의 권위가 실추되는 사태가 벌어지고 있었다. 카이사르는 정복 전쟁으로 막대한 부를 수중에 넣고 병사들로부터 절대적 신뢰를 받고 있었다.

카이사르는 차기 집정관 선거까지 귀국하지 않은 채 현지에 머물고 있었다. 이에 대해 일부 원로원들이 경계심을 품고 그의 집정관 재임 시 불법행위를 벌하기 위해 재판에 회부하려는 움직임을 보였다. 그는 군대를 이끌고 로마 본국과 속주의 영토 경계인 루비콘강을 건너 수도 로마를 향해 진군했다. 기원전 49년 1월의 사건이었다. 카이사르는 자신의 행동을 로마를 수호하기 위한 군사행동일 뿐이라고 주장했지만, 그의 행동은 위법행위였다. 당시 로마 국법에서는 군대를 본국 내로 들이는 것이 허용되지 않았으므로, 반드시 루비콘강을 건너기 전에 군대를 해산하고 무장 해제된 채로 귀환해야만 했다. "카이사르는 루비콘 강을 건넜다"란 말은 그 후에도 어떤 결단을 내릴 경우와 돌이킬 수 없는 전환점에 이르렀

그림 5-4 이탈리아반도 북쪽의 루비콘강

을 때 "주사위는 던져졌다"란 말과 함께 두고두고 회자되었다. 루비콘강은 산마리노 북쪽을 흐르는 매우 작은 하천임에도 요르단강과 더불어 역사적 의미에서 중요한 강이 되었다.

카이사르의 행동에 놀란 원로원은 폼페이우스에게 지원을 요청했고 로마는 둘로 나뉘어 '내란의 시대'를 맞이하게 되었다. 평소 냉정하고 인내심이 강한 카이사르는 폼페이우스 군대를 회유하는 정책을 취해 관용을 베풀기도 했다. 하지만 카이사르는 폼페이우스를 이집트까지 쫓아가 그의 죽음을 확인한 후 그곳에 머물면서 국내 정세를 살폈다. 그는 전설적 미녀였던 이집트 여왕 클레오파트라와 사랑에 빠지기도 했다.

카이사르는 소아시아로 건너가 아나톨리아 지방 북동부의 폰투스 Pontus 왕국을 물리치고 원로원을 향해 "왔노라, 보았노라, 이겼노라!"라는 유명한 보고를 했다. 그 후에는 그리스를 거쳐 아프리카로 건너가 폼페이우스 잔당을 토벌하고 다시 스페인으로 건너가 폼페이우스 아들이 이끄는 군단을 종횡무진으로 물리쳐 로마 세계를 완전히 장악하는 데 성공했다. 카이사르가 루비콘강을 건넌 지 4년 후인 기원전 45년의 일이었다.

카이사르는 전쟁만 잘하는 장군이 아니라 정치가로서도 역사상 찾아보기 힘들 정도의 자질이 뛰어난 인물이었다. 그는 연전연승의 군사적 승리로 막대한 명예와 권력을 수중에 넣는 한편, 이집트로부터 로마로 귀환해 단기간 체류하면서 지지자를 모아 원로원을 자신의 편에 세우는 데 성공을 거둘 만큼 정치적 수완이 빼어났다. 이윽고 그는 종신 독재관으로 선출되었다. 독재관이란 국가가 긴급 시에 지명하는 독재적 집정관으로, 통상 집정관의 권력 집중을 막기 위해 반드시 두 명을 선출한 것에 대해 한 사람에게만 6개월간 한정적으로 전권을 쥐게 한 직책을 의미한다. 그러나 카이사르는 종신 독재관이므로 사실상 군주가 된 셈이며, 이로써 로마의 공화정은 실질적으로 막을 내린 것이었다.

카이사르는 수많은 개혁에 착수했는데, 그중 낡고 복잡한 음력 대신에 알렉산드리아에서 사용되던 이른바 '율리우스력Julian calendar'을 도입했다. 이것은 1년을 365일(4년에 한 번은 366일)로 정한 양력이다. 7월을 July로 정한 것은 이로부터 유래된 것이다. 겨우 15개월 후인 기원전 44년, 카이사르는 권력의 절정기에 오리엔트를 석권하던 파르티아 제국 원정을 앞두고 암살당하고 만다. 만약 그가 원정에서 승리를 거두고 귀환한다면 제왕이 되어 더 큰 권력을 갖게 될 것이 자명하므로 헬레니즘 국가들과 같은 전제정치를 펼 것이 예상되었다. 이러한 의구심을 품은 보수파들이 뭉쳐 카이사르를 암살한 것이다.

그중에는 카이사르가 총애하던 브루투스도 있었다. 카이사르는 브루투스에게 칼을 맞고 "브루투스 너마저!"라는 외마디를 남기고 죽음을 맞이했다. 카이사르는 극도의 배신감을 느꼈을 것이다. 그리고 브루투스의 칼에 맞아 죽는 마지막 순간까지도 배신감의 불길에 휩싸여 순간이나마 자신의 삶을 돌아볼 겨를도 없었을 것이다. 인간관계에서 배신감을 느낀다는 것은 평소에 상대방을 많이 사랑했다는 것과 그에 대해 잘 몰랐다는 역설적인 두 가지 사실을 바탕으로 한다. 브루투스가 카이사르를 암살한 후 추도사에서 한 연설 중 "카이사르를 덜 사랑해서가 아니라 로마를 더 사랑했기 때문에 그를 죽였다"는 구절은 매우 유명하다.

암살에 성공한 보수파는 오랫동안 권력을 유지할 역량이 없었다. 그들은 시민들로부터 적대시되어 로마를 떠날 수밖에 없었고, 2년 후에는 암살자 전원이 죽임을 당했다. 오히려 카이사르는 국가로부터 정식으로 신격화되어 존경을 받게 되었다.

카이사르가 루비콘강을 건너기 이전부터 로마 공화정은 약화되고 있었다. 로마인들이 공화정이라는 정치 시스템이 시대착오적인 체제였음을 깨닫게 되는 데 오랜 시간이 걸렸다.

높은 지절률을 갖게 된 로마 영토

그리스문명이 과학과 예술 분야에서 인류문명사에 위대한 발자취를 남긴 것에 비해 로마문명은 실용적인 분야에서 찬란한 문화유산을 남겼다. 그 가운데 무엇보다 큰 업적은 로마라는 거대 제국의 통치 시스템 속에 응축되어 있다. 그 업적의 상당 부분은 카이사르의 양자였던 옥타비아누스라는 인물에 의해 이룩되었다고 해도 과언이 아니다. 옥타비아누스는 카이사르가 암살된 후 각지를 떠돌며 100년간 지속되었던 로마의 내란을 종결시켜 기원전 27년에 '존경하는 사람'이란 뜻의 '아우구스투스Augustus'란 존칭을 원로원으로부터 받게 되었다. 그는 "나에게 집중된 모든 권력을 원로원과 로마 시민에게 반환하겠다"라고 공언하면서 공화정의 부흥을 선언했지만, 후세의 역사가들은 이때를 제정 시대의 출발점으로 간주해 아우구스투스를 초대 로마 황제로 자리매김했다. 이후부터 로마 황제들은 '아우구스투스'란 호칭을 사용했다. 8월을 August로 정한 것은 이로부터 유래되었다.

로마 초기 근위군 창설부터 통화 제도의 확립에 이르기까지 제정 시대의 로마를 지탱한 제도는 아우구스투스가 정치적 선전술이 뛰어난 소유자였던 까닭에 모두 그가 만든 것처럼 오해를 불러일으켰으나, 사실은 그렇지 않다. 카이사르의 친족이라고는 하지만 아우구스투스가 되기 전의 옥타비아누스는 카이사르의 여동생 유리아의 자손에 불과했다. 그러나 그가 18세 때에 암살된 카이사르의 유언에 따라 상속자로 지명된 덕분에 막대한 재산과 병사들의 지지를 얻을 수 있었다.

그는 카이사르의 유능한 부하 장군이었던 안토니우스와 손잡고 암살에 가담한 자들을 처벌자 명단에 올려 공격했지만, 안토니우스가 카이사르의 애인이었던 클레오파트라와 결혼하자 원로원과 시민들의 지지를 받아 안토니우스를 공격했다. 기원전 31년, 결국 옥타비아누스에 패한 안토니우스와 이집트 프톨레마이오스 왕조의 여왕이었던 클레오파트라는 자살하고 말았다. 그리하여 프톨레마이오스 왕조는 붕괴되고 로마에 합병되었다.

전제군주였던 아우구스투스는 로마를 선정善政으로 다스렸으며, 속주에 파견된 관리들에게 급료제를 적용해 부정 축재를 막았고 공화정 시대의 전통과 축제를 부활시켰다. 도덕관을 확립하여 퇴색했던 로마의 미덕이 되살아났다고 생각하는 사람들이 많았다. 로마는 오랫동안 평화가 지속되었고 훌륭한 건축물이 하나둘씩 건설되었다. 그의 시대가 후세에 높게 평가되었으므로, 그가 카이사르와 마찬가지로 신격화되는 것은 당연한 일이었다. 로마의 실질적 제정 국가는 5대 황제 네로가 즉위할 때까지 약 100년간 지속되었다.

77세에 천수를 다한 아우구스투스는 41년간의 통치를 끝냈지만, 그의 후계자들은 결코 순탄하지 않았다. 2대 황제 티베리우스의 죽음은 이상한 점이 있었고, 3대 황제 칼리굴라는 지나치게 방탕해 4대 황제 클라우디우스처럼 암살당했다. 칼리굴라는 누나와 근친상간을 일삼고 귀족들의 아내까지 범했으며 밤마다 쾌락을 좇아 매춘소를 배회한 방탕한 제왕이었다. 그리고 5대 황제 네로는 폭정을 일삼다가 피살되고 말았다. 그가 폭군으로 돌아선 이유 중 하나는 자신의 스승, 즉 세네카를 원로원 반란의 핵심 인물로 몰아 스스로 목숨을 끊게 만들고 난 뒤 받았던 심적인 동요 때문이었던 것으로 추정된다. 세네카는 네로가 16세 때 황제에 즉위한 후 믿고 따르던 스승이었다.

이러한 사태가 연속적으로 발생한 것은 어찌 보면 아우구스투스 정치체제의 취약점을 반영한 사건이었는지도 모르겠다. 유명무실한 원로원이 있었지만, 제국의 권력을 지탱해주는 것은 결국 군대였다. 네로가 죽자 내란이 발생해 3명의 황제가 난립했는데, 내란을 수습하고 황제에 즉

위한 것은 평민 출신의 유능한 군사령관이었던 베스파시아누스였다. 황제를 계승한 두 아들이 병사하고 암살당하면서 원로원 출신인 네르바가 즉위했다. 늙은 나이에 황제가 된 그는 로마 제국의 역사에 위대한 공헌을 했다. 그는 세습제를 폐지하고 속주 출신의 양자에 의한 황제 계승을 제도화하여 네 명의 황제들이 선정을 베풀게 하였다. 이는 헬레니즘 이래의 전통인 코즈모폴리터니즘cosmopolitanism, 즉 세계시민주의가 로마 세계에 깊숙이 침투한 증거라 할 수 있다.

시민권의 확대를 보더라도 로마가 얼마나 관용적이며 수용 능력이 뛰어난 글로벌 제국이었는지 알 수 있다. 로마문명과 로마 제국 역시 그 기반에는 코즈모폴리터니즘 정신이 자리하고 있었으며, 광대한 제국의 중심에 놀랄 만큼 다양한 요소가 포함되어 있었다. 그것을 하나의 용광로에 녹여들게 한 것은 로마의 엘리트 계층이나 관료들의 능력이라기보다는 속주의 지배층을 편입해 로마화한 독자적 통치 시스템이었다고 할 수 있다. 로마는 결코 이민족을 배제하지 않고 역으로 그들을 등용함으로써 광대한 제국의 통일을 유지할 수 있었던 것이다. 물론 유태인들은 예외였다.

네르바를 필두로 다섯 명의 황제가 통치한 시기를 '오현제五賢帝 시대'라 부른다. 오현제 시대는 다섯 명의 황제 통치 기간을 다 합쳐도 80년밖에 되지 않는 짧은 기간이었다. 영국의 합리적 역사가로 유명한 기번(Gibbon, 1776)은 그의 저서《로마 제국 쇠망사》에서 오현제 시대를 인류 역사상 가장 행복한 시대로 자리매김한 바 있다. 이 시기는 마치 중국의 요순시대堯舜時代에 비견될 만하다. 그러나 행복했던 오현제 시대는 아우렐리우스의 아들 콤모두스가 폭정으로 암살되면서 막을 내렸다. 이는 세습제가 어려웠음을 증명하는 사건이었다. 그 후 병사들에 의해 옹립된 황제가 등장했지만, 기나긴 로마의 암흑시대가 막을 올리게 되었다.

아우구스 황제 시대 이후 로마 제국은 지속적인 영토 확장을 시도했다. 이미 카이사르는 오늘날의 독일과 도버 해협을 건너 브리튼섬(영국)까지 방어선을 넓혔고, 라인강과 다뉴브강까지 진격했었다. 기원 9년에는 엘베강 방면으로 진격한 로마의 3개 군단이 게르만족에 의해 괴멸되는 사건이 발생했다. 패배를 당한 군단 번호는 불길하다고 하여 두 번 다시 사용하지 않게 되었다. 오늘날에도 전쟁에서 패한 부대의 이름과 깃발을 사용하지 않는 것은 그때부터의 일이다. 로마 제국의 국경은 엘베강을 포기하고 라인강과 다뉴브강으로 정해 7개 군단을 주둔시켰고, 105년에는 재차 다뉴브강을 건너 오늘날의 루마니아를 정복했다. 43년에는 브리튼섬을 정복하여 하드리아누스 장성을 축성했는데, 이 장성은 오늘날 잉글랜드와 스코틀랜드의 경계가 되었다. 한편 남쪽으로는 42년 오늘날의 알제리와 모로코 일대를 속주로 삼았다.

문명의 중심이 서진하기에는 아직 이른 시기였는지 몰라도 로마의 북서쪽으로의 영토 확장은 비교적 순조로웠으나 동쪽으로는 고전하고 있었다. 로마가 처음으로 동방의 강적 파르티아와 접촉했던 것이다. 파르티아는 초기 오늘날의 카스피해 동남쪽에 위치한 투르크메니스탄 정도의 작은 영토에 불과했으나, 1세기가 지나면서 과거의 페르시아 영토를 거의 차지할 만큼 성장했다. 공화정 시대에 로마 군대가 메소포타미아에 원정한 이래로 동쪽은 어떤 변화도 없었다.

기원전 53년, 실력자였던 카이사르, 폼페이우스와 함께 삼두정치三頭政治를 했던 크라수스는 유프라테스강을 건너 파르티아 영토로 진격했으나 4만 명에 달하는 로마군이 군기를 빼앗기고 궤멸당하는 사태가 벌어졌다. 이것이 로마 역사상 최악의 원정으로 알려져 있다. 파르티아 병사들은 유목민 출신으로 말을 탄 채로 활을 쏘며 기습하는 능력을 갖추고 있었으며, 갑옷을 두른 병사와 말로 무장된 우수한 기병대를 보유하고 있었다. 로마에게 파르티아는 넘지 못할 장벽인 셈이었다. 그러나 기원전 20년 아우구스투스 황제가 크라수스가 빼앗긴 로마 군기를 되찾아 명예회복을 이루자 공격을 멈췄다. 그로부터 100여 년이 넘는 세월이 흘러 기원 116년에 파르티아의 수도 크테시폰Ctesiphon을 점령해 페르시아 만까지 전선을 확대하고(그림 5-5), 하드리아누스 황제가 정복한 땅의 대부분을 파르티아에 돌려주고 전투에 종지부를 찍게 되었다.

이리하여 로마는 라인강과 다뉴브강을 경계로 이민족의 침입에 만전을 기함으로써 이른바 '팍스 로마나Pax-Romana'라 불리는 평화를 실현하게 되었다. 지중해는 로마 제국의 호수였던 셈이다. 로마인들의 관점에서는 지중해를 중심으로 한 제국 내의 모든 주민에게 은혜를 베풀었다는 자긍심을 갖게 되었지만, 피정복민들의 입장에서는 영토를 빼앗긴 셈이 되어 각지에서 저항운동을 펼쳤다.

로마 제국으로 편입된 각지의 정세가 안정됨에 따라 각 지역의 지배

그림 5-5 로마 제국의 영토 확장

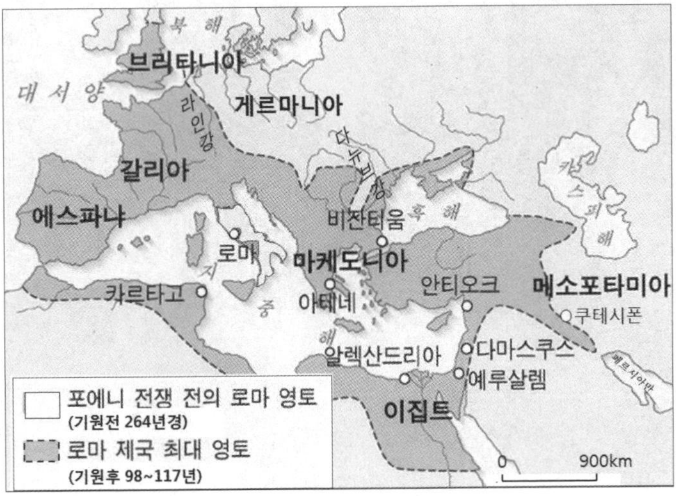

계급이 로마 속에 동화되고 공통의 문명이 널리 확산되었다. 이러한 변화를 상징적으로 보여주는 것이 도로의 정비였다. 도로를 개설한 취지는 원래 군대의 신속한 이동을 위함이었지만, 이 도로를 통해 사람과 물자가 빠른 속도로 왕래할 수 있게 되었다. 이 도로는 오늘날의 도로공법과 유사하게 2미터 정도 파내려간 지면에 모래를 넣어 단단하게 다진 후, 그 위에 30센티미터가량의 자갈을 깔아 석회로 접합한 후에 다시 돌로 메우고, 맨 윗부분은 크고 편평한 돌로 포장했다. 도로의 기초공사는 그 위에 건물을 세워도 될 만큼 매우 튼튼했다.

76,000킬로미터에 달하는 도로가 "모든 길은 로마로 통한다All roads lead to Rome"라고 할 만큼 길 뿐더러 그 수도 많았다. 그리고 이 도로는 로마가 망한 후에도 남아 지금까지 사용되고 있다. 도로 정비는 로마 제국 영토의 지절률을 더욱 높이는 효과를 거두었다. 근대에 들어와 1924년

그림 5-6 고대 로마 도로의 유적

세계 최초로 고속도로를 만든 나라가 이탈리아였던 것은 우연이 아닐 것이다. 한국 정부는 처음 경인고속도로와 경부고속도로를 건설할 때 이탈리아의 고속도로를 모델로 삼은 바 있다.

광활한 영토를 가진 로마 제국은 지금까지 그리스와 페르시아가 경험한 적이 없는 다양한 문제에 봉착하지 않으면 안 되었다. 그 결과, 로마 제국을 통치하기 위한 거대한 관료 집단이 출현하게 되었다. 가령 백인대장百人隊長이라 불리던 직위가 그것이다. '켄투리온*centurion*'이라고도 불리던 중대의 지휘관은 마리우스 개혁 이후 신설된 로마군 군단 장교의 계급인데, 60~80명 또는 종종 100명으로 이루어진 보병 중대장에 해당한다. 그들은 로마군의 군단에서 중요한 역할을 하며 비전투 시에도 군단 병력을 총괄했다.

로마 제국의 행정을 지탱한 것은 속주의 관리들이었다. 그들은 군대의 협조를 받아 임무를 수행했는데, 통치 방침은 단순 · 명쾌했다. 속주 행정의 최대 목적은 재정을 유지하는 데 있었으므로 세금만 제대로 내면 다른 정책에 일체 간섭하지 않았다. 로마의 중앙정부는 각지의 전통과 관습을 존중해주었다. 이것이 이민족 지배에 대한 로마의 관용이었다. 그럼에도 불구하고 로마 제국은 정복지의 주민들에게 로마의 문명적 환경을 제공하기 위해 토착의 제도와 관습을 서서히 배제시키는 데 성공을 거두었다.

피정복민이 로마 지배에 협조적 태도를 보인 이유는 로마의 제도에 장점이 있었기 때문이었다. 로마는 공화정 시대부터 피정복민에게 시민권을 부여하는 것으로 영토를 확장해 갔다. 당시 로마 시민권을 갖는 일은 커다란 특권을 누리는 것에 다름 아니었다. 로마의 정책에 불만이 생길 경우에 로마 시민이라면 누구라도 황제에게 상소를 올릴 수 있는 권리가 주어졌고, 속주의 귀족은 시민권을 부여받는 대신에 로마에 충성을 맹세했다. 그 결과, 원로원은 물론 수도 로마에도 비로마인의 숫자가 증가하여, 기원 212년에는 드디어 제국 내의 모든 자유민에게 시민권이 인정되기에 이르렀다.

로마에 의해 추진된 동서문명의 융합은 원래 알렉산더 대왕이 시작한 헬레니즘 시대에 기원을 둔 것이었다. 코즈모폴리터니즘을 포함한 로마의 기본적 문화의 대부분은 헬레니즘 시대의 그리스로부터 전수받은 지식을 토대로 이룩한 것이었다. 교양 있는 로마인이라면 모두가 라틴어 외에 그리스어를 구사할 수 있게 되어 라틴어와 함께 로마 제국의 공용어가 되었다. 로마인은 어린 시절부터 그리스 고전 작품을 읽었고, 그리스 문학과 같은 수준의 작품을 집필하는 것이 꿈이었을 정도였다.

지금까지 우리는 로마 제국의 영토 확장 과정을 살펴보았다. 영토가 넓어짐에 따라 로마는 다양한 지절을 갖게 되면서 융합된 로마문명을 꽃피우게 되었다. 그렇다면 이탈리아에서 불후의 문명이 창출된 메커니즘은 과연 무엇일까? 이탈리아는 장화 모양의 길쭉한 반도인 까닭에 지도에서 보면 어느 곳에서나 바닷가로부터 가깝다. 이탈리아에서 가장 넓은 롬바르디아 평원의 도시들은 선박이 항해할 수 있는 포강의 지류로부터 적당한 거리 내에 위치해 있다.

이미 여러 번 지적한 바와 같이 지중해 일대는 수평지절과 수직지절로 볼 때 모두 지절률이 매우 높다. 이탈리아반도만 놓고 볼 때, 수평지절률은 서부와 남부에 비해 북쪽의 베네치아만을 제외하고는 동부가 낮은 편이다. 동쪽에는 가르가노반도와 만프레도니아만 이외에는 해안선이 단조롭다. 로마 역사에서 중요한 무대가 되었던 곳이 동북부의 베네치아를 제외하고는 남부와 서부였던 이유가 바로 거기에 있다. 기원전 750년부터 융성했던 에트루리아문명 역시 반도 서부에 위치한 오늘날의 토스카나 지방에서 탄생된 바 있음은 앞에서 설명한 바 있다.

고도의 물질문명을 향유한 로마의 도시생활

로마는 특히 토목과 건축 기술의 발달에 힘입어 눈부시게 발전해 나아갔다. 로마인의 건축 기술은 그리스인의 그것을 뛰어넘는 것이었다. 토목과 건축 공사는 노예와 군대를 동원한 값싼 노동력으로 이루어졌다. 로마의 도시계획은 대서양으로부터 유프라테스강에 이르는 광대한 영토를 통치하기 위한 정치적 수단이기도 했다. 로마인이 발명한 콘크리트와 돔 천장은 건물의 형태를 크게 변화시켰다.

오늘날 고대 로마의 건축물을 볼 수 있는 유적지는 동쪽의 흑해 연안, 북쪽의 영국, 남쪽의 북아프리카 아틀라스산맥 등에 분포하고 있다. 우리는 이미 레반트를 설명하는 부분에서 로마 유적지를 본 적이 있다. 물론 수도 로마에는 최고급의 건축물이 남아 있어 호화스러운 장식과 건축미를 감상할 수 있다.

그러나 로마문명은 최고의 건축물에서도 실용적인 측면이 있을 뿐더러 어딘가 물질주의적 인상을 피할 길이 없는 것 같다. 로마문명의 커다란 특징 중 하나가 물질주의였던 것이다. 이는 로마 사회의 실태를 반영하는 것이기도 하다.

수도 로마에서 발달한 로마인의 생활양식은 제국 내의 모든 대도시로 보급되었다. 로마문명은 이렇게 로마식 도시생활에 의해 발달한 문명이었다. 소규모 취락으로부터 출발한 로마는 상업 도시로서 교역량이 증대하면서 도로 · 광장 · 신전 · 성곽 · 주택 등의 건설이 추진되었다. 그 취락은 최초의 도시계획으로 포로 로마노*Foro Romano*를 공공 광장으로 정하여 그곳에 신전 · 상점 등이 건설되면서 발전해 나아갔다. '포로*Foro*'라는 말은 포럼Forum, 즉 그리스의 아고라와 같은 공공장소를 지칭한다. 지금은 4세기 말에 서고트족의 침입으로 황폐화된 모습만 덩그러니 남아 있다. 하지만 이 주변은 '로마인의 광장'이라는 뜻의 '포로 로마노', 말 그대로 로마인들이 모여 생활하고 살던 중심이었다. 또 사법 · 정치 · 종교 등의 활동이 활발히 이루어졌던 곳이다. 로마의 도시 건설에는 언제나 포럼을 만드는 것이 급선무였다.

로마인들은 좌우로의 움직임에 의해 산만해지기보다는 앞뒤로 움직이도록 하는 공간을 만들려고 시도했으므로 로마의 도시 공간에는 척추가 생기게 되었다. 사람들은 그 척추를 따라 한쪽 끝에서 다른 쪽 끝으로 움직일 수 있었다. 로마인들은 동일한 원리에 입각해 만들어진 방향성 있는 거대한 직사각형 상자 형태의 구조물을 덧붙여 나아갔다. 그리스의 파르테논은 도시의 여러 지점에서 볼 수 있도록 설계된 것에 비해, 로마 신전은 정면에서만 볼 수 있도록 설계되었다는 차이점이 있다. 로마의 공간기하학은 육체의 움직임을 규율했으며, 보고 따르라는 지령을 내린 셈이다.

그림 5-7 로마인의 광장 포로 로마노

유명한 로마의 역사가 리비우스Livius는 "신이나 사람들이 도시의 터를 잡는 데 아무런 이치가 없을 리 없다. (중략) 건강을 주는 언덕이 있어야 하고, 항해할 수 있는 강과 바다가 가깝지만 적군 함대의 공격에 과도하게 노출되지 않아 유리한 위치가 좋다"고 주장했다. 실제로 리비우스의 주장이 허황된 지적은 아니다. 로마를 관통하는 테베레강에는 항구로 개발될 수 있는 삼각주가 있었고, 아울러 상류로 거슬러 올라갈 수 있는 가항하천可航河川은 로마를 외부로부터 보호해줄 수 있었다. 오비디우스Ovidius는 로마인들에게 "로마의 도시 공간은 전 세계의 공간이다*Romanae spatium est urbis idem*"라 일갈했다. 당시의 로마는 최상위 계층의 세계도시global city였던 것이다. 아테네는 그들이 정복한 어떠한 민족도 아테네인으로 만들려 하지 않았으나, 로마는 모든 민족을 로마인으로 만들려 했다. 로마가 모든 신들을 수용한 것과 같은 맥락이다.

대기오염은 로마인들에게 일상적인 골칫거리였다. 환경사학자 휴스(Hughes, 1975)에 의하면, 로마 시민들은 시골에서 도시로 들어오면 며칠이 지나기도 전에 도시의 먼지와 연기가 태양 빛을 흐리게 만들어 건강하게 태운 피부가 다시 창백해진다고 불평할 정도였다. 도시의 공동주택에는 창문과 차단막이 없으므로 각종 벌레들이 날아 들어왔고 먼지와 쓰레기가 쌓이곤 했다. 대도시에는 수도 시설이 없었기 때문에 청소를 제대로 할 수 없어 공동주택 내부는 불결하기 짝이 없었다. 공동주택에는 별도로 불 피우는 장소가 없고 굴뚝도 설치되지 않았다. 화로가 난방과 취사로 이용되었고, 조명은 기름 램프로 해결했다. 이처럼 로마의 거리는 난방 · 취사 · 조명 과정에서 생긴 연기들로 자욱했다.

도시에서는 화재가 빈번하게 발생했고, 한 번 화재가 발생하면 좀처럼 꺼지지 않았다. 수도 로마는 매우 혼잡하고 조밀하게 들어찬 건물 때문에 불이 번져가기 쉬운 곳이었다. 네로 황제가 일으켰다는 대화재는 폭군 네로 덕분에 유명해진 것일 뿐, 사실 그런 정도의 대화재는 빈번하게 발생했다. 아우구스투스 황제 시대에는 7,000명의 자유민들로 구성된 소방대가 조직되었지만, 그 효과는 만족스럽지 못했다.

로마 시내의 물은 본래 도시 내에 있는 샘물과 우물을 이용하거나 테베레강으로부터 공급되었으나, 우물과 테베레강물은 심각하게 오염되어 식수로 사용하기에는 부적합했다. 이에 따라 이미 기원전 312년경에 수도 로마는 수도교水道橋를 완성했음에도 불구하고 식수원으로부터 충분한 물을 공급받을 수 없게 되었다. 로마의 수도교가 제 기능을 발휘했을 때에는 테베레강으로부터 공급되는 물보다 최소 30% 이상이나 많은 3억 갤런의 물을 공급했다. 그러나 로마가 만든 수도교는 본래의 기능을 다할 수 없게 될 때까지 최고의 과학기술이 동원되었다는 점에서 로마문명이 남긴 자부심의 원천이었다. 로마의 수도관 책임자였던 프론티누스 Frontinus는 수도교를 그리스문명이나 이집트문명을 능가하는 유산임을 자랑스럽게 찬양했다(Hodge, 2001).

> 그렇게 많은 물을 날라주는 없어서는 안 될 구조물의 정연한 모습을 보라! 부질없이 유명하기만 한 그리스인들의 문학작품들에 비해 뛰어나고, 어리석을 만큼 높고 크게만 쌓아올린 이집트의 피라미드보다 훌륭하지 않은가!

로마는 고대에서 가장 빈부격차가 큰 사회를 이루고 있었다. 특히 수도 로마는 생활수준에서 격차가 뚜렷하게 나타났다. 작은 도시국가로 시작한 로마는 사실 이탈리아반도 남부의 조그만 어촌에서 소금 거래를 하던 몇몇 상인들이 모여 만든 나라였다고 해도 과언이 아니다. 당시 북유럽 내륙의 염호나 암염을 불로 끓이거나 구워 만든 소금은 생산비도 높았지만 운송비가 특히 비쌌다. 낙타 네 마리가 싣고 온 소금 운송비로 세

그림 5-8 로마 제국의 수도교 유적

마리 낙타가 싣고 온 소금을 주어야 했을 정도였다. 그 당시 소금은 생필품이면서 동시에 대단히 비싼 귀중품이었다. 그런 이유로 부자일수록 음식을 짜게 먹었다.

소금은 선사 시대부터 종교의식의 재료로 쓰였다. 치료를 뜻하는 라틴어의 살루스*salus*, 건강을 의미하는 살루브리타스*salubritas*는 모두 소금을 의미하는 살*sal*의 파생어다. 오늘날에도 갓 결혼한 부부는 소금과 빵을 받는 관행이 전해 내려오고 있다. 이렇듯 큰 이익이 생기는 소금 무역에서 장기간의 내륙 운송이 문제였는데, 테베레강 하구의 소금은 하천을 통해 바로 로마 시내로 운반되었다. 이 소금이 로마 건국의 일등 공신이었다.

포에니 전쟁이 끝나고 역대 권력자들은 도시 로마에 몇몇 건축물을 남겼으나, 제2기에 해당하는 도시계획은 카이사르와 아우구스투스 시대에 이루어졌다. 카이사르는 새로운 포럼을 만들고 바실리카와 마르스 신전의 건설에 착수했다. 바실리카basilica란 다목적으로 사용되는 집회 시설로 재판과 상거래, 의식 등이 행해지던 장소다. 아우구스투스는 "나는 로마를 기와의 거리를 이어 받아 대리석의 도시로 남겨놓겠다"라고 말한 것처럼 여러 공공건물을 건설함과 동시에 시가지 구역을 확장하면서 성벽을 개축했다. 아우구스투스 시대에 로마의 골격이 거의 완성되었다고 보아도 무방할 것이다.

수도 로마는 네로 황제 시대에 대규모 화재에 휩싸여 엄청난 피해를 입었다. 그는 방화범이 자신일 것이라는 소문을 일축하기 위해 기독교도들에게 그 책임을 돌려 무자비하게 탄압했다. 바로 그때 네로에게 폭군이란 이름이 생겨났다. 네로는 도시 재건을 위해 도시계획을 수립했다. 그는 로물루스 · 레무스의 건국신화가 깃들어 있는 파라티누스 언덕에 대규모의 황금 궁전을 건설하려고 시도했으나, 티베리우스 황제의 치세 중에 그의 궁전과 포럼, 목욕탕 등이 건설되었다. 이것이 계기가 되어 파라티누스 언덕의 지명으로부터 궁전을 뜻하는 '파라티움'이란 용어가 생겨났다.

5만 명을 수용하는 콜로세움은 베스파시아누스 황제에 의해 건설이 시작되었으나 그의 아들인 티투스 황제가 완공하여 100일간에 걸쳐 개막 축제를 열었다. 그는 아마 네로의 폭정을 교훈삼아 폼페이처럼 로마 시민들이 열광하는 경기장을 지어 환심을 얻으려는 의도였는지 모르겠지만, 이곳은 귀족의 권위에 불복하는 세력들에게는 그 보복을 암시하는 공간이기도 했다. 비록 콜로세움이 로마문명의 상징물이긴 했으나, 그들은 머지않아 훈족이 쳐들어올 것이라는 사실도 모른 채 막대한 건설비를 투자한 것이다.

그 후 수도 로마는 순조롭게 발전을 거듭해 여러 황제가 대규모 공공건축물을 남겼다. 베스파시아누스는 콜로세움을, 트라야누스는 바실리카와 대욕장大浴場을, 하드리아누스는 로마의 모든 신들에게 바치는 판테

온Pantheon을 건설했다. 이 무렵에는 신전보다는 목욕탕과 같은 실용적이며 향락적인 건축물이 도시의 공공시설로 중시되었다. 우리들은 황제가 대규모 건설공사를 하면 백성들을 무리한 노역에 동원하게 되므로 그의 업적을 평가절하하기 십상이지만, 로마는 그 반대였다. 왜냐하면 경기장이나 대욕장을 건설하는 것은 전리품으로 입수한 부와 속주로부터 세금으로 받은 황제의 재력으로 행하는 일종의 대민 서비스인 동시에 선정을 베푸는 행위였기 때문이다. 대욕장은 대리석의 열주랑으로 장식된 하나의 건물에 무려 1,600명을 수용할 수 있는 온탕과 열탕을 갖춘 목욕탕이었다. 이것은 또 체육실과 도서실 같은 부속 시설이 겸비된 호화로운 시설이기도 했다.

도시 로마는 7개의 구릉으로 이루어진 땅이므로 포로 로마노 역시 저지대에 입지해 있다. 저지대에서 구릉 위에 우뚝 서 있는 건축물은 더욱 웅장하게 보여 시민을 압도하기에 충분하다. 그래서 로마는 '건설의 문명'이라고 일컬어진다. 이 거리에는 오늘날에도 차량 통행이 금지되어 있는 것처럼 당시에도 귀족이든 평민이든 모두 도보로 이동해야만 했다. 도시는 정복한 지역의 주민들을 자석처럼 끌어당겨 부와 권력의 중심에 가까워지길 원하는 이민자들로 넘쳐났다.

인구압은 수평적일 뿐만 아니라 수직적으로도 작용했다. 귀족이 거주하는 주택은 '도무스*domus*'라 불리는 저택이었고, 서민이 거주하는 주택은 '인술라*insula*'라 불리는 오늘날의 연립주택과 같은 공동주택이었다. 인술라의 복수형인 인술라이*insulae*는 땅값이 비싸고 인구가 밀집한 곳에 세워져 경제적으로 유용한 오늘날의 아파트와 같은 공동주택이었다. 100만 명이 넘는 규모의 대도시에 조밀하게 건설된 로마의 도시 구조는 광장을 제외하고는 공터가 없이 석조건축물로 가득찬 방사상 가로망의 도시였다. 말하자면 도시 전체가 하나의 건축물과 같았다. 도로가 복도

이고 광장이 응접실인 셈이었다.

사실 로마 초기에는 석조보다 목재건축물이 더 많았다. 삼림 파괴로 목재 구득이 어려워지자 건축자재가 목재에서 석재로 바뀐 것이다. 그러므로 로마의 능숙한 목수들은 석공으로 바뀌게 되었다. 유럽에서 로마 제국이 행한 벌목과 토지 개간은 로마문명의 강도에 비례했다고 볼 수 있다. 도시 로마는 로마 제국의 영토 확장과 더불어 점차 확대하여 구심적 공간 구조를 이루게 되었다. 시가지 확장에 따라 성곽을 필요할 때마다 바깥쪽에 새롭게 축조하여 로마는 복곽성複郭城을 이루었다. 그러므로 도시 구조는 무에서 유를 창조하듯이 동양의 '백지건설형'과 달리 기존 시가지를 살리는 '현상첨가형' 도시계획을 할 수밖에 없었다. 로마 제국에서 시각적 질서와 황제의 권력은 불가분의 관계였다. 황제는 자신의

그림 5-9 3세기 로마 시가지의 복원도

권력이 기념물과 공공사업에서 표출되기를 염원했다. 다시 말해서 권력은 돌을 필요로 한 것이다.

미국의 도시연구가 세넷(Sennett, 1996)은 그것을 장소의 이미지에 대한 집착이었다고 해석했다. 그리하여 "로마는 하루아침에 이루어지지 않았다Rome was not built in a day"라는 역사 속의 명언이 대기만성大器晩成이란 의미로 오늘날까지 전해 내려오게 되었다. 원래 이 격언은 16세기 스페인 작가 세르반테스가 로마를 여행한 후 표현한 말로 전해지고 있다. 2016년 건축 디자인의 메카 로마 한복판인 노멘타나Nomentana 대로변에 한국문화원이 개관했다는데, 나는 한국미를 살려 멋지게 디자인한 자랑스러운 김지수 건축가를 잘 알고 있다. 혹시 로마에 가게 되면 들르기를 권하고 싶다.

시간이 멈춰진 폼페이에서 로마인의 생활을 보다

유럽을 여행한 사람이라면 이탈리아의 폼페이를 둘러본 경험이 있을 것이다. 폼페이는 로마의 역사와 비교될 만큼 오래된 고대도시 중 하나이며 고대 이탈리아반도의 도시국가 중에서는 평범한 역사를 가진 도시였다. 하지만 내가 보기에는 다른 지역의 도시와 비교하면 폼페이는 결코 평범하지 않은 도시였다.

이탈리아의 고대 민족 중 하나였던 오스코Osco족은 기원전 8세기에 베수비오 산기슭에 폼페이라는 마을을 건설했다. 그 무렵 그리스로부터 이주해온 무리들은 도리아식 신전을 폼페이 남쪽에 건설했다. 폼페이는 스타비아와 노라를 남북 방향으로 연결하는 중간 지점에 해당할 뿐 아니라 나폴리만과 내륙부를 연결하는 관문 역할을 담당하는 요충지였다. 폼페이는 그 주변에 펼쳐진 광활한 포도밭과 올리브 과수원으로부터 와인과 올리브유 등의 특산품을 수출하는 항구로 이용되었으며, 어패류로 만든 특산품인 소스류와 용암을 재료로 한 경석輕石 등도 이 항구를 통하여 타 지역과 교역했다.

폼페이는 취락의 형성과 함께 주변 강국들이 호시탐탐 노리는 전략적 거점으로 부각되고 있었다. 가장 먼저 폼페이를 정복한 것은 쿠마족Cumaean이었으나, 그 뒤를 이어 기원전 5세기 말에 폼페이는 삼니타Samnite족에게 정복당하고 말았다. '폼페이Pompeii'란 지명이 생긴 것은 기원전 4세기에 그들이 이 땅에 정주하기 시작하면서부터의 일이다. 삼니움족으로도 불리는 삼니타족은 아펜니노산맥의 남부에 살던 산악 민족으로 기원전 5세기 전반부터 캄파니아 지방으로 진출한 바 있다. 중부 이탈리아에서 패권을 장악하기 시작한 도시국가 로마는 삼니타족과의 수차례에 걸친 전투에서 승리를 거둠으로써 폼페이를 그들의 지배하에 둘 수 있게 되었다.

폼페이는 비록 로마의 지배하에 들어갔으나 라틴계문명과 에트루리아문명으로 구성된 로마의 전통보다는 남쪽으로 열린 지절의 영향으로 라틴문화의 전통을 계승했다. 폼페이는 제2차 포에니 전쟁에서 로마와 카르타고 양측 어느 편에도 서지 않고 중립적 자세를 견지했다. 또한 이탈리아 동맹시同盟市 전쟁에서는 동맹시 쪽에 가담해 싸운 결과, 다른 동맹시와 함께 로마로부터 시민권을 부여받게 되었다. 로마로부터 시민권을 부여받은 폼페이 시민은 실질적으로는 로마의 지배하에 들어갔으나 명목상으로는 로마 시민과 정치적으로 대등한 지위를 누릴 수 있게 되었다.

그 무렵 지중해 일대의 전 지역을 무대로 로마 민중파와 귀족파 간의 내란이 발생했을 때, 귀족파에 속해 있던 유력한 술라 장군은 반란군 측에 가담했던 폼페이를 진압한 후에 자신의 퇴역 병사들을 농민으로서 이 땅에 이주시켰다. 이를 계기로 폼페이는 급속히 로마화가 진행되었고 도시경관과 행정조직도 로마화하기 시작했다. 즉, 극장 · 신전 등이 로마화되었고, 그 밖의 바실리카 · 개선문 · 목욕탕 · 열주랑 등 역시 로마식으로 건설되었다. 그러나 폼페이 시가지가 확장된 것은 삼니타족에 의한 것이 대부분이었다.

기원전 79년 8월 24일 낮과 저녁에 발생한 베수비오 화산 폭발로 순식간에 폼페이는 최후를 맞이한 후 오랜 기간에 걸쳐 지하에 묻혀 있었다. 폼페이의 유적은 공식적으로는 18세기에 발굴이 시작된 것으로 알려져 있지만, 그때까지 유적의 존재가 세상에 전혀 알려지지 않은 것은 아니었다. 지하 3~4미터 깊이에 매몰되어 있던 폼페이 유적은 매몰 직후에도 건물의 상단부와 성벽의 감시탑 등의 높은 건축물은 지상에 일부 노출되어 있었다. 이들 가운데 일부는 중세에 일시적으로 주거 시설로 이용되기도 했다.

16세기 말에는 이 유적지가 매몰된 베수비오산록에 지하수로를 만

그림 5-10 베수비오산과 폼페이 유적지

드는 공사 과정에서 상당량의 유물이 출토되었고, 이 일대에 고대도시가 묻혀 있다는 인식은 이미 17세기 중엽에 널리 퍼져 있었다. 그러나 그 당시만 하더라도 지하에 묻혀 있는 매장문화재를 발굴하는 행위는 1674년 독일인 야콥 스폰 이전에는 일반화되지 않았으며 고고학이란 학문도 발달하지 않았다.

'골동품 애호 취미'에서 비롯된 고고학은 19세기만 하더라도 오늘날의 고고학과 달리 '그리스 · 로마인의 기념물을 연구하는 학문'을 의미하는 것이었다. 폼페이 유적지에 대한 발굴 작업은 1930~1940년대의 포럼 구역과 성벽 발굴에 이어 1950년대 부분적으로 확대되었다가 중단되었다. 1980년대에 들어와 초기 발굴 작업에 대한 재평가와 함께 하층 조사에 대한 발굴이 강화되었다. 특히 포럼 주변에 있는 아폴로 신전의 하층 유구 및 유물에 대한 조사와 유적지 남쪽의 누체리아 문에 인접한 성벽의 발굴 조사에서 큰 성과를 거두었다.

나는 폼페이에 대한 선행 연구에서 간과되어온 도시문명의 상황에 초점을 맞추고 1996년 7월에 1차 현지 답사를 행했다. 그리고 2003년 8월에 2차 답사를 마쳤다. 특히 2차 답사는 1차 답사에서 미진한 점을 보완하는 것은 물론 폼페이 최후의 날을 몸으로 느껴보기 위해 일부러 8월 24일을 전후해 답사 일정을 잡았다. 나는 조수가 필요할 것 같아 아내를 동반하여 조사에 임했다. 아내는 폼페이보다 "나폴리를 못 보고 죽을 수 없다!"란 유명한 말처럼 인접 도시인 나폴리를 더 좋아하는 것 같았다. 대리석 바닥으로부터 반사된 뜨거운 열기는 2리터 물병을 모두 비워도 모자랄 만큼 살인적 더위였다. 아마 1900년 전의 폼페이도 이런 날씨였을 것이리라. 아내의 도움으로 힘들게 조사를 마칠 수 있었지만, 그 이후로 아내는 나의 연구 답사에 동행하지 않게 되었다.

폼페이의 도시 기원과 도시 형성 과정을 파악하는 일은 다른 고대도시와 달리 유적의 보존 상태가 양호해 용이한 편이다. 특히 도시 경계를 알려주는 성벽 부분의 유적은 복잡하고 세밀한 건축물이 적기 때문에 발굴 작업이 간단한 편이다. 1980년대의 발굴에서는 1930년대의 발굴에서 발견하지 못한 성벽을 발굴하기도 했다. 그중에서 제한된 범위이긴 하지만 밀라노대학의 발굴단과 일본의 고대학古代學연구소 발굴단의 조사 결과가 주목할 만하다.

폼페이의 도시 형성 과정을 둘러싼 이론은 '원초적 도시계획설'이 인정을 받지 못한 이후에 제기된 '다단계 확대 발전설'과 '동시 형성설'의 두 학설로 나뉜다. 전자는 폼페이 시가지가 적어도 2단계의 과정을 거쳐 확대 발전하여 오늘에 이르렀다는 것이며, 후자는 폼페이 시가지가 도시 건설 당초부터 거의 동시기에 형성되었다는 학설이다.

시가지는 처음 포럼 주변의 구시가지로부터 동북쪽으로 확대되었고, 1차적으로는 포럼 주변부가 개발되었을 것으로 상정할 수 있다. 그 근거로는 도로의 방향이 구시가지가 아닌 성벽의 방향성과 일치한다는 점을 들 수 있다. 특히 2차적 확대 방향의 축에 해당하는 노라로路와 사르노 문을 향해 뻗은 압본단자로路 두 개의 도로가 그러하다. 스타비아 문과 베수비오 문을 통과하는 스타비아로 동쪽의 시가지 확대는 성벽의 주행 방향에 따라 설계된 두 개의 간선도로가 폼페이 도시계획의 기초적이며 최종적 계기가 된 것이 분명하다. 시가지의 규모가 현재처럼 확대된 것은 도시계획구역을 연장할 필요가 있다는 사회적 수요가 발생했기 때문일 것이다.

폼페이는 대부분의 로마 도시와 마찬가지로 비교적 정교하게 계획된 도시임이 여러 학자들에 의해 밝혀진 바 있다. 고대 로마의 도시계획은 지형적 여건을 고려해 격자형 도로망을 조성하는 경우가 대부분이다. 그러므로 폼페이의 블록 배열은 유적지의 지형과 밀접한 관계가 있다. 포

그림 5-11 폼페이의 시가지 확대 과정

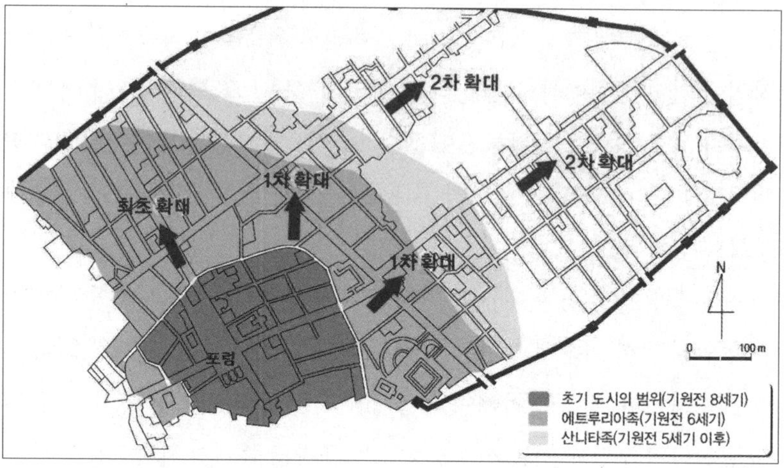

럼 주변부가 불규칙한 것은 이곳이 초기 선사 취락이었기 때문에 격자형 블록이 적용되지 않았던 것이다. 각 건물은 도로로부터 직접 출입이 가능하도록 설계되었고, 거주자의 프라이버시를 보장해주기 위한 독립적 출입문을 필요로 했으며, 가로망과 블록의 배열은 지형적 여건과 사유재산의 보호를 고려해 작위적으로 설계되었다. 사실상 폼페이는 사회 · 경제적 수요에 따라 공간이 형성되는 양상을 보인 셈이다. 그러므로 폼페이의 도시 공간은 계획된 실체라기보다는 사회적 산물의 결과였다고 볼 수 있다.

폼페이의 경우는 정확한 기록이 없어 알 수 없지만, 로마의 도시는 일반적으로 성벽이 완성되기 전에 도로 공사를 시작했다. 도시의 가로망은 마차보다 시민을 위해 설계되었다. 그런 이유로 충분한 보도가 만들어졌고, 도로를 걸어가는 사람들의 건강과 안전을 해치는 마차의 주행 방향을 규제하는 엄격한 법규가 제정되었다. 돌로 포장된 도로를 달리는 말과 마차의 통행은 매우 소란스러웠으므로 통행을 제한하기 위해 일방통행을 하거나 통행금지구역을 만들기도 했다. 그럼에도 불구하고 오랜 기간에 걸친 마차 통행으로 단단한 돌이 마모되어 있는 것을 오늘날에도 볼 수 있다(그림 5-12).

도로 양측의 보도는 노면보다 45센티미터 정도 높게 만들어졌다. 이는 마차가 보도를 넘어 보행 중인 사람을 치는 사고를 방지하기 위함이었다. 또한 도로에는 징검다리 돌을 설치하여 말과 마차의 속도를 제한하고 우천 시에는 도로를 횡단하는 사람이 편리하도록 설계했다. 당시에는 하수구가 설치되어 있었지만 비가 오면 말의 분뇨가 빗물에 섞여 도로를 오염시켰고 더운 날씨에는 악취가 대단했을 것이다.

공공시설은 로마의 식민통치를 받기 시작하면서부터 대부분 포럼 주변에 집중적으로 건설되었고, 극장과 원형경기장은 고대 로마의 상징적 건축물로 인식되고 있다. 폼페이는 건축사의 측면에서 볼 때 건축물의 집합체라고 할 수 있으며, 이들은 가로망과 조화를 이루어 구조적 구성 요소가 다양하게 조합되어 건설되었다. 시민 광장이었던 포럼은 나폴리를 비롯한 노라와 스타비아를 연결하는 도로의 교차점에 위치하고 있다.

그림 5-12 압본단자로의 중심 상점가

포럼의 현재 위치는 도시의 서남단에 치우쳐 있으나 폼페이 초기에는 중앙에 위치하고 있었다.

포럼은 기원전 2세기까지만 하더라도 단순한 시장의 역할에 국한되었으나, 아폴로 신전과 같은 종교 시설은 기원전 6세기부터 이미 존재하고 있었다. 포럼이 확장되어 공공건물과 종교적 건축물로 둘러싸인 것은 기원전 2세기부터의 일이다. 포럼 남쪽에 위치한 공공건물은 도시행정가들이 거처하기 위해 건설된 건물로 62년의 지진 이후에 개축된 것이며, 이곳에는 도시행정관(집정관)이 자신들의 업무를 수행하기 위한 집무실이 있었다. 이 건물의 서쪽에 위치한 바실리카는 삼늄 시대라 불리는 기원전 125~100년에 건설된 건축물로 폼페이 시민 생활과 상업 활동에서 중요한 역할을 담당했다. 이곳은 경제 · 법률문제가 처리되는 이른바

그림 5-13 로마 도시의 도로 설계

폼페이의 '월스트리트'였다.

한편, 폼페이의 여관과 주점은 에르콜라노 문으로 연결하는 도로와 대극장의 동쪽 등지에 집중적으로 분포하며, 특히 숙박업소인 여관은 성문 근처에 입지하거나 포럼 동쪽의 도시 중심부에 분포하는 경향을 보인다. 여관과 주점은 여행객이 주된 고객이었으므로 동일한 건물 또는 인접한 장소에 입지하는 경우가 많았다. 그것은 술집 종업원이 매춘부를 겸하는 경우가 많았기 때문이다.

폼페이에서는 포르노에 가까운 벽화와 남근 표시가 다수 발견되기도 했는데, 이것들은 나폴리 고고학 박물관에 전시되어 있다. 특히 압본단자 거리에 길바닥과 벽에 표시된 남근 표시는 윤락가를 알리는 광고일 수도 있지만, 부와 행운을 갈망하는 당시 시민들의 염원이 담긴 징표였을 것으로 짐작된다. 아무튼 18세기에 이곳을 발굴하면서 그들은 얼마나 충격을 받았을까? 당시의 윤리적 잣대로 볼 때 그것은 부도덕의 극치

그림 5-14 윤락가를 알리는 남근 표시와 윤락가(루파나르)

였을 테니 말이다.

폼페이의 남동쪽 끝에 위치한 원형경기장은 로마의 그것에 앞서 기원전 80년에 소극장을 건설한 바 있는 두 명의 집정관에 의해 건설된 세계 최초의 경기장이다(그림 5-15). 이 경기장은 2만 명을 수용할 수 있는 규모이며 맹수 사냥과 '글래디에이터gladiator'라 불리는 검투사들의 목숨을 건 시합이 행해졌던 곳이다. 폼페이가 위치한 캄파니아 지방은 기원전 4세기경부터 검투사 경기의 근원지였다. 원형경기장이 이곳에 입지한 이유는 폼페이의 남동부가 당시에는 건축 활동이 자유로웠을 뿐만 아니라 혼잡을 피할 수 있었고 성곽의 성벽 일부를 경기장의 하부구조로 사용할 수 있었기 때문이다.

59년에 폼페이 시민과 누체리아인 사이에 유혈 폭동이 발생하여 원형경기장은 10년간 폐쇄 조치를 당했고, 이 조치는 62년의 지진 피해로 해제되었다. 내가 이곳에 갔을 때에는 원형경기장이 거의 복원되었지만,

그림 5-15 로마 최초의 폼페이 원형경기장

주민들이 이곳의 돌을 주워 개인 주택에 이용하는 경우가 허다했다. 나는 러셀 크로우가 주연한 영화 〈글래디에이터〉에서 "로마 시민들은 원로원의 대리석은 좋아하지 않아도 콜로세움의 흙에 열광한다"라는 대사가 생각났다.

배은숙(2013)의 《로마 검투사의 일생》에 의하면, 검투사들은 평균 17세에 입문했고 22.5세에 사망했다. 이는 검투사로 입문한 뒤 5.5년에 불과한 짧은 생을 산다는 얘기다. 또 1년에 평균 두세 차례 아레나에 설 때 열 번도 채 싸우지 못하고 죽는 검투사의 수가 3/4이라는 말과 일맥상통한다. 당시 로마 남성의 평균 기대 수명은 25~30세로 추정된다. 검투사들이 평균 22.5년 살았으므로 일반인의 기대 수명보다 훨씬 짧았던 셈이다. 운이 좋아 살아남은 전직 검투사들은 은퇴 후 양성소나 군대를 전전하다가 육체노동을 할 수 없을 정도로 나이가 들면 양성소 주변을 돌아다니면서 구걸했다. 현직에 있을 때 남의 생명을 앗아가고 받은 대가에 대한 죄책감과 언제 생을 마감할지 모른다는 불안감으로 대부분의 돈을 술과 여자를 사는 데 허비했다. 그나마 가족이 있으면 여생을 기댈 수 있지만 가족을 둘 만큼의 정신적·경제적 여유가 없었던 검투사는 오롯이 홀로 살아야만 했다.

평민계급은 처음에는 생업에 종사하느라 바빴지만, 로마 제국이 부유해짐에 따라 힘든 노동을 노예에게 맡기게 되자 시간적 여유가 생겨났다. 3세기에는 1년 중 절반 이상이 휴일로 바뀌어 한가롭게 된 시민은 시간을 보낼 소일거리가 필요했다. 이에 역대 위정자들은 시민의 비위를 맞추기 위해 곡물과 볼거리를 무료로 제공하는 정책을 취했다. 그것이 바로 이른바 '빵과 서커스의 정치'였던 것이다.

이러한 시각에서 볼 때, 지배층은 빵과 서커스의 제공자이며, 로마 시민은 그것의 수혜자이고, 노예는 그것의 희생양이었다. 로마 시민에게 제공되는 서커스 중 가장 열광하는 것이 바로 전차 경주였다. 25만 명의 관중들이 들어찬 경기장에서 벌어지는 스릴 있고 박진감 넘치는 전차 경주에 모든 로마인들은 매료되었다. 아마 영화 〈벤허〉를 떠올리면 실감이 갈 것이다.

전차 경주만큼 인기가 높았던 볼거리는 검투사 시합이었다. 목숨을 건 시합은 검투사들끼리의 싸움과 아프리카에서 운반해온 사자와 표범 등의 맹수를 상대로 한 싸움이었다. 콜로세움과 같은 원형경기장에서는 매일 혈투가 벌어졌다. 어느 한쪽의 검투사가 승부를 결정지을 무렵, 피에 굶주린 관람객들이 죽음을 원하면 주최자가 엄지손가락을 아래로 향해 패자를 죽이는 끔찍한 볼거리였다. 수도 로마의 콜로세움의 경우, 처음에는 1년에 100일 정도 시합이 개최되었지만 인기가 높아지자 시합 일수는 더 늘어났다. 가장 많을 때에는 1년에 1만 명의 검투사와 11,000마리의 맹수가 살해되었다. 선량한 시민계급까지 피를 보는 서커스에 익숙해져 갔다.

다시 폼페이 이야기로 돌아가 보자. 고대도시의 공간 구조는 당시 거주했던 시민의 사회적 선택 · 관습 · 제도와 그것을 창출한 사회적 상황을 반영해준다. 고대도시로서는 비교적 잘 정비된 폼페이에서 학자들의 주목을 끄는 것은 주택이다. 주택은 거주자의 지위와 부를 반영하는 것이므로 사회 · 경제적 지위에 기초한 주거지역의 분화 정도를 엿볼 수 있게 해준다.

폼페이의 주거지역에 관해서는 여러 학자들의 연구가 진행되어왔다. 그 가운데 가장 주목할 만한 영국의 고고학자 로빈슨(Robinson, 1997)은 폼페이뿐 아니라 로마 제국의 주택 규모가 소유자의 재산 상태와 신분에 비례했다는 사실을 입증했다. 그 결과, 주택의 평균 면적이 가장 큰 곳은 원형경기장 주변 지구이며, 포럼 주변 지구의 주택 규모가 가장 작은 이유는 주택들이 공간적 제약을 받은 결과일 것이다. 당시 주택의 질은 주택 규모는 물론 중정의 개수 · 열주랑의 유무 · 아트리움과 트리클리니움의 유무와 규모에 의해 좌우되었다. '비리다리움*viridarium*'이라 불리는 중정은 건물로 둘러싸인 정원을, 아트리움*atrium*은 방문객을 위한 응접공간을, 트리클리니움*triclinium*은 식당을 가리킨다. 이러한 것들이 갖춰져 있어야 상류층 주택이라 할 수 있고, 특히 높이 솟은 기둥인 열주랑이 가장 중요한 요소였던 모양이다.

상류층 주거지역은 성곽의 에르콜라노 문 · 베수비오 문 · 누체리아 문 · 사르노 문 · 마리나 문과 연결되는 통과교통로를 따라 분포하는 경향을 보인다. 이것은 매우 중요한 사회적 의미를 갖는 입지 패턴이다. 즉, 눈에 잘 띄는 곳에 엘리트의 주택이 입지하는 것은 그들의 정치 활동상 최적의 효과를 올리기 위함이었다.

특히 엘리트의 주택이 지역적으로 집중되지 않은 채 골고루 흩어져 분포하는 이유는 엘리트들 간의 정치적 경합을 피하고 잠재적 경쟁자와 원만한 관계를 유지하려는 목적이 있었던 것으로 풀이된다. 따라서 폼페이의 주거지역은 무작위적으로 분화된 것이 아니라 공간적으로는 고도로 구조화된 사회였음을 간파할 수 있다.

사회 · 경제적 지위가 높은 계층은 간선도로와 상업지역의 번잡한 장소로부터 일정한 거리를 두고 거주했으며, 그들은 자신들의 주택으로부터 간선도로의 전면에 나가 그들의 정치적 소신을 펼치고 사회적 권력을 과시하면서 생활했다. 상류층에 속하는 부자들은 넘치는 식탐을 주체하지 못해 먹고 토하고 또 먹었다. 그러면서도 굶주린 시민들에게 빵을 나눠주는 자선사업을 베풀어 굶어죽는 사람이 없었다. 이 시대의 로마는 '노블레스 오블리주'의 관행이 뿌리내리고 있었다.

나는 폼페이 답사 중 가로망의 교차로에 사당shrine이 위치하고 있음에 주목했다. 이들 사당의 대부분은 라레스Lares 신의 그림이 그려져 있는데, 그것은 3명의 신과 뱀의 그림이다. '라라리움*Lararium*'이라 불리는 이들 사당은 가정과 도로를 지켜주는 수호신을 섬기는 곳이다. 이들은 도로를 따라 비교적 균등하게 분산되어 있음을 알 수 있다. 근린은 사당뿐 아니라 폼페이 전역에 설치된 공동수도의 분포를 통해서도 그 범위가 파악될 수 있다. 왜냐하면 이들 공동수도는 가장 가까운 주민들에 의해 사용되었고 이웃 간의 접촉 장소로 제공되기도 했기 때문이다. 이들 상수도는 아우구스투스 시대에 만들어진 것으로, 다른 로마 도시와 달리 목욕물을 공급하기 위함이 아니라 양질의 음료수를 공급하기 위해 만들어졌다. 상수도가 설치되기 이전에는 우물이 사용되었으나, 물 공급량이 적고 수질이 나빠져 수도관으로 물을 공급하는 상수도 설치의 필요성이 대두된 것이다. 폼페이는 베수비오산에서 흘러오는 계곡물을 이용할 수 있었다.

폼페이의 물 공급은 시가지의 고도가 높은 지점에 '카스텔룸*castellum*'이라 불리는 물탱크에 물을 저장해 납으로 만든 수도관을 통하여 주민들에게 공급하는 방식을 취했다. 카스텔룸에는 3개의 파이프가 달려 있는데, 가운데 것은 공동수도에 공급되고, 오른쪽은 목욕탕, 왼쪽은 개인주택에 제공되는 물 공급 파이프였다. 이들 중 두 번째와 세 번째 파이프의 물 공급은 유료였기 때문에 시 재정에 큰 도움이 되었다. 부족분은 개별적 급수 시설을 갖춰 이용했다. 파이프를 통해 흘러간 물은 주거지 도로변에 설치된 수조까지 운반되었다.

앞서 설명한 것처럼 로마의 대도시와 달리 폼페이의 물 사정은 비교적 양호한 편이었다. 이웃 동네를 뜻하는 근린지역은 사당과 공동수도의 위치로 가늠할 수 있다. 사당의 위치는 시대에 따라 변화를 거듭했으나, 공동수도는 물의 수요량이 증가해 신설되는 경우는 있었지만 위치만큼은 고정적이었다. 공동수도는 대부분 도로의 교차점에 분포하는데, 이것들에는 물을 담아놓는 저장 용기가 부설되어 있다.

물을 마시려면 그림 5-16에서 보는 것과 같이 조각된 여자의 입에 달린 수도꼭지를 빨아야 했으니, 마치 물을 마시는 모습이 여인과 키스하는 모습을 연출할 수밖에 없었다. 당시 폼페이 당국자는 무슨 생각으로 수도꼭지를 이렇게 만들었을까? 남성 중심 사회의 산물인가? 퇴폐적 사회의 결과물인가?

공동수도는 협소한 도로라 할지라도 교통에 방해를 최소화할 수 있는 위치거나 사당의 장소를 고려해 설치되었다. 그러나 어떤 경우에는 공동수도가 도로상에 돌출된 채로 설치되기도 했다. 이는 도시계획과 수도 설치 시기에 차이가 있었기 때문에 빚어진 일이다. 주민들이 자택에서 가장 가까운 공동수도를 이용했음은 스노우(Snow, 1965)의 연구에서 밝혀진 바 있다. 자체적으로 급수 시설을 구비한 주택들이 비교적 많은 시가지 동남쪽과 저지대의 조밀한 주거지역에는 공동수도의 분포가 적은 편이다. 이는 공동수도의 분포량이 물의 수요를 반영하는 것이며 근린

그림 5-16 폼페이의 공동우물과 상상도

단위의 규모적 차이를 발생시킨 요인일 것이다.

지금까지 우리는 화산 폭발로 79년 8월 24일에 멈춰버린 폼페이 시민들의 생활상을 살펴봄으로써 로마문명을 누리면서 생활했던 당시의 모습을 추적해보았다.

나는 폼페이 유적지를 답사하면서 아직까지 남아 있는 당시 폼페이 시민들의 낙서를 볼 수 있었다. 그중에서 눈에 띄는 것은 "요즘 젊은 것들은 버르장머리가 없다"라는 낙서였다. 이것은 수메르의 점토판에서도 나오는 내용이며, 고대 그리스의 소크라테스 역시 "요즘 애들은 부모 말을 안 듣고 음식도 게걸스럽게 먹으며, 스승에게도 폭군처럼 굴어대니 미래가 암담하다"란 탄식을 쏟아낸 적이 있다. 역사학자 토인비는 "세대 간 오해는 불가피한 것으로 해소되기 어려우므로 기성세대가 먼저 반성해야 한다"라고 말한 적이 있다. 예나 지금이나 젊은이들의 못마땅한 점이 기성세대의 눈에는 많이 보였던 모양이다.

폼페이의 낙서를 연구한 미국의 베네필(Benefiel, 2016)은 그녀의 저서 《그리스 로마 세계의 사적 공간의 낙서》에서, 낙서는 과거 폼페이에서 살던 사람들의 실제 육성이며 도시에 생명을 불어넣는 것과도 같다는 점에서 귀중한 사료가 될 수 있음을 지적한 바 있다. 폼페이에는 개인의 사랑 이야기를 비롯해 선거를 둘러싼 내용, 누가 이곳에 다녀간다는 기념적 글귀 등의 다양한 낙서가 발견되고 있다.

예수의 등장과 기독교의 성립

로마는 정복지에 대해 관용을 베풀었다고는 하지만 모든 피정복민이 항상 그 지배에 만족하고 있었던 것은 아니었다. 이는 이탈리아반도 내에서조차 반란이 일어난 사실을 보면 알 수 있다. 공화정 말기의 혼란기에 노예들이 대규모 반란을 일으켰을 때 정부군이 무려 3년에 걸친 진압

작전으로 겨우 안정을 되찾을 정도였다. 체포되어 형장의 이슬로 사라진 노예가 6,000명에 달할 정도였다. 속주에서도 가혹한 학정으로 반란이 브리튼섬(영국)을 비롯해 디나르알프스산맥 일대의 북쪽, 알렉산드리아 등지에서 민족 독립을 쟁취하려는 목적으로 발생했다. 그중에서 유태인들의 반란은 당시부터 이미 유태인 민족주의의 싹이 자라고 있음을 말해주는 징후였다. 그들의 역사는 '서양화'를 추진하는 헬레니즘 국가들에 대한 격렬한 저항이었는데, 유태인이 헬레니즘의 '서양화' 정책을 계승한 로마에 저항한 것은 어쩌면 당연할 일이었다.

제정 시대에 접어들면서 황제 숭배는 유태인들을 더욱 자극시켰다. 그들은 로마 황제를 신으로 숭배하고 그 제단에 제물을 바치는 의식이 그들의 신을 모독하는 행위라 여기고 격노했다. 기원전 66년에는 대규모 반란이 되풀이되었고, 각지의 유태인 주거구역은 화약고로 변했다. 기원후 30년경, 예루살렘에서 유태인 지도자들이 신을 모독했다는 죄목으로 예수를 처형해줄 것을 요구한 사건이 발생했다. 예수의 가르침과 많은 기적을 입소문으로 접한 사람들이 예루살렘으로 모여들었다. 속주 총독 빌라도는 로마법에 저촉되지 않음에도 불구하고 예수의 법적 권리를 무시하고 그 요구를 받아들여 십자가형을 인정했다. 이는 폭발 직전에 놓인 유태인의 민족 감정을 고려한 결정이었을지도 모르겠다. 유태인들은 예수를 구원자 메시아로 인정하지 않고 있었기 때문이다.

기독교의 출현은 인류 역사에서 대서특필할 만한 대사건이었다. 기독교는 로마 제국에서 성장해 제국의 멸망 후에도 세계 속에 그 전통을 지켜냈으며, 로마문명이 유럽에 남긴 최대 유산이라고 할 수 있다. 과거 2,000년에 걸친 인류의 역사를 돌아보면 기독교가 얼마나 큰 영향을 미쳤는지 알 수 있다. 기독교가 유대교 속에서 생겨났다는 사실은 아마 기독교로서는 다행한 일이었을 것이다. 기독교의 기본적 사상은 대부분 유대교로부터 계승받은 것이다. 결과적으로 기독교를 통해 유대교의 사상과 신화가 세계에 퍼진 것이다. 유대교의 중심 사상은 '우주는 신의 뜻에 따라 운영되며, 인간의 역사 역시 신이 정한 스토리하에서 전개되고 있다'라는 것이었다.

유태인들에게 역사란 그들을 위해 준비한 전지전능한 유일신이 선택한 민족이라는《구약성서》스토리인 것이다. 구약성경이라고도 불리는《구약성서》의 스토리는 유태인의 역사 체험 속에서 만들어진 것이었다. 기원전 10세기에 번영을 누린 솔로몬 왕의 치세를 끝으로 유태인은 강국들의 틈바구니에서 수많은 고난을 겪어야 했다.

기원전 587년 유대 왕국은 신바빌로니아 왕국의 공격을 받아 신전이 파괴되고 많은 백성이 포로로 끌려갔다. 이 가혹한 체험이 민족의 정체성을 형성하게 하는 결정적 요인이 되었으며 동시에 유태인의 역사관을 만들었다. 먼 옛날, 이스라엘 민족이 이집트로부터 탈출에 성공한 것처럼 자신들도 언젠가 바빌론을 탈출해 이스라엘로 돌아가 신전을 재건할 날이 올 것이라고 믿었다. 이러한 예언을 믿은 유태인은 일부에 지나지 않았을 것이다. 유태인의 사상에 영향을 준 것이 바빌론으로 끌려온 포로들이었는지, 유대 왕국에 남아 있던 사람들이 중심이 되었는지 불확실하다. 하지만 유대교에 커다란 변화가 일어난 것은 사실이다. 그들에게 신앙의 중심은 종전처럼 신전에 가서 예배를 보는 것이 아니라 집에서 성전을 읽는 것으로 바뀌었다.

《구약성서》는 바빌론으로 끌려간 포로들이 귀환한 기원전 538년 이후에 완성된 것 같다. 유태인들은 일주일에 한 번 집회를 열고 성전 낭독과 설교를 듣는 의식으로 신전 의식을 대신했다. 그들의 집회 장소를 '시너고그Synagogue'라 부르는데, 유대교는 유태인들이 모여 성전을 읽을 수 있는 장소라면 어느 곳이라도 신앙을 지속할 수 있게 되었다. 신앙생활이 신전의 속박으로부터 해방됨에 따라 유태인은 성전을 가진 최초의 민족이 될 수 있었다. 이러한 전통 위에서 신을 추상화하고 속박으로부터 벗어난 기독교가 세계종교로 탄생했다. 나는 무교회주의자였던 한국의 함석헌과 김교신을 떠올렸다.

페르시아의 지배 후, 알렉산더 대왕의 후계자들이 새로운 왕조를 열게 되자 유태인은 이집트와 시리아의 지배하에 들어갔다. 지배계급은 헬레니즘문화의 영향을 받게 되고 도시와 시골 사이에 빈부격차가 크게 벌어졌다. 유대문화의 서양화에 반대하는 유태인들은 그리스의 신이었던 제우스 신전을 세우고 예배를 강요하자 그것이 계기가 되어 반란을 일으켰다. 이에 따라 유태인에 대한 정책이 유연하게 바뀌었지만, 유태인 대부분은 불만으로 가득 차 있었다.

유대 왕국은 기원전 142년에 독립을 쟁취했지만, 로마 장군 폼페이우스에 의해 시리아가 정복됨에 따라 재차 독립을 상실하고 로마 제국의 지배하에 들어갔다. 기원전 1세기에는 팔레스타인 땅에 거주하는 유태인이 타지에 거주하는 유태인보다 수가 적었다. 그들은 문명 세계의 도처에 흩어져 있었다. 예수가 탄생했을 때에는 예루살렘보다 알렉산드리아에 거주하는 유태인이 더 많았다. 그들은 집단생활을 하면서 유대교의 세력을 점차 강화해 나아갔다. 신은 인간에게 고난을 주고 시련을 안겨주지만 그것은 신이 준비해놓은 '최후의 심판'이 내려지기까지의 스토리이며, 최종적으로는 올바른 행동을 한 자는 구원을 받을 것이라는 것이 유태인의 역사관이었다.

기원전 1세기 말엽은 유태인들에게 있어 악몽과 같은 시기였다. 2세기에 걸친 민족 간의 긴장이 정점을 향해 치닫고 있었다. 로마에 대한 증오심은 물론 유태인의 이웃인 사마리아인 간의 대립과 그리스계 시리아인들의 유입으로 긴장이 고조된 것이다. 더욱이 유태인끼리도 격렬한 대립이 생겨 종교 축제에서 폭동과 폭력이 난무하게 되었다.

유대 민족이 예루살렘의 번영을 되찾아줄 구세주의 출현을 기대하고 있던 시기에 예수가 탄생한 것이다. 예수의 생애에 관한 이야기는 그가 죽은 후에 만든 복음서에 상세하게 기록되어 있다. 복음서福音書란 예수를 잘 아는 제자들의 증언에 기초해 만든 마태 · 마가 · 누가 · 요한복음을 가리킨다. 이 복음서가 쓰여진 목적은 예수가 신의 아들이며 구세주임을 증명하기 위함이었다.

영국의 역사학자 로버츠(Roberts, 1998)에 따르면, 복음서의 내용 중 초자연적인 현상을 제외하고는 대부분 역사적 사실에 기초하고 있으므로 의심의 여지가 없다고 하면서도 복음서의 내용을 증명할 만한 증거가 다른 기록에서 찾아볼 수 없음을 인정했다.

《누가복음》에 의하면 예수는 팔레스타인 북부 갈릴리 지방의 나사렛 마을에서 태어났다. 내가 2013년 나사렛을 답사했을 때에는 인구가 8만이 넘는 도시로 성장해 있었지만, 예수가 탄생했을 무렵에는 시골 마을이었을 것이다. 《누가복음》에는 예수가 유대 민족에게 영광을 가져다준 이상理想의 왕이며 다윗 왕의 혈육을 계승한 것으로 기록되어 있다. 이에 대한 반론이 없는 것을 보면, 그 사실에는 어떤 근거가 있었던 것으로 생각된다. 갈릴리 지방은 유대교의 최전선에 해당하는 지역으로 그리스계의 시리아인 간에 분쟁이 끊임없이 발생했던 곳이다. 나는 구릉지대로 이루어진 나사렛의 어느 언덕에 위치한 '수태고지 교회'에도 가보았다. 그것은 성모 마리아가 야훼의 전령 가브리엘로부터 수태했음을 알렸다는 곳에서 유래하여 세워진 교회였다.

예수가 매달린 십자가에는 '나사렛 예수, 유대 왕'이란 글자가 라틴어 · 그리스어 · 히브리어로 새겨져 있었다. 이는 예수의 활동이 민족적 반란으로 발전할 가능성이 있었음을 의미하는 것이었다. 예수의 나이를

29세, 30세, 33세 등으로 추정하고 있지만, 예수가 죽은 후에 제자들은 그의 부활을 굳게 믿었다. 또한 그들은 예수가 심판의 날이 올 때까지 자신들을 지켜줄 것이라고 믿었다. 예수를 둘러싼 예루살렘 이야기는 이미 앞에서 설명한 바 있으므로 더 이상의 설명은 생략하겠다.

유대교의 전통을 중시했던 바울은 율법을 어지럽히는 기독교도들을 처음으로 박해한 인물이었다. 그는 기독교도를 박해하기 위해 다마스쿠스로 향하던 도중에 돌연 하늘로부터 "왜 나를 박해하는가?"란 예수의 목소리를 듣고 마음을 바꾸게 되었다는 일화가 전해지고 있다. 이것이 유명한 '바울의 회심'이라 불리는 사건이다. 그는 기독교를 전파하기 위해 네 차례에 걸쳐 지중해 동부 연안을 돌아다녔다. 예루살렘으로 귀환한 바울은 비유태인들을 대상으로 포교 활동을 벌이면서 그들의 개종에 걸림돌이 되었던 할례 의무를 면제해주었는데, 포경수술에 해당하는 할례는 종교적 의식으로 의무화되어 있었지만 혐오하는 민족도 있었다. 그

그림 5-17 나사렛의 '수태고지 교회' 내부

는 원래 헬레니즘문화권에 속하던 소아시아 출신이었으므로 그리스어가 가능했던 까닭에 비유태인을 대상으로 한 포교 활동이 가능했을 것으로 추정된다.

기독교가 유럽의 종교로 뿌리를 내림에 따라 서양의 역사가 신과 이웃에 대한 사랑을 최고의 덕목으로 삼게 된 점은 높게 평가될 수 있을 것이다. 그러나 기독교가 유대교와 이교도를 '이단'이란 이름을 붙여 증오와 잔혹함으로 점철된 역사를 만든 것은 반反문명이 아니었을까. 바칸(Bakan, 1990)이《지그문트 프로이트와 유대의 불가사의한 전통》에서 지적한 것처럼, 프로이트는 종교가 자행한 것보다 훨씬 잔혹한 일들이 문명과 이성이란 미명하에 얼마든지 자행될 수 있음을 깊이 인식했다. 우리들이 자명하다고 생각하고 있는 문명 · 신 · 인간 · 이성 같은 그 어떤 것도 당연하지는 않은 것이다.

로마 시민권 소지자였던 바울의 등장으로 당초 유태인의 종교로 출발한 기독교는 로마 제국에 의해 헬레니즘문화권으로 급속히 퍼져 나갔다. 그의 가르침은 종래 유대교의 틀로부터 크게 벗어난 것이었다. 또한 율법을 비판하면서 예수의 가르침의 핵심인 유태인적 사상을 그리스적 개념과 조화시키려 시도했다. 즉, 유태인의 종말 사상을 가르치면서 다른 한편으로는 모든 민족에게 신의 가르침을 이해하도록 설파했다. 더 나아가 그리스 철학의 개념을 도입해 논리를 전개하면서 기독교 신학의 기초를 구축했다. 이에 대해 로마 제국은 공공질서를 문란케 하지 않는 범위 내에서 그들에게 관용적 태도를 취했으나 네로 황제의 기독교도 박해와 맞물려 순교한 것으로 생각된다.

건조지대에서 시작된 기독교 역시 후에 나타난 이슬람교와 마찬가지로 사하라사막의 연장선상인 지중해 세계에서 각지로 전파되었다. 그러나 결국 지중해 남쪽은 이슬람이, 북쪽 유럽은 기독교가 차지하게 되었다. 두 종교 모두 건조한 땅에서 탄생한 오아시스 종교이지만 포교 지역을 나눠 갖게 되었다.

이른바 오아시스 종교인 기독교는 유럽에서 알프스산맥을 넘어 게르만의 삼림지대로 들어가기에는 많은 시간이 필요했다. 게르만족이 살고 있던 삼림지대로 전파된 기독교는 지중해 연안의 그것과 성격을 달리했다(Gibbon, 1776). 즉, 알프스산맥 이북의 기독교 신앙은 로마 가톨릭과 달리 프로테스탄트로서 독자적 행보를 보였다.

아우구스티누스의 전통을 계승한 로마 가톨릭은 피조물을 3차원으로 인식하면서 창조자인 신은 지구 밖에 있으며 지구 위에서 행해지는 섭리를 위에서 내려다보는 관점을 취하고 있다. 이 관점은 광활한 사막과 지중해 연안에서 취하기 쉬운 관점이지만, 삼림으로 둘러싸인 독일에서는 삼림 밑에서 생활하는 인간은 아래로부터 위쪽을 향해 신을 받드는 존재로 이해한다. 이와 같은 인식은 동양인의 세계관과 전혀 다른 기독교도를 비롯한 유럽인에게 조감적鳥瞰的 세계관을 심어주게 되었다. 오늘날 고지도를 보면 동서양의 지도 작성 방법에 차이가 있음을 알 수 있는데, 동양인이 곤충적昆蟲的 세계관을 갖고 있는 데 비해 서양인은 조감적 세계관을 지니고 있음을 알 수 있다. 이것은 각각 동양인과 서양인의 자연관으로 발전해 나아갔다.

영국의 저술가 웰스(Wells, 1916)는 이슬람을 '타협을 모르는 일신교'라 비판했고, 또 어떤 사람은 '이슬람은 사막의 산물'이라고 표현했다. '이슬람Islam'이란 그 자체가 '복종' 또는 '헌신'을 의미하는 말이었다는 점에서 본다면, 그것은 오히려 건조지역에서 물을 중심으로 한 엄격한 공동체적 규율을 반영한 것으로 생각된다. 이슬람교도인 '무슬림Muslim'이라는 용어는 '절대 순종하는 사람'이라는 의미를 지니고 있다.

지금으로부터 약 3,200년 전에 이스라엘 민족이 가나안 땅을 정복할 때, 그들은 당나귀를 따라 이동하는 유목민이었다. 바로 이 점에서 이스라엘의 종교를 생각해야 한다. 당나귀는 물이 없는 곳에서 하루 이상 버틸 수 없다. 즉, 당나귀 유목민은 농업지대의 주변부에서 얼쩡거리며 생활했기 때문에 농경에 관한 지식을 어깨너머로 배울 수 있었다. 그것이 바로 그들이 가나안 땅을 정복한 후 곧 농업을 생업으로 할 수 있었던 이유였다. 이스라엘 민족이 농경지대와 사막지대의 중간인 반半건조지대에서 생활한 경험으로 양목업과 농업을 겸할 수 있었던 것 역시 서로 다른 환경이 만나는 땅에서 문명이 창출된다는 비달 블라슈의 이론을 확인할 수 있는 대목이다. 뿐만 아니라 지절의 중요성을 재차 일깨우는 대목이기도 하다.

이스라엘 민족이 가나안 땅에서 정착 생활을 시작하면서 낙타의 가축화에 성공을 거둔 이래 사막 여행이 가능해졌다. 가나안은 사막지대의 입구에 해당하는 지리적 이점을 살려 번영을 누릴 수 있었다. 사막은 낙타 덕분에 거대한 유통 공간이 될 수 있었다. 그들의 유일신 신앙은 신과 이스라엘 민족 간의 직접적 계약을 맺었다는 점에 특징이 있다. 그들은 신을 믿는 대가로 땅을 부여받았으며, 평소 흩어져 살다가 필요시에 야훼와의 계약에 따라 모이는 일종의 군사연합과 같은 공동체였다. 이스라엘 민족은 더 이상 당나귀 유목민이 아니었다. 예수의 등장으로 유대교와 기독교가 분파되었다.

가축으로서 낙타를 중시한 것은 이스라엘 민족뿐 아니라 이슬람 초기의 아랍인들도 마찬가지였다. 할둔의 《역사서설》에 따르면, 아랍인들은 메소포타미아에 도시를 건설할 경우 그들이 중요하다고 생각한 낙타를 위한 목초지와 관목, 염수 등을 입지 조건으로 꼽았으나 다른 가축을 위한 목초지는 고려의 대상으로 꼽지 않았다. 그들은 땅을 옮겨 다니며 식량을 외지로부터 사들였다. 바로 그 점이 도시 입지를 실패하게 만든 요인이었다는 것이다(남영우, 2012). 할둔은 지상에서 가장 훌륭한 도시 입지의 사례로 무슬림의 성지인 메카 · 메디나 · 예루살렘을 꼽았지만, 현대지리학의 관점에서 보면 이들 도시의 입지는 결코 양호하다고 평가할 수 없다.

신을 사랑하고 이웃을 사랑하라는 예수의 가르침은 형식을 파괴하는 유일신 신앙의 본질을 뜻하는 것인 동시에 이스라엘의 전통에 따른 것이었다. 예수가 탄생하기 이전의 이스라엘 민족의 중심적 계율이던 십계+戒는 대부분 부정형의 명령인 것에 비해 예수는 긍정형의 가르침으로 일관했다.

초기 기독교의 포교 활동은 세계 각지에 흩어져 있던 유태인 커뮤니티를 중심으로 행해졌다. 그 속에서 '교회'라 불리는 신도의 공동체가 탄생하게 되었지만, 각지의 교회에서는 세례 의식과 '최후의 만찬'을 재현하는 성찬 의식뿐이었다.

기원 70년에 로마 제국이 예루살렘을 약탈하자 유대교도뿐 아니라 기독교도까지 합세해 저항했다. 이 사건을 계기로 예루살렘은 쇠퇴하고 기독교 역시 팔레스타인 땅에서 세력을 상실했지만, 팔레스타인 이외의 지역에 산재하던 유태인 커뮤니티는 오히려 세력이 더욱 강해졌다.

새롭게 탄생한 기독교에 대한 로마 당국의 반응은 이미 설명한 것처럼 위험한 존재가 아닌 한 기본적으로 용인하는 정책을 취했다. 기독교가 유태인 저항운동에 획을 긋는 사건이 66년에 벌어졌다. 그것은 유태인 과격파의 활약으로 예루살렘이 탈취되는 반란이었다. 유태인의 거점이었던 신전은 로마군의 맹공격으로 잿더미가 되었고, 그들은 최후의 순간까지 저항했다. 이에 관해서도 이미 마사다를 설명할 때 언급했던 내용이므로 생략하겠다.

마사다에서 전투가 계속되는 동안에 랍비rabbi들이 새로운 법률 해석과 유대교 재건을 계획하고 있었다.《구약성서》에서 '랍'의 칭호를 가진 사람은 관직을 가진 훌륭한 인물을 가리키거나 문자 그대로 '나의 주인'을 가리킨다.《신약성서》에서는 예수의 제자들이 예수를 가리켜 '선생님'이란 뜻으로 불렀다. 사도 시대 이후부터 랍비는 유대교 성직자를 가리키는 말로 쓰인다. 그 후 역사 속에서 박해를 받은 유태인이 민족으로서의 정체성을 지속할 수 있었던 것은 바로 이 시기에 활동한 랍비의 공헌이 컸다.

324년, 콘스탄티누스 황제는 20년간에 걸친 내전을 마감하고 제국의 재통일에 성공했다. 그는 로마 제국이 처한 현안을 정력적으로 해결하는 성과를 거두었다. 그는 정치가라기보다는 군인으로서 자질이 뛰어나 이민족을 로마 병사로 훈련시키고, 근위병 제도를 폐지하는 대신에 게르만인으로 구성된 친위대와 국경수비대와는 별도로 강력한 야전군을 창설해 제국 내의 도시에 주둔시켰다. 이는 전략상 매우 효율적인 개혁이었다. 그는 기독교를 정식으로 용인하고 교회의 발전에 크게 공헌했으며, 항상 강력한 신을 신봉했던 것으로 보아 신앙심이 '불안'으로부터 우러난 것으로 짐작된다.

그는 처음 황제 숭배와 결부된 태양신을 믿었었으나, 312년 전투를 앞둔 어느 날 밤 환영幻影을 보고 그것에 따라 병사들의 방패에 기독교를 상징하는 모노그램을 붙여 전투한 덕분에 승리를 거둔 것을 계기로 개종했다. 313년, 기독교가 로마 제국 내에서 영구히 종교적 관용을 누릴 수 있도록 보장한 역사적 포고령인 '밀라노 칙령'을 발표하기에 이르렀다. 모노그램에 나타난 문자는 그리스어의 X(키)와 P(로)를 조합한 것으로, 그리스도라는 단어에서 처음 두 글자를 취한 것이다(그림 5-18).

기독교도는 기원후 300년 무렵 로마 제국 인구의 1/10 정도에 불과했으나, 황제들 중에도 기독교 신자가 생겨날 정도로 상황이 바뀌었다. 이

그림 5-18 기독교를 상징하는 모노그램

것은 아마 유대문화와 고전문명(그리스 · 로마문명) 간에 어느 정도의 교류가 있었던 것으로 추정되는 대목이다. 이와 같은 고전문명과의 교류는 기독교가 제국에 뿌리를 내리는 데 중요한 역할을 했을 것이다. 그것은 앞에서 말한 것처럼 바울의 역할이 계기가 되었을 것이다.

로마 제국의 분열과 서로마 제국의 붕괴

콘스탄티누스 황제가 죽은 직후에 로마 제국의 국경이라 할 수 있는 방어 라인에는 특별한 변화가 없었지만, 그가 남긴 수많은 업적에도 불구하고 제국은 하나의 국가로서 통치하기에는 너무 커져버려 통일체로서는 더 이상 존속할 수 없게 되었다. 동쪽의 그리스어권과 서쪽의 라틴어권 간에 문화적 차이가 커지고 기독교 공인 후 제국하의 소아시아 · 시리아 · 이집트가 세력을 키우고 있었다. 이들 동부 지역의 영토는 서부 지역과 달리 더 동쪽에 있는 아시아로부터 자극을 받고 있었다. 로마 제국은 더 이상 분열을 피할 수 없게 되었다. 그리하여 395년 제국은 동부와 서부로 나뉘어 서로마 제국과 동로마 제국으로 분리되었다.

제국의 분열 후, 서로의 제도가 조금씩 차이가 생기기 시작했다. 동로마 제국은 기독교와 하나가 되어 황제가 신의 대리인으로 간주된 반면, 서로마 제국은 교회와 국가의 역할을 분리했다. 경제적 측면에서도 동서의 상황은 대조적이었다. 동부는 인구가 많고 세입 확보가 충분했던 것에 비해, 서부는 식량을 해외에 의존했고 국경 방어를 이민족의 용병에 의존해야 할 지경에 이르렀다. 당시에는 로마문명이 둘로 쪼개진 사실을 피부로 느끼는 로마인들은 별로 없었다. 그 사실을 느끼기도 전에 놀라운 사건이 벌어지고 말았다.

5세기 후반에 이르러 동로마 제국은 페르시아로부터의 위협이 있어도 콘스탄티누스 황제 시대와 거의 똑같은 영토를 갖고 있었지만, 서로마 제국은 계속되는 게르만 민족의 침입으로 정권이 흔들리고 있었다. 1세기 말 스칸디나비아반도로부터 남하한 반달족 · 고트족 · 부르군드족은 게르마니아 지역에서도 거주하는 땅이 달랐다. 라인강으로부터 흑해에 걸쳐 살던 게르만 민족 중 다뉴브강 건너편으로 이동해온 동게르만에 속한 동고트족과 서고트족이 서로마 제국을 위협했다. 로마의 용병대장이었던 오도아케르가 로마 황제를 폐위시킴으로써 서로마 제국은 소멸했다. 게르만 민족의 이동 형태는 부족에 따라 다양했다(그림 5-19). 무력으로 토지와 부를 탈취한 부족이 있는가 하면, 가는 곳마다 모든 것을 파괴하는 부족도 있었다. 고트족은 반달족 · 부르군트족 등과 함께 동게르만족이라 부르고, 북쪽의 프랑크족 · 색슨족 등은 서게르만족이라 불렀다. 고트족은 원래 다뉴브강과 돈강 사이의 땅에 정착하여 기마 민족을 지배하던 농업 민족이었다.

그림 5-19 서남쪽을 향한 게르만 민족의 대이동

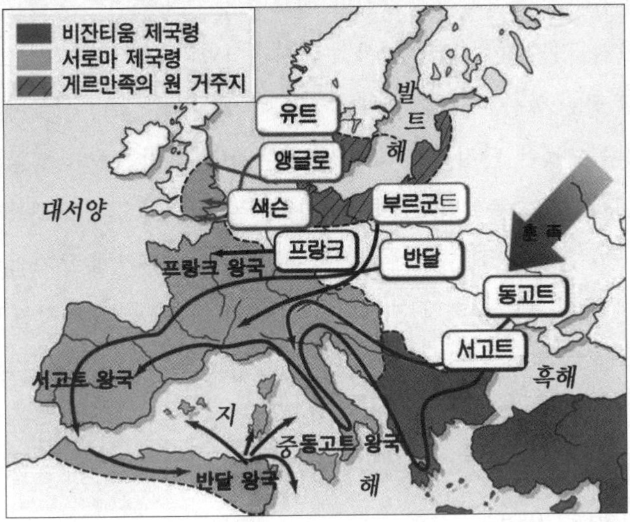

로마인들은 게르만의 여러 부족과 훈족 등을 '바바리안'이라 불렀다. 역사학자 리처드(Richard, 2014)에 의하면, '바바리안barbarian은 야만인, 미개인, 교양 없는 사람'이란 뜻으로 사용되었다. 고대 그리스인들에게 모든 외국어는 '바바*ba-ba*'로 들렸으므로, 그들은 이방인을 바바리안이라 부른 것이다. 즉, 이 용어는 고대 그리스인들이 알고 있던 세계는 훨씬 넓었음에도 그들은 텃세를 부려 야만족과 구별하려고 비非기독교인의 외국인을 '바르바로이*barbaroi*'라 부른 것에서 유래한 것이다. 로마인들도 이 호칭을 사용했는데, 그리스인과 로마인이 점차 이방인을 비하하면서 부르는 호칭으로 변질되었다. 원래는 언어 능력의 결여나 사고의 결함을 뜻하는 말에서 유래되었다. 이는 마치 중국이 자국을 제외한 주변 민족과 국가를 북적北狄 · 남만南蠻 · 동이東夷 · 서융西戎처럼 오랑캐라 불렀던 우월주의에서 비롯된 것과 마찬가지다.

게르만 민족은 4~5세기에 걸쳐 일제히 이동을 시작했다. 그들은 큰 규모의 집단을 형성하지 않았지만, 서로마 제국의 주민들은 별로 저항하지 않았다. 이는 놀랄 만한 역사적 대사건이었다. 그러나 한편으로는 그리 놀랄 만한 일은 아니었다. 왜냐하면 이미 실체가 없던 서로마 제국이 붕괴했다는 것은 단지 추상적 개념일 뿐이며, 로마인들의 생활은 거의 변함이 없었기 때문이다. 그들은 군사력과 야만성이 있었을 뿐 행정체제가 빈약한 원시적 국가를 세워 문명화된 지리적 공간에 무지와 야만의 '철의 장벽'을 세운 것이다. 그러나 이런 평가는 유럽인의 시각일 뿐 사실상 훈족에 의한 게르만 민족의 침입은 유럽의 한계를 넓히는 결과를 초래했다고 볼 수 있다. 후술하는 것처럼 유럽이 13세기에 십자군 원정에 힘입어 유럽 바깥으로 진출했지만 그 한계를 넓히지는 못했음을 기억해두기 바란다.

여기서 우리는 "로마는 왜 멸망했는가?"라는 의문이 생긴다. 1,000년 역사를 가진 전통이 겨우 반세기에 무너진 원인 중 하나는 오랜 기간에 걸쳐 축적된 제도상의 피폐에서 찾을 수 있다. 로마 제국은 땅도, 인구도, 경제도, 행정도 지나치게 거대해져 지탱할 수 없는 지경에 이른 것이다. 다른 원인은 약체화된 군대를 보강하기 위해 이민족을 용병으로 고용했다는 데 있다. 게르만 민족의 대이동이 고조에 달했을 때, 로마는 게르만인에게 높은 급료를 주면서 국내에 정착시켰다.

서로마 제국의 영역 내에는 많은 이민족의 왕국이 탄생했다. 서로마 제국 황제는 서고트족에게 프랑스 남서부 지방에 정착을 허용하는 대신에 스페인으로부터의 이민족을 소탕하는 데 협조를 약속받았다. 그 이민족이 바로 반달족이었다. 그들은 406년 무방비 상태의 라인강을 건너 갈리아로 침입하고 남쪽으로 진로를 바꿔 약탈을 일삼으면서 피레네산맥을 넘고 이베리아반도를 지나 북아프리카에 반달 왕국을 건설했다. 로마의 아프리카 총독이 반달족에게 도움을 요청하자, 서고트족의 공격에 시달리던 반달족은 439년에 북아프리카의 카르타고를 점령해 그들의 왕국을 건설했다. 카르타고는 서로마 제국의 곡창지대였는데, 이는 서로마로서는 치명적 손실이 아닐 수 없었다. 나아가 해상 거점을 차지한 반달족은 455년 지중해를 건너 로마를 약탈하고 파괴했다.

서로마 제국이 멸망한 것은 게르만 민족의 대이동만으로 붕괴된 것은 아니었다. 아시아 유목민이었던 훈족은 게르만 민족에 속하는 여러 부족들을 밀어내고 발칸반도와 중앙유럽으로 들어와 440년경에는 아틸라Attila의 지휘하에 절정기를 이루었다. 그는 동맹군을 지휘하여 아시아 초원지대 전면에 위치한 헝가리로부터 서쪽을 향해 최후의 대이동을 개시했다. 그들의 지도자 아틸라가 이끄는 훈족의 서진은 첫 번째로 기록된 기마 민족의 대규모 이동으로, 그 당시 우월한 기동성과 성능이 우수한 활을 무기로 삼아 유럽으로 서서히 진격했다.

로마군과 달리 훈족 병사들은 안장과 등자가 달린 말을 탄 채로 앞뒤로 활을 쏘며 로마 제국을 유린했다. 그들은 1,000년 전의 스키타이 군대보다 더 강했다. 그들이 쏜 화살은 로마군의 그것보다 더 멀리 날아갔다. 야만족들이 말의 편자와 등자를 개발했을 때, 로마는 말이 숨막히지 않고 달릴 수 있는 장신구 하나 고안하지 못했다. 훈족은 진격하면서 여러 부족들을 정복하게 되었는데 자발적으로 합류한 부족들도 있었으며, 나머지는 끝까지 싸우다가 정복당한 민족들도 있었다. 그 예로 슬라브족은 용감하게 싸웠으나 패배하고 훈족에게 흡수되었다. 게르만족의 대이동을 촉발시킨 훈족은 5세기 중엽에 가장 강력한 세력을 떨쳐 아틸라의 지휘 아래 서쪽은 라인강, 동쪽은 카스피해에 이르는 대제국을 이루었다.

훈족에 대한 구체적인 역사 기록이 남아 있지 않은 탓에 여러 학설이 분분하다. '흉노-훈 동일 민족설'에 의하면, 훈족은 흉노족의 분열기에서 비롯되었는데, 북흉노가 기원후 155년에 선비족과 후한 및 남흉노의 연합군에 의해 멸망되었다. 그 후 남흉노의 일부 지도층은 후한後漢에 동화되었고, 북흉노는 서쪽으로 이동하기 시작했다. 그들이 왜 서쪽으로 이동했는지 그 이유는 불분명하다. 다만, 유목 민족이 가축을 사육하는 데 필요한 중앙아시아의 초원지대가 기후변동에 의해 황폐화되었을 것이라는 추측만 가능할 뿐이다. 왜냐하면 기원 전후부터 연쇄적으로 일어난 인구 이동의 원인은 기후의 한랭화와 그로 인한 자연재해로 식량 부족과 이민족의 침략 등에 시달렸기 때문이다. 이들 중 흉노족이 또 다른 초원을 찾아 서쪽으로 이동한 것이다. 이러한 인구 이동 속에서 동아시아 각 지역의 문화들이 교류하면서 융합되어 갔다.

서진한 흉노 혹은 훈족의 지도층이 우랄산맥을 넘어 헝가리 분지에 정착했고, 동로마로부터는 다량의 금을 받고 서로마를 공략하게 되었다. 그들이 헝가리 분지에 근거지를 둔 이유는 헝가리의 푸스타 평원이 러시아 남부의 스텝기후이며 중부 유럽의 해양성기후와 대륙성기후의 점이지대에 위치해 있기 때문에 지형순화와 기후순화가 되어 있는 익숙한 땅이기 때문이었다. 그 땅은 문명을 창출할 수 없는 단순한 지절의 땅이었지만, 여러 산맥으로 둘러싸이고 여러 하천이 흐르고 있어 훈족에게는 장기 체류가 가능한 아늑한 땅으로 여겨졌을 것이다.

'푸스타Puszta'란 슬라브어로 삼림이 적은 초원을 뜻하는 지명이다. 오늘날 헝가리의 '*Hun-gar-y*'는 훈Hun족의 후손이라는 뜻을 내포하고 있으며, 그 후손이라 일컬어지는 마자르Ma-gyal족의 '*gyal*'은 몽골Mon-gol의 '*gol*'과 중국 서역의 위구르Ui-gur의 '*gur*', 불가리아Bul-gar-ia의 '*gar*', 인도의 이슬람 통일국가인 무갈Mu-ghal의 '*ghal*' 등과 같다. 이 공통점은 언어지리학의 발음 분류법에 의거한 관련성을 뜻하는데, 혹시 강한 유목 민족 또는 기마 민족을 의미하는 단어가 아닐까? 훈족의 후손이라 일컬어지는 오늘날의 헝가리에서는 우랄어를 사용하며, 알타이어에 속하는 한국어와 어순이 동일하다.

그들은 약 2세기가 지나면서 이미 거주하고 있던 유목민들에게 동화되었다. 이처럼 유럽에 돌풍을 몰고 온 훈족은 451년에 프랑크 동북부에서 서고트족을 중심으로 한 로마군에게 패했다. 아틸라는 서로마 황제와 사돈을 맺고 황제가 되려 했지만 꿈을 이루지 못하고 사망했다. 훈족의 지도자 아틸라는 알렉산더, 칭기즈칸과 더불어 세계 3대 정복 왕으로 손꼽히지만, 그는 자신의 결혼식 날 술에 만취해 과음으로 정복 왕 답지 않게 어처구니없이 죽었다. 아틸라는 북방 민족 출신답게 두주불사하는 술고래였던 모양이다.

당시 로마인을 비롯한 유럽인들은 행동이 거칠었던 훈족에 대한 공포심으로 그들을 괴물로 생각해 상당한 스트레스를 받았던 것 같다. 그들은 훈족을 털이 많은 백인인 서양인의 얼굴로 묘사했는데, 훈족의 무리

그림 5-20 로마 주화에 새겨진 아틸라의 얼굴(5세기경)

속에 서양인도 일부 포함되어 있었겠지만 대부분은 동양인의 얼굴을 한 북방계 몽골인이었다. 로마인들이 남긴 기록에 따르면, 훈족은 네모난 얼굴에 광대뼈가 튀어나오고 납작한 코, 옆으로 가늘게 찢어진 눈, 이마에 편두를 한 작달막한 사람들이었다. 편두 풍속은 동이족과 마야인들에게도 있었지만, 로마인들에게 혐오감을 준 훈족은 분명 아리안족인 백인과는 거리가 먼 중앙아시아와 몽골 초원에 살던 몽골계 유목 민족이라는 사실을 지적해두고 싶다.

그들의 지도자였던 아틸라는 야만인이라기보다는 강력한 리더십과 자제력을 겸비한 지도자였고, 여러 민족이 함께 공존하는 평화로운 제국을 꿈꿨던 인물이었다. 야만인이라는 오해는 유럽인들이 가지고 있는 동양인들에 대한 맹신적인 우월감과 터무니없는 무지가 작용했던 것으로 짐작된다. 아틸라가 죽은 다음 해, 헝가리에서 피정복민이 대규모 반란을 일으켰고, 훈족은 자취를 감추게 되었다. 서로마 제국은 간신히 훈족의 위협으로부터 벗어나긴 했지만, 그 후 서로마 황제 대부분은 게르만의 괴뢰로 전락하고 말았다. 이미 설명한 것처럼 용병대장 오도아케르에 의해 황제가 폐위되자 동로마 제국의 황제가 서로마 황제를 겸하게 되었다.

휴스(Hughes, 1975)는 《고대문명의 환경사》에서 로마 제국의 몰락과 멸망의 한 원인을 로마인들이 그들의 경제와 자연환경에 조화롭게 적응하는 데 실패한 탓이라고 주장했다. 로마인들은 이용 가능한 자연자원을 엄청난 규모로 소비해 제국 영토 안에 있는 자원들을 마구 고갈시켰다. 결과적으로 로마 공동체가 존속하기 위해 반드시 필요한 최소한의 자연과의 조화와 균형마저도 깨지고 말았다. 물론 로마 제국의 멸망을 하나의 원인 탓으로만 돌릴 수 없는 복합적이고 거시적 원인이 있었을 것이지만, 생태학적 실패는 사회 · 경제적 요인들과 맞물리면서 제국을 역사의 뒤안길로 사라지게 했을 것이다.

역사학자들은 로마 제국의 생태학적 실패를 간과한 측면이 있다. 역사가 기번(Gibbon, 1776)과 영국의 낭만파 시인 바이런이 읊조린 '로마가 멸망했을 때, 세계도 멸망했다'란 문구는 매우 유명하다. 로마인들의 실용적이고 공리주의적 태도는 자연환경을 살아 있는 유기체가 아니라 무진장한 자원의 창고로 간주했다. 또한 그들의 법률과 제도에 대한 믿음은 자연을 자신들이 정복한 식민지로 여기는 태도를 고무시켰다. 이러한 로마인의 자연관은 왜곡된 기독교의 자연관에서 비롯되었을 것이다.

로마 제국의 지배계층들은 그들이 사용한 냄비 · 주전자 · 수도관 · 감미료 등에 침투한 납 성분에 노출되어 있었다. 납중독은 임신과 출산은 물론 육체적 질병과 지적 장애마저 유발시켰으나, 그들은 납 성분이 인체에 서서히 축적되므로 그러한 현상을 깨닫지 못했다. 결국 납중독으로 육체와 정신이 허약한 사람들이 제국의 지배계층을 형성함으로써 과거의 용기와 지혜를 상실하게 되어 로마 제국이 종이호랑이로 전락할 수밖에 없었다. 사회학자 길필란(Gilfilan, 1965)은 로마 제국이 납중독으로 멸망했다고 주장했다. 나는 이에 대한 심층적 연구를 기대한다.

한편, 미국의 지리학자 헌팅턴(Huntington, 1915)은 로마 제국의 멸망 원인을 토양의 고갈에서 찾았다. 토양 고갈은 기후변화에 수반되는 현상이다. 로마는 과도한 목축 활동으로 방대한 지역을 벌채해 삼림을 황폐화시켰고, 가축들이 황폐된 땅을 회복불능의 상태로 만들어버렸다. 그리고 초목을 정기적으로 불태워 없애버린 탓에 반드시 진행되어야 할 생태적 복원 과정을 원천적으로 차단해버렸다. 그뿐 아니라 경작지의 토양 고갈은 농업 실패의 원인인 동시에 로마 제국 멸망의 한 원인이 되었다. 인간이 자연을 몰락시키고 다시 자연이 인간을 몰락시키는 몰락의 순환 고리가 형성되었던 것이다. 이러한 사실 역시 역사가들은 간과하고 있다.

초기의 로마인들은 자연을 마음속 깊이 숭배해 종교적 금기들을 지킴으로써 자연환경에 대한 급격한 변화를 일으키지 않았다. 그러나 중기 및 후기의 로마인들은 차츰 실용적이고 공리주의적 태도로 변해 자연자원을 적극적으로 개발하려는 의욕을 보이게 되었다. 그리스의 합리주의적 사상을 흡수한 로마인들은 자연을 인간의 욕구를 충족시키는 도구로 인식한 것이다. 비워야 채울 수 있다는 순리를 거역하고 로마는 너무 많은 것을 채우려 했다.

비록 서로마 제국은 멸망했지만, 동로마 제국은 이민족의 침입을 견디면서 건재했다. 395년 테오도시우스 황제가 죽을 때 제국을 양분해 동로마를 장남 아르카디우스, 서로마를 차남 호노리우스로 하여금 각각 통치하게 함으로써 동서 로마의 분리는 결정적인 사실이 되었다. 이제부터는 동로마 제국을 비잔틴Byzantine 제국이라 부르기로 하겠다. 비잔틴 제국이라는 이름은 유스티니아누스 왕조가 지중해 탈환을 위해 벌였던 게르만 민족 세력과의 전쟁에서 패배한 610년 이후부터 오스만 제국에 의해 마지막 황제가 퇴위한 1453년까지 지속된 중세 그리스의 동로마문명권을 일컫는다.

비잔틴(비잔티움)은 원래 고대 그리스가 세운 식민지였다. 이 지역은 유럽과 소아시아의 경계선에 있었고 콘스탄티누스 황제가 330년에 이곳을 '새로운 로마'로 정했다. 이를 콘스탄티노플이라 명명한 후 수도를 옮겨온 뒤부터 동로마, 즉 비잔틴 제국이라는 새로운 영역의 중심이 되기 시작했다. 그러나 비잔틴 제국의 로마인들은 자신들의 영역을 신의 은총과 영원한 로마의 위대한 유산을 물려받은 그리스도교 국가라고 생각했다. 그리고 그런 자부심을 지니고 있어서 스스로를 계속해서 '로마인'이라 불렀다. 비잔틴 제국은 제도적 측면에서는 로마적이었지만, 주민 · 언어 · 문화적 측면에서는 그리스적이었다. 서로마 제국의 붕괴로 서쪽과 동쪽 간의 균열은 서서히 깊어만 갔다. 이 균열은 다가올 천년 동안 서유럽과 동유럽의 항구적 분리를 가져온 서막이었다. 역사가이며 지리학자였던 콘스탄티누스 7세는 아시아와 구별되는 '서방인' 또는 '유럽인'이란 말을 사용했고, 콤네노스 황제의 딸은 서방을 아드리아해로부터 헤라클레스의 기둥(현재의 지브롤터 해협)에 이르는 야만족의 땅이라 정의했다.

그리스어로 콘스탄티노폴리스*Constantinopolis*라 불리는 콘스탄티노플은 터키의 최대 도시 이스탄불의 옛 이름으로, 로마 제국의 황제 콘스탄티누스가 바꾸기 전의 원명은 비잔티움Byzantium이었다. 콘스탄티노플은 일찍이 로마 제국이 완수한 적이 없었던 전략상의 역할을 수행하게 되었다. 이것이 본격화한 시기는 그리스를 중심으로 소아시아와 이탈리아 해안의 여러 섬들을 포함해 강력한 중앙집권적 국가조직을 갖춘 때였고, 기독교와 아시아적 색채를 포함한 군주국가로서 완전히 성립된 것은 유스티니아누스 황제 시대의 과도기를 거쳐 헤라클리우스 황제 재위 때였다.

나는 이스탄불에 처음 갔을 때 도시경관을 보고 유럽풍이라고 보았지만, 유럽인들은 이곳에 오면 아시아풍이라고 느낀다. 이곳은 역시 아시아와 유럽 대륙이 접하는 땅이라서 양 대륙의 문화가 교차하는 점이지대다. 오늘날 터키는 오스만 제국의 개혁 정책인 '탄지마트'로부터 종교와 정치를 분리한 세속주의世俗主義를 채택한 탓에 이슬람 국가임에도 불구하고 다른 이슬람권 국가와 다른 점이 많다. '탄지마트*Tanzimat*'란 아랍어로 개혁이란 뜻이다. 오스만의 세속주의는 원리주의에 대한 반동으로 르네상스 시대에 휴머니즘의 영향을 받아 나타났는데, 이때부터 터키인들은 인간의 문화적 성취와 자기실현의 가능성에 대해 더욱 많은 관심을 갖기 시작했다. 나는 이스탄불 뒷골목에 즐비한 주점에서 이슬람권에서 온 관광객들과 어울려 '라키Raki'라 부르는 독주에 취하기도 했다. 그들은 놀랍게도 이란과 사우디아라비아 등지에서 온 무슬림들이었다. 나는 이런 이야기를 구태여 언급할 필요가 있을지 염려스럽다. 일부 무슬림만을 보고 모든 무슬림들을 동일시할 수 없기 때문이다.

이후 콘스탄티노플은 행정과 학문에서 새로운 중심이 되었고, 제국의 문화는 고전적 전통 및 중세 가톨릭 유럽과 소아시아 이교문화의 교차 지점으로서의 특성을 가지게 되었다. 비잔틴 제국과 게르만 민족의 관계는 반드시 적대적인 것은 아니었다. 비잔틴 제국은 야만족에 대해서도 세례만 인정하면 개방했고, 문화적 기원이 다른 슬라브와 아랍을 비롯한 셈 · 튀르크 등의 문명과 끊임없이 접촉하며 교류했다. 그러므로 비잔틴 사회는 초기부터 사회적 · 문화적으로 유동성과 수용력이 대단히 큰 제국이었음이 분명하다. 콘스탄티노플에 건설된 성 소피아 성당은 이 제국이 기독교 국가임을 상징하는 것이며, 후에 바티칸과 베네치아 성당의 모델이 되었다. 비잔틴 제국은 1453년에 오스만 제국의 침공에 콘스탄티노플이 함락됨으로써 완전히 멸망하고 말았다.

서로마 제국에 비해 수명이 길었던 비잔틴 제국은 동서 교류의 관문이었던 콘스탄티노플을 수도로 삼았던 덕분에 서진의 문명 속에서도 존재할 수 있었다. 우리는 그리스의 페르시아 진출과 알렉산더 대왕의 동방

그림 5-21 비잔틴 제국의 수도 콘스탄티노플이었던 이스탄불

원정에서 본 바와 같이 당시의 시대적 상황이 지절률이 낮은 땅을 향해 역사의 흐름이 일시적으로 역류했음을 기억해둘 필요가 있다. 또 지절률이 높은 땅이더라도 이미 문명의 중심으로부터 지나가버린 땅에서 다시 발흥하여 역사를 돌이키려는 역류의 역사를 오스만과 프랑스에서 다시 마주하게 될 것이다. 아무튼 문명의 서진을 재촉하려는 듯이 게르만족의 고트족 및 반달족과 훈족은 동쪽으로부터 서쪽을 향해 압력을 가하고 있었던 것이다.

로마 제국의 영토가 지중해 연안에 국한되고 훈족이 더 이상 서진과 남진을 하지 않은 것은 기후 조건과 관련이 있었다. 로마의 영토는 기껏해야 북으로 라인강과 다뉴브강을 넘지 못했고 남으로는 지중해 연안의 아프리카에 국한되었다. 훈족 역시 서로마를 공략하는 데 그쳤으며, 후술하는 몽골군 역시 칸(오고타이)의 죽음이 없었더라도 남진하지 않았을 것이다. 익숙하지 않은 자연환경에서 뿌리를 내리려면 위에서 언급한 지형순화와 기후순화가 전제되어야 하는데, 그러기에는 너무 많은 시간이 소요된다. 이런 관점을 역사학자들은 간과할 때가 많다.

서쪽 땅에 등장한 프랑크족

훈족에 의해 촉발된 게르만 민족의 대이동 결과, 각 부족이 점거했던 땅과 후세의 국가와는 반드시 일치하지 않지만 오늘날 유럽 국가들의 원형이 된 국가들이 탄생하려는 조짐이 보이기 시작했다. 가장 북쪽에 있던 게르만인 가운데 앵글로 · 색슨족은 4세기에 현재의 영국인 브리튼섬으로 이동하기 시작하면서 407년에 로마군은 그곳으로부터 완전히 철수했다. 영국을 '앵글로'라 부르는 것은 천사들angels이 살았기 때문이 아니라 앵글족Angles이 살았다는 것에서 유래되었다. 오늘날 영국의 그레이트브리튼섬인 '브리타니아'에 게르만 민족인 앵글족과 색슨족이 이동하여 정착했는데, 앵글족이 중심 세력이 되었던 것이다. 그리하여 브리튼섬은 '앵글족의 땅Angleland'이라고 불렸다. 오랜 세월이 지나면서 지금은 앵글랜드Angleland를 England라고 쓰고 '잉글랜드'라고 읽는다.

브리튼섬과 달리 유럽 대륙에는 로마 시대의 문명적 유산이 대량으로 남아 있었다. 특히 오늘날의 프랑스와 그 주변 지역을 포함한 갈리아Gallia라 불리는 광활한 지역은 반달족에 점령된 후, 프랑스 남부로부터 이베리아반도에 걸쳐 건국된 서고트 왕국의 세력하에 들어갔다. 프랑스France란 국명은 '프랑크족의 땅'에서 유래되었다. 프랑크는 투창投槍이란 뜻으로, 그들의 주요 무기는 창이었다. 또한 게르만어로 프랑크Francs는 용감하고 자유를 뜻하는 말에서 유래되었고, 오늘날에는 영어의 '솔직하다frank'는 단어로 사용되고 있다.

서고트족은 훈족을 격퇴할 때 여러 부족이 중심이 되어 활약했지만, 갈리아 북쪽에 살던 프랑크족이 세력을 강화해 서고트족을 압도하게 되었다. 프랑크족이 발전한 이유 중 하나는 서고트족과 달리 이단으로 몰린 아리우스파Arianism에 속하지 않았기 때문이었다. '아리우스파'는 이집트 알렉산드리아 출신의 아리우스가 주장한 기독교 신학으로, 성부 · 성자 · 성신(성령)은 대등하나 오직 성부만이 영원하며, 성자는 모든 피조물로 창조되었을 뿐이라는 것이다. 이처럼 예수의 격을 떨어트린 과격한 주장은 니케아 공의회에서 이단으로 간주되었다.

프랑크족은 갈리아를 중심으로 새로운 유럽 세계가 형성됨에 있어서 어느 부족보다도 중요한 역할을 하게 되었다. 이는 게르만 민족 가운데 프랑크족이 새로운 세계의 형성에 가장 중요한 영향을 미쳤다는 뜻이다. 그들의 대부분은 4세기까지 오늘날의 벨기에에 정착하면서 로마 용병이 되었었다. 벨기에 남서쪽의 투르네Tournai에 본거지를 둔 일파가 메로빙Merovings 왕조를 세우고 수도를 파리로 이전했다. 3대 왕 클로비스는 부르군트족의 왕녀와 결혼하여 기독교로 개종함에 따라 로마 교회의 지지를 얻게 됨과 동시에 갈리아에 살던 로마인들과 관계를 개선했다. 그것은 아마 정치적 목적에 따른 개종이었을 것이다.

그들은 로마 제국 영내에서 가장 강력한 세력이 되어 5세기에는 센강 및 루아르강 유역과 6세기 중엽에는 남쪽의 론강 유역을 정복하면서 서프랑크 왕 클로비스는 라인강 하류까지 영토를 확장해 동프랑크 왕도 겸했다. 시간이 경과함에 따라 프랑크 왕국은 이미 라틴어 방언을 사용할 만큼 라틴화되어 있었고, 라틴어에는 프랑크어의 단어가 혼합되기 시작했다. 그들은 광활한 땅에 농사를 짓기 시작했고, 토지를 소유한 귀족계급이 출현하기도 했다. 야만인으로 치부되었던 부족이 정주 생활을 하게 된 것이다. 그들이 정착한 갈리아는 로마의 북서쪽에 위치한 땅이었으므로, 문명의 중심이 서진하는 데 촉매제가 되었다고 볼 수 있다.

클로비스의 영토 확장으로 첫 번째 희생자가 된 것은 왕비의 친정이던 부르군트 왕국이었다. 그다음으로 공격 대상이 된 것은 서고트 왕국이었는데, 최종적으로 그들의 영토는 피레네산맥 북쪽만 남게 되었다. 이리하여 클로비스는 로마를 대신하여 모든 갈리아 지방의 지배자가 되어 로마 황제로부터 집정관 칭호를 받기에 이르렀다. 게르만인이 세운 국가는 토지 상속과 혈연관계에 기초해 계승되었으므로 로마인이 생각하는 국가와 다른 것이었다.

한편, 동고트족에는 게르만인 용병대장 오도아케르를 무너뜨리고 왕위에 오른 영웅 테오도리크가 있었다. 동고트족의 왕가에 태어나 인질로 콘스탄티노플에서 유년기를 보낸 그는 로마로 진군하여 493년 아드리아해 연안에 위치한 라벤나에 수도를 둔 동고트 왕국을 건설했다. 그가 사망하자 동고트 왕국은 비잔틴 제국 군대에 의해 이탈리아반도로부터 추방되어 역사의 뒤안길로 사라져버렸다.

게르만 민족의 대이동이 유럽 세계에 미친 영향을 단순화하여 설명하기는 매우 어렵다. 그들은 하나의 종족이 아니라 여러 부족으로 나뉘어 있었으며, 예컨대 서고트족의 경우 스페인에서 쇠퇴할 때까지 300년간 다양한 변화를 겪었기 때문이다. 게르만인들은 수적으로 소수 민족이었으며, 이동한 땅에서는 자주 고립된 존재였기 때문에 정복지의 전통을 받아들여 토착민과 공존하는 경우가 많았다. 이와 같은 과정을 거쳐 서유럽 사회는 7세기가 되기까지 격동의 5세기를 끝내고 진정되는 분위기로 바뀌게 되었다. 이 무렵 한반도에서는 고구려에 밀린 백제가 한강 유역으로부터 금강의 웅진으로 천도하는 사태가 벌어지고 있었다.

교황 그레고리우스 1세(590~604년)는 로마문명의 유산과 기독교를 엮어 하나의 새로운 세계를 만들려고 시도했다. 기독교는 고전문명이 낳은 유산 중 하나였지만 그것으로부터 분리시키려 했다. 그레고리우스 1세가 그리스어를 구사하지 않은 것은 매우 상징적인 것이었다. 교회와 이민족 관계는 이미 변화하기 시작했으며, 그의 등장으로 교회는 지중해 세계가 아닌 유럽에 눈을 돌리게 된 것이다. 문명이 유라시아 대륙 땅끝을 향해 서진하려는 움직임이 싹트고 있었던 것이다.

새롭게 탄생하고 있는 유럽 세계는 과거와는 분명히 다른 세계였다. 풍요롭고 찬란한 로마문명을 누리던 생활로부터 전사와 귀족, 백성으로 구성된 통합체가 없는 사회가 출현하고 있었다. 토착민과 융합한 사회도 있었는가 하면, 그렇지 않은 사회도 있었다. 새로운 사회의 지도자들은 이미 단순한 족장이 아니라 왕이라 불리게 되었다. 그들을 추종한 사람들도 2,000년 가깝도록 로마문명의 유산에 접한 후에는 이미 야만족이 아니었다. 과거 바바리안(야만족)이라 불렸던 부족들도 문명화의 길을 걷기 시작했다. 이는 앞에서 지적한 바와 같이 문명 수준의 차이가 인류의 유전적 요인 때문에 발생하는 것이 아님을 반증하는 것이다.

6세기경부터 북서유럽에서는 철로 만든 쟁기가 사용되기 시작했지만 일부에 보급되는 데 그쳤다. 5~7세기에 걸친 유럽 역사는 쇠퇴의 길로 접어들었다는 견해가 지배적이다. 이러한 견해는 충분한 근거를 두고 있다. 이민족이 지배하는 유럽은 물질적 측면에서는 2세기 로마 제국보다 빈곤해진 것이 확실하다. 그 후로 약 700년 동안 폭력이 난무하고 도시는 활기를 잃었다. 생활의 쾌적함과 각종 기술이 점차 축소되고 약화되었다. 로마가 만든 하수도는 기능을 상실하고 수도관이 망가져 우물을 이용해야만 했다. 콜로세움은 빈민들의 집합소가 되고 쓰레기장으로 변하여, 로마 시민들은 자신들의 삶이 과거에 비해 퇴보했음을 깨닫게 되었다. 도시가 활기를 상실했음은 문명의 요람이 시들해졌음을 의미하는 것이었다.

역사는 유적을 남기고 유적은 역사를 증언한다. 오늘날 우리들이 유럽을 여행하다 보면 도처에 산재하는 로마 제국의 찬연한 유적지를 볼 수 있는 것처럼, 이 시대의 이민족 역시 로마 제국의 화려한 문화유산에 시선을 빼앗겼을 것이다. 그러나 이러한 혼란의 와중에도 이윽고 로마문명보다 한 차원 높고 창조력이 풍부한 유럽문명이 모습을 드러내게 된다. 문명의 서진에서 이탈리아반도의 다음 차례는 풍요로운 서유럽이었다. 나의 문명 답사는 유럽 전역을 향하게 된다.

제6장~8장 관련 지도

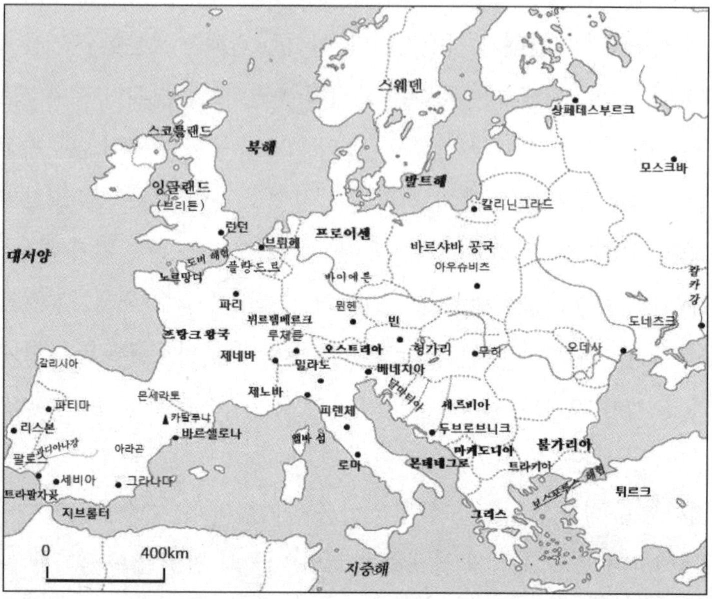
스웨덴
상페테스부르크
모스크바
스코틀랜드
북해
잉글랜드
(브리튼)
발트해
칼리닌그라드
런던
브뤼헤
프로이센
바르샤바 공국
대서양
도버 해협
플랑드르
아우슈비츠
노르망디
바이에른
파리
뮌헨
뷔르템베르크
빈
도네츠크
프랑크 왕국
루체른
오스트리아
헝가리
무히
오데사
제네바
밀라노
베네치아
갈리시아
달마티아
제노바
세르비아
몬세라토
파티마
카탈루냐
피렌체
리스본
바르셀로나
두브로브니크
불가리아
아라곤
엘바 섬
마케도니아
팔로스
로마
몬테네그로
트라키아
세비아
그라나다
트라팔가곶
보스포루스 해협
튀르크
지브롤터
그리스
0
400km
지중해

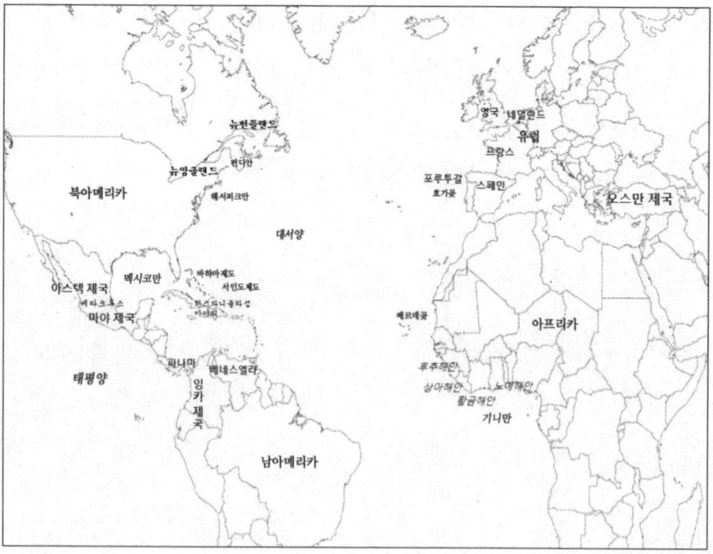
뉴펀들랜드
영국
네덜란드
유럽
뉴잉글랜드
펀디만
프랑스
북아메리카
포루투갈
호가곶
스페인
오스만 제국
체서피크만
대서양
바하마제도
서인도제도
멕시코만
아스텍 제국
마야 제국
베르데곶
아프리카
파나마
베네스엘라
후추해안
태평양
상아해안
노예해안
황금해안
잉카 제국
기니만
남아메리카

Civilization of the Land

유라시아 대륙 끝을 향한 유럽문명과 태평양을 향한 아메리카문명

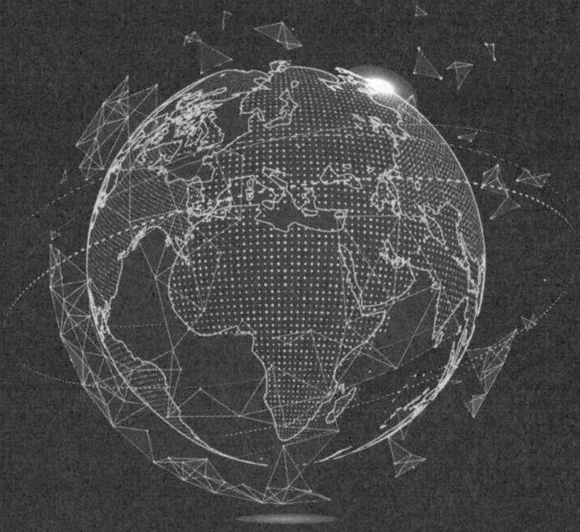

제6장 중세 유럽문명의 개막

제7장 유라시아 대륙 끝의 유럽문명

제8장 사멸한 신대륙문명과 팍스 아메리카나의 미국문명

그리스 · 로마문명으로부터 서진한 문명의 중심은 유럽을 구성하고 있는 라틴문화권 · 게르만문화권 · 슬라브문화권이다. 이를 파악하기 위해 유럽 전역을 답사해야 하지만, 나는 여기서 설명하는 중세 유럽의 사례 지역을 탐구할 목적의 일환으로 지절률이 높은 땅에 위치한 이탈리아의 베네치아, 크로아티아의 두브로브니크, 벨기에의 브뤼헤에 대한 답사를 집중적으로 행했다. 즉, 16세기에 접어들어 오랜 암흑시대를 깨게 된 르네상스의 진원지를 탐구하기 위해 그 중심 도시였던 피렌체 · 밀라노와 더불어 베네치아, 그리고 한자문명의 중심이었던 플랑드르 지방을 조사해야 했다. 이를 위해 벨기에와 네덜란드, 북독일 평원을 답사했다. 또 문명의 중심이 지중해로부터 대서양으로 바뀌는 과정을 파악하기 위해 유럽인의 버킷리스트 중 하나이며 영국의 극작가 버나드 쇼가 '지상의 천국'이라 칭송한 두브로브니크를 답사했다. 그리고 결과적으로 유라시아 대륙을 소통시키는 계기가 된 몽골 침략을 언급하기 위해서 실크로드를 조사해야 했다. 이를 위해 중국의 신장웨이우얼자치구에 위치한 톈산산맥 일대를 답사했다.

제6장
중세 유럽문명의 개막

돌의 문명, 나무의 문명, 평원의 문명을 형성한 유럽

유럽은 아시아 · 아프리카 · 아메리카 대륙과는 차별화된 특징적 자연환경을 지니고 있다. 유럽적 특징을 이루는 것은 민족적 · 역사적 기반만이 아니라 자연환경이 엮어낸 지절과 생활양식 전체가 만들어낸 총체적 결과였다. 나는 유럽을 여러 차례에 걸쳐 답사한 바 있지만, 남 · 서 · 동유럽을 구태여 하나의 키워드로 표현한다면 '목가적인 땅'이라고 규정하고 싶다. 특히 남유럽과 서유럽은 좁은 면적에 평야 · 분지 · 산맥 · 반도 · 하천으로 점철되어 있어 문화적 다양성은 물론 정치적 다양성에서 세계 으뜸이라고 할 수 있다. 이를 두고 일본의 지리학자 베쓰키(別技, 1989)는 유럽문화의 다양성을 공동주택으로 인식하여 '아파트 구조'라 불렀다.

유럽에는 여러 종류의 민족이 복잡하게 얽혀 혼재하고 있지만, 실제로는 단일 언어와 단일 민족으로 구성된 나라는 별로 없다. 따라서 유럽 국가들 내부에는 언어적으로 인도 · 유럽어족이라는 공통분모가 있기는 하지만 다수집단과 소수집단이 공존하고 있는 셈이다. 언어의 변화와 동화에 영향을 미친 요인은 무엇보다 언어 사용자의 정치적 힘이었다. 인도 · 유럽어족은 기록이 남아 있지 않은 하나의 언어에서 파생한 여러 언어들로 구성되어 있다. 이 언어는 약 5,000년 전 흑해 북쪽의 초원지대 또는 아나톨리아에서 사용되었고, 기원전 3000년경에 이르러 게르만어, 로망스어, 슬라브어, 그리스어, 인도 · 이란어 등의 수많은 방언으로 갈라진 것으로 추정된다.

이에 관해서는 이미 쿠르간 가설을 소개하면서 설명한 바 있다. 인도 · 유럽어족 중 일부가 유럽과 아시아로 이주하면서 함께 이동해간 이들의 방언들은 얼마 후 별개의 언어로 발전했고, 그 가운데 상당수가 다양한 언어의 발전 단계를 보여준 기록이 남아 있다. 언어를 발생학적으로 분류해 어원이 동일한 것으로 추정되는 단어들을 서로 비교하면 규칙적 음운 대응 체계를 확립할 수 있다. 가령 로망스어의 경우는 프랑스어, 이탈리아어, 스페인어, 포르투갈어로 분화되었음을 알 수 있다. 이들 언어가 분화된 요인은 지리적 관점에서 볼 때 알프스산맥과 피레네산맥을 비롯한 과디아나강과 같은 지형적 장애물에서 찾을 수 있다. 인도 · 유럽어족 중 일부는 알프스산맥을 중심으로, 동서남북으로 각각 슬라브 · 켈트 · 라틴 · 게르만어족으로 분화되었다.

그러나 평원지대에서는 주변국 간의 정치적 · 군사적 역학 관계에 따라 정해졌다. 가령 표준 프랑스어로 말하는 인구는 1789년 당시에는 2,600만 명의 프랑스인 중 겨우 300만 명에 불과했으나, 1714년 스페인의 왕위 계승 전쟁을 종결하기 위해 열린 라슈타트Rastatt 조약으로 프랑스어는 외교 언어가 되었다. 잉글랜드 지방의 방언에 불과했던 영어가 영국 전체의 공용어가 된 것은 백년전쟁의 과정에서 생겨난 일이다. 그리고 이탈리아가 통일된 1861년 이탈리아어를 일상적으로 구사하는 인구는 전체 이탈리아인의 겨우 2.5%에 지나지 않았다. 프랑스어는 국내에서 독일어를 물리치게 되었으나, 스위스에서는 독일어에 밀리게 되었다. 스웨덴은 핀란드인들에게 자치권을 부여함으로써 모국어를 되찾아 주었고, 켈트어의 경우에도 잉글랜드를 침입한 앵글로 · 색슨족에 의해 상당수가 영어 사용자로 변했다. 그 이유는 켈트족이 독립국가를 이루지 못했기 때문이다. 장차 켈트어는 소멸될지도 모른다.

지리학적으로 본래의 유럽은 리투아니아와 폴란드 사이의 칼리닌그라드와 흑해 연안의 오데사를 연결하는 선의 서쪽으로 한정하는 범위를 가리키는 경우가 있는데, 그 범위 속에서 3개의 문화권을 확인할 수 있다. 즉, 라틴문화권 · 게르만문화권 · 슬라브문화권이 그것이다.

먼저 라틴문화권은 지리적으로는 지중해를 중심으로 하며, 역사적으로는 남유럽뿐 아니라 서아시아와 북아프리카 연안을 포함하는 범위다. 자연환경의 측면에서는 아열대기후나 건조기후로 삼림은 적고 토양은 비교적 척박한 편이다. 라틴계 민족문화가 탁월하고 가톨릭이 지배적인 이 문화권은 바다를 통해 오리엔트문명의 영향을 받아왔다. 물질문명의 기반은 돌과 기와 건물로부터 시작되었으므로 '돌의 문명'이라고도 불린다.

이에 비해 게르만문화권은 영국을 포함한 알프스와 피레네산맥 이북에 이르는 범위다. 이 지역의 자연환경은 대서양의 영향을 받아 서안해양성기후가 탁월하고, 습윤한 탓에 예로부터 삼림으로 덮여 있는 땅이 많았으므로 '나무의 문명'이라 불린다. 지중해 지역에 비해 뒤늦게 형성된 게르만문화권은 개신교가 많고 풍부한 지하자원에 힘입어 근대 공업이 발전할 수 있었다. 그 덕분에 라틴문화권을 능가하는 선진 문명을 이룩하게 되었다.

슬라브문화권은 동유럽과 러시아를 중심으로 대륙성기후와 평원으로 이루어진 지형 탓에 '평원문명'이라 부를 수 있을 것 같다. 10세기경부터 그리스정교가 세력을 떨치고 있으며, 위의 두 문명에 비해 뒤늦게 문화가 발달하기 시작했다. 그리고 발칸반도 일대에서는 과거 터키의 지배로 이슬람적 색채가 농후하게 남아 있다.

이상에서 열거한 유럽의 3대 문화권은 근세 이후 각 민족의 정치적 발전에 따라 유럽 밖의 대륙에도 지대한 영향력을 미치고 있다. 동유럽의 슬라브문화권을 제외하고는 얼마나 잘생긴 땅인지 알 수 있을 것이다. 오밀조밀한 생김새의 지절이 잘생긴 대륙임을 뽐내고 있다. 지도를 펴놓고 유럽 대륙을 들여다보면 역사뿐 아니라 문화 역시 지리의 포로란 사실을 알게 될 것이다.

분열과 통합, 그리고 다극화와 일원화의 반복이 지속된 유럽이 이제는 통합과 일원화를 꾀하기 위해 서유럽을 중심으로 EU공동체를 결성한 바 있다. 유럽은 다양한 측면에서 커다란 지역차가 존재하고 있다. 즉, 문화적 중심부와 주변부, 정치적 번영의 중심지와 암울한 지역, 생활수준의 차이에 따른 선진국과 개발도상국의 존재가 바로 그것이다. 이들을 통합해 유기적 정치 · 경제적 일원화로 다시 문명의 중심을 회복하려고 시도하고 있다. 유럽은 미국에 뒤지고 이제는 동아시아에 추월당할 것이라는 위기의식에서 컨센서스consensus를 도출해, 200년 전의 영광을 되찾아 강력한 유럽을 구축하려고 시도하고 있는 것이다.

어둠은 빛을 이길 수 없다

유럽의 역사를 논함에 있어서 고대 · 중세 · 근대라 불리는 3구분법은 르네상스의 인문주의자들이 고대 그리스 시대를 이상理想으로 삼아 고대 문명의 부흥이 르네상스라는 인식에서 나온 것이다. 그들은 고대문명과 르네상스 사이를 고대문명이 중단된 암흑시대라 간주했다. 오늘날에는 유럽의 중세 시대를 '암흑시대'로 간주하는 역사학자는 별로 없지만, 당시에는 찬란했던 그리스 · 로마문명을 고대, 암흑시대를 중세, 르네상스 시대를 근대라 인식하는 3구분법이 사용되기에 이르렀다. 그리하여 중세middle ages는 좁은 의미에서 서양사의 시대 구분의 하나로, 고대 시대 이후로부터 근대 또는 근세 이전의 시대를 가리키게 되었다.

유럽은 고대 그리스 · 로마문명이 쇠퇴한 후 게르만 민족이 지배한 암흑시대로 접어들었으며, 르네상스 시대를 거쳐 계몽 시대에 이르게 되었다. 결국 로마 제국의 멸망 이후 고대문명을 대신할 새로운 문명이 등장하지 못했다는 것이다. 중세를 암흑시대로 표현하는 것에 대해서는 역사학계에서 재평가가 이루어지긴 했으나 여전히 암흑시대로 인식하는 풍조가 강하게 남아 있다. 구체적으로 설명하자면, 떠돌던 게르만 민족이 정착 생활을 하게 되고 기독교가 대중에게 전파되어 봉건제 사회가 확립된 시기를 중세의 개막으로 보았다. 그리고 국왕이 관료와 상비군을 보유하던 영주를 압박해 강력한 중앙집권국가를 구축한 15~16세기 말까지를 중세의 폐막으로 간주했다.

이와 같이 서양사의 큰 틀은 고대-중세-근대로 이어지는 3시대 구분법이 널리 사용되었다. 중세 유럽을 암흑시대라 부르는 것에 대해서는 학자마다 이견이 있다고 하더라도, 밝고 희망찬 시대가 아닌 것은 분명하다. 사람들은 겨울에는 몇 달 동안 아무 일도 안 하다가 추수철에는 새벽부터 해가 질 때까지 일에 시달려야 했다. 신생아는 1/4이 1년을 못 넘겼고, 또 그 절반은 사춘기를 넘기지 못하고 죽어갔다. 대부분의 아이들은 성인이 되기 전에 부모를 잃고 고아가 되었다.

14세기 유럽의 약 30%에 달하는 인구가 희생된 흑사병은 사회구조를 붕괴시킬 정도로 유럽 사회에 큰 타격을 주었다. 당시 유럽에서는 흑사병의 발병 원인을 몰랐기 때문에 거지 · 유태인 · 외국인 등이 흑사병을 퍼뜨리는 사람들로 매도되어 집단 폭력을 당하거나 심지어는 학살을 당하기도 했다. 페스트로 추정되는 흑사병이 창궐하던 동안에 일어난 학살 행위는 마녀사냥처럼 사회 혼란을 사회적 소수자들에게 전가한 희생양적인 폭력이었다. 한편, 흑사병의 창궐은 삶에 대한 태도도 바꾸어 "지금 이 순간을 즐기자!"라는 유행어를 낳았고, 이는 보카치오(Boccaccio, 1492)의 《데카메론》 등에 반영되었다. 흑사병은 유럽인들의 종교적인 사고에도 영향을 미쳐, 일부 사람들은 하느님이 흑사병으로 심판하니 고행을 함으로써 죄를 씻어야 한다는 주장을 하고 다니기도 했다. 다양한 가설에도 불구하고 흑사병이 유럽에 들어온 데에는 실크로드와 몽골 제국이 관련되어 있는 것만은 분명하다. 유럽을 강타한 흑사병이 잠잠해지자 유럽인들은 인구 감소분만큼의 토지가 생겨 오히려 부유해지기 시작했다. 하나의 아이러니가 아닐 수 없다.

파리에서 처음으로 의미 있는 범죄가 발생한 1405년과 1406년에는 사건의 54%가 강력 범죄인 반면, 6%만이 절도와 관련된 범죄였다. 그리고 1411~1420년의 10년 동안에는 사건의 76%가 사람에 대한 충동적 폭력이었고, 7%가 절도였다. 폭력의 가장 큰 원인은 음주에 있었다. 프랑스 역사학자 르게(Leguay, 1984)의 연구에 따르면, 프랑스 중부에 있는 시골 투렌Touraine에서 일어난 살인이나 폭력은 35%가 음주와 관련되어 있었다. 파리와 같은 도시의 경우는 그 상관관계가 훨씬 더 높았다.

음주의 필요성에는 피치 못할 원인이 있었는데, 그것은 사람들의 체열 때문이었다. 프랑스 북부 도시에서는 포도주가 난방이 조악한 건물에서 사람들의 몸을 따뜻하게 해주었다. 외부로 굴뚝이 연결된 벽난로는 15세기에 이르러서야 등장했다. 그 이전에 사용되었던 난로는 연기가 외부로 빠져나가지 못했고, 일반적인 도시의 건물들은 유리로 된 창문이

거의 없었기 때문에 열이 빨리 흩어져버렸다. 이런 상황에서 포도주는 추위의 고통을 둔화시키는 마취제 역할을 했다. 오늘날 프랑스인들이 식사 중에 와인을 곁들이는 것도 그와 같은 습관에서 비롯된 전통이다.

남미로부터 감자가 도입되기 전에 중북부 유럽에서 맥주는 빵과 포도주와 더불어 주요 식료품이었다. 감자는 유럽인들의 허기를 채워주었다. 17세기 후반의 영국과 18세기 말 독일에서는 맥주 스프를 끓여 먹을 정도로 맥주를 과다하게 마시는 관습이 생겼다. 일단 맥주를 마시기 시작하면 술자리에 동석한 사람들은 연속된 건배와 술 겨루기를 통해 의식을 잃을 때까지 마셔댔다. 그야말로 술꾼들의 세상이었다. 술을 사양하면 동료를 모욕한 것으로 간주되거나 자신의 허약함을 고백하는 것으로 간주되었다. 체온을 올리기 위한 음주에서 우애를 돈독히 하거나 자신을 과시하는 음주로 바뀐 것이다. 맥주의 뒤를 이어 등장한 것이 브랜디였다. 맥주와 포도주는 한 모금씩 여러 차례 나누어 마시고 서서히 취하는 데 비해 브랜디는 단숨에 들이켜 금방 취기가 오른다. 이는 유럽의 근대화 과정에서 급속한 성장을 달성하려는 사회적 분위기를 반영한 것이었다.

인구 감소는 인구 오너스demographic onus 시대로 접어들게 만들어 악순환이 지속된다. 즉, 생산연령인구가 줄고 부양해야 할 인구가 늘어나면서 경제성장이 침체된 것이다. 일반적으로 경제가 발전하려면 생산연령인구의 비중이 증가해 노동력과 소비가 늘어나는 인구 보너스 현상이 생겨야 하는데, 중세 유럽은 그렇지 못했다. 인구가 회복되는 데 오랜 시간이 걸렸다.

"어둠은 빛을 이길 수 없다"란 말을 누가 했는지 알 수 없지만, 중세의 암흑시대는 영원할 수 없었다. 르네상스 시대가 도래한 것이다. 전통적인 서양사의 시대 구분에서 중세는 5~15세기, 즉 서로마 제국이 멸망한 시기부터 비잔틴 제국(동로마 제국)이 멸망한 무렵을 가리키며, 르네상스부터 종교개혁 이후를 근세로 구분한다. 다만 르네상스는 나라에 따라 시기가 달랐으므로 이에 대한 견해는 학자마다 다르다. 이탈리아어로 *Rinasimento*라는 어원을 가진 이 말은 프랑스 역사가들이 프랑스어인 '르네상스*Renaissance*'라는 말로 확립시켰으며, 이것이 영어에서도 그대로 사용되어 현재에 이르게 되었다. 이것의 원래 의미는 재생rebirth이라는 뜻이지만, 내용적으로는 문예부흥운동을 가리킨다.

문예부흥이란 구체적으로 14세기부터 시작해 16세기 말에 걸쳐 유럽에서 일어난 문화 · 예술 전반에 걸친 고대 그리스 · 로마문명의 재인식과 재수용을 의미한다. 이 점에서 르네상스는 일종의 시대적 정신운동이라고 말할 수 있다. 이 운동은 과학혁명의 토대가 만들어짐에 따라 중세를 근세와 이어주는 시기를 낳았다. 르네상스의 정신운동은 유럽 지절의 중심인 이탈리아에서 시작되었으나, 곧 알프스산맥을 넘어 프랑스 · 네덜란드 · 영국 · 독일 · 스페인 등의 다른 국가로 퍼져 나아갔다. 북유럽에서는 부패한 교회와 사회에 대한 비판이 고조되었으며, 이러한 움직임은 종교개혁에 영향을 미쳤다.

독일 활판 인쇄술의 창시자 구텐베르크가 1455년 금속활자를 발명해 《구텐베르크 성경》을 출판한 것은 인류문명사에서 획기적 사건이었다. 당시 성경책은 집 한 채와 맞먹는 가격이었다. 유럽은 금속활자기술을 통해 인쇄술이 발달함은 물론 지식의 대량보급화가 이루어져 르네상스의 밑바탕이 되었다. 폭발적인 서적에 대한 수요를 감당할 수 있게 된 것은 곧 학문과 지식의 발달을 예고하는 것이었다. 서양인들은 잘 모르는 사실이지만, 구텐베르크의 성경보다 약 200년 앞선 시기에 《직지심경直指心經》이란 불경이 한반도의 고려 시대에 출판된 것을 생각하면, 한민족의 우수성은 대단한 측면이 있다. 유럽에서 금속활자가 발명되기에 앞서 한반도의 조선 왕조는 세종 대왕이 훈민정음을 반포한 바 있다.

르네상스 시대는 밝고 활기찬 시대가 아니라 흑사병이 유행하거나 정치적 파벌 싸움과 전쟁이 계속된 시대였다. 그나마 문화가 꽃필 수 있었던 것은 궁정과 교황청 같은 극히 일부에 지나지 않았고, 일반적으로는 미신과 마술이 맹신되던 시대였다. 이탈리아의 르네상스는 유럽의 근대화를 이끈 역할을 했지만, 그 시기 이탈리아의 국내 정치는 엉망이었다. 16세기 말 갈릴레이가 지동설로 종교재판을 받은 것이 상징적으로 보여주듯이 이탈리아에서 자유로운 과학 연구를 진행하기는 어려웠다.

중세 말기에 일어난 또 하나의 재난은 백년전쟁이었다. 프랑스와 영국 간에 벌어진 이 전쟁은 1339년에 시작되어 1453년에 끝났다 하여 '백년전쟁'이라 부르지만, 전쟁은 산발적으로 이루어져 실제로 싸운 기간은 길지 않았다. 백년전쟁의 주된 원인의 하나는 프랑스에서의 왕위 계승권 문제였으나, 문제는 그렇게 간단치 않았다. 전부터 영국은 프랑스 땅에 영국 소유의 땅을 많이 가지고 있었고, 역대 프랑스 왕들은 이를 회복하려고 시도했다. 이 탓에 양국 사이는 항상 전쟁과 대립이 그치지 않았다. 백년전쟁은 적당한 경쟁자였던 양국이 치른 마지막 봉건 전쟁이었다. 이 전쟁은 근대 유럽에서 문명의 중심지를 놓고 프랑스와 영국이 자웅을 겨룰 수 있도록 발전의 기초를 제공해주었다.

또 다른 분쟁의 씨앗은 오늘날 벨기에의 플랑드르 지방을 둘러싼 문제였다. 플랑드르에서는 14세기 초 이래로 부유한 상인들의 지배에 대항해 수공업자와 임금노동자가 여러 차례 폭동과 반란을 일으켰다. 그런데 플랑드르의 영주가 이를 적절히 해결하지 못하자 프랑스 왕이 개입하게 되었다. 마침 플랑드르는 영국 양모羊毛의 주요 시장이었으므로 양모 수출에 대한 관세가 주요 수입원이었던 영국으로서는 플랑드르가 프랑스의 지배하에 놓이는 것을 용납할 수 없었다.

백년전쟁이 시작될 무렵의 프랑스와 영국의 객관적 전력은 프랑스가 훨씬 강했다. 당시 영국의 인구는 약 350만 명인 데 비해 프랑스는 약 1천 600만 명이었으며 생활수준도 프랑스가 높았다. 그러나 이러한 전체적인 자원의 차이가 중세 사회의 군사력과는 별로 관계가 없었던 것 같다. 전쟁 기간을 통해 위력을 발휘한 신무기는 긴 활을 이용한 강력한 화살과 커다란 굉음을 내며 터지는 대포였다. 영국 함대가 플랑드르에 정박 중인 프랑스 함대에 발포하자 양쪽의 포화가 불을 뿜었고, 프랑스 함대는 거의 전멸했다.

패전 소식이 파리에 전해지자 프랑스의 충격은 매우 컸다. 그 후 1346년 에드워드 3세가 노르망디에 상륙해 파리로 진격함으로써 전쟁은 다시 재개되었다. 이 기간에는 흑사병이 유행해 전쟁의 혼란에 허덕이고 있는 농민들을 더욱 힘들게 만들었다. 전쟁 비용을 충당해야 하는 과중한 세금에다 방화와 약탈에 흑사병까지 겹치자 영국과 프랑스 양국은 똑같이 어려움을 겪게 되었다. 잔 다르크와 로빈 후드에 관한 이야기는 이 시대의 어려움을 잘 나타내주고 있다.

도버 해협과 북해 연안을 둘러싼 영국 · 프랑스 · 벨기에 간의 전쟁은 수평지절이 높은 나무의 문명권 또는 게르만문화권 내에서 벌어진 일종의 헤게모니 싸움이었다. 이 싸움은 돌의 문명으로 대변되는 라틴문화권에 있던 지중해문명의 중심이 종말을 고하고 서진하는 가운데 발생한 것이었다. 수직지절률의 측면에서 남유럽에는 미치지 못하지만 수평지절률은 북유럽과 서유럽도 높은 편이다. 서유럽은 북유럽에 비해 위도와 인구 규모의 측면에서 문명을 창출할 지리적 여건이 앞서 있었다.

수많은 승리와 좌절을 맛본 뒤 결국 잉글랜드(영국)는 유럽 대륙에 간섭하려는 야망을 버렸고, 잉글랜드의 군주들은 국내 발전에 더욱 전념하게 되었다. 그리고 힘들게 싸워 마침내 왕위를 지킨 발루아 왕가로 인해 프랑스는 단지 이름뿐인 왕국에만 머물지 않고 유럽 내의 독립 군주 국가로서 당당한 위치를 차지하게 되었다. 바로 이 전쟁에서 노블레스 오블리주*noblesse oblige*란 말이 생겨났다. 영국군이 물러남에 따라 프랑스 정부는 영국의 통치하에서 협조하던 프랑스인들에게 책임을 추궁했는데, 귀족들이 나서서 자신들에게 책임이 있으니 평민들은 사면할 것을 요구했다.

노블레스는 '닭의 벼슬'을 의미하고, 오블리주는 '달걀의 노른자'라는 뜻이다. 이 단어를 합성해 만든 '노블레스 오블리주'는 닭의 사명이 자기의 벼슬을 자랑함에 있지 않고 알을 낳는 데 있음을 말해주고 있다. 다시 말해서 이것은 사회 지도층의 도덕적 의무를 뜻하는 말로, 사회로부터 정당한 대접을 받기 위해서는 자신이 누리는 명예(노블레스)만큼 의무(오블리제)를 다해야 한다는 의미다. 사실 사회적 지위에 상응하는 도덕적 의무는 초기 로마 시대에 왕과 귀족들이 보여준 투철한 도덕의식과 솔선수범하는 공공 정신에서 비롯된 것이다. 나는 2015년 6월 프랑스 파리에서 열린 한불수교 130주년 기념 학술대회에 참석했을 때 프랑스 주재 한국대사로부터 이 유래를 전해 들어 알게 되었다.

영국이 문명의 중심에 서게 된 것은 튜더 왕조의 공헌에서 찾을 수 있다. 1483년, 보즈워스 전투에서 리처드 3세를 물리치고 헨리 7세가 즉위함으로써 튜더 왕조가 개막되었다. 이 전투는 장미전쟁 중에 벌어진 매우 중요한 전투였다. 장미전쟁이라 부르는 것은 두 가문의 상징 표시에 장미 문양이 들어갔기 때문이다. 헨리 7세는 백년전쟁과 장미전쟁으로 인해 피폐해진 나라를 바로 세우기 위해 귀족들을 억압하고 절대왕정을 추진했지만, 해외 진출에 적극적이었던 사회적 분위기 탓에 여의치 못했다. 그러나 문명의 중심을 유럽 본토로부터 유럽의 마지막 땅인 영국으로 옮겨오게 할 수 있는 발판을 만들었다. 다시 말해서 그전까지 유럽의 바다 건너 약소국에 불과했던 영국은 튜더 출신 군주들의 진취적 통치 덕분에 머지않은 훗날 세계를 석권하게 되어 대영제국으로 발전할 수 있었다는 것이다. 특히 문명사의 측면에서는 엘리자베스 1세의 치세 기간은 특별히 '엘리자베스 왕조'라고 부르는 경우가 많다.

르네상스는 이탈리아반도를 중심으로 일어났다. 문명의 중심이 갈 곳을 잃었을 때만 하더라도 지중해의 중심은 이탈리아반도였던 것이다. 이탈리아 르네상스가 만개한 곳은 피렌체 · 밀라노 · 로마 · 베네치아 등의 도시였다. 학자와 예술가 들을 육성한 후원자로 피렌체의 메디치 가문, 밀라노의 스포르차 가문 등이 유명하다. 특히, 피렌체의 르네상스가 꽃필 수 있었던 것은 메디치 가문의 후원 덕분이었다. 메디치 가문은 13세기 피렌체에서 상업과 은행업으로 성공해 교황청 재산을 관리하면서 재력 가문이 되었다. 그리고 15세기부터 300여 년간 르네상스의 사상 · 예술 · 과학 등의 폭넓은 분야에 걸쳐 후원했다. 그중 미켈란젤로는 15세 때부터 2년간 메디치 가문의 궁전에서 지내면서 많은 미술 작품들을 감상하며 자랐다. 16세기 후반에 이르러 프랑스와의 전쟁으로 피렌체의 예술이 쇠퇴하기 시작했지만, 로마에서는 교황이 성 베드로 대성당의 건설을 추진하여 여전히 많은 예술가가 모여들었다.

르네상스를 대표하는 천재 레오나르도 다빈치 역시 작은 마을 빈치로부터 피렌체로 이사하여 별 어려움 없이 예술가의 길로 들어섰다. 다빈치를 연구한 김상근(2012)의 《천재들의 도시 피렌체》에 의하면, 다빈치는 준수한 외모를 지녔고 당시로서는 드물게 왼손잡이였으며, 관찰과 사색을 즐기는 독특한 개성의 소유자였다. 왼손잡이일 뿐만 아니라 사생아로 태어난 약점을 안고 있던 다빈치는 동성애자로 고발되는 수모를 겪었던 탓에 메디치 가문으로부터 홀대를 받았다. 그는 많은 작품을 완성하지 못하는 악순환을 평생 동안 반복했으며, 또 한 명의 천재 미켈란젤로와 경쟁을 벌여야 했다.

그림 6-1 르네상스의 중심 피렌체의 도시경관

역사적으로 왼손잡이는 다빈치 이외에도 아리스토텔레스, 나폴레옹, 퀴리 부인, 간디, 아인슈타인 등이 유명하다(Sagan, 1977). 《구약성서》와 단테의 《신곡》에서도 왼손잡이를 폄하했지만, 인류가 왼손잡이에 대해 편견을 갖게 된 이유는 배변 처리와 관련이 있는 것으로 추정된다. 오늘날에도 배변 처리를 왼손으로 하는 나라가 있다. 나는 인도 답사에서 화장실에 휴지가 비치되지 않은 시골 호텔에 숙박했을 때 당황한 경험이 있다. 인도인들에 의하면 배변 처리를 손과 물로 하는 덕분에 인도에는 치질 환자가 없다는 말을 들었지만 확인해보지는 않았다.

사실 16세기 초반의 이탈리아에는 다른 예술가들이 굳건하게 군림하고 있었다. 피렌체는 미켈란젤로가, 로마는 라파엘로가, 그리고 베네치아는 티치아노가 각자의 예술적 재능을 뽐내며 타의 추종을 불허하는 명성을 쌓고 있었다. 이탈리아의 선진 문화에 콤플렉스를 느꼈던 프랑수아 1세는 다빈치를 최고의 화가이자 건축가이며 공학자로 추켜세웠다. 그리고 그를 프랑스로 초빙했다. 나는 2017년 이 무렵 그가 그린 것으로 추정되는 예수 초상화가 세계 예술품 경매 사상 최고가인 5,000억 원에 낙찰되었다는 뉴스에 접했다. 결국 노인이 된 다빈치는 프랑스로 건너가 1519년 5월 그의 격동의 삶을 마감했다.

15세기에 새로운 문명사의 지평을 여는 대사건이 일어났다. 당시 유럽인들은 오리엔트의 산물 중 특히 향신료의 무역 항로를 개척하고자 새로운 항로를 찾아 나서는 데 혈안이 되어 있었다. 일찍이 독립 왕국을 이룩한 포르투갈과 같은 나라들은 대서양과 아프리카 쪽으로 눈을 돌렸다. 포르투갈이 이미 대서양 남부의 아프리카 항로를 독점하고 있었기 때문에 콜럼버스는 대서양 서쪽으로 가는 새로운 인도 항로를 찾고자 했다.

"지구는 둥글다"라는 갈릴레이의 이론을 신봉한 콜럼버스는 서쪽으로 가면 틀림없이 인도에 도달할 것으로 믿고 항해를 시작했다. 그는 포르투갈의 주앙 2세에게 신항로의 개척을 제의했다가 거절당한 후 스페인의 이사벨라 여왕으로부터 지원을 약속받았다. 그의 꿈은 마르코 폴로가 쓴《동방견문록》에 나타나는 황금의 섬 '지팡구'를 발견하는 것이었을지도 모른다. 지팡구는 일본의 Japan을 가리키는 것으로 추정되지만, 제주도 사람들이 생각하던 이어도와 같은 피안彼岸의 섬처럼 존재가 불분명하다. 콜럼버스는 1492년 8월 3일 3척의 범선에 선원 120명을 싣고 스페인 남부 팔로스항을 출항해 10월 12일 바하마에 도달함으로써 신대륙을 찾아냈다. 그의 나이 43세였다. 그 후 그는 아이티를 거쳐 1493년 1월 4일 39명의 선원을 히스파니올라섬에 잔류시킨 후 바르셀로나로 귀항했다.

그로부터 6년 후, 아메리고 베스푸치는 1499년에 신대륙에 도착했다. 그는 이탈리아의 탐험가이며 지리학자였다. 피렌체 태생으로, 1494년부터 2년간 메디치 가문의 사무원으로 스페인에 파견되어 세르비아의 주오나토 베라르디 상사에 들어갔다. 이 상사는 콜럼버스가 1차와 2차 신대륙 항해를 준비한 곳이다. 그는 1497년 첫 탐험에 나서 1499년 신대륙의 북위 15° 지점을 거쳐 브라질에 도착했다. 아메리카라는 이름은 그의 이름 '아메리고'에서 따온 것이다. 독일의 지리학자 발트제뮐러(Waldseemüller, 1507)가《세계지리 입문》에서 신세계를 발견한 아메리고 베스푸치의 이름인 Amerigo를 따서 신대륙을 '아메리카'라고 부를 것을 제안했고, 이에 따라 이 지명이 널리 퍼지게 되었다.

콜럼버스는 탐험가이자 해군 제독 출신인 데 비해 베스푸치는 지리학자였다는 차이가 있었다. 사실상 11세기부터는 지리학의 암흑기였던 탓에 '유럽'이란 단어가 나타난 중세 문헌들을 찾아보기가 매우 힘들었다. 지리학이 소생한 것은 13세기 말이었다. 이 무렵부터 스칸디나비아가 섬이 아니라는 사실이 알려지게 되었다. 베스푸치는 작은아버지로부터 그리스 고전문학과 지리학을 배운 덕분에 더 이상 예루살렘이 세계의 중심이 아니라는 사실을 깨닫게 되었다. 그런 까닭에 콜럼버스는 신대륙을 인도로 착각했지만, 베스푸치는 새로운 대륙임을 알 수 있었던 것이 아니었을까?

아무튼 그들이 찾아낸 신대륙은 '발견'한 것은 아니었다. 구태여 발견이란 말을 사용하려면 '재발견'이라고 표현해야 옳다. 왜냐하면 이미 신대륙에는 1만여 년 전 아메리카 대륙에 들어와 정착한 원주민들이 있었기 때문이다. 그러므로 아메리카 인디언(혹은 인디오)들이 신대륙을 처음 발견했다고 간주해야 한다. 이미 한국의 지리교과서에서도 콜럼버스가 신대륙을 발견했다는 내용은 오래전에 모두 수정된 바 있다. 그리고 오늘날의 역사학자들 가운데 베스푸치가 신대륙을 발견한 것으로 생각하지 않는 사람도 있다. 왜냐하면 1497년의 항해와 관련된 베스푸치의 편지가 불확실하고 모호하기 짝이 없음을 근거로 그가 항해한 적이 없다고 보기 때문이다. 이에 대해서는 더 조사를 해보아야 알 것 같다. 나는 스페인을 답사할 때 바르셀로나 중심지에 우뚝 선 콜럼버스의 조각상을 보았다.

16세기에 접어들면서 유럽의 강대국으로 떠오른 프랑스는 현재의 독일과 오스트리아를 비롯해 스페인까지 통치하던 합스부르크 왕가의 신성 로마 제국과 치열한 패권 다툼을 벌이고 있었다. 이들은 세력을 확장하기 위해 수시로 이탈리아를 위협하기 시작했다. 1526년 교황 클레멘트 7세는 합스부르크 왕가의 카를 5세를 견제하기 위해 프랑스와 동맹을 맺고, 피렌체 · 베네치아 · 밀라노 등과 합세해 기독교 성향이 강한 유럽 국가들의 정치적 연방체였던 신성 로마 제국과 전쟁을 불사했다. 이는 결국 1527년의 로마 약탈이라는 엄청난 사태로 이어졌다. 신성 로마 제국은 독일 · 이탈리아 등의 왕국과 밀접한 관계에 있었지만, 각 영역은 자국의 정체성을 유지하고 있었다. 프랑스의 볼테르가 지적한 대로 신성 로마 제국은 신성하지도 않았고, 제국도 아니었다.

여기서 그 당시에 있었던 일화를 하나 소개해보겠다. 교황이 근무하는 바티칸은 사실상 군대를 가지고 있지 않았지만, 교황청에는 135명의 근

그림 6-2 콜럼버스 탑과 아메리고 베스푸치의 초상화

콜럼버스 탑

아메리고 베스푸치

위병이 교황을 호위하고 있었다. 신성 로마 제국의 병사들이 쳐들어오자 다른 나라의 용병들은 모두 도주했지만 스위스 용병들만은 교황을 지키기 위해 끝까지 싸우다 전원 전사하고 말았다. 이를 기념하기 위해 매년 5월 6일이 되면 충성 서약식이 거행되는 전통이 생겨났다. 그때부터 바티칸의 근위병은 스위스 용병만 고용하게 되었다. 당시의 스위스는 산악국가로 목축업 이외에는 수입원이 없었다. 그러한 상황에서 스위스 용병은 주요 외화 수입원이 되었고, 죽을 때까지 자신을 고용한 주군을 지킨다는 신뢰를 바탕으로 당시 유럽의 영주들로부터 무한한 신뢰를 받았다. 그들은 충성 서약 전에 노랑 · 파랑 · 빨강 무늬의 화려한 제복에 갑옷을 입고 붉은 수술이 달린 투구와 하얀 장갑을 착용하였는데, 이는 미켈란젤로가 디자인한 것이다.

15세기 이래로 유럽 대부분의 영토를 지배하며 막강한 권력을 장악한 합스부르크 왕가는 명문가의 혈통을 순수하게 유지하겠다는 생각으로 근친혼을 일삼았다. 그 결과, 신성 로마 제국의 황제 막시밀리안 1세 때부터 스페인 왕 카를로스 2세에 이르는 200여 년 동안 왕가 사람들은 흔히 주걱턱이라 불리는 하악전돌증下顎前突症이 나타났다. 이를 '합스부르크 립Habsburg Lip'이라 부르는데, 음식을 씹을 수 없어 건강을 해칠 정도였다고 한다. 그들은 턱에 집중되는 사람들의 시선을 분산시키기 위해 남자는 수염을 기르거나 여자는 겨울철에도 부채로 가리고 과도한 머리 장식을 해야만 했다.

그들이 무엇보다 신경을 썼던 것은 초상화였다. 사진기가 발명되지 않았던 당시에는 자신들의 모습을 후세에 전하기 위해 초상화를 그렸다. 유명한 루이 16세의 왕비였던 마리 앙투아네트는 왕립 미술 아카데미 정회원이었던 궁중 화가 비제 르 브룅Vigée Le Brun에게 자신의 초상화를 아름답게 그려줄 것을 요구하기도 했다. 실제와 달리 합스부르크 립을

그림 6-3 마리 앙투아네트의 초상화

아름다운 모습으로 그린 그녀는 왕비로부터 총애를 받았다. 한민족 역시 과거에는 근친혼이 성행한 적이 있었지만, 오늘날에는 어느 나라보다 근친혼에 대한 법률적 규제가 가장 엄격한 편에 속한다.

나는 이탈리아의 도시를 여러 차례 답사했지만, 그중에서도 2002년과 2007년에 베네치아와 피렌체를 집중적으로 답사했다. 특히 베네치아 답사는 유럽의 중세도시를 연구하는 데 큰 도움이 되었다. 국지적 수직지절의 관점에서 볼 때 베네치아를 비롯한 피렌체 · 밀라노 · 제노바는 문명을 창출할 수 있는 잠재력이 큰 땅이었다. 이제부터는 그 연구 결과 중 베네치아를 통해 유럽의 중세도시의 일단을 살펴보기로 하겠다.

베네치아의 '게토'를 통해 중세 유럽을 보다

베네치아는 누구나 가보고 싶어 하는 유서 깊은 도시다. 그러나 이 도시가 유태인의 집단 주거지인 '게토'의 근원지임을 아는 사람은 별로 많지 않은 것 같다. 베네치아는 5세기 무렵 훈족의 침공을 피해 베네트Venete족이 처음 거주하기 시작했다. 도시가 형성되기 시작한 9세기 이후부터 오늘에 이르기까지 오랜 기간에 걸쳐 갯벌 위에 건설된 도시형성 과정이 누적된 도시로서, 중세와 르네상스 시대의 건축이 주류를 이루는 전형적인 역사 도시다. 베네치아Venezia는 원래 '갯벌의 거주자'란 의미를 갖는 베네치아족이 살던 땅을 가리킨다. 이런 이유 때문에 많은 학자들이 이 도시를 연구 대상으로 삼았는데, 특히 이탈리아의 무라토리(Muratori, 1960)와 국내의 손세관(2007)을 비롯한 몇몇 학자들은 중세의 도시 공간 구조를 규명하기 위해 베네치아를 대상으로 심층적 연구를 한 바 있다(남영우, 2011b).

피렌체와 로마에 이어 르네상스문화를 꽃피운 베네치아는 15~16세기에 걸쳐 매우 독특하고 수준 높은 문화를 창조했다. 피렌체와 로마가 그들의 관심을 고대 그리스나 로마로 돌린 것과는 달리, 독일의 역사학자 엔넨(Ennen, 1987)의 표현대로 귀족 공화국이었던 베네치아의 관심은 특이하게도 아드리아해 연안의 달마티아Dalmatia를 경유해 오리엔트로 향했다. 베네치아는 도시의 성장 과정에서 로마나 파리처럼 인위적인 도시계획이 적용된 적이 한 번도 없었다. 그런 측면 때문에 베네치아는 무질서한 미로들로 구성된 모로코의 페스와 같은 이슬람문화권의 도시들과 비교될 수 있다.

벨기에 겐트대학교 명예교수였던 피렌느(Pirenne, 1946)는 중세도시가 원거리무역이 주도하는 도시생활의 다양성과 융합성을 보유하고 있다는 점을 들면서 베네치아야말로 모든 것을 끌어당기는 자석과 같은 도시라고 평가했다. 그것은 베네치아가 모든 것을 빨아들이는 자극磁極 역할을 했음을 지적한 것이었다. 특히 향신료 무역은 유태인과 같은 외국인을 끌어들임과 동시에 베네치아를 부유하게 만드는 상업의 한 종류였다. 이 도시는 동양의 인도 등지에서 재배된 사프란 · 커민을 유럽에 들여옴으로써 교역상 유럽 허브로서의 중심지 역할을 했다. 13세기 말에 이르러 절정기를 맞이한 제노바는 베네치아와 어느 정도 세력균형이 이루어졌다.

직조업을 중시한 제노바와 달리 베네치아는 15세기 향신료 무역을 독점해 다른 나라가 비집고 들어갈 틈이 없었고 상인들이 챙긴 이윤은 엄청났다. 베네치아의 황금시대는 유럽에서 후추와 같은 향신료가 가장 많이 소비되던 12~16세기와 정확히 일치한다. 베네치아의 화려한 대리석 건축물은 향신료 무역에서 벌어들인 부의 기념비였다. 독일의 문호 괴테 역시 베네치아의 아름다움에 빠졌었다.

서기 1000년경 베네치아는 예루살렘으로 가는 길목의 하나였던 아드리아해 주변에서 두브로브니크와 함께 가장 우세한 세력으로 자리를 잡았다. 따라서 베네치아는 팔레스타인으로 향하는 유럽 십자군의 통로가 되었다. 제3차 십자군 원정 이후, 이 도시는 동방과 무역을 할 수 있는 권리를 얻었고 이 권리를 향신료 수입에 이용했다. 십자군은 동방에서 경험한 향신료 맛을 잊지 못했고, 이런 향신료의 등장은 유럽인의 식생활을 크게 바꿔놓았다. 향신료 무역은 베네치아의 도시경제에서 매우 큰 비중을 차지했다.

베네치아의 주요 산업은 바다를 항해하는 조선업이었다. 갤리선galley ship이라 불리는 상선商船은 원거리무역에 유리한 구조를 띠고 있었다. 군함보다 길고 넓은 형태의 갤리선은 바이킹족의 갤리선보다 성능이 뛰어나 향신료 상인들에게 임대되었다. 대형 선박의 선단은 화물을 실으러 지중해 남쪽 해안까지 갈 때도 있었지만, 선박의 비용과 구조 덕분에 보스포루스 해협을 거쳐 흑해로 가는 원거리항해로 더 많은 이익을 챙겼다. 이들 선단은 인도와 실론으로부터 육로로 수송해온 향신료를 흑해의 동쪽 해안에서 넘겨받아 서유럽에 내다팔면서 부를 축적했다.

9~11세기에 이르는 기간에 베네치아는 조선업 분야에서 유럽 최고의 선진국이 되어 있었다. 베네치아의 조선소 겸 해군기지는 섬의 동쪽 끝의 아르세날레에 위치해 있었다. 베네치아의 조선술이 타의 추종을 불허한 이유는 왕성한 해상교역 때문이기도 하지만 목재를 대량으로 공급받을 수 있는 삼림지대가 인접해 있었기 때문이었다. 이 지역은 세계에서 최초로 공업지대를 형성한 곳이며, 게토 누보에 있던 주물공장 역시 유태인 게토를 설치하면서 아르세날레로 옮겨졌다.

베네치아의 번영은 자연스럽게 공간적 수요를 촉발했다. 리알토섬을 근거지로 발전의 기틀을 마련한 베네치아는 지속적으로 도시의 시가지를 확장해 나아갔다. 베네치아인들은 섬 주변의 갯벌과 늪지대를 매립해

그림 6-4 카스텔로에 위치한 아르세날레

인공지반을 만들면서 단계적으로 시가지를 확장한 것이다. 그림 6-5를 통해 11세기에 이르러 거꾸로 된 S자 형태의 휘어진 대운하가 체계를 갖춘 사실과 12세기 중반에 확장된 영역이 오늘날의 베네치아와 거의 유사함을 알 수 있을 것이다. 인공지반은 자연의 법칙에 순응하면서 운하와 수로가 밀물 시에도 섬이 수몰되지 않도록 갯골을 수로로 살려 지혜롭게 고안되었다. 거미줄과 같은 미로의 수로는 도시의 공간 구조를 다핵화시키는 요인이 되었다.

15세기에 베네치아인들은 북부 이탈리아에 제국을 건설해 국제무역의 불안정성에 대처했고, 전통적으로 베네치아 개펄에 위치한 메스트레는 견고한 땅을 연결하는 주요한 고리 역할을 했다. 베네치아인들은 주변의 베로나, 비첸차 등의 도시를 그들의 배후 도시로 삼았다. 그들은

그림 6-5 베네치아의 시가지 확장 단계

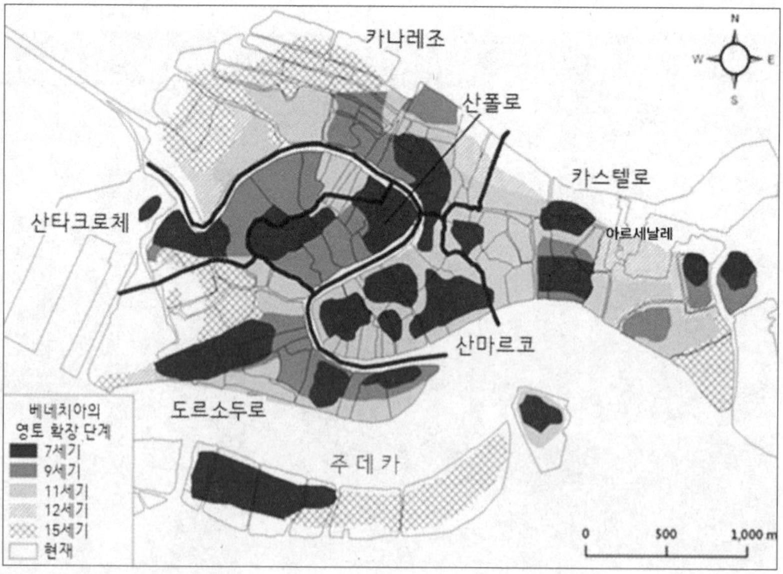

1509년 봄부터 단기간에 배후 도시를 프랑스와 달마티아 세력에 모두 빼앗기고 말았다. 베네치아의 세력은 섬의 도시에 고립된 채 갑자기 약화되어 불안정해졌다.

유태인들이 베네치아로 피난 오기 시작한 것은 바로 이 무렵이었다. 12세기경까지 유태인들은 베네치아 일대에 흩어져 거주하고 있었지만, 1509년 베네치아를 견제하기 위한 프랑스가 포함된 캉브레Cambrai 동맹의 전투 결과로 약 500명에 달하는 유태인들이 해안 도시 메스트레를 떠나 베네치아로 이동했다. 그들은 매력의 도시 베네치아가 안정을 가져다 줄 것으로 기대했다. 게르만의 학살을 피해온 독일-폴란드계 유태인은 1090년부터, 스페인에서 추방된 스페인-포루투갈계 유태인은 1492년부터 그 수가 증가하기 시작했다. 그러나 베네치아인들은 이미 992년 그들의 선박에 유태인 상인들이 타는 것을 금지시킬 정도로 경원시했다 (Ennen, 1987).

중세 유럽의 유태인들은 행상인이거나 중고품 판매상으로 대부분 가난을 벗어나지 못했으며, 그들에게 유일하게 개방된 자유로운 전문직은 의사였다. 유태인이 핍박받기 이전에는 그들 중 소수만이 고리대금업자로 일했고, 베네치아의 은행 업무는 대부분 베네치아인들과 기독교도 외국인들의 차지였다. 그러나 1509년 베네치아로 피난 온 유태인 중 상당수는 고리대금업으로 성공해 부유해졌고, 그들은 다이아몬드 · 금 · 은 등의 보석을 많이 보유했다. 이에 따라 베네치아에서는 비록 피난민이었지만 신분이 상승된 유태인 의사와 고리대금업자들이 눈에 띄기 시작했다.

여기서 잠시 베네치아를 배경으로 한 셰익스피어의 희곡 이야기를 소개하고자 한다. 셰익스피어(Shakespeare, 1600)는 그의 희곡《베네치아의 상인》에서 부유한 유태인 고리대금업자인 샤일록이 벌인 기이한 사건을 묘사한 바 있다. 이 희곡의 내용 중 이상한 점은 극중의 안토니오와 기독교 당국이 유태인과의 약속을 지킬 필요가 있다고 생각했다는 점이다. 셰익스피어가 이 희곡을 집필했을 당시 관객들은 유태인들을 법적 보호를 받을 가치가 없는 존재라고 생각했다. 이 희곡의 줄거리는 중세의 대학과 조합에서 처음으로 형성된 경제적 권력을 보여주고 있는 듯하다. 그러나 당시에도 샤일록의 금전적 권리는 국가도 무시할 수 없을 만큼 보호받을 수 있었다. 이 희곡에서 유태인의 경제력은 베네치아인들의 기독교 커뮤니티를 공격하는 것으로 묘사되었다.

베네치아는 유럽과 아시아 그리고 아프리카 사이의 교역 관문인 동시에 르네상스 시대의 가장 글로벌한 도시였다. 독일의 문호 괴테는 1787년 로마와 파리를 글로벌 도시*Weltstadt*라고 불렀으나, 16세기 국제교류의 측면에서 베네치아는 로마를 능가하는 도시였다. 뿐만 아니라 베네치아 상인은 나폴리 상인을 능가할 정도의 상술을 지니고 있었다. 베네치아의 도시 사회는 수많은 외국인들로 붐비는 이방인의 도시인 동시에 교역을 통해 축적되는 부의 장소였다. 다이아몬드가 박힌 약혼반지는 16세기 초부터 베네치아에서 유행할 정도로 소득 수준이 높았다. 일종의 결혼 착수금이었던 고가의 다이아몬드 반지는 타 유럽에는 아직 확산되지 않았다. 외국인들은 주로 유태인을 비롯한 독일인 · 그리스인 · 달마티아인 · 터키인 등이었으며, 그들은 공식적인 시민권을 얻지 못하고 영원한 이민자로 살았다.

16세기에 유태인 고리대금업자들이 실제로 거주했던 곳은 유태인 게토ghetto였다. 고리대금업자들은 동이 틀 무렵 도시 주변부에 위치한 게토를 나와 도심 근처에 있는 목조 다리인 리알토교 주변의 금융가로 향했다. 5킬로미터 길이의 대운하 중앙에 위치한 리알토는 '높은 지대'라는 뜻인 '리보 알토*Rivo Alto*'에서 유래된 지명으로 초기 도시 건설이 시작된 곳이다. 그러므로 리알토는 베네치아에서 가장 먼저 도시 시설이 정비된 중심지였다.

해가 질 무렵이 되면 게토의 문은 닫히고 주택의 덧문이 밖에서 잠겼으며, 경찰은 그 주변을 순찰했다. 한자 동맹Hanseatic League의 무역도시 진입문 위에 '도시의 공기가 사람들을 자유롭게 하리라*Stadtluft Macht Frei*'라고 쓰여진 문구는 유태인들을 씁쓸하게 만들었을 것이다. 유태인들이 베네치아에서 격리된 이유는 무엇보다 기독교 커뮤니티를 오염시키는 질병 때문이었다. 베네치아인은 유태인을 더러운 육체적 악으로 취급했다. 기독교인들은 유태인과의 접촉을 두려워했다. 그들은 역사학자 포아(Foa, 1990)가《역사적 관점에서 본 섹스와 젠더》에서 지적한 것처럼, 유태인의 육체는 알 수 없는 불결한 힘을 가지고 있으며 성병을 옮긴다고 생각했다.

1509년 아냐델로 전쟁의 패배 이후 베네치아에 처음으로 유태인 주거지 게토가 조성된 7년 동안 베네치아 시민들 사이에 자신들의 패배를 도덕적 타락에서 찾으려는 분위기가 팽배했다. 그 분위기는 유태인의 존재에 대한 증오심으로 번졌다. 베네치아에서 도덕 개혁 운동이 전개된 것은 유태인에 대한 증오심과 연관된 것이었다(Pullan, 1971). 당시 베네치아는 관능적인 도시 이미지가 강했다. 베네치아에는 동성애적 하위문화가 번창하고 있었던 것이다. 또한 향신료 무역 역시 관능적인 도시의 이미지에 기여했는데, 그 이유는 사프란과 같은 향신료가 신선하지 못한 음식의 맛을 북돋아줄 뿐만 아니라 육체의 정욕을 유발하는 최음제로 여겨졌기 때문이다.

베네치아 항구에서는 매춘이 성행해 매춘부들은 1494년 매독이라는 새로운 성병을 퍼뜨렸다. 당시에 매독이 섹스로 전염된다는 사실은 알아냈으나 전염의 생리와 치료 방법은 여전히 수수께끼였다. 베네치아 상원上院은 육체적 규율을 통한 도덕적 개혁을 도모하기 위해 새로운 법령을 제정했다. 여자들에게는 속이 비치는 의상이나 레이스의 사용이 금지되었고, 남자들에게도 남성미를 발산하는 노출이 심한 의상이 금지되었다. 유태인들에 대한 베네치아인들의 공격적인 태도는 육체적 관능에 대한 혐오감과 얽혀 있었다.

비단 매독뿐만 아니라 유태인들의 돈 버는 방식 역시 논쟁의 초점이 되었다. 중세 기독교인들은 유태인들을 고리대금업에 종사하는 매춘부와 같은 존재로 인식했지만, 사실은 베네치아 고리대금업의 이자율은 15~20%로 중세 유럽의 다른 도시들보다 낮았다.

베네치아로 피신해온 유태인 의사들은 더욱 노골적으로 기독교인들을 자극했다. 왜냐하면 베네치아 시민들은 진료를 하는 유태인 의사들 역시 질병을 일으키는 위협적인 존재라 여겼기 때문이다. 역사학자 길먼(Gilman, 1989)은 유태인들이 다른 민족보다 나병에 걸리기 쉬운 이유를 그들이 아마亞麻 섬유로 만든 옷을 입지 않는다는 점과 그들의 주택에 욕실이 없다는 점에서 찾았다. 베네치아 시민들은 유태인들이 생활의 청결함이나 단정함에 너무 소홀하기 때문에 강제로 손을 씻게 하는 법을 만들어야 한다고 생각했을 정도로 그들을 혐오스러운 대상으로 여겼다.

베네치아에서 가장 먼저 격리시킨 이방인들은 유태인이 아니라 그리스인 · 터키인 · 독일인 등의 이민족이었다. 특히 독일의 입장에서 베네치아는 교역을 위해서는 매우 중요한 도시였다. 1314년 베네치아인들은 독일인들이 탈세를 못하도록 그들을 한 건물에 집단으로 수용했다. 리알토교 주변에 위치한 이 건물은 그림 6-6의 '독일인의 공장'이란 뜻의 폰다코 데이 테데치*Fondaco dei Tedeschi*였다. 원래 폰다코는 독일인들만 거주할 수 있는 중세 주택이었지만, 그 후부터는 독일인을 격리시키는 보다 억압적인 공간이 되었다.

독일인들은 항상 베네치아인들의 감시하에 있었다. 현재 우체국으로 이용되고 있는 폰다코는 1505년에 건설된 건물이다. 베네치아의 상관商館으로 불리던 '폰다코'는 원래 아랍어 푼두크*funduk*에서 유래된 명칭이다. 이슬람권에서 '푼두크'란 여기저기 떠도는 상인들을 위한 숙소 겸 상품거래소의 기능을 가진 건물을 가리킨다. 그러나 아시아에서는 '캬라반사라이'라 불렸다. 가톨릭교도의 눈으로 보기에 독일의 개신교도는 유태인과 흡사했다. 폰다코 커뮤니티는 분할 · 군집 · 고립으로 표현되는 공간이 되었고, 그 공간 속에서 이방인들은 그들만의 결속을 느꼈다. 개신교도와 가톨릭교도 사이의 첨예한 대립은 그 건물 내에서도 존재했지만, 그들은 이탈리아인들과의 상거래에 있어서 결속력 있게 행동했다.

1515년 베네치아의 유력한 가문으로부터 유태인들을 격리시키기 위해 게토 누보*Nouvo*를 이용하자는 제안이 있었다. 이 제안은 밤에 유태인들을 가둬두기 위해 그림 6-7에서 보는 것처럼 하나의 출입구와 다

그림 6-6 리알토교 주변의 폰다코 데이 테데치

리를 만들어 섬에 격리시키자는 것이었다. 그것은 새로운 개념의 격리 segregation였다. 즉, 게토에서는 외부의 감시만 존재했을 뿐 내부의 감시가 존재하지 않았던 것이다. 게토 누보의 외곽 감시자는 경찰과 기독교인들이었으나 내부는 감시하지 않았다. 이 제안은 게토 내부에서 어느 정도의 자율성을 허용한 것이므로 완벽한 격리는 아니었다.

중세의 교황 주변은 1501년 발렌티노 공작이 교황 알렉산더 4세와 함께 악명 높은 섹스파티에 참석할 만큼 매우 세속적이고 추잡한 사회였다. 베네치아는 항구도시였기 때문에 정치와 섹스는 로마에서와는 다른 방식으로 관련되어 있었다. 도덕적인 교황이 선출될 경우에는 고급 매춘부들은 궁정에서 추방되었다. 당시의 고급 매춘부들은 남자들에게 정치·종교적 세계로부터 잠시나마 벗어날 수 있는 위안을 제공했다. 그녀들은 상류계층의 여성들을 모방하기 위한 교육을 받았다. 고급 매춘부들은 음란했지만 일반 여성들과 똑같이 보이는 언행과 외모를 갖추고 다녔다(Masson, 1975).

그림 6-7 위성사진으로 본 고립된 게토 누보(점선 부분)

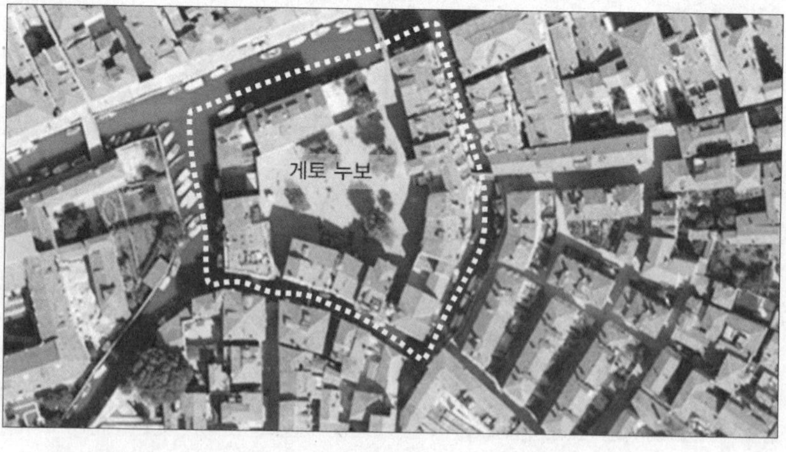

베네치아는 돈을 빌려주는 유태인들을 묵인한 것처럼 도시경제의 일부로 매춘부들을 묵인했다. 매춘 산업의 번창에도 불구하고 베네치아 당국은 매춘부와 유태인 모두에게 노란색 옷을 입히거나 배지를 달게 함으로써 일반인과 구별했다. 그 당시 도시민들은 자신의 지위나 직업을 드러내기 위해 모두 유니폼을 착용했지만, 매춘부와 유태인들의 옷은 매우 특별했다. 베네치아의 유태인들은 이미 1397년에 처음으로 노란색 배지를 달도록 의무화되었다. 그리고 매춘부와 포주들은 노란색 스카프를 매라는 명령을 받았다. 이런 행위는 그 후 나치 정권에서 부활했다.

18세기에 들어와 베네치아인들은 반유태 정서를 노골화하고 유태인들의 경제활동에 제재를 가했다. 1714~1718년 기간 중에는 유태인 소유의 선박이 몰수되었고 상점이 폐쇄되기에 이르렀다. 1737년 유태인 커뮤니티는 파산하고 말았다. 18세기 말 이후 프랑스혁명과 당시의 자유주의운동의 영향으로 나폴레옹이 유태인을 해방시켜줌과 동시에 각지의 게토를 없애주었다. 1870년경까지 남아 있던 로마의 게토가 법조문에 의거한 최후의 게토였다. 그러나 나폴레옹이 실각한 후, 유태인의 생활에 대한 제한이 재차 가해지게 되었다.

게토 안에서 유태인들은 오히려 격리된 고립의 대가로 그들만의 폐쇄된 공간에서 육체적 안전을 확보할 수 있었다. 중세 후반부터 전통적으로 유태인들은 아침에 공부하고 종교 학습을 하면서 그들의 정체성을 확인했다. 그러나 유태인 연구가 호로비츠(Horowitz, 1988)에 의하면, 도시에서 쉽게 구할 수 있는 커피의 출현은 그들의 오래된 관습을 바꿔놓았다. 그들은 게토에 갇혀 있는 밤에 우울증에 빠지지 않고 깨어 있기 위한 자극제로서 커피를 마셨다. 즉, 커피는 유태인에 의해 공간적 격리를 특정한 방식으로 이용할 수 있는 수단으로 받아들여진 것이다.

수많은 유태인들은 유럽을 떠나 미국으로 이주했다. 이미 미국에는

16세기 이후 일찍이 스페인에서 이민 온 유태인들이 거주하고 있었다. 미국의 대도시로 유입된 유태인들은 그들만의 커뮤니티를 조성했지만, 유태인 이외에도 흑인 · 푸에르토리코인 · 라틴계 및 아시아계 이민자들이 혼재했다. 게토에 대한 시카고학파의 도시사회학자 워드(Ward, 1971)의 연구를 계기로 이민자 밀집 주거지역을 '게토'라 부르게 되었다.

서유럽의 게토와 달리 러시아와 동유럽의 게토는 20세기에 이를 때까지 존속했다. 제2차 세계대전 중에 독일의 나치는 유태인들을 매우 협소한 구역에 집단 거주시키기 위해 동유럽의 게토를 부활했다. 나치는 1939년 이후 폴란드 국내의 유태인들을 대도시의 특정 지역에 이동시키기 시작했다. 1940년 10월에는 나치 점령지인 폴란드에 38만 명을 수용하는 최대 규모의 바르샤바 게토가 조성되는 등 수많은 게토가 1940~1941년에 걸쳐 조성되었다.

유태인들은 1942~1943년에 아우슈비츠 등의 유태인 강제수용소로 이송될 때까지 그곳에 수용되었다. 제2차 세계대전 기간 중 베네치아의 게토에는 1,300명가량의 유태인이 거주하고 있었고, 그중 289명이 나치에 의해 강제로 이주되었다.

나는 2008년 7월 폴란드 답사 중에 나치가 만든 아우슈비츠 강제수용소를 둘러본 적이 있다. 끔찍한 학살 현장은 후세들에게는 훌륭한 교육장소로 활용되고 있다. 1941~1945년에 히틀러의 반유대 정책은 극에 달해 유태인 말살 정책이 출현했다. 이 정책의 기본 조건으로 1397년에 그랬던 것처럼 모든 유태인에게 다윗의 노란별을 달게 했고, 유태인 말살은 1942년 중반에 시작되어 약 300~400만 명의 유태인이 가스실에서 사망했다. 특히 아우슈비츠 수용소의 학살 시스템은 너무나 잔인해서 보통 사람들의 상상을 초월하는 것이었다. 내 눈에는 억울하게 죽어간 그들의 영혼이 보이는 것 같았다.

그림 6-8 유태인이 학살된 아우슈비츠 강제수용소

나는 세계 각지로부터 많은 관광객들이 이곳을 찾아 역사의 교훈을 되새기고 있는 모습을 보았지만, 일본인 관광객은 목격할 수 없었다. '노동이 너희를 자유롭게 하리라*Arbeit Macht Frei*'란 현판이 걸린 수용소 정문 근처에서 안내원으로 보이는 사람에게 일본인 관광객에 대해 물었더니 동양인들의 얼굴을 식별할 수 없어서 잘 모른다는 답변이 돌아왔다. 만약 역사를 아는 일본인이 이곳에 와본다면 어떤 느낌을 받을지 궁금했다.

시대의 흐름을 간과한 중세의 지상낙원 두브로브니크

나는 2007년과 2008년에 두 차례에 걸쳐 발칸반도를 답사했다. 지도를 놓고 보면 아드리아해에 면한 지역 중 중앙부의 달마티아 일대와 북쪽의 베네치아만의 국지적 지절률이 높다는 사실을 확인할 수 있을 것이다. 오히려 아드리아해 서쪽의 이탈리아반도는 지절률이 낮은 편이다. 그런 까닭에 고대 그리스문명은 이탈리아반도의 동부가 아닌 남부와 서부로 전파된 것이다. 여기서는 중세도시 중 베네치아에 관한 설명에 이어 오늘날 크로아티아의 두브로브니크Dubrovnik에 대해 설명하겠다.

1990년대 초 유고 연방의 분열로 독립한 신생국가 크로아티아 남부에 두브로브니크가 위치해 있다. 인구 5만 명의 이 도시는 '아드리아해의 진주' 혹은 '아드리아해의 여왕'이란 애칭이 붙은 아드리아해 최대의 성곽도시다. 영국의 극작가 버나드 쇼는 "지상의 천국을 보려거든 두브로브니크로 가라!"라고 예찬할 만큼 감탄을 자아내게 하는 도시로 크로아티아의 두브로브니크를 꼽았다. 이곳은 유럽인들에게조차 가장 가고 싶은 여행지 1순위로 손꼽히는 관광지이기도 하다. 15~16세기에 가장 번창했던 이 도시의 구시가지는 약 2킬로미터에 달하는 석회암 성벽으로 둘러싸여 중세 성곽도시의 경관이 잘 보존되어 있다. 1979년 유네스코 세계문화유산으로 등재된 바 있다.

그림 6-9 두브로브니크의 구시가지

두브로브니크는 오늘날 유럽인들에게만 잘 알려진 소규모의 평범한 관광도시에 불과하지만 중세에는 베네치아와 더불어 해양무역도시로서 명성을 떨쳤던 성곽도시였다. 동서 무역에서 막대한 재화를 벌어들인 두브로브니크의 상인들은 지중해와 흑해는 물론 영국과 인도까지 그들의 교역권을 넓혀 나아갔다. 이 도시국가는 오스만 제국과 베네치아 간의 패권 다툼에 말려들지 않고 외교력을 발휘하여 오랜 기간 동안 공화국으로서 독립을 유지한 역사를 지니고 있었다.

두브로브니크의 기원이 밝혀진 것은 1979년에 발생한 지진으로 파괴된 대성당의 발굴 과정에서 비잔틴 양식의 특징이 발견되면서부터의 일이다. 이곳에 성당이 건설된 것은 단지 종교적 이유만이 아니라 성채를 지키기 위한 수비대의 근거지였기 때문이었다. 9세기 중엽에 이르러 라구시움은 성곽도시가 되어 아드리아 해안에서 전략적으로 중요한 요새도시로서의 지위를 획득하게 되었다. 이 요새는 866~867년에 걸쳐 아랍인(사라센 군대)의 포위를 15개월간 견뎌내고 물리칠 만큼 견고한 것이었다. 869년경에는 라구시움의 함대가 아드리아해를 실효적으로 지배하고 있었는데, 이는 당시 베네치아 함대가 약세를 보였던 시기에 해당한다.

당시 작은 섬이었던 라구사는 해자 역할을 하던 수로를 필레교로 육지와 연결하고 민체타 요새를 건설했다. 라구시움에 정착한 그들은 11세기까지 '라구사인'이라 불렸다. 12세기를 거치면서 라구시움은 슬라브족의 유입과 교역 증대로 성장을 지속하여 시가지는 북쪽의 바다를 매립해 확대되었다. 이로부터 라구사 시대의 라구시움은 두브로브니크라 불리기 시작했으며, 시간이 경과함에 따라 두브로브니크는 발칸반도 내륙부로 통하는 대상로隊商路의 거점이 됨과 동시에 이탈리아 항구도시들과 동지중해인 레반트 간의 해상교통로의 거점이 되었다.

1082년 비잔틴 황제는 베네치아에 광범위한 특전을 부여했는데, 그중 상업상 특전은 베네치아의 경제 팽창과 동지중해에서 식민지 제국의 기초가 되었다. 베네치아의 세력 확장은 두브로브니크의 역사에 중대한 영향을 미쳤다. 1081~1085년에 걸쳐 벌어진 전쟁에서 라구사인들은 비잔티움과 베네치아 연합군에 반기를 들고 북유럽 세력인 잉글랜드의 노르만 왕조 편에 가담했다. 이는 라구시움의 정치사상이 독립성을 확보하고 있었음을 뜻하는 것이다. 라구시움이 충성 상대인 종주국을 바꾼 것은 단기간이나마 북유럽 땅에서 살던 노르만의 패권이 예상되었기 때문이었다. 그러나 노르만의 국력이 쇠퇴하자 비잔틴 황제는 1085년 달마티아 도시들의 지배권을 다시 베네치아에 위탁했다.

11세기를 거치면서 라구시움은 종교적 · 경제적으로 힘을 축적해 나아갔다. 도시가 성장함에 따라 주변 지역의 슬라브족들이 라구시움으로 유입되었다. 12세기의 두브로브니크(라구시움)는 노르만의 지배를 벗어나 다시 비잔티움의 보호하에 들어갔다. 그들은 해상무역과 상업을 상당한 수준까지 끌어올렸을 뿐만 아니라 라구시움은 이탈리아의 도시들과 무역협정을 체결했다. 라구사인들은 1192년 비잔티움 황제로부터 자유무역을 허가받았다.

이와는 달리 라구사인들의 배후지는 1186년 세르비아, 1189년 보스니아와의 평화협정을 체결하기 전까지는 발칸반도의 내륙부 깊숙한 지역까지 미치지 못했다. 당시 발칸반도의 내륙부는 라구사인에게 매력적인 땅이 아니었다. 비잔티움과 베네치아는 라구시움의 전략적 가치와 지리적 중요성을 숙지하고 있었다. 특히 비잔티움은 라구시움 항구를 수중에 넣으면 아드리아해 동안을 항행하는 모든 선박, 그 가운데 베네치아의 선박을 통제할 수 있다는 사실을 잘 알고 있었다.

도시 발전이 본격화함에 따라 하나의 명확한 신분 개념의 조짐이 나타났는데, 그것은 1181년 처음으로 공동체commune를 뜻하는 '라구시움 코뮌'이라는 명칭이 언급되기 시작한 것이다. 라구시움은 대부분의 이탈리아 및 서유럽 도시들이 채택한 것과 같은 귀족 지배의 도시국가로 발전하고 있었다. 공동체의 조직은 씨족적 · 혈연적 사회가 탈색되기 시작했는데, 이는 시민 의식이 형성되기 시작했음을 의미하는 것이다. 중세도시는 무엇보다 상공업에 종사하는 시민의 집단이므로 결코 고대도시와 같은 소비도시가 아니었다. 베버가 지적한 것처럼 중세도시에는 처음으로 경제인, 즉 '호모 이코노믹스'라 불리는 유형의 부류가 소규모로 도시 내부에 발생하기 시작한 것이다. 이 점이 사회 구성의 측면에서 본 고대도시와 중세도시의 근본적 차이점이라고 할 수 있다.

12세기에 두브로브니크의 역사에서 도출할 수 있는 가장 중요한 결론은 이 도시가 처음으로 동서 교류의 가운데에서 일종의 역할을 담당하기 시작했다는 사실일 것이다. 한쪽으로는 이탈리아 도시들과의 상업협정을 통하여, 또 한편으로는 비잔티움 · 세르비아 · 보스니아로부터 얻은 특전과 이들과 맺은 협정에 의해 두브로브니크는 두 지역 간의 가교 역할을 담당한 접촉점이자 결절점으로 부상한 것이다. 13세기에 이르러 지중해 세계의 균형이 깨지는 사건이 발생했다. 베네치아는 1204년 보스포루스 해협에 있는 비잔티움 제국을 멸망시키고 달마티아 지방을 수중에 넣어 식민 제국을 건설한 것이다. 베네치아가 유럽 최강국의 하나일 뿐만 아니라 지중해 최강국이라는 새로운 지위를 획득함에 따라 두브로브니크는 1205년 베네치아에 복속되고 말았다. 두브로브니크는 베네치아의 교역상 거점이며 베네치아 함대의 중요한 기지였던 탓에 베네치아 군대의 점령 없이 어느 정도의 독립을 유지할 수 있게 되었다.

라구사인이 발칸반도의 광산 중개인으로 취득한 이윤은 실로 막대한 것이었다. 이 이윤은 도시 건설과 문화 발전에 투자했다. 두브로브니크의 교역상품 중 수출은 소금 · 도자기류 등이었고, 수입은 광물 · 곡물 · 농산물 등의 원자재였다. 원자재의 수입은 두브로브니크 경제에 있어서 사활을 건 중요한 물품이었으며, 이로써 시민 생활의 수요를 충당함과 동시에 제3국으로 재수출하여 이익을 거둘 수 있었다. 두브로브니크의 교역과 경제는 이미 13세기부터 운영의 노하우를 축적해 15~16세기가 되어서는 더욱 확고한 기반을 다지게 되었다.

이 무렵 두브로브니크에는 이탈리아인 외에도 영국인 · 그리스인 · 알바니아인 등이 거주하고 있었고, 14세기 후반부터 15세기에 걸쳐서는 프랑스인과 유태인들도 섞여 있었다. 특히 이 도시에 유입된 유태인은 기독교로 개종한 사람들이었다. 그들은 14세기 중엽부터 도시의 동쪽에 '주데카'라 불리는 유태인 주거지역을 형성했다. 그들의 규모와 거주 기간은 불분명하지만 15세기 초에는 프랑스와 이탈리아 남부에서 추방된 유태인들이 이 도시로 유입되었다. 이들 이방인들은 뛰어난 상술과 기술, 항해술을 습득한 사람들이었으므로 두브로브니크 경제에 중요한 역할을 담당했다.

외국인 중에는 의사 · 공증인 · 약제사 · 조선공 · 건축가 등의 전문 분야 종사자가 다수 포함되어 있었고, 그들의 영향력은 두브로브니크뿐만 아니라 발칸반도 전역에까지 미쳤다. 이 도시가 장기적으로 발전하기 위해서는 인적 자원이 필수적인데, 그 역할을 발칸 제국과 달마티아로부터 유입된 슬라브족이 담당했다. 이러한 10세기부터 지속된 슬라브족의 이주는 두브로브니크를 슬라브화한 주요 요인이 되었다.

14세기 중엽, 헝가리와 베네치아 간에 전쟁이 일어났다. 이 전쟁에서 헝가리가 승리를 거둠에 따라 달마타아 지방의 지배권이 바뀌었다. 1358년 두 나라간의 평화조약 체결로 전쟁은 종료되었지만 아드리아해 동안의 전 도시에 커다란 영향을 미쳤다. 라구사인들은 헝가리에 연공을 지불하는 대가로 귀족계급으로서의 자유를 보장받았으며, 베네치아로부터 제약받았던 항해권을 회복하여 이교도와의 교역권을 교황청으로부터 얻어낼 수 있었다.

발칸반도의 상황이 급속히 악화되었는데 그것은 1355년 세르비아 황제의 돌연사와 오스만 제국의 유럽 진출이었다. 두브로브니크는 정치적 안정과 경제적 발전이 두드러짐에 따라 세르비아와 보스니아의 지배자 및 영주의 재산 보관소 역할을 하게 되었다. 라구사 상인들은 발칸반도의 배후지에 상업 조직과 외환 수표는 물론 은행 업무 등의 진보적 무역술을 전파했다. 14세기의 두브로브니크는 새로운 번영의 시대를 맞이했다. 시가지는 현재의 성벽까지 확대되었고 도로에 관한 규칙이 마련되었으며 성곽을 더욱 견고하게 강화했다. 더욱이 소총과 대포의 발명으로 성벽을 개량하고 육지와 면한 서문(필레교)에 해자를 만들었다(그림 6-10). 해자 위의 다리는 유사시 들어 올리게 고안되었고, 성문은 이중으로 설계되었다.

화약은 13세기 후반 이후 중국으로부터 실크로드를 거쳐 아랍권을 통해 유럽 세계에 전해진 것으로 추정된다. 인류 최초로 총기가 사용된 시기는 1317~1324년 사이였으며, 새로운 무기를 사용하여 기독교인이 거주하는 성을 공격한 것은 스페인의 아랍계 무어인들이었다. 14세기 말에는 독일에서 중화기 대포가 사용되었고, 15세기 이후에는 대포와 총이 더 자주 사용되기 시작했다. 그 이후에는 유럽의 왕국과 공국들 간에 벌어진 전쟁에서 화약이 사용됨에 따라 대포는 모든 성과 요새화된 도시를 위협하는 요소로 작용했다. 이에 따라 투구와 갑옷도 필요 없어졌지만 무엇보다 성곽의 규모와 형태에 변화가 일어났다. 성벽은 더 높아지고 한층 두께가 두꺼워졌다. 성곽의 형태는 방어의 사각지대를 없애

그림 6-10 방어를 위해 해자에 설치된 필레 문과 필레교

기 위해 별 모양의 뾰족한 형상으로 바뀌었다(그림 6-11).

중세 후기의 이탈리아에서는 원형 총탑이 일반적이었지만, 15세기 말부터 다른 형태로 변하기 시작했다. 르네상스 시대 유럽의 요새와 성곽은 탄도 원리를 고려한 순수 기하학의 산물이었다. 특히 별 모양의 규칙적인 기하학적 개념의 성곽은 레오나르도 다빈치와 같은 예술가에 의해 발전되었다. 화기 사용에 능했던 터키의 위협이 커지자 새로운 개념의 축성술이 동유럽을 중심으로 확산되었다. 유럽인들은 콘스탄티노플을 포위하여 공격했을 때 대포에 대비할 필요성이 있음을 처음으로 깨닫게 되었다. 활과 창 등의 재래식 무기로는 대포에 당해낼 수 없다는 사실은 새로운 전략 전술을 필요로 했다.

그림 6-11 방어의 사각지대를 없애기 위해 고안된 성곽

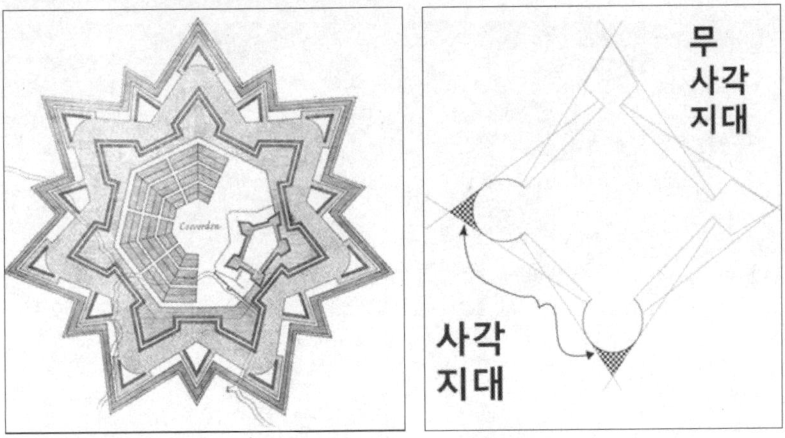

작지만 높은 성벽 대신에 낮은 성벽을 축조하고 별 모양의 성벽을 고안해 성곽 모퉁이의 사각지대가 사라졌다. 성벽에는 곳곳에 총안이 설치되었고, 하나의 포대에서 반대쪽 포대를 공격하는 것이 가능해졌다. 이러한 형태의 요새는 서유럽으로도 전파되었다. 17세기 후반부터는 요새 체계가 매우 복잡한 양상으로 변해갔으며, 18세기 후반에는 포대를 사용하지 않는 다각형 형태의 새로운 요새가 등장했다.

전쟁이 칼과 창에 의한 인력 대 인력의 대결이었던 중세까지는 일신교의 확대가 서서히 진행되었지만, 인력을 훨씬 뛰어넘는 총과 대포에 의한 무기가 전쟁의 주력으로 바뀌면서 각 민족 간의 힘의 균형은 가속적으로 깨지고 말았다. 다이아몬드(Diamond, 1997)가《총, 균, 쇠》에서 인류 문명을 좌우한 요인 중 총을 첫 번째로 꼽은 이유가 여기에 있을 것이다. 비록 화약이 동양, 즉 중국에서 발명되기는 했지만 무기로서의 위력은 서양이 앞서게 되었다. 이에 따라 유럽의 폭발적 확대는 세계를 정복과 전쟁의 소용돌이에 휩싸이게 만들었으며, 일신교 역시 급속한 속도로 퍼져 나아갔다.

그림 6-12 별 형태의 성곽을 갖춘 요새

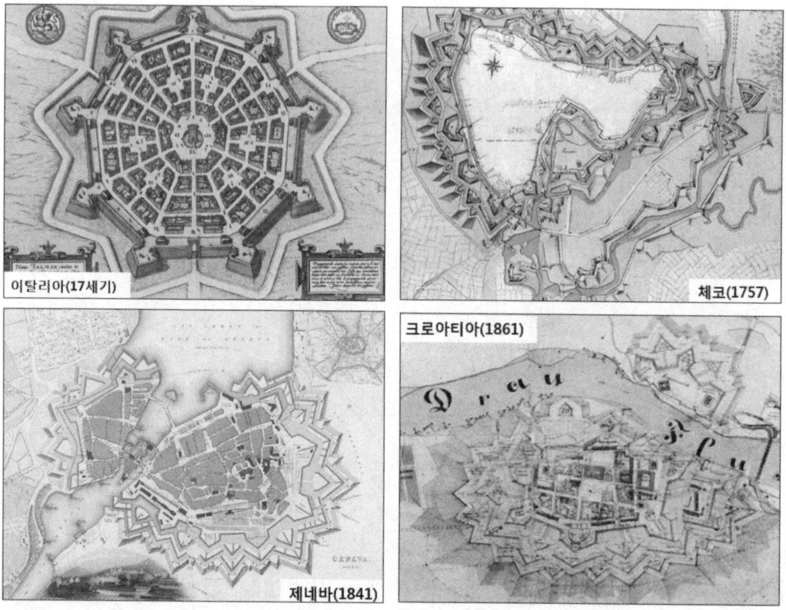

내가 무기의 발달에 따라 성곽 형태가 어떻게 변화했는지에 대한 연구를 시작한 것은 2011년 한국의 남한산성을 유네스코 세계유산으로 등재하기 위한 국제학술심포지엄에서 논문을 발표하기 위한 준비의 일환으로 참가하면서부터의 일이었다(남영우, 2012). 다행스럽게도 남한산성은 17세기에 동아시아 무기 발달과 축성술이 상호 교류했으며, 조선시대 전란을 대비한 임시 수도였다는 탁월한 보편적 가치를 인정받아 2014년 유네스코 세계유산으로 등재될 수 있었다.

두브로브니크의 경우에는 1317년에 이미 프란체스코회 수도원에 약국이 생겨났고, 1391년 세계 최초로 일반인에게 개방되었다. 이 약국은 유럽 약국 가운데 가장 오래된 것으로 오늘날에도 영업이 계속되고 있다. 1347년에는 실버타운이 개설되었으며, 1377년에는 세계 최초로 검역 제도가 실시되었다.

1418년 두브로브니크는 세계 최초로 노예제를 폐지한 도시국가로 인정받게 되었으며, 1434년에는 고아원이 설치되어 고아와 사생아를 수용하기 시작했다. 두브로브니크는 자유의 도시였고 복지사회를 구현한 도시였다.

두브로브니크 공화국은 1426년에 취득한 영토를 타국에 빼앗기지 않고 소멸 시기인 1808년까지 존속할 수 있었다. 1436년에는 도시의 뒷산인 슬주산에서 흘러내려오는 물을 이용한 상수도가 정비되면서, 이것을 이용해 도시 내에 2개의 분수대가 설치되었다. 상수도 물은 모든 가정에 차별 없이 24시간 공급되었다. 생활용수를 풍족하게 사용할 수 없었던 중세에는 주민 생활이 청결하지 못해 위생 문제를 발생시키는 요인이 되었는데, 두브로브니크는 중세 유럽 도시 가운데 가장 청결한 위생적 도시였을 뿐만 아니라 높은 문화 수준을 보유한 도시였음이 분명하다.

15세기 초 두브로브니크는 발칸 국가들로부터 광물뿐만 아니라 가축 · 양모 · 피혁 · 식량 등을 수입해 일부를 소비하고 대부분을 서유럽에 수출했다. 한편, 두브로브니크가 세르비아와 보스니아에 수출한 것은 아드리아 해안에서 채취한 소금과 주로 이탈리아에서 가져온 직물이었다. 15세기는 배후지와의 무역이 큰 폭으로 증가했기 때문에 두브로브니크가 필요로 하는 직물을 자체적으로 생산하기에 이르렀다. 이탈리아인의 원조를 받은 직물 생산이 성공을 거두게 됨에 따라 두브로브니크는 직물 생산의 중심지로 부상했다.

직물 산업의 번창은 주변 지역에 거주하는 슬라브인의 노동력을 더욱 필요로 하게 되었고, 그들의 무역 범위는 그림 6-13에서 보는 바와 같이 복잡한 수평지절을 최대한 이용하여 이탈리아반도와 시칠리아섬을 비롯한 발칸반도 전역에 걸쳐 있었다. 라구사인들은 보스니아와 세르비아와의 교류를 강화하면서 유럽의 서부와 동부를 연결하는 역할을 담당했다. 두브로브니크가 유럽의 발전에 공헌한 점은 간과할 수 없는 사실이었다.

오스만 제국이 발칸반도 전역을 점령했을 때에도 두브로브니크는 오스만 제국 중 유일한 자유국가의 지위를 누렸다. 당시 기독교 서방 세계는 이슬람 오스만에 관한 정보를 두브로브니크를 통해 입수할 수 있었다. 이것은 동서 교류에서 발칸반도의 지리적 이점이 작용한 결과라고 볼 수 있다. 두브로브니크는 15세기 이후 유럽에서 가장 중요한 지리 정보와 정치 정보의 중심지가 될 수 있었다.

이상에서 설명한 바와 같이 나는 두브로브니크가 발전할 수 있었던 배경이 발칸반도 일대의 지절률이 비교적 높다는 사실에 주목하고 싶다. 구체적으로 아드리아해를 중심으로 서쪽 이탈리아반도의 수평지절률

그림 6-13 두브로브니크의 교역권

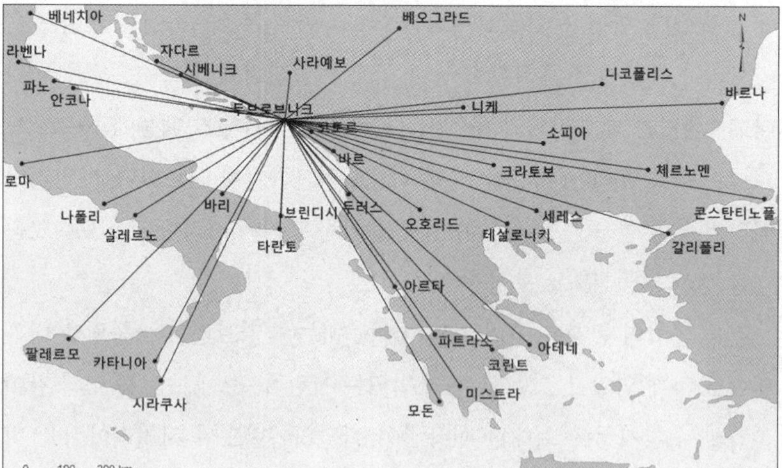

은 낮지만, 동쪽 발칸반도는 달마티아제도와 디나르알프스산맥 및 헝가리분지로 이어지는 지절률이 매우 높다. 국지적으로 볼 때 수평지절뿐만 아니라 수직지절도 높은 편이다. 특히 베네치아와 두브로브니크를 거쳐 에게해에 이르는 해안선은 섬이 많고 만입이 복잡하여 문화 교류를 촉진할 수 있으며, 경제권 간 문명 교류는 물론 문화권 간 · 지세권 간 문명 교류가 활발한 지리적 여건을 갖추고 있다. 여기서 말하는 교류는 농경문화와 어업문화 · 기독교문화와 이슬람문화 · 대륙문화와 해양문화의 교류를 뜻한다.

발칸반도의 수직지절은 디나르알프스산맥 · 핀두스산맥 · 로도피산맥 등의 장벽 효과로 문화적 이질화를 유발했으며, 수평지절은 문화적 교류를 촉진시키는 요인으로 작용했을 것이다. 나는 13세기 《동방견문록》을 저술한 마르코 폴로가 이곳 달마티아에서 출생했다는 사실을 현지 답사에서 뒤늦게 알게 되었지만 불확실하다.

그리스와 같이 지절률이 높은 땅은 외적에 대한 두려움이 없는 데 비해 그것이 낮은 땅은 외적에 대한 긴장을 강하게 느낀다. 그 이유는 지절률이 높은 땅이 방어상 유리하기 때문이다. 이러한 관점에서 두브로브니크문화는 지절률이 높았던 까닭에 복합적 특성을 공유하고 있던 것으로 생각된다.

16세기 말부터 17세기 후반에 이르러 두브로브니크가 쇠퇴한 결정적 이유는 두 가지로 요약될 수 있을 것 같다. 첫째 이유는 지중해 세계의 전체적인 분위기에서 비롯된 지정학적 측면을 꼽을 수 있다. 1492년 신대륙과 신세계의 존재가 알려지면서 세계 교역의 중심이 지중해에서 대서양으로 옮겨갔다. 이에 따라 영국 · 스페인 · 포르투갈 · 벨기에 · 네덜란드의 함대 간에 치열한 패권 다툼이 시작되고 있었다. 세계의 중심은 더 이상 아드리아해도 아니었고 지중해도 아니었다.

둘째 이유는 1451년과 1520년을 필두로 1639년과 1667년에 대지진이 두브로브니크를 엄습하여 도시 시설이 파괴되어 경제 기반이 크게 흔들리고 말았다. 특히 지질학자 알빈(Albin, 2004)에 따르면 1667년의 대지진은 도시 기능의 유지에 매우 치명적이었던 것으로 밝혀졌다. 이 재난은 당시 회자되던 "달마티아 일대의 두뇌와 심장과 돈지갑이 두브로브니크에 집중되어 있다"란 상징적 표현으로 짐작할 수 있을 만큼 치명적이었다.

18세기 말부터 19세기 초에는 세계적으로 커다란 사회적 변혁이 일어나고, 유럽과 대서양 그리고 전 세계는 새로운 국제 질서를 재편하는 시대로 돌입하게 되었다. 즉, 프랑스혁명의 결과 봉건적인 사회구조가 소멸되고 새로운 계층인 부르주아가 새로운 생산 체계를 구축해 이익 배분에 변화가 생겼으며 정부 조직도 바뀌었다.

나는 두브로브니크의 찬란한 문화가 쇠퇴한 요인을 무엇보다 시대의 흐름을 놓친 귀족계급의 무지라고 생각한다. 문명의 흐름이 서진하게 되어 아드리아해의 시대, 나아가 지중해 시대가 저물게 됨에 따라 베네치아와 더불어 두브로브니크가 쇠퇴할 것을 전혀 예상하지 못한 것이다. 시대의 흐름을 놓치면 쇠퇴하는 것이 역사의 교훈이다.

바야흐로 인류의 문명사는 지중해의 시대에서 대서양의 시대로 옮겨가고 있는 중이었다.

두브로브니크에 대한 프랑스의 지배는 나폴레옹이 실각할 때까지 지속되었다. 1815년 빈 국제회의의 결과에 따라 외교와 교역의 달인이었던 두브로브니크는 오스트리아 제국에 편입되어 문명 세계에서 사라져 버렸다. 더 이상 두브로브니크는 서구 세계에서 정치 · 경제 · 문화 활동의 주류가 아니었다. 다만 두브로브니크는 오스트리아 제국에 편입된 후에도 과거의 독립 정신만큼은 잃지 않았다. 1918년 신생국 유고슬라비아 연방에 병합될 때도, 또 1991년 크로아티아 공화국이 탄생할 때도 그 정신은 지속되었다.

한자문명의 요충지 브뤼헤

르네상스는 16세기에 접어들어 알프스를 넘어 유럽 전역으로 확산되었다. 그중에서도 르네상스의 중심지는 피렌체 · 베네치아 · 밀라노 일대의 이탈리아와 벨기에를 중심으로 한 플랑드르 지방이었다. 플랑드르 지방은 북해 연안의 저지대로 스헬데강이 동쪽 경계를 이루고 있으며, 북유럽에서 수평지절률이 높은 땅이다. 역사의 변천을 따라 플랑드르 지방의 경역도 크게 변해 한때는 네덜란드의 남부에서 프랑스의 북동부 일대를 통틀어 지칭한 일도 있었다.

이 지방은 북해에 면하여 북유럽과 지중해, 영국과 라인 지방을 잇는 교통의 십자로에 위치하기 때문에 평화 시에는 브뤼헤를 중심으로 통과무역이 번창했고, 유럽 최대로 알려진 모직공업도 활발했다. 무엇보다도 이 땅에서는 농법을 개량해 집약적 농업을 행했고 간척사업과 목장의 배수 기술을 적용해 가축 사육의 성공에 힘입어 잉여식량을 확보할 수 있었다. 플랑드르 지방은 전략상 요충지였기 때문에 전란으로 자주 지배자가 바뀌고 영역에도 변화가 뒤따랐다.

플랑드르 지방을 위시한 벨기에 왕국은 1830년에 근대국가로 독립했을 당시 네덜란드어 · 프랑스어 · 독일어를 포함한 게르만어계와 로망스어계의 복수 언어 영역에 속했지만, 그중에서 특히 정치적 · 문화적 영향으로 프랑스어가 근대 이후 지배 언어로 부각되었다. 벨기에의 언어 문제는 19세기 이래 정치 · 문화적 이슈가 되었으며 프랑스를 비롯한 주변 국가들과 역사적으로 복잡한 관계 속에서 형성된 것임을 염두에 두고 이해해야 한다(Willemyns, 2002). 벨기에는 수세기 동안 유럽의 주요한 전쟁터였고, 특히 현대에 들어와서는 1815년의 워털루 전투와 20세기에 발생한 두 차례 세계대전을 겪었다. 플랑드르의 중심지였던 브뤼헤는 한자 동맹의 중심 도시로 다른 도시들과 각축전을 벌였다. 면적과 인구를 고려하면, 벨기에는 오늘날 유럽에서 가장 산업화되고 도시화된 국가들 중 하나다.

브뤼헤는 북해로부터 15킬로미터 정도 내륙에 위치해 있으므로 항구 도시라 부르기에는 어색한 면이 있다. 비록 북해는 현재의 브뤼헤로부터 거리가 떨어져 있지만 역사적으로 중요한 역할을 해왔다. 북해와 연결된 수로는 브뤼헤를 유럽 유수의 국제적 상업 중심지의 지위로 격상시키는 데에 결정적 역할을 담당했다. 1899년 이 도시의 기원전 2세기 로마 유적지에서 항해가 가능한 선박 유물이 발굴된 것으로 보아 일찍부터 바다를 매개로 교역이 행해졌음을 가늠해볼 수 있다.

로마 취락은 3세기 후반 게르만 민족의 침입을 받아 소실되었다. 베르헐스트(Verhulst, 1999)의 연구에 의하면, 이 일대의 도시는 로마 시대로부터 중세에 이르기까지 연속적으로 명맥을 이어왔다. 브뤼헤Brugge란 지명은 8세기 카롤링거 왕조부터 문헌에 등장하기 시작했는데, 이 지명은 원래 이곳을 흐르는 레이에강의 원어인 루기아*Rugia*에서 파생된 것이며, 8세기경 북부 게르만어로 '하안' 또는 '나루터'를 의미하는 '브뤼기아*Bruggia*'라는 도시 지명에서 유래되었다. 9세기경 바이킹의 침공에 대비해 성곽을 축조했고, 이곳을 초대 플랑드르 백작이 거처로 삼았다.

플랑드르의 지역 경제가 발전한 배경은 11~12세기에 걸쳐 이 지방의 농업 생산의 지역적 다양성에서 찾을 수 있다(Theon, 1993). 즉, 플랑드르 북부의 해안지대는 연료용 석탄 채굴과 소·양을 중심으로 한 목축이 행해진 반면, 내륙부의 사질지대에서는 견인용 가축으로 말 사육과 더불어 토양에 적합한 귀리가 재배되고 맥주를 생산하는 양조업이 성행했다.

또한 플랑드르 남부에서는 주식인 밀이 재배되어 지역적 특성에 맞는 산물이 집약적으로 재배되었다. 특화된 플랑드르 농업은 11세기 중반부터 생산품의 유통과 상업화를 촉진해 브뤼헤를 비롯한 지역 중심지의 급격한 경제 성장을 이룩하게 만들었다.

이는 경제사적 가설에 근거한 내용인데, 특히 브뤼헤는 12세기와 13세기를 거치면서 츠빈만Zwin bay을 통해 중세의 주요 무역도시로 자리매김했다. 즉, 브뤼헤는 이탈리아와 동양에서는 직물을, 스칸디나비아에서는 생선을, 러시아에서는 모피를, 아라비아에서는 향신료를 교역했다. 가장 중요한 외국 상인은 이탈리아 상인과 더불어 독일어권의 한자 상인을 위시한 잉글랜드 상인, 스페인 상인, 포르투갈 상인 등이었다. 이 작은 도시에 17개 나라를 대표하는 은행과 통상 사무소 건물이 세워져 그야말로 중간해상무역도시로 발전하게 되었다.

12세기는 브뤼헤의 도시경관의 골격이 형성된 매우 중요한 시기였다. 이 시기는 '혁신의 12세기'라 불리는 것처럼 십자군운동과 식민정책 등과 같은 유럽의 대외적 확대와 함께 유럽 전체가 새로운 질서와 정신으로 정치 · 경제 · 문화적으로도 급속한 발전을 이룩했다. 그리고 도시의 성립 역시 그와 같은 중세 유럽 세계가 형성됨에 있어 커다란 견인차 역할을 했다. 바로 이 무렵에 브뤼헤의 도시적 경관이 형태를 갖춰나가게 된 것이다(김부성 · 남영우, 2012).

먼저 9세기 이래 마르크트 광장과 나란히 그 동쪽에 브뤼후*Burg Hoog*라 불리는 가장 오래된 핵심지가 형성되었고, 그 뒤를 이어 14~15세기에 걸쳐 그 교회와 시청사가 건설되면서 오늘날의 브뤼헤 시장 광장이 형성되었다. 브뤼헤 광장의 특이한 점은 대표적인 마르크트 광장과 더불어 여러 개의 광장이 있다는 점이다. '마르크트'란 시장market을 의미하므로 마르크트 광장에서는 당연히 시장이 열렸었다. 이들 두 개의 광장은 유럽 도시의 다른 광장처럼 정치 · 문화적으로 중요한 역할을 담당하는 공간이었다. 또한 브뤼후 광장 남쪽의 운하를 건너는 곳에 곡물시장과 피혁시장을 이루던 광장이 각각 위치해 있었다. 이러한 4개의 광장이 인접해 있는 도시는 브뤼헤 이외에서는 그 예를 찾아보기 어렵다. 곡물시장이 있었던 광장은 없어졌지만, 피혁시장 광장은 오늘날에도 어시장으로서 기능하고 있다. 17세기 번창했던 한자 광장 부에르세Buerse에서는 주식이 거래되었던 곳으로 독일어의 '주식*Börse*'이란 단어가 여기서 유래되었다.

아치형의 석교와 석조 건물의 조화는 '북유럽의 베네치아'라 불리는 이유일 것이다. 큰 규모의 광장은 10세기부터 브뤼헤의 공간적 중심을 이루고 있으며 프랑스의 문호 빅토르 위고가 세계 최고의 광장으로 꼽은 브뤼셀의 그랑 팔라스 광장에 비견될 만큼 아름답다. 마르크트 광장 남쪽에는 12세기부터 브뤼헤와 도시 자치 행정의 상징이 된 83미터의 종탑이 위치해 있고, 종탑과 시청사는 노틀담 사원에 버금가는 대표적 고딕 건축물이다. 이 종탑은 모직물 생산을 기념하기 위해 성聖 도나투스

그림 6-14 브뤼헤의 마르크트 광장과 시청사

마르크트 광장과 종탑

브뤼후 광장과 시청사

대성당보다 높게 건설되었다. 그 이전까지만 하더라도 도시의 건축물은 《구약성서》 창세기 속의 바벨탑이 주는 교훈을 깊이 새겨야 한다면서 교회 첨탑보다 높은 건축물을 규제했었다. 그러므로 이 종탑은 기독교에 대한 하나의 도전인 동시에 도시 건축을 고층화한 상징물이라고 볼 수 있다. 브뤼후 광장 남쪽에 위치한 시청사는 플랑드르 지방의 도시 중 선구적 고딕 양식의 건축물로 12세기 이래 중세도시의 자치기관으로 기능했다.

14세기 후반 브뤼헤에 상단商團을 파견하여 한자 상관에서 특권을 누린 한자 상인들의 출신 지역은 다양했다. 그림 6-15는 독일의 역사학자 셀저(Selzer, 2010)가 확인된 상인들만 조사하여 분포도를 작성한 것이다. 이것에 의하면, 브뤼헤 시내에 설치된 상관에서 각종 특권을 누린 한자 상인들의 출신 지역이 북해 연안의 네덜란드와 독일을 비롯해 발트해 연안의 폴란드 · 러시아 · 라트비아 등의 한자 동맹에 속한 도시에 걸쳐 광범위하게 분포하고 있음을 알 수 있다. 한자문명권에 속한 이들 도

그림 6-15 브뤼헤에 상단을 파견한 한자 동맹 도시의 분포(1360~1390년)

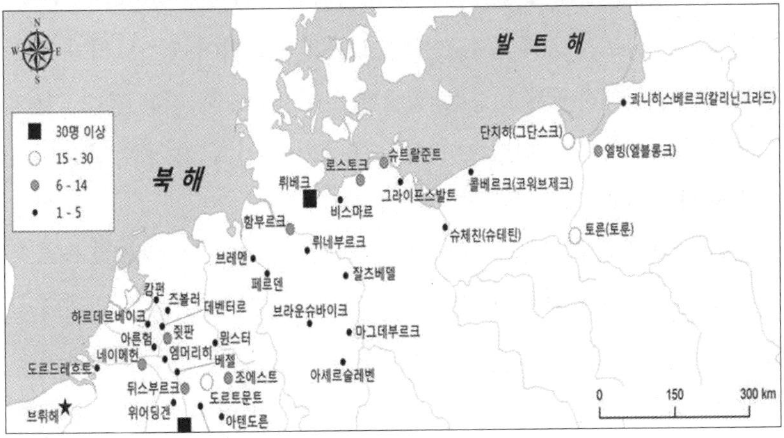

시 가운데 쾰른 · 뤼베크가 가장 규모가 컸고, 도르트문트 · 토른 · 그단스크 등의 도시가 그 뒤를 이었다. 이와 같이 한자는 플랑드르 한자 외에도 라인강 하류의 독일 한자와 런던 한자 등이 있었다. 한자 동맹에 가입한 도시들은 이미 13세기부터 정치적 세력을 확보하는 데 성공했다. 상업의 부활과 부르주아의 출현은 흑사병으로 다 죽어가던 유럽이 13세기에 맞이한 일대 혁명이었다.

1480년대부터 진행된 오스트리아 합스부르크가의 신성 로마 제국의 황제 막시밀리안 1세가 제시한 반反브뤼헤 정책을 통해 이탈리아 상인들과 한자 동맹의 상인들이 안트베르펜으로 이동하기 시작했다. 16세기 전반 교역의 중심 이동으로 인한 급속한 경제적 쇠퇴는 브뤼헤를 하나의 지방 도시로 전락하게 만든 결정적 요인이 되었고, 즈빈만의 퇴적으로 대형 선박이 브뤼헤의 외항 슬뤼스항으로의 접근성을 떨어뜨린 것도 영향을 미쳤다. 브뤼헤는 더 이상 대서양과 발트해의 상업 중심지가 아니었으며, 안트베르펜은 파리와 런던에 버금가는 도시가 되었다. 그뿐만 아니라 아메리카 신대륙 발견과 탐험 항해의 성과로 지중해로부터 대서양으로 국제무역의 중심이 이동함과 동시에 네덜란드는 합스부르크 · 스페인에 통합되어 동일한 정치적 단위를 형성하게 되었다.

네덜란드 남부는 스페인 합스부르크가의 뒤를 이어 오스트리아 합스부르크가의 지배하에서 프랑스, 잉글랜드, 네덜란드와 같은 강대국들의 이해가 충돌하는 공간이었으며, 17~18세기에 걸쳐 '유럽의 전장'이라 불릴 만큼 수많은 분쟁을 경험했다.

그러나 브뤼헤는 전투에 직접적인 피해를 입지 않고 17세기 이후에도 플랑드르 서부의 중요한 경제적 거점으로서 살아남았다. 브뤼헤의 인구는 17세기 말까지 4만 명대의 수준을 회복할 수 있었다. 브뤼헤 상인은 이베리아반도의 리스본과 세비아로 진출하여 마직물 · 레이스 등의 직물 제품을 수출하는 한편, 신대륙으로부터 은을 비롯한 다양한 상품을 수입하여 커다란 이익을 거둘 수 있었다.

이슬람 세력의 확장과 십자군전쟁의 영향

10세기에 들어서자 볼가강 중류의 불가르족에 이어 960년 이래 톈산 산맥 남북로의 튀르크족이 대량으로 이슬람교를 받아들였다. 그때까지 아랍족과 이란인이 중심이었던 이슬람 세계는 이 무렵부터 튀르크의 패권에 편입되는 경향이 생겨났고, 10세기 말부터는 튀르크계의 마호무드 왕은 자주 인도에 침입하여 이슬람화의 확고한 기반을 만들었다.

셀주크튀르크군은 1071년 당시 아르메니아의 영토였던 아라라트산 서쪽의 만지케르트Manzikert 전투에서 비잔틴군을 격파했다. 이때부터 서아시아의 이슬람화 및 튀르크화가 시작되었고, 그에 대한 반동으로 일어난 것이 11세기 말~13세기 말에 걸친 십자군전쟁이다. 이와는 달리 셀주크 제국과 교체된 오스만 제국은 발칸반도로 진출해 1453년에는 콘스탄티노플을 공략함으로써 비잔티움 제국을 멸망시켰다. 또 인도에 세력을 뻗친 무슬림은 이곳을 거점으로 말레이시아 · 인도네시아 · 필리핀 방면에 선교하여 동남아시아의 이슬람화는 15~16세기에 광범한 지역을 차지하게 되었다. 이슬람은 현재의 터키를 중심으로 동유럽과 오리엔트 지역에 걸쳐 500년 동안 세력을 떨쳤다. 로마 제국에 버금가는 대제국을 이룬 오스만 제국은 비잔틴문화유산을 보존하여 이슬람과 조화를 이루는 정책을 폈다.

이슬람은 알라 이외에 다른 신은 없다고 믿는 유일신 종교다. '이슬람Islam'이란 아랍어로 '순종'과 '평화'에서 유래된 것이다. 이슬람의 성전聖典인 코란에서는 순종과 평화의 뜻을 유지하기 위해 '이슬람'이라 부를 것을 규정해놓았다. 그러므로 이슬람을 마호메트(무하마드)교 혹은 회교

回敎라 부르는 것은 오류다. 알라는 샘의 화신이며, 천국은 항상 청결한 물이 흐르고 과일나무가 자라는 세계다. 영어나 한국어로 번역된 코란이 있기는 하지만 종교적 의도로는 사용할 수 없다. 이는 성스러운 언어를 소리의 울림과 운율적 리듬으로 전달할 수 있는 아랍어의 특성 때문에 코란을 타 언어로 번역할 경우 의미가 왜곡되어 해석상의 논란을 방지하기 위한 조처에서 비롯되었을 것이다.

이슬람 교리는 매우 단순하게 여겨질 만큼 명료하게 정립되어 있다. 이슬람 교리는 여섯 가지 종교적 신앙인 이만*Iman*과 다섯 가지 종교적 의무를 가리키는 '이슬람의 다섯 기둥'을 기본으로 하며, 6신信 5행行이라 부르기도 한다. '이만(6신)'이란 알라 · 천사들 · 경전들 · 예언자들 · 마지막 심판 · 운명론에 대한 여섯 믿음을 가리킨다. 이들 가운데 제1기둥 '샤하다(신앙고백)'는 알라 이외에 다른 신은 없으며 무함마드는 알라의 예언자라는 선언이고, 제2기둥 '샬라트(기도)'는 하루에 다섯 번 알라에 기도해야 하므로 여행을 하다 일정한 시간이 되면 장소를 가리지 않고 예배를 드려야 한다는 것이며, 제3기둥은 '자가트(기부)'이고, 제4기둥 '사움(단식)'은 이슬람력曆으로 9월의 라마단 기간 중에는 일출부터 일몰까지 음식 및 음료의 섭취와 어떠한 성행위도 허용되지 않는다는 것을 의미한다. 그리고 제5기둥은 '하즈(메카 순례)'로 경제적 · 신체적으로 능력이 있는 무슬림이라면 모두가 일생에 한 번은 행해야 한다. 마호메트가 메디나로 이주한 것은 메카 귀족층의 탄압 때문이었다. 그는 메디나에서 세력을 키워 아라비아반도 대부분을 장악했다.

이슬람은 수니파와 시아파로 대별되는데, 수니파Sunni는 이슬람의 최대 종파로 전체 무슬림의 80~90%가 속해 있다. 수니파는 무슬림 공동체의 관행을 뜻하는 순나*sunnah*를 추종하는 사람들이라는 뜻이다. 시아파Shia는 이슬람에서 수니파 다음으로 큰 종파로 전체 무슬림의

10~20%가 속해 있다. 시아파는 빼앗긴 종교지도자 칼리파*khilāfah* 자리를 살해당한 알리 가문에 되돌려주려는 운동으로 시작되었다. '시아'는 '알리를 따르는 사람들'에서 유래된 명칭이다. 오늘날에는 사우디아라비아가 수니파, 이란이 시아파의 종주국으로 남아 있다.

이슬람교를 믿는 무슬림들은 음식에 대한 터부(금기사항)가 많은 편이다. 음식은 인간관계를 맺어주기도 하지만, 그와 반대로 경멸하게 만들기도 한다. 무슬림이 돼지고기를 금기시하는 것은 돼지가 건조지역에 사는 유목민의 생활 체계 속에 포함되지 못했기 때문이다. 이와 달리 예로부터 농경 생활을 하는 정착민에게는 돼지고기가 중요한 단백질 공급원이었지만, 무슬림들은 민족적 우월 의식에서 정착 농경민의 음식을 하등한 것이며 부정한 것이라고 생각했다.

스즈키(鈴木, 1980; 1990)는 그의 저서《고지 민족의 국가 에티오피아》와《풍토의 구조》에서 열등감을 지닌 인간 집단은 스스로 원래 자신들의 생활 속에 섭취하던 음식을 포기한다는 사실을 지적한 바 있다. 그러므로 무슬림의 음식문화가 우월감에서 비롯된 것인지, 열등감에서 비롯된 것인지 모호한 측면이 있다.

돼지를 불결시하는 습관은 아라비아반도를 중심으로 그 주변 지역으로 퍼져 나갔다. 오늘날에도 에티오피아의 기독교도들은 돼지고기를 먹지 않는다. 이는 기독교보다 뒤에 생긴 이슬람과 교류하며 자연스럽게 형성된 식습관이다. 그와 같은 습관이 코란에 명확히 규정됨에 따라 무슬림의 생활 체계와 상관없이 기계적으로 돼지를 금기시하게 되었다. 일부 중국인들은 이슬람을 믿게 되자, 코란에 따라 좋아하던 돼지고기의 섭취를 포기해야만 했다. 그리하여 "중국계의 무슬림은 두 사람이 여행하면 살이 빠져 여위지만, 혼자서 여행하면 살이 찐다"라는 말이 회자될 정도였다. 그들은 코란의 규정을 철저히 따르지 않았던 모양이다.

16억 명에 이르는 무슬림들은 하랄 식품만 섭취하는데, 하랄*Halal*이란 '허용된 것'이라는 뜻의 아랍어다. 이것은 무슬림들이 먹고 사용할 수 있도록 허용된 식품뿐 아니라 화장품과 의약품 등에 붙이는 인증이다. 단칼에 정맥을 끊는 방식으로 도축된 소 · 양 · 닭고기만 하랄 식품으로 인정되어 이슬람교도들이 먹을 수 있다. 이슬람에서는 죽은 동물의 피를 먹는 것을 금지하고 있으므로 피가 다 빠질 때까지 그대로 동물을 내버려둔다(Yungman, 2014). 도축 전에 동물을 기절시키지 않고 도축하므로 방법이 잔인해 보이는 측면이 있어 동물 학대라는 지적도 있다.

하랄이 아닌 식품 중에서 이슬람 율법에서 금지된 것을 하람 식품이라 부른다. 하람*Haram*은 '허락되지 않은 것'이라는 뜻이며, 돼지고기와 알코올을 비롯해 뱀이나 발굽이 갈라지지 않은 네발 달린 짐승의 육식은 금지된다. 도축장 반경 5킬로미터 이내에는 돼지 농장이 없어야 하며, 돼지고기나 술 등을 실었던 트럭에 하랄 식품을 운송해서도 안 된다는 엄격한 규정도 있다. 경우에 따라서는 민물고기가 포함된다. 근래에는 이슬람이 세속화함에 따라 하랄과 하람의 구별에서 지역적 차이가 발생하고 있다.

음식문화가 기후환경의 산물이란 사실은 에티오피아에서 찾아볼 수 있다. 즉, 에티오피아는 주로 아비시니아고원으로 이루어져 있는데, 그 남부지방은 적도 편서풍의 영향으로 장기간 비가 많이 내리는 몬순우림기후이고, 북부지방은 한발이 빈번한 과우지역이다. 남부지방에 사는 사람들은 애니미즘을 믿고, 북부지방 주민들은 기독교를 믿으며, 동부지방의 건조지역에 사는 주민들은 이슬람을 신봉한다.

이들 세 지역 중 북부지방에 거주하는 기독교도는 군사적 · 정치적으로 가장 강력하여 에티오피아 연방민주공화국을 형성했으나, 그들은 식습관이 전혀 다른 우림지역과 사막지역에는 들어가지 않는다. 즉, 밭농사지대의 기독교도들은 인제라*injera* 빵을 주식으로 하는 데 비해 사막의 무슬림들은 낙타와 양의 젖과 고기로 생활하고, 다우지역의 애니미즘을 신봉하는 사람들은 바나나와 비슷한 엔세테*ensete* 전분을 발효시켜 구워 먹는다. 고원지대는 농사에 적합한 환경으로 강우량이 적절하고 화산 토양이 분포하고 있는 까닭에 기원전 3000년대부터 곡물과 야채를 재배했었다. 이들 세 지역은 서로 음식문화가 달라 종교 전파에 제동이 걸렸다. 해발고도 2,400미터의 고원지대인 남부지방의 케파Kefa는 커피의 원산지로 알려져 있다. 6~7세기에 우연히 발견된 커피는 9세기경부터 재배가 시작되어 15세기에 이르러 아라비아반도와 터키 등의 이슬람권으로 전파되었다. 모카커피는 예멘의 모카Mocha 항구에서 아라비아반도로 수출된 것에서 유래된 이름이다.

이상에서 에티오피아의 사례를 살펴본 것처럼 종교와 음식 간에는 본질적 관계가 없더라도 일단 관련성이 생기면 종교적 관행으로 굳어져 그 식습관이 지속된다. 이와 같이 에티오피아에서 기독교 · 이슬람교 · 애니미즘의 분포가 1,300년간 지속되고 있는 것은 지리적 관점에서 설명될 수 있다.

이슬람교가 에티오피아에 전파될 수 있었던 지리학적 설명은 이슬람교가 지닌 도시적 성격에서 찾을 수 있다. 이슬람교를 창시한 마호메트 자신이 메카의 상인 출신이었던 탓에 코란 속에 원금과 이자 등의 상업용어가 많이 등장한다. 이슬람 신학의 내용 가운데 '지붕이 무너진 예배당 안에서 행해진 예배가 과연 유효한가?'란 구절이 있는 것으로 볼 때 이슬람교가 도시적 성격을 지니고 있음을 알 수 있다. 570년경 메카에서 마호메트가 탄생했을 때 그곳은 원래 다신교의 도시였다.

에티오피아의 사막지대는 이슬람권이 되었으나 고원에는 이슬람이 전파되지 못한 원인 역시 지리적으로 파악할 수 있다. 즉, 아비시니아고원 북부지방은 평탄한 용암대지가 깊은 협곡으로 차단되어 있는 지형으로 구성되어 있어 일반인의 왕래는 물론 상인들의 이동도 곤란하다. 평탄한 대지 위에 흩어져 자급자족 농업을 하는 지역에는 도시가 형성되지 못한 까닭에 상업 활동은 거의 전무한 형편이다.

이와는 달리 밀림으로 덮인 어두운 삼림지대에는 공포 분위기가 조성되어 주민들이 다신교의 애니미즘을 믿게 되고, 허허벌판의 사막지대에서는 일신교가 성행했던 것이다. 북부 고원지대는 기독교가 전파된 4세기경 침엽수림으로 덮여 있었으나, 오늘날에는 거의 벌채되어 평탄한 밭으로 변했다. 그러므로 기독교의 남하와 삼림 개척의 남하는 거의 일치한다. 그러나 과거 울창한 삼림이었을 당시에는 기독교 속에 다신교적 요소가 많이 남아 있었다. 나는 이와 같은 설명을 근거로 기후와 음식, 자연환경과 종교가 지리적으로 깊은 관련성이 있음을 지적하고 싶다.

에티오피아는 국지적 지절로 볼 때 수직지절률이 비교적 높은 땅임에도 불구하고 찬란한 문명이 꽃피지 못한 하나의 사례로 꼽을 수 있을 것이다. 그 이유는 역시 위도에서 찾아야 할 것 같다. 에티오피아의 위도는 북위 3° 21′~14° 40′ 사이에 위치해 있으므로 저위도에 속한다. 문명과 위도에 관한 설명은 이미 이 책의 제1장에서 설명한 바 있다.

대부분의 지리학자들은 이슬람과 건조지역, 애니미즘과 삼림지역의 일치, 또는 일신교와 건조지역의 일치에 관해서 공통된 견해를 가지고 있다. 이러한 테마에 대해 모든 건조지역에 그와 같은 이론이 적용될 수 없다고 반론을 펴는 학자들도 있지만, 인문 현상은 물론 식물에 이르기까지 현재의 생물 분포가 전파의 결과이기 때문에 동일한 환경론이 모든 지역에서 성립될 필요는 없을 것이다. 어느 것이나 예외적인 경우가 있기 때문이다. 그러나 예외적인 경우라 할지라도 지리학자가 자세히 들여다보면 별도의 요인이 작용한 결과임을 간파할 수 있다.

샘물과 미너렛의 첨탑과 더불어 둥근 지붕은 이슬람의 3대 요소를 이룬다. 이슬람이 스페인에 남긴 알람브라 궁전이 좋은 예일 것이다. 많은 건축가들은 인류가 만든 가장 아름다운 예술 건축물로 동양의 타지마할과 서양의 알람브라 궁전을 꼽는다. 특히 13세기에 세워진 알람브라 궁전은 유네스코가 세계문화유산으로 지정할 만큼 건축학적 가치는 물론 문화적 · 예술적 가치가 뛰어나다.

나는 이 궁전을 답사하면서 인류가 이보다 더 훌륭한 건축물을 만들 수 없을 것이라 생각했다. 궁전에서 바라본 성곽과 주거지는 지리학적으로 연구할 만한 가치가 있어 보였다.

분수가 사막민의 물에 대한 동경을 직접적으로 표현하는 것이라면, 첨

그림 6-16 스페인 그라나다의 이슬람 양식의 알람브라 궁전

탑은 사막의 등대를, 둥근 지붕은 사막민의 텐트를 간접적으로 표현하는 것에 다름 아니다. '미너렛minaret'이라 불리는 첨탑은 기도 용어인 아잔을 외치는 곳이기도 하다. '아잔*adhan*'이란 아랍어로 신은 위대하니 기도하러 오라는 외침을 각각 정해진 문구와 횟수로 알리는 것이다. 과거에는 동네에서 선발된 무엣진*mu'adhdhin*이 미너렛에 올라 육성으로 알렸지만 현재는 미너렛에 확성기가 달려 있어서 방송으로 알린다. 아무튼 사막은 본질적으로 바다와 같다는 사실을 잊어서는 안 된다. 그러므로 사막민은 뛰어난 항해 민족이 될 소질을 갖고 있는 셈이다. 페니키아인의 해상 활동을 포함해 《천일야화(아라비안나이트)》의 〈신드바드의 모험〉 이야기를 공유하는 나라들이 강력한 해군력을 보유했던 것이 좋은 사례일 것이다. 광활한 사막을 힘들게 이동하는 사막민들에게 첨탑은 바다의 등대와 똑같은 역할을 했을 것이다.

나는 이슬람권 국가를 답사하면서 많은 무슬림 여성을 만날 수 있었다. 그들은 지역에 따라 변형된 다양한 베일을 쓰고 있었는데, 베일은 여성들의 신체를 가리는 독특한 의상으로 남편이나 가족이 아닌 남성에게 유혹하기 쉬운 몸을 노출해서는 안 된다는 관습에서 비롯된 것이다. 무슬림 여성들이 착용하는 베일에는 부르카 이외에도 히잡과 니캅, 차도르 등이 있다. 히잡Hijab은 머리카락을 가리는 두건인데, 얼굴은 전부 드러낼 수 있으며 스카프처럼 감아 머리와 목과 가슴을 가린다. 히잡은 착용이 간편한 것이 특징으로 동남아시아에서는 화려한 색상이나 무늬의 히잡을 착용한다.

차도르Chador는 온몸에 두를 수 있을 정도의 큰 외투이며, 니캅Niqab은 눈 아래 얼굴을 가릴 수 있는 베일로 히잡과 함께 착용해 부르카와 유사하다. 가장 보수적인 부르카Burka는 눈 이외의 얼굴 부위를 노출할 수 없으며, 큰 베일을 뒤집어쓴 형태로 색상이나 세밀한 부분은 국가와 지역

그림 6-17 이슬람권 여성의 의상

마다 차이가 있다. 아프가니스탄의 부르카는 머리부터 발목 부분까지 전신이 가려지는 형태다. 손에는 장갑을 끼고 눈 부위에는 망사를 씌워 시야만 확보하는 방식으로 신체 노출을 최소화하기 때문에 시력에 문제가 생긴다.

이슬람은 건조한 사막지대에서 생겨난 오아시스 종교라고 불린다. 무슬림은 건조한 공기와 강렬한 햇볕으로부터 피부를 보호하기 위한 기능의 의상이 필요했을 것이다.

나는 개인적으로 이슬람문화를 존중하되 히잡의 수준에서 타협하면 좋다고 생각한다. 그것은 세계화된 지구촌에서 함께 어울려 살아가기 위해서는 너무 이질적 의상에 대해서는 거부감과 저항감이 생기기 마련이기 때문이다. 프랑스를 비롯한 유럽의 몇몇 국가들이 베일 착용 금지법을 제정했거나 고려 중에 있다. 내가 이스탄불 · 카이로 · 두바이 · 카사블랑카 등의 이슬람권 도시를 답사할 때 쇼핑몰에서 검은색이 아닌 다양한 색상의 베일을 볼 수 있었다.

한편, 비잔틴 제국이 된 동로마 제국은 로마 황제이자 기독교의 지배자로 서로마 제국의 명맥을 이어가고 있었으나 이 제국도 이민족의 잦은 침입과 내부적인 갈등으로 인해 혼란이 계속되었다. 로마 제국의 부활을 꿈꾼 유스티아누스 황제에 이르러서야 다시 안정을 찾고 지중해의 패권도 되찾았으나 이슬람 정복자들에 의해 무너지고 말았다. 그 당시 비잔틴 제국을 위협하는 이슬람 제국의 주인은 바로 이슬람으로 개종한 셀주크튀르크였다. 그들은 11세기 중엽에 바그다드를 점령할 정도로 큰 세력으로 성장했고 이슬람 제국의 지배자가 되었다. 그러자 기독교인들의 예루살렘 성지 순례를 방해하기 시작했다. 기독교인들의 성지 순례는 목숨을 걸어야 하는 위험한 일이 되고 말았다.

비잔틴 제국의 황제 알렉시우스 1세가 로마 교황에게 도움을 요청하자 교황 우르바누스 2세는 1095년 프랑스의 클레르몽 공의회에서 유럽 군주와 제후들을 향해 십자군 원정을 호소했다. 1089년 '로마 교황청'이라는 용어를 처음 사용한 교황 우르바누스 2세는 회의를 열고 다음과 같이 호소했다.

> 기독교의 성지 예루살렘을 다른 종교를 믿는 사람들에게 내주는 것은 부끄러운 일입니다. 우리는 반드시 성지를 되찾아야 합니다. 혹시 이 전쟁에서 목숨을 잃는다면 틀림없이 천국에서 보상을 받을 것입니다.

예루살렘은 이슬람교에서는 마호메트가 승천했다는 전설이 남아 있는 장소인 동시에, 기독교에서는 예수가 죽은 곳이면서 부활한 곳이기도 하다. 그러므로 이슬람교와 기독교 모두 예루살렘을 중요한 성지로 생각했기 때문에 양보가 불가능했다. 성지 정복에 나선 그들은 가슴과 어깨에 십자가 표시를 하고 전쟁에 나섰으므로 십자군이라고 불렀다.

공의회에 참석한 기사들은 교황의 열변에 감동하여 제1차 십자군을 조직했다. 그러나 그들은 성지를 되찾으려는 마음보다는 다른 속셈이 있었다. 재산이 많지 않은 영주는 보다 넓은 땅을 차지하려는 욕심이 있었고, 교황은 동방에 기독교를 전파하려는 의도를 가지고 있었다. 또 상인들은 장사를 하여 좀 더 많은 이익을 얻으려는 욕심이 컸고, 농민들은 농노의 신분에서 벗어날 수 있는 기회라고 생각했다.

1096년에 조직된 제1차 십자군은 프랑스의 제후들이 중심이 되었고, 그들은 1099년 성공적으로 예루살렘에 입성해 왕국을 재건했다. 이것은 이후 7~8차에 걸쳐 이루어진 십자군 원정 중에서 유일하게 성공한 전쟁이었다.

제1차 십자군 원정 이후에도 예루살렘 왕국이 튀르크족의 지속적인 위협을 받자 예루살렘 왕국을 지원하기 위해 1147년 제2차 십자군이 조직되었고, 그 후 1187년에 다시 예루살렘이 튀르크족에게 넘어가자 예루살렘을 회복하기 위해 제3차 십자군이 조직되었다. 1189년의 제3차 십자군 원정은 프랑스와 영국 및 독일까지 가담한 대규모 부대였지만 내분으로 인해 목적을 달성하지 못했다. 1202년의 제4차 십자군 원정은 플랑드르 백작을 위시한 북프랑스의 기사들이 주로 참가했는데, 성공과 실패 여부를 떠나 도덕적인 비난을 받았다. 왜냐하면 그들은 원래 목적인 이슬람을 공격한 것이 아니라 이해관계로 얽힌 베네치아 상인들과 협력해 오히려 콘스탄티노플을 침략하고, 그곳에 라틴 제국을 건설하려고 시도했기 때문이다. 이 전쟁으로 베네치아 상인은 비잔틴 상인을 누르고 동방 무역을 장악할 수 있었고, 십자군들은 콘스탄티노플을 약탈하고 파괴했다.

서방의 기독교 세력이 모두 합심해 동방의 이슬람 세력을 상대로 벌인 십자군전쟁은 200여 년간 계속되었으나 결국 서방의 패배로 끝났다. 1396년의 십자군 자체가 동로마의 구원 요청에 의해 구성된 것이었기 때문에 유럽의 각 왕국, 특히 서유럽의 왕국들이 승산 없는 싸움에 다시 병력을 내어줄 리가 만무했고, 그나마 병력의 여유가 있던 프랑스는 비록 일시 휴전 중이었지만 잉글랜드와의 백년전쟁 중이었기 때문에 더더욱 나설 수가 없었다. 동로마와 발칸반도의 국가들은 자신들의 생존을 위해서 싸우지만, 서유럽의 주요 세력들은 당장 자국에 위협이 없는 상황에서 적극적으로 나서기를 꺼려했다. 아울러 이 당시 일부 국가를 제외하고는 국왕권이 강하지 못했기 때문에 국왕들이 전쟁에 나가라고 명령해도 귀족들이 즉각 나서는 것도 아니었다.

기원전 4세기에 서방과 동방이 충돌했던 페르시아 전쟁에서는 서방이 승리했지만, 13세기에는 동방이 승리한 것이다. 그 결과는 프랑스에 막대한 영향을 미쳤다. 종교적인 측면에서는 전쟁이 결국 실패로 끝남으로써 교황권이 크게 약화됨에 따라 십자군전쟁이 시작될 때 절정을 이루었던 교황의 권위가 십자군 원정의 실패와 함께 실추되었다. 반면 정치적인 측면에서는 왕권이 오히려 크게 강화되었다. 그것은 교황권의 약화와 함께 십자군에 종군했던 기사 계급들이 몰락했기 때문이었다. 십자군전쟁 이후 왕권이 성장하고 그로 인해 국민국가의 발전도 앞당겨졌다.

경제적인 측면 또한 중요한 변화를 초래했다. 십자군전쟁으로 인해 지중해 무역이 재개됨으로써 상업이 발전했고, 뿐만 아니라 문화적으로도 이슬람과 비잔틴의 새로운 문화가 서유럽에 유입되어 중세문화가 꽃피는 계기가 되었다. 그러나 이러한 변화들은 결국 새로운 시대의 원동력이 되었고, 그 과정에서 중세는 서서히 몰락의 길을 걷게 되었다. 제2장에서 페니키아문명이 발생한 레반트 지대에 관해 설명하면서 십자군이 주둔했던 베이루트를 비롯하여 시돈과 티레를 언급했다.

한편, 문명적 측면에서는 십자군전쟁을 계기로 비잔틴문명과 이슬람문명을 접하게 된 서유럽 사회는 큰 영향을 받게 되었다. 비잔티움문명의 그리스 · 로마의 고전과 미술, 이슬람문명의 철학 · 의학 · 수학 · 천문학 등이 전해지면서 서유럽문명이 발전되었을 뿐 아니라 르네상스를 시작하는 발판이 마련되었다.

결국 십자군전쟁은 암흑시대라 불리던 중세 유럽의 빈궁과 비참함으로부터 어떻게 하든 벗어나 보려는 민중의 열기와 같은 것이 저변에 깔려 있었다. 이와 같은 전쟁의 부산물인 서남아시아와 남유럽, 더 나아가 아시아와 유럽의 문명 교류는 서로 다른 문명 간의 교류로 한 단계 높은 문명으로 발전한 것이다.

동서양 교류를 촉진한 몽골 침략

한편, 1206년 테무친이 혜성과 같이 나타나 몽골의 동부를 흐르는 아무르강의 지류인 오논Onon강변에서 부족 연합의 군장 칭기즈칸으로 추대되면서 통일 제국의 성립을 보았다. 한자로는 한汗이라 표기되는 칸Khan은 신라 제17대 내물왕부터 제22대 지증왕을 마립간麻立干이라 부른 것처럼 중앙아시아 통치자 혹은 군주의 칭호였다. 당시 몽골 제국의 판도는 서쪽으로는 카스피해에서 동쪽으로는 동중국해에 이르렀으며, 북쪽으로는 사람이 거의 살지 않는 시베리아의 삼림지대에, 남쪽으로는 파미르 · 티베트고원을 중심으로 하는 중국 대륙의 중앙평야에 접해 있었다. 또한 몽골 제국은 영토가 방대해져 다양하고 이질적인 민족과 문화를 포함하는 다민족국가가 되었다.

칭기즈칸의 뒤를 이은 오고타이는 금나라의 잔존 세력과 대규모의 전쟁을 재개해 금나라를 멸망시키고 1236년에는 서방을 향한 새로운 정복 전쟁을 시작했다. 그것은 러시아와 동유럽의 점령을 위한 시도였다. 그들에 대항하던 제국은 1~2년 만에 멸망했으며, 그 승리는 러시아 본토로 향하는 길을 열게 만들었다. 러시아는 몽골군들이 모스크바로 쳐들

그림 6-18 칭기즈칸의 본거지 오논강

어올 것을 염려하여 성모 마리아에게 "신이시어! 러시아를 구해주소서!" 라고 빌었다고 한다. 기도의 효과가 있었던지 티무르는 모스크바를 그냥 지나쳐버렸다. 모스크바Moskva란 하천 지명에서 유래된 것인데, 늪지대라는 단어 '*mosk*'와 물이라는 단어 '*va*'의 합성어다. 오히려 러시아 농민들은 몽골군의 원정 덕분에 스텝 지역의 가장 강력한 부족이었던 타타르Tatar의 괴롭힘으로부터 벗어나게 되어 기뻐했다.

그 무렵 러시아 중부와 북부는 도시국가와 독립 제후국으로 이루어져 있었는데, 이들은 몽골군에 차례로 함락되어 갔다. 1223년 현재의 도네츠크를 흐르는 칼카Kalka강변의 전투에서는 8만의 러시아 연합군이 2만의 몽골군에게 처참한 패배를 당했다. 발트해까지 진격했던 몽골군이 겨울의 추위와 익숙하지 못한 환경으로 인해 진격을 멈춤에 따라 러시아의 몇몇 도시가 파괴를 면할 수 있었으나, 사실 몽골군은 강이 얼어붙는 겨울철에 원정을 하는 경우가 많았다.

이후 몽골군은 더 나아가 폴란드의 일부를 토벌했으며, 독일과 폴란드의 기사 연합군은 엘베강 남쪽의 레그니차Legnica 전투에서 몽골군과 싸워 1242년 4월 9일 괴멸적인 타격을 입었다. 러시아에서는 자국이 몽골 제국의 지배를 받은 치욕적인 1240~1480년에 걸친 시기를 '타타르의 멍에Tataro-Mongol Yoke'라 부른다.

1241년 3월, 유명한 모히Mohi 전투에서 10만의 헝가리군을 격파한 5만의 몽골군은 헝가리에서의 몽골 통치의 기초를 구축했다. 헝가리 도시의 절반이 잿더미로 변했고 인구의 1/4 정도가 처참하게 사망했다. 헝가리는 오늘날에도 그날을 잊지 않겠다는 뜻으로 모히(현재의 무히) 기념비를 세워놓았다. 소문으로만 듣던 무히 기념비는 보는 이들로 하여금 장엄함보다는 음산함을 느끼게 한다.

그 위치가 부다페스트 동쪽을 흐르는 티사강 지류인 사조Sajó강 상류의 오지인 탓에 구글 지도에서 'Muhi'를 입력하면 검색할 수 있지만 웬만

그림 6-19 헝가리의 무히 기념비

한 지도에는 표기되어 있지 않으므로 가보기 힘든 곳이다. 헝가리 푸스터 평원은 남러시아의 초원과 마찬가지로 몽골인들에게 탐나는 유목지였다. 500년 전인 8세기에 훈족이 그러했던 것처럼 말이다. 기마 민족의 후예였던 훈족이 동일한 기마 민족에게 참패한 셈이었다. 헝가리는 국민의 대다수를 차지하는 마자르족이 훈족의 후예라 주장하고 있지만 불확실하다.

한편, 그에 앞서 몽골군은 서남아시아에서 장기간에 걸친 작전을 계속하고 있었다. 칭기즈칸의 화레즘(호라즘) 정복 전쟁은 잔인했다. 칭기즈칸은 군사들에게 "여자와 개를 제외하고 모두 죽여라"라고 명령했고, 몽골군은 빠른 속도로 공격해 화레즘의 수도 사마르칸트를 점령했다. 일찍이 칭기즈칸의 공격을 피해 도망친 화레즘Khwarazmian 왕국의 술탄은 몽골군에 저항했으나 소용이 없었다. 몽골군은 저항하는 적국에 대해 무자비했다.

몽골군의 진격은 파죽지세였다. 1225년에는 남쪽으로 인더스강 유역, 서쪽으로 카스피해를 넘어 남부 러시아에 이르는 중앙아시아 전 지역을 장악했다. 티무르군은 4일 동안 시리아의 알레포를 불태우고 약탈했으며, 2만의 주민을 학살하고 그 머리를 모아 피라미드 모양으로 쌓아놓았다. 다마스쿠스의 거리에는 몇 날 며칠에 걸쳐 약탈과 방화를 일삼았고, 거리에는 수만 명의 시체가 나뒹굴었다. 바그다드를 함락한 티무르군이 2만 명을 학살하고 불태웠다는 이야기가 오늘날까지 전해 내려온다. 15세기 이후 군대 무기가 창과 칼에서 총과 대포로 바뀌면서 인간은 살육에 대해 점차 무감각해지기 시작했다. 그로부터 인류의 야만 행위는 정도를 더욱 높여 나아갔다. 군 복무 시절 병참부대에 소속되어 영현 임무를 수행해본 경험이 있는 나로서는 그 처참함을 잘 안다.

앞에서 잠깐 언급한 바와 같이 몽골군이 다마스쿠스를 함락하려 한다

그림 6-20 몽골 제국의 영토 확장(1206~1294년)

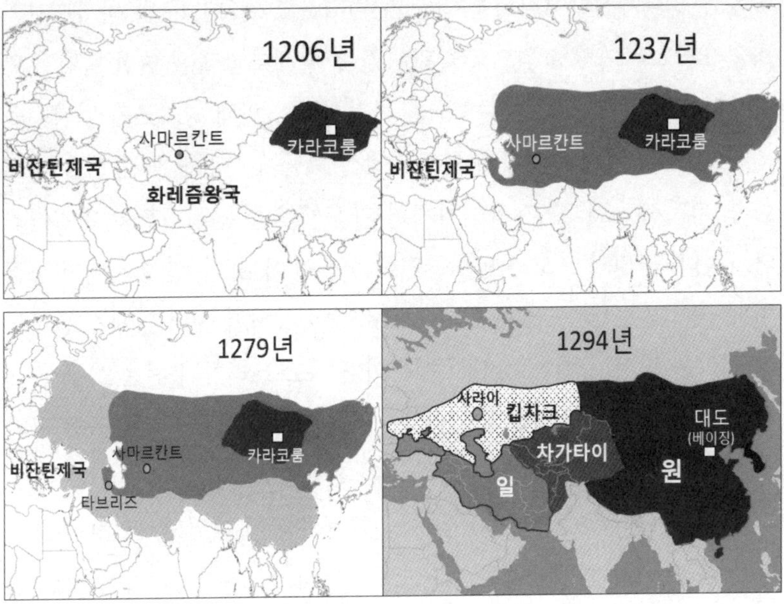

는 소식을 듣고 할둔이 술탄과 함께 이곳에 도착했을 때에는 몽골군은 이미 갈릴리해 남쪽까지 진군해 있었다. 이곳에서 티무르 군대와 맘루크 군대 간에 유명한 '아인 잘루트 전투'가 벌어진 것이다. 맘루크Mamluk 왕조는 13~16세기에 걸쳐 이집트와 시리아를 지배하던 터키계 이슬람 왕조다. 인도의 노예 부대인 맘루크와 혼동하지 말아야 한다. 전쟁사학자 챈즈(Tschanz, 2007)에 따르면, 아랍어인 '아인 잘루트*Ain Jalut*'란 히브리어로 '골리앗의 눈Eye of Goliath' 혹은 '헤롯의 우물Spring of Harod'이라는 뜻에서 유래한 지명이다.

할둔의 명성을 익히 알고 있던 티무르는 그를 만나게 되는데, 역사적한 장면이 연출된 것이다. 그러나 나는 할둔의 자서전에서 밝힌 그 시기와 이 전투가 벌어진 시기가 서로 맞지 않아 두 인물이 조우한 사실을 기록의 착오가 있었거나 아인 잘루트 전투가 아니라고 생각한다.

유럽과 서아시아에서의 몽골군의 진격은 1241년 12월 칭기즈칸의 계승자 오고타이의 죽음으로 중단되었다. 후계자 선출을 위한 회의인 쿠릴타이에 참석하여 자신의 요구를 관철시키기 위해 칭기즈칸의 자손들은 정벌 계획을 뒤로 미루고 동유럽에서 그들이 점령한 모든 땅을 방기했다. 따라서 1241년은 유럽사에서 가장 중요한 전환점으로 일컬어진다. 왜냐하면 만약 오고타이의 돌연한 죽음이 아니었다면 헝가리가 몽골의 영역이 되는 것은 물론 훈족이 그러했던 것처럼 유럽 전체가 몽골군의 침략을 면치 못했을 것이기 때문이다. 오스트리아의 빈은 아무런 대책 없이 몽골군의 침략에 떨고 있었으며, 동로마의 콘스탄티노플을 구한 것은 결과적으로 유럽이 아닌 몽골군인 셈이었다.

원나라는 몽골 제국의 정통을 계승한 종주국이 되었고, 1294년 오고타이한국汗國을 제외한 다른 킵차크 · 차가타이 · 일의 3개국이 서로 연합함으로써 그로부터 거의 60년간 유라시아 대륙은 '타타르의 평화'라 불리는 이른바 '팍스 몽골리카Pax Mongolica'를 누리게 되었다. 또한 몽골 제국의 성립으로 인간의 이동이 자유로워진 덕분에 아시아와 유럽 세계 사이의 동서 문화 교류도 활발해졌다. 이러한 교류를 바탕으로 각 지역에서는 과학의 발달은 물론 지리학의 발전이 이루어졌다. 12만 킬로미터에 달하는 여행을 한 이븐바투타의 《여행기》가 대표적 기행문의 지리서다. 그는 고대 세계의 7대 불가사의 중 하나인 현존하지 않는 알렉산드리아의 등대를 마지막으로 목격한 사람이었다.

몽골은 정복지에 종교 자유를 허용했고, 자유로운 통행을 보장하기 위한 도로와 통신망을 정비했다. 중국과 한국의 역참 제도와 유사한 이 통신 제도를 몽골어로 '잠*jam*'이라 부르는데, 13세기 후반 몽골 지배하의 중국을 여행했던 마르코 폴로는 '얌*jamb*'이라 기록했다. 오늘날 중국에서는 역驛을 '짠'이라 부르고 한자로는 '참站'이라 표기하는데, 이는 바로 몽골의 '잠'에서 유래된 것이다. 미국의 역사학자 모건(Morgan, 1991)에 따르면, 당시 몽골 제국의 수도였던 카라코룸으로부터 서쪽의 동유럽까지 8,000킬로미터를 이동하는 데 불과 7~15일, 평균 10일 정도면 도달했다고 하니 그 속도가 놀라울 뿐이다.

팍스 몽골리카로 베네치아 · 제노바 등지에서 흑해 연안 도시의 상인들과 중앙아시아 및 중국 상인들 간의 상거래가 활성화되었고, 안전해진 교통로 덕분에 마르코 폴로와 이븐바투타 등과 같은 위대한 여행가들이 탄생할 수 있었다. 칭기즈칸은 몽골 초원의 부족들을 정치적으로 통합하고 사회 · 군사적 개혁으로 중앙집권체제를 구축해 출정한 지 20년 만에 로마군의 400년보다 넓은 지역을 정복했다. 세계사의 분기점을 만들었던 몽골의 위대한 제왕 칭기즈칸은 우호적이지 않은 서구인들로부터도 '야만인 알렉산더'라고 일컬어진다. 세계 역사상 알렉산더, 훈족의 아틸라와 함께 위대한 정복자 중 한 명이었다.

칭기즈칸과 후계자들의 정복은 피로 물든 참극이었지만, 정복기가 끝나고 평화기에 들어서면서 유라시아 대륙에는 몽골 전통과 이슬람문명, 중국의 불교문명이 융합되고 동서양 간 교역이 활발해지는 평화 시대가 열렸다. 몽골에 의한 동서 교류의 수혜자는 유럽이었던 셈이다. 나는 몽골의 유럽 침입은 문명 교류의 촉진은 물론 간접적이나마 유럽문명의 서진에 박차를 가한 사건으로 평가하고 싶다. 여기서도 우리는 야만과 문명의 혼돈을 마주하게 된다.

몽골 제국의 이와 같은 대정복이 실현될 수 있었던 가장 큰 이유로는 목축과 수렵으로 말타기와 활쏘기에 단련된 군사들에 있었다. 또한 사냥으로 길러진 대규모의 조직적인 행동력과 능숙한 작전이 겸비되어 있었으며, 시력이 유난히 좋아 적을 먼저 발견하는 능력에 있었다. 몽골군은

전투식량이 고기를 건조시킨 육포 형태로 부피가 작아서 병참부대가 별도로 필요하지 않았다. 또 투구에 고기와 야채를 살짝 익혀 먹는 전골 요리 방식도 있었다. 이 요리는 후에 중국의 '훠궈火鍋'와 일본의 '샤브샤브しゃぶしゃぶ'의 기원이 되었다. 오늘날 캅카스산맥 일대에 거주하는 주민들이 만두를 먹는 것은 몽골군에 의해 전파된 음식문화의 하나다. 조지아 답사 때 내가 먹어본 만두는 한국의 고기만두와 동일했다. 전투력이 월등한 몽골군에 비해 적대국들은 화레즘 왕국 등에서 볼 수 있듯이 통일성을 갖추지 못한 신흥국이거나 쇠퇴기에 놓여 있었으므로 군사력이 쇠약하여 별다른 저항을 할 수 없었다.

몽골족이 타던 몽골 말은 기원전 6000~5000년 전부터 가축화가 시작되었다. 몽골족은 '마상생 마배장馬上生 馬背長'이라 불리는 것처럼 말 위에서 태어나 말에서 자라고 말 위에서 죽는다고 할 정도로 승마술에 능숙했다. 또한 몽골 말은 서양 말에 비해 지구력이 좋고 급회전이 가능하여 다양한 기병 전술을 구사할 수 있었다. 두 발을 등자에 고정한 채 활을 전후좌우로 1분에 10발을 쏠 수 있을 정도였다. 유럽군은 1분에 겨우 2발 정도를 쏘는 수준이었다. 말은 태생적으로 겁이 많은 동물이기 때문에 매우 조심스럽게 다뤄야 한다. 이것은 다른 동물처럼 외부의 적으로부터 자신을 지키기 위한 뿔이나 어금니 혹은 날카로운 발톱이 없고 시력 또한 나쁘기 때문에 비롯된 것이다. 그러나 몽골 말은 놀라지 않는 습성이 있으므로 전투가 벌어졌을 때 용맹스럽게 잘 달린다. 이런 까닭에 몽골군은 매우 강했다. 사실 '몽골'이란 '강한 사람'이란 의미를 갖는다. 오늘날 몽골의 국호는 Mongolia이지만, 제5장에서 설명한 것처럼 '*gol*'이란 '강하다'란 뜻을 내포하고 있다.

독특한 유라시아문명은 오랫동안 내륙 아시아의 오아시스 도시를 연결하는 실크로드를 통해 면면히 이어져왔다. 그러나 실크로드의 주요 교통수단이던 낙타 한 마리가 실을 수 있는 짐은 270킬로그램 정도여서, 낙타들을 거느린 대상이 운반할 수 있는 짐의 양은 제한될 수밖에 없었다. 유라시아 대륙의 쌍봉낙타는 아프리카의 단봉낙타에 비해 다리가 짧아 속도는 느리지만 지구력이 강해 장거리 이동에 유리하다. 낙타에 짐을 가득 싣고 혹독한 사막을 통과하려면 사람은 물론 낙타 역시 엄청난 고통이 뒤따랐다. 사막 한가운데 옹기종기 자생하는 낙타 풀은 낙타의 요깃거리가 되었다. 낙타는 피를 철철 흘리며 가시가 돋친 낙타 풀을 먹었다. 또 대상들은 혹시 있을지도 모르는 도적떼의 출현에 대비해 호위무사도 고용하여 고된 여정을 거쳐야 했다. 그러므로 당연히 수송 가격이 높았고, 대부분의 수송 상품 또한 비쌀 수밖에 없었다. 이 실크로드는 오늘날의 아프가니스탄과 이란을 경유하므로 오랫동안 페르시아와 터키가 동양의 신기한 물품 교역을 독점할 수 있었다.

당唐과 이슬람 제국의 영토 확장은 이슬람 상인들의 주도적 활동으로 동아시아로부터 서아프리카에 이르는 광대한 교역 루트가 발달하는 계기가 되었다. 활발한 아시아와 유럽 간의 교역으로 당의 장안, 아바스 왕조의 바그다드, 비잔틴 제국의 콘스탄티노플은 유라시아 교역망의 중심지로 부상했으며 국제적인 문화가 발달했다.

'실크로드'란 말은 원래 독일의 지리학자이며 탐험가인 리히트호펜(Von Richthofen, 1877; 1877~1912)이 《중국여행일기》에서 처음 사용한 것으로부터 유래되었다. 나는 2011년 7월 뜨거운 여름철에 동서 교역의 루트였던 둔황敦煌에서 북상하여 하미哈密를 경유해 투루판吐魯番에서 카슈가르喀什로 향하는 톈산산맥 남쪽과 북쪽의 실크로드를 답사한 적이 있어서 그 사막 여행의 고통을 잘 안다. 모래사막의 뜨거운 열기는 얼마 걷지도 않아 운동화 밑창이 열을 못 견디고 떨어져나갈 정도였다. 실크로드 답사에서 투루판의 고창고성高昌故城과 교하고성交河故城은 매우 인

그림 6-21 톈산산맥 북쪽의 실크로드

상적이었다. 나는 서남아시아에 비해 낙타 고기가 저렴해 그곳에서 난생 처음 낙타 고기를 맛볼 수 있었다.

이들 초원길과 사막의 오아시스길이 바로 다이아몬드(Diamond, 1997)가 지적한 유라시아 대륙의 동서 축에 해당하는 것이다. 특히 콘스탄티노플은 1930년 이스탄불이라는 이름으로 공식 개칭되었지만, 유럽과 아시아를 잇는 접점에 위치한 관계로 지중해 해상무역과 문화 교류의 허브로 성장할 수 있었다.

이슬람 상인들의 활동에 힘입어 육상 실크로드뿐만 아니라 홍해와 아라비아해 및 인도양을 무대로 계절풍을 이용해 동아프리카, 아라비아반도, 남인도, 동남아시아를 잇는 해상 실크로드가 발달하게 되었다. 그로 인해 이질적인 문명권 간의 교류는 더 활발해질 수 있었다. 당시 서양의 허브였던 콘스탄티노플과 동양의 허브 카라코룸은 자극磁極이었고 실크로드는 자장磁場 기능을 담당했던 것이다. 방대한 물자와 정보 · 사상의 교류는 동양과 서양의 문명 교류에 큰 도움이 되었다.

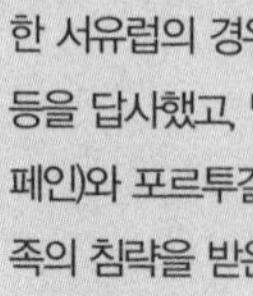

유럽은 이미 14세기경부터 교회를 중심으로 한 사회가 무너지고 근대문명의 현상이 일어나고 있었다. '콜럼버스 시대'라 불리는 근대 유럽문명의 창출 배경을 탐구하기 위한 나의 답사는 여러 차례에 걸쳐 기회 있을 때마다 산발적으로 이루어졌다. 근대 유럽문명의 견인차 역할을 한 서유럽의 경우 영국과 프랑스를 비롯해 벨기에, 네덜란드, 룩셈부르크, 독일, 스위스, 오스트리아 등을 답사했고, 남유럽은 대서양 건너편의 아메리카 대륙에 대한 호기심으로 충만했던 에스파냐(스페인)와 포르투갈을 위시하여 이탈리아, 그리스 등이 포함되었다. 역사적으로 동쪽으로부터 기마 민족의 침략을 받은 동유럽 답사는 폴란드, 슬로바키아, 슬로베니아, 헝가리, 루마니아, 크로아티아, 몬테네그로, 보스니아 헤르체고비나, 코소보 등지에 걸쳐 진행되었으며, 바이킹의 이미지를 갖는 북유럽은 노르웨이, 스웨덴, 핀란드, 덴마크가 포함되어 있다.

제7장

유라시아 대륙 끝의 유럽문명

콜럼버스 시대: 근대 유럽의 개막

유럽 역사에 새로운 시대가 시작하려는 징후가 16세기를 전후하여 나타나기 시작했음은 이미 앞에서 설명한 바 있다. 그것은 본격적인 르네상스의 개막을 비롯한 활자 인쇄술의 발달, 신대륙 진출, 스페인과 포르투갈의 해외 식민지 건설 등이었다. 이러한 일련의 사건은 인류 역사가 진정한 의미에서 지평을 넓혀 세계사의 시대로 진입함을 의미하는 것이며, 이 시기를 영국의 지리학자 맥킨더(Mackinder, 1904)는 '콜럼버스 시대'라 칭했다. 세계사의 중심에는 유럽에서 탄생한 강력한 문명이 자리하고 있었다.

이제부터 우리는 새로운 땅에 대한 욕심을 가진 유럽의 제국들이 그들의 문명을 세계 각지에 전파시키기 위해 글로벌 스케일로 전쟁을 일으키는 장면을 목격하게 될 것이다. 16세기 이후 이 시기에 이르러 무엇보다 중요한 사건은 '근대화modernization'라 표현되는 인식과 생각이 전 세계에 퍼져, 다양한 문명이 독립된 존재로 공존하는 시대가 종언을 고하고 '하나의 세계one world'란 상황이 생겨나게 된 것이었다. 근대화라는 거대한 파도에 의해 세계사는 치열한 대립을 되풀이하면서 통합된 하나의 역사로 수렴되어 나아갔다.

'근대'란 용어가 의미하는 연대는 일정한 시기가 아니다. 고대 그리스 · 로마가 활약한 시기를 고대라고 한다면, 그 이후의 시대를 모두 근대사로 총괄해 생각하는 경우도 있다. 영국의 옥스퍼드대학 등에서는 중세사를 근대사에 포함시켜 강좌를 구성하고 있었으나, 최근에 이르러서야 중세사가 근대사로부터 떨어져 나가 세분되었다. 역사가들은 근대를 둘로 세분해 전반부를 '근세early modern'라 부르는 경우가 많아졌다. 일반적으로 근세란 유럽의 경우 신이 지배하는 폐쇄적 중세 기독교 세계로부터 합리적 정신에 충만한 '근대사회'가 성립되기까지의 이행기移行期를 의미한다. 따라서 국가마다 근세로 구분하는 시기가 상이할 수밖에 없다.

'근대화'는 팔레스타인계 미국의 비교문학자 사이드(Said, 1978)가 《오리엔탈리즘》에서 지적한 것처럼 서유럽에서는 긍정적 가치를 지니지만, 비서구권에서는 서구화와 동일시되어 타율적으로 강제된 외부 논리로 인식하는 경향이 있음을 적시해두고 싶다. 사이드의 주장과 함께 한층 강조되기 시작한 것은 '오리엔탈리즘'이라 표현되는 서구인들의 인식에서 비롯되었다. 오리엔탈리즘이란 개념은 서구인들이 '세계를 이해하고, 경우에 따라서는 지배하며, 조종하고 통합하고자 하는 일정한 의지나 목적의식'에 기초해 부정적으로 정의되기에 이르렀다.

중세까지 유럽의 경제 상황에 대해서는 확실한 것을 파악할 수 없지만, 근세 이후부터는 충분한 분량의 통계자료가 남아 있으므로 많은 정보를 토대로 당시의 상황을 파악할 수 있게 되었다. 그 가운데 인구통계는 가장 중요한 정보를 제공해주었다. 1500년경까지 유럽 인구는 완만한 증가를 보인 후 질병과 기근으로 격감하는 패턴을 되풀이했다. 16세기 이후 유럽의 역사는 크게 두 시대로 구분된다. 하나는 인구가 대략 1억 9천만 명으로 차츰 증가한 18세기 중엽까지의 전기 근대화 시대이며, 그 이후부터는 인구가 급증하는 후기 근대화 시대였다. 내 생각으로는 전자가 근세의 개념과 거의 일치한다는 생각이 든다. 후기 근대화 시대는 유럽에 뿌리를 내린 이른바 '근대사회'가 세계 역사에 거대한 소용돌이를 몰아치게 만들었다.

유럽과 비유럽 간에는 오랫동안 문명 발달의 속도에서 별 차이가 발생하지 않았다. 인구 증가율을 위시한 다양한 측면에서 유럽권과 비유럽권 간의 격차가 생기기 시작한 것은 1800년 이후부터라 해도 과언이 아닐 것이다. 그 이전에는 유럽인의 평균 사망 연령이 매우 낮은 수준에 머물러 프랑스의 평균수명은 겨우 22세에 불과했다. 유아기를 지난 아이가 네 명 중 한 명밖에 살아남지 못했으므로 영아사망률이 얼마나 높았는지 알 수 있다. 이는 로마 제국 시대의 이탈리아와 최근 1950년경의 독일 농민의 생존율과 거의 같은 수준이었을 정도였다. 현대인의 눈에는 당시의 40세 장년층이 70대 노인으로 보일 정도로 빨리 늙었고 체격 또한 왜소했다. 조선 시대의 평균수명이었던 35세와 비교하면 이해가 빠를 것이다.

중세 이래 유럽 남자들은 여자의 수명이 짧았던 탓에 본의 아니게 몇 번이고 결혼을 해야만 했다. 서유럽인의 결혼 생활은 동유럽의 그것에 비해 짧았다. 이는 서유럽의 초혼 연령이 동유럽보다 늦은 20세 후반이었기 때문인데, 이러한 관습 탓으로 서유럽과 동유럽은 이후에도 인구 구성에 차이가 발생하는 요인으로 작용했다. 인구 증가는 잉여식량의 증가에 비례해 진행되므로, 유럽의 부진한 농업 생산성은 완만한 인구 증가밖에 초래하지 못했다. 한마디로 1500년 당시의 유럽 대륙은 광활한 농촌지대에 불과했으며, 상당히 낮은 수준의 생활을 영위하고 있었다.

이와는 달리 영국은 유럽 대륙에 비해 많은 인구를 갖고 있었다. 대도시의 경우, 18세기의 암스테르담은 약 20만 명, 1500~1700년 파리는 50만 명이었다. 이에 비해 런던은 1500년의 12만 명에서 1700년에 70만 명 가깝게 증가했다. 특히 런던의 극단적 인구 집중은 도시 생활에 근본적 변화를 초래했다. 그리하여 런던에는 도시 확대로 'suburb'라는 새로운 단어가 생겨났다. 이 단어를 한자문화권에 적용한다면 교郊에 해당한다. 영어의 'suburb'란 용어가 한국의 현대지리학에 도입되면서 '교외郊外'라 오역되는 경우가 있는데, 이는 커다란 오류임을 지적해두고 싶다.

역사적으로 한자문화권에서는 도시의 영향력이 미치는 배후지를 '郊'라 불렀다. 즉, 도성 주변 100리 이내를 교내郊內라 하고, 이를 세분해 50리 범위를 근교와 원교의 경계로 삼았다. 당나라 수도 장안성의 경우에는 당령唐令에 의거해 성곽으로부터의 일일생활권을 말로 70리, 도보로 50리, 마차로 30리로 정한 바 있는데, 이것이 도시의 배후지에 해당하는 교내의 범위였다. 교외란 교의 외측을 가리키므로 도시권 바깥을 의미한다. 그러므로 suburbanization은 '교외화'가 아닌 '교내화'라 번역되어야 옳다. 최근 미국의 경우, 중심 도시의 인구가 탈도시화하면서 교내화 현상이 증가함에 따라 '교'를 근교suburb와 원교exurb로 세분하기에 이르렀다.

1500~1700년의 200년간 도시화는 활발하지 못했다. 1700년경 유럽의 중소 도시는 2만 명 이하의 규모가 대부분으로 다른 대륙에 비해 규모가 작은 편이었다. 유럽의 도시화와 인구 증가는 국가별로 차이가 있었다. 프랑스는 서유럽 국가 중 2,100만 명에 달해 가장 많은 인구를 보유하고 있었지만, 영국은 잉글랜드와 웨일스를 합쳐 600만 명에 불과했다. 17세기의 유럽은 전란과 전염병 등이 빈번하게 발생하고 있었다.

특히 1630년대에는 스페인 · 이탈리아 · 독일에 전염병이 창궐해 인구가 오히려 감소했다. 설상가상으로 유럽 각지에서는 기근이 발생해 독일인들은 인육을 먹는 지경에 이르렀다.

이와 같이 당시 유럽의 사회 상황은 매우 불안정했다. 유럽인들이 굶주림으로부터 벗어나게 된 것은 농업의 진보가 있기까지 기다려야만 했다. 유럽의 농경지는 인구 감소로 버려졌지만 16세기에 들어와 부분적이나마 다시 개발되기 시작했다. 하지만 과거 중세적 농법으로부터 크게 벗어나지는 못했다. 1800년경에 이르러 농업은 상업과 더불어 혁명적 진보를 거듭하였고, 그 이후의 근대에는 급격한 인구 증가를 보임에 따라 인구 오너스onus 현상으로부터 벗어나게 되었다.

농업의 진보는 시장의 발전과 농법 개량 덕분이었는데, 두 요인은 서로 밀접한 관련이 있었다. 즉, 시장의 존재가 농법 개량을 가져온 동기가 되었고, 또 농법 개량으로 증가한 생산량이 시장 확대로 이어진 것이다. 우리는 이미 플랑드르 지방의 브뤼헤 사례에서 본 바와 같이, 15세기의 네덜란드와 벨기에는 이미 선진국이 되어가고 있었다. 그리고 이탈리아 북부의 포강 유역에 펼쳐진 롬바르디아 평원은 아시아로부터 새로운 곡물을 받아들여 재배하기 시작했다. 특히 포강 유역과 아르노강 유역에서 재배되기 시작한 쌀은 동양만큼은 아니었지만 유럽의 중요한 식량이 되었다. 그리고 아메리카 대륙으로부터 건너온 감자 역시 영국 · 독일 · 프랑스 등지에서 일상적 음식이 되었다. 그러나 동양인이 밥을 고집하듯이 유럽인은 빵을 주식으로 했다. 쌀과 감자가 유럽인의 식탁에 오르기까지는 그로부터 약 200년이란 세월이 흘러야 했다.

농업기술의 개량은 16세기의 플랑드르로부터 17세기에는 영국 동부에 전파되었다. 새로운 농법을 배우기 위해 유럽으로부터 많은 사람들이 영국을 찾았다. 18세기에 이르러 낙농과 가축 사육법이 개량됨에 따라 곡물의 대량생산과 양질의 가축 사육이 실현되었다. 그 결과, 걸음마 수준이긴 하지만 실험과 관찰에 기초한 과학적 정신이 생겨나고 자연환경을 컨트롤할 수 있는 능력에 눈을 뜨게 되었다. 잉여식량을 바탕으로 새로운 유럽문명이 잉태되기 시작한 것이다.

농촌의 변화는 영국을 중심으로 한 인클로저enclosure 운동에서 비롯되었다. 이 운동은 영주나 대지주가 목축업이나 집약 농장을 경영하기 위해 마을의 전통적 공유지를 울타리로 둘러쳐 사유지 경계를 뚜렷이 설정한 것을 가리킨다. 인클로저가 합법화됨에 따라 18세기 말부터 19세기 초에는 그 건수가 대폭 증가했다. 이로 말미암아 많은 농민들이 토지를 잃고 도시로 나가 노동자가 되었다. 영국의 사상가 토머스 모어(More, 1516)는 《유토피아》에서 "양이 인간을 잡아먹는다"라고 말할 정도였다. 이것은 당시 농경지가 없어지고 양을 키우는 목장이 들어서면서 농민들이 내쫓기는 이른바 인클로저 운동을 염두에 두고 한 말이었다.

농업이 시장경제에 편입됨에 따라 토지는 상품화되었다. 그러나 영국과 네덜란드 및 벨기에를 제외한 유럽 세계는 여전히 식량 위기에 직면해 있었으므로 식량을 수입해야 했지만, 거리가 먼 지역은 육상 교통이 발달하지 못한 탓에 원활한 공급이 불가능했다. 여전히 굶주림에 허덕이는 지역이 많았다.

땅끝이 땅의 시작이다

16세기 말까지는 아직 농업 생산량의 증가가 인구의 급격한 증가를 따라잡지 못함에 따라 유럽 사회 전체에는 불안감이 확산되고 다른 나라로의 이주가 권장되었다. 1800년까지 수많은 유럽인이 해외에 눈을 돌리게 되었다. 1751년 북아메리카 대륙에는 약 100만 명에 달하는 영국계 이민자들이, 또 20만 명의 독일인이 살고 있었던 것으로 추정된다.

1800년까지 북미의 모든 이주민은 거의 200만 명에 달했지만, 중남미는 10만 명의 스페인인과 포르투갈인이 이주하는 데 그쳤다.

유럽인들이 대규모 이주에 나선 배경에는 토지가 적어 식량을 생산할 땅이 부족했기 때문이었다. 당시 유럽 경제에서 농업이 차지하는 비중은 선진국이었던 프랑스와 영국조차도 상업과 제조업에 비해 압도적으로 높았다. 직물업과 양조업도 모두 농업에 기반을 둔 산업이었다. 산업이 다양화되지 못한 탓에 모두 농업으로 연명해야 했던 유럽 사회는 외부로 눈을 돌릴 수밖에 없었던 것이다.

나는 2009년 7월 유럽 대륙의 땅끝비를 보기 위해 포르투갈을 방문한 적이 있다. 대서양 연안의 호카곶에 위치한 땅끝비에는 '이곳에서 땅이 끝나고 바다가 시작된다'라고 새겨져 있었다. 나는 얼마 전 읽었던 한국 시인 이문재의 〈땅끝이 땅의 시작이다〉란 시가 떠올랐다. 그 시의 작

그림 7-1 포르투갈 호카곶의 유럽 땅끝비

가가 무엇을 생각하며 썼는지 자세한 내용은 모르지만, 마치 17세기 유럽인들에게 한 말처럼 들렸다. 유라시아 대륙의 땅끝인 서유럽에서는 더 이상 문명의 서진이 진행될 수 없었다. 결국 역사의 흐름에 따라 대서양을 건너야 했다.

스페인과 포르투갈이 위치한 피레네산맥의 남쪽 이베리아반도는 푸르른 유럽 본토와는 전혀 다른 자연환경을 보여준다. '이베리아Iberia'란 에브로강 유역을 점거해 살던 이베리아인에서 유래된 지명이다. 나는 2009년 덴마크 코펜하겐으로부터 스페인 마드리드행 비행기 속에서 피레네산맥을 조망할 수 있는 기회를 가졌다(그림 7-2). 적갈색의 바위산과 고원으로 이루어진 이베리아반도의 경관은 서유럽과는 많이 달라 보였다. 자연경관뿐 아니라 인문경관 역시 극단적인 차이를 보이고 있었다.

그림 7-2 기내에서 바라본 피레네산맥

그것은 오래전부터 피레네산맥이 서유럽과의 교류를 차단했기 때문일 것이다.

"아프리카는 피레네로부터 시작된다"라고 일컬어지는 바와 같이 이베리아반도는 건조하고 황량한 풍토를 이루고 있다. 반도의 대부분을 차지하는 것은 메세타Meseta라 불리는 평균 고도 660미터의 고원이며, 이를 둘러싸고 지중해 근처에는 시에라네바다산맥과 시에라모레나산맥 등이 뻗어 있다. 또한 여러 하천이 침식을 받아 동서남북의 여러 방향으로 흐르고 있어 반도를 여러 지역으로 분리시키는 역할을 하고 있다. 나는 이것이 바로 스페인의 국론 분열을 일으키는 요인이라 생각했다.

기후 역시 대륙적이어서 겨울의 추위는 혹독한 편이며, 지역에 따라서는 반半사막적이므로 관개시설이 없는 한 목양 이외에는 농사를 지을 수 없다. 나는 이곳을 무대로 좌파와 우파 간에 벌어진 스페인 시민전쟁을 묘사한 헤밍웨이의 소설《누구를 위하여 종은 울리나》를 떠올리면서 9개월간의 혹독한 더위와 3개월간의 추운 겨울의 고원에서 벌어진 게릴라 전투를 실감할 수 있었다. 이 소설은 영화로 만들어져 게리 쿠퍼와 잉그리드 버그만이 열연을 펼쳐 많은 영화 팬들의 심금을 울렸다. 나는 이 영화를 계기로 버그만의 열렬한 팬이 되었다.

이베리아반도는 유럽과 아프리카의 길목에 위치한 지리적 특성 탓에 선사 시대 때부터 외부의 영향을 많이 받았다. 15세기에 이르러서야 거의 전 반도가 스페인 왕국의 이름하에 통일을 이루면서 이슬람으로부터 벗어난 이른바 레콘키스타(재정복운동)가 완성되었다. 대항해 시대를 주도한 스페인 식민 제국은 신대륙 정복과 식민지 취득으로 부를 축적해 타 유럽 국가에 큰 영향을 미치면서 유럽의 최강국이 되었다. 특히 라틴아메리카로부터 금과 은을 비롯한 많은 자원을 약탈한 탓에 인플레이션이 일어나게 되었으며, 그곳에서 가져온 감자와 같은 작물은 여러 유럽 국가의 주식이 되었다.

스페인은 헌법상 공식적으로 에스파냐España라 불리는데, 스페인Spain이란 영어식 국호는 페니키아인이 이 지방을 '토끼가 많은 나라'란 뜻의 *Shaphan*에서, 또 에스파냐는 '먼 나라'를 뜻하는 '스포니아'에서 유래된 지명이다. 그러나 지명 유래에 대한 여러 학설이 있지만, 공식 명칭은 스페인 왕국이다. 이베리아반도가 유럽 대륙의 변방임에도 불구하고 16세기 유럽의 최강국으로 부상해 형성한 문명적 특징은 ① 외부와의 교류로 인해 다양한 문화를 받아들여 형성된 문화적 복잡성, ② 레콘키스타 이후 한층 깊어진 신앙심을 바탕으로 한 열정적인 가톨릭 포교로 라틴 아메리카를 포섭한 점, ③ 이베리아의 자연적 · 역사적 조건이 만들어 낸 지역적 분열성의 존재, 라는 이 세 가지로 요약될 수 있다. '레콘키스타Reconquista'란 기독교도가 이베리아반도에서 이슬람 세력을 내쫓기 위해 벌인 해방운동을 가리킨다. 이들 세 가지 특징은 모두 지리적 요인, 즉 지절에서 비롯된 것임을 알 수 있다. 이베리아반도의 복잡성과 다양성은 16세기부터 19세기에 걸쳐 문명의 중심에 설 수 있는 토양을 제공한 것이다. 그리하여 문명의 중심은 스페인, 영국, 프랑스 간의 역학 관계에 의해 유동적이 되었다.

스페인 프로축구 1부 리그인 프리메라리가에서 레알 마드리드와 FC 바르셀로나의 시합을 보면 한국의 영호남 지역 갈등을 능가하는 스페인의 고질적인 지역주의를 엿볼 수 있다. 레알 마드리드는 메세타 고원 서부의 마드리드를 중심으로 하는 카스티리아 지방을 본거지로 하는 팀인데, 이 지방은 이베리아족의 직계 후손들이 살고 있는 전형적인 스페인 사람들로 구성되어 있다. 이에 비해 FC바르셀로나는 프랑스와 가까운 지중해 연안의 카탈루냐 지방에 살고 있는 카탈루냐인들로 구성되어 있는데, 그들은 서고트족의 피가 진하게 섞여 있고 7세기 초에 기독교를 받아들여 신앙심이 매우 투철하다.

바르셀로나를 방문한 많은 관광객들이 도시 근교에 위치한 몬세라트 수도원을 찾는데, '몬세라트Montserrat'란 그림 7-3에서 보는 것처럼 '톱니'를 뜻하는 명칭이다. 마치 한국의 금강산이나 설악산을 연상시키는 몬세라트의 형상은 건축가 가우디가 사그라다 파밀리아 성당의 디자인 영감을 여기서 얻었다는 소문이 사실처럼 보였다. 이곳에 수도원을 건설하게 된 이유가 '검은 성모상' 때문이라고 알려졌지만, 나는 아마 카탈루냐 사람들의 깊은 신앙심 때문이었을 것이라고 생각한다. 아무튼 이들 두 팀이 시합을 벌이면 선수와 관중은 월드컵보다 더 열광하는 모습을 보인다. 이밖에도 지역주의의 본거지는 메세타고원 동부의 아라곤을 비롯해 피레네산맥 일대의 바스크족, 반도 북쪽에 켈트족의 후예들이 살고 있는 갈리시아 지방 등이 있다. 이들은 과거 별개의 국가를 형성했었다.

유럽에서는 중세 이래 정기시定期市 및 고리대금에 관한 법률, 그리고 길드에 의해 다양한 규제가 계속되었다. 그러나 1800년경부터는 전혀

그림 7-3 바르셀로나 근교의 몬세라트 경관

새로운 상업 세계가 모습을 드러내기 시작했다. 유럽의 상업 세계는 글로벌하게 확대되었다. 이는 오랫동안 이어온 경제 중심지가 별도의 장소로 이동한 탓에 생겨난 현상이었다. 즉, 경제 중심지가 남유럽으로부터 북서유럽으로 옮아갔으며, 무역의 중심 역시 지중해로부터 대서양으로 바뀌게 된 것이다. 우리는 이러한 새로운 역사의 흐름을 놓쳐 쇠퇴한 두브로브니크의 사례를 목격한 바 있다. 이 변화의 배경을 역사학자들은 남유럽의 정치적 분쟁과 16세기 이탈리아의 전란, 포르투갈인의 유태인 박해 등을 그 원인으로 꼽지만, 나는 문명의 서진이라는 역사적 흐름에 있다고 본다.

17세기에는 암스테르담과 런던이 부뤼헤 동쪽의 앤트워프를 능가할 정도의 경제적 성공을 거두었다. 이들 도시는 인구가 많은 배후지와 해외무역으로 제조업과 서비스업, 금융업 등이 발전했다. 금융업의 경우는 제노바와 피렌체와 같은 이탈리아의 도시국가가 주도권을 장악했으나,

그림 7-4 17세기 경제적으로 성장한 암스테르담

그 주도권은 플랑드르와 독일의 은행가들의 수중으로 넘어갔다. 그리고 최종적으로는 네덜란드와 영국이 장악하게 되었다.

17세기에 암스테르담 은행과 잉글랜드 은행은 이미 국제적 신용을 획득해 수많은 은행과 상인 집단이 몰려들었다. 은행 금리가 하락하는 한편, 무역용 어음이 폭발적으로 확산됨에 따라 국제 거래의 주역이 되었다. 이는 금화를 대신해 지폐의 시대가 도래했음을 상징하는 것이다. 18세기가 되어 처음으로 유럽에서 지폐가 유통되고 수표가 발명되었다. 또한 주식회사가 양도 가능한 유가증권이라는 새로운 형태의 증권을 만들어 런던에 증권거래소가 창설되고, 주식이 매매되기에 이르렀다. 런던과 파리, 암스테르담 등의 도시에서는 자본유통을 위한 새로운 사회제도가 급속히 정비되고 복권이 유행했으며 연금 제도가 각국에 널리 보급되었다. 상업이 세계적으로 성장을 지속함에 따라 "돈이 돈을 번다"라는 상식이 시대의 흐름 속에 정착되어 가고 있었다. 이러한 과정을 거쳐 근대 자본주의의 틀이 정비되기 시작한 것이다.

유럽의 상업이 구조적 발전을 이루면서 17세기 후반부터 해외무역의 중요성이 고조됨에 따라 경제 활동의 중심이 지중해 연안부로부터 북서 유럽으로 옮아간 것은 바로 역사의 흐름인 동시에 문명의 서진을 반영하는 것이었다. 사실 이러한 조류는 16세기 이전부터 서서히 싹트고 있었다. 스페인과 포르투갈은 대서양의 땅끝에 위치한 이점을 살려 자국의 식민지를 상대로 활발한 해외무역을 전개했다. 이와 더불어 해외무역의 패권을 장악한 사람은 발트해 무역의 주도권을 갖고 있던 네덜란드인이었으나, 17세기 말에는 영국이 주도권을 잡게 되었다. 무엇보다 영국의 중요한 무역품은 캐나다 뉴펀들랜드섬 부근에서 포획한 해산물이었다. 지중해 연안의 가톨릭 국가에서는 매주 금요일에 육식을 중단하고 생선을 먹는 습관이 있었기 때문에 해산물이 날개 돋친 듯이 팔려나갔다.

콜럼버스가 아메리카 대륙을 찾아낸 지 150년이 지났을 무렵, 스페인과 포르투갈을 위시해 영국 · 프랑스 · 네덜란드 등의 열강 국가들은 해외에 경쟁적으로 식민지를 건설했다. 1648년 유럽의 각국이 모여 베스트팔렌 조약을 체결했는데, 최초의 근대적인 외교 회의를 통해 나온 것이었다. 이 조약은 국가주권 개념에 기반을 둔 새로운 질서를 중부유럽에 세웠다는 점에서, 또한 국제법의 출발점이라는 점에서 의의를 갖는다. 이 조약의 원인이었던 30년전쟁을 '최초의 국제 전쟁'이라고 부른다. 30년전쟁은 로마 가톨릭교회와 개신교 간의 대립이라는 종교적 문제를 명분으로 발발했지만, 이후 전개 과정에서는 종교보다는 왕조와 국익을 앞세운 국가들의 정치적인 전쟁이었기 때문에 장기화한 것이다. 영국은 스코틀랜드와의 갈등에 매몰되어 이 조약에 참가하지 않았으며 무역과 식민지 문제를 둘러싸고 네덜란드와 이해관계가 엇갈렸다. 이 무렵 네덜란드 선원 하멜이 한국의 제주도에 표류했었다.

영국과 네덜란드는 해외무역을 넓혀감에 따라 해운업도 다양화했으며, 프랑스 역시 그 경쟁에 뛰어들었다. 상대적으로 수송비가 저렴한 수상 교통이 발달하여 곡물의 국제 거래가 조금씩이나마 행해지기 시작했다. 이러한 변화는 유럽 각국이 식민지를 확대하는 가운데 발생한 것이다. 그들은 정상적 국제무역이라기보다는 일방적 착취에 가까운 무역으로 막대한 이득을 취했다. 특히 아프리카로부터 수입한 흑인 노예는 주로 리스본에서 매매되었다. 유럽에서는 이미 노예제도가 소멸되었음에도 비인도적 노예무역을 시작한 것이다.

포르투갈은 아프리카 어린이를 먼저 붙잡으면 그 부모가 저항하지 못하게 된다는 점에 착안해 야비한 노예사냥을 전개했다. 아프리카인 가운데에는 노예 매매에 협력하는 공범자가 생겨나기도 했다. 흑인 노예들은 대서양을 건너 아메리카로 팔려 나갔다. 노예상들은 더 많은 노예들

그림 7-5 노예선에 실린 흑인 노예들의 상상도

을 선박에 싣기 위해 짐짝처럼 선적했다. 그 과정에서 거의 절반에 가까운 노예들이 죽어갔다. 노예무역은 무역 중 가장 이익이 많이 남는 장사였다.

유럽인들이 해외무역으로 경제적 번영을 이룩한 이유 중 하나는 그들에게 강한 동기부여가 있었기 때문이었다. 대항해 시대에는 아시아와 더 직접적인 무역을 하려는 욕구가 매우 높았다. 동아시아에는 그들이 탐내는 향신료 · 도자기 · 면제품 등의 수많은 진품들이 있었기 때문이다. 특히 육식을 주로 하는 유럽인들은 남부 및 동남아시아 방면에서 생산되는 향신료를 필요로 했다. 중세 유럽에서는 후추가 매우 귀해서 건조시킨 후추 열매 1파운드(453그램) 정도면 영주의 땅에 귀속된 농노農奴 한 명이 자유인으로 풀려날 수 있을 정도의 가치였다. 당시에는 후추뿐 아니라 계피 · 생강 · 정향과 같은 향신료는 극소수만의 식탁에 오를 수 있었다. 귀족들은 손님을 초대해 부의 상징인 향신료를 내놓아 자신의 품격을 뽐

냈을 정도였다.

향신료를 맛본 유럽인들은 향신료의 포로가 되어 있었고, 유럽에서 향신료는 권력과 신분의 상징이 되었다. 독일의 사회학자 쉬벨부쉬(Schivelbusch, 1990)의《기호품의 역사》에 의하면, 중세 유럽인들의 미각은 투박하여 감각적으로 발달하지 못했지만 아시아로부터 수입한 향신료 덕분에 비로소 섬세한 맛을 즐길 줄 아는 미식가가 될 수 있었다. 그들은 더 많은 향신료가 필요했지만, 유럽은 그와 같은 물품과 교환할 만한 것을 전혀 갖고 있지 못했다. 문화적 수준이 유럽에 비해 아시아가 부분적으로 더 높았던 것이다. 그러나 두 대륙 가운데 오스만 제국이 육로를 장악하고 있었기 때문에 직접적인 교역이 불가능했다. 수에즈운하가 없었던 당시에는 아프리카 대륙을 돌아 아시아로 갈 수밖에 없었다. 그들은 더 맛있는 향신료를 수중에 넣기 위해 전 세계를 탐험했다고 해도 과언이 아니다. 서양인의 향신료에 대한 욕구가 서서히 유럽을 깨우기 시작한 것이다. 믿기 어려울 수 있지만, 유럽인의 식욕이 신대륙을 발견하게 하고 근대의 개막에 지대한 영향을 미친 것이다.

인도 항로를 개척한 바스코 다 가마가 인도 남서부의 어느 왕에게 헌상하기 위해 지참한 물건을 보여주었을 때, 인도 사람들이 그것을 보고 웃었다고 하니 그 수준을 짐작할 수 있다. 그러므로 15세기의 아시아와 유럽 간의 문명에는 커다란 격차가 없었다고 볼 수 있다. 16~17세기에 아시아는 찬란한 문화적 융성기였다. 유럽은 아시아와의 무역에서 막대한 이익을 거둘 수 있었으므로 아무리 먼 거리 무역이라도 그 노고를 충분히 보상받을 수 있었다. 바로 이러한 유혹 때문에 탐험 항해와 항로 개척이 더욱 빈번해졌고 지리학이 발달하게 되었다. 당시의 지리학은 모국의 왕실에 충성하는 어용학문이었고, 지리학자는 왕에 충성하는 어용학자였다.

유럽과 아시아 간의 교역에서 주목해야 할 점은, 유럽인들은 그들의 정신적 지주인 기독교 신앙을 통해 동양인이나 아프리카 흑인과 같은 비유럽인에 대한 우월성을 확신하고 있었다는 데 있다. 그들은 이러한 확신을 가지고 정복지 사람들의 가치관과 문명을 존중하지 않고 야만적 식민정책을 전개했다. 즉, 부와 권력의 획득이라는 현실적 동기를 은폐하고 종교의 숭고한 뜻으로 포장한 것이다. 그들은 신대륙에 건너가서도 "신과 국왕 폐하께 충성하면, 암울함 속에 허덕이는 사람들에게 빛을 주고 모든 인간을 그들이 원하는 대로 부유하게 만들어주겠다"라는 말로 원주민을 유혹했다.

오만한 유럽인들은 그들의 힘을 남용하고 무력으로 지배와 착취를 일삼았다. 아프리카 서부 기니만의 후추해안 · 곡물해안 · 황금해안 · 노예해안이란 별명은 모두 유럽인의 아프리카에 대한 착취 증거에 다름 아니다. 20세기에 들어와 아시아의 일본은 유럽 열강의 식민정책을 벤치마킹해 한국을 식민 통치했는데, 일본 국왕에 충성하게 하고 일본 종교인 신도神道를 강요하면서 식민지 자원을 수탈했다는 점에서 유럽인들과 비슷했다.

노예무역으로 벌어들인 거대한 이익이 유럽 산업혁명의 자본을 제공했다는 견해도 있다. 1800년 이전의 유럽은 아시아에 비해 근대적 산업이 발달한 것은 아니었지만, 수많은 숙련공들이 배출되었다. 그들은 야금술을 발전시켜 대포와 화약을 만들고 시계를 발명했다. 시계의 발명은 정밀기계공업의 발달을 의미하는 것이었다. 서서히 산업혁명의 토대가 마련되어 가고 있었던 것이다.

아시아의 최강국이었던 중국은 뛰어난 무기를 개발했고, 화약은 유럽보다 수세기 앞선 시점에 발명되었다. 그러나 중국의 무기는 더 이상 진보를 멈춘 데 비해 유럽은 15세기 이후에 야금술을 급속히 발달시켜 세계에서 가장 우수한 무기를 생산하게 되었다. 특히 유럽은 무기 이외에도 조선술과 항해술을 발달시킴으로써 당시로는 최첨단 기술을 이용한 압도적 군사력을 보유하기에 이르렀다. 중국의 범선인 정크junk선은 더 이상 유럽 군함의 적수가 되지 못했다. 영국의 지도학자 스켈톤(Skelton, 1958)은《탐험지도의 역사》에서 유럽인들이 벌인 인도양 항로의 개척과 아메리카 및 태평양의 발견이라는 2대 사업을 계기로 유럽과 동북아시아 간의 항로 개척에 성공해 대발견 시대를 열 수 있었다고 지적했다.

이리하여 유럽과 아시아의 역학 관계가 역전되기 시작했다. 14~15세기까지만 하더라도 아시아의 숙련공들이 만든 수준 높은 상품은 유럽인들에게는 동경의 대상이었다. 아시아와 유럽의 역전 현상은 유럽의 전통 산업에서 오랜 세월 기술을 축적한 숙련공이 사회계급을 초월해 크게 발전함으로써 생겨난 것이었다. 하라리(Harari, 2014)는 1850년 이후부터 영국을 선두로 한 유럽 열강이 아시아보다 우위를 점하기 시작했음을 지적한 바 있다.

독일의 사회학자 베버(Weber, 1958)가 그의 저서《도시》에서 "동양 사회는 시민계급의 자각이 없다"라고 지적한 것처럼 동양 사회는 유교적 가치관에 기반한 각종 터부가 많은 탓에 평등적 시민 의식이 결여되어 있었다. 기술자와 상류계급이 한데 어울려 르네상스의 기계공학 붐이 일어난 현상은 유럽 이외의 문명에서는 결코 일어나지 않았다. 그 결과, 문명 발달의 요체인 학문 수준 역시 아시아가 유럽에 뒤지게 되었다. 물질문명에 이어 정신문명까지도 유럽이 아시아를 능가하기 시작한 것이다.

또한 유럽 대부분 국가에서 지배계급에 대한 근본적 변화가 나타나기 시작했다. 유럽 각지에서 일어난 사회변혁은 특히 상인이 통치자의 반열에 오르는 네덜란드 연방 공화국에서 뚜렷하게 나타났다. 18세기 유럽 계몽주의를 대표하는 프랑스의 사상가이자 작가였던 볼테르는 일시 영국으로 망명해 영국 사회를 칭찬하면서 영국의 상인들이 귀족과 동일한 존경의 대상이 되었음을 언급한 바 있다. 우리는 진보적 사회 발전을 이룩한 영국과 네덜란드가 경제적(상업적) 성공을 거둔 사실에 주목할 필요가 있다. 그들이 성공을 거둔 원인은 과거 양국의 종교에 있었다. 즉, 두 국가는 큰 혼란을 거쳤지만 결국 개신교를 받아들였다는 것이다.

베버(Weber, 1920)는 《프로테스탄트 윤리와 자본주의 정신》에서 영국과 네덜란드의 공통점에 주목해 그것이 경제 발전의 원인이었다는 이론을 제시했다. 구체적으로, 프로테스탄티즘이 지닌 금욕적 윤리관이 자본주의가 발전하기 위한 합리성을 제공했다는 것이다. 그러나 오늘날에는 자본가들 중 가톨릭 신자가 많다는 점에서 베버의 이론이 반드시 옳다고는 볼 수 없다. 그리고 가톨릭 국가인 프랑스와 스페인은 18세기 시점에서 볼 때 무역 대국으로 영국에 버금가는 경제성장률을 보이고 있었다.

영국 · 네덜란드 · 스페인 · 프랑스 · 포르투갈 등은 유럽 대륙의 땅끝에 위치한 지리적 이점을 살려 16세기 이후 커다란 경제성장을 이룩할 수 있었지만, 스코틀랜드와 같은 예외적인 경우도 있다. 유럽 북부에 위치한 스코틀랜드는 대서양에 면한 개신교 국가임에도 불구하고 여전히 빈곤한 봉건적 국가에 머물고 있었다. 원래 칼레도니아라 불렸던 스코틀랜드는 아일랜드에서 이주한 스코트족의 정착지란 뜻의 스코사Scotia에서 유래한 지명이다. 신대륙 발견은 이베리아반도의 항구도시들을 성장시켰지만 이탈리아 도시와 밀접한 관계에 있던 한자 도시들의 쇠퇴를 초래해 대서양 시대를 열었다.

한편, 대서양과 멀리 떨어진 동유럽은 지중해 시대에 그랬던 것처럼 대서양 시대에도 여전히 후진성을 면치 못하고 있었다. 동유럽은 농작물의 생육 기간이 서유럽에 비해 짧으며 비옥한 토지가 적어 잉여식량의 확보에 불리한 땅을 보유하고 있고, 북서유럽과 달리 멕시코 만류의 영향을 받지 못해 기온이 낮다. 대서양 해류인 멕시코 만류는 스칸디나비아반도의 서쪽까지 영향을 미치므로, 이 지역은 고위도 지방임에도 높은 지절률을 살릴 수 있으나 동유럽과 러시아는 지리적 환경이 달랐다. 그럼에도 불구하고 슬라브문명이 서구문명보다 우월하다는 '범汎슬라브주의' 운동이 러시아를 중심으로 동유럽에서 일었다.

오늘날에도 북독일 평원을 남북으로 흐르는 엘베강을 경계로 하여 어느 정도 동부와 서부를 구분할 수 있다. 사실 '엘베Elbe'란 단어 자체가 게르만의 고어古語로 '강'이란 뜻이다. 아무튼 서부 지역은 개방된 사회형태를 향해 서서히 발전을 거둔 나라가 있었지만, 동부 지역은 농노제에 기초한 권위주의적 사회가 존재했다. 독일인들의 얼굴 표정은 서유럽이나 남유럽인들에 비해 무표정한 편이지만, 특히 엘베강 동쪽의 사람들 표정은 더 어둡고 우울해 보인다. 이는 혹독한 자연조건을 극복하기 위해 생겨난 강한 인내심과 용맹성은 물론 불굴의 의지에서 비롯된 것이리라. 타키투스(Tacitus, 98)의 《게르마니아》에서 게르만 민족은 발트해 남쪽 연안 지역의 악천후 땅에서 형성된 것이 틀림없다고 설명했다. 그 땅은 여름에는 강우전선 때문에 비가 계속 내리고 겨울은 안개가 많이 끼는 것이 사실이므로 게르만 민족의 얼굴에 밝은 표정이 생길 수 없었을 것이다.

동유럽은 자연환경뿐만 아니라 지정학적으로도 불리한 조건을 지니고 있었다. 동유럽은 장기간에 걸쳐 중앙아시아 유목민의 침략을 받았고, 분쟁이 빈번하게 발생하는 발칸반도가 있으며, 이슬람 국가인 오스만 제국과 국경을 마주하고 있었다. 특히 헝가리 등은 오스만 제국의 지배를 받고, 인구가 감소하여 인구 오너스 현상이 발생했다. 나는 이러한 요인보다도 동유럽과 러시아가 서유럽이나 남유럽 또는 북유럽에 비해 지절률이 낮은 까닭에 문명이 발전하기 힘들다고 생각한다.

동유럽을 포함한 북쪽의 민족들은 어둡고 추운 북유럽적이며 게르만적 사유의 영향으로 철저한 운명관을 갖게 되었다. 독일의 문호 괴테(Goethe, 1829)는《이탈리아 기행》에서 "정말로 낮이 얼마나 밝은지 북방인은 거의 모를 것이다. 우리들이 자유로운 하늘 아래서 돌아다니며 즐기는 시간은 도대체 얼마만큼 될까?"라고 자문자답한 말은 매우 유명하다. 그는 남유럽을 '밝은 조형미술의 나라'라 부르고, 이에 대해 북유럽을 '신비적 음악의 나라'라고 표현했다. 근대 독일 문학을 대표하는 헤르만 헤세와 토마스 쿤 역시 남쪽을 그리워하는 심정이 그들의 작품 속 도처에서 찾아볼 수 있다.

알프스산맥을 경계로 하는 북유럽과 남유럽은 고딕 대 르네상스의 건축 양식을 통해서도 두 지역 간의 지역적 · 문화적 대비가 뚜렷하다. 괴테가 지적한 것처럼 북의 로맨티시즘과 남의 리얼리즘은 물론 북의 발전주의와 남의 형식주의는 음악과 미술의 차이에서도 나타났다. 쾰른 대성당의 첨탑에서 볼 수 있는 것처럼 고딕 양식의 뾰족한 높은 탑은 알프스 이북에서 흔히 나타나는 경관적 특색이다.

16세기 이래 남미로부터 도입된 초콜릿은 주로 스페인과 이탈리아 등의 남유럽에 퍼졌다. 커피가 프로테스탄트적 북방 문화라 한다면, 초콜릿은 가톨릭적 남방 문화라 할 수 있다. 당시 초콜릿은 남유럽에서 스태미나를 돋우어 성욕을 일으키는 최음제로 인식되고 있었다. 그들은 커피가 육체로부터 기력을 빼앗는 것에 비해, 초콜릿은 그와 정반대로 육체에 영양을 공급해주고 정력을 길러준다고 믿었다. 그럼에도 불구하고 북유럽 출신의 괴테는 커피를 혐오하고 초콜릿을 예찬한 바 있다.

16세기 초에 일어난 종교개혁은 중세 이래 기독교 세계의 통일을 영구히 파괴하는 결과를 초래했으며, 또한 왕권의 강화를 가속시키는 결과를 가져왔다. 종교개혁은 먼저 신학적 문제를 계기로 불을 지폈다. 당시의 정치적 상황 속에서 신학적 논의는 문화적 대혁명을 불러일으켰다. 따라서 근대사의 출발점을 종교개혁에 두는 역사관은 지극히 당연한 것이다.

17세기 중엽에 영국에서는 내란이 발생해 찰스 1세가 처형되는 이상 사태가 발생함에 따라 약 10년간 왕위의 공백기가 계속되었다. 바로 이 시기에 영국을 지배했던 크롬웰은 탁월한 재능과 함께 경건한 칼뱅주의자로 청교도혁명 당시 국왕 찰스 1세에 맞선 의회 진영의 유력한 장군 가운데 한 사람이었다. 청교도란 영국에서 급진적 개신교의 일파이며, 그들은 엘리자베스 여왕의 시대부터 세력을 떨쳤다. 청교도는 로마 가톨릭에 비판적이며 기독교 교리와 의식을 매우 엄격하게 해석하려는 사람들이었다. 그러나 그들은 정치 활동과 종교 정책에서 볼 때 매우 비민주적이었으므로 단순한 과두정치寡頭政治 외에 아무것도 아니었다고 볼 수 있다.

영국이 낳은 위대한 정치철학자 홉스(Hobbes, 1651)는《리바이어던》에서 국가의 성립 메커니즘의 구성 원리에 대해 고찰한 바 있다. 그는 국가에 있어서 '법이란 무엇인가'를 정의함에 있어 누가 최종적 입법권을 갖는가를 확실히 해두지 않으면 그 권한이 전제군주에게 빼앗길 위험이 있음을 지적했다. 내란과 혁명의 시대를 살아온 홉스는 권력의 소재를 무엇보다 분명히 할 필요가 있음을 뼈저리게 느꼈을 것이다. 영국은 1688년의 명예혁명으로 국왕과 국민 간의 계약에 의거한 군주정치를 탄생시켰다. 입헌군주국이 된 영국은 사실상 홉스의 이론에 입각한 최초의 국가였다.

18세기에 처음으로 영국인은 법의 잠재적 적용 범위에 제한이 없다는 것을 원칙으로 받아들이게 되었다. 이에 따라 권력은 의회와 국왕이 나눠 갖게 되고, 그 중심에 지주계급을 대표하는 하원이 설치되었다. 영국은 국가의 주권이 사회 구성원의 가장 중요한 희망과 반드시 일치해야 한다는 원칙을 관철하기 위해서는 혁명도 불사할 것을 역사에 증명해 보였다. 유라시아 대륙의 서쪽 끝에 위치한 영국과 마찬가지로 동쪽 끝에 위치한 섬나라 일본이 영국을 모델로 하여 입헌군주제를 채택한 것은 우연의 일치일까, 아니면 지리적 메커니즘일까?

프랑스대혁명과 유럽을 넘본 나폴레옹의 야망

17세기 후반 프랑스의 루이 14세는 강력한 중상주의 정책을 펼쳐 국가의 부를 증대하기 위해 상업을 중심으로 한 경제정책을 채택했다. 그 결과 프랑스는 유럽에서 가장 강력한 국가로 등장했고, 루이 14세는 절대 군주로서 최대 전성기를 맞이했다. 그러나 18세기 초 베르사유 궁전 건축과 스페인의 왕위 계승 전쟁 등에 참전해 국가 재정을 바닥냈다. 또 루이 15세 때도 오스트리아 왕위 계승 전쟁과 7년전쟁에 참전해 막대한 재정만 낭비한 채 성과도 없이 물러나고 말았다.

루이 16세가 즉위했을 때에는 이미 국가 재정은 위험 수위를 넘어서고 있었음에도 미국 독립전쟁에 참전함으로써 왕실 재정은 거의 파탄 상태에 빠졌다. 그는 이를 개선하기 위해 평민들만 냈던 세금을 성직자와 귀족들에게도 거두려는 재정 개혁을 시도했으나 왕비와 귀족들의 반대로 실패하고 말았다. 결국 루이 16세는 재정 문제 해결을 위한 마지막 선택으로 1614년 이후 한 번도 열리지 않은 삼부회를 소집하기에 이르렀다. 삼부회三部會란 성직자 · 귀족 · 평민의 대표자들이 모여 토론하는 의회 기관이었다. 그러나 이때 소집한 삼부회는 프랑스혁명의 불씨가 되고 말았다.

그 당시 성직자와 귀족 대표는 각각 300명이고, 제3 신분 대표는 약 600명으로 숫자에서는 두 배였지만 표결 방식이 각 신분별 투표였기 때문에 관례대로 투표를 진행한다면 2 : 1로 평민이 패할 것이 분명했다. 이에 평민 대표인 부르주아들은 신분별 표결 방식을 반대하면서 국민의회를 결성했다. 그리고 프랑스 헌법을 제정할 때까지 해산하지 않겠다

그림 7-6 프랑스대혁명의 도화선이 된 삼부회

면서 베르사유 궁전에 모여 시위를 했다. 그들의 주장에 하급 성직자와 일부 귀족이 합류하면서 드디어 국민의회를 인정하고 헌법 제정에 나섰다. 그러자 루이 16세는 군대를 동원해 의회 활동을 위협하려 했다. 이를 본 파리 시민들이 폭동을 일으켰고, 1789년 7월 14일 바스티유 감옥을 습격한 것이 계기가 되어 프랑스대혁명의 도화선이 되었다. 바스티유 감옥 습격 소식은 곧 전국으로 퍼졌고, 과중한 세금과 부역으로 고통받던 농민들은 영주의 저택을 습격해 성을 약탈하고 봉건적 의무가 기록된 문서들을 불태웠다. 농촌이 대혼란에 빠지자 국민의회에서는 봉건제 폐지를 제의했고, 성직자와 귀족들이 그 제의에 찬성하면서 새 헌법의 기본 원칙을 만들어 공포하기에 이르렀다. 이것이 프랑스 의회가 결의하여 1789년 8월 26일에 발표한 '인권선언'이다.

나는 1980년대 말 스위스 루체른에 들렀을 때 보았던 '빈사瀕死의 사자상*Löwendenkmal*'을 기억해냈다. 이 사자상은 1792년 프랑스혁명 당시 전사한 스위스 용병 786명을 기리기 위해 제작된 위령비에 해당하는 조각품이다(그림 7-7). 스위스는 중립국으로서 전쟁에 대해 중립적인 입장을 지켜왔지만, 과거 생활고에 시달리던 시절에는 높은 임금 때문에 용병으로 지원하는 청년들이 많았다. 1789년 튀일리 궁에 유폐당한 루이 16세와 그의 가족을 지킨 근위병은 프랑스 군대가 아니라 스위스 용병이었다.

1792년 10월에 근위병을 포위한 혁명군은 스위스 용병들에게 퇴각할 수 있는 길을 열어 주었지만, 그들은 "만약 우리가 신뢰를 잃으면 후손들은 영원히 용병을 할 수 없을 것이기 때문에 죽음으로 계약을 지키겠다"라며 전멸의 길을 택했다. 이 사자상은 튀일리 궁전을 사수하다 장열하게 전사한 '라이슬로이퍼*Reislaufer*'라 불리던 장병들을 추모하기 위해 제작된 것이다. 미국의 소설가 마크 트웨인은 이 조각상을 보고 "세계에서 가장 감동적인 작품"이라고 극찬한 바 있다.

헌법 제정 과정에서 루이 16세가 다시 의회를 제지하려 했으나 실패

그림 7-7 루체른의 '빈사의 사자상'

했다. 프랑스는 그 뒤 1791년에 입헌군주제를 채택하는 새 헌법을 제정하고 각종 개혁을 추진했다. 부유한 상공업자와 부농 출신에 기반을 둔 정당이 주도권을 장악해 입법 의회 시대를 열었지만 프로이센 · 오스트리아 전쟁에 참전해 전세가 불리해졌다. 그러자 파리 시민들은 다시 폭동을 일으켜 왕의 퇴위와 보통선거 실시를 주장해 왕정이 폐지되고 국민투표로 공화정이 시작되었다.

그 당시 프랑스 시민들에게 낡고 모순된 구제도 '앙시앵 레짐'은 시정하고 개혁해야 한다는 비판 의식을 심어준 사상이 있었다. 그것은 바로 18세기 중엽 유럽을 지배했던 계몽주의 사상이었다. 특히 모든 인간은 평등하고 자유롭다는 로크(Lock, 1689)의 주장은 시민 계층인 부르주아들이 사회 개혁을 요구하는 데 결정적인 역할을 했다. 더욱이 바다 건너 미국이 독립혁명에 성공하자, 이에 자극을 받아 봉건적인 요소와 전제정치를 타파하고 자유와 평등이 존중되는 사회 건설을 주장하고 나선 것이다.

1712년 제네바에서 이른바 흙수저로 출생한 장 자크 루소는 격동과 변화의 유럽이 배출한 사상가들 중 예외적인 이력을 가진 걸출한 인물이었다. 아웃사이더였던 그는 문명화로 타락한 인간성을 고발한 주목할 만한 저서를 남겼지만, 볼테르를 위시한 프랑스 계몽주의자들로부터 강력한 비판을 받았다. 그들은 귀족적 생활을 영위하는 이른바 금수저의 상류층 부르주아였던 것이다. 명성을 떨친 루소는 파리 입성에 성공해 그가 꿈꿨던 야망을 이루어냈지만 삶의 방향을 근본적으로 바꿔 은둔의 집이란 뜻의 '에르미타주*Hermitage*'라 불리는 시골집에서 은거 생활에 들어갔다.

루소의 소문이 유럽 사회에 퍼지면서 화려한 파티에 싫증이 나고 번거로운 예절과 복잡한 인간관계에서 벗어나고 싶을 때 조용한 시골 별장을 마련하는 것이 유럽 귀족들의 취미 생활로 각광을 받았다. 러시아의 예카테리나 황제는 루소를 흉내 내어 상트페테르부르크에 있는 그녀의 겨울 궁전에 에르미타주*Hermitage*라 이름 붙이기도 했다. 이 무렵부터 별장 문화가 전 세계로 확산되었다. 루소(Rousseau, 1762)는 전혀 새로운 내용을 지닌《사회계약론》을 제시했다. 루소의 정치사상은 프랑스혁명에 영향을 주었을 뿐만 아니라 근대 민주주의 사상의 고전으로 유명하다. 또 하나 주목할 것은 비록 그가 꼼꼼한 고증으로 자신의 이론을 뒷받침하지 못했고 현실에 따라 생각을 자주 바꾸곤 했지만 당시 아메리카 인디언을 멸시했던 선교사들과 달리 자연을 사랑하는 '아메리카의 야만인'을 옹호했다는 사실이다.

나는 프랑스의 대문호인 빅토르 위고가 장발장의 삶을 통해 프랑스혁명의 역사를 되짚어 본《레미제라블》을 소설과 영화로 본 적이 있다. '레미제라블*Les Miserables*'은 프랑스어로 '불쌍한 사람들'이라는 뜻인데, 이 작품은 1845~1862년에 걸쳐 완성된 대장편소설로 전과자란 낙인 때문에 가는 곳마다 사람들에게 멸시받고 천대받는 장발장을 통해 혁명 정신, 노동자와 농민들의 저항 정신, 그리고 가난한 사람들의 인간애를 다룬 감명적 소설이다.

전형적인 시민혁명이었던 프랑스혁명은 불쌍한 민중들의 봉기였다. 종교를 가진 신도들은 자신이 믿고 있는 종교적 진리의 절대성과 우월성을 주장하기 때문에 자신과는 다른 종교를 거부하거나 배격하기 쉽다. 하지만 종교개혁 이후 타종교에 대한 관용 정신이 생겨났으며, 이후 이어진 시민혁명에 의해 서로의 차이를 인정하는 민주주의의 기본 정신으로 자리 잡게 되었다. 이것이 바로 프랑스가 자랑하는 관용의 정신, 즉 톨레랑스*tolerance*인 것이다.

그 무렵 유럽의 주변 국가들은 루이 16세가 처형되는 것을 보고, 프랑스혁명의 여파가 미치는 것을 막기 위해 영국 수상의 제안으로 1793년 오스트리아, 프로이센, 네덜란드가 제1차 대불동맹對佛同盟을 맺고 프랑스에 선전포고를 하기에 이르렀다. 프랑스에서는 독재정치에 떨던 시민들과 숨어 있던 부르주아지들이 더 이상 참지 못하겠다면서 '테르미도르의 반동'을 일으켰다. 그 결과 5인의 총재로 구성된 총재 정부가 들어섰다. 그 뒤 해외로 망명했던 왕당파들이 영국 정부의 지원을 얻어 군대를 이끌고 들어와 폭동을 일으켰다. 이때 왕당파의 반란을 진압한 핵심 인물이 바로 나폴레옹이었다.

나폴레옹은 총재 정부로부터 사령관으로 기용되어 이탈리아를 평정하고 오스트리아의 빈을 공격해 승리를 거두었으며, 나아가 이탈리아 북부와 벨기에를 프랑스 영토로 병합시켰다. 그 결과 제1차 대불동맹이 무너지고 말았다. 그러나 영국군이 전쟁을 마무리할 생각이 없자, 프랑스 정부는 지중해를 장악해 인도 항로에 타격을 주기 위해 나폴레옹을 이집트로 보냈다. 나폴레옹이 이끄는 프랑스 군대가 전투마다 연전연승을 거두는 동안 영국은 오스트리아와 러시아를 끌어들여 제2차 대불동맹을 맺고 프랑스 국경까지 쳐들어왔다.

프랑스는 무능력하고 부패한 총재 정부 때문에 정치적 · 경제적 혼란이 더욱 심각해졌다. 이것을 간파한 나폴레옹은 1799년 프랑스로 잠입해 총재 정부를 무너뜨리고 정권을 장악했다. 이것이 바로 나폴레옹을 프랑스 역사에 공식적으로 등장시킨 쿠데타였다. 말하자면 그는 프랑스 대혁명의 상속자가 된 셈이었다. 나폴레옹은 3인의 통령 정부를 수립한 뒤 임기 10년의 제1통령에 취임한 후, 1804년 12월 2일 국민투표를 실시해 99.8%가 넘는 전폭적 지지를 받아 프랑스 역사상 최초의 황제인 나폴레옹 1세가 되었다. 이 무렵 이웃 나라 오스트리아의 베토벤은 나폴레옹이 프랑스혁명을 구현할 것이라 생각하여 헌정한 '영웅 교향곡'을 철회한 에피소드를 남겼다. 황제에 오른 나폴레옹은 이듬해인 1805년 영국을 침략할 계획을 세우고, 18만에 이르는 병사들을 도버 해협 근처에 집결시켰다. 이에 영국은 다시 오스트리아 · 러시아 · 스웨덴과 함께 제3차 대불동맹을 맺고 프랑스에 맞섰다.

나폴레옹의 군대는 오스트리아 군대가 뮌헨이 위치한 프랑스 동맹국 바이에른을 먼저 공격하자, 다뉴브강을 건너 오스트리아 군대를 격퇴했다. 그러나 1805년의 해전에서는 프랑스와 스페인의 연합함대가 지브롤터 해협에 위치한 트라팔가르곶 연안에서 영국의 넬슨 제독이 이끄는 함대와 맞서 크게 패하고 말았다. 트라팔가르해전의 승리로 영국의 해군력은 명성을 떨치게 되었다. 오늘날 트라팔가르해전은 임진왜란 때의 한산도대첩과 함께 세계 4대 해전의 하나로 꼽힌다. 영국은 영웅 넬슨 제독을 기념하기 위해 런던 중심부에 있는 윌리엄 4세 광장을 트라팔가르 광장으로 바꿔 기념하고 있다. 넬슨 제독은 조선의 이순신 장군과 비교되기도 한다.

나폴레옹은 비록 제해권을 차지하는 데에는 실패했지만 동쪽으로 진격해 오스트리아의 빈을 공략하고, 나아가 수적으로 우세한 러시아 · 오스트리아 동맹군을 격파했다. 나폴레옹은 1805년 동맹군을 물리친 아우스터리츠 전투의 승전을 기념하기 위해 이듬해 개선문 공사를 명했으나, 정작 그가 죽은 후에 완공되어 그는 그 문을 지나가보지도 못했다. 나는 2008년 7월 아우슈비츠 수용소를 보러 체코의 브르노에서 폴란드의 크라쿠프로 향할 때 그 전쟁터였던 슬라프코프Slavkov u Brna를 지나면서 나폴레옹을 떠올린 적이 있다.

한편, 전쟁에 패한 오스트리아는 1805년 프랑스와 프레스부르크 조약을 맺고 금화 4천 프랑의 배상금을 지불해야 했다. 이 조약에 따라 바이에른과 뷔르템베르크는 오스트리아로부터 영토를 받아 독립 왕국이 되었다. 이를 계기로 나폴레옹은 신성 로마 제국을 해체하고, 각각 확장

그림 7-8 아우스터리츠 전투의 승리를 기념하는 개선문

된 영토를 통합해 라인 연방을 결성했다. 이것으로 카롤루스 대제 때부터 거의 천년의 역사를 이어온 신성 로마 제국은 사실상 소멸되었다. 라인 연방의 성립으로 인해 나폴레옹이 중부 독일까지 강력한 영향력을 행사하게 되자, 다급해진 프로이센은 그동안 중립적인 입장을 포기하고 1806년에 영국 · 러시아 · 스웨덴과 제4차 대불동맹을 맺어 프랑스에 선전포고를 했다.

독일 내의 최대 강국이었던 프로이센군을 공략해 대승을 거둔 나폴레옹은 베를린에 입성해 영국에 경제적 타격을 줄 목적으로 대륙 봉쇄령을 발표했다. 프랑스 군대는 빌헬름 3세를 추격하기 위해 동프로이센으로 향하는 과정에서 프로이센을 지원하러 온 러시아군과 전투를 벌이게 되었다. 눈바람 속의 추운 겨울에 치러진 전투에서 나폴레옹은 처음으로 별다른 성과를 거두지 못한 채 고전했으나, 다시 전열을 가다듬어 여

름이 다가오자 후퇴하는 러시아군에 총공격을 퍼부었다. 그는 항상 병사들과 숙식을 함께하며 생사고락을 같이했다. 이 전투에서 러시아 군대는 완전히 무너지고 말았다.

나폴레옹은 1807년 7월 틸지트 조약을 맺어 러시아와 동맹국이 되었고, 나폴레옹을 지원한 작센은 옛 폴란드 영토의 일부를 되찾아 바르샤바 공국이 되었다. 유럽에서 공국公國이란 왕보다 낮은 작위를 가진 군주가 다스리는 국가를 의미했다. 이로써 나폴레옹은 서유럽과 중유럽을 완전히 장악하게 되었다. 1810년 나폴레옹은 러시아를 견제할 목적으로 아내 조세핀과 이혼하고 오스트리아 황제의 딸 마리 루이제와 결혼했다. 프랑스는 교황령까지 흡수하여 유럽의 제국으로서 최고 절정기를 구가했다.

1810년 이후 프랑스와 러시아의 관계가 어긋나기 시작했다. 이미 1806년에 베를린 칙령을 발표하여 영국에 대한 대륙 봉쇄령을 내렸던 나폴레옹은 틸지트 조약으로 동맹 관계를 맺은 러시아에게도 협력을 요구했으나 곡물 수출국인 러시아가 이에 협조하지 않자, 두 나라의 우호 관계는 1812년에 이르러 깨지고 말았다. 이에 격분한 나폴레옹은 60만 대군을 이끌고 러시아 원정에 나섰다. 나폴레옹의 군대는 러시아군과 싸워 많은 희생자를 냈음에도 불구하고 무리하게 전진하여 마침내 모스크바에 입성할 수 있었다.

프랑스군이 모스크바에 들어갔을 때 이미 시내는 텅 비어 있었고 화재까지 일어나 거의 모든 것이 불타버린 상태였다. 그런 와중에 보급도 끊기고 혹한까지 겹쳐 프랑스군은 매우 곤란한 처지가 되어 나폴레옹은 철수를 명령했지만, 후퇴하면서 러시아군과 농민들의 기습 공격을 받아 엄청난 피해를 입게 되었다. 추위와 배고픔은 더욱 많은 사상자를 내어 결국 살아 돌아온 병력은 겨우 1만 명 정도에 불과했다. 지리적 지식이 풍부했던 나폴레옹이 왜 무려 2,500여 킬로미터에 달하는 무리한 원정을 강행한 실수를 범했는지 궁금하다. 혹시 그의 강한 자존심 때문에 자제력을 상실했거나 지나친 낙관적 성격 때문은 아니었을까? 만약 그에게 영국의 웰링턴 장군과 같은 침착성이 있었더라면 어떠했을까?

나폴레옹의 러시아 원정 실패 소식은 1813년에 프로이센 · 러시아 · 영국 · 오스트리아 · 스웨덴이 제6차 대불동맹을 결성하는 계기가 되었다. 동맹군과 나폴레옹의 군대는 작센 지방의 라이프치히에서 3일 동안 치열한 전투를 벌였고, 결국 나폴레옹은 패하고 말았다. 나폴레옹이 연이어 패하자, 라인 연방을 비롯한 나폴레옹의 지배하에 있던 나라들이 떨어져 나갔다. 승리를 거둔 동맹군은 이듬해 봄 파리에 입성했고, "역사는 승자에 의해 쓰인다"라고 주장한 나폴레옹은 황제의 자리에서 쫓겨나 지중해에 있는 엘바섬으로 귀양을 갔다.

여기서 잠깐 영국인 탐험가 배질 홀Basil Hall이 그의 아버지 후배였던 나폴레옹을 만났을 때의 일화를 소개하겠다. 그는 나폴레옹이 유배 중 그를 만나 조선의 풍물을 소개하고 나서 "이 나라는 평화를 사랑하는 민족이어서 지금까지 역사가 깊은 나라임에도 불구하고 남의 나라를 침략해본 적이 없는 선량한 민족입니다"라고 일러주자, 나폴레옹은 "이 세상에 남의 나라를 쳐들어가보지 않은 민족도 있더냐? 그런 나라가 있다면 가보고 싶다"라는 말을 남겼다고 한다. 홀은 1593년 임진왜란 때 왜군을 따라온 스페인 신부 세스페데스와 1653년 제주도에 표류한 네덜란드인 하멜보다는 늦지만 1816년 9월 조선을 탐사하기 위해 한반도를 찾은 최초의 서양인이었다. 그는 열흘 동안 한반도의 서해안 일대와 제주도를 두루 탐사하는 과정에서 만난 조선인들이 낯선 이방인에게 다정하게 대해주고 극진하게 대접받은 일화를 그의 저서(1818)《조선 서해안과 류큐섬 탐사기》에서 회고한 바 있다. 전쟁 속에서 한평생을 보낸 나폴레옹에게 마지막 진혼곡을 들려준 나라가 바로 평화로운 조선이었던 것이다.

독서광이었던 나폴레옹은 지리학을 무척 좋아했는데, 그 이유는 지도 때문이었다고 한다. 프랑스는 과학적 측량으로 지도 제작을 선도한 나라였다. 그는 지도 속에서 세계관을 키우고 침략 야욕을 꿈꿨을지도 모른다. 그는 소위 '참모본부 지도'라 불리는 1 : 8만 축척의 프랑스 최초 지형도를 가장 소중한 자산으로 여겼다. 군대 조직에서 참모본부 직제를 편성한 것은 아마 나폴레옹 군대가 효시일 것이다.

독일의 동양학자 클라프로트는 1815년 나폴레옹이 엘바섬을 탈출하던 해에 그를 만나 러시아 민족에 관한 집필 의뢰를 받아냈으나 그가 재기하지 못하는 바람에 실현되지 못했다는 일화가 있다. 클라프로트(Klaproth, 1832)는 일본의 지리학자 하야시 시헤이(林子平, 1786)의 《삼국통람도설三國通覽圖說》을 프랑스어로 번역해 출간했는데, 그 속에는 유명한 '삼국접양지도三國接壤之圖'가 들어 있다. 이 지도는 독도 영유권을 둘러싸고 한·일 간에 주목을 받고 있는 귀중한 자료일 뿐만 아니라 일본이 미국으로부터 오가사와라제도를 돌려받을 때 증거 자료가 되기도 했다. 이 지도에는 독도가 한국 영토임이 적시되어 있다(남영우, 2016). 나는 2017년 조지아의 수도 트빌리시 답사에서 가이드를 해준 트빌리시 대학원생 조지를 통해 그의 족적을 확인할 수 있었다.

유럽 정치 지도의 고착화

나폴레옹 정권이 무너진 뒤 유럽 각국은 프랑스혁명 정신이 확산되는 것을 막고, 나폴레옹 전쟁으로 인해 복잡해진 국경 문제를 해결하기 위해 1815년 6월에 오스트리아의 빈에 모여 회의를 개최했다. 오스트리아의 재상 메테르니히 주도로 열린 이 회의는 역사상 가장 광범위한 내용을 담고 있는데, 중요한 것은 국경을 프랑스혁명이 일어나기 전의 유럽인 빈 체제로 되돌려 놓기로 결정한 것이다. 그 결과 각국의 자유주의와 민족주의 운동을 억압했고, 그리스와 라틴아메리카의 독립을 불러왔다. 그러나 이후 일시적으로 억압된 자유주의와 민족주의가 꽃을 피워 빈 체제는 무너지고 말았다.

합스부르크가家는 현재의 스위스에 위치한 합스부르크 성을 지배하는 가문이었다. 1279년 루돌프 1세가 오스트리아 영지를 획득한 이후, 오스트리아는 합스부르크가의 지배령이 되었다. 이후 합스부르크 왕가는 결혼과 입양을 통해 유럽에서 가장 강력한 가문 가운데 하나의 왕조로 떠올랐다. 합스부르크 왕조의 영토는 프랑스를 제외한 유럽 전체였으므로 다양한 민족과 언어로 구성되었는데, 그 까닭에 통합에 어려움을 겪었다. 여기에 아시아 일부와 신대륙 영토를 포함하면 합스부르크 제국은 훗날 대영제국이 표방한 '해가 지지 않는 제국'의 원조인 셈이다. 그리하여 중앙집권제와 대규모로 통제된 행정조직이 필요했다. 합스부르크 황제는 헝가리 국왕 · 밀라노 공公 · 오스트리아 대공大公이란 호칭을 갖고 있었다.

카를 5세는 합스부르크 가문이 배출한 최고의 인물인 동시에 유럽에서는 중세 최후, 근세 최초의 황제로 불리는 인물이다. 그는 스페인의 공식적인 초대 국왕이자 신성 로마 제국의 황제, 이탈리아의 군주 등 국경을 초월한 근세 유럽에서 가장 많은 나라의 왕관을 쓴 인물이었으나 결과적으로 국가로서의 통합은 이루지 못했다.

이와 같은 배경 속에 합스부르크의 근대화는 항상 계몽주의적 색채를 띠게 되었다. 1740년대 이후에 오스트리아가 유럽의 패권을 걸고 프러시아(프로이센)와 전쟁을 벌이기 위해 개혁을 추진하게 되면서 교회와 국가 간에 대립이 격해졌으며 교회가 지니고 있던 각종 특권이 폐지되었다. 이러한 정책에 분노한 세력이 강력히 반발해 중앙정부의 기능은 마비되었다. 당시 유럽은 전형적인 계몽전제주의국가의 모델을 적용하는 것이 무리였다. 계몽전제주의란 위로부터의 개혁을 말하는 것이므로, 계몽전제주의국가는 계몽사상을 실제의 정치에 적용하려고 시도한 유럽의 지적 운동知的運動이며 절대주의의 정치 형태였다. 몽테스키외 · 볼테르 · 루소 등의 사상가로 대표되는 계몽주의는 절대주의였던 구체제의 세계관뿐 아니라 철학 및 인식에 대한 근본적인 비판과 공격을 가하는 것을 의미한다.

절대군주정치는 18세기를 통해 유지되었지만, 국가별로 계몽전제주의와 계몽전제군주란 용어는 사실상 오늘날의 우익과 좌익만큼이나 모호한 용어였다. 그러나 1750년경부터 진보적 사상의 영향을 받은 군주들이 하나둘씩 등장해 개혁을 지향하게 되었다. 그렇다고 하여 계몽전제주의 정책이 정치적으로 자유주의적이었다고 볼 수 없지만, 전통적으로 고수해오던 사회적 권위와 종교적 권위는 차츰 약화되는 근대적 측면을 내포하고 있었다. 이는 마치 오늘날에도 완벽한 민주주의 국가를 실현하고 있는 나라가 없는 것과 마찬가지라고 보면 된다.

지중해 연안의 스페인 · 포르투갈 · 이탈리아 등의 여러 국가들이 근대화를 목표로 경제개혁을 추진했다. 특히 스페인과 포르투갈은 과거 대국으로서의 지위를 회복하는 수단으로 계몽전제주의적 정치를 도입했다. 17세기 후반에 이르러 프랑스는 융성하기에 가장 유리한 조건이 조성되고 있었다. 즉, 프랑스는 19세기에 이를 때까지 어느 때보다 서유럽에서 가장 많은 인구와 군대를 보유하고 있었으므로 프랑스와 맞서려면 여러 나라가 동맹을 맺지 않고서는 불가능했다. 루이 14세의 통치 시기에는 많은 자원을 바탕으로 전성기를 맞이하게 되었다.

루이 14세의 등장은 프랑스 역사는 물론 유럽 역사로 볼 때 대단히 중요한 사건이었다. 특히 베르사유 궁전의 건설은 그의 개인적 취향뿐 아니라 외교력을 높이기 위해 빼놓을 수 없는 대사업이었다. 그는 무엇보다 18세기 전반을 통해 문명의 중심을 서유럽에 위치시킨 장본인이었고, 스페인을 굴복시키려는 당초의 목적을 이루기 위해 네덜란드와 독일 정복을 실현하려 이교도인 오스만 제국과 동맹을 맺었다. 그러나 1688년 네덜란드 총독은 함대를 이끌고 영국에 상륙해 왕위에 오르는 '명예혁명'이라 불리는 사건을 일으켰다. 네덜란드 출신의 윌리엄 3세는 루이 14세에 대항하기 위한 유럽 동맹을 지원할 목적으로 군대를 편성하고 유럽의 개신교 국가뿐 아니라 스페인과 합스부르크 제국까지 연대해 프랑스의 야욕을 꺾었다.

한편, 스페인은 1700년 카를로스 2세가 사망하면서 위기에 처하게 되었다. 루이 14세는 오스트리아와 합스부르크 왕조가 포함된 신성 로마 제국과 대적하게 되었다. 유럽의 모든 나라들은 이 전쟁의 승패에 대해 많은 관심을 쏟았다. 영국인은 스페인령 아메리카의 영향에 대해, 네덜란드인은 스페인령 네덜란드의 운명에 대해 중대한 관심을 갖고 있었다. 결국 루이 14세의 패권 전쟁은 프랑스가 스페인을 병합하지 않는다는 조건으로 부르봉 왕조 출신의 펠리페 5세에게 양도되어 스페인 영토는 축소되었고, 스페인령 네덜란드와 이탈리아의 밀라노 등은 신성 로마 황제의 수중에 놓이게 되었다. 이 스페인 계승 전쟁으로 영국은 북미 대륙의 지절률이 높은 뉴펀들랜드 등을 빼앗아 반사 이익을 취하는 행운을 잡았다.

새로운 강국으로 부상한 영국은 1707년부터 스코틀랜드와 연합하여 그레이트브리튼Great Britain이라 불리게 되었다. 중세 유럽의 정치체제는 상이한 성격을 가진 정치체인 공국, 왕국, 신성 로마 제국 등이 영토와 법적 관할에서 서로 중첩되어 병존하는 복잡한 위계질서를 형성하고 있었으나, 1713년에 체결된 유트레히트Utrecht 조약으로 고착되기에 이르렀다. 서유럽의 정치 지도는 이렇게 확정되어 오랫동안 안정을 찾을 수 있었다. 이 조약으로 영국은 지중해와 대서양의 길목인 전략적 요충지 지브롤터를 차지해 오늘에 이르게 되었다. 즉, 지브롤터 해협의 북쪽 지브롤터는 영국이 차지하고, 해협의 남쪽 세우타는 스페인이 차지하게 되었다. 내가 2009년 페리를 타고 이 해협을 건널 때 많은 아프리카인들이 유럽으로 가기 위해 밀입국을 시도하다가 발각되는 것을 목격할 수 있었다.

지브롤터 해협은 교역의 규모로 볼 때 터키의 보스포루스 해협을 능가하는 중요성을 지니고 있다. 유엔의 기준에 따르면, 지브롤터는 유럽 내에 존재하는 마지막 식민지이기도 하다. 영국은 이 해협의 지정학적 중요성 때문에 스페인의 강력한 요구에도 불구하고 그 식민지를 반환하지 않을 것 같다. 2017년에 실시된 지브롤터 시장 선거에서 세계 미인 대회인 미스 월드의 우승자가 약관 30세의 나이로 최연소 시장으로 당선되어 화제를 낳기도 했다.

영국을 구성하는 브리튼은 유럽 본토와 불과 34킬로미터 떨어진 도버

그림 7-9 유트레히트 조약으로 영국령이 된 지브롤터 해협

해협으로 분리되어 있지만, 일찍이 게르만족의 이주지가 되었다. 청동기 시대에는 라인강 하류 지역으로부터 비커Beaker족이 건너오고, 그 후에는 페니키아인과도 교역을 했으며, 기원전 6세기경에는 켈트족이 이주해 들어왔다. 그들은 몸에 문신을 했으므로 프레타니카이Pretanikai라 불렸고, 이 명칭이 로마 시대에는 브리타니아Britania가 되었다가 브리튼으로 바뀐 것이다. 이들 원주민 대부분은 오랫동안 섬의 고립성 때문에 문명을 갖지 못한 목축민으로 생활했다.

기원전 330년경에는 남프랑스에 있던 그리스 지리학자 피테아스Pytheas가 영국을 탐험하면서 당시의 상황을 기록한 귀중한 기록이 전해 내려오고 있다. 피테아스를 연구한 영국의 역사학자 배리(Barry, 2002)에 의하면, 브리튼은 켈트어로 '하얀 나라'를 뜻하는 '알비온Albion'이라 불렸다고 한다. 이는 유럽 본토로부터 도버 해협을 건너면 백악기에 형성된 하얀색의 절벽으로 이루어진 영국이 보이기 때문에 부여된 명칭이다. 이 하얀 절벽을 바라보는 유럽 대륙의 여러 민족들은 강한 유혹을 느꼈을 것이다.

알비온의 나라인 브리튼섬은 기원전 55년 로마 제국의 카이사르의 침략을 받아 약 500년간 로마의 속주가 되었다. 그러고 보니 내가 프랑스를 여행할 때 어느 도시였는지 기억은 안 나지만 피테아스의 조각상을 본 기억이 있다. 도버 해협을 건널 때 보았던 하얀 절벽의 알비온의 기억 역시 아직도 생생하다. 1994년 도버 해협 해저 터널이 완공되면서부터는 비행기에서 조망하는 수밖에 없게 되었다.

영국은 그 당시의 수도 런더니움을 건설하면서 라틴화가 진행되었으나, 로마 세력의 몰락으로 북유럽계 민족의 침입이 지속되었다. 9세기에는 바이킹의 침입을 받기도 했지만, 역사의 흐름 속에서 영국은 게르만적 요소와 라틴적 요소가 혼합됨으로써 유럽 본토와 다른 독자적 민족

그림 7-10 영국의 경관적 상징인 백악기의 하얀 절벽 '알비온'

문화를 형성하기에 이르렀다. 오늘날 유럽 경제의 허브를 이루는 런던은 로마 시대의 런더니움으로부터 성장하기 시작한 것이다.

문명비평가들은 셰익스피어를 게르만적 요소와 라틴적 요소의 융화를 상징하는 천재로 꼽는다. 즉, 《맥베스》와 《햄릿》 등에서 나타나는 비극적 요소는 북유럽적이며, 《한여름 밤의 꿈》이나 《말괄량이 길들이기》 등에서 보이는 희극적 요소는 남유럽적이라고 할 수 있다. 이러한 관점에서 영국인의 성격은 남유럽인과 같이 열광적인 편이 아니고 냉정하게 절제하는 편이다. 웃음 속에서도 어딘가 냉정함을 유지하는 이른바 '드라이 유머' 역시 마찬가지일 것이다. 요컨대 섬나라로서의 영국은 대륙 문화의 여러 요소를 수용하고 흡수하여 그것을 평균화시키고 성숙시킴에 있어 유리했을 것이다.

나는 이러한 현상을 '앞 접시 효과'라 부르며, 그 효과에 의해 형성된 문화를 '앞 접시 문화'라 칭한 바 있다. 내가 주장하는 이른바 '앞 접시 효과'는 타협 또는 상식과 상통하는 개념으로, 영국적 성격의 기본 중 하나라고 생각한다. 오래전부터 유럽의 민족성을 이야기할 때, "라틴 민족은 천재적 능력으로 무엇인가를 발견하고, 게르만 민족은 치밀한 이론으로 그것을 조직화하며, 영국인은 그것을 실생활에 응용한다"라는 말은 깊은 뜻을 함축하고 있다.

영국과 매우 유사한 상황에서 만들어진 것이 일본문명일 것이며, 이것도 앞에서 설명한 프랙털 이론으로 해석할 수 있을 것 같다. 아무튼 영국은 유럽 본토로부터 문명의 서진을 받아들이거나 앞당길 수 있는 역량을 키우고 있었던 것이다. 영국이 새로운 문명의 중심에 서게 되는 과정에 관해서는 잠시 후에 산업혁명을 설명하는 부분에서 다시 언급될 것이다.

오스만 제국의 쇠퇴와 화약고가 된 발칸반도

콘스탄티노플이 함락된 1453년부터 약 100년이 흐르는 동안 오스만 제국은 유럽 침공을 멈추지 않았다. 그 피해 당사자는 지중해 무역의 패권을 장악하고 있던 베네치아였다. 우리는 이미 앞장에서 베네치아를 통해 중세 유럽의 이모저모에 대해 살펴보면서 쇠퇴한 이유를 알고 있다. 오스만 제국은 1479년에 펠로폰네소스 서쪽에 위치한 이오니아제도를 수중에 넣고 흑해 무역을 장악했다. 키프로스를 획득한 베네치아는 1571년 그것을 오스만 제국에 탈취당함에 따라 1600년경 유럽 무역의 주도권은 베네치아로부터 앤트워프와 암스테르담으로 옮아가게 되었다. 또한 15~16세기에 번영을 누렸던 아드리아해 연안의 두브로브니크 역시 쇠퇴의 길을 걷게 되었다.

한편, 오스만 제국은 그들의 지휘하에 있던 헝가리의 반란을 진압하고, 베네치아가 장악했던 지중해 무역의 최후 보루인 크레타섬도 수중에 넣었다. 오스만의 병사들은 용맹스러웠지만, 군사적 수준은 형편없었다.

대포도 없는 재래식 전법을 고집하여 이미 세계 톱클래스로부터 벗어나 있었던 것이다. 그러므로 유럽 열강국들의 화력을 중시한 전법에 대항할 수 없게 되었다. 그뿐만 아니라 오스만 제국의 세력권은 서남아시아를 비롯해 유럽과 아프리카를 포함하는 것으로 지나치게 광대했다. 광대한 영토를 지배하는 일은 무능한 지배자가 출현할 경우 지나친 부담으로 작용할 수밖에 없다. 17세기 후반에는 유능한 재상들이 전열을 정비하여 유럽에 대한 최후의 공격을 단행했지만, 오스만 제국의 약점이 체제 근간에 있었기 때문에 실패하고 말았다.

1683년에 있었던 빈 포위 작전 이후, 유럽 측이 반격에 나서게 되자 오스만 제국의 세력은 1922년 국가가 소멸할 때까지 쇠퇴의 길을 걷게 되었다. 광대한 영토는 거의 대부분 상실했다. 이에 따라 폴란드와 헝가리도 오스만 제국으로부터 해방되었다. 당시 빈은 폴란드 영토였다. 1687년에는 무능한 술탄이 퇴위하여 유폐되고, 오스만 제국의 쇠퇴는 멈추지 않았다. 결과적으로 볼 때, 동지중해 일대의 오스만 제국은 문명의 서진을 지체시키는 하나의 요인이 되었지만, 도도한 역사의 흐름을 돌이킬 수 없었던 것이다.

발칸반도의 몬테네그로, 세르비아, 불가리아, 그리스 등이 사멸해가는 오스만 제국을 공격한 것이 제1차 발칸 전쟁이었다. 발칸 국가들은 소규모의 전쟁만으로도 오스만 제국의 유럽 땅을 점령할 수 있었다. 승전국 세르비아는 숙원이었던 아드리아해의 오트란토 해협으로 진출하게 되었으나, 오스트리아는 독일의 후견 아래 알바니아를 독립국가로 만들어 세르비아를 다시 내륙국으로 환원시키려는 전략을 세웠다. 세르비아는 오스트리아의 책략에 격분했지만 러시아가 자국을 지원할 능력이 없음을 알게 되자 오스트리아와의 전쟁을 포기하고 알바니아를 반환하여 내륙국이 되고 말았다. 세르비아의 오스트리아에 대한 원한은 민족적 통한

그림 7-11 17세기 오스만 제국의 영토

으로 쌓여갔다.

세르비아는 인접국들과 발칸 동맹을 맺었고, 오스만 제국과 벌인 제1차 발칸 전쟁은 1912년 10월 8일 튀르크에 대한 몬테네그로의 선전포고로 시작되었으며, 그로부터 10일 후 나머지 동맹국들이 참전했다. 이 전쟁에서 승리한 발칸 국가들은 1913년 5월 30일 런던에서 조약을 체결했는데, 이 조약으로 오스만 제국은 유럽의 영토를 거의 모두 상실하게 되었다. 알바니아의 독립이 원칙적으로 합의되었으며, 그 이외의 나머지 영토는 발칸 국가들이 나누어 가졌다.

1913년 7월에 시작된 제2차 발칸 전쟁에서는 마케도니아 정복지를 두고 세르비아 · 그리스 · 루마니아 3국이 불가리아를 상대로 싸웠고, 이를 틈타 튀르크는 이스탄불을 포함한 트라키아 지역을 회복했으나 발칸 반도와 크레타섬의 영유권을 상실했다. 불가리아의 패전으로 1913년 8월 10일 부쿠레슈티 강화조약이 체결되었다. 이 조약으로 알바니아는 정식으로 신생 독립국가가 되었지만, 불가리아와 오스만은 최대 희생자가 되었다. 또한 코소보 지방이 세르비아와 몬테네그로에 의해 분할된 것은 이 지역의 다수를 점하고 있던 알바니아인들에게는 불만의 씨앗이 되어 1996년의 코소보 분쟁이 발생하는 원인이 되었다.

내가 발칸반도를 답사한 2007년은 코소보 분쟁이 끝난 지 8년이 경과한 때였음에도 과거 유고슬라비아 연방이었던 나라들의 도처에는 전쟁의 상흔이 남아 있었다. '유고슬라비아Yugoslavia'는 '남슬라브 민족의 땅'이라는 의미인데, 1914년 오스트리아 황태자가 사라예보의 프란츠 요제프 거리(그림 7-12)에서 암살되자 오스트리아 제국은 세르비아에 전쟁을 선포함으로써 제1차 세계대전의 도화선이 되었다. 1918년까지 계속된 전쟁으로 오스트리아-헝가리 제국이 패배했고, 그 후 1929년 유고슬라비아 왕국이 공식 선포되었으며 제2차 세계대전이 끝날 때까지 존속했다.

사회주의 국가였던 유고슬라비아에는 세르비아 · 몬테네그로 이외에도, 현재는 독립국이 된 보스니아헤르체고비나 · 크로아티아 · 마케도니

그림 7-12 오스트리아 황태자가 암살당한 프란츠 요제프 거리

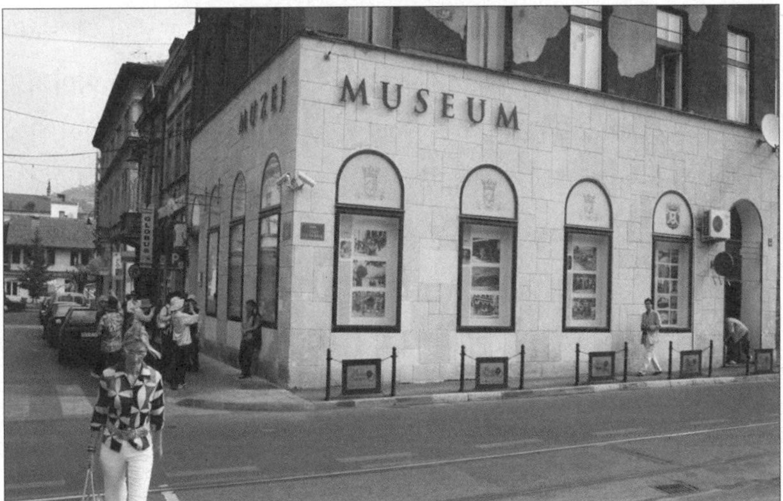

아 · 슬로베니아 등 4개 공화국이 포함되어 있었다. 구유고 연방은 7개의 국경, 6개의 공화국, 5개의 민족, 4개의 언어, 3개의 종교, 2개의 문자, 하나의 국가였으므로 억지로 결합된 다민족국가였다. 이 때문에 분쟁의 소지가 항상 도사리고 있었다. 발칸반도 전체가 '화약고'라 불리는 이유가 여기에 있다.

이들 민족은 대부분 슬라브 민족으로 간주될 수 있는데, 세르비아와 슬로베니아는 모두 '슬라브인의 땅'이란 의미를 갖고 있다. '슬라브Slav'란 명칭은 원래 영어의 slave, 즉 노예란 말에서 유래되었다. 중세 초기부터 동로마 제국과 프랑크 왕국을 비롯해 10세기에는 신성 로마 제국이 동유럽을 침공하여 그들을 포로로 매매하기 시작하면서 '슬라브인=노예'란 인식이 정착된 것이다.

세르비아는 자치주로 있던 2008년 독립을 선언한 코소보를 인정하지 않고 있다. 나는 세르비아의 베오그라드, 크로아티아의 두브로브니크, 보스니아헤르체고비나의 사라예보 등과 같은 도시에서 내전 중에 벌어진 죽음의 공포, 굶주림과의 싸움, 이웃의 배신 등에 관한 이야기를 단편적이나마 현지인으로부터 들을 기회가 있었다. 사라예보 호텔의 레스토랑 주인으로부터 다락방에 숨어 감자 세 개로 두 가족이 연명한 이야기도 들었다. 특히 베오그라드에서 우연히 만났던 어느 할머니의 기억이 아직도 생생하다. 이름은 내 기억에 남아 있지 않지만, 그 할머니는 내전에서 가족을 모두 잃고 길거리에서 동냥을 하는 신세가 되어 있었다. 유년 시절 한국전쟁 당시 피난민이었던 나로서는 남의 일 같지 않았다. 그 할머니는 아직 생존해 있는지 개인적으로 궁금하다.

발칸반도는 북쪽의 슬라브 세력과 남쪽의 라틴 세력이 교차하는 땅인 동시에 서양과 동양이 조우하는 땅이기도 하다. 또한 종교적으로는 기독교 세력과 이슬람 세력이 충돌할 수 있는 땅이다. 나는 이곳에 북한의 또

그림 7-13 난민이 된 베오그라드의 할머니

한 명의 황태자라 불리는 김한솔이 유학했던 보스니아헤르체고비나의 국제학교(유나이티드 월드 칼리지 모스타르 분교)가 소재하고 있는 모스타르에 들른 적이 있다. 내가 이 시골의 작은 도시를 방문한 이유는 네레트바강에 있는 모스타르 다리를 보기 위함이었다.

이 작은 다리는 기독교와 이슬람교의 화합과 교류의 상징이 되는 유명한 곳이었는데, 1993년 유고 연방의 해체 과정에서 벌어진 코소보 내전 당시 폭파된 파편을 모두 긁어모아 복원한 것으로 알려져 있다. 이 마을에서 종교와 민족이 다르다는 이유로 이웃끼리 인종 청소라는 학살이 자행되었던 것이다. 지금은 네레트바강 서쪽은 크로아티아계의 기독교도가, 동쪽은 보스니아계의 이슬람교도가 살고 있다.

다리 한쪽 구석에는 '1993년을 잊지 말자DON'T FORGET 1993'라는 글귀가 새겨진 돌을 볼 수 있었다. 나는 모스타르를 뒤로 하며 '과연 종교란 무엇이며, 누구를 위해 존재하는가?'에 대해 생각했다. 구태여 도킨스

그림 7-14 종교 화합의 상징 모스타르 다리

(Dawkins, 2006)의《만들어진 신》을 인용하지 않더라도 지금까지 인류는 신의 이름으로 수많은 전쟁을 하면서 살육을 저질러왔다. 사랑과 관용을 핵심 가치로 내세우는 종교의 이름으로 또 얼마나 많은 전쟁이 계속될지 심히 우려된다.

세계를 뒤흔든 유럽의 제국주의

16세기 이후 세계에서 일어난 변화는 인류의 문명사에서 일찍이 볼 수 없는 것이었다. 하나의 문명이 지구 전체로 확산되기 시작한 것이다. 유럽에서 창출된 문명은 일관되게 다양화의 길을 걷게 되었다. 유럽 열강들은 18세기 말까지 지구의 절반 이상의 토지에 대한 영유권을 주장하고, 실제로 1/3에 달하는 땅을 지배하게 되었다. 북미 대륙에는 영국 식민지로부터 독립한 국가가 생겨났고, 남미 대륙에는 스페인이 아즈텍 문명과 마야문명을 멸망시키고 그들의 문명을 이식했다. 그들은 아프리카 · 페르시아 · 인도 · 인도네시아 등지에서 막대한 자원을 약탈해 본국으로 가져갔다. 나는 서유럽과 남유럽을 답사하면서 박물관에 소장된 유물과 성당의 휘황찬란한 황금을 보면서 씁쓸한 감회를 느꼈다. 말하자면 이것들의 대부분은 장물贓物이 아니던가?

유럽 각국의 식민지 건설이라는 거대한 세계사의 조류는 일방통행으로 흘러갔다. 왜냐하면 몽골 침략 이후 비유럽인이 유럽에 침입하는 사례가 전혀 없었기 때문이었다. 그 원인은 아랍인과 중국인의 항해술이 미숙했기 때문이 아니라, 그들이 보유했던 세균과 무기와 조선술, 정보 축적 능력과 정치체제 때문이었다. 그것은 오랫동안 유럽인의 노력의 결과로 받아들일 수 있을 것이다. 결국 유럽인의 식민지 지배는 근대 유럽문명이 인류 역사상 어떤 문명보다도 급속하고 드라마틱하게 성공을 거둔 덕분이었다고 보아야 한다. 유럽문명의 확대는 지금까지 일시적으로 후퇴를 보인 적은 있을지라도 실패한 경험이 전혀 없었다. 유럽 세계와 비유럽 세계 간에 가로놓인 본질적 차이는 유럽인이 미래와 그 가능성에 눈을 돌린 반면, 비유럽인은 그렇지 못했다는 점이다. 이를 바탕으로 자신감을 가진 유럽인들은 심리적으로 타 대륙 사람들에 대해 우월감을 가지게 되었다.

유럽인들이 제국적 침략 야욕을 드러낸 땅은 두 개의 대륙이었다. 하나는 유럽과 가까운 아프리카였고, 또 하나는 진귀한 물건이 많은 아시아였다. 100여 년에 걸쳐 이들 대륙에 패권을 장악한 것은 포르투갈이었다. 포르투갈은 인도 항로를 처음으로 개척하여 이익을 취할 수 있었다. 그들은 홍해와 동지중해의 베네치아로 운반되는 향신료 가격을 올리기 위해 아랍인의 교역을 방해했다. 그 후 유럽 각국은 처음에는 정복이나 식민지화에는 관심이 없이 아프리카로 눈을 돌려 대륙 연안지대에만 접촉을 시도했으며, 아시아에 눈을 돌린 때에도 마찬가지였다.

1517년에는 처음으로 포르투갈 상선이 중국에 이르러 해상무역의 길을 트게 되었다. 포르투갈은 사실상 아시아 무역을 독점하려고 무력을 사용해 각지에 무역기지를 건설했다. 1557년에는 마카오에 무기한 거류권을 부여받았다. 그들은 무역만 독점한 것이 아니라 해운업도 마찬가지였다. 해상무역에서 강력한 경쟁자였던 아랍인들은 포르투갈의 함대에 완전히 제압되었다. 그리하여 포르투갈은 동아프리카에 이어 홍해 입구의 소코트라섬, 페르시아만 입구에 위치한 무스카트 등지로부터 출격할 수 있게 되었으며, 메소포타미아 남쪽의 바스라에도 상관을 설치했다.

바로 이 무렵, 일본은 규슈 남쪽의 다네가섬種子島에 표류한 포르투갈 상인의 철포를 개량한 조총鳥銃을 무기로 1592년 임진왜란을 일으켰다. 포르투갈인이 일본에 상륙한 것은 1540년이었다. 조총은 당시로서는 최첨단 무기였던 셈이다. 포르투갈은 인도 무역의 전초기지를 설치하는 동시에 기독교를 포교했다. 더 나아가 그들은 인도네시아 및 티모르와 동남아시아를 자신들의 문명권에 편입시킴으로써 마각을 드러내기 시작했다.

포르투갈은 인구가 적고 재정 기반이 취약한 탓에 스페인에 병합되었고, 이에 따라 네덜란드가 아시아에 진출할 수 있게 되었다. 네덜란드는 아시아로부터 리스본으로 들어오는 상품을 북유럽으로 재수출했다. 포르투갈의 수도인 리스본Lisbon은 페니키아어 *Alis-ibbo*에서 유래된 지명으로 양항良港이란 뜻을 지니고 있다. 정식 명칭은 리스보아Lisboa다. 포르투갈에서 리스본은 국지적 지절률이 가장 높은 곳이다. 이 도시에 가면 대항해 시대의 대륙 발견을 기념하는 건조물이 바스쿠 다 가마가 인도 항로를 개척하기 위해 출발한 자리에 세워져 있어 많은 관광객이 찾아오고 있다. "리스본을 보지 못한 자는 멋진 곳을 모른다"라는 말이 있을 정도로 리스본의 경관은 대단해 보였다. 나는 이곳에서 맛있게 먹은 에그타르트 빵과 해물 밥이 아직도 미각의 기억 속에 남아 있다.

한편, 네덜란드는 인구가 겨우 200만 명에 불과했으므로 상업이 가져다주는 부와 경험 축적이야말로 국가의 운명을 걸 만한 것이었다. 네덜란드는 해운에 종사하는 인구, 선박 규모, 부와 경험의 축적에서 다른 나라보다 유리한 입장에 있었다. 또한 그들은 상업 수완이 아랍 상인을 능

그림 7-15 대항해 시대의 대륙 발견 기념비

가하는 수준이었다.

17세기 초에 아시아에서는 포르투갈이 갖고 있던 패권의 대부분이 네덜란드로 넘어가는 사태가 발생했다. 1602년에는 앞에서 언급한 유트레히트 동맹의 주역이었던 네덜란드가 동인도회사를 설립했다. 이 회사의 설립은 아시아에서 네덜란드의 상업 패권을 결정짓는 중요한 사건이었다. 앞서 포르투갈이 그랬던 것처럼 이 회사의 종업원은 현지 지배자에 명하여 경쟁 상대를 배제시킴으로써 상업권을 독점했다. 일본이 이것을 벤치마킹한 것이 1908년 일제강점기 한반도에 설립된 동양척식회사였다. 네덜란드 식민지 초기는 반란과 추방, 현지 주민의 노예화와 학살 등과 같은 잔학한 역사였다.

이와 같은 네덜란드의 인도양 제해권에 도전한 것이 영국이었다. 영국은 이른 시기부터 향신료 무역을 넘보고 있었으며, 1600년에는 동인도회사를 설립했다. 인도와의 무역에서 경쟁 상대는 네덜란드가 아닌 프랑스였다. 영국은 먼저 인도 남부에 위치한 첸나이에 요새를 건설하고, 찰스 2세가 포르투갈 여왕과 결혼할 때 지참금으로 인도 서부의 뭄바이를 수중에 넣었다. 영국인은 평범한 상품이었던 커피와 직물 등의 무역에 종사했으나, 커피가 영국인의 기호품이 되어 생활 속에 뿌리를 내리게 되자 중요성이 급증했다.

프랑스의 사상가 몽테스키외(Montesquieu, 1748)는《법의 정신》에서 종족들의 품성을 결정짓는 동인이 주로 지리적 요인에 있다고 보고 "인도인들은 자연적으로 용기가 부족하고, 인도에서 태어난 유럽 아이들조차도 자신들 풍토의 용기를 상실했다. 유럽인들이 인디오들을 절멸시켰으므로 그 넓은 땅을 개척하기 위해서는 아프리카인들을 노예 상태로 묶어둘 수밖에 없다"라고 주장했다. 우리는 이 대목에서 세계주의자 몽테스키외가 결코 순수한 유럽 애호가가 아니라 환경결정론자였음을 엿볼 수 있다.

1650년경까지만 하더라도 유럽에서는 아직 커피가 알려지지 않았다. 유럽 대륙의 카페는 17세기 영국의 커피하우스에서 유래했다. 세계에서 가장 오래된 런던의 보험회사 로이드Loyds는 커피하우스에서 출발했고, 그 회칙은 대부분 사교성을 특징으로 했다. 즉, 커피 한 잔의 가격으로 로이드 방에서 누구와도 자유롭게 담소를 나눌 수 있는 권리를 얻었다. 이보다 먼저 1686년에 이탈리아인이 파리의 센강 서쪽 생제르맹 시장 근처에 문을 연 '카페 르 프로코프'가 특히 유명했다. 이 카페에는 디드로, 달랑베르, 루소, 볼테르, 뷔퐁 등과 같은 계몽주의 시대의 쟁쟁한 문인과 사상가들은 물론 학생 시절의 나폴레옹도 자주 드나들었다.

볼테르는 이 카페에 즐겨 앉았던 의자에서 하루에 십여 잔의 커피를 마시는 것으로 유명하며, 하루에 40잔의 커피를 마셨다는 루소 또한 "아! 나는 이제 더 이상 커피 잔을 들 수 없겠구나!"라고 말하며 눈을 감았다는 일화가 전해질 정도로 커피 애호가였다. 프랑스인들 중에는 커피를 좋아한 나머지 커피색을 선호하여 화려한 색의 의상을 입은 귀족층과 정치적으로 차별화하기 위해 검은색 옷을 선호하기도 했다. 생제르맹 거리에는 1821년 홈볼트 등이 세계 최초로 창립한 파리 지리학회 사무실이 있다. 독일 출신의 지리학자인 훔볼트는 근대 지리학의 창시자로 유명한데, 바로 이곳 사무실에서 파나마운하 건설 계획이 결정되었다.

전술한 로이드는 1688년에 주로 선원들과 상인들을 대상으로 하는 커피하우스를 열었다. 이 커피하우스에서는 선박의 화물과 운송 일정에 대한 상세한 목록을 제공했다. 점차 런던의 보험업자들은 운송보험을 팔 목적으로, 그리고 상인들은 운송 일정을 확인하기 위해 로이드의 커피하우스에 모여들었다. 이러한 북적거림 속에서 커피하우스는 로이드 보험회사로 성장한 것이다. 19세기에 들어와서 카페의 고객은 빈민들에게 부담이 되는 음료 가격 때문에 중산층으로 바뀌었다. 카페에 가는 사람들은 홀로 앉아 있을 권리를 가진다고 생각했지만, 카페에서 사람들의 침묵은 노동자계급과는 맞지 않는 것도 사실이었다.

카페의 등장은 사회 변화를 상징하는 대표적 사례 중 하나였다. 커피가 처음 유럽에 도입되었을 때에는 커피하우스와 카페에서만 마셨다. 커피가 가정집으로 들어가 아침과 오후에 마시는 음료가 되기까지 영국은 반세기가 소요되었다. 이에 비해 독일은 커피하우스와 카페 시대를 건너뛰었는데도 거의 한 세기가 소요되었다. 만약 모닝커피가 없었다면 바흐의 커피 칸타타와 브람스의 교향곡은 없었을 것이다. 영국의 커피문화가 '공적 · 영웅적'이라면 독일의 그것은 '사적 · 가정적' 음료문화였다. 홍차 역시 영국인의 대중적 음료수였다. 영국의 어떤 시인은 홍차를 "기분이 좋아지며, 취하지 않는 음료"라고 표현하기도 했다.

프랑스의 지리학자 비달 블라슈(Vidal Blasch, 1922)는 프랑스와 동일한 면적을 가진 어느 나라도 프랑스만큼 커다란 지역차를 보이는 나라는 없을 것이라고 주장했다. 프랑스는 앞에서 설명한 이베리아반도처럼 다양한 땅의 조화로 성립된 국가다. 프랑스 작가이자 비평가인 폴 발레리 역시 "프랑스는 서로 보완하는 지역적 다양성이 교묘하게 밸런스를 맞추는 국가다"라고 지적한 바 있다. 그런 이유로 프랑스의 역사가들은 기본적으로 지역 구조를 중요한 문제로 생각해 루아르강을 경계로 북부와 남부로 구분해 설명한다. 프랑스 왕권이 국토의 통일적 지배를 시도함에 있어서는 관습법(게르만법)의 북부와 성문법(로마법)의 남부 간의 통합이 커다란 과제였을 정도였다.

흔히 프랑스는 풍토와 문화적 측면에서 독일과 대비되어 설명된다. 일반적으로 문화권은 하천 유역권과 일치하는 경우가 대부분인데, 프랑스는 센강 · 루아르강 · 가론강 · 론강 · 뫼즈강 등의 여러 하천이 다양한 문화권을 형성한 데 비해, 독일은 국토의 대부분이 라인강 유역권에 걸쳐 있다. 이런 까닭에 풍수지리적으로 프랑스와 독일은 한국의 호남 지방과 영남 지방에 비견될 수 있다. 즉, 호남은 금강 · 만경강 · 영산강 · 보성강 · 섬진강 등의 여러 하천 유역의 다양한 문화가 교류하여 분열과 다극화된 데 비해, 영남은 대부분 낙동강을 중심으로 한 통합과 일원화의 단일문화권을 형성했다는 것이다. 프랑스의 문화적 성격은 화려하고 사치스러우며 조용하고 섬세하지만, 독일문화의 기질은 담백하고 검소하며 다이내믹하고 철저함에 있지 않은가? 이러한 독일인의 성격은 '정돈'과 '조직'으로 구현되어 독일이 근대과학을 발전시킨 원동력이 되었다.

독일인들에 비해 프랑스인들은 섬세한 감정을 가지고 있었다. 여러 맛의 복합체로 이루어진 프랑스 요리를 세계인이 선호하는 것은 그와 같은 감정을 가진 그들의 미각이 만들어낸 음식 솜씨 덕분일 것이다. 이러한 음식문화 역시 환경의 산물이라고 볼 수 있다. 프랑스의 온유한 사계절의 변화에 따라 형성된 계절적 감정도 매우 섬세한데, 1월부터 12월까지 각각 별개의 월 명칭이 프랑스대혁명 이후 생겨난 것은 우연이 아닐 것이다.

영국의 동인도회사는 인도를 군사적으로 지배하기 곤란하므로 가능한 전쟁을 피하려 했으나, 무갈 제국이 붕괴되자 당초의 방침을 변경했다. 결국 인도는 강력한 권력이 존재하지 않는 사실상 여러 독립국의 집합체로 변화한 것이다. 18세기에는 힌두교도와 이슬람교도의 대립도 격화되었다. 두 종교는 타 종교와 차별화하기 위해 폐쇄적으로 종교의식을 더욱 엄격하게 행했다. 1730년대에는 이란이 수도 델리를 점령하는 사태가 발생했다. 이에 따라 유럽 국가들은 인도에 개입하려는 강한 유혹을 느꼈다. 특히 영국과 프랑스가 그러했다.

네덜란드의 동인도회사는 여전히 영국의 동인도회사보다 우위에 있었으므로, 초기 영국은 인도에 대해 식민지 지배보다 무역을 우선시했다. 그러나 영국은 무갈 제국의 혼란을 틈타 인도에 개입하면서 프랑스보다 유리한 입장에 서게 되었다. 캘커타(콜카타)에 무역 기지를 둔 영국은 인구가 조밀한 갠지스강 하류의 비옥한 땅에 위치했다는 점에서 프랑스보다 유리했다. 또한 프랑스 정부는 자국의 상인들 의견을 반영하지 않았으나, 영국은 동인도회사의 상인들 의견을 듣고 행동했다. 더욱이 프랑스는 인도보다 유럽 대륙에 더 관심이 많았던 것에 비해, 영국은 인도에 기독교를 포교하려는 열정을 갖고 있었을 뿐 현지 주민의 관습과 제도에 개입하려고 하지 않았다. 갠지스강 하류는 비옥하기도 하지만 인더스강 못지않게 지절률이 높은 땅이었다.

영국과 프랑스는 당초 인도 내에서 자국의 상인을 지원하는 간접적 형태로 경쟁했으나, 1744년 인도 남서부에서 양국의 무력 충돌이 발생하고 말았다. 이 전쟁에서 승리한 영국은 카르나타카를 지배하게 되었는데, 칸나다어로 카르나타카*Karnataka*는 '고귀한 땅'이라는 뜻으로 인도에서 유일한 금 · 은 광산이 있는 곳이다.

1765년 유럽에서 7년전쟁이 발발했을 때, 인도에서는 캘커타가 함락되는 과정에서 영국인이 포로의 대부분을 질식사시키는 사건이 발생했다. 이에 동인도회사의 군대는 재차 캘커타와 프랑스 교역소를 탈취했다. 이로써 1764년 인도 아대륙의 운명은 영국의 동인도회사와 그 군대의 수중에 넘어가게 되었다.

벵골의 지배자가 된 영국의 동인도회사는 당초 인도 통치가 아니라 어디까지나 무역을 희망하고 있었지만, 벵골만 연안 지방으로부터 세금을 징수할 수 있게 되면서 생각이 바뀌었다. 동인도회사는 몇 개 남지 않은 프랑스 교역소가 요새화하지 않는다는 조건하에 허락했으나 곧 해산되고 말았다. 그 후 영국은 네덜란드로부터 실론섬까지 획득함으로써 전례 없는 규모의 제국주의 무대를 정비해 나아갔다. 영국 정부와 동인도회사 모두 인도의 내정에 간섭을 피했다. 인도는 수억 명에 달하는 사람들이 동화나 개종하지 않은 채 제국주의에 편입되었다는 점에서 유럽의 다른 식민지와 전혀 다른 존재가 되었다. '파자마'라 불리는 잠옷이 인도로부터 유럽으로 들어온 것이 바로 이 무렵이었을 것이다. 1870년경 인도에 머물던 영국인들이 인도인들이 입던 허리 부분에 끈이 달린 헐렁한 바지를 본국에 돌아와 입기 시작하면서 유행했다.

영국인이 북미 대륙에서 유럽의 열강들에 비해 우월적 주도권을 잡은 요인은 가족 이주라는 새로운 개념의 이민 형식을 취한 데 있었다. 이는 본국으로부터의 도움을 받지 않아도 되는 농업 식민지로서의 자립이 가능한 이유가 되었다. 영국이 주도권을 잡은 또 하나의 요인은 담배의 발견에 있었다. 담배 재배는 버지니아와 메릴랜드에서도 시작되었다. 더욱이 대서양 연안의 북미 대륙 북쪽에서도 유럽과 동일한 작물을 재배할 수 있다는 사실을 알게 되어 북미 대륙의 식민지 경영은 안정기에 접어들 수 있었다. 모피와 어업 이외에는 아무런 자원이 없을 것으로 생각했던 북미 대륙의 식민지가 잉여식량을 수출할 수 있을 정도로 발전했다. 이는 17세기 초 인구과잉과 토지 부족에 시달리던 영국에게 매력적인 땅으로 인식되어 2만 명에 달하는 이민자가 북미 대륙으로 건너갔다.

영국은 대서양 연안의 북미 대륙을 '뉴잉글랜드'라 불렀다. 이 지역 식민지의 특징은 영국 교회에 반기를 든 칼뱅파의 프로테스탄트가 대거 이주했다는 점에서 찾을 수 있다. 그들의 이민 목적은 경제적 동기 이외에도 종교적 동기도 작용했다. 뉴잉글랜드 식민지의 주도권은 영국인 중 전통적인 지배계급이었던 젠트리 계급 가운데에서 선출된 지도자가 장악했다. 그들은 남부 지방의 식민지에 비해 영국의 지배로부터 벗어나야 한다는 생각을 먼저 갖고 있었다.

영국의 정치체제가 내란으로 혼란에 빠져 있던 17세기 중엽의 영국 식민지는 본국의 지배로부터 완전히 해방될 것처럼 보였다. 네덜란드의 식민지였던 뉴욕주는 영국 식민지로 흡수되고, 북쪽은 프랑스 영토가 되었다. 당시 영국은 해외에 대한 지리적 호기심으로 기득했던 사회였다. 1719년 다니엘 디포가 《로빈슨 크루소》를 발간해 폭발적 호응을 얻어 속편을 써야 할 정도로 관심을 끈 것도 그와 같은 영국인의 진취적인 용기와 독립심을 반영한 때문일 것이다.

유럽인들이 아메리카 대륙에 입식을 시작한 지 2세기가 경과된 18세기 말은 유럽문명의 역사에 있어서 헤아릴 수 없을 정도의 가치가 있는 시기였다. 그 가치를 정확히 측정할 수 없지만 확실한 것은 아메리카 대륙에 진출한 모든 국가가 식민지 경영으로부터 경제적 이익을 얻었다는 점이다. 나는 오늘날까지 서유럽 국가가 경제적 부국을 유지하고 있는 것은 이 시기에 취득한 이익이 종자돈이 된 덕분이라고 생각한다. 그리하여 낡은 유럽은 점차 근대 유럽의 모습을 드러내게 되었다. 근대 유럽은 민족주의의 유럽이었는데, 하나는 앵글로 · 색슨 및 프랑스류의 '민족자결권'의 사상과, 다른 하나는 독일 낭만주의자들의 사상이 원천이 되었다. 유럽은 문명 창출 메커니즘인 높은 지절률이 작동하여 과거의 몽상과 허구적 유토피아의 세계로부터 벗어날 수 있었다.

이탈리아의 갈릴레오가 사망하던 1642년 12월 25일에 영국에서는 아이작 뉴턴이 태어났다. 그는 런던에 흑사병이 나돌아 케임브리지대학이 휴교에 들어갔을 때 독학으로 역학 · 광학과 천문학 · 기계적 철학 · 기하학 등에 관한 공부를 했다. 특히 자연현상을 물질과 운동으로 설명하면서 아리스토텔레스를 비판했던 데카르트의 기계적 철학에 매료되었다. 바로 그때에 뉴턴은 주변 학자들의 질투와 비판 속에서 기존의 과학 이론과 다른 이론을 고안해냈다. 데카르트의 원심력 연구에 영향을 받은 뉴턴은 그의 저서《프린시피아Principia》3권에서 유명한 만유인력의 법칙을 설명했다.

뉴턴의 사과나무 이야기는 과장된 것이지만, 그는 코페르니쿠스로부터 촉발된 17세기 과학혁명이라는 거대한 역사적 사건을 대표하는 상징적인 인물이었다. 학자로서는 최초로 1707년 왕실로부터 작위를 수여받았다. 인력은 질량 간의 거리의 제곱에 반비례한다는 법칙은 여러 분야에서 응용되고 있는데, 그가 케임브리지대학에서 지리학을 강의한 사실은 잘 알려져 있지 않다. 오늘날에도 지리학에서는 지역 간 관계를 파악할 때 만유인력의 법칙이 응용되고 있다. 뉴턴은 1727년 3월 20일에 사망했고, 웨스트민스터 사원에 안장되었다. 영국의 시인 포프Pope는 뉴턴의 조사弔辭를 다음과 같이 읊었다.

자연과 자연의 법칙은

어둠 속에 숨겨져 있었네.

신이 말하길, 뉴턴이여 있으라.

그러자 모든 것이 광명이었나니.

문명 발달의 동력이 된 산업혁명

'산업혁명'이란 용어는 프랑스의 학자들이 가장 먼저 사용했지만, 처음으로 일반화된 것은 영국의 역사학자 토인비에 의해서였다. 토인비가 1760~1840년의 영국 경제 발전을 설명하는 과정에서 하나의 용어로 굳어졌으며, 토인비 이후 이 용어는 보다 광범위하게 적용되어왔다. 17세기경의 유럽은 길드가 쇠퇴하고 가내수공업과 공장제수공업이 생겨났으며, 18세기 중엽에 이르러 기계를 사용하는 공장이 출현하여 생산성이 현저하게 높아졌다.

생산기술의 발달은 산업 분야는 물론 사회 전반에 커다란 변화를 일으켰다. 산업혁명은 먼저 영국에서 발생했다. 영국은 일찍이 시민혁명을 이룬 탓에 경제활동이 자유로워지고, 양모 공업을 중심으로 하는 공장제수공업이 발달해 있었다. 또한 네덜란드와 프랑스와의 식민지 경쟁에서 승리를 거두어 해외에 방대한 시장을 개척하고, 민간에서는 자본이 풍부해져 금융업도 발달했다. 17~18세기는 세계무역의 중심이 영국으로 옮겨간 시대였다.

한편, 18세기의 지주계급은 농민으로부터 토지를 빼앗아 대규모 농장을 경영하게 되었다. 토지에 얽매여 살던 농민의 대부분은 일자리를 구하기 위해 도시로 이주해야만 했다. 그 결과, 영국은 풍부한 자본 · 시장 · 노동력을 확보할 수 있게 되었고, 공장제수공업의 생산력에서는 폭증하는 내외의 수요를 감당하지 못할 상황에 처했다. 18세기 중엽에는 영국에 인도의 면직물이 들어오게 되자 종전의 양모 공업이 타격을 받았지만, 국내에서 면직물의 수요가 높아졌으므로 양모 공업은 면직물 공업으로 대체되었다. 이 면직물 공업으로부터 기계의 발명과 개량이 시작되었다. 이들 기계의 동력으로 1765년 제임스 와트가 개량한 증기기관이 이용되고 기계를 만드는 공업과 제철업이 성하게 되었다.

초기의 증기기관은 성능이 좋지 못했지만 개량을 거듭해 1802년에는 증기선이 건조되었다. 19세기에 접어들어 증기기관을 이용해 미국에서는 범선보다 성능이 우수한 기선이 제작되고, 영국에서는 기차가 발명되어 대량으로 물자를 운송할 수 있게 되었다. 산업혁명의 중심에 있던 영국은 '세계의 공장'이라 불리게 되었다. 1851년 5월 런던을 대표하는 영국식 공원인 하이드 파크에서 개최된 만국박람회는 후에 세계박람회로 불리는 대회의 첫 전시회였다. 산업혁명은 곧 프랑스와 미국으로 확산되었다. 이는 유럽문명을 한 단계 끌어 올리는 기폭제가 되었을 뿐 아니라 미국 역시 새로운 문명국으로 등장하게 되는 계기가 되었다.

산업혁명으로 공장제수공업 대신 공장제기계공업이 발달하면서 원료와 동력이 되는 석탄과 물이 있는 곳에 새로운 공업도시가 생겨났다. 농촌에서 쫓겨난 농민과 직장을 잃게 된 수공업 노동자 등이 공장에서 일하게 되어 그 수가 현저하게 증가했다. 산업혁명은 에너지혁명이었다고 볼 수 있다. 이것은 경제혁명인 동시에 사회혁명으로서, 특히 산업부르주아지와 임금노동자의 두 계급을 형성시켜 '젠트리'라 불리는 지주계급을 포함해 3개의 사회계급을 만들어냈다. 젠트리gentry는 영국에서 귀족으로서의 지위는 없었지만 가문의 휘장을 사용할 수 있도록 허용 받은 중간 계층을 가리킨다. 더욱이 상류 지주계급이었던 귀족과 중산계급인 부르주아지는 유산계급이 되어 서서히 자신들의 이해관계를 일치시켜 나아갔다. 즉, 자본가는 이익을 거두기 위해 노동자를 고용하여 자유롭게 생산할 수 있게 된 것이다.

이와 같은 생산구조를 이루는 사회를 자본주의사회라 부르게 되었다. 10세기경부터 요새화된 성을 중심으로 부르bourg가 형성되자 그 도시에 사는 주민을 '부르주아'라 불렀던 것처럼 영국에서는 젠트리 계급을 '젠틀맨gentleman'이라 부르게 되었다. 하라리(Harari, 2014)는 유럽문명이 아시아문명을 능가한 요인이 중국과 페르시아가 시도하지 못한 과학과 자본주의의 결합으로 잠재력을 개발한 탓에 있었음을 지적한 바 있다. 또한 산업혁명은 17세기까지 총인구의 3/4을 차지하고 있던 농민 인구의 비율을 감소시켜 도시 주민의 비율을 높였다. 따라서 도시화라는 현상은 근대적인 두 계급인 부르주아지와 임금노동자의 형성을 가져와 서민 생활에 커다란 변화를 일으켰다. 특히 공장 노동의 경우 저임금과 오랜 노동시간은 큰 문제가 되었으며, 초기의 공장법工場法은 특히 여성과 유약자의 노동을 보호의 대상으로 하여 인권이란 개념이 도입되기 시작했다.

그러나 산업혁명기에 생겨난 최대의 문제는 일정한 시간 동안 집중적인 노동을 해야 하므로 노동이 가족 집단과는 전혀 다른 단위로 편성되어야 했다는 점이다. 이에 따라 생산단위로서 기능을 갖는 가족의 유대감이 현저하게 약해졌다. 가족의 해체는 가족의 직업훈련 기능이 상실됨을 뜻했다. 따라서 산업혁명 이후 부녀자와 아동의 노동이 문제가 된 것은 노동조건이라기보다는 가족구조의 해체였다. 따라서 노동자로서는 당연히 노동시간의 단축을 요구하기에 이르렀다. 실질임금은 산업혁명기에는 현저히 낮았다.

가정이나 공동체, 그리고 길드가 가지고 있는 교육 기능이 상실된 이상 공적인 초등교육 제도가 정비된 1870년까지 민중의 교육 수준은 낮을 수밖에 없었다. 그럼에도 불구하고 세계를 주름잡던 대영제국의 황금기를 '팍스 브리태니카'라 불렀다. 19세기 후반에 들어오면서 영국의 위세는 상대적으로 시들해져 팍스 아메리카나에 영광의 지위를 빼앗기게 되는 조짐이 일었다. 이는 문명의 서진이라는 역사의 도도한 흐름이었던 것이다.

산업혁명이 서민 생활에 가져온 변화의 주된 원인은 도시화에 있었다. 이는 상징적인 의미를 갖는데, 당시의 노동자는 취업을 위해 일반적으로 먼 곳으로 가는 경우가 별로 없었기 때문이다. 영국 전체의 인구 중심은 북서부 지방으로 이동했지만, 개개의 노동자는 원래의 공동체와의 관계를 가능한 한 유지하고 싶은 마음이 작용해 고향에서 가까운 도시에만 취업하는 경향이 있었다. 반대로 신흥도시에서는 공동체적 유대가 훨씬 약했다. 공동체적 유대의 확립은 주택문제를 비롯한 사회간접자본의 확충과 인프라의 정비 이상으로 산업혁명기 대도시의 최대 과제가 되었다. 영국의 도시화는 문명화를 더욱 촉진했다.

생산수단의 소유 형태에도 변화가 있었다. 19세기 산업혁명의 특징을 이루는 소수 사람들의 생산수단에 대한 독점적인 소유 형태는 이제 개인이나 보험회사와 같은 기관들이 일반기업들의 주식을 매입함으로써 소유권이 폭넓게 배분되었다. 영국의 경제학자 아담 스미스는 미국이 독립을 선언한 1776년《국부론》에서 자유경쟁의 경제정책을 주장했다. 공업이 발달한 영국은 종래의 무역의 보호와 제한을 금하고 자유무역정책을 주장했다. 스미스의 저서는 중상주의 이론과 간섭주의적 정책 체계를 변화시켰으며, 이후의 거의 모든 경제학설에 발상의 근원을 제공했다. 이제 유럽문명의 중심은 유럽 본토를 떠나 도버 해협을 건넌 것이다.

프랑스와 독일이 영국보다 산업혁명이 늦어진 이유는 관세 제도 때문이었다. 영국은 스코틀랜드를 합병하면서 일찍이 관세 제도를 철폐해 활발한 무역을 했던 반면, 프랑스는 대혁명으로 자유와 평등을 얻었으나 전통적 농업을 고수한 탓에 지역 간 교류가 적었다. 프랑스는 국내에서

조차 지역 간 세금을 부과해 무역이 활성화되지 못했고 농법의 개량도 영국에 비해 뒤지게 되었다.

위에서 설명한 영국의 산업혁명으로 유럽문명의 중심은 프랑스에서 브리튼으로 옮겨지게 되었음을 설명한 바 있지만 이와는 다른 견해도 있다. 프랑스의 역사학자이며 정치가인 기조(Guizot, 1828)는 그의 유명한 '프랑스 문명사' 강의에서 유럽문명사의 중심은 영국이 아니라 프랑스에 있다고 주장했다. 구체적으로, 영국은 사회 발전이 개인의 발전을 앞서 있고 독일은 개인의 발전에 비해 사회 발전이 뒤떨어져 있는 데 비해, 프랑스는 사회와 개인의 발전이 동시에 이루어졌기 때문에 프랑스를 유럽문명사의 중심에 놓아야 한다는 것이다. 프랑스인이었던 기조였기 때문에 이런 주장을 하지 않았나 싶다. 그가 1848년 프랑스 2월혁명으로 영국으로 망명했을 때에도 같은 생각을 했을지 궁금하다.

나는 앞에서 유럽문명은 지절률이 높은 땅에서 전개된 대립과 융화, 항쟁과 친화, 분열과 통합, 다극화와 일원화의 반복에 의해서 창출된 것임을 지적한 바 있다. 특히 분열과 통합, 다극화와 일원화의 반복은 유럽역사의 수레바퀴였다. 로마 제국의 정치 · 문화적 일원화를 비롯하여 기독교, 라틴어, 유럽풍 문학, 자본주의 발달 등은 분열과 통합의 사례이며, 로마 제국 분열 후의 각국의 형성과 발전, 기독교의 분열, 다양한 언어의 형성 등은 다극화와 일원화의 사례라 할 수 있다.

더욱이 19~20세기에 걸친 근대화의 조류와 관련된 기독교와 휴머니즘을 기반으로 하는 유럽문명과 서구 민주주의 사상은 국가의 대립 항쟁 가운데에서도 전 유럽을 망라하는 공통적 특징이었다. 유럽이 지리적으로 완결된 하나의 공동체가 된 것은 자연조건만이 아니라 공통적 지역성을 지니고 있었기 때문이었다. 유럽문명을 단순히 높은 지절률 탓으로 돌린다면 지나친 환경결정론에 매몰될 위험성이 있지만, 유럽의 풍토가 인간이 저항할 수 없을 정도의 강력한 것이 아니었던 것은 사실이다. 유럽의 남북을 차단하는 알프스산맥 역시 침식지형이 발달한 탓에 곳곳에 고개가 형성되어, 유럽에서는 "이것을 넘기 위해 신의 도움을 받을 필요까지는 없다"라는 말까지 생겨날 정도였다. 유럽인들이 농경을 행함에 있어 남유럽의 건조성에 적합한 과수 재배, 목축과 더불어 북유럽의 습윤한 삼림지대를 개척한 삼포식 농업 등은 '길들이기 쉬운 자연'이란 의식을 유럽인들에게 심어주었다.

다이아몬드(Diamond, 2014)는 "왜 어떤 국가는 부유하고, 어떤 국가는 가난한가?"라는 질문에 대답하려면 지리적 요인과 제도적 요인의 두 가지를 고려해야 한다고 지적했다. 그는 두 요인 가운데 지리적 요인을 토지 생산성으로 설명한 바 있다. 유럽 대륙은 수백만 년 동안 지속된 빙하기에 빙하가 북쪽에서 남쪽으로 내려갔다가 다시 남쪽에서 북쪽으로 되돌아가는 과정을 적어도 22회 가량 반복한 덕분에 비옥한 심토深土로 덮이게 되었다. 빙하가 북쪽으로 밀려갈 때마다 바위를 부서뜨리며 새로운 흙을 만들었고, 그때마다 새로운 영양분이 흙에 더해졌다. 또한 유럽과 같은 온대지역은 낙엽이 지는 활엽수로 구성된 온대림인 까닭에 땅에 떨어진 낙엽이 천천히 썩어가며 토양에 오랫동안 영양분을 방출하는 유기물이 많이 포함되어 있다. 중세까지만 하더라도 유럽 내부는 숲으로 덮여 있었는데, 그 숲을 개간하면 그 밑에는 풍요로운 황토질 토양이 쌓여 있었다. 일본의 미술가 다부치(田淵, 1979)는 풍요로움을 감추고 있는 숲에 대한 숭배관 역시 유럽인이 간직한 마음의 고향이라고 주장했다.

이와 같은 이유로 유럽의 땅은 심은 대로 거두는 땅이었으므로 '길들이기 쉬운 자연'이란 인식으로부터 합리주의적 정신이 싹틀 수 있었던 것이 아닐까? 합리주의는 어떤 일정한 목적을 가지고 계획적 · 이성적으로 살아가려는 생각이며, 그 원점의 하나는 자연에 대한 기후순화와 지형순화로 표현되는 적응성과 지절의 융합성으로부터 시작된 것으로 생각된다.

이러한 관점에서 볼 때, 유럽문화의 특징 중 하나는 당연히 인본주의적 정신에서 찾을 수 있다. 유럽의 문학작품에서 볼 수 있는 낭만주의, 리얼리즘, 자연주의, 표현주의 등은 모두 인간이라는 주제의 변형에 다름 아니다. 문학작품뿐 아니라 미술에서도 성모 마리아가 아기 예수를 품은 초상화는 기독교는 물론 교회 밖의 일반인들 사이에서도 유행했다. 이에 비해 이슬람 예술은 초상화 대신 기하학적 문양을 유행시켰다. 그러나 기독교와 이슬람문화가 공존하는 스페인의 경우에서는 두 가지를 모두 볼 수 있다. 이제부터 나의 문명 답사는 아메리카 대륙으로 향한다.

구대륙의 유럽문명은 드디어 대서양을 건너 신대륙으로 문명의 중심이 옮겨지기 시작했다. 그 최전선에는 '콩키스타도르'라 불리는 스페인 정복자들이 있었다. 그들은 차례차례 아메리카 대륙을 점령해 나아갔다. 그러나 그들이 아메리카 신대륙이라 인식했던 그 땅에도 이미 문명은 꽃피어 있었다. 테오티우아칸문명 · 아즈텍문명 · 마야문명 · 잉카문명 등이 바로 그것이었다. 나의 아메리카문명 답사는 오늘날에는 비록 사멸되었지만, 고원지대에서 창출된 테오티우아칸문명과 아즈텍문명을 조사하기 위해 멕시코의 수도 멕시코시티를 답사했고, 저지대의 마야문명을 조사하기 위해서 유명한 휴양지 칸쿤에 머물면서 유카탄반도의 치첸이트사 일대를 답사했다. 그리고 벨리즈의 루반툰을 둘러보았다. 남아메리카의 안데스산지에서 꽃핀 잉카문명을 탐구하기 위해서 페루, 칠레, 볼리비아, 아르헨티나 등지를 답사했지만, 이 책에서는 생략했다. 새로운 신대륙의 문명은 미국문명이었다. 나는 미국문명을 탐구하기 위해 미국 전역을 답사했다.

제8장

사멸한 신대륙문명과 팍스 아메리카나의 미국문명

스페인 제국 콩키스타도르의 '옥수수문명권' 정복

콜럼버스의 신대륙 상륙에 이어 카리브해의 서인도제도에 대한 탐사가 가속화하면서 신세계 정복은 순조롭게 진행되었다. 특히 식민 활동은 에스파뇰라섬이나 쿠바와 같은 큰 섬을 대상으로 추진되었다. 1523년에는 에스파뇰라섬의 산토도밍고에 최초의 대성당과 도시가 건설되기 시작한 것에서 알 수 있는 것처럼, 스페인은 자원 약탈 이외에도 정착을 전제로 한 이주 정책을 펼쳤다.

새로운 땅에 들어와 뿌리를 내린 입식자는 농업과 광물 채굴을 위한 땅을 필요로 했는데, 그곳에는 경쟁자가 존재하지 않았다. 16세기 말까지 중남미 개척의 역사에는 브라질을 제외하고는 스페인 사람들만 등장했다. 아메리카 대륙에 처음 발을 디딘 스페인 사람들 대부분은 가난하지만 용감하고 야심에 찬 이민자들이었다. 그들은 아메리카 본토에 상륙해 전리품이 될 만한 것을 찾아다니거나 기독교 복음을 현지인에게 전파하는 일을 했다. 그들의 정복은 1499년 남미 대륙의 본토 중 베네수엘라와 파나마부터 시작되었다. '콩키스타도르Conquistador'라 불리는 정복자들은 그들의 시대를 열었다.

1518년 코르테스와 1531년 피자로는 대표적인 콩키스타도르였다. 스페인 하급 귀족 출신인 코르테스는 1519년 베라크루스 해안에 상륙해 "*Queme los barcos*!"라 외치면서 자신이 타고 온 선박을 불태워버리고 멕시코로 진군했다. 그것은 본국으로 되돌아가지 않겠다는 의지의 표현이었던 것이다. 이와 유사한 내용으로, 중국 전한 왕조의 무제 시대에 사마천司馬遷이 쓴《사기史記》의 '배수진背水陣'에 나오는 항우項羽의 유명한 파부침주破釜沈舟 이야기가 있다. 진나라를 공격하기 위해 직접 출병한 항우는 강을 건넌 뒤 배를 가라앉히라고 명령한다. 병사들에겐 3일치의 식량을 나눠주고 솥단지마저 깨버린다. 더 이상 돌아갈 수 없고 앞으로 나아갈 수밖에 없게 된 병사들은 목숨을 걸고 싸워 결국 승리한다는 이야기다. 손자병법에서는 분주파부焚舟破釜라 일컫는다.

이와 유사한 이야기는 중세에 스칸디나비아반도와 덴마크에서도 등장했다. 북유럽 일대를 장악했던 바이킹들은 배를 타고 적진에 도착하면 그들이 타고 온 배를 모든 군사들이 보는 앞에서 바로 불태워버렸다. 이것은 그들의 군사들에게 "뒤돌아보지 마라! 우리의 살길은 오직 하나, 앞으로 전진 또 전진하는 것뿐이다!"라는 강력한 무언의 메시지를 던진 것이다.

바로 이곳에서 제국주의 역사를 통틀어 가장 드라마틱한 스토리가 전개되었다. 코르테스는 현재의 멕시코시티인 아즈텍 왕국의 수도 테노치티틀란에 도착해 아즈텍의 도시문명과, 인디오의 풍부한 황금과 보석에 놀랐다. 인디오들은 미개인이 아닌 문명인이었던 것이다. 그럼에도 불구하고 콩키스타도르는 인디오들을 가축과 다름없는 존재로 인식하여 그들의 생존권을 인정치 않고 마음대로 죽여도 된다는 생각으로 가득 차 있었다. 18세기의 선교사들은 루소와 달리 인간은 사회를 조직한 상태에서만 진보하므로 자연 상태의 인디오들은 퇴화되어 동물적이고 나약한 존재로 파악했다.

코르테스 부하들은 몇 안 되는 병사들로 아즈텍 제국을 정복했다. 그들에게는 기동력 있는 말과 쇠로 만든 무기가 있었다. 원주민들은 그들을 동쪽에서 재림한 전설 속의 신으로 오인하고 받아들였다. 또한 그들은 원주민에게 유럽으로부터 가져온 전염병을 퍼뜨려 감염시켰다. 아메리카 대륙의 원주민은 옥수수를 주식으로 삼았던 탓에 불균형한 영양 섭취로 골격도 전반적으로 작았고 균에 대한 저항력이 약해 감염에 취약했다. 당시 면역력이 없던 인디오 인구는 75% 정도 감소했으니 거의 전멸 수준이라 해도 과언이 아니다.

처음 스페인인들이 이곳에 도착했을 때 라틴아메리카의 총 인구는 북아메리카보다 훨씬 많은 약 1,500만 명으로 추정되는데, 그중 2/3에 해당하는 인디오들이 사망한 것이다. 전염병과 강제 노동으로 인한 인구 감소가 엄청났던 것이다. 당시 신대륙으로 항해한 본국인은 원칙적으로 독신 남성이었으므로 각지에서 인디오 여성과 결혼해 '메스티소'라 불리는 혼혈이 많아졌다. 코르테스 군대는 황금을 약탈하고 원주민들을 잔혹하게 대량 학살하기도 하면서 아즈텍문명 등 라틴아메리카 대륙의 고유 문명들을 파괴했다.

여기서 간과해서는 안 될 점이 하나 있다. 라틴 민족, 특히 스페인의 중남미 정복은 무엇보다 금과 은의 약탈에 있었다는 점이다. 그 목적을 달성하기 위해 먼저 인디오를 정복하고, 그다음에 식민이라는 과정을 거쳤다. 이것은 영국과 프랑스가 북아메리카의 미국과 캐나다의 정복 역사에서 보여준 것처럼 식민이 먼저이고 그다음이 인디오 정복의 과정을 거친 것과 정반대 순서라는 점이다. 또한 영국과 프랑스는 장기간에 걸쳐 식민지 영토를 넓혀 나아갔지만, 스페인은 불과 30년 만에 대륙 전체를 정복했다는 점도 마찬가지다.

한편, 피사로는 남미의 페루를 정복하면서 코르테스를 능가하는 콩키스타도르의 무서운 잔혹성을 드러냈다. 스페인 정복자들은 신대륙에 엘도라도*El Dorado*의 황금이 넘쳐난다는 황금향黃金鄕을 찾아 집념을 불태웠다. 페루에서는 잉카 제국이 멸망한 후, 1540년대에 식민이 시작되었다. 이와 동시에 남미에서는 막대한 은 광산이 발견되어 3세기에 걸쳐 유럽으로 대량 송출되었다. 스페인의 신대륙 정복은 약탈과 학살의 역사였던 것이다. 그리하여 스페인은 이미 16세기에 은화를 사용하게 되었고, 이를 계기로 글로벌 경제의 맹아가 싹트기 시작했다.

스페인의 코르테스 군대가 멕시코에 들어오기 전에 인디오가 이룩한 그들 고유의 아즈텍문명이 있었고, 그 이전에는 테오티우아칸문명이 있었다. 멕시코 분지의 해발고도는 약 2,100미터에 달하고 기후는 동남쪽에 위치한 오아하카 분지보다 냉량한 편이다. 연평균 강수량은 400~800밀리미터로 과우지역이지만 지역차가 존재한다. 멕시코 분지는 강수량이 적기 때문에 관개농업에 의존하지 않고는 장기간에 걸쳐 많은 인구를 부양하기 곤란하다.

멕시코 분지에서는 1960년 이래 메소아메리카 최대 규모로 고고학적 발굴 조사가 실시된 바 있다. 멕시코 분지의 인구는 기원전 600~150년에 해당하는 티코만기期 말까지도 5,000~10,000명에 불과했다. 멕시코 분지의 북동부에 위치한 테오티우아칸에서는 기원전 900년경까지만 하더라도 인류의 주거가 시작되기는 했으나, 티코만기에는 소규모의 취락에 불과했다. 당시 그 분지의 중앙은 오늘날과 달리 텍스코코라 불리는 거대한 호수가 자리 잡고 있었다.

고대도시는 잉여식량과 같은 잉여생산물을 바탕으로 발생하는 것이 일반적이다. 중남미로 건너간 스페인 사람들은 처음에는 고대도시의 유적지를 보고도 그것을 도시 유적으로 인정하려 들지 않았다. 도시의 존재를 인정하는 것은 곧 문명의 존재를 인정하는 것이기 때문이다. 그들은 유적지 주변에 잉여식량이 될 만한 작물을 찾을 수 없었으나, 그 의문은 곧 풀렸다. 메소아메리카문명을 푸는 열쇠는 바로 옥수수였다. 옥수수는 건조 저장이 용이하고 고대 메소아메리카에서 가장 큰 인구 부양력을 가진 작물이었을 뿐만 아니라 도시 취락과 문명사회를 창출해낸 원동력의 하나였다. 옥수수는 품종개량을 거듭해 길이와 알갱이가 커져 생산성이 증대되면서 서서히 주민의 주식으로 자리 잡아 갔다. 북미의 인디언들은 기원후 1000년경 농경을 수용하면서 옥수수를 주식으로 삼았지만, 옥수수에 의존한 식생활은 그들의 신체 발육에 좋지 않은 결과를 초래했다. 북미 초기의 농경민은 수렵·채집민보다 키가 작았고 덩치도 왜소했다. 내가 보았던 남미의 인디오들도 마찬가지였다.

비들(Beadle, 1980)의 연구에 의하면, 멕시코고원과 과테말라 서부 고지대에 자생하는 테오신트teosinte라는 볏과의 야생식물이 채집되고 이용되는 과정에서 돌연변이를 일으켜 옥수수의 조상이 되었다. 문명 창출의 한 요소가 잉여식량인데, 아메리카에서는 옥수수가 문명을 창출한 셈이었다. 그런 까닭에 나는 인디오들이 이룩한 메소아메리카의 문명을 '옥수수문명권'이라 명명한 것이다. 메소아메리카 주민들에게 옥수수란 존재는 절대적이었다. 그들은 옥수수를 남자의 성기에 비유하고, 그 알갱이를 정액에 비유했다. 그만큼 옥수수는 인구를 부양하고 퍼뜨리는 존재였던 것이다.

그림 8-1 옥수수의 품종 변화

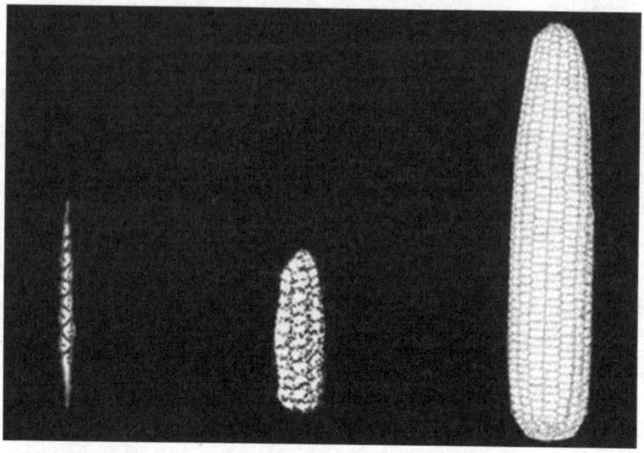

신대륙에서 농업의 기원은 다원적이며 서로 다른 장소에서 상이한 작물 재배가 개시되어 다른 지역으로 전파되었을 것으로 추정된다. 옥수수는 메소아메리카에서 재배가 시작되어 남미와 북미 전역으로 전파되었다는 학설이 유력하다. 옥수수는 콩 및 가보차와 동일한 밭에서 재배가 가능하고, 콩은 옥수수가 토양에서 소비하는 질소를 제공한다. 또한 콩 종류는 옥수수에 부족한 아미노산의 일종인 리신을 풍부하게 함유하고 있으며, 가보차는 단백질이 많이 들어 있다. 원주민들은 이들을 섞어 식용함으로써 영양의 균형을 취할 수 있었던 것이다.

신神들의 장소에 탄생한 테오티우아칸문명

흔히 아메리카에서 탄생한 문명은 아즈텍문명과 마야문명, 잉카문명만 알려져 있지만, 그보다 앞선 테오티우아칸문명이 존재했다는 사실은 잘 알려져 있지 않다. 마야문명을 저지대의 문명이라고 한다면 테오티우아칸문명을 계승한 아즈텍문명은 고원지대에서 탄생한 문명이라 할 수 있다. 이에 비해 잉카문명은 남아메리카에서 번성한 고원 · 산악문명이었다. 신대륙의 문명사는 인류 역사의 중요한 일부일 뿐 아니라 현대로부터도 결코 단절된 것이 아니므로 간과해서는 안 된다. 그 문화적 전통은 약 4천만 명으로 추산되는 신대륙 원주민들 간에 계승되었고, 다양한 구대륙의 문화와 교류하면서 탄생된 현대 라틴아메리카문명의 일부를 형성하고 있다.

나는 2005년 1월과 2006년 2월 두 차례에 걸친 멕시코 답사를 바탕으로 1970년대부터 쏟아져 나오기 시작한 메소아메리카의 연구 성과물과 학자들 간의 논쟁 과정에서 드러난 쟁점에 대해 관심을 가졌다. 테오티우아칸을 둘러싼 발굴 성과를 토대로 첫 번째 답사에 임했다. 두 번째 답사는 내가 미네소타대학에 연구교수로 재직할 때였다. 1987년 유네스코 세계문화유산으로 등재된 테오티우아칸에 대한 연구의 초점은 불가사의로 여겨졌던 메소아메리카의 도시문명이 어떤 배경하에서 발생하고 발달했는가, 그리고 어떤 요인에 의해 쇠퇴했는가에 맞춰졌다.

기원전 1200년을 전후하여 멕시코만 남부의 저지대에서는 올멕Olmec 문명을 필두로 여러 문명이 각지에서 발생했고, 그 후 시대별 · 지역별로 독특한 문화가 흥망을 거듭했다. 멕시코 중앙고지 일대에서는 테오티우아칸Teotiuacan, 톨텍Tolteca, 아즈텍Azteca 등의 문명을 꽃피웠고, 치아파스 과테말라고지와 유카탄반도에서는 마야문명의 흥망이 있었다. 중앙 안데스가 궁극적으로 잉카 제국에 의해 통합된 것에 비해, 메소아메리카는 정치 · 경제 · 종교적으로 긴밀한 교류를 통해 문명을 창출하는 데 성공했다.

메소아메리카는 신석기 단계의 기술로 찬란한 문명을 구축할 수 있었다. 이 땅에서 금속 도구가 실용화된 것은 9세기 이후의 일이다. 이 땅에서의 가축은 개 · 칠면조 등에 국한되었고, 중앙 안데스 산지에 서식하는

그림 8-2 멕시코 분지의 취락 및 자원 분포(기원전 6세기)

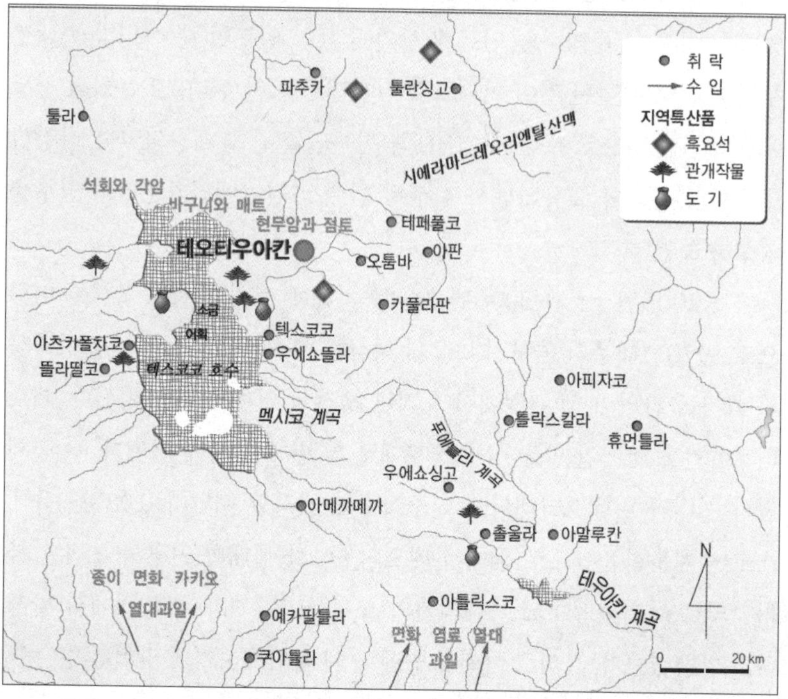

알파카와 같이 덩치가 작은 낙타과 동물밖에 없었다. 그뿐만 아니라 우유 및 유제품을 제공하거나 농경지를 경작하고 짐을 운반해주는 대형 가축이 전무했다. 이것이 구대륙의 가축화와도 다른 점이며, 따라서 물자의 운반은 카누가 사용되는 일부 지역을 제외하고 대부분 인력에 의존했다. 신대륙의 가축화가 제한적으로 적용된 이유는 약 11,000년 전 아메리카 최초의 원주민이 북미 대륙에 들어왔을 때, 이곳에 서식하던 대부분의 대형 포유류가 멸종했기 때문이다.

테오티우아칸의 발전 과정에서 주목해야 할 것은 고도의 인구 집중과 도시계획에 바탕을 둔 거대한 건조물의 건설이 수세기에 걸쳐 형성된 것이 아니라 도시 형성 초기에 한꺼번에 조성되었다는 점이다. 놀라운 사실은 먼저 진북眞北보다 15° 25′ 동쪽으로 틀어진 독특한 방위 개념이 확립되었고, 이에 따라 문명을 상징하는 격자형 도시 설계가 수립되었다는 점이다. 이 방위를 '테오 북', 즉 '신북神北'이라 불렀다(Aven, 1982). 이처럼 방향을 틀어 기준 축을 정한 이유는 도시의 주산主山에 해당하는 고르도산의 정상부 방향에 맞추기 위함이었다. 이 각도를 기준 축으로 설정한 것이 '죽은 자의 거리'라 불리는 간선도로였다. 이처럼 주요 고대도시의 설계에서는 메소포타미아 및 동아시아의 고대도시와 같이 도시의 기본 축이 정해진 후에 도시 골격이 결정되었다.

'죽은 자의 거리Street of the Dead'는 그림 8-3에서 보는 것처럼 고르도산과 '달의 피라미드'를 연결하는 축에 맞춰 정해졌다. 일본의 스기야마(Sugiyama, 1992; 1993)에 의하면, 테오티우아칸에서 사용된 길이의 기본 단위가 약 83센티미터였으며, 이를 바탕으로 주요 건축물의 길이와 건조물 간의 거리를 정한 것은 테오티우아칸 주민들의 우주관을 반영한 구상이라는 것이다. 이는 30센티미터 내외의 고대 동아시아 척도와 상당한 차이를 보이는 것이다.

당시의 인간들은 산을 기준으로 해서 별이나 하늘 같은 우주 공간의 위치를 정했다. 즉, 우주 공간에서 도시의 위치를 정하는 중심점 역할을 한 것이 '달의 피라미드'였는데, 이것이 고르도산을 기준점으로 정했다는 것이다. 그 유래가 사실인지 불확실하지만 그림 8-4에서 보는 것처럼 피라미드의 형태가 고르도산과 흡사하다. 이 피라미드는 '비의 신'을 상징했다. 메소아메리카인들은 구름과 천둥에 의해 내린 빗물을 모아주는 산 정상에 '비의 신'이 살고 있다고 믿었다. 이와는 달리 '태양의 피라미드'를 기준으로 음력 5월 19일과 7월 25일 양일에 그림 8-3의 칼라베라 방향이 일몰점이란 것에 기준점을 두어 진서眞西와 15° 25′ 차이가 나는

그림 8-3 테오티우아칸의 우주관을 반영한 풍수적 입지

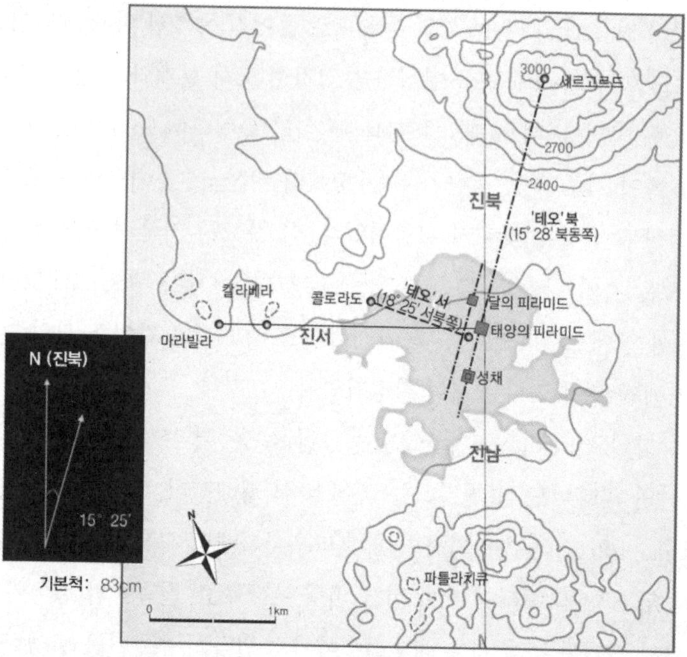

신서神西가 정해졌다. 실제로 상기한 양일 정오에 태양이 이 도시를 수직으로 통과한다. 테오티우아칸문명 이후에 나타난 아즈텍문명에서도 산봉우리를 수인성 질병과 수해로부터 구원해주는 파라다이스라 믿는 신앙이 있었으며, 산의 위치는 지상 최고의 존재였다.

나는 이러한 사실을 근거로 테오티우아칸의 도시계획에 풍수지리사상이 적용되었다고 생각한다. 그뿐만 아니라 '배산임수'와 '좌청룡 우백호'의 풍수적 입지 원리가 그대로 적용되었다는 사실은 나를 놀라게 했다. 동아시아로부터 멀리 떨어진 이 땅에도 풍수지리사상이 뿌리를 내리고 있었다니 놀랍지 않은가? 그들도 몽골 인종인 탓이었을까, 아니면 사람 사는 곳은 대동소이하기 때문일까? 불가사의한 수수께끼가 아닐 수

없다.

테오티우아칸 도시계획의 축이 된 것은 앞서 말한 것처럼 도시의 중앙을 남북으로 종단하는 이른바 '죽은 자의 거리'라는 메인 스트리트였다. 이 대로를 따라 20여 개의 신전과 피라미드가 건설되었다. 메소아메리카에서 피라미드는 지하세계 · 여성 · 권력 등을 상징하는 것으로 알려져 있다. 이들 가운데 '태양의 피라미드'는 멕시코 분지의 최대 규모일 뿐더러 세계 고대문명 가운데 가장 큰 피라미드 신전의 하나이며, 지구 혹은 지하세계를 의미하거나 여신의 상징이기도 하다.

'태양의 피라미드' 아래에는 길이 100미터가 넘는 동굴이 있는데, 이는 메소아메리카에서 동굴이 신비적 세계로 가는 입구로서 종교 또는 창조 신화와 밀접하게 관련되어 있었음을 의미하는 것이다. 그러나 멕시코의 고고학자 만자닐라 등(Manzanilla *et al.*, 1994)은 최근의 조사 결과를 바탕으로 이 동굴이 자연 동굴이 아니라 인공적으로 만들어진 것이라고 주장했고, 스기야마(Sugiyama, 1992)는 이것이 왕묘일 가능성을 시사한

그림 8-4 도시계획의 축이 된 고르도산과 '달의 피라미드'

바 있다. 그리고 대로의 북쪽 끝에는 테오티우아칸에서 두 번째로 큰 건조물인 '달의 피라미드'가 있다.

강력한 국력을 지닌 테오티우아칸의 발전 요인에 관해서는 명쾌하게 밝혀진 바 없다. 이는 메소아메리카 역사에만 국한된 것이 아니라 고대 국가의 일반적 발전 과정을 밝히는 데 있어 대단히 중요한 문제다. 그러나 나는 테오티우아칸 초기에 관한 문헌 자료가 전무하기 때문에 발굴 조사와 답사에 의존할 수밖에 없으므로 기존의 발굴 조사 결과와 현지 답사를 토대로 국가 발전의 기초가 된 몇 가지 조건을 추정해보았다.

첫째, 테오티우아칸은 흑요석 원산지와 가까운 곳에 위치해 있어서, 그 채굴과 유통은 이 지역의 정치 · 경제에 커다란 의미를 가져다준 것으로 추정된다. 둘째, 테오티우아칸은 멕시코 분지로부터 동부와 남부로 이어지는 중요한 교역로 상에 위치한 전략적 거점이었다는 점이다. 셋째, 테오티우아칸 주변은 저습지의 이용과 관개에 의한 집약적 농업이 가능했다는 점이다.

도시인구의 증가에 따라 관개시설에 의한 농경지 규모가 커지고 관개농업과 농업용수로의 건설을 관리한 지배계급의 권력도 강화되었을 것이다. 이들 조건이 국가 발전의 과정에 중대한 영향을 미쳤음에 틀림없지만, 그 중요성을 과대평가하는 것 또한 위험한 해석일 수도 있다.

더 본질적인 문제는 사회적 요인, 즉 사회 · 정치 · 경제 조직과 그 속에서 지배층 및 농민층의 의사 결정과 행동 양식에 있었던 것으로 생각되며, 종교가 사회적으로 중요한 의미를 지니고 있었을 것으로 사료된다. 그 종교는 지배층의 권력을 더욱 강화할 수 있음은 물론 더 큰 사회 통합을 촉진시킬 수 있었을 것이다. 짜괄리 후기(기원후 10~150년) 테오티우아칸의 인구 집중은 가까운 곳의 화산 분화가 직접적인 계기가 되었을 것이다.

자발적인 인구 이동이 있었다고 한다면, 그것은 테오티우아칸의 상업적인 번성과 종교적인 중요성에 기인한 것이었을 것이다. 또한 테오티우아칸 초기에 행해진 대규모 도시계획과 건설을 위해서 지배층이 많은 인구를 이주시켰을 가능성도 있다. 약 12.5만~20만 명에 달하는 인구가 밀집해 있었던 것으로 추정되는 테오티우아칸은 당시 신대륙 최대 도시였을 뿐만 아니라 최고의 인구 조밀 도시였다. 기원후부터 시작된 인구 집중은 멕시코 분지 총인구의 50~60%가 이 도시에 편중되는 결과를 빚었다.

테오티우아칸 일대에 자생하고 있는 각종 선인장은 화려한 벽화를 비롯한 예술품을 남겼고 술의 원료가 되었다. '테킬라'란 술이 바로 그것이다. 테오티우아칸이 가장 번성했던 시기에는 인구의 25~33%가 농업이 아닌 각종 행정 · 종교 · 교역 · 공산품 생산 등의 비농업 활동에 종사하고 있었던 것으로 추정된다. 테오티우아칸에서 생산된 상품의 유물은 멕

그림 8-5 테오티우아칸의 메인 스트리트 '죽은 자의 거리'

시코 분지뿐만 아니라 메소아메리카 전역에 걸쳐 발견되고 있다. 이는 테오티우아칸이 광범위한 지역에 걸쳐 교류했었음을 의미하는 것이다. 아즈텍 제국이 성립된 이후에 메소아메리카 역사상 테오티우아칸만큼 광역적 교류를 행한 도시는 없었다. 테오티우아칸은 원거리 무역으로 흑요석 · 카카오 · 비취 등의 물자를 획득하기 위해 영토 확장을 꾀한 국가였다. 또한 미국의 고고학자 샌더스 등(Sanders *et al.*, 1979)은 테오티우아칸이 기원 150년 이후에는 메소아메리카에서 흑요석 교역을 독점하여 상업 국가를 형성할 수 있었다고 주장했다.

멕시코 분지에서 테오티우아칸과 타 지역 간의 관계에 대해서는 학자들 간의 의견이 분분한데, 그중 하나가 '테오티우아칸 상업 제국론'이다. 이 학설은 녹색 흑요석으로 만든 석기의 원거리 무역이 테오티우아칸 도시국가 형성에 중요한 역할을 담당했다는 사실에 근거한 것이며, 흑요석의 독점적 교역으로 상업 제국을 발전시킬 수 있었다는 주장이다. 이 주장을 뒷받침하는 시카고 박물관의 골리트코와 파인맨(Golitko and Feinman, 2015)은 기원전 900년부터 기원후 1520년까지에 걸쳐 메소아메리카의 흑요석 산지와 교역권을 고찰한 결과, 그 범위가 매우 광역적이었으며 시대에 따라 변화했음을 규명한 바 있다. 특히 기원전 250~250년 시기에는 테오티우아칸 남쪽 고원에 위치한 오악사카(오아하카) 분지의 고대도시 몬테 알반Monte Albán에서 창출된 자포텍Zapoteca문명권을 비롯해 마야문명이 발생한 유카탄반도에서 흑요석 교역이 매우 활발했음을 지적했다. 이들 흑요석 교역의 중심은 마야문명이 저지대문명이라 알려졌지만 모두 저지대가 아님에 주목할 필요가 있다.

그러나 미국의 인류학자 클라크(Clark, 1986)는 테오티우아칸의 지배자가 흑요석의 채굴과 유통을 통제했을 가능성을 지적했고, 일본의 역사학자 오이(大井, 1985)는 테오티우아칸이 유카탄반도를 침략 · 파괴 · 점령하고 정치적 통치를 행해 마야 지역에 대한 지배 거점을 마련했었다고 주장했다. 나는 오이의 주장을 더 신뢰하며, 그곳이 교역과 통제를 위한 테오티우아칸의 월경지越境地 영토였을 것이라 추론한 인류학자 프라이스(Price, 1978)의 주장도 신뢰한다. 그는 유카탄반도 일부가 모국인 테오티우아칸과의 관계를 유지하면서 정치적으로는 독립해 있었다고 주장한 것이다. 사실 테오티우아칸의 문화적 색채가 농후한 유물이 그림 8-6에서 보는 것처럼 유카탄반도의 마야 지역에서 출토된 예는 코판Copan과 티칼Tikal 등지에서도 찾아볼 수 있으며, 테오티우아칸으로부터 남동쪽에 위치한 몬테알반에서도 테오티우아칸의 문화적 요소가 다분한 유물이 다량 출토되었다. 이러한 혼란은 각지에서 출토된 테오티우아칸의 문화적 요소를 해석하기가 어렵다는 데에서 비롯된다.

테오티우아칸 일대에서 생산되는 흑요석은 내가 터키 아나톨리아의 차탈회위크에서 본 것과 색깔이 달랐다. 햇빛을 투과시켜 보면 녹색으로 보이므로 흔히 녹색 흑요석이라 불린다. 나는 귀국 후 강의 시간에 학생들에게 보여줄 생각으로 그곳에서 녹색 흑요석으로 제작된 칼과 아즈텍

그림 8-6 테오티우아칸의 교역권

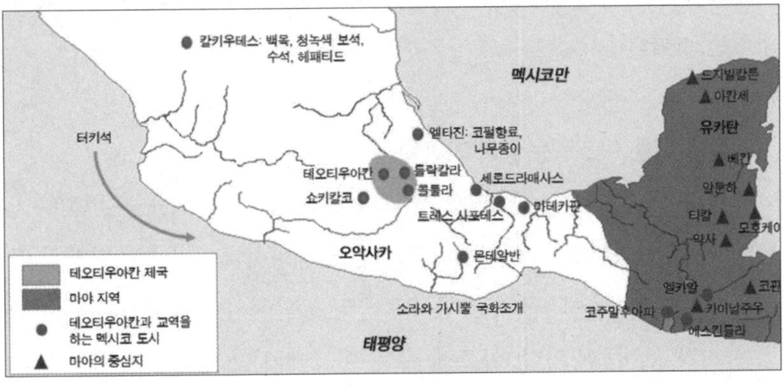

달력을 하나 구입했는데, 지금도 강의용으로 사용하고 있다.

700년대에 접어들면서 테오티우아칸의 도시문명이 붕괴하기 시작했다. '죽은 자의 거리'에 면한 건축물과 신전 · 피라미드 등이 불에 타 파괴되었다. 600년 이후, 건물 · 토기 등의 유물 · 유적에서 테오티우아칸의 영향을 발견할 수 없게 되고, 병사들의 모습이 벽화에 빈번하게 묘사되기 시작했다. 이런 현상은 테오티우아칸의 지배층이 직면한 국난을 상징하는 징표일지도 모른다. 쇠퇴 직전에는 인구가 조금씩 감소했을 가능성도 있다. 그리고 가뭄이 지속된 흔적도 발견되었으며, 농업생산력이 저하되어 도시인구를 부양하는 데 심각한 문제에 봉착했을 가능성도 배제할 수 없다.

구체적으로 어떤 요인이 테오티우아칸을 파괴시켰는지 불분명하지만, 건축물에 대한 파괴 활동이 도시 중앙부의 신전과 궁전에 집중된 점을 들어 테오티우아칸 내부의 반란이 일어났던 것으로 추정할 수도 있다. 수세기 후에 멕시코 분지를 장악한 아즈텍족은 완전히 폐허화되긴 했어도 거대한 피라미드를 보고 감명을 받은 나머지 이곳을 'TEOTIHUACAN'이라고 이름 붙였다. 그것은 '신神들의 장소'란 의미였다. 이방인들에게는 정말 신들이 살았던 장소로 보였을 것이다. 그리스 아테네가 신들의 도시였다면, 지구 반대편의 테오티우아칸은 신들의 장소였던 것이다.

지절을 이룬 아즈텍문명과 마야문명

테오티우아칸에 이어 나타난 것이 아즈텍문명이다. 텍스코코 호수 가운데 섬 위에 발달한 아즈텍문명은 이전에 중앙아메리카에서 발생한 문명을 이어받아 13~15세기경 멕시코 중앙 고원에서 인디오에 의해 꽃폈던 마지막 고대문명이다. 아즈텍 혹은 '아즈테카'란 명칭은 독일의 지리학자 훔볼트가 명명한 이름으로 나와Nahua족어의 '아즈틀란Aztlān'에서 유래했다. 그림 8-7의 테노치티틀란Tenochtitlan은 고대 아즈텍문명의 수도로, 15~30만 명 정도의 주민이 살던 멕시코고원의 최대 도시로 한껏 번영을 누렸다. 도시의 명칭은 원래 '선인장의 땅'이란 뜻으로, 독수리가 선인장 위에 앉아 있는 땅에서 나라를 세울 것이라는 부족의 전설에서 유래된 것이다. 이러한 전설은 오늘날 멕시코 국기에 그대로 묘사되어 있다.

아즈텍인은 자신들을 '멕시카Mexica'라고 불렀으나, 스페인 정복 이후 이주민들은 그들을 멕시코인이라 부르게 되었다. 그들은 14~16세기에 걸쳐 멕시코고원에서 높은 수준의 문화를 이루며 살던 사람들이었다. 아즈텍이란 이름이 널리 알려지게 된 것은 19세기 이후의 일이다. '멕시코Mexico'란 국명은 아즈텍 제국의 군신軍神 이름에서 유래된 것으로, 이는

그림 8-7 텍스코코 호수에 입지한 아즈텍의 수도 테노치티틀란 상상도

'신에게 선택된 사람'이란 뜻을 지니고 있다.

베르단(Berdan, 1982)의 《중부 멕시코의 아즈텍: 제국사회》에 따르면, '아즈틀란'은 태초에 아즈텍 신화에 등장하는 아즈텍인들이 살던 곳을 가리키며, 아즈텍인은 신의 나무에서 과일을 따 먹는 바람에 신의 노여움을 사게 되어 그 벌로 중앙아메리카를 방황하는 신세가 되었다고 전한다. 그 후 1300년대 초에 멕시코에서 비옥한 골짜기를 발견했는데, 그곳 원주민은 아즈텍인을 가리켜 '낯선 사람들'이라고 불렀다. 멕시코 북부의 수렵 민족이던 아즈텍족이 남쪽으로 내려와 기존의 메소아메리카 문화에 동화되어 마야문명이나 잉카문명과 맥을 같이하는 수준 높은 문명을 이룩한 것이다. 잉카문명은 별개로 치더라도 아즈텍 도시의 경관은 이전의 테오티우아칸의 그것과 유사한 점이 많았다.

아즈텍문명은 올메크 · 테오티우아칸 · 마야 · 톨테카문명을 계승했으며, 토목 및 건축 · 도예 · 공예 등의 분야에서 훌륭한 문화를 꽃피웠다. 메소아메리카의 문명에는 철기문화가 존재하지 않았고, 청동기문화는 있었지만 주로 장식품 제조에 이용되었다. 그들이 사용한 무기는 청동이 아닌 녹색 흑요석으로 만든 칼과 창, 화살 등이었다. 아즈텍은 메소아메리카의 여러 문명들이 신봉했던 신들을 계승했으므로 복잡한 신앙 체계를 구축했다. 아즈텍 신화에서는 태양신이 민족신으로 등장하고, 깃털 달린 뱀으로 상징되는 케찰코아틀과 비의 신 등 다양한 신을 숭배했다.

아즈텍 사회를 논함에 있어서 특이한 것은 인신공양人身供養이 행해졌다는 점이다. 인신공양은 한국의 신라 반월성에서 발견된 인골과 《심청전》에서 주인공 심청이 인당수에 빠지는 것처럼 세계 각지에서 보편적으로 존재했던 의식인데, 아즈텍의 인신공양은 다른 지역의 그것과 비교해 특이했다. 이 끔찍한 행위는 인신공희人身供犧라고도 불린다. 메소아메리카에서는 태양은 소멸한다는 종말 신앙이 널리 퍼져 인간의 신선한 심

그림 8-8 아즈텍의 인신공양 상상도

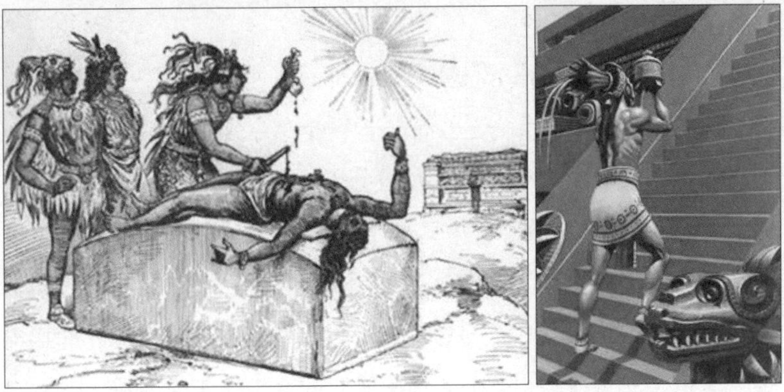

장을 신에게 바침으로써 태양의 소멸을 면할 수 있다고 믿었다. 그로 말미암아 사람들은 일상적으로 살아 있는 사람의 심장을 꺼내 신에게 바쳐야 하므로 선택된 사람은 두려워했을 것 같은데 그렇지 않았던 모양이다. 또한 건기에 기우제祈雨祭를 지내거나 풍요를 기원할 때에도 인신공양을 행했다. 아즈텍은 많은 사람의 심장을 확보하기 위해 전쟁을 벌이기도 했다.

신관들이 산 채로 사지를 고정시키고 흑요석 칼로 살을 벗겨 심장을 꺼내 제단에 제물로 올려놓는 행위는 현대인의 눈으로 보면 잔혹한 야만적 의식이지만, 제물로 선정된 본인은 명예라고 생각했다. 통상적으로 전쟁 포로와 매매된 노예 중에서 눈이 고결하고 건강한 사람이 선정되었다. 선정된 사람은 제물로 바치는 날까지 정중하게 대우했으며, 경우에 따라서는 귀족이나 젊은이 혹은 어린이가 선정되기도 했다. 아즈텍인은 왕의 생일이나 특별한 날 아니면 휴일에는 피의 인신공양 의식을 치르지 않았지만 그 외의 날에는 1년에 5만 명에 달하는 사람의 심장을 꺼내야 했다. 따라서 인신공양 의식은 시간이 경과되면서 신에게 바치는 대상이 줄어들자 공포심이 만연하기 시작했다. 하루에 140명에 달하는 공양 대상을 찾기 힘들어진 것이다.

아즈텍은 대규모 토목 공사를 활발하게 전개한 국가였으며, 신전 건설과 수리水利 공사 등에서 수준 높은 기술력을 보유했다. 특히 수리 공사는 텍스코코 호수에 둘러싸인 테노치틀란을 수도로 하는 아즈텍으로서는 대단히 중요한 기술이었다. 이 도시의 도로 건설은 물론 호수의 제방 공사와 같은 치수 사업이 적극적으로 전개되었다. 텍스코코호의 물은 염분이 많았던 까닭에 1466년 생활용수의 공급을 위해 테노치틀란 주변의 물을 끌어 담수화해 농업용수로 이용했고, 음료수는 고대 로마 제국에서 볼 수 있는 석조 수도교를 만들어 공급했다.

아즈텍은 정밀한 천체 관측으로 현대 달력에 버금가는 정교한 달력을 만들었다. 아즈텍력曆은 점술에 사용하는 260일력과 국가 행사에 이용하는 365일력의 두 종류의 체계를 운용했다. 두 종류의 력이 중첩되는 것은 52년에 한 번이므로, 아즈텍은 52년을 하나의 주기로 삼았다. 천문학의 발달은 뒤에 언급할 예정인 마야문명도 마찬가지였다. 마야의 천문학은 고도로 발달하여 그들은 1년이 365.2420일이라고 밝혔다. 오늘날 정확한 과학 조사로 밝혀진 날짜가 365.2422일이니 그들의 수치 계산이 얼마나 정확했던가를 잘 알 수 있다.

1519년 스페인의 코르테스가 테노치틀란을 공격해 아즈텍 도시를 무참하게 파괴한 후, 오늘날 볼 수 있는 스페인풍의 도시를 건설했다. 그것이 현재의 멕시코시티다. 16세기에는 텍스코코호의 간척 사업이 이루어져 모두 매립되었다. 멕시코시티 도심은 아즈텍의 수도 위에 건설되었기 때문에 테노치틀란 유적지가 지하에 모두 묻혀 있는 실정이다. 1985년의 대지진 역시 지반이 취약한 유적지를 매몰되도록 만들었다.

내가 2006년 2월 멕시코시티를 방문했을 때, 그림 8-9에서 보는 것처

그림 8-9 멕시코시티 중심부의 아즈텍 유적지

럼 멕시코 정부가 유적지를 발굴하고 있는 광경을 목격할 수 있었다. 그 후 2017년 6월에 그곳에서 아즈텍문명의 유산인 거대 신전과 구기장 터가 발굴되었다는 보도를 접할 수 있었다.

이상에서 설명한 테오티우칸과 아즈텍문명은 동서에 남북 방향으로 뻗은 두 줄기의 시에라마드레산맥으로 이루어진 멕시코고원에 발달한 문명이었지만, 메소아메리카의 유카탄반도 일대의 평지에는 마야문명이 꽃피고 있었다. 영국 케임브리지대학의 마야문명 전문가인 하몬드(Harmond, 1973)는 콜럼버스가 신대륙을 항해하기 이전 아메리카 대륙의 선사 시대의 문명을 '전前콜럼비아 문명'이라 불렀다. 이들 문명 중 마야문명의 수준은 아즈텍과 잉카문명에 결코 뒤지지 않는 것이었다.

마야문명은 중남미의 마야족을 비롯한 인디오들이 멕시코 남부의 치아파스주州에서 과테말라와 유카탄반도의 전 지역, 그리고 온두라스에 이르는 땅에 만들어낸 고대문명이다. 마야문명은 기원전 3000~기원전 2000년경에 수렵인들에 의해 시작된 것으로 생각되지만 처음 발생한 곳이 어디인지는 분명하지 않다. 마야문명을 창출한 마야족은 평원에 도시국가를 형성했고, 그 이후 크게 세력을 뻗쳐 과테말라의 고원지대 · 유카탄반도 · 온두라스 등지에 많은 도시를 건설했다. 1,000년간 전성기를 누린 마야는 독특한 태양력을 비롯하여 천문 · 건축 · 미술 · 문자 등에 있어 아메리카 대륙에서 으뜸가는 수준이었다. 다음의 마야 시대 연표를 참고하기 바란다.

기원전 3000~2000년	수렵인들 정착
기원전 1200~1000년	올멕
기원전 1800~900년	전기 고전기
기원전 900~300년	중기 고전기 이전
기원전 300~기원 250년	후기 고전기 이전
기원 250~600년	고전기 마야
기원 600~900년	중기 고전기 마야
기원 900~1500년	후기 고전기 마야

마야문명은 금속의 발명과 가축화의 과정을 거치지 않고 멕시코와 그 남쪽 땅에서 독자적으로 발전했는데, 기원후 1세기경 멕시코 남동부와 유카탄반도 남부의 치첸이트사를 중심으로 300~900년 동안 문명의 황금기를 구가했다. 마야문명이 100년 이상에 걸친 지독한 가뭄 때문에 급격히 멸망했다는 증거는 당시 원주민들의 인골에서 영양실조가 있었음이 판명된 것에 근거하고 있다(Martin and Nikolai, 2000). 화전농법과 건축물에 사용되는 회반죽을 만들기 위해 삼림을 훼손시켰고 이로 인한 지력의 쇠퇴로 식량 부족, 질병의 유행을 초래해 멸망했다는 주장이 설득력을 얻었다. 식량 부족은 지배계층의 권위 손상으로 이어졌고 자원 쟁

탈전의 원인이 되었으며 전쟁이 빈번해져 멸망을 앞당기는 원인으로 작용했을 것이다.

마야문명의 특징은 고대 4대 문명의 발상지들이 중위도의 비옥한 충적지에서 발생했던 것과는 달리 저위도의 무더운 밀림 속에서 창출되었다는 점이다. 마야문명이 지닌 수수께끼는 첫째, 마야인들은 다른 어떤 문명과도 견줄 수 있는 뛰어난 문명을 가지고 있음에도 불구하고 왜 인간이 살기 부적합한 밀림 속에 도시를 건설했을까 하는 것이다. 이들이 도시를 세운 열대우림지역은 풀과 나무가 무성한 밀림으로 덮여 있고 표범 · 멧돼지 · 독사 · 독거미 · 모기 등이 우글거리는 곳이다. 나는 답사 중 모기들에게 물린 곳에 또 물려 혹 위에 혹이 생기는 고통을 견뎌야 했다. 둘째, 마야인들이 세운 거대한 석조 건축물의 비밀이다. 그들이 세운 건축물은 인근 어느 민족보다도 뛰어났고 규모도 컸다. 과테말라 북부의 밀림 속에 있는 티칼은 신대륙 최대의 유적이며 마야 최고의 대도시다. 그곳에는 신전 · 궁전, 사원 등의 석조 건축물이 무더기로 발견된 바 있다. 이렇게 거대한 건축물을 건설하면서도 마야인들은 도시와 밀림을 연결하는 포장도로를 만들지 않았다. 원래 '과테말라Guatemala'란 국명은 '숲이 많은 땅'이란 의미를 갖고 있다.

마야문명은 의외로 높은 수준이라고 평가할 수 있는데, 특히 마야 숫자가 매우 유명하다. 마야 숫자는 0을 사용했으며 20진법을 사용했다. 마야문명에서 0의 개념이 도입된 것은 놀라운 사실이다. 고고학자들의 주장에 따르면 아마도 7세기경에 인도차이나 또는 인도에서 '수냐*sunya*'라는 단어에 해당하는 작은 동그라미를 0으로 나타내기 위한 기호로 사용하기 시작했지만, 이보다 약 100년 정도 앞서 마야인 역시 20진법의 수 체계에서 반쯤 뜬 눈과 비슷한 기호를 독자적으로 개발했다(그림 8-10). 고립되어 살던 마야인은 0에 대한 숫자 개념을 퍼뜨리지 못했지

그림 8-10 마야의 숫자 체계

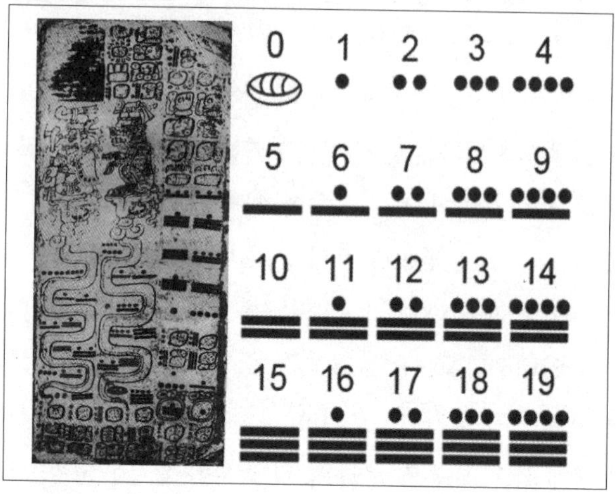

만, 학술적으로 0은 '아무것도 없음'을 의미하기 때문에 초기에는 숫자들 사이에서 '아무것도 없음'이라는 개념을 이해하는 문화권이 거의 없었다. 그들도 분명 문명인이었던 것이다.

마야족은 그들의 근거지였던 중부 멕시코를 버리고 유카탄반도로 이주해 들어왔으나, 그곳 역시 물이 부족한 땅이었다. 그러나 9세기 가장 부유한 땅이었던 치첸이트사를 정복한 톨텍의 왕은 신전 근처에서 대단히 큰 세노테*Cenotes*라 불리는 자연의 샘을 발견해 물 문제를 해결할 수 있었다. '치첸이트사*Chichén Itzá*'란 마야어로 '샘 어귀에 있는 이트사의 도시'라는 뜻에서 유래된 지명이다. 1988년 유네스코의 세계유산으로 등재된 치첸이트사를 보면 건축 · 조각 · 그림을 비롯해 심지어는 관습까지 마야와 톨텍의 문화가 절묘하게 조화를 이루고 있다. 건축양식과 토기로 짐작컨대 테오티우아칸이 멸망하자 그들이 마야의 이곳으로 이주한 후에 톨텍인이 치첸이트사를 정복한 것으로 추론할 수 있을 것 같다

(Tozzer, 1957). 그 후 이 유적지가 어떤 이유로 버려졌는지 수수께끼와 같다.

서쪽 중앙에 건설된 깃털 달린 뱀으로 상징되는 마야 최고의 신 케찰코아틀을 제사 지내는 엘 카스티요 피라미드를 볼 수 있는데, 이 피라미드 계단은 춘분과 추분에 뱀의 그림자가 나타나는 것으로 유명하다. 또한 이 피라미드 뒤에 있는 '전사의 신전'과 '엘 카스티요' 피라미드에서 그림 8-11에서 보는 것과 같은 '차크물*Chacmool*'이라 불리는 석상과 그 눈에 박힌 비취가 발견되었는데, 이것이 중국산임이 판명되었다.

이것 역시 불가사의한 일이다. 당시에 어떤 경로를 통해 비취가 중국으로부터 치첸이트사까지 유입될 수 있었을까? 케찰코아틀은 전술한 테오티우아칸과 아즈텍에서도 볼 수 있는 것이며, 차크물 역시 메소아메리카 전역에서 발굴된 바 있다. 그러나 차크물에서 중국산 비취가 발견된 것은 오직 이곳뿐이다. 유감스럽게도 이에 대한 심층적 연구는 없다.

미국의 마야 전문가인 밀러(Miller, 1985)에 의하면, 누운 자세에서 상

그림 8-11 치첸이트사에서 발굴된 차크물 석상

반신을 일으켜 얼굴을 거의 90도 각도로 돌리고 손에 그릇을 들고 있는 차크물은 신에게 바치는 인신공양 의식을 행하는 전사이거나 신과 인간의 메신저의 모습으로 해석된다. 그리고 케찰코아틀 신전의 경우는 흑요석과 더불어 앞에서 설명한 테오티우아칸문명과 마야문명 간의 교류를 뜻하는 증거일 것이다. 고원문명과 평원문명 간의 교류 역시 지절로 설명될 수 있는 대목이다.

마야문명의 루반툰에 신전을 세운 이유는?

기원 500년까지 테오티우아칸의 지배자들은 계획된 도시 복합체를 건설했지만, 마야가 지배한 열대 저지대에는 거대한 도시는 전혀 찾아볼 수 없다. 다만 석조 건축물이 여기 저기 산재하고 있었을 뿐이었다. 그들은 비교적 우거진 삼림 속에 화전 농업을 영위하며 살아가던 농촌 취락의 농민들이었다. 앞에서 소개한 하몬드(Harmond, 1973)는 마야인들이 막대한 투자를 하여 건설한 신전에 주목했다. 그 신전은 과테말라와 온두라스 사이에 있는 벨리즈 남부의 루반툰Lubaantún에 위치해 있다.

루반툰은 오늘날 벨리즈에 속하는 곳으로 마야문명이 번창했던 티칼 동남쪽에 위치한 유적지다. 그중 현재의 과테말라 북서부의 열대우림 정글에 위치한 티칼은 중기 고전기 이전이었던 기원전 900~300년에 사람이 살기 시작해 후기 고전기 이전이었던 기원전 300년부터 기원후 300년에 걸쳐 피라미드와 신전이 건설되면서 중요한 신앙의 중심지가 된 곳이다. 티칼은 테오티우아칸이 중앙아메리카 남부에서 확립한 거대한 교역망의 중요한 위치를 차지했으며, 테오티우아칸이 몰락한 뒤에도 지속적으로 번영을 누렸다. 티칼은 중기 고전기인 600~800년에 건축과 예술에서 절정을 이루었으나, 중기 고전기였던 800년 이후 몰락하기 시작했다.

마야의 도시 계획을 조사함으로써 마야문명의 수수께끼를 풀기 위해 1970년 케임브리지대학과 하버드대학의 후원으로 루반툰의 발굴 조사가 세 분야에 초점이 맞춰져 시작되었다. 첫째, 제사를 지냈던 신전과 주변의 주거지를 지도화하고, 두 번째는 신전 건물의 건설 순서와 거주 시기 양쪽을 밝히기 위해 발굴하며, 세 번째 작업 내용은 그 주변 지역에 대한 지질학적 · 생태학적 조사를 목표로 했다. 그러나 나는 그들의 연구를 통해 산 위의 평탄면에 루반툰에 신전을 세운 지리적 이유를 규명하려고 시도했다.

발굴 결과, 루반툰 신전은 중기 고전기인 8세기 초에 시작되어 5단계에 걸쳐 150년간 건설되었음이 밝혀졌다. 루반툰의 신전이 건설되었을 때, 1단계 신전의 면적은 2,500평방미터 정도의 하나의 큰 기단으로 구성되어 있음을 발굴단의 조사로 알 수 있었다. 그곳은 발굴단이 Ⅳ광장이라 명명했는데, 이것은 그 후에 생긴 신전 가운데 가장 높은 지대였다(그림 8-12). 이 신전이 마야문명의 절정기였던 8세기 초에 들어와서야 뒤늦게 건설되었다는 사실은 발굴단을 놀라게 했다. 2단계에는 두 개의 큰 기단이 1단계 기단의 북쪽과 남쪽에 건설되고 큰 광장이 북쪽 기단보다 더 북쪽에 배치되었다. 이로써 루반툰은 면적이 4배로 커졌고, 이어서 Ⅳ광장과 면한 북쪽 기단 옆에 최초의 피라미드(그림 8-12의 12)를 건설했다. 남쪽의 확장된 곳에 구기장이 건설됨으로써 2단계 건설이 완료되었다.

3단계 신전 건설에서는 편의성에 계획의 중점이 놓여 있었다. 이때 최초로 건설한 피라미드를 확장하고 새롭게 두 개의 피라미드 건설을 계획했다. 좁은 공간에 피라미드를 건설하기 위해 동서 방향으로 공간 확보를 위한 옹벽을 쌓았다. 신전 건설 4단계에 들어서서 부지는 한층 인공적으로 조성되었다. 이미 확장된 기단의 바깥쪽에 다시 기단을 쌓아 광장을 조성했다. 5단계와 최종 단계의 주요 건설 사업은 부지 중앙부의 갱

그림 8-12 루반툰의 신전 유적지

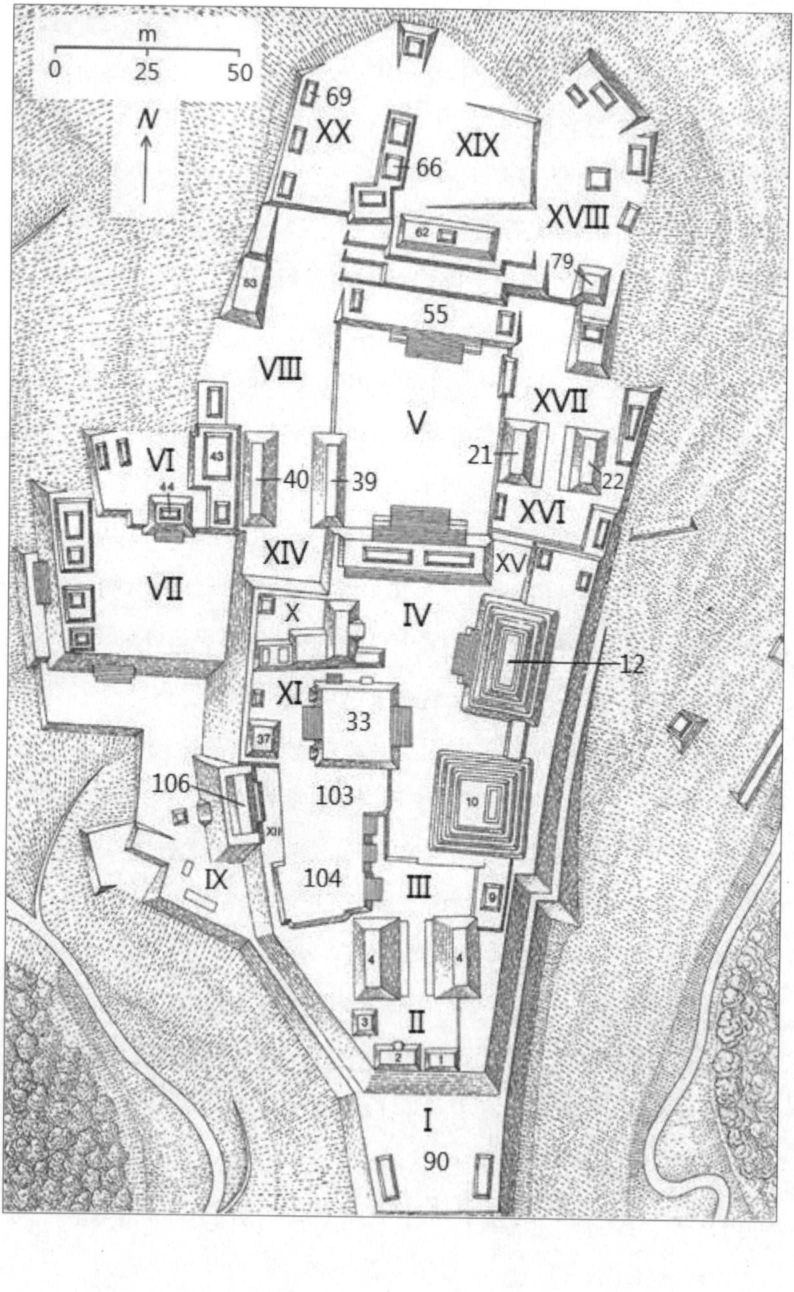

신이었는데, V광장 동쪽에 새로 만든 기단 위에 8세기 초에 시작한 신전 공사는 9~10세기 초에 완공을 보게 된 것이다. 결과적으로 이 신전은 버려지기 직전에 완공된 셈이다. 신전으로부터 반경 1킬로미터 내에 1,200~1,300명의 배후지 인구를 합하면 5만 명에 달하는 주민들이 거주했다.

첫 번째로 건설된 구기장은 엄격한 계급사회 가운데 지배층만 제한적으로 이용되었지만, 두 번째 건설된 구기장은 모든 계층이 이용하는 공공시설이었다. 그것은 이 구기장이 접근성이 양호한 V광장 옆에 위치한 것에서 추론한 사실이다. 이는 구기 시합에 참여할 수 있는 범위에 변화가 있었음을 의미하는 것이다. 마야인들은 그들이 신성시한 이 구기 시합에 열광했다. 구기는 두 팀으로 나뉘어 팔꿈치와 발을 이용해 공을 벽면에 설치된 돌 고리의 구멍 속에 통과시키는 시합이므로, 오늘날의 핸드볼과 축구가 혼합된 경기로 보면 될 것 같다. 이 시합에서 패한 팀은 제물로 바쳐졌을 것이다.

나는 유카탄반도의 치첸이트사를 답사할 때 관광객들이 하는 것처럼 그림 8-13에서 볼 수 있는 약 8미터 높이의 구기장 골대에 공을 던져본 적이 있는데 생각했던 것보다 어려웠다. 오늘날 중남미 축구가 강한 이유를 혹시 이 경기로 축적된 인디오로부터 물려받은 유전인자 때문이 아닐까 생각해보았다. 두 번에 걸친 나의 세계 7대 불가사의 중 하나인 치첸이트사 답사는 무더운 날씨를 피해 겨울에 진행되었다.

이제부터 본론으로 들어가 루반툰 유적지가 성립된 이유를 지절의 개념을 이용해 설명해보겠다. 유카탄반도 남쪽에 위치한 루반툰은 그림 8-14에서 보는 것처럼 해발 약 50여 미터에 위치하며 북쪽으로는 약 400여 미터의 산지, 서쪽으로는 300~600미터에 달하는 마야산맥이 있고, 더 서쪽에는 남북으로 뻗은 시에라마드레산맥이 지나고 있다. 따라

그림 8-13 마야 유적지의 구기장

서 루반툰은 가파른 산지와 편평한 해안평야의 변곡점에 해당하는 산록 완사면에 위치해 있는 셈이다.

루반툰의 영역은 신전이 있는 마야산맥의 산록으로부터 고원 평원까지 북서쪽으로 약 25킬로미터, 남동쪽은 카리브해에 속하는 카리브해의 온두라스만의 산호초까지 약 25킬로미터의 범위로 모두 일일생활권의 범위 내에 펼쳐져 있다. 이 신전이 지배한 배후지는 약 1,600평방킬로미터 정도로 광대하며, 루반툰이 입지한 산록은 5만 명의 인구를 먹여 살릴 수 있는 잉여식량이 확보될 만큼 토양이 비옥하고 천연자원과 야생의 식량이 풍부한 땅이다.

앞에서 지적한 것처럼 루반툰 신전이 평야와 산악지대의 변곡점에 입

그림 8-14 메소아메리카 벨리즈의 루반툰 신전 위치

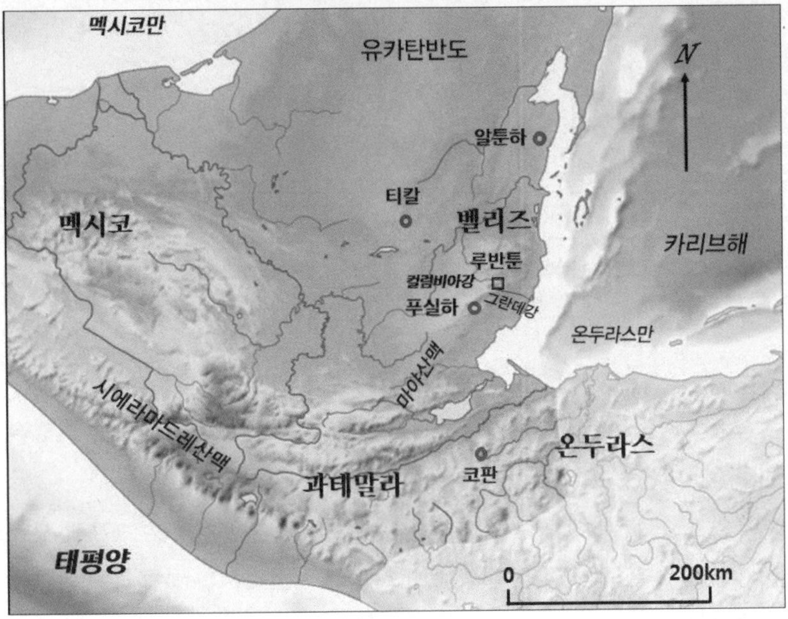

지해 있기 때문에, 이곳은 고원-산악지대-구릉지대-평야지대-바다로 이어지는 각각의 산물과 문화가 교류할 수 있는 최적의 입지라 할 수 있다(그림 8-15). 이곳 주민들은 각지에서 건설용 석재, 도구 제작을 위한 재료, 건설용 삼림자원, 의약용 식물 등을 채취했고, 토기 제작을 위한 점토는 이곳을 흐르는 컬럼비아강 연안에서, 또 의식용 향료의 원료가 되는 코팔 나무의 수지樹脂는 해안평야의 울창한 삼림지대에서 채취했다.

루반툰을 지나 흐르는 하천을 북쪽은 컬럼비아강, 남쪽으로 흘러 바다로 유입되는 하천을 그란데강이라 부른다. 그중에서 컬럼비아강에는 담수성 연체동물이 많이 서식하고 있으며, 온두라스만의 바다에는 어패류가 풍부해 주민들의 단백질 공급원이 되었다. 이들 산물은 바다에서는 카

그림 8-15 루반툰 영역의 단면도

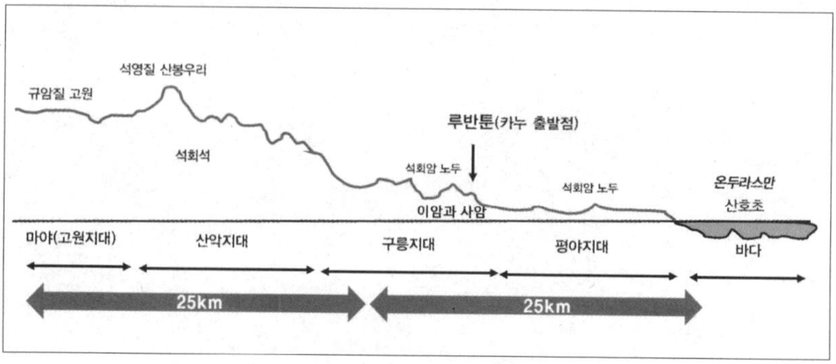

누로 운반했고, 컬럼비아강 상류에서는 사람이 운반했다. 이것은 전형적인 국지적 영역 내에서 본 수직지절의 사례에 속한다.

이와 같이 땅 위에 존재하는 모든 자연현상과 인문현상은 그곳에 생긴 이유가 반드시 있기 마련이다. 그런 까닭에 지리학이란 학문이 존립하는 것이다. 토인비(Toynbee, 1957)는 그의 저서에서, 조직화된 노력으로 자연력을 제어한 저지대 민족이 농업적 정복을 한 결과가 마야문명을 발

그림 8-16 루반툰 유적지

진시킨 메커니즘이라고 설명했다. 마야인들은 끊임없이 무성해지는 수목을 벌채하고 울창한 밀림을 제어하는 노력으로 문명을 이룩했으나, 자연이 통렬한 반격을 가해 문명이 파괴되었다는 것이다. 마야문명은 비록 역사적으로 단명했지만, 거대한 자연을 극복한 인간 승리를 보여준 용기의 증거였던 것이다.

지금까지의 설명은 국지적 스케일의 지절에서 문화 교류를 확인할 수 있는 하나의 사례에 불과하다. 만약 제1장에서 소개한 프렉털 이론을 적용해 그 범위를 넓혀 대륙적 스케일로 설명한다면, 멕시코만 연안의 저지대에서 발달한 올멕문명을 위시하여 멕시코고원의 테오티우아칸문명과 아즈텍문명, 그리고 유카탄반도와 그 주변부의 마야문명 간의 교류에 의한 문명 발달일 것이다. 이들 문명은 지역마다 다르지만, 어느 정도 공통적 요소를 지니고 있다.

토인비에 따르면, 안데스 산지를 중심으로 문명을 창출한 민족은 고산지대의 혹독한 추위와 척박한 토양의 도전을 받았지만 인간의 지혜와 노력으로 잉여식량을 산출할 수 있었다. '안데스Andes'란 케추아어로 옥수수와 감자 등을 재배하기 위해 만들어진 '계단식 밭'을 가리킨다. 나는 2006년 페루 고원지대의 쿠스코와 마추픽추를 답사하며 케추아족이 이룩한 잉카문명에 대한 조사를 했으나, 그에 대한 설명은 생략하기로 하겠다. 다만 페루의 원주민들의 혈액형이 모두 O형이라는 사실이 무척 궁금했다.

서부 개척사로 상징되는 미국문명의 서진

1700년까지만 하더라도 스페인령 아메리카는 리오그란데강으로부터 북쪽의 캘리포니아와 텍사스, 뉴멕시코 등지에 이르는 곳이었는데, 선교사들이 살고 있던 몇몇의 성채와 교역소 이외에는 거의 무인지경이었다. 다이아몬드(Diamond, 1993)는 수렵·채집 시대의 인구는 가장 좋은 수렵지에서조차 2.5제곱킬로미터 당 약 1명에 불과했고 빙하로 덮여 있던 캐나다와 그 밖의 지역을 제외한 신세계 면적은 2,500만 제곱킬로미터였기 때문에, 수렵·채집인의 인구는 기껏해야 1,000만 명에 지나지 않았을 것이라고 추정한 바 있다.

18세기 초에 인구가 많았던 지역은 현재의 멕시코에 해당하는 뉴스페인, 페루, 카리브해의 섬들뿐이었다. 뉴스페인은 가장 앞서가는 지역이었고, 페루는 우유니 소금호수 동쪽의 광산 개발이 추진되었으며, 카리브해에 위치한 섬들은 일찍부터 광범위하게 식민 활동이 전개되었다. 이들 식민지는 중앙정부에서 파견된 부왕副王이 통치했다. 당시에는 통신수단이 발달하지 못했던 까닭에 실제로는 부왕과 사령관들이 재량권을 쥐고 있었다. 그럼에도 스페인과 포르투갈은 아메리카 식민지로부터 막대한 물품을 갈취했다. 그중 스페인은 1650년까지 약 180톤의 금괴와 16,000톤의 은을 유럽으로 가져갔다. 스페인은 식민지에서 광업과 수공업 이외의 본국과 경합하는 산업은 하지 않았다. 스페인의 성당을 견학할 경우 금과 은으로 장식된 화려함을 보고 감탄하기에 앞서 당시 그들의 약탈 사실을 떠올려야 할 것이다.

스페인 입식자들은 본국으로부터의 노예 송출을 필요로 했는데, 그것은 서인도제도와 뉴스페인(멕시코)의 경제가 광업을 제외하고는 농업에 의존했기 때문이다. 대단위 단일경작 농법을 의미하는 플랜테이션을 개척하던 서인도제도는 아메리카 대륙의 식민지에서 정복민의 노예화를 금지했으므로 흑인 노예가 필요했던 것이다. 그 이유로 서인도제도와 멕시코에서는 노예 노동력을 이용한 장원제莊園制와 같은 제도가 시작되었다. 스페인 입식자는 농노제나 노예제와 유사한 제도인 '엔코미엔다 *encomienda*'를 적용했다. 이는 강제 노역의 악습을 줄이려는 것이었지만,

실제로는 인디언을 노예화하는 제도가 되고 말았다.

식민지에서 언어와 마찬가지로 중요한 영향을 미친 것은 로마 가톨릭 교회가 남미 대륙 전체를 효과적으로 지배한 것이었다. 가톨릭 교회는 남미의 스페인령과 포르투갈령을 만드는 데 큰 역할을 했다. 그들은 원주민의 문명과는 거리가 먼 신앙을 강요한 것이다. 선교사들은 원주민들에게 기독교와 라틴어를 강요하고 인디오의 전통 복장이 아닌 서양식 바지를 입게 한 후, 그들의 부족에게 전파시키도록 만들었다. 그들은 자신들 왕국에 예속된 인디오들의 보호자로 자처했다. 인디오들은 가톨릭의 성모 숭배를 토착 신앙과 동화시켜 나아갔다. 라틴 아메리카의 원형은 이처럼 전도 활동에 기초하여 구축되었다.

한편, 17세기 초 영국은 신대륙 중 적당한 식민지를 찾고 있었다. 영국인들은 남미를 피해 북미에 이주를 시도했고, 1620년대에는 카리브해 동쪽의 세인트크리스토퍼섬(현재의 세인트키츠네비스섬)에서 담배 재배로 성공을 거두었다. 담배에 부과된 관세는 막대한 수입원이 되어, 스페인 제국이 독점한 신세계 무역에 개입할 기회를 제공했다. 17세기 후반에는 북미 대륙의 본토에 이민을 보내고 사탕수수를 재배했다. 담배 재배와 달리 사탕수수는 대규모 농장과 흑인 노예를 필요로 했다. 노예를 공급한 것은 허드슨강 하구에 입지한 뉴암스테르담(현재의 뉴욕)이었다. 영국은 동아시아에서 경험한 독점 무역을 북미 대륙에서도 적용했다.

아메리카 대륙 전체로 본다면, 북미 대륙은 중남미와 카리브해만큼 관심을 끌지 못했다. 그럼에도 스페인은 포교 활동을 전개하기 위해 북미의 플로리다만큼은 유럽 항로의 확보를 위해 전략적으로 중요하다고 인식했다. 영국을 위시한 네덜란드 · 프랑스 · 스웨덴은 대서양 연안부로의 이민을 개시했다. 지절의 측면에서 볼 때 카리브해 일대의 섬들도 그렇지만, 사실은 중위도에 해당하는 대서양 연안의 뉴펀들랜드섬으로부터 그 남쪽의 체서피크만 일대의 땅이 문명을 창출하기에 더 적합한 땅이었다. 그러나 16세기 중엽 영국은 아직 국력이 약했고, 프랑스는 유럽 내의 문제에 몰입되어 있었으므로 17세기에 들어와서야 비로소 식민정책을 채택하게 되었다. 그로부터 대서양 건너편의 아메리카 대륙에서 문명의 서진이 시작되는 단초가 마련되기 시작한 것이다. 유럽의 아메리카 진출은 마치 "야만의 자리를 내주기 싫은 땅에도 문명은 스며들었다"라 표현될 수 있는 대사건이었다.

북미 대륙의 대서양 연안부에 펼쳐진 황야에는 소수의 인디언들이 거주했지만, 그로부터 200년 후에는 문명의 중심지가 되었다. 영국의 입식자들은 애팔래치아산맥 동쪽 지역으로 퍼져 나아갔다. 영국과 달리 프랑스는 세인트로렌스 계곡과 오대호를 따라 교역소를 설치했다. 백인들은 라틴아메리카의 스페인 정복자들이 그랬던 것처럼 인디언들에게 십자가를 앞세워 문명화를 시도했다. 인디언들은 그들의 신과 백인들의 신이 어떻게 다른 존재인지조차도 잘 몰랐다. 미국의 철학자 멘켄(Menken, 2006)은 《신에 관한 논문》이란 저서에서 민중의 공포와 목사의 재간에 의해 신이 생겨났다고 설명한 바 있다. 이처럼 지나치게 솔직한 설명은 인간이 의도하는 목적을 위해 전지전능한 신의 힘을 빌려 자신들을 이롭게 한다는 뜻이었다.

1776년, 북미 대륙에서는 식민지의 폭동이 빈번하게 발생했다. 그리고 7월 4일에는 독립선언이 채택되어 대서양 연안의 13주가 본국 영국으로부터 독립하게 되었다. 이 사건은 아메리카 대륙의 역사에 새로운 시대가 도래했음을 의미하는 것인 동시에 유럽의 패권 확대가 종료되었음을 알리는 상징적 사건이었다. 미국의 독립은 문명의 중심이 부단히 서진하고 있음을 반증하는 사건이었다.

사실 유럽인들이 아메리카 대륙으로 처음 건너간 것은 바이킹족에 속하는 스칸디나비아인들이 아이슬란드와 그린란드를 거쳐 북미 대륙의 북쪽 해안에 도착한 서기 1000년의 일이었다. 그들은 원주민 인디언들의 비우호적인 태도로 신대륙에서 뿌리를 내리지 못하고 되돌아갔다. 대서양 연안의 신대륙은 영국을 비롯한 유럽 국가들의 식민지 획득의 각축장이 되었다. 그중 영국의 청교도들은 매사추세츠 식민지를 건설해 찰스타운에 정부를 세웠고, 정착민들은 보스턴 일대로 흩어져 나가면서 소규모 취락인 도읍town을 건설함으로써 문명화를 꾀했다. 각 지역에는 도읍의회town meeting라 불리는 민주적 지방정부가 발전하고 있었다.

뉴잉글랜드에서 취락이 발달한 것은 이 지역 특유의 토지 분배 방법 때문이었다. 정부는 정착지에 주민이 60명에 이르면 새로운 읍을 건설하도록 36평방마일의 토지를 분배했다. 그 토지에 도시 시설이 들어서고 공유지 · 목초지 · 삼림지대가 마련되었다. 이처럼 뉴잉글랜드에서 도읍이 발달한 데에는 종교적 통일을 유지하려는 이유도 있었다. 왜냐하면, 중세 유럽처럼 주민들이 가깝게 모여 살아야만 목사가 신도들을 쉽게 접촉할 수 있고, 청교도들의 본래 목적인 종교적 공동체를 세울 수 있었기 때문이었다.

서부의 공유지는 그림 8-17에서 보는 것과 같은 이른바 타운십 시스템township system 또는 군구제郡區制에 의거 분할한 토지의 면적을 36평방마일 단위로 정하고, 이것을 다시 36개의 구역으로 재분할하여 개인에게 팔았다. 그러므로 불하된 토지의 최소 단위는 1평방마일(640에이커)에 달하는 대단히 넓은 면적이었다. 1에이커 당 최저 가격이 1달러였으므로, 최소 불하 비용은 당시로서는 거액인 640달러에 달했다. 그러므로 당시 일반 정착민들은 정부의 공개 입찰에 참여할 경제적 능력이 없었다. 이 때문에 그들은 더 서쪽 내륙으로 진출해 불법 정착민이 되는 경우가 많았다. 결과적으로 공유지는 투기업자들에게 불하되는 결과를 초래

그림 8-17 미국 군구제의 토지 분할

36	30	24	18	12	6
35	29	23	17	11	5
34	28	22	16	10	4
33	27	21	15	9	3
32	26	20	14	8	2
31	25	19	13	7	1

했다.

여기서 한 가지 주목할 사실은 36개 구역 가운데 1개 구역은 교육 시설의 확보를 위해 남겨두도록 했다는 점이다. 군구제는 36평방마일 township, 1평방마일section, 160에이커quater section의 3단계로 구획된 직교식 분할 체계인데, 이 가운데 가장 작은 160에이커가 합중국 중서부에서 적용된 토지 점거의 기본 단위였다. 군구의 입식지가 증가해 성인 남자가 5만 명을 넘게 된 곳에는 지역의회를 구성할 권한을 부여했다. 나는 미국 미네소타대학의 연구교수로 재직할 때 비행기 안에서 아직도 남아 있는 군구제의 경계 흔적을 목격할 수 있었다(그림 8-18). 미국의 주 경계가 직선을 이루는 이유는 군구제의 유물이다.

청교도들이 종교에 버금갈 만큼 관심을 기울였던 것은 교육이었다. 영국의 케임브리지 출신들로 구성된 지도자들은 신도들이 성서를 읽을 수

그림 8-18 현재에도 남아 있는 군구제 경계

있도록 문자 해독의 필요성을 느꼈고, 1636년에는 성직자를 양성하기 위한 고등교육기관으로 하버드대학을 설립했다. 하버드대학을 졸업한 엘리트들은 새로운 정착지에서 목사와 교사로 활동했다. 그러나 매사추세츠의 과두제寡頭制에 불만을 가진 윌리엄과 허친슨 등의 등장으로 반항의 조짐이 일었다.

한편, 남쪽 체서피크만의 버지니아와 북쪽 뉴잉글랜드의 매사추세츠 사이에 위치한 펜실베이니아에도 식민지가 건설되었다. 영국 국교에 반대하는 신앙을 가졌다는 이유로 옥스퍼드대학에서 추방당한 펜이 1682년 펜실베이니아에 들어와 영국 · 스웨덴 · 핀란드 · 네덜란드 · 독일 등으로부터 유입된 여러 민족을 하나로 묶어 식민지를 건설했던 것이다. 이로써 펜실베이니아는 여러 민족이 하나로 용해되는 최초의 인종적 용광로가 되었다. 펜은 또 '우애의 도시'로 불리는 필라델피아를 건설했다.

영국령 식민지들은 본국 정부의 무관심 속에서 자유롭게 발전해갔다. 정착민들은 본국으로부터 아무런 도움 없이 독자적으로 식민지를 개척했으며, 영국은 세계에 흩어져 있는 식민지들을 하나의 체계로 통합하여 대영 제국의 건설을 시도했다. 영국 정부는 플로리다의 스페인 세력으로부터 버지니아를 보호하기 위해 캐롤라이나를 세웠고, 대서양 연안지대를 완전히 장악하기 위해 네덜란드로부터 뉴욕을 빼앗았다. 북쪽의 뉴잉글랜드와 남쪽의 체사피크 식민지 중간에 뉴저지 · 펜실베이니아 · 델라웨어가 건설되었다. 그리고 뉴잉글랜드인들은 뉴햄프셔의 구릉지대와 버몬트 · 매사추세츠의 서쪽 지방으로 팽창해 나가면서 새로운 취락을 건설했다.

뉴잉글랜드에는 지금도 과거의 자연환경이 잘 남아 있다. 중요한 사실은 빙하가 만들어낸 토양을 바탕으로 그 북쪽에는 고도의 지식과 기술 없이는 경작할 수 없는 땅이 인간을 기다리고 있었다는 점이다. 다시 말

그림 8-19 1700년대 미국 동부 뉴잉글랜드의 인구 분포 확산

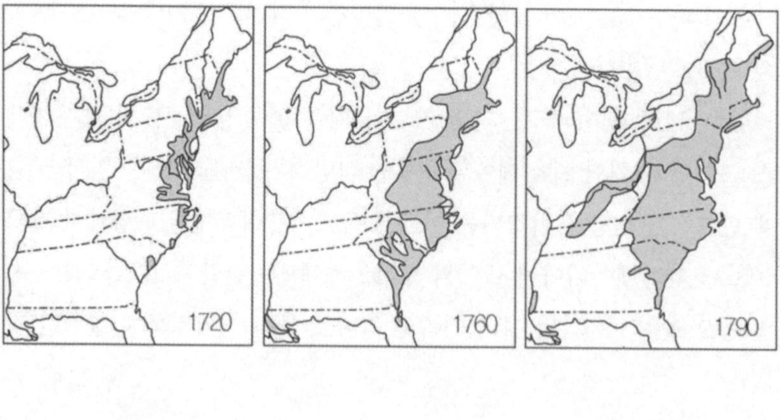

해서 메인주로부터 매사추세츠주를 거쳐 버지니아주에 이르는 지절률이 높은 땅은 문명인의 손을 거쳐야만 문명이 꽃필 수 있는 땅이었다. 이에 비해 버지니아 남쪽 땅은 종자 선택만 잘 하면 별로 정성을 들이지 않고 기술 없이도 20~30배의 수확을 올릴 수 있는 땅이었다. 그러므로 뉴잉글랜드의 자연환경 속에서는 여러 사람이 지혜를 짜내어 합세해야만 비로소 자연으로부터 문명의 기초가 될 수 있는 것을 얻어낼 수 있는 엘리트들의 땅이었다고 볼 수 있다. 그런 까닭에 이 땅에서 상공업이 발달할 수 있었던 것이다. 일본의 평론가 이누카이(犬養, 1966)는 그 땅을 신의 은총으로 구원을 받는다는 칼뱅주의Calvinism와 자본주의가 자연스럽게 연계된 땅이라고 평가했다. 나는 이 땅에서 꽃핀 문명을 '뉴잉글랜드 문명'이라 부르고 싶다.

신대륙의 식민지들은 지배권을 둘러싸고 영국과 프랑스 사이에 벌어진 네 차례의 전쟁에 휘말렸다. 전쟁 초기에는 영국이 불리했으나, 피츠가 수상이 된 후부터는 많은 군대를 북미에 파견하여 점차 전세가 호전되었다. 이윽고 1763년에 파리 조약이 체결되고, 영국은 미시시피강 동쪽, 캐나다, 플로리다를 획득함으로써 북미 대륙의 지배에 한 걸음 더 가까이 갈 수 있게 되었다. 그러나 그것은 식민지인들 간의 분쟁으로 이어질 도화선이 되었다.

영국과 식민지 간의 불화가 발생함에 따라 대응책을 강구하기 위해 대륙회의가 열렸다. 대륙회의의 가장 시급한 의제는 군사적인 것이었으므로 우선 대륙군 창설에 관한 규정을 정하고, 사령관에 조지 워싱턴을 임명했다. 1776년의 대륙회의에서 처음으로 독립 문제가 공개적으로 논의되었다. 그 결과, 13개의 식민지는 개별적으로 독립 정부를 수립하기에 이르렀고, 영국의 입장을 지지하는 왕당파는 도처에서 추방당했다.

1776년 7월 4일, 마침내 독립선언서가 대륙회의에서 공식적으로 채택되었다. 영국에 대한 아메리카의 독립이 정식으로 선포된 것이다. 1781년 9월, 영국군의 항복에 따라 1783년 파리에서 평화조약이 체결되었고, 아메리카합중국은 광대한 영토를 차지하게 되었다. 혁명은 대외적으로 미국인들에게 정치적 독립을 가져다주었지만, 대내적으로는 미국 사회에 중요한 변화를 가져다주었다. 즉, 농민과 수공업 계급으로 구성된 하류계급은 전쟁에서 흘린 피의 대가를 요구했으므로, 미국 사회는 평등주의 또는 민주주의의 방향으로 변화되지 않을 수 없었다. 당시 13개의 공화국으로 구성된 아메리카합중국the United States of America은 하나의 연합체이면서도 각국의 주권이 그대로 인정되는 연방 정부였다. 그러나 state를 '주州'라 번역한다면 '아메리카합주국'이라 불러야 옳다.

1789년 새 헌법에 따라 총선거가 실시되어 연방의회가 구성되고 조지 워싱턴이 대통령으로 선출됨에 따라 미합중국의 정부가 정식으로 출범하게 되었다. 이 무렵, 유럽에서는 프랑스혁명이 일어났고, 미국의 보수파들은 프랑스혁명파를 인류의 파괴자로 두려워하면서 이에 대항해 싸우는 보수 진영의 영국을 지지하는 사람들도 나타나기 시작했다. 1803년 합중국은 프랑스로부터 1,500만 달러에 루이지애나주를 사들였다. 서구문명의 경계가 미시시피강 서쪽으로 서진함에 따라 인디언을 살육하는 힘들고 역겨운 정책보다 그들을 규제하는 법규를 만들 필요가 생겨났다. 당시 인디언에 대한 유럽 본국 정부의 행동은 호의적이었으나, 오히려 진보적인 시민들이 사악한 편이었다. 항상 진보가 선善은 아니었다. 미국 정부는 인디언들에게 토지를 할애해주었는데, 그것이 오클라호마주였다. 오클라호마Oklahoma는 인디언 부족어로 '인디언의 집'을 뜻하는 지명에서 비롯된 것이다.

인디언들은 백인과 달리 토지를 재산으로 생각하지 않았다. 그런 생각은 그들에게는 비도덕적이며 비종교적으로 보였을 것이다. 그들은 토지를 사유재산이 아니라 부족 모두의 공동재산으로 인식하고 있었다. 토지가 사유재산이어야 한다는 합리적일 것 같아 보이는 백인들의 정책에 대해 인디언들은 끈질기게 저항했다. 그들은 물질을 축적의 도구가 아니라 선물과 나눔의 대상으로 여겼다. 그들의 전통 중 하나인 '포틀래치potlach 문화'는 타인에게 평소 얼마나 많은 선물을 했느냐에 따라 사회적 지위와 신분이 결정되는 호혜적 선물문화를 가리킨다. 백인들은 이른바 '인디언 사냥'에 혈안이 되어 그들을 살육했고 문명을 위해 야만을 동원한 것이다.

합중국의 정계는 조지 워싱턴을 정점으로 한 연방파와 토마스 제퍼슨을 정점으로 한 공화파로 분열되었다. 대통령에 당선된 제퍼슨은 대외정책과 영토 확장에 적극적이었다. 1808년의 선거에서 제퍼슨은 그의 심복이었던 메디슨에게 정권을 이양했다. 메디슨은 강경파의 압력으로 영국에 선전포고를 해 미영전쟁을 일으켰다. 전쟁이 선포되자 서부에서는 환호성이 터졌고, 동부에서는 이에 반대하는 폭동이 일어나 친영파親英派와 반영파反英派 간에 대조적인 반응을 보였다. 이 전쟁으로 미합중국은 국내 산업이 마비되는 손실을 입었지만 미국인들의 관심을 서부의 넓은 영토로 돌리게 함으로써 신생 공화국의 팽창을 위한 토대를 마련하는 데에 공헌했다.

영국과의 전쟁이 끝나자 의회는 경제 발전을 위한 방안을 강구했다. 그 일환으로 영국으로부터 쏟아져 들어오는 상품을 막고 자국 상품을 보호하기 위해 1816년 관세법을 제정했다. 그리고 물자의 유통망 확보를 위해 도로 · 수로 · 운하 등의 교통로 건설에 박차를 가했다. 1816년의 선거에서도 공화파의 먼로가 대통령이 되었지만, 그는 정파와 지역에 구애받지 않고 폭넓게 인물을 등용했다. '화합의 시기'가 오긴 했으나 경제 공황과 인디언 문제, 노예 문제는 모처럼 얻은 화해 감정을 깨뜨리기에 충분한 뜨거운 감자였다.

1829년 대통령에 취임한 잭슨은 대중의 시대가 왔음을 예고하면서 이른바 '잭슨 민주주의'를 열었다. 그는 중상주의적이고 보호주의적 정책을 정면으로 반대했다. 그리고 연방 정부의 자금을 23개 주의 은행으로 분산시켜 합중국은행의 독점적 권한을 축소시켰다. 미국 사회는 어느 때보다도 평등주의적 성향이 강해졌고 평민의 영향력이 커졌다. 이 시기에 미국의 영토는 서쪽으로 뻗어나가 오늘날의 영토와 거의 비슷한 모습을 갖추게 되었다. 또한 미국의 인구는 독일 · 아일랜드 등지의 유럽으로부터 이민이 대량 유입되어 2,300만 명에 이르렀다. '잭슨 시대'는 바꿔 말하면 팽창의 시대였던 것이다.

미시시피강을 건너 서부로 이동하는 행렬에서 앞장선 사람들은 사냥꾼과 모피 상인들이었다. 개척자들은 오리건 통로 · 산타페 통로 · 캘리포니아 통로 등의 개척로를 열었다. 특히 로키산맥 가운데 새크라멘토 일대에서 금광이 발견된 다음부터는 많은 사람들이 몰려들어 '골드러시'를 이루었다.

이와 같은 영토 팽창은 경제적 팽창을 의미하게 되었고, 경제적 팽창은 지역 간을 연결하는 교통혁명을 불러일으켰다. 북미 대륙의 주요 하천들은 남북 방향으로 흐르고 있으므로 동서를 잇는 교통망이 필요했다. 이를 위해 유료도로를 필두로 하여 곳곳에 운하가 건설되었다. 1825년 이리운하를 비롯한 여러 운하가 차례차례 완공됨에 따라 화물수송비가 1/10 정도 절감되었다. 운하의 시대가 도래한 것이다. 그러나 북부 지방은 겨울이 되면 운하가 얼어붙어 사용이 불가능할 뿐더러 산악지대와의 연결이 불가능했으므로 그것을 보완하기 위해 철도가 등장했다.

철도의 발달에 힘입어 북미 대륙 내의 서진운동西進運動은 서부 개척으로 구현되었다. 서부로의 팽창과 교역의 확대는 동북부 지방의 공업화

그림 8-20 미국의 18세기 동부와 20세기 서부의 주요 도시 분포

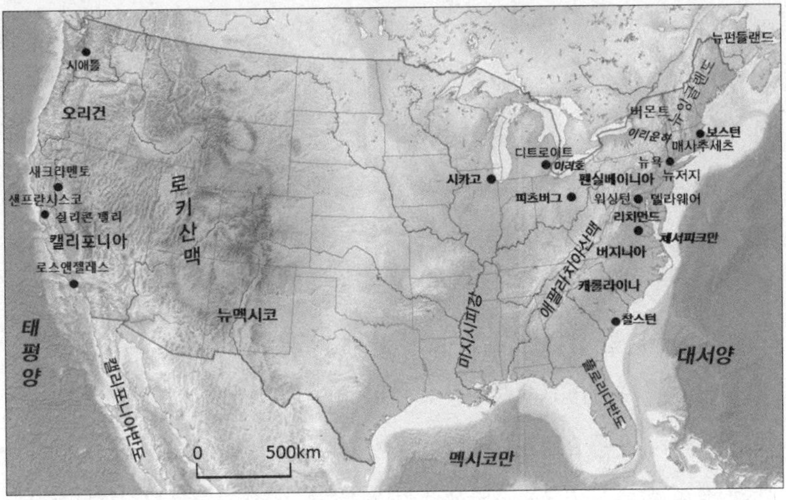

를 촉진했고, 뉴잉글랜드 지방은 토지가 척박했으므로 일찍부터 타지방에 비해 상공업이 발달했다. 또한 해외무역과 어업으로 축적된 자본은 이미 미영전쟁으로 영국 상품의 수입이 중단되면서 공업에 투자되고 있었다. 이러한 배경 속에서 뉴잉글랜드에서는 산업혁명이 거의 영국과 동일한 시기에 진행되고 있었다. 산업주의는 미국 사회에 인구의 도시 집중을 초래했고 노사분규와 같은 사회문제도 일으켰다. 제조업이 수력에 주로 의존하던 시기에는 기업 입지가 중소 도시에 분산되었으나, 산업혁명 이후 증기기관에 의존하게 된 후부터는 대도시로 집중하는 경향을 보였다.

평등화와 팽창의 시기로 요약되는 '잭슨 시대'의 미국적 특징은 개인주의 정신에 있었다. 프랑스의 역사학자 토크빌(Tocqueville, 1835-1840)은《미국의 민주주의》에서 미국의 특징으로 사회적 유동성을 꼽았다. 그는 사회적 유동성 때문에 미국에는 계층분화나 극단적인 사회적 갈등이

없다고 지적했고, 유동성은 미국인들에게 낙관주의와 진보의 개념을 심어주었다고 주장했다. 이러한 미국의 특징이 민주주의 제도를 뿌리내리게 했다는 지적이지만, 반드시 그의 지적이 옳은 것만은 아니었다. 남부의 지식인들은 연방 내에서 그들이 가지고 있는 지역적 특수성 때문에 시간이 경과할수록 북부인들과의 접촉을 피했고, 그에 따라 더 방어적으로 바뀌어 갔다. 남부인들은 미국의 주도권이 점차 노예제도를 반대하는 북부인들의 손으로 옮겨가고 있음을 느꼈고, 이런 상황에서 노예제도를 고수해야 한다는 강박관념에 사로잡히게 되었다.

1840년대와 1850년대에 걸쳐 일어난 미국의 사회 개혁 운동은 노예제도의 폐지 운동으로도 나타났다. 이른바 메이슨 · 딕슨선과 오하이오강을 경계로 남북의 두 지역은 노예제를 둘러싸고 갈등이 심화되었다. 이와 같은 날카로운 대립 속에서 1856년의 대통령 선거가 실시되어 부캐넌이 당선되었다. 이 선거 결과에서 주목할 사실은 북부가 압도적으로 노예제를 반대했다는 점이다. 양측의 감정의 골이 깊어지면서 미국을 하나로 통합하고 있던 제도들이 하나씩 무너져 가고 있었다. 1844년에 감리교가 분열된 것을 시발점으로 모든 교파가 남북으로 양분되었고, 1852년부터는 휘그당과 민주당이 분열됨에 따라 4개 정당이 생겨났다. 1846년에는 멕시코와 3년간에 걸친 전쟁을 벌여 텍사스 일대의 영토를 취득했다.

미국의 노예제도를 지지했던 피어스 대통령이 워싱턴주에 살던 인디언 수와미족의 시애틀 추장에게 그들의 땅을 팔라고 강요하자 추장은 1855년 유명한 '신세계에 보내는 메시지'를 보냈으나 답장을 받지 못했다. 이 편지는 1976년 미국독립 200주년 기념일이 되어서야 공개되었다. 최근 캐나다 총리는 "지금 미안하다고 말하는 게 충분치 않다. 오래전에 했어야 할 사과가 여러분이 입은 피해를 되돌릴 수 없고, 여러분이 잃어버린 언어와 전통을 되돌릴 수 없다"라며 인디언에 대한 학대를 사죄했지만, 미국은 아직 사죄한 적이 없다.

공화당 대통령 후보인 링컨은 노예제를 반대하지 않는 보수주의자로서, 다만 노예제의 확대와 그로 인한 연방의 파괴에만 반대했다. 다시 말하면, 그는 노예제 문제로 백인들이 분쟁을 일으키고 대립하는 것을 우려했던 것이다. 그러나 링컨의 당선은 오히려 오랫동안 끌어온 지역갈등을 악화시키는 결과를 초래했다. 당선자인 링컨은 연방의 유지에 강경한 입장을 가지고 있었다. 그가 대통령에 취임하자 곧 사우스캐롤라이나주 찰스턴의 섬터Sumter 요새가 남군의 공격을 받았다. 이 요새는 남군에 점령되었고, 이로써 4년간에 걸친 남북전쟁이 시작되었다.

남북전쟁은 1861년 4월부터 1865년 4월까지 4년간 계속되었다. 이 전쟁은 총 1,400만 명의 청년 중 280만 명이 군복을 입었으므로 국민전쟁이었다고 볼 수 있다. 남북전쟁을 군사적 측면에서 보면, 남부는 결코 북부에 뒤지지 않았다. 남부 연합군은 우수한 장교단과 자기 고장을 지키려는 애향심으로 무장된 사기 높은 병사들을 보유하고 있었으나, 문제는 경제력이었다. 북부는 산업 경제를 기반으로 하고 있었으므로 전쟁은 오히려 산업을 자극했고 고용을 증대시킴으로써 경제에 활력을 불어넣었다. 이와는 달리 면화 생산에 기반을 두고 있는 남부의 경제는 전쟁으로 마비되었고, 1863년의 리치먼드 식량 폭동과 같은 혼란을 초래했다. 남부인들은 영국과의 관계에서 남부 경제의 취약성을 간과하고 있었다. 영국의 방직공업은 미국 남부의 면화를 필요로 했으므로 영국인들이 남부를 지원해줄 것이라고 믿었으나 남부인들의 판단은 착오였음이 판명되었다. 영국은 부족한 면화를 이집트와 인도로부터 수입함으로써 위기를 극복했던 것이다.

전쟁 그 자체는 미국 국민 전체에게는 파멸적 사건이었지만, 지역적으로 나누어 보면 반드시 그런 것만은 아니었다. 전쟁으로 인해 남부는 회복할 수 없을 정도의 파괴를 당해 낙후 지역으로 남게 되었지만, 북부는 전쟁을 통해 연방 내에서 주도권을 잡는 계기를 마련했다.

이 대목에서 빅터 플레밍 감독의 〈바람과 함께 사라지다〉란 할리우드 영화를 잠깐 떠올려보자. 여주인공 스칼릿 오하라 역의 비비안 리와 그녀의 상대 레트 버틀러 역의 클라크 게이블의 연기도 좋았지만, 남북전쟁의 당시 모습을 간접적이나마 실감나게 감상할 수 있는 영화이기 때문이다. 나는 아직도 비비안 리를 전형적인 남부 여인 스칼릿 오하라로 기억하고 있다. 마거릿 미첼의 소설에서는 당시의 남부와 북부의 차이를 다음과 같이 묘사했다.

남부의 면화는 이 지역의 심장을 고동치는 풍요로운 땅으로 부를 가져다준 탓에 남부인들을 대대손손 부자로 만들어주었다. 내일의 희망이 그들의 생활에 흥미와 열정을 부여하고, 지나칠 만큼 생활을 즐겼다. 그들에게는 풍부한 재산과 절대복종하는 노예가 있었다. 그들은 낚시 · 사냥 · 경마 · 댄스파티 없이 일주간을 견딜 수 없을 정도로 여유로운 생활을 보냈다. 남부는 정치가 · 군인 · 농장주 · 의사 · 법률가 등을 배출했지만, 기술자 · 직공 등은 열등한 것이므로 북부에 맡겨도 된다고 생각했다. 연애결혼은 열등한 북부인이나 하는 것이며, 남부에서는 부모가 정해준 상대와 결혼하는 것이 이상적이라고 생각했다.

면화 플랜테이션이 미국문명의 소산이 될 수 있었던 것은 유럽문명권이 면화에 애착을 보였고 영국의 면방직공업의 발달과 교통수단의 장악, 화폐경제, 노예무역 등의 여러 조건이 미국문명과 맞물려 돌아갔기 때문이었다. 프랑스의 지리학자 구루(Gourou, 1973)는 당시 유럽에서는 면화 플랜테이션을 만들 수 없는 형편이었기 때문에 미국문명이 가능했음을 지적한 바 있다.

남북전쟁이 종료된 후 얼마 동안은 미국 사회가 급속한 경제혁명을 경험했다. 산업혁명을 거치는 과정에서 미국 사회는 경제적으로 팽창했고 농업 · 농촌적 사회로부터 공업 · 도시적 사회로 급속히 변질되어 갔다. 여전히 세계 각국으로부터 아메리칸 드림을 꿈꾸는 이민자들이 미국으로 몰려들었다. 뉴욕에 세워진 자유의 여신상은 세계인들의 마음을 사로잡았고 미국의 상징이 되었다. 1900년에 이미 국민총생산액에서 공업제품이 차지하는 가치는 농업제품 가치의 두 배에 달했다. 이와 같은 산업화와 도시화의 과정에서 대기업과 산업주의의 원리가 국민 생활 속에서 중심적 위치를 차지해가고 있었다. 미국은 더 이상 개발도상국이 아니었다. 그러나 번영과 풍요의 그늘에 사회의 안정과 결속을 위태롭게

그림 8-21 뉴욕의 자유의 여신상

할 정도로 극심한 빈곤과 부패, 그리고 계급간의 갈등이 있었다.

남북전쟁이 끝난 후부터 본격적으로 추진된 산업화는 미국 사회의 성격을 크게 바꿔놓았다. 미국은 국부國富와 국력이 급속도로 팽창하여 건국 이래 최대의 번영을 누리는 듯이 보였다. 20세기에 접어들면서 미국 사회는 이미 농업적이고 농촌적인 사회로부터 도시 산업적 사회로 바뀌어져 있었다. 미국의 자랑거리 제1호는 "촌놈이 없는 나라"였다. 미국민은 의식적인 측면에서 모두 시민이었다. 따라서 미국 국적을 취득한 자는 모두 시민권자가 되었다. 생활수준도 전반적으로 상승했으나 팽창과 번영에는 가혹한 사회적 희생이 따랐다. 첫 번째로 문제된 것은 빈곤과 극심한 소득 불균형의 문제를 포함한 사회문제였다. 국민의 1%에 불과한 극소수의 상류층이 부의 7/8을 차지하는 극심한 불평등 사회였다.

두 번째 문제는 대기업의 손에 경제력이 집중됨으로써 국민 전체의 경제적 자유와 정치적 민주주의가 위협을 받게 되었다는 사실이다. 기업가들은 정치에 대해서도 막강한 경제력을 이용해 강력한 영향력을 행사하고 있었다. 그들은 공화당에 막대한 정치자금을 바치면서 선거구를 멋대로 뜯어 고치게 했고, 자신들에게 유리한 후보가 당선되도록 획책했다. 또한 기업가들은 언론계에도 막대한 금전을 살포해 유리한 여론을 조성했다. 이러한 행위는 기업과 정부를 결탁시키는 결과가 되었고, 더 나아가 기업이 정부를 지배하게 되었다. 따라서 권력의 중심은 정치의 중심지인 워싱턴 D.C.에서 경제의 중심지인 뉴욕의 월가로 옮겨가게 되었다. 이러한 정경유착은 공화당의 매킨리가 기업의 도움을 받아 대통령에 당선된 1900년부터 심화되었다.

권력의 집중과 부패의 분위기 속에서 혁신주의 운동으로 불리는 대대적인 개혁 운동이 일어나게 되었다. 이 운동은 경제적 · 정치적 운동인 동시에 도덕적 운동으로 출발했다. 혁신주의자들 중에는 전통적 가문에 속한 상류계급과 중산계급 출신의 전문직 종사자들이 많았다. 그들은 과거의 농업 시대에 사회의 지도급 인사로서 상류층을 형성하던 계급이었다. 그러나 산업화 과정에서 그들 구지배계급은 신흥 부자인 대기업가들에게 상류층의 지위를 빼앗기는 신분혁명을 경험하게 되었다.

혁신주의라는 사회 개혁 운동이 전국적이고 더욱 구체화되기 위해서는 연방 정부의 차원으로 확대되어야만 했는데, 그것은 루스벨트와 윌슨이라는 두 명의 진보적인 대통령이 출현함으로써 가능했다. 즉, 1901년 뉴욕주 버펄로의 박람회에서 매킨리 대통령이 암살당하자 부통령이던 루스벨트가 대통령직을 계승함으로써 전국적 차원에서의 혁신주의 시대가 열리게 되었다. 그는 우선 대기업의 횡포를 막고 대통령의 권한을 강화하려고 시도했다. 대법원은 대기업의 완강한 저항에도 불구하고 북부증권회사의 해산을 명령했다. 이것은 기업에 대해 정부가 우월하다는 것을 보여준 루스벨트의 첫 번째 성공 사례였다. 그 후에도 대통령과 행정부는 특권 세력의 이익을 대변하는 의회와 법원에 대항함으로써 국민 다수의 이익을 대변하는 개혁자로 행동할 수 있다는 것을 보여주었다.

1904년의 선거에서 자력으로 대통령에 당선된 루스벨트는 더욱 적극적으로 혁신주의 정책을 추진했다. 정부가 공익의 대변자로서 행동해야 한다는 그의 생각은 자연보호정책에서도 잘 나타났다. 산림 · 하천 등의 자원은 국민 전체의 것이므로 사리사욕을 위해 무분별하게 이용되고 낭비되어서는 안 되며, 더 나아가 천연자원은 후손들을 위해서도 반드시 보존되어야 한다는 것이었다. 정부의 국토 개발 전문가들은 국민 전체의 이익을 고려해 국토 개발 사업을 재검토했다. 그 결과 2,500여 개의 댐 건설이 취소되고 광대한 숲이 국유림으로 편입되었으며, 지하자원의 절반이 매장되어 있는 광활한 땅을 국유지로 편입했다.

혁신주의 시대는 산업화의 시기인 동시에 도시화의 시기였다. 따라서 이 시대는 '도시의 대중'이라는 새로운 세력이 등장한 시기이기도 했다. 1901~1914년 사이에는 300만 명의 이탈리아인과 150만 명의 유태인, 400만 명의 슬라브인이 미국에 유입되었는데, 이들의 대부분은 농촌이 아닌 도시에 정착했다. 그리고 미국 태생의 농민들도 상당수가 도시로 몰려들었다. 그리하여 1920년에 이르러 미국의 도시화율은 67%에 달했다. 미국인의 징서와 가치관은 촌스러운 시골뜨기가 아니라 세련된 도시민의 매너로 바뀌었다. 이에 따라 도시를 중심으로 한 대중문화가 형성되었다. 도시의 발달은 많은 관중의 동원을 요하는 미식축구 · 권투 · 야구 등의 스포츠에 대한 관심을 불러일으켰다. 이 중에서도 특히 야구가 폭발적인 인기를 누렸다. 오늘날에도 인기 있는 메이저리그의 연간 관중 동원 수는 1903년 475만 명에서 1920년 900만 명으로 두 배 정도 증가했다. 대중의 오락 수단으로 무성영화가 발명되어 도시에 영화관이 폭증했고, 축음기가 보급되어 블루스 음악과 사교춤이 널리 보급되었다. 신문과 잡지도 도시민의 필수품이 되었다.

미국인들이 국내적으로 사회 개혁에 몰두하고 있는 동안 유럽의 강대국들은 전 세계에 걸쳐 영토와 이권을 확대해나가는 제국주의 시대를 맞이하고 있었다. 미국도 뒤늦게나마 그와 같은 시대적 조류를 타기 시작했다. 최초의 팽창주의자 중 가장 유명한 사람은 시워드였는데, 그는 1867년에 미드웨이제도를 장악하고 러시아로부터 알래스카를 사들임으로써 미국 영토를 확장했다. 당시 미국은 1에이커(약 4천 평) 당 2센트도 안 되는 금액인 720만 달러에 알래스카를 매입했다(이주영, 1995).

한편, 중국에서 열강들의 세력 다툼에 뒤늦게 끼어든 미국은 '문호개방정책'의 선언을 통해 모든 강대국이 중국 영토 내에서 모든 나라 사람들의 권리를 존중해야 함을 주장했다. 모호한 태도를 취한 다른 강대국들과 달리 일본은 반대의 뜻을 분명히 밝혔다. 루스벨트 대통령은 일본과의 관계를 개선하기 위해 1905년 일본이 필리핀에 대한 야망을 버리는 대가로 한국에서의 종주권을 인정해주었고, 1908년에는 '루트 · 다카히라Root-高平 협정'으로 일본이 태평양에서의 현상 유지와 중국의 문호개방을 인정하는 대가로 일본의 경제적 우월성을 인정해주었다. 이로써 한국은 한민족의 의지와 상관없이 일본의 식민지로 전락했다.

미국이 명실상부하게 세계의 강대국 대열에 참여할 수 있게 된 결정적 계기는 제1차 세계대전이었다. 1914년 8월에 유럽에서 전쟁이 일어나자 미국은 즉각 중립을 선언했지만, 국민의 대다수는 인종적 · 문화적으로 영국과 프랑스에 가까웠으므로 정서적으로 연합국에 호의적이었다. 물론 독일 측에 호의적인 독일계 미국인과 아일랜드계 미국인도 있었지만, 그들의 영향력은 그다지 크지 못했다. 시간이 경과함에 따라 경제적 이유에서 미국의 엄정 중립이 불가능하다는 판단이 내려졌다.

연합국이 러시아혁명으로 전열에 차질이 생겨 불리해짐에 따라 그 위협은 미국에까지 전해졌다. 뉴욕을 비롯한 대도시에서 참전을 요구하는 대규모 집회가 열려 정부에 압력을 가했다. 압력이 커지자 윌슨 대통령은 전쟁에 개입하기로 결심하고 1917년 4월에 독일과의 전쟁을 선포했다. 미국의 원정군은 1918년 5월부터 프랑스 전선에 투입되었고, 전쟁이 끝날 무렵 미군의 병력은 50만 명 규모로 커져 있었다.

베르사유 조약이 체결된 1919년은 혁신주의자들에게 있어서 실망스러운 한 해였다. 그것은 파리 평화회의가 열렸을 때에 유럽 강대국들이 보여준 이기심 때문이었다. 이를 계기로 한때 미국에서 일어났던 십자군 정신과 개혁의 정열은 급속히 식어가고 있었다. 미국인들은 흥분을 가라앉힌 정상 상태로 돌아와 자신들의 일에만 관심을 쏟는 소시민이 되어가고 있었다. 전후에 미국인들이 고립주의와 보수주의에 빠진 이유는 러시아혁명이 직접적으로 작용한 데에 있었다.

1920년대 미국 기업의 특징 중 하나는 대기업의 주식이 널리 분산됨으로써 소유와 경영이 분리되기 시작했다는 사실이다. 이제 회사를 움직이는 경영자는 회사의 주인이나 대주주가 아니라 경영 능력을 가진 유능한 전문경영인이었다. 물론 당시의 모든 기업이 이와 같은 경영형 기업은 아니었으나, 미국은 점차 대기업의 국가로 바뀌어가고 있었다.

기술의 발전으로 국민의 생활수준이 향상되었다. 1920년에 방송국이 생기면서 보급되기 시작한 라디오는 1930년 전체 가정의 40%가 보유할 정도였다. 항공 산업도 급속히 발전했고, 전기도 널리 보급되어 1930년에는 도시권에 거주하는 주민의 8할 이상이 혜택을 입었다. 그러나 무엇보다도 중요한 것은 자동차의 보급이었다. 제1차 세계대전이 발발하기까지 자동차는 중 · 상류층의 여가 선용을 위한 사치품이었으나, 전쟁을 거치면서 점차 보급되기 시작하여 1930년에는 1가구 1차량이라는 목표에 거의 도달했다. 승용차 이외에도 트럭과 버스가 늘어나 자동차는 이제 대중교통 수단이 되었다.

배외사상과 획일화의 경향을 보여주는 또 다른 운동은 근본주의 신앙운동이었다. 미국 태생의 전통적인 미국인들, 특히 농촌 지역의 미국인들은 그들의 나라는 청교도들에 의해 세워진 프로테스탄트 국가라고 생각해왔다. 그들의 시각에서 볼 때, 미국은 새로운 이민 집단이 갖고 들어온 가톨릭교와 유대교 등의 외래 신앙 때문에 위협을 받고 있다고 믿게 되었다. 그들은 미국 사회의 종교적 동질성이 사라져가고 있는 데 대해 두려움을 느끼고 있었다. 더욱이 그와 같은 추세에 따라 진화론Darwinism과 같은 과학 이론이 더욱 대두되고 있는 데 대해 두려움을 갖고 있었다. 이러한 근본주의자들의 사고방식은 성서의 권위에 도전하는 과학 이론과 충돌을 가져올 수밖에 없었다.

1925년의 유명한 스콥스 재판은 고등학교 과학교사가 학생들에게 다윈의 진화론을 가르쳐 기소된 사건이었다. 이 사건은 혁신주의자들의 낙관적인 인간관과는 달리 신앙에 매몰된 대중이 그다지 합리적 사고방식을 가지고 있지 못하다는 사실을 보여주었다. 이른바 '지적 설계론'이라 포장된 창조론이 여전히 득세한 사실은 미국 사회에서 진화론이 도전받고 있음을 보여주는 것이었다. 지적 설계론이란 우주만물이 너무 복잡하여 진화했다기보다는 지적인 초월자에 의해 디자인되었다는 창조론과 동일한 논리구조를 지닌 주장이다. 미국의 기독교 원리주의를 비판한 도킨스(Dawkins, 2006)는 신神이라는 이름 뒤에 가려진 인간의 본성과 가치를 살펴보면서 과학적 논증을 통해 지적 설계론의 문제점을 날카롭게 지적한 바 있다.

1920년대 대서양 연안의 도시들은 순조로운 발전을 이룩하게 되었다. 뉴욕은 1920년에 530만 명, 필라델피아는 180만 명을 상회하는 대도시로 성장했다. 중서부에서는 공업·상업·금융을 비롯해 교통의 중심인 시카고의 발전이 괄목할 만했다. 시카고는 1919년부터 도시계획에 입각한 미시간호 연안지대의 정비를 시작한 것을 계기로 1870년 5위에서 1920년에는 2위 도시로 약진했다. 시카고 이외의 도시 중 자동차 생산의 중심이 된 디트로이트, 제철업과 초기의 석유산업으로 발전한 클리블랜드 등과 같은 오대호 주변의 도시 발전이 주목할 만했다.

1920년대 말, 뉴욕의 가장 부자 중 두 사람인 크라이슬러사의 크라이슬러와 제너럴모터스사의 래스콥은 누가 가장 높은 빌딩을 짓는지를 놓고 경쟁을 벌였다. 1929년 대공황기에 세계에서 가장 상징적인 건축물 두 개가 탄생했다. 건축사를 연구한 스컬리(Scully, 1968)는, 특히 102층의 엠파이어스테이트빌딩은 건축계의 아이콘이자 20세기 공학이 이루어낸 업적이라 평가하면서, 그리스의 파르테논 신전이 그러했듯이 미국의 영광을 과시하기 위해 건축되었다고 술회했다. 미국은 이 빌딩을 완

그림 8-22 엠파이어스테이트빌딩의 건설 모습과 완공 후의 모습

성함과 동시에 세계 최강국이며 20세기 최고의 문명국임을 자부하게 되었다.

루스벨트는 그의 정책을 포커 게임에서 사용되는 뉴딜New Deal이란 말로 표현했는데, 여기에는 새로운 게임을 시작하기 위해 카드를 다시 친다는 뜻에서 개혁의 의미가 포함되어 있었다. 정부의 구호 사업을 지원하기 위해 5억 달러의 기금으로 연방비상구호청을 설립하고 청년층의 실업자들을 수용소에 넣어 산림 보호와 홍수 방지 사업에 투입시켰다. 그리고 술의 제조와 판매를 금지시켜 논란을 빚어왔던 금주법을 폐지했다. 다음으로 뉴딜 정책은 실업자를 구제하기 위해 대대적인 공공사업을 벌였는데, 그중에서 가장 대표적인 것이 테네시 계곡 개발 사업이었다. 이 사업으로 수많은 실업자가 일자리를 얻게 되었고, 이 일대의 7개 주가 전력을 공급받게 되었다.

1935년에 이르러 제1차 뉴딜 정책은 한계에 도달한 듯이 보였다. 경

기는 어느 정도 회복세를 보였지만, 국민총생산액은 여전히 1929년에 비해 낮아졌고, 실업자도 900만 명에 머물러 있었다. 사태가 악화되자 루스벨트와 뉴딜주의자들은 새로운 정책을 모색했다. 그 결과, 제2차 뉴딜은 더욱 진보적인 성격을 띠게 되었다. 뉴딜 정책이 지속적으로 추진되자 보수 세력들은 루스벨트 행정부를 더욱 맹렬히 공격했다. 기업인들의 지위는 1920년대와 달리 1930년대에 이르러 거대한 정부와 노동조합으로부터 심각한 도전을 받았다. 1936년 선거에서 대통령에 재선된 루스벨트는 국민들의 높은 지지도에 힘입어 뉴딜을 반대하는 대법원을 개편하는 데 성공했다. 그는 큰 어려움 없이 뉴딜 정책을 뒷받침해줄 자유주의적인 대법원을 갖게 되었다. 제2차 뉴딜의 시기에 두드러지게 나타난 또 다른 현상은 노동자의 세력이 강화되었고 이민 집단과 흑인의 지위가 향상되었다는 점이다.

가장 뒤늦게 이민으로 들어온 이탈리아인 · 폴란드인 · 남부 슬라브인 · 유태인은 1920년까지만 하더라도 노조 가입이 금지될 정도로 차별을 받았다. 그러나 뉴딜 시대에 들어와서는 그들에게 노조 가입의 허용은 물론이고 정치 참여의 기회를 확대시켜주려고 노력했다. 하지만 흑인은 전통적으로 불경기 때 가장 먼저 해고되고 가장 늦게 고용되는 불리한 대우를 받아왔다. 흑인들은 남북전쟁에서 그들을 노예 상태로부터 해방시켜준 공화당을 버리고 점차 민주당을 지지하는 쪽으로 기울었다. 민주당은 노동자 · 빈민 · 흑인과 같은 도시의 대중에 기반을 두게 되었고, 그 때문에 뉴딜은 정치혁명을 가져온 것으로 보였다.

미국인들이 대공황을 극복하기 위해 국내문제에 몰두하고 있는 동안에 유럽과 아시아에서는 제2차 세계대전의 전운이 감돌고 있었다. 당시의 미국 여론은 고립주의의 경향이 강했으므로 1935년에 제정된 중립법은 여전히 유효했다. 1940년의 선거에서 국제주의자인 민주당의 루스벨트가 승리함에 따라 여론은 반전되었다. 경제가 활기를 되찾게 되면서 여론은 전쟁을 지지하는 쪽으로 기울어져 1941년 3월에 무기대여법이 제정되었다. 미국은 대서양에서 독일과 충돌하기도 했으나, 참전의 계기는 태평양에서 일어났다.

1941년 12월 7일 일요일 새벽에 휴일을 틈타 일본 전투기들이 하와이의 진주만을 기습 공격했다. 일본이 최대 군사 대국이며 문명국인 미국에 도전장을 내민 것이다. 문명의 중심이 북미 대륙의 동쪽에서 서부 개척 시대를 거쳐 서쪽으로 서진하고 있던 차에 발생한 사건이었다. 미국은 공군력이나 일본 전함의 활동 반경으로 볼 때 태평양상의 날짜변경선을 넘지 못할 것으로 판단하여 안심하고 있었다. 만약 일본군이 하와이를 점령했다 하더라도 하와이에서 미국 본토까지는 약 2,000해리가 넘는 먼 거리다. 또 일본 도쿄에서 미국 샌프란시스코까지는 약 5,500해리에 달하는 거리다. 일제는 당시의 해군력과 공군력으로는 도저히 침략하기에는 비현실적이며 불가능한 무모한 전쟁을 벌인 것이다.

중국 신해혁명의 요원을 육성했던 리(Lea, 1911)는《무지無知의 용기》란 저서에서, 만약 일본군이 미국을 침략할 경우 상륙 예상 지점과 진군 방향 등에 대해 매우 상세하게 표시된 지도를 가지고 있을 만큼 미국은 일찍부터 일본의 대륙 침략 의도를 간파하고 있었다고 밝혔다. 그의 저서는 일본에서《일미필전론日米必戰論》또는《일미전쟁日米戰爭》이라 번역되어 출간되었다. 그의 경고에도 불구하고 미국은 진주만 기습을 받은 것이다.

나는 우연한 기회에 일본이 진주만을 공격하기 위해 지리학자를 동원해 치밀한 준비 작업을 했다는 사실을 알게 되었다. 나는 일본 유학 시절에 정년퇴직을 한 어느 지리학자의 서재를 정리하는 작업을 도운 적이 있었다. 책을 정리하던 중 '극비極秘'란 빨간 도장이 찍힌 진주만의 지형에 관한 논문을 발견하고는 그에게 물었다. "이것 어찌 할까요?" 그 노교수는 물끄러미 그 논문을 쳐다보더니 "군부에 동원되어 하는 수 없이 쓴 글이니 기분이 좋지 않네!"라며 소각해버렸다. 역사에 남을 만한 문헌이라 내가 보존하고 싶었는데 아깝다는 생각을 했다. 미국 역시 전쟁을 수행하면서 지리학자들을 이용한 적이 있기는 하지만, 나는 그 노학자의 당황한 행동과 흔들리는 눈빛에서 군국주의 시절 군부에 동원되어 본의 아니게 영혼과 양심을 상실한 과거에 대한 회한을 엿볼 수 있었다.

아시아와 유럽에서 벌어진 전쟁에 참가한 미국은 민간산업을 즉각 군수산업으로 전환했다. 자동차 산업은 탱크와 군용 트럭을 생산하고, 조선 산업과 항공 산업은 군함과 전투기의 생산을 담당하게 되었다. 농업 생산도 급격히 증가해 전체 노동력의 5%에 불과한 농민이 미국과 연합군의 군량은 물론 모든 국민을 먹여 살릴 수 있는 막대한 양의 식량을 생산했다. 전쟁으로 인한 경제 팽창은 대공황으로 비롯된 산적한 문제들을 거의 완전히 해결해주었다. 전쟁이 경제 불황을 일거에 해결한 셈이다.

미국은 가공할 무기인 원자폭탄을 비밀리에 제조하고 있었다. 미국 정부는 독일이 먼저 원자폭탄을 제조할지 모른다는 두려움에서 서둘러 이른바 '맨해튼 계획'을 세웠다. 미국은 일본 본토를 점령하기 위해서는 많은 인명의 희생이 따를 수밖에 없는 것으로 예상해 원자폭탄 사용을 결정했다. 그리고 1945년 8월 6일과 9일에 히로시마와 나가사키에 원자폭탄을 투하했다. 일본은 8월 14일에 무조건 항복을 선언했다. 일본의 패전은 인내심 없이 문명의 서진을 재촉한 것에 대한 응징이었을까? 제2차 세계대전으로 국력을 소진하고 막대한 피해를 입은 유럽에 비해 미국은 오히려 세계 제1의 강대국 자리에 오를 수 있게 되었다. 미국은 시운을 잘 타고난 국가였다.

루스벨트의 사망으로 대통령직을 계승한 트루먼은 세계 공산주의의 위협에 대응하기 위해 포위 정책으로 맞섰다. 그러나 소련 공산주의의 팽창을 막기 위해서는 군사적 대응도 중요하지만, 무엇보다도 공산주의를 번창하게 만드는 빈곤 문제를 해결하는 정책이 더 중요하다는 사실을 인식했다. 1950년 6월 25일에 발생한 한국전쟁은 불경기에 빠졌던 미국 경제에 활력을 불어넣었다. 경제 성장으로 국민의 사기와 자신감은 크게 높아졌다. 1952년의 선거에서 승리한 공화당의 아이젠하워 대통령은 민주당 정권이 행정부의 권한을 지나치게 강화했다고 생각해 대통령의 권한을 축소하는 분권화의 방향으로 전환했다. 그는 절대 권력이 국가를 그르친다고 생각했던 것이다.

한편, 로스앤젤레스 · 샌프란시스코 등의 태평양 연안 도시와 텍사스주를 비롯한 남부 지방의 도시들은 1920년대에 발전하기 시작했다. 그러나 국토 전체를 보았을 때 여전히 주변부에 위치했으며, 경제 활동이 활발한 동부 지방의 도시들과는 커다란 격차가 있었다. 미국의 국토 가운데 핵심 지역과 주변 지역이 명확해진 것도 이 시기에 발생한 현상이다. 지역 간 교류 역시 핵심 지역의 도시 간에 활발했을 뿐이며, 주변 지역의 도시와는 교류가 미미했다. 그러나 실리콘밸리를 중심으로 1950~1980년대에 전자 · 컴퓨터 산업 분야의 기업체와 공장들이 집중되면서 이 지역은 디지털문명의 메카로 부상했다. 캘리포니아주에는 스탠포드대학을 비롯한 명문대학들이 많아 고급 인력이 풍부했고, 전 세계에서 많은 인재들이 몰려들었다. 나는 이 땅에서 꽃핀 문명을 '캘리포니아문명' 혹은 '실리콘밸리문명'이라 부르고 싶다.

미국을 하나로 통합한 요인과 미국문명의 속성

우리는 흔히 미국은 연방제를 채택하고 있고 국토가 광활하며 다인종이 혼재하는 합중국이므로 여러 문화의 영향을 받아 도시경관이 다양할 것으로 생각하기 쉽다. 그러나 의외로 미국의 도시문화는 표준화되어 있어 어느 도시를 가더라도 확연한 차이를 느낄 수 없을 정도다. 이는 지역적 특성이 뚜렷하지 않다는 뜻이다. 미국인과 미국문화의 형성과 구조의 복잡성이란 관점에서 생각하면, 미국은 분열적 현상이 강하고 해체의 위험성이 내재되어 있다고 볼 수 있다.

그럼에도 불구하고 미국은 현실적으로 합중국으로서 강하게 묶여 있으며 민족적 다양성을 뛰어넘어 새로운 '아메리카인' 혹은 '양키 기질'로 뭉쳐 있다. 여기에는 몇몇의 자연적 혹은 역사적 요인이 작용하여 분열을 저지하고 통일과 융합을 가능하게 만들었으므로, 미국 도시문화가 표준화된 것은 그와 같은 요인이 작용한 결과로 간주되어야 한다. 이에 관해 일본의 지리학자 베쓰키(別技, 1989)는《세계의 풍토와 민족문화》에서, 그 네 가지 요인으로 미시시피강의 역할을 비롯하여 청교도 정신, 프런티어 정신, 지역 분화와 상업주의를 꼽았다.

먼저 미시시피강이 미국문명에 미친 영향에 대해 살펴볼 필요가 있다. '미시시피'란 원래 '강의 아버지'란 뜻의 인디언어에서 유래되었다. 연장 3,730킬로미터에 달하는 미시시피강은 북미 대륙의 중앙부를 흘러 동서 방향의 크고 작은 지류를 모으면서 남쪽으로 흘러간다. 따라서 이 강은 광대한 지역의 분수계를 보유하며 각지를 수운 교통으로 결합시키는 역할을 담당하고 있었다. 미국이 독립 후 서부로 개척해 나아가 이 강에 도착했을 때, 미시시피 동쪽은 프랑스령이었다. 나폴레옹은 이곳을 프랑스 기지로 삼아 신대륙에 커다란 식민 제국을 건설할 꿈을 가지고 있었다.

그러나 유럽에서의 계속되는 전쟁이 프랑스에 재정적 부담이 됨을 간파한 미국의 제퍼슨 대통령은 나폴레옹으로부터 이 지역을 1,500만 달러에 불과한 가격으로 사들이는 결단을 내렸다. 이로써 미국은 서부 개척의 장애를 제거함은 물론 미시시피의 본류와 지류를 자유롭게 이용하고 국토 통일로 가는 자연조건을 마련한 셈이 되었다. 하나의 국가로 영역을 확보하기에는 너무 광활한 영토와 이질적 이민 집단으로 구성된 다양성의 미국이 분열됨이 없이 하나로 통합되는 데에는 미시시피강의 역할이 절대적이었다. 그런 까닭에 나는 미국문명을 발전시킨 땅이 동부와 서부였고 비록 중앙부는 북미 대륙의 지절률을 떨어뜨림에도 불구하고 미시시피가 미국 근대문명을 탄생시킨 요람으로 평가하고 싶다.

미국의 도시문화가 표준화된 두 번째 요인은 청교도 정신이 미친 영향에서 찾을 수 있다. 미국은 인종의 용광로라 불리지만, 1790년 최초의 센서스 결과에 의하면 프랑스인이 많은 캐나다와 달리 국민의 과반수가 넘는 약 60%가 앵글로색슨의 영국계 백인이었으므로 '앵글로 아메리카'라 불리게 되었다. 따라서 영국의 역사 · 관습 등은 어느 정도 공통적이고, 미국인들에게 영문학은 결코 외국 문학이 아니다. 또한 영어가 국어이며, 원래의 국적이 다양하더라도 공통 언어의 사용은 이윽고 민족 통일의 조건이 되었다. 더욱이 영국인 중에서도 청교도들이 처음 도착한 것은 미국 사회에 커다란 영향을 미쳤으며, 청교도 정신을 이해하지 못하면 미국적인 것을 충분히 파악할 수 없다. 가령, 미국적 실용주의가 바로 그것이다.

신에 대한 의무로서 봉사적 노동을 행하고, 신이 주는 은혜로서 물질적 보수를 받는다는 청교도 정신은 그들의 아메리카 대륙 상륙 후 16년만에 설립한 하버드대학을 보면 알 수 있다. 일류 대학이 많은 미국 사회에서 아직도 하버드대학이 미국을 대표하는 대학으로 군림하는 것은 청교도 정신의 건재함을 엿볼 수 있는 대목이다. 종교의 자유가 헌법으로 보장된 미국은 아직도 대통령 취임식 때 당선자가 성경책에 손을 얹고 선서를 한다. 한국에서는 상상도 할 수 없는 일이 미국에서는 아무렇지도 않은 듯이 벌어지고 있는 것이다.

'프런티어'라 불리는 개척 정신은 미국의 서부 개척사에서 이민자들이 공통적으로 체험한 것이며 이른바 양키 기질의 형성에 있어 가장 중요한 요소였다. '양키Yankee'란 원래 미국 북부의 뉴잉글랜드 지방 사람들을 가리키는 말이었으나, 남북전쟁 당시에는 남부인이 북군 병사에 대한 모멸적 칭호로 사용했었다. "양키 고 홈!"이란 말은 남북전쟁이 발발했을 때 남군이 북군을 향해 외쳤던 구호였다. 그것이 이제는 미국인 전체를 가리키는 말이 되었다.

오늘날에는 미국이 최강국이 되었고, 세계 경찰로서 지구 곳곳에 미군이 주둔하게 됨에 따라 그와 같은 구호가 나오고 있는 실정이다. 그러나 미군이 철수해도 평화가 찾아드는 나라는 별로 없는 것이 현실이다. 아이러니가 아닐 수 없다. 2,000년 전의 팍스 로마나와 800년 전의 팍스 몽골리카, 그리고 제2차 세계대전 전의 팍스 브리타니카에 이어 미국 주도하의 평화가 지속되는 팍스 아메리카나의 시대가 열린 것이다. 아무튼 우리는 이러한 역사 속에서 평화는 강한 자의 특권임을 깨닫게 되었다.

미국은 서부 개척의 역사이며, 18세기 말에는 400만 명에 불과했던 인구가 19세기 말에는 7,000만 명, 현재는 3억 2,000만 명에 달하고 있다. 그 대부분은 서부로 확산되어 나아갔다. 근대 유럽 국가들의 발전은 한정된 공간 속에서 기존의 문화 민족 상호간의 접촉에서 이루어졌으나, 미국문명의 발전은 문명과 야성과의 끊임없는 접촉에서 비롯되었다. 처음 아메리카의 공간은 공허한 것이었으므로 개인의 활동력이 미국만큼 극도로 자극받을 만한 곳도 없었다. 이에 인내와 모험이 충만한 개인 훈련의 기회를 스스로 잡을 수 있었다. 그들은 유럽 타민족과 인디언에 대해 자신의 생명을 지키기 위해서라도 극도의 현실주의를 발전시킬 수밖에 없었다.

아메리카는 오랜 역사를 지닌 국가와 달리 환상적인 신화 · 전설 시대를 거치지 않았다. 그들의 문학사를 보면, 처음부터 개척의 체험을 기술한 '일기문학'부터 시작된다. 그들의 문학은 무미건조한 체험의 기록에 불과하다. 아메리카의 광활한 공간은 지금도 긴장의 끈을 놓지 않는 개척자 정신을 필요로 하고 있다. 이와 같이 미국적인 생각의 기초는 대부분 여기서 비롯된 것이다. 요컨대 프런티어 정신은 미국문명 발전의 원동력이 된 사회적 환경이었다. 이 정신으로 인하여 북부의 청교도 정신도 차츰 퇴색되고, 남부의 비평등주의도 그 귀족적 성격이 약화되어 새롭게 일체가 된 미국적인 것으로 거듭나게 되었다.

미국문명의 발달에는 지역 분화와 상업주의가 미친 영향을 간과할 수 없다. 미국 국도의 기본적 성격은 여러 지역으로 구성되어 있다는 점에 있으며, 그것들은 발달한 교통망으로 연결되어 주민의 생활에 균일화를 부여했다. 일반적으로 지역성은 자연환경과 역사적 배경에 의해 형성되는데, 역사가 짧은 미국은 오히려 백지 상태에서 그림을 그리듯 지역적 분화를 꾀할 수 있었다. 지역 분화는 생산 합리화의 요구에 부응한 것으로, 각 지역은 경제적 자립성을 포기하고 타 지역과의 교류를 전제로 공간적 상호 보완성을 강화했다. 미국을 이해하기 위해서는 지역 분화의 바탕에 흐르는 것은 상업주의적 정신이며, 건국 초기부터 미국은 공통적 이상으로서 번영의 관념을 높게 추구해온 국가임을 잊어서는 안 된다. 미국의 각 지역은 각각의 기능을 수행하는 부분으로서의 전체를 구성하고 있다. 미국은 이런 정신으로 일관한 영리적 유기체로서 존재해온 거대 국가다.

미국은 서부 개척 초기부터 서부와 동부 간에 지역차가 발생하기 시작했다. 동부는 정주적인 데 대하여, 서부는 항상 프런티어의 제1선이 되어 유동적이었다. 동부에는 보수적이며 온건한 풍조가 있었고, 그들은 소규모 농민과 상공업자가 많았다. 이에 비해 서부는 급진적이며 거친 기풍으로 일확천금을 꿈꾸는 모험가나 광산업에 종사하는 사람이 많았다. 그러나 미국은 동서의 대립보다는 남북의 대립이 더 치열했다. 그것은 청교도들과 기사 및 귀족계급 간의 대립, 또는 퓨리터니즘puritanism과 비평등주의 간의 대립에 기인한 것이었다.

미국 펜실베이니아대학 젤린스키(Zelinsky, 1973)는《미국의 문화지리학》에서 미국문화의 특색을 다음과 같이 네 가지로 설명한 바 있다. 첫 번째로는 거의 무질서하다고 해도 과언이 아닐 만큼 강렬한 개인주의를 꼽을 수 있다. 이것은 물론 개척자로서의 고립적 생활로부터 생겨난 것으로, 가령 어떤 결단을 내릴 때 개인의 경우이든 집단의 경우이든 최대의 힘을 발휘하게 된다. 더 나아가 이것을 프런티어적 신화, 프런티어적 윤리, 성공의 윤리로 나누어 미국문화의 특색으로 평가할 수 있다. 이것은 앞에서 설명한 군구제의 토지 분할로 인해 개인주의적 성격이 굳어져 생겨난 특색일 것이다.

두 번째 특색은 유동성과 변화에 대한 긍정적 평가에서 찾을 수 있다. 미국인은 변화와 모든 종류의 이동을 좋아하고 태생적으로 안주하려는 기질이 없다. 이러한 미국인의 요소는 미국인으로 하여금 역동성과 스피드주의를 중시하는 신앙으로 나타난다. 미국인은 '모든 사회는 변화한다'라는 기본적 생각을 가지고 있다. 그래서 그들은 "시간이 돈이다Time is mony"라는 말을 자주 입에 올린다. 미국인은 거의 역사를 망각한 것과 같은 관념에 빠져 '새것이 좋다The newer the better'란 생각을 한다. 과거는 박물관에나 어울리는 것이라고 생각한다는 것이다. 미국의 문화적 패턴에서는 성급함 · 속도 · 변화를 지나칠 정도로 중시하며, 이것은 그들의 생활 속에 반영되어 티슈페이퍼 및 토일릿 페이퍼와 고층 빌딩으로 나타났다. 변화를 좋아하는 마음은 침착함의 결여와 지리적으로는 공간적 유동성으로 나타났다. 빈번한 인구 이동이 그것이다. 대도시의 경우 중심 도시의 인구가 외곽으로 탈도시화하면서 근교와 원교로 이사하는 뉴어버니즘new urbanism도 미국문화의 상징 중 하나다.

세 번째 특색으로는 기계적 세계관을 들 수 있다. 미국인들이 생각하는 세계는 기본적으로 인간이 통제 가능한 단순한 기계적 시스템이라는 생각으로 세계를 개량하거나 촉진할 수 있는 존재다. 이러한 생각은 땅과 인간에게도 적용된다. 기계적 세계는 양적인 것이므로 숫자와 분량으로 나타내는 것이 당연하다. 미국문화는 다이내믹한 성격과 결합해 growth와 bigness란 단어에 대한 열광적 숭배로 특징지어진다. 또한 미국인들이 선호하는 biggest, highest, loudest, fastest 등의 단어 역시 끊임없이 능가하려는 충동으로 가득 차 있다. 이들 단어는 미국 경제와 미국 지리에 그대로 반영되어 나타난다.

마지막으로 네 번째 특색은 메시아적 완벽주의에서 찾을 수 있다. 미국은 인간적 자기완성의 이상을 실현하기 위해 특별한 사명을 부여받았다는 의식하에 메시아적 입장에서 세계에 복음을 전파하는 임무가 있음을 자부한다. 아메리카에 세계의 유토피아를 실현하려는 시도는 그들의 정신을 고양하려는 의미를 담고 있지만, 어떤 학자는 이를 도덕적 제국주의라며 미국을 비판하기도 한다. 그럼에도 불구하고 미국인들은 박애주의에 기반을 둔 교육 · 의료 · 자선 · 군대 파견 등의 형태로 모든 세계에 참여하려 시도한다.

이상에서 열거한 네 가지 미국문화의 특색은 미국적 특징인 동시에 미국문명의 속성이라고도 할 수 있을 것이다. 젤린스키의 날카로운 지적 이외에도 여러 학자들의 견해가 많이 있다. 가령 하버드대학의 갤브레이스(Galbraith, 1977)는《불확실성의 시대》에서 미국 경제는 세계 부富의 1/3을 창출하는 부유한 사회이며 이상사회로 보이지만, 현실은 전형적인 약육강식의 사회이며 물질만능의 병든 사회라는 약점을 지니고 있음을 지적했다. 이와 같이 1970년대에 이르러 미국의 약점과 어두운 측면만을 열거하는 저작물들이 쏟아져 나오고 있지만, 미국문명을 이해하기 위해서는 미국의 다양성과 통일성이라는 이중구조를 염두에 둘 필요가 있다.

미국은 내적 체험을 바탕으로 외적 세계에 관심을 가지며 열린 세계관과 적응력 있는 성격을 지니고 있다. 미국인들은 유럽의 영향을 받아 전통주의보다는 합리주의를 지향하며 보편적 윤리와 질서를 중시한다. 이러한 국민성이 고도의 지역 분화에도 불구하고 모든 지역과 도시문화를 표준화시키는 요인으로 작용했다. 미국의 도시를 답사해보면 동부에서 중부를 거쳐 서부에 이르기까지 경관상 차이를 발견하기 힘든데, 그 이유는 대부분의 도시문화가 표준화되어 있기 때문이다.

미국문명의 중심은 서부의 로스앤젤레스, 샌프란시스코, 시애틀 등의 도시가 성장하고 있음에도 불구하고, 아직도 정치 · 경제의 중심은 동부의 뉴욕, 워싱턴, 보스턴 등의 도시에 있다. 이는 이미 1940년을 전후해 형성된 이른바 메갈로폴리스의 영향 때문이다. '메갈로폴리스megalopolis'란 여러 개의 거대 도시가 연합된 도시 지역을 의미하는데, 메갈로폴리스는 그리스어로 '크다'라는 단어와 '도시'라는 단어의 합성어로 '큰 도시'를 의미한다. 현대적 의미에서 이 용어를 사용한 사람은 프랑스가 자랑하는 지리학자 장 고트만이다. 고트만(Gottmann, 1961)은 《메갈로폴리스: 도시화된 미국 북동부 연안》에서 미국 북동부의 보스턴, 뉴욕, 필라델피아, 볼티모어, 워싱턴 등의 거대 도시와 그 주변의 도시화된 지역을 메갈로폴리스라고 불렀다. 그의 저서는 토인비(Toynbee, 1970)의 《폭발하는 도시》에 지대한 영향을 준 걸작이기도 하다.

그러나 이후 메갈로폴리스는 시카고 · 디트로이트 · 피츠버그 간에 걸쳐 나타난 '오대호 메갈로폴리스'의 등장으로 미국 경제의 상당 부분이 서진하게 되었으며, 샌프란시스코로부터 로스앤젤레스에 이르는 태평양 메갈로폴리스는 제2차 세계대전을 거치면서 시카고 대도시권을 제치고 미국에서 두 번째로 큰 메갈로폴리스로 성장했다. 이로 인한 현상은 미국문명의 서진에 기폭제가 되었다고 볼 수 있다.

1980년 일본에서 고트만 교수를 만났을 때의 기억은 아직도 생생하다. 나는 고트만 부부의 일본 도쿄와 쓰쿠바 도시 답사에 동행하며 가이드 역할을 했는데, 그는 의외로 보수적 성격의 소유자임을 알 수 있었다. 지금은 고인이 된 훤칠한 키의 멋쟁이 고트만 교수와 빼어난 미모의 부인 간의 대화를 듣고 그렇게 느꼈다. 러시아에서 프랑스로 이주한 후 나치의 침공으로 다시 미국으로 이주한 고트만은 토인비와 달리 대서양 시대가 태평양 시대로 대체됨에 따라 경제적 기능은 서부의 메갈로폴리스로 옮겨가겠지만, 정치적 기능은 쉽게 이동하지 않을 것으로 예견했다. 그는 내게 미국인들은 정치 중심과 경제 중심을 분리해 생각하는 전통이 있음을 말해주었다.

그러나 토인비는 1968년에 탈고한 저서에서 북동부 메갈로폴리스의 기능이 5대호 연안 메갈로폴리스로 옮겨갈 것이라고 예언했지만 그의 예언은 빗나가고 말았다. 내가 보기에는 역사 분야는 몰라도 지리 분야는 고트만이 한 수 위였던 것 같다. 고트만은 도쿄-나고야-오사카로 이어지는 도카이도東海道 메갈로폴리스를 설명하면서, 이를 잘 연구하면 중국과 일본 사이에 위치한 한반도에 미칠 영향을 예상할 수 있을 것이라고 지적했다. 그가 지적한 것은 한반도의 통일을 상정하여 중국의 베이징–한국의 서울–일본의 도쿄를 염두에 둔 거대 메갈로폴리스였는데, 이 개념은 1990년대 초 한국에서 제기된 이른바 '베세토 벨트Be-Se-To belt'로 구체화된 바 있다. 세계적 석학 고트만과의 만남은 오래도록 기억에 남아 있을 것이다.

미국에서 새롭게 창출된 문명이 세계의 보편적 문명으로 확산된 것은 세계 각지에서 유입된 이민자들이 용광로 속에서 거듭났기 때문이라 할 수 있다. 미국문화의 아이콘이라 할 수 있는 청바지 · 햄버거 · 코카콜라가 별다른 저항 없이 세계 속에 뿌리를 내린 것을 보면 이해가 갈 것이다.

100년간에 걸쳐 지속된 팍스 아메리카나에 대한 회의가 일기 시작했다. 특히 미국의 이라크 침공은 미국문명의 종언을 공식 선언한 것과 같다는 시각이 있다. 2003년 3월 20일, 미국이 국제사회의 여론을 무시하고 이라크를 침공했다. 걸프전 이후 경제봉쇄만으로도 150만 명의 기아 및 질병으로 인한 사망자가 발생한 이라크를 향해 국제연합의 반대도 무시한 채 침공해 들어간 것이다. 이에 대해 당시 코피 아난 유엔 사무총장은 "오늘은 유엔과 국제사회에 슬픈 날이다"라고 비난했다. 또한 유엔 안전보장이사회 이사국을 비롯한 세계 각국은 침공의 불법성을 지적하고 미국의 행위를 강력하게 비난하며 공격 중단을 요구했다. 코피 아난 유엔 사무총장은 전 유엔 사무총장을 해임시키고 미국이 앉혀놓은 사람인데도 불구하고 그조차 이렇게 통탄한 것이다. 또한 독일의 외무장관은 유엔 안보리 회의에서 "유엔 헌장에는 군사적 수단을 동원해 한 나라의 정권을 교체할 근거가 없다"며 미국의 침공을 단호하게 반대한다고 역설했다.

침공이 있기 몇 시간 전 로버트 상원의원은 거의 텅 빈 상원 회의실에서 장장 4시간에 걸친 긴 연설을 통해 미국의 이라크 침공에 대한 반대를 거듭 밝히며 이렇게 개탄했다. "미국의 이미지는 이제 더 이상 과거의 강하면서도 인정 많은 평화의 수호자가 아니다." 미국문명의 종언 현상은 오직 몇몇 미국인에 국한되는 문제가 아니다. 심지어 후에 대통령 후보로 출마한 상원의원 힐러리 클린턴조차도 찬성표를 던졌다. 이라크전에 대한 찬성을 위한 학자들의 서명 운동에도《문명의 충돌》의 저자인 헌팅턴이 포함되어 있는가 하면, 미국 진보의 중요한 인물이기도 하며 공동체주의의 4대 이론가 중 하나인 마이클 월저도 포함되어 있었다. 이런 현상은 이스라엘의 수도가 예루살렘이라고 주장한 트럼프 행정부에서도 계속되고 있다. 과연 미국은 정의를 표방하는 국가인가?

미국 하버드대학의 마이클 샌델(Sandel, 2010)의 《정의란 무엇인가》에서 정의를 이해하는 세 가지 방식은 첫째가 사람들의 행복을 극대화하는 것이 정의라고 주장하는 공리주의, 둘째가 개인의 자유를 보장하는 것이 정의라고 주장하는 자유주의, 셋째가 공동체 구성원의 행복한 삶과 공동선에 대한 해답을 찾는 공동체주의로 요약될 수 있다. 다시 말해서 첫째가 공리나 행복의 극대화를 꾀하는 공리주의 이론이고, 둘째는 선택의 자유를 존중하는 평등사상이며, 셋째는 미덕을 키우고 공동선을 모색하는 것이다. 그러나 역사적으로 볼 때 글로벌 사회에서의 정의는 강자에 의해 주도되는 개념이었으며, 동서양의 문화적 측면과 이데올로기에 따라 상이한 해석이 내려지기도 했다.

미국문명의 종언 현상은 오직 미국의 정치인과 학자 차원의 문제인 것만도 아니다. 미국 국민의 7할 이상이 무력 사용에 찬성함으로써 부시 대통령에 못지않은 도덕적 무감각을 보여주었다. 미국문명의 종언은 이미 제도의 타락으로 나타났다. 미국식 민주주의라는 제도에 있어서도 이미 그 정당성과 제도적 효율성은 바닥이 드러나버린 것처럼 보인다. 미국 국민의 대다수는 선거가 자신의 생활에 대해 아무런 의미가 없다는 인식을 갖고 있다. 2016년에 실시된 미국 대통령 선거에서 드러난 이른바 '샤이 트럼프 현상'은 우리에게 시사하는 바가 크다.

미국문명이 쇠퇴의 조짐을 보일수록 문명의 서진은 더욱 빨라질 것이다. 이는 동아시아가 문명의 중심에 서게 될 날이 앞당겨짐을 의미한다. 미국문명이 쇠퇴한다고 하여 반대급부가 다른 땅으로 돌아간다는 보장은 전혀 없다. 그러나 그와는 관계없이 역사의 수레바퀴는 굴러갈 것이다. 인류에게는 미래가 있으므로 다음의 세계를 생각할 뿐이다. 나는 동아시아의 지절률이 문명을 꽃피울 수 있을 만큼 잘생긴 땅이라는 사실을 이미 설명한 바 있다. 우리는 역사의 수레바퀴가 미국 서부와 동아시아 사이의 태평양에서 어떻게 굴러갈 것인가를 이제부터 흥미진진하게 지켜보게 될 것이다.

지금까지 우리는 대단한 인내심을 가지고 고대로부터 현대에 이르기까지 인류가 창출한 문명의 장황한 성쇠 과정과 그 중심 이동에 대해 알아보았다. 메소포타미아 남쪽의 수메르에서 발생한 도시문명은 북쪽과 서쪽으로 확대되어 페니키아문명, 나일강 유역에서 발생한 이집트문명과 연담이 되어 퍼타일 크레슨트문명으로 확산되어 나아갔다. 이 문명은 곧 에게해의 크레타섬을 거쳐 펠로폰네소스반도로 전파되었다. 그리하여 크레타(미노아)문명으로부터 이어진 미케네문명은 유럽문명의 꽃이라 할 수 있는 그리스문명을 창출했다. 여기에 트로이문명도 기여했을 것이다. 그리스문명을 계승한 로마문명이 쇠퇴하면서 서유럽문명이 잉태되고, 이는 대서양을 건너 미국문명으로 이어졌다. 지도를 펴놓고 보면 누구라도 문명의 중심이 그와 같은 방향으로 이동한 결과에 고개가 끄덕여질 것이다. 이제부터는 이 책의 마무리로서 개인적인 견해를 피력해보고자 한다.

제9장

태평양 시대의 문명의 중심은?

문명 서진의 스키마

지금으로부터 약 1만 년 전 마지막 빙하기가 끝나기 전에 네 차례에 걸친 빙하기와 간빙기가 반복되어 일어났다. 그 후 적도 편서풍이 북상해 기후 최적기가 도래함에 따라 사하라사막은 습윤한 땅이 되었다. 그래서 '녹색사하라'라 불리기도 했다. 그 당시만 하더라도 사하라사막에는 오늘날과 달리 초원 위에 동물들이 서식하고 수렵 생활을 영위하는 사람들이 살고 있었다. 그러나 기후 최적기가 끝나면서 건조화와 함께 평원에 거주하던 사람들이 물을 찾아 하천변으로 몰려들었다.

인구압을 흡수하기 위해 유효적절하게 강물을 이용한 관개시설이 필요하게 되었다. 하천변의 인구밀도가 증가하면서 메소포타미아문명과 나일문명이 탄생한 것이다. 그러므로 당시의 문명은 처음부터 각각 독립적으로 발생한 것이 아니라 관개灌漑를 중심으로 한 기술들이 환경의 변화가 발생한 땅들 간에 교류하면서 문명이라는 시스템으로 결합되어 전파된 것으로 이해해야 한다. 문명은 인류가 그것을 만들기 위해 의도적으로 노력해온 것이 아니므로 행위의 부산물로 생겨났다는 견해도 있지만(鄭也夫, 2015), 인류가 더 나은 삶을 위해 노력한 것은 사실이다.

이와 같은 문명의 확산과 전파에는 문명 간의 교류가 전제되었다. 슈펭글러(Spengler, 1918)와 토인비(Toynbee, 1957)가 지적한 것처럼 고대 문명은 다계적多系的인 까닭에 여러 계보가 존재했었다. 그러나 문명은 다계적인 동시에 상호 교류를 통해 통일적으로 발전해 나아갔다는 점이 더 중요하다.

문명 간의 교류에 따라 전체적인 문명은 인류혁명 · 농업혁명 · 도시혁명 · 정신혁명 · 과학혁명이라는 5단계를 거쳐 변용되어왔다. 오늘날에는 정보혁명으로 이어지고 있지만, 하라리(Harari, 2014)는 문명사의 진로를 인지혁명 · 농업혁명 · 과학혁명의 3단계로 설명했다.

문명 교류는 지절의 상태에 따라 행해졌다. 어떤 땅에서는 문명이 생겨났고, 또 어떤 땅에서는 그렇지 못했다. 그것은 제1장에서 언급한 것처럼 땅의 생김새와 관련이 있기 때문이었다. 지절이 바로 문명 창출의 메커니즘이었던 것이다. 나는 땅의 생김새를 거론하면서 잘생긴 땅이라 함은 문명이 발생할 수 있는 땅이라는 담론을 제시했다. 그것은 대륙적 스케일로 본 경우이지만, 국지적으로 볼 때에도 프랙털 이론에 따라 지절률이 높은 곳에 취락이 형성되고 그 땅에서 문화가 만들어진 것은 사실이다. 물론 지절률이 높은 땅이라 하여 모든 곳에서 문명이 창출된 것은 아니었다. 나는 중위도 지방이어야 한다는 단서를 달았고, 그 이유에 대해서도 설명한 바 있다.

비달 블라슈를 비롯해 다이아몬드와 레드먼, 로버츠 등의 여러 학자들은 지절과 근접한 개념으로 나의 이론과 유사한 설명을 하면서도 지절의 높고 낮음, 즉 지절률로 설명하지는 않았다.

그러나 지절률이 높고 중위도에 위치함에도 불구하고 문명의 중심에서 한 발짝 비켜 있던 땅도 있었다. 흑해와 카스피해 사이의 캅카스 일대가 바로 그 경우다. 대캅카스산맥과 소캅카스산맥으로 이루어진 이 땅은 이질적 문화가 교류해 고대 아르메니아 왕국이 번창하기도 했으나 문명의 중심에 서지 못했다. 카스피해는 내해內海이므로 확장성이 없지만 흑해를 통하면 지중해로 연결될 수 있으며, 페르시아와 소아시아처럼 실크로드의 관문 기능을 차지할 수 있다. 오늘날에는 조지아 · 아르메니아 · 아제르바이잔으로 분할되어 있지만, 나는 비록 종교와 문화가 달라 어렵더라도 조지아와 아제르바이잔이 주도하고 아르메니아가 협력해 이들 3국이 하나의 연방제 국가로 합치면 시너지 효과가 생겨 발전 가능성이 충분해질 것으로 본다.

나는 이 책에서 토인비의 주장처럼 시종일관 인류문명사를 서진의 역사로 간주해 설명했다. 즉, 페르시아만의 메소포타미아로부터 대서양의 서쪽에 위치한 펀디만과 체서피크만, 미국의 서부 개척에 따른 서태평양에 이르기까지 이른바 서세동점西勢東漸의 문명사로 설명해왔다. 이제는 '태평양 시대'란 용어를 사용할 수 있는 시점에 이른 것이다. 내 지론의 타당성을 설명하기 위해 메소포타미아문명이 중앙아시아 방향으로, 이집트문명이 남쪽의 아프리카 방향으로 전파되지 않은 이유를 설명했다. 또한 남유럽과 서유럽이 문명의 중심에 있을 때 동유럽으로 이동하지 않은 이유를 설명했다. 그렇다고 해서 문명의 중심이 아무런 반작용 없이 순조롭게 서쪽으로 이동한 것은 결코 아니었다. 그 반작용에 의해 문명의 중심 이동은 지체되었으나 오히려 문명의 내용이 더욱 정치화精緻化되고 글로벌해지는 측면도 있었다. 이것은 마치 놋그릇이 만들어지기 위해 뽀갬질→우금질→담금질→가질을 거쳐 하나의 방짜(놋그릇)가 완성되는 것에 비유할 수 있을 것이다.

수메르 왕국과 엘람 왕국, 그리스와 페르시아 간의 경쟁은 역사의 도도한 흐름을 역류한 것이 아니라 어디까지나 일시적인 작용에 대한 반작용으로 나타난 것이다. 나는 이것을 문명론을 전개함에 있어서 '문명은 서진한다'라는 명제를 뒤집지 못하는 일시적 역류로 판단했다. 즉, 우리는 그리스의 페르시아 진출이나 알렉산더 대왕의 동방 원정과 동로마 제국의 성립, 오스만 터키의 발흥에서 본 바와 같이 당시의 시대적 상황이 역사의 흐름을 일시적으로 역류하게 했음을 기억하고 있다.

독일의 위대한 철학자 헤겔(Hegel, 1830~1831)은 유명한《역사철학강의》에서 국가는 인간의 의지와 자유의 외적 발현 속에 나타난 정신의 이념이지만, 인류가 도달한 국면에 비추어 볼 때 국가란 서양 정신의 표현이라고 지적하면서 "유럽은 절대적으로 역사의 끝이고 아시아는 역사의 시작이기 때문에 세계사는 동쪽에서 서쪽으로 나아간다"라고 주장했다. 그가 유럽이 역사의 중심이라고 주장한 것은 역사의 발전이 곧 정신의 발전인데, 역사가 유럽에서 절정에 달했고 유럽의 핵심부에 독일이 있기 때문이란 것이다. 우리는 헤겔이 민족이론가가 아니라 국가이론가였음을 알 수 있다. 그의 유럽중심주의에 대해서는 이 책에서 여러 번 언급했으므로 차치하더라도 서세동점의 문명사는 신대륙 아메리카의 발전 잠재력을 염두에 두지 않은 언급이었다. 하지만 역사를 읽는 안목은 날카로웠다.

9세기의 역사가들이 야만에서 문명으로 진행되는 과정을 역사라 해석했지만, 나는 문명론을 펴면서 문명과 야만 간의 차이를 설명하는 데에는 주저했다. 그 이유는 우리들이 인류문명사에서 야만적인 제노사이드genocide를 여러 곳에서 목격했고, 이 책의 제2장에서 본 시리아의 소년 쿠르디와 다크니시의 사진에서 본 것처럼 인류의 문명 속에는 모두 인본주의에 입각하지 않은 야만적이고 반문명적인 요소들이 포함되어 있었기 때문이다. 지금까지 인류는 역사가 시작된 이래 불행하게도 자제력이나 규제력 없는 경쟁 원리에 입각해 번영을 누렸다. 그 번영은 하비(Harvey, 2015)가 지적한 것처럼 유감스럽게도 낙수효과trickle-down effect가 위로부터 저변 계층까지 미치지 못했음은 물론이다.

장바티스트(Jean-Baptiste, 1964)에 의하면, 1929년 노벨상을 수상한 독일의 소설가이자 평론가였던 토마스 만은 나치 정권의 박해를 피해 조국을 떠난 그리스인들의 인본주의에 대해 무기력함을 토로한 적이 있다. 유럽이 제1차, 제2차 세계대전을 치르면서 비관주의에 빠졌을 때 그가 어떤 배경에서 그리스인들의 인본주의에 대해 일갈했는지 정확히 알 수 없지만, 나는 유럽 민족의 정신적 피폐를 지적하기 위함이었을 것이라고 추측해본다.

부족 간 · 민족 간 · 국가 간 · 제국 간에 벌어진 치열한 경쟁의 결과 수많은 전쟁이 일어났다. 인류의 역사는 전쟁의 역사라 불러도 과언이 아닐 정도였다. 중국의 전국戰國 시대를 살았던 맹자는 "땅을 차지하려 전쟁을 하면 들판 가득히 사람을 죽이고, 성을 빼앗으려 전쟁을 하면 도성 가득히 사람을 죽인다"라며 당시의 잔인한 실상을 고발한 바 있다. 무기가 청동기에서 철기로, 또 철기에서 화약으로 바뀜에 따라 인명의 살상 규모는 더 커졌다. 그러나 전쟁의 부산물로 문명이 교류하거나 새로운 문명이 창출되기도 했음을 부인할 수 없다.

전쟁이 수많은 목숨을 앗아갈 때에도, 흑사병이 만연하던 시절에도 인류의 삶은 계속되었다. 인간의 힘으로 어쩔 수 없는 자연재해 앞에서 인간은 무력감을 느끼면서도 삶을 계속할 수밖에 없었다. 다만 인간은 야만의 지배나 재난으로 인해 너무 힘들고 고통스러울 때면 하늘이나 조상을 원망했다. 하지만 그럼에도 끊임없이 문명을 창출해냈다. 인류는 그렇게 면면히 이어져 내려온 것이다.

인류의 문명은 양적인 문제가 아니라 질적인 문제인 동시에 발전 방향이 중요하다. 라마르크적 진화론을 처음 적용한 스펜서(Spencer, 1857)는 태초의 백지 상태로부터 보다 나은 요소들이 축적되어 가는 방식으로 문명이 창출된다고 생각했는데, 이러한 시각이 학계에 수용되면서 문명에 '발전'이란 개념이 도입되었다. 그러나 스펜서가 지적한 '보다 나은 요소들'이란 문명의 주체에 따라 다르기 때문에 일괄적으로 인간을 행복하게 해주는 문명이라 간주하기 곤란하다.

서진의 문명은 오랫동안 지중해를 중심으로 형성된 지중해문명으로 점철되었다. 유럽 세계를 일깨운 로마문명은 그리스문명과 마찬가지로 문명의 진행 방향을 역류시키는 페르시아문명과의 교류를 통해 헬레니즘문명을 기반으로 지중해문명을 완성시켰다. 훈족의 침입으로 촉발된 충격파는 서쪽으로의 민족 대이동을 일으켜 유럽 땅을 소용돌이 속으로 밀어 넣기도 했다. 그로 인해 유럽인들은 그들의 지평을 넓힐 수 있게 되었으며, 지중해로부터 대서양으로 이동한 문명의 중심은 아메리카 대륙을 횡단해 이윽고 태평양 시대의 개막을 보게 된 것이다.

이 책에서 강조하는 가장 중요한 키워드는 땅의 생김새를 뜻하는 지절이었다. 지절의 개념에 대해서는 앞에서 상세하게 설명한 바 있지만, 인류의 초기 문명이 창출된 땅의 지절에 대해서 귀납적인 이해를 위해 중요한 개념이므로 다시 한 번 설명해보기로 하겠다. 복잡한 지형과 환경으로 구성된 땅에서는 다양한 문화가 형성되며, 이것이 복합적으로 융합되면서 문명이 창출된다는 바탕에는 지절의 개념이 깔려 있다. 지절의 복잡성과 다양성은 여러 곳에서 찾아볼 수 있는데, 수평지절률은 물론 수직지절률이 가장 높은 유라시아 대륙의 가운데 땅부터 단면도를 작성해 살펴보기로 하겠다. 지도를 펼쳐 놓고 읽는다면 이해하는 데 더 도움

그림 9-1 에게해와 퍼타일 크레슨트 일대의 지절 단면

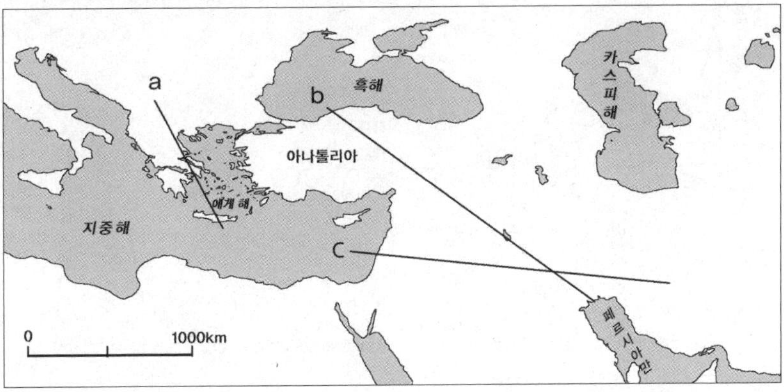

이 될 것이다.

디나르알프스산맥과 로도피산맥 남쪽의 발칸반도 중앙부에 위치한 마케도니아로부터 에게해 남쪽의 크레타섬에 이르는 그림 9-1의 a의 단면도를 작성하면, 마케도니아 일대의 산악지대와 올림포스산 사이를 흐르는 바르다르강과 알리아크몬강 유역의 충적평야로 이루어진 저지대와 구릉지대가 번갈아 나타난다. 그리고 아테네 남쪽으로는 에게해의 일부를 이루는 크레타해와 다도해로 구성된 키클라데스제도가 산재하고 크레타섬이 우뚝 솟아 있음을 볼 수 있다. 그림 9-2(a)의 단면도에서 산악지대와 저지대 · 구릉과 계곡지대 · 충적평야와 해안평야 · 해양과 도서 지역 등의 이질적 환경이 병존하고 있음을 알 수 있다. 이는 선사 시대의 인간들은 주거지를 정하는 데 있어서 선택의 폭이 넓었음을 의미하는 것이며, 그들이 형성한 문화적 형태가 다양했음을 암시하는 것이다.

이들 문화는 그 땅에 미노아문명과 미케네문명이 탄생했을 때 직간접적으로 영향을 미쳤을 것이다. 또한 그림 9-1의 b와 같이 흑해로부터 페르시아만에 이르는 단면도를 작성하면, 아나톨리아고원과 토로스산맥

그림 9-2(a) 발칸반도와 에게해의 수직지절

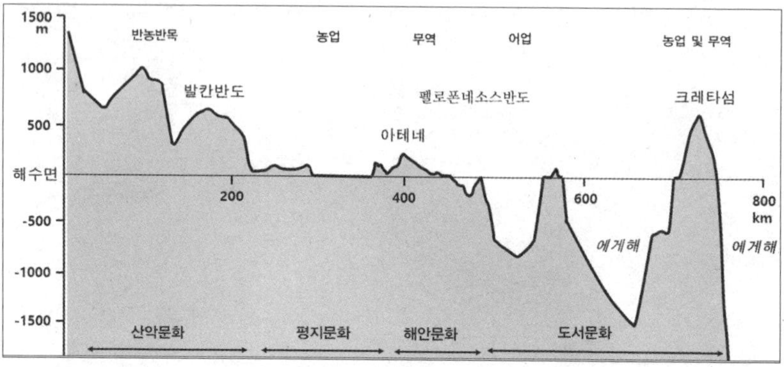

을 지나 산록지대와 티그리스강과 유프라테스강이 만들어낸 충적지대로 이루어진 평야지대가 번갈아 연담이 되어 병존하고 있음을 알 수 있다. 그림 9-2(b)의 단면도에서는 해안지대 · 고원지대와 산악지대 · 산록지대 · 충적평야와 저지대 · 해안평야 등의 이질적 환경이 병존하고 있음을 알 수 있다. 산록문화는 산악문화와 평지문화의 점이적 성격을 지니므로 별개로 구분했다. 아울러 삼림지대와 사막지대의 대비는 문명 교류사적으로 주목해야 할 사항이다. 메소포타미아의 평원은 기복이 킬로미터 당 10센티미터가 되지 못하고, 바그다드로부터 하류지대까지는 킬로미터 당 2센티미터도 안 되는 대단히 편평한 평야다. 선사 시대와 역사 시대의 인간들은 각각의 문화와 문명을 상호 교류하기에 적합했을 것이다.

그리고 그림 9-1의 c와 같이 지중해 연안의 페니키아로부터 레바논산맥을 지나 메소포타미아를 통과하여 자그로스산맥에 이르는 단면도를 작성하면, 페니키아의 좁은 해안평야를 가로막고 있는 레바논산맥과 안티레바논산맥 사이의 베카계곡과 산록지대를 지나 메소포타미아의 충적지대와 자그로스산맥이 번갈아 전개되어 있음을 알 수 있다. 그림

그림 9-2(b) 아나톨리아고원과 메소포타미아의 수직지절

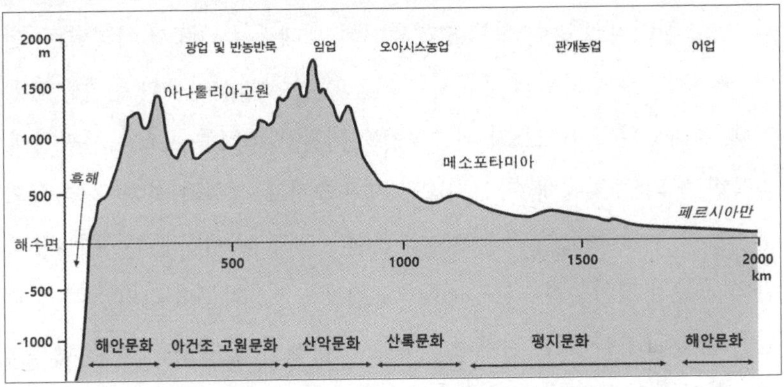

9-2(c)에서 보는 이 단면도에서는 해안지대 · 산악지대와 계곡의 고원지대 · 산록지대 · 사막지대 · 충적평야와 저지대 · 산록지대 · 산악지대와 고원지대 등의 이질적 환경이 병존하고 있음을 알 수 있다. 이 단면도에서도 삼림지대와 사막지대의 이질적 환경의 대비를 간과해서는 안 될 것이다. 물론 이들 지대는 더 다양하게 세분될 수 있다.

그림 9-2(c) 레반트와 메소포타미아 및 자그로스산맥의 수직지절

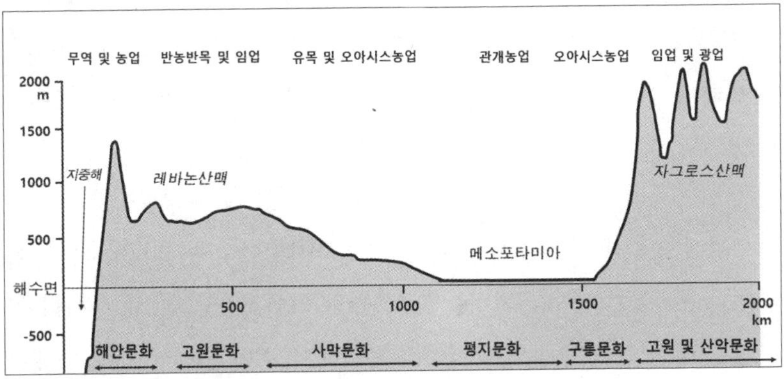

이들 세 단면도를 보면서 기후적 속성에 따른 자연환경은 물론 식생과 토양, 천연자원 등이 함께 고려되어야 생태적 시각에서 이해될 수 있다. 구체적으로 수자원의 공급처가 되는 만년설의 산악부와 선선한 고원지대, 지하수와 오아시스가 제한적 주거지를 제공하는 뜨거운 사막지대, 비옥한 땅의 충적지대, 자연제방과 배후습지로 점철된 하천 유역 등의 경관을 염두에 두고 생각해야 농경문화 · 목축 및 유목문화 · 어로문화 간의 교류와 평야문화 · 사막문화 · 고원문화 · 산악문화 간의 교류 등과 같은 문화 교류를 위한 지절의 개념을 이해할 수 있다. 여기에는 반드시 해안선의 만입 상태와 하천의 존재 여부가 가미되어야 한다.

유럽 대륙의 복잡한 형태에 대해서는 일찍이 로마에 망명했던 그리스 지리학자 스트라본이《지리학》의 2권에서 언급한 바 있다. 그는 에라토스테네스와 폴리비오스 등과 같은 선학들의 무지를 비웃기라도 하듯 유럽이 여러 개의 돌출된 반도로 이루어져 있다는 사실과 유럽이 구대륙 중 가장 불규칙한 형태를 띠고 있음을 지적한 바 있다. 유럽인들이 살고 있는 땅은 산지와 평원으로 이루어져 있다. 산지의 주민은 그리스인과 로마인들처럼 빈곤이 만연해 있으나 용감한 전사가 될 수 있고 잘 다스리면 곧 문명화된다. 이에 비해 평원의 주민은 천혜의 조건을 갖추고 있어 평화적이다. 스트라본은 이들 두 가지 문화의 상호 보완적 특성을 놓치지 않고 포착했다. 그는 이미 지절의 개념을 인지하고 있었던 것이다. 과거 하나의 지구에 다른 세상이 펼쳐진 이유는 지절과 위도에서 비롯된 바가 컸다.

문명이 도시에서 창출되었다는 사실은 이미 알고 있을 것이다. 토인비(Toynbee, 1970)는《폭발하는 도시》에서 역사적으로 볼 때 주민이 정착한 도시 취락을 중심으로 정치적 측면에서 주변 지역에 대해 지배력을 행사하면서 주권국가를 형성했다는 사실에 주목해 시대별로 그들의 분포 지역을 고찰했다(그림 9-3). 메소포타미아뿐만 아니라 그리스 · 로마 세계는 도시국가가 표준적인 국가형태였다. 영어의 politics, policy, police 등과 같은 단어는 본래 물리적 요새를 의미하는 것이었지만, 그 후 요새가 확대된 도시를 의미함과 동시에 국가를 뜻하게 된 그리스어 폴리스의 파생어였다. 이들 그리스어에 기원을 둔 영어 단어는 오늘날 서구 세계에서도 사용되기에 이르렀다. 그리스어를 정치 용어로 차용한 것은 서구문명이 선행문명이었던 그리스 · 로마문명으로부터 전수받은 문화적 부채를 가리키는 증거 중 하나일 것이라고 토인비는 설명했다.

도시국가는 주변부를 배후지로 하는 일종의 상권商圈이었는데, 과거 이런 형태는 보통 국가의 일반적 형태였다. 운송 수단이 기계화되기 이

그림 9-3 시대에 따른 도시국가들의 성쇠

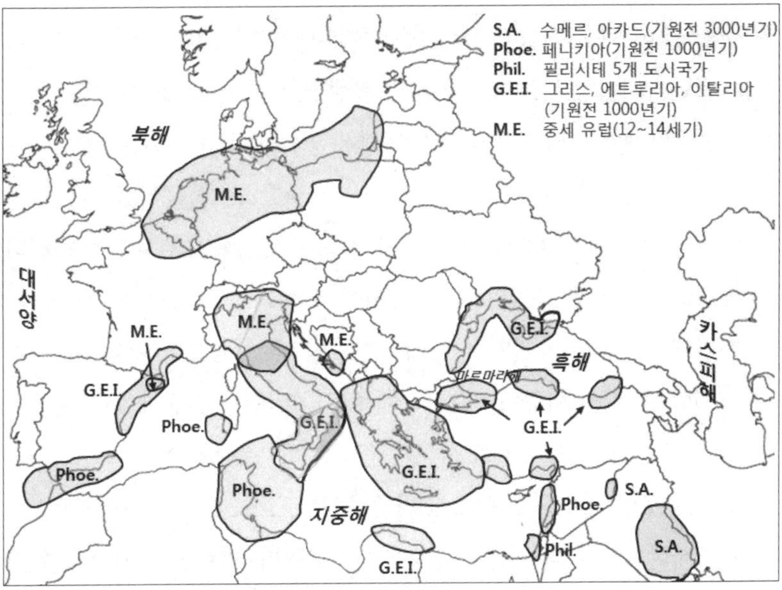

전에는 육상 교통은 경비가 비싸고 비능률적이며 해상 교통은 위험이 많았으므로 도시국가가 형성되는 것은 당연한 일이었다. 최초의 도시국가는 앞에서 설명한 것처럼 늪지를 개간한 수메르의 도시국가들이었다. 또한 그리스 · 로마 세계의 표준적 국가형태였던 도시국가는 에게해 연안 일대와 이탈리아반도 중 농경과 목축이 적합한 좁은 평지에 과거 수메르 도시국가들이 서로 늪지로 격리되었던 것처럼 산맥으로 격리된 산악지대에 고립적으로 출현했다. 그러나 격리될 지형적 제약이 없던 이집트는 적어도 메소포타미아의 국가들보다 500년 빠른 시기에 정치적으로 통일되었으므로 예외적 사례에 속했다.

기원전 마지막 1,500년간에 지중해 연안의 세 지점에서 도시국가가 출현했다. 그 가운데 가장 빠른 시기에 등장한 것은 페니키아인과 팔레스타인의 유래가 된 필리스테인Philistines의 도시국가였다. 기원전 1000년 초 이후에는 에게해 양안에 그리스 도시국가가 출현했고, 이탈리아반도의 서해안 북서부에 에트루리아 도시국가가 등장했다. 이들 세 지역의 도시국가 시민들은 한 단계 높은 문명을 앞세워 지중해와 마르마라해 연안지대에 앞다투어 식민지를 건설했다. 흑해로 들어가기 위해서는 마르마라해를 지나 보스포루스 해협을 통과해야 했기 때문이다.

약탈한 땅의 분배에서 가장 이득을 본 것은 그리스인들이었다. 그들은 에게해의 양안에 걸친 지리적 위치를 점하고 있었으므로 마르마라해와 흑해 개발을 독점할 수 있었으며, 동시에 수적 우세를 앞세워 지중해 서쪽 개발에서 페니키아인과 이탈리아반도의 중부에 살던 에트루리아인과 경쟁할 수 있게 되었다. 그러나 원주민의 일부는 그들에게 굴복하지 않고 레반트 침략자로부터 도시국가 제도를 차용해 대항했다.

그 후 동로마 제국은 그리스에 잔존했지만, 고도로 중앙집권적이었으므로 도시국가는 극히 일부만 존속할 수 있었다. 가령 아드리아해 연안의 라구사(두브로브니크)와 베네치아, 이탈리아 서해안의 나폴리 등과 같은 제국의 주변부에 국한되었다. 그들 중 라구사와 베네치아만큼은 독립주권을 획득해 1797년까지 지속되었다. 동로마 제국이 쇠퇴하면서 도시국가는 중세 유럽 세계의 생활에서 중요한 역할을 담당했다. 중세 유럽에 출현한 도시국가는 두 곳에서 번창했다. 하나는 이탈리아반도 북부와 중부이고, 또 하나는 플랑드르-네덜란드-독일 북부-폴란드 북부에 이르는 평원지대였다. 평원지대의 도시국가들은 한자 동맹을 맺어 스칸디나비아로부터 발트해의 지배권을 장악해 번영을 구가했다. 그것에 기초해 르네상스의 중심은 알프스를 넘을 수 있었고 이탈리아의 르네상스는 점차 시들해졌다. 나는 이들 플랑드르와 북독일 일대에서 창출된 그림 9-3의 M.E.를 '한자Hansa문명'이라 명명해보았다.

이들 도시국가가 우위에 설 수 있었던 것은 육상 교통이 비능률적이던 당시에는 해상운송에 의존하는 바가 컸는데, 중세에 선박의 대부분이 서구 해안지대의 도시국가에 의해 건조되고 운영되었기 때문이었다. 이 땅은 국지적으로 수평지절률이 높은 곳이다. 만약 12세기 초~14세기 말의 상황을 그리스 · 로마인의 시각에서 본다면, 서구 기독교 세계의 정치 구조는 그들의 것을 그대로 모방한 것에 불과하다고 평가했을 것이다. 그러나 서구의 도시국가가 세력을 상실하고 민족국가가 득세하게 되었다. 그 후 6세기가 경과되는 동안에 민족국가가 서구 정치 조직의 표준적 형태가 되었다. 수백 개에 달하던 도시국가는 서서히 자취를 감추었고, 잔존하는 곳은 오직 이탈리아반도 북부의 산마리노뿐이다.

이상에서 우리는 문명의 중심이 메소포타미아의 수메르에서 서부 유럽으로 옮겨간 과정을 되돌아보았다. 문명의 중심은 에게해 일대의 동지중해로부터 지절률이 높은 땅을 찾아 선별적으로 지중해 전역으로 확산된 것이다. 격동하던 유럽 대륙은 지절에 따라 라틴문화권 · 게르만

문화권 · 슬라브문화권으로 분화하면서 권역화했다. 유럽은 고대 그리스 · 로마문명이 쇠퇴한 후에 전개된 게르만 민족이 지배한 암흑시대로 접어들었으나, 8세기 넘게 지속된 중세의 암흑기는 "어둠은 결코 빛을 이길 수 없다"란 평범한 진리에 따라 르네상스 시대를 거쳐 계몽 시대에 이르게 되었다. 그리하여 문명의 중심은 스페인과 포르투갈을 포함한 유럽의 서쪽 끝으로 옮아갔다. 섬나라로서의 영국은 대륙문화의 여러 요소를 수용하고 흡수해 그것을 평균화시키고 숙성시키는 데 성공했다. 특히 산업혁명은 그것의 백미였다. 문명의 중심이 유라시아 대륙의 끝으로 이동한 것이다.

지금까지 이 책에서 전개해온 문명의 서진과 토인비의 설명을 참고해 그림 9-4에서 보는 것과 같은 서진론의 스키마schema를 제시해보았다. 물론 문명의 중심이 이 스키마에서 보는 것처럼 서쪽으로만 향한 것이 아니라 때로는 동쪽으로 이동한 경우도 있었지만, 그것은 찻잔의 태풍과

그림 9-4 문명 서진론의 스키마

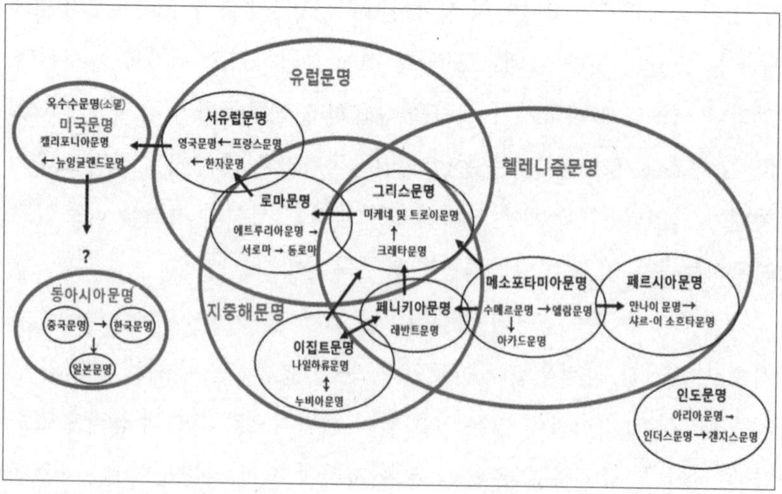

같은 일시적 현상에 그쳤다. 이 스키마에 담겨진 내용 중 원의 굵기와 중첩 정도는 물론 화살표 방향을 음미하면 문명권 간의 교류와 인류문명사의 흐름이 일목요연하게 정리될 수 있을 것이다.

나는 문명의 교류를 설명하면서 외래문화를 받아들여 융합문화를 만드는 현상을 앞에서 '앞 접시 효과'라 부르고, 그 효과로 형성된 문화를 '앞 접시 문화'라 부른 바 있다. 음식을 먹을 때, 식탁에 차려진 음식 중 자신이 먹고 싶은 것을 골라 개인 접시에 떠먹는 것을 한국에서는 앞 접시라 부른다. 바이킹에 의해 시작된 유럽식 식탁문화인 뷔페buffet는 여러 가지 음식을 차려놓고 손님이 스스로 골라 먹도록 한 것이다. 이러한 식탁문화는 유럽의 영향으로 한 · 중 · 일 3국 중 중국의 샤오디에즈小碟子와 일본의 우케자라受け皿에서 볼 수 있는 공통점이다.

내가 주장하는 이른바 '앞 접시 문화'는 문화적 편식이라는 취약점이 있지만 자국민의 취향에 따라 선택이 가능하므로 합리적일 뿐 아니라 타협 또는 상식과 상통하는 개념으로 평가될 수 있으며, '앞 접시 문화'가 영국적 특징의 기본 중 하나라고 생각한다. 이러한 앞 접시 문화의 특징은 역사적으로 볼 때 브리튼섬은 물론 크레타와 펠로폰네소스, 이탈리아반도, 북아메리카 동안의 뉴잉글랜드, 동아시아의 한반도, 일본열도 등지에서도 찾아볼 수 있다. 이들 땅들은 각각의 앞 접시에 다른 문화를 그들의 식성에 맞게 새로운 문화로 비벼서 섭취한 것이다. 그것은 마치 오늘날 한국인들이 서양으로부터 들여온 햄버거를 불고기버거나 라이스버거로 변형시킨 것에 다름 아니다.

내가 이 책에서 제시한 지절의 개념은 대륙적 스케일에서 볼 경우를 의미하지만, 국지적 스케일에서 볼 경우에도 지절률이 높은 땅에서 문명이 창출됨은 물론이다. 이와 같이 개념은 동일하지만 공간적 스케일이 다를 경우 적용되는 것이 이른바 프랙털 이론이다. '프랙털 구조'는 앞에서 설명한 것처럼 동일한 구조는 동일한 기능을 갖게 됨을 의미한다. 중위도의 지절률이 높은 땅에는 문명 창출의 잠재력이 높은 자기유사성의 특징을 갖는 기하학적 구조, 즉 프랙털 구조를 띠고 있는 땅이 곳곳에 분포하고 있다. 그런 까닭에 역사적으로 지절률이 높은 중위도 일대의 땅에서 문명이 창출된 것이다. 한국과 이탈리아의 민족성이 유사하고 영국과 일본의 문화적 특성이 유사한 것은 프랙털 이론으로 설명될 수 있다.

낮은 지절률과 앞 접시 효과가 미미하다는 관점에서 볼 때 유라시아 대륙 중 상당 부분을 차지하고 있는 동유럽이나 러시아는 문명의 중심에 서기 어려웠을 것이라는 조심스러운 결론을 내려야 할 것 같다. 동유럽에 대해서는 이미 설명한 바 있으니 차치해두고, 상당한 면적을 차지하고 있는 러시아에 대한 나의 인상을 잠깐 피력해보려고 한다.

러시아는 원래 모스크바를 중심으로 한 작은 슬라브족 국가였는데, 우랄산맥을 넘어 동쪽의 아시아로 팽창하기 시작한 것은 겨우 1582년부터였다. 그때부터 19세기에 이르기까지 러시아는 비슬라브계 민족들을 흡수했으며, 그중 어떤 민족들은 오늘날까지 고유의 언어와 문화적 동질성을 유지하고 있다. 그러나 역사적으로 러시아는 지절의 상태로 볼 경우 문명의 중심에 서보지 못한 변방이었다. 19세기 러시아의 정치제도하에서는 자유주의와 시민계급이 발전할 여지가 없었다. 왕에만 충성하는 러시아 귀족들은 애국심은 있었으나 문명 후진국임을 부끄럽게 생각해 반란을 일으키기도 했지만 실패했다.

오늘날 우리가 러시아라고 부르는 나라는 소련이 해체되면서 새롭게 탄생했다. 러시아를 과연 유럽 국가로 간주해야 하는지 망설여진다. 프랑스 계몽주의 시대를 대표하는 볼테르 역시 러시아에서 유럽이 어디서 끝나고 아시아가 어디서 시작되는지 불분명하다고 지적했다. 그는 러시아 개혁의 일인자였던 표트르Pyotr를 영웅시했지만, 당시에는 유럽인과 너무 다른 제도를 가진 러시아를 유럽의 정규 회원으로 인정할 수 없다는 여론이 대세였다. 그러나 알가로티(Algarotti, 1739)는《러시아 기행》에서 상트페테르부르크 덕분에 발트해의 새로운 창이 열려 러시아가 문명국이 될 수 있음을 시사했다. 1917년 러시아혁명으로 정권을 장악한 볼셰비키 정부가 수도를 모스크바로 천도한 것이 큰 실책이었다.

1920~1930년대 소련의 외교 정책은 혁명 후의 경제 회복이 곤란해지자 점차 유럽에 대해 소극적 자세를 취하게 되었다. 오히려 대외적으로 권익의 발전 방향을 유럽이 아닌 서아시아와 동아시아로 옮겼다. 소련의 이러한 정책의 변화를 하우스호퍼(Haushofer, 1926)는 일종의 반영反英주의인 동시에 반식민주의적 연합 전선을 형성하려는 것으로 보았다. 1937년 스탈린의 명령으로 소련의 연해주 일대에 거주하고 있던 고려인 약 172,000명이 강제적으로 카자흐, 우즈베크 공화국 등의 중앙아시아로 이주되었다. 그 이유는 소련이 연해주와 사할린에서 있을지도 모르는 일본 첩자의 활동을 미연에 방지하는 데 있었고, 장차 예견되던 고려인들의 영토적 자치 요구에 대응하기 위함이었다. 그러나 무엇보다도 농업기술을 가진 연해주 거주의 고려인들이 중앙아시아의 농업생산력 향상을 위해 적합한 민족으로 판단되었기 때문이었다. 스탈린은 고려인들을 황량한 중앙아시아 땅을 개간할 수 있는 근면한 민족이라 생각한 것이다.

우리는 일단 창출된 문명은 좀처럼 소멸되지 않지만, 거꾸로 지절률이 높은 땅이라도 한 번 소멸된 문명은 수천 년이 지나도 다시 소생하기 어렵다는 점을 문명사에서 배웠다. 그러나 메소포타미아문명의 이라크를 비롯한 나일문명의 이집트, 페르시아문명의 이란과 아프가니스탄, 미노아문명과 미케네문명의 그리스, 인더스문명의 인도와 파키스탄 등은 쇠퇴했지만, 자연환경이 변하고 사람이 바뀌었더라도 그 땅에 살고 있는 사람들의 정신문명을 창출한 유전인자가 남아 있다면 다시 소생할 기회가 올지도 모른다. 알렉산더 대왕의 마케도니아는 칼키디키반도를 그리스에 빼앗긴 채이며, 그리스는 터키에 영토를 빼앗겼고, 또 오스만 제국은 다시 축소되었다. 마야문명과 잉카문명을 창출한 인디오의 후손들은 여전히 생존해 있지만, 그들은 자연재해를 극복하는 데 게을리했으며 모방성과 창의성이 시들고 자기 결정 능력을 상실한 탓에 쇠퇴한 것이다.

이라크와 이란을 비롯한 이집트 · 터키 · 레바논 · 그리스 · 파키스탄 등의 국가는 과연 과거의 영광을 회복할 수 있을까? 한국인이 고구려의 옛 영토 회복을 염원하는 것처럼 그들도 과거의 영광을 염원하고 있을 것이다. 그러나 한 번 붕괴된 문명의 메커니즘을 복원하는 것은 매우 힘들다. 그럼에도 불구하고 나는 프랑스 소설가 생텍쥐페리(Saint-Exupery, 1943)의 "산이 장소를 바꿀 리도 만무하고 바닷물이 마를 일도 없다"란 말과 인류의 역사가 '지리의 포로'였음을 지적한 마샬(Marshall, 2015)의 주장을 인용하면서 아무리 기후 환경과 국제정치적 환경이 바뀌었더라도 문명을 창출한 그들의 DNA와 지절은 변치 않았으므로 그들에게 희망과 용기를 불어넣어 주고 싶다. 모태로부터 유전되는 DNA는 100만 년에 2~4%만 변형될 정도로 안정적이기 때문에 고대는 물론 선사 시대의 인간까지도 그 형질이 현대인과 크게 다르지 않다.

일본의 지정학자 코우노(河野, 1981)는 국토의 위치를 논함에 있어 자연지리상의 기하학적 위치와 역사지리상의 문명적 위치 등을 파악할 필요가 있음을 지적한 바 있다. 그 가운데 문명적 위치라 함은 그 국가의 현상과 발전 가능성을 그 문명의 관점에서 역사지리적 조건으로부터 파악하는 것을 의미한다. 그는 국가를 이루는 집단의 생명은 길지만, 특정 정치 구조와 사회체제는 수명이 200~300년에 걸쳐 지속된다고 주장했다. 그러나 한반도의 경우는 천 년에 가까운 신라와 700년이 넘는 고구려를 제외하고도 모두 대략 500~600년간 지속되었다는 점에서 코우노의 주장과 미국의 지리학자 스파이크맨(Spykman, 1942; 1944)의 이론은 한반도의 역사와 부합되지 않는다. 한국의 풍수학자들은 명당에 입지한 도읍지라 할지라도 지기地氣가 500~600년이 지나면 쇠하는 것으로 해석하고 있다.

일반적으로 국가는 성장기를 거쳐 번영기를 맞이하게 되며, 번영기에 도달한 국가는 시간의 경과에 따라 절정기를 거쳐 쇠퇴하기 시작해 노화기에 이르러 결국 멸망기에 직면해 사멸하게 된다. 태동기→성장기→번영기→절정기→노화기→멸망기로 이어지는 과정 가운데 노화기와 멸망기를 극복하려면, 성장기 후기부터 번영기 초기의 단계에서 새로운 세대가 주도하는 혁신적 정치 구조와 사회체제를 정비하여 적절한 시기에 세대교체가 이루어지지 않으면 안 된다. 그래야만 선진문명의 강점을 점진적으로 흡수하려는 노력이 시도되며 끊임없는 야성의 역동성을 생성시킬 수 있는 것이다. 신라와 동로마는 1,000년간 지속될 수 있었지만, 멸망한 국가의 경우는 대부분 그런 노력을 게을리한 경우가 많았다.

여기서 인도의 예를 들어보자. 인도는 미시적으로 보면 아亞대륙이며, 거시적으로 보면 반도국이라 할 수 있다. 오늘날에는 인도 · 파키스탄 · 방글라데시로 분할되었지만, 이 땅에서는 인더스문명과 갠지스문명이 창출된 바 있다. 인도는 알렉산더의 원정 이후 헬레니즘문명이 전해진 이래 고대로부터 중세에 이르기까지 대륙문명만이 유입되었다. 인도에서 발생한 문명은 성장기와 번영기를 거치고 절정기에 접어든 이후 정체하여 활기를 되찾지 못하고 있다.

나는 인도가 중국과 마찬가지로 대륙문명과 해양문명의 혼합이 요구되는 상황이라고 진단한다. 인도야말로 중국 정부가 추진하려는 이른바 일대일로一帶一路 정책이 필요하다. '일대一帶'란 여러 지역들이 통합된 '하나의 지대one belt'를 가리키는데, 구체적으로는 중국-중앙아시아-유럽을 연결하는 '실크로드 경제 벨트'를 뜻한다. 그리고 '일로一路'는 '하나의 길one road', 즉 동남아시아-서남아시아-유럽-아프리카로 이어지는 '21세기 해양 실크로드'를 뜻한다. 비록 중국 정부가 해양 실크로드를 확보하기 위한 전략으로 남중국해에 그들이 주장하는 이른바 '구단선九段線'으로 영해 분쟁을 일으키고 있지만, 인도에도 인도 버전의 마셜 플랜이 필요하다고 생각된다. 이러한 정책은 바꿔 말하면 지절률을 높이는 것에 해당하는 전략이기도 하다. 지절은 다양성과 융합성을 담보하는 개념이므로, 나는 중국 대륙과 인도 아대륙에 교류 증진을 꾀할 수 있는 정책이 필요하다는 사실을 지적한 것이다.

영국 출신의 지리학자 하비(Harvey, 2015)는《데이비드 하비의 세계를 보는 눈》에서 자본-공간 문제를 좀 더 체계적으로 이론화하고자 시도하면서 마르크스주의의 핵심부에 '공간과 공간 관계'의 개념을 도입했다. 그의 설명에 따르면, 중국이 추진하는 실크로드 경제 벨트가 열리면 현재 공백지대나 다름없는 중앙아시아는 대도시로 연쇄적인 탈바꿈을 하게 되고 중국-유럽 간 상품의 운송 시간이 현저하게 줄어들게 되어 시공간이 좁혀진다는 것이다. 그러므로 자본주의 논리에 따르기보다는 비판적이고 반자본주의적 관점에서 세계의 지리적 변화를 심각하게 고려해야 한다는 것이 그의 지론이다.

하비의 자연을 보는 시각은 다이아몬드(Diamond, 1997)와 대척점에 있고, 도시를 평가하는 시각은《도시의 승리》를 저술한 글레이저(Glaeser, 2011)와 대척점에 놓여 있다고 볼 수 있다. 이러한 논의는 문명론으로부터 벗어나는 주제이므로 더 이상의 설명을 필요로 하지 않지만, 나는 다이아몬드가 주장하는 환경결정론이 자연과 문명을 이분법적으로 구분한 것이 오류라며 비판을 가한 하비의 주장에는 수긍할 수 없다는 점을 밝혀두고 싶다. 다이아몬드의 이론은 결코 환경결정론이 아니며 자연과 문명을 이분법적으로 다루지도 않았다. 나는 지리학계의 두 석학 간의 논쟁을 흥미롭게 지켜볼 것이다.

고대 메소포타미아에서 번영을 누렸던 것은 문명의 중심과 야만의 중간에서 발흥한 바빌론 · 아시리아 · 페르시아 등이었다. 그 후 문명의 중심은 그리스 · 마케도니아 · 로마 제국으로, 또 피렌체 · 파리 · 런던 등의 도시처럼 선대문명의 중심과 야만의 경계에서 차례로 이동했다. 중국에서는 문명의 중심 이동이 뚜렷하지 않았으나, 새로운 문명의 주도 세력으로 등장했던 은 · 주 · 한 · 수 · 당 · 원 · 청 등은 모두 산시성陝西省과 몽골고원, 만주 등과 같은 문명과 야만의 경계인 중간지대로부터 일어나 중원中原을 지배했다.

문명 간의 갈등

오늘날의 세계는 근대까지만 하더라도 강대국이 약소국을 침략하거나 약탈하는 약육강식의 시대였으나 국제법상 이제는 불가능해졌다. 독일의 근대지리학자 라첼(Ratzel, 1896)은 국가가 발전하기 위해서는 에너지가 필요함을 역설한 바 있다. 그의 주장에 따르면 문명의 발전을 위해 필요한 에너지 취득 방법은 네 가지로 요약되는데, ① 자국 영토의 생산성을 지속적으로 향상하여 증가하는 에너지 수요를 충족하는 방법, ② 어느 나라에도 속하지 않는 해양이나 우주로부터 에너지를 취득하는 방법, ③ 타국과의 협상으로 에너지를 나눠 갖는 방법, ④ 무력으로 타국의 에너지를 탈취하는 방법이 있다는 것이다. 이들 중 ①과 ③의 방법에는 한계가 있으며, ②의 방법은 현대과학이 더 발달해야 가능하다. 라첼의 이론은 ④의 방법이 발전적 생존경쟁임을 암시했지만, 인류의 평화를 위해서는 적용하기 곤란한 방법이다. 그러므로 새로운 문명을 창출하기 위해서는 새로운 방법을 모색해야 하는 것이 라첼의 이론을 승화시키는 대안이 될 것이다.

마테른(Mattern, 1942)의 《지정학》에 의하면, 스웨덴의 정치지리학자 첼렌Kjellén은 라첼 등과 같은 독일 지리학의 영향을 받아 라첼 이론을 더욱 강력한 이론으로 체계화했다. 즉, 그는 하나의 국가가 강대국이 되기 위해서는 ① 영역이 넓을 것, ② 이동의 자유가 있을 것, ③ 내부 결속이 공고할 것의 세 가지 조건이 필요함을 역설했다. 라첼과 첼렌이 주장하는 이론의 골자는 '국가는 살아 있는 조직화된 유기체이므로 필요한 에너지를 지속적으로 공급하지 못하면 쇠약해져서 멸망에 이른다. 에너지를 취득하기 위해서는 생존과 발전에 필요한 물자를 지배하에 두어야 한다. 이는 성장하는 국가의 권리다. 독일은 유럽의 초강대국이 되어 유럽을 위시한 아프리카와 서아시아에 걸친 대국이 되어야 할 숙명을 가지고 있다'라는 내용으로 집약된다. 당시의 독일 지도층들은 그들의 이론에 현혹되었다. 이러한 이론은 19세기 후반부터 20세기 전반까지 어느 정도 통용되었지만, 오늘날 21세기에는 불가능할 뿐만 아니라 통용되지 않는다.

영국의 지리학자 매킨더(Mackinder, 1904)는 《역사의 회전축》에서 해양 세력sea power과 대비되는 '대륙 세력land power 이론'을 제안했다. 1899년 옥스퍼드대학에 지리학과를 창설하고 대학에 지리학을 정규과목으로 승격시킨 그는 세계를 하나의 폐쇄된 공간으로 간주하고 인류 역사를 두 세력 간의 투쟁의 역사라 설명하면서 이제부터는 대륙 세력의 시대이므로 동유럽을 장악하는 나라가 세계를 제패할 수 있다고 주장했다. 그는 지리 답사를 하며 자연과학과 인문과학의 중간적 학문으로 '신지리학new geography'이란 새로운 분야를 개척해《영국과 영국 바다》를 저술했다.

그의 이론은, 해양 세력과 대륙 세력은 서로 공존할 수 없다는 기본 원리에 입각해 대륙 세력이 새로운 해상 교통로와 권익을 위해 진출하려는 전략을 펴게 되므로 분쟁의 위험성이 높아짐을 설명했다. 그는 역사적으로 크레타 · 그리스 · 페니키아 등과 같은 고대국가는 모두 해양 세력이었던 까닭에 대륙에 뿌리를 둔 세력에 의해 압도된 것이라고 해석했다. 매킨더는 고대 그리스 · 로마문명을 소아시아로부터 아드리아해 연안 일대에 걸쳐 있던 다양한 민족 간에 접촉과 갈등이 벌어지면서 패권국이 바뀌어간 결과로 생겨난 것이라고 풀이했다.

지금까지 역사학자들은 하천문명으로부터 출발한 인류의 문명이 지중해와 인도양과 같은 부분적인 해상 교류를 통해 창출된 것으로 생각하고 있다. 다시 말해서 인류문명은 '하천형 문명'으로부터 '해양형 문명'으로 옮아갔다는 것이다. 이와 같은 견해는 라첼의 주장과 궤를 같이하는 것이다. 해양 국가인 영국에서 태어난 매킨더가 대륙 세력론자가 된 것은 대륙 세력의 위협으로부터 그의 조국인 해양 국가 영국을 어떻게 하면 지킬 수 있을까에 대한 연구를 거듭하면서 비롯된 것이다.

지표면의 7할이 해양 세력이지만, 인류의 생존 근거가 육지이므로 대륙 세력은 해양 세력을 압도할 수 있다는 것이 매킨더의 주장이다. 그는 육지의 2/3를 차지하고 인구의 7/8이 살고 있는 유라시아 대륙을 하나의 섬으로 인식해 해양 세력의 힘이 미치지 못하는 지역을 '핵심부heartland'라 부르고, 이를 국제 세력의 회전축으로 간주해 그 주변을 둘러싸는 지역을 내곽 크레슨트와 외곽 크레슨트로 3구분했다. 즉, 유럽 · 서아시아 · 인도 · 동남아시아 · 한반도를 내곽 크레슨트로, 영국을 비롯한 아프리카 중남부 · 호주 · 일본 · 아메리카를 외곽 크레슨트로 구분했다. 이를 통칭해 '심장부 이론'이라 부른다.

그는 후에 두 개의 크레슨트 개념을 수정해 지구를 핵심부와 크레슨트로 단순화해 2구분했지만, 라첼을 비롯한 하우스호퍼와 첼렌의 이론을 답습한 것에 불과하다.

그럼에도 불구하고 매킨더는 로마 제국이 그리스문명의 라틴화에 성공을 거두지 못한 것을 두고 서유럽의 일대 실책이라 평가한 점과 르네상스 이후 서유럽이 발전할 수 있었던 것은 배후에 유럽을 위협할 만한 대륙 세력이 존재하지 않았기 때문이라는 날카로운 결론을 제시한 점은 높게 평가되어야 할 것이다. 왜냐하면 게르만 민족은 로마 가톨릭 교회의 산하에 들어갔지만, 그와는 달리 슬라브계 민족의 대부분은 그리스정교에 들어감으로써 유럽을 동서로 2분시켰기 때문이다.

독일의 지리학자이며 히틀러의 최측근 심복이었던 하우스호퍼(Haushofer, 1926)는《태평양 지정학》에서 국가 간 경쟁은 지구상의 생활공

그림 9-5 매킨더의 심장부 이론

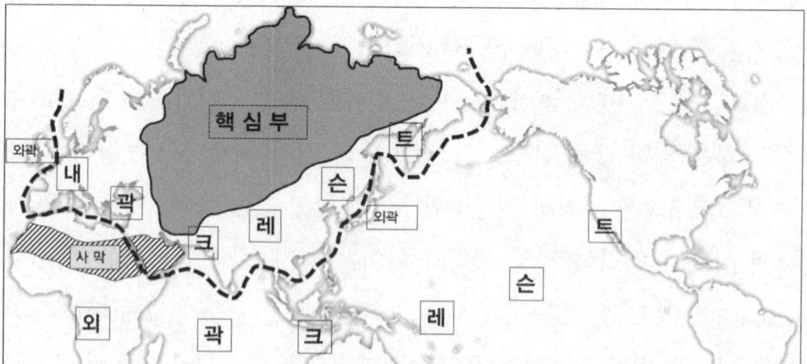

간을 놓고 벌이는 것으로 인식하여 자연지리 속에서 정치 행동의 과학적 기초를 연구했다. 그는 생존권 확보, 그리고 자급자족에 필요한 자원과 산업을 경제적으로 지배할 필요성에 따라 지리적 개념으로서의 '지리적 경제권pan-region'이란 새로운 개념을 고안했다. 하우스호퍼는 성장하는 민족이 자국의 생존 발전을 위해 에너지를 수탈하는 권역을 ① 미국이 지배하는 범汎아메리카 경제권, ② 일본이 지배하는 범아시아 경제권, ③ 독일이 지배하는 범유라프리카 경제권, ④ 소련이 지배하는 범러시아 경제권으로 지구를 남북 방향으로 4등분했다. 일본의 이른바 '대동아공영권' 구상이 ②권역으로부터 유래된 것이다. 그는 젊은 시절 일본에 체류하면서 일본어는 물론 한국어와 중국어를 공부하면서 아시아 신비주의에 몰입한 적도 있는 것으로 알려져 있다.

하우스호퍼는 태평양의 장래를 결정함에 있어 가장 중요한 역할을 해야 할 나라로 미국과 일본을 꼽았다. 미·일 양국은 평화적 관계를 유지해야 하는데, 만약 마찰이 발생한다면 그 책임은 명확히 미국에게 있다

그림 9-6 하우스호퍼의 지리적 경제권

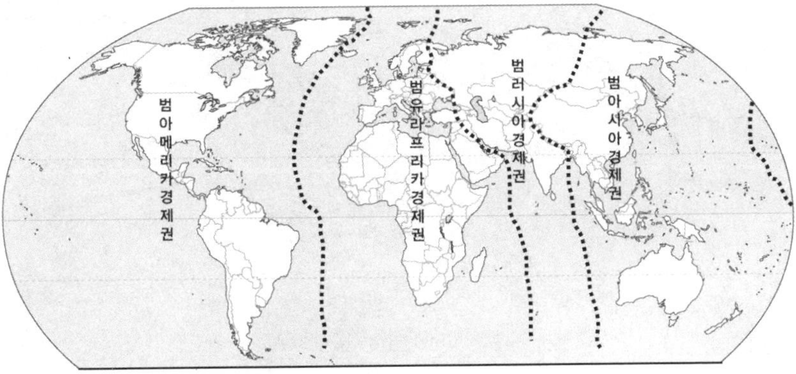

면서 일본 편을 들었다. 그는 미국의 먼로주의와 태평양 간의 관계를 역사적으로 설명하면서 일본인은 태평양전쟁을 원하지 않고 있다고 주장했지만, 그의 주장이 오류였음은 그 후 역사가 증명했다. 당시 영국을 비롯한 유럽에서는 일본을 '떠오르는 태양의 나라'로 인식한 데 비해 한국은 '고요한 아침의 나라'라는 이미지가 강했다. 유럽인에게는 일본의 이미지가 더 강열하게 다가왔을 것이다. 하우스호퍼는 "우리의 위대한 실험 영역은 유럽 동쪽에 있으며, 그곳에서 유럽의 새로운 질서가 생겨날 것이다"라고 주장하면서 역사의 흐름을 역류하는 주장을 폈다.

이들의 뒤를 이어 미국의 지리학자 스파이크맨(Spykman, 1942)은《세계정치의 미국 전략》에서 '주변지대rimland 이론'을 제안했다. 그는 인류의 역사를 핵심부를 장악한 대륙 세력과 해양을 지배하는 해양 세력 간의 대립으로 보는 것은 현상을 지나치게 단순화한 견해라고 비판하면서 두 세력이 접촉하는 유라시아 대륙의 연안지대를 중시하여 이를 '주변지대'라 명명했다. 이 주변부는 매킨더가 제시한 내곽 크레슨트와 거의 일치하는 범위다. 그는 주변지대의 외곽에 위치한 영국과 일본에 대해 특

그림 9-7 스파이크맨의 주변지대 이론

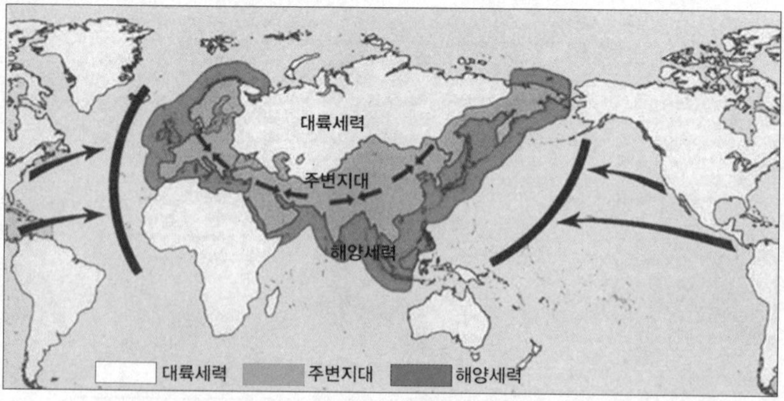

수한 지위로 생각해 주목한 바 있다. 그의 이론은 여기서 더 상세한 설명을 생략하겠지만, 국제정치에서 차지하는 지리학의 중요성을 염두에 두고 전개한 이론임에 틀림없다.

스파이크맨은 또 다른 저서《평화의 지리학》에서 "지리는 불변하는 것이므로 지리학은 외교정책에서 가장 기본적인 요소다"라는 명언을 남긴 바 있다. 이 명언은 일본의 선구적 철학자 중 한 사람으로 인정받는 우치무라(内村鑑三, 1995)의 주장과 앞에서 언급한 생텍쥐페리의 말, 또 인류의 역사가 '지리의 포로'라는 마샬의 지적과 궤를 같이 하는 의미다.

역사적으로 핵심부에 살던 대륙 세력의 대부분 사람들은 유목 경제에 의존해왔다. 농경민은 자신이 직접 개간한 땅으로부터 식량을 얻었기 때문에 토지에 대한 집착이 매우 강했지만, 유목민은 가축으로부터 생활 에너지를 취득했으므로 목초가 자생하는 땅이라면 장소를 불문했다. 그러므로 그들 간에는 땅에 대한 인식에서 차이가 생겼고, 정주성과 이주성의 차이를 보이게 되었다. 그런 이유로 농업 민족의 위정자는 땅과 사람을 모두 지배하려 했고, 유목 민족의 위정자는 사람만을 지배하려 했다. 사람만을 정치적으로 통일하는 것은 사람과 땅을 정치적 · 경제적으로 통일하는 것보다 용이했다. 그것이 핵심부는 통일되기 쉬우며, 주변부는 분열되기 쉬운 이유일 것이다. 그러나 농업이나 국토를 중시하는 나라에서는 정치에 치산치수治山治水의 개념을 도입했다. 오늘날 한국에서 지방자치단체장 선거구를 획정할 때 인구 규모에 따라 선거권의 등가치에 지나치게 매몰되는 것은 국토의 중요성을 간과하는 제도에 다름 아니다. 농경 퉁구스의 후예인 한민족에게는 땅과 사람을 모두 망라해야 한다는 전통이 여전히 유효하다.

상기한 스파이크맨이 지적한 것처럼 주변부는 여러 국가로 분열되어 있다. 특히 유럽은 지절률이 높았기 때문에 분열 정도가 현저해 다양한 문명들이 나타나 교류할 기회가 많았다. 기원 원년을 전후하여 얼마 동안은 지중해 일대에 걸쳐 로마 제국으로 통일되어 있었지만, 로마 제국의 쇠퇴 및 멸망 후에는 여러 국가로 분열되어 다양한 문명권이 형성되어 오늘에 이르고 있다. 예외적인 중국의 경우는 다이아몬드(Diamond, 1997; 2014)가 지적한 것처럼 중원의 평탄한 지형 때문에 여러 국가로 분열되더라도 곧 통일국가가 등장했다. 이미 몇 차례에 걸쳐 설명한 바와 같이 중국의 중앙부는 지절률이 단조로운 편이다. 그와 같은 이유로 중국문명은 땅의 크기에 비해 다양한 문명이 창출될 수 없었던 것이다.

이상에서 우리는 근현대사를 풍미했던 지구의 지정학적 관점에 대해 살펴보았다. 그 관점에서 조망한 대륙 세력과 해양 세력 간, 핵심부와 주변부 문명 간의 이분법적 진영논리는 문명 발달에 얼마만큼 인류에게 행복을 가져다주었는지 가늠하기 힘들다. 하지만 세계를 글로벌한 관점에서 볼 때, 지절률이 낮은 대륙 세력(또는 핵심부)과 미국이 서로 지절률이 높은 내곽 크레슨트(또는 주변지대)를 장악해야 한다고 파악한 점은 매우 중요하다. 특히 스파이크맨은 신대륙의 미국은 주변지대에서는 독일을, 해양 세력에서는 영국과 일본과의 동맹 관계를 중시했다고 지적했는데, 이 전략은 여전히 유효해 보인다. 러시아의 남진 정책을 막기 위해 러일전쟁이 일어났을 때 영국과 미국이 일본을 도운 것처럼 오늘날에도 미국은 한국보다 제2차 세계대전 때 적국이었던 일본을 더 중시하는 외교 전략을 펴고 있다.

우리는 역사에서 거의 동등한 문명과 국력을 가진 두 개 이상의 국가가 존재할 경우에는 서로 강한 견제와 자극으로 쌍방이 치열한 경쟁을 통해 진보하는 경우를 많이 보아왔다. 수메르와 엘람, 히타이트와 아시리아, 그리스와 페르시아, 프랑스와 영국 등이 그러했고, 20세기에는 미국과 소련이 경쟁국이었다. 소련의 해체로 미국은 괄목할 만한 경쟁자를 잃었지만, 최근에 이르러 중국이 미국의 라이벌로 부상하고 있다. 사실상 적당한 경쟁자가 있다는 것은 국력의 성장과 문명의 노화 방지를 위해서도 바람직하다.

주목받는 아시아의 가치

4대 고대문명 중 세 곳이 포함되며, 육지 면적의 1/5, 세계 인구의 3/5이 살고 있음에도 19세기의 서양인들이 인식하고 있던 아시아의 이미지는 문명의 중심과는 거리가 먼 것이었다. 유럽의 지성들 역시 크게 다를 바 없었다. 헤겔은 아시아가 자유가 없는 '아시아적 전제주의'를 펴는 지역이며, 마르크스는 '미개한 아시아적 생산양식'을 가진 대륙이라고 폄하했다. 또한 랑케(Von Ranke, 1880~1888)는 중국을 비롯한 아시아 문화에서는 중세 이전의 시기가 문화적 전성기를 누렸을 뿐, 몽골족과 같은 야만족의 침입과 함께 아시아적 문화는 완전히 종말을 고했다고 멸시적 발언을 서슴지 않았다. 그들은 일본을 제외한 아시아를 야만이라 간주한 것이다.

박지향(2003)은 《일그러진 근대》에서 서양인들은 동양을 정체되거나 퇴락한 사회로 간주하고, 유럽이 자유 · 진보 · 문명 · 역동성을 의미한다면 비유럽 세계는 예속 · 정체 · 야만 · 무기력을 의미한다고 지적했다. 아울러 유럽인들은 서양을 강건한 남성으로, 동양을 여성이나 어린아이로 상정하는 방식으로 인종차별적 견해를 지니고 있었다. 계몽주의 사상가들은 유럽 중심적 사고를 견지했는데, 그들은 유럽인들의 두뇌가 동양인보다 더 명석한 이유는 황량한 유럽 땅에서 먹을 것을 구하기 위해 어려움을 겪은 때문이라고 주장하기도 했다.

그러나 18세기 이전까지만 하더라도 유럽인에게 아시아의 존재는 경멸이 아니라 숭배의 대상이었다. 이슬람문화, 특히 서남아시아를 지배한 오스만 제국은 유럽에 정원문화, 커피문화, 튤립문화 등 각 방면에 걸쳐 모델을 제공했다. 유럽이 자랑하는 유명한 기하학적 형태의 프랑스식 데카르트 정원 역시 마찬가지였다.

《문명의 공존》을 저술한 뮐러(Müller, 1998)는 아시아의 가치를 논하는 가운데 다른 문명론자들이 주장하는 것처럼 아시아의 가치가 서구의 그것과 근본적으로 다르다는 사실을 지적한 바 있다. 즉, 아시아 사회는 소프트 파워에서 서구와는 전혀 다른 가치 질서를 보인다는 것이다. 아시아적 가치란 권위와 위계질서를 존중하고 가정을 중시하며 부모와 조상을 공경하는 것이다. 아시아인은 근검절약 · 근면 · 학구열 등에서 뛰어나며 개인보다 집단을 우선하는 특징을 갖고 있다. 이런 특징은 아시아의 경제적 성공을 가져온 근간이며 서구적 데카당스에 빠지는 것을 막아주는 버팀목이라 할 수 있다.

아시아문명이 서구문명과 구별되는 독자적 특성을 갖는다는 사실은 논란의 대상이 될 수 없지만, 프랑스의 인류학자 레비스트로스(Lévi-Strauss, 1955)의 지적에도 불구하고 1990년대에 들어와 아시아적 가치가 돌연히 상승 무드를 타는 것에 대해 의심스러운 눈초리를 보낸 학자들도 있었다. 그것은 한 · 중 · 일의 동아시아와 동남아시아는 'ASEAN 플러스 3'이라 불리며 경제적 연대를 강화하여 존재감을 드러내기 시작한 것에 대한 의구심이었다.

아시아의 가치를 제대로 일관성 있게 설명하기 위해서는 세계 인구의 1/4이 살고 있는 동아시아로 범위를 좁힐 필요가 있다. 동아시아의 공통적 키워드는 온대몬순기후, 한자문화권, 유교문화권, 젓가락문화권으로 요약될 수 있다. 동아시아는 온대계절풍을 이용해 벼농사를 하므로 쌀로 만든 밥을 주식으로 한다. 벼농사는 집촌集村을 형성하게 하여 집단적 생활을 익숙하게 만들었다.

프랑스의 구루(Gourou, 1984)에 의하면, 조와 밀을 주식으로 삼았던 중국인의 선조는 화중 지방으로부터 남쪽으로 퍼져나가 양쯔강 유역에서 벼농사를 지으며 중국문명을 형성했고, 나아가 벼농사가 가능한 인도 전역에도 확산되어 갠지스문명을 창출했다. 아시아의 위대한 문명은 쌀이 아니라 별다른 욕심 없이 집단을 이뤄 벼를 열심히 경작했던 농부로부터 태동한 것이다. 그것이 개인주의를 표방하는 기독교문화나 이슬람문화와의 차이점이 되어 개인보다 집단을 우선하는 문화를 형성하게 만들었다. 개인주의를 앞세우는 서양인들은 집단생활에 익숙하지 않지만, 집단주의에 익숙한 동양인들은 모여 사는 생활에 익숙하다. 그러므로 오늘날 메가시티라 불리는 거대 도시에서도 동양인들은 별 불만 없이 생활할 수 있다.

한자문화권과 젓가락문화권은 유교문화권과 대체로 일치한다. 과학적 실험에 의하면 젓가락을 사용하기 위해서는 손바닥 · 손목 · 팔꿈치 등 30여 개의 관절과 50여 개의 근육을 사용해야 한다. 그러면 이것이 대뇌에 자극을 주게 되어 도구 사용 능력과 섬세함을 길러준다. 섬세함을 바탕으로 하는 IT산업이 동아시아에서 발달한 것은 우연이 아닐 것이다. 유교문화권의 특징은 다양한 시각에서 찾을 수 있으나 무엇보다 가족집단주의 · 학습주의 지향 · 윤리적 행동 규범에서 잘 드러난다. 동아시아인들의 가족집단주의는 지연 및 혈연의 네트워크가 기능적으로 가동되면 정보화 사회에 유리하게 작용하며, 학습주의적 지향은 높은 교육열로 나타나 학습 집단, 더 나아가 학습 국가를 형성케 하여 지식 · 정보산업의 또 다른 인프라를 제공해준다. 동아시아의 높은 교육열은 타의 추종을 불허한다. 그중에서 한민족의 교육열은 부작용이 생길 정도로 너무 높아 탈이다.

유교문화권의 윤리적 행동 규범은 그 밖의 문화권이나 서양 사회의 종교적 규범과 상이하다. 즉, 유교문화권의 최대 덕목은 신앙이 아닌 도덕률이므로 사회적 규범이 종교적 규범에 뿌리를 둔 서양문화권보다 세계화 · 정보화에 유리하다. 신앙은 종교의 통합이 불가능하여 가치의 합일을 이끌어낼 수 없지만, 도덕률은 인류의 보편적 가치이므로 통합될 수 있기 때문이다. 토인비는 동아시아가 지닌 역사적 유산 중 유교적 세계관이 내포하고 있는 세계정신과 합리주의를 높게 평가한 바 있다. 로마제국이 해체된 이후의 서양의 정치적 전통은 민족주의적인 것이지 결코 세계주의적인 것이 아니었다.

헌팅턴(Huntington, 1996)의 문명충돌론은 적어도 유교적 가치관으로는 통용되지 않는다. 유교문화권에 속한 한국 · 중국 · 일본 등은 이른바 유교자본주의를 발달시켜 장차 새로운 '유교경제권'을 형성할지도 모른다. 유사한 가치관과 문화를 공유한 이들 민족 간에 경제력 격차와 이데올로기의 차이가 해소된다면 유교경제권의 도래는 그 시기를 앞당길 수 있을 것이다. 그렇게 되면 서구 세계가 아닌 동양 세계 또는 아시아 세계가 세계 질서의 중심에 서게 된다.

일본의 야스다(安田, 2004)는《문명의 환경사관》에서 아시아 발전의 원점은 도작어로稻作漁撈문명에서 찾을 수 있다고 주장했다. 아시아 대륙의 내륙 지방은 전작목축민田作牧畜民이 거주하는 건조아시아가 펼쳐져 있다. 서양 중심 사관史觀에서는 문명이란 것이 밀(빵)을 먹고 포크와 나이프를 이용해 고기를 먹으며 우유를 마시고 밭농사를 하는 목축민이며, 벼농사를 짓는 어로민은 문명을 보유하지 못한 것으로 설명하고 있다. 전작목축민의 사회란 힘과 투쟁의 남성 중심 사회이므로, 그것으로부터 그들의 문명적 성격으로 중요한 것은 '확대'란 것을 내포하고 있다. 그것은 밭농사와 목축은 경지를 확대하면 할수록 생산성이 오르기 때문이다. 확대를 위해서는 타국의 영토를 침략해야 하므로 그것을 납득시킬 수 있는 초월적 질서 또는 이념과 대의명분이 필요했다. 그것이 때에 따라서는 기독교일 경우도 있었고, 미국의 자유와 민주주의란 이념이기도 했다. 그들은 초월적 질서, 즉 자신들이 생각한 가공의 스토리에 최대의 가치를 두고 있다. 그것이 사막에서 탄생한 그들의 태생적 문명이었던 것이다.

이에 대해 도작어로문명의 성격은 전작목축의 '확대'와 달리 '지속'에서 찾을 수 있다. 가령 아시아에서 흔히 볼 수 있는 계단식 경작지가 그것이다. 본래 급사면인 탓에 경작이 불가능한 땅을 인간이 에너지를 투입해 논으로 만든 것이다. 이를 위해서는 토지를 수평으로 만드는 평탄 작업과 물의 순환 기능을 유지할 수 있는 치밀한 기술이 요구된다. 그들은 현세적 질서의 아름다움에 가치를 둔 문명을 창출했다.

일본의 문명론자들은 아시아의 정밀을 요하는 반도체 산업에 기초한 눈부신 경제 성장의 뿌리를 젓가락문화권에서 비롯된 손재주가 아닌 수전水田농업에서 찾으려 했다. 논과 밭을 비교한다면 토양을 유실시키는 밭농사보다 물 순환을 돕고 토양 파괴와 홍수를 막아주는 논농사가 더 친환경적이다.

논으로 구성된 도작문명과 밭으로 구성된 전작문명은 결국 쌀을 수확하느냐 아니면 밀이나 보리를 생산하느냐의 차이인데, 이는 밥을 주식으로 하는가 빵을 주식으로 하는가의 차이이다. 아시아의 평야 지방은 강의 물을 끌어올려 경작을 하므로, 물이 고인 논을 만들고 경작하려면 조직된 집단 작업에 의해서 가능했다. 이것은 수직적인 지배 구조의 아시아에서 더 효율적이었을 것이다. 밀과 보리는 밭에서 경작하게 되는데, 산록이나 구릉지대에서 경작하는 것이 보통이다. 밀농사는 쌀농사와 달리 대단위로 조직된 집단 작업에 의하지 않고도 소수의 가족 중심 작업으로도 가능했을 것이다. 이 형태는 논농사보다 밭농사가 덜 수직적인 지배

구조로도 가능했다는 이야기와 같다. 동양의 집단주의와 서양의 개인주의가 그와 같은 배경에서 형성된 것이다.

강력한 수직적인 지배 구조는 중앙집권적 형태로 발전하게 된 원인이다. 상대적으로 수평적이거나 덜 수직적인 지배 구조인 밭농사 위주의 유럽은 개인의 힘이 발휘되는 형태로 발전되어 나아갔을 것이다. 벼농사의 산물인 쌀은 밭농사의 산물인 밀에 비해 인구 부양력이 1.5배 정도 큰 것으로 알려져 있다. 논농사는 밭농사와 달리 협동이 필요하므로 집촌을 이뤄야 한다. 주거지의 밀집도는 제1장에서 설명한 것처럼 상호작용의 조합적 관계에 의거 정보 교환량과 비례하므로 밭농사에 비해 논농사지대가 정보 축적에 더 유리하다.

이 밖에도 동아시아의 공통적 키워드가 또 하나 있다. 그것은 한 · 중 · 일 3국은 한자문화권인 동시에 송松 · 죽竹 · 매梅라는 공통의 수목문화권을 형성하고 있다는 점이다. 즉, 한국은 '소나무문화권', 중국은 '대나무문화권', 일본은 '매화문화권'이라 할 수 있다. 그중 소나무는 전통적으로 세 나라가 모두 나무의 으뜸으로 인식하고 있다. 소나무는 한자로 '松'이라 표기하는데, 이는 木과 公의 두 글자가 합쳐진 것이다. '公'은 가장 높은 벼슬을 의미하므로, 소나무가 나무의 으뜸이란 뜻을 가진다. 사마천의 《사기》에도 송백松柏은 백목지장百木之長이라 기술되어 있을 정도로 소나무를 높게 평가했다. 한민족은 비록 사군자에 들지 못하는 소나무를 외침의 수난 속에서 자신의 민족을 끈질기게 지키며 살아온 상징으로 인식하는 데 비해, 중국인은 지조 · 충절 · 기개의 상징으로 인식하는 경향이 있다. 이에 대해 일본 민족은 일왕의 계보를 잇는 명문가의 심벌로 신성시했다. 이처럼 한 · 중 · 일 3국 민족은 항상 소나무와 함께 살아온 민족들이었다.

퀼러는 서구문명이 기술의 진보와 경제 발전, 국가 및 군사적 우월성을 통해서 세계적으로 우위를 선점했지만 아시아가 유럽을 능가할 것이며 21세기의 중국은 세계 최대의 경제 대국이 될 것이라고 전망했다. 서구가 제국주의의 우월감을 즐기는 동안 그 밖의 세계, 특히 아시아는 회한을 쌓아왔다. 이러한 관점에서 나는 지구를 거의 한 바퀴를 돈 문명의 중심이 북아메리카로부터 태평양을 건너 동아시아 쪽으로 다가오고 있음을 조심스럽게 예상해보려고 한다. 21세기에 접어들어 다음 차례에 문명의 중심에 설 나라는 동쪽부터 일본열도일까, 한반도일까, 아니면 중국 대륙일까?

일본의 와타나베(渡辺, 1998)는《사라진 세상의 면영面影》에서, 서양인이 에도 시대의 자연경관과 생활경관의 아름다움을 이구동성으로 감탄하면서, 일본은 '아름다움의 문명'이라 표현했음을 지적한 바 있다. 이에 대해 일본인은 서양을 '힘의 문명'으로 간주했다. 결국 일본은 아름다움의 문명으로서 서양 열강의 힘의 문명과 대치했던 것이다. 일본은 메이지유신 이후 서양 열강의 힘의 문명에 매료되어 부국강병에 편승하게 되었다. 이와는 달리 서양은 일본의 문명에 매료되었고, 개국 후에 유럽에 소개된 일본의 생활문화는 19세기 말 서양인의 미美의식에 많은 영향을 주어 이른바 '자포니즘Japonism'을 유행시켰다.

일본은 어떻게 아름다움의 문명을 창출할 수 있었을까? 중국과 한국을 포함한 동아시아문명은 자연 파괴의 역사라 특징지을 수 있었던 데 비해, 일본은 숲과 물을 보전하면서 문명을 구축했던 것이다. 삼림의 보전, 즉 치수治水가 풍부한 물을 만들고, 그 치수를 통해 토지의 생산성을 극대화했으며, 무수한 하구에는 양호한 어장을 만들어냈다. 그 사실은 다이아몬드도 지적한 바 있다. 또한 국지적 지절률이 높은 해안에는 포구가 만들어졌고, 포구와 내륙은 물론 항구 간을 연결하는 네트워크를 형성했다. 즉, 진津이 포浦로 연결되는 것이 일본의 특징적 경관이다. 일본에는 '쓰쓰우라우라津津浦浦'란 말이 있지만, 한국과 중국에는 '방방곡곡坊坊曲曲' 또는 '방방면면房房面面'이란 말은 있어도 그와 같은 말은 없다. 이는 중국과 한국이 정도의 차이는 있지만 대륙적인 데 비해 일본은 해양적임을 시사하는 것이다.

일본 사회의 지배층은 한국이나 중국과 달리 무武를 중시했으나 17세기에 이르러 무력중심주의로부터 학덕중심주의로 바뀌기 시작했다. 이는 가히 혁명적 변화라고 할 수 있다. 사무라이의 무인武人으로부터 무사武士로의 변화를 사민혁명士民革命이라고도 부른다. '사민士民'이란 병농분리兵農分離 정책에 따라 토지로부터 분리되어 재산 소유를 목적으로 하지 않는 경세제민經世濟民을 직분으로 한 계급을 가리킨다. 여기에는 한반도에서 온 조선통신사가 기여한 바가 컸을 것이다. 이러한 변화는 일본이 메이지유신을 무혈로 성공을 거두게 된 이유이기도 했다. 무武로부터 문文으로의 변화는 문민통제civilian control로의 이행을 의미하는 데에도 일본이 군국주의화한 것은 역사의 아이러니가 아닐 수 없다.

전술한 바 있는 우치무라(內村, 1995)는 《대표적 일본인》에서 첫 번째 인물로 사이고 다카모리西鄕隆盛를 꼽으며 "메이지유신은 사이고의 혁명이었다"라고 평가하면서 사이고를 일본의 마지막 사무라이라고 묘사한 바 있다. 그는 신앙의 자기 혁신이란 측면에서뿐만 아니라 국가의 양심 회복이란 측면에서도 동아시아의 대표적인 지성이었다. 우치무라는 제도적 교회의 독선을 경계하는 무교회 신앙을 열었고, 전쟁을 일으킨 조국에 대해 "하느님이 불벼락을 내릴 것!"이라고 경고해 국가의 적敵으로 낙인찍히기도 했다. 그에게 감명을 받은 반전론자 중 하나였던 아사미 센사쿠浅見仙作의 외침은 찻잔 속의 태풍에 불과했다(法政大学大原社会問題研究所 編, 1965). 우치무라는 한국의 김교신 · 함석헌 등을 제자로 삼아 한국 지성사知性史에 영향을 미쳤다.

이토(伊東, 2002)는《문명과 자연: 대립으로부터 통합으로》에서 일본문명의 특징을 세 가지로 꼽았다. 첫째 특징으로는 시제니즘을 꼽았는데, '시제니즘'이란 문학에서 말하는 자연주의自然主義와 구별하기 위해 한자어 '自然'의 일본식 발음인 '시젠しぜん'을 그대로 표현한 것이다. 구체적으로 일본은 인간과 자연의 친근성으로 특징지을 수 있다는 것이다. 일본인은 자연을 인간과 맞서는 대항자로 생각해 그것을 조작하거나 정복하려 들지 않았다. 사실 이는 불교 국가의 공통점이므로 일본문명만의 특징은 아닐 것이다.

두 번째 일본문명의 특징은 선택적 융합주의에서 찾을 수 있다. 즉, 일본은 여러 가지 가운데 필요한 것을 선택해 융화시켜 나아가는 속성이 있다는 것이다. 이에 대해서는 내가 이미 '앞 접시 효과'를 지적한 바 있으므로 공감할 수 있는 대목이다. 일본문명은 문화와 종교적 측면에서도 중층적인 동시에 복합적 속성을 지니고 있다. 일본문화는 이질적 문화를 배제하지 않고 그것을 관계시켜 양쪽을 교묘하게 융합하는 능력을 갖고 있다. 모방은 창조로 이어지지만, 토인비가 지적한 것처럼 기계적인 모방성mimesis은 오히려 자기 결정 능력을 상실하게 만들 가능성이 있다. 이는 일본뿐 아니라 동아시아 국가들이 유념해두어야 할 사항이다.

세 번째 특징으로는 관계태주의關係態主義를 꼽을 수 있다. 이토는 일본을 집단주의라 자리매김하는 것에 반대하면서 일본문명의 특징이 관계태 속에 있음을 지적했다. 독일의 사회학자 퇴니스(Tönnies, 1887)가 제시한 '관계태relationships'란 이익사회를 의미하는 게젤샤프트와 달리 혈연공동체를 의미하는 게마인샤프트를 뜻하는 개념으로, 신뢰로 가득 찬 공동생활을 하는 가족(혈연사회), 촌락(지연사회), 도시(우정사회)의 3단계로 구분된다. 대부분의 일본인은 고립되어 있지 않고 반드시 동료 집단을 의미하는 어느 '나카마仲間'에 소속되어 있으면서 그 관계 네트워크 속에서 개인의 독자성을 고수하며 생활한다. 이토는 이 관계태라는 것이 매우 중요한 특징이라 주장하면서 인간도 문명과 마찬가지로 관계태로 간주할 필요가 있음을 지적한 것이다.

중국은 최근 대단한 기세로 급속히 성장하고 있다. 1980년대 초까지만 해도 한국 에너지 수입량의 절반밖에 안 되던 중국이 이제 미국 다음의 2대 에너지 수입국으로 빠른 속도로 발전했다. 1980년대부터 중국 경제는 세계에서 가장 빠른 경제 성장을 이룩하여 20년간 4배가 넘는 규모로 성장하게 되었고, 가난하던 중국인들은 빠른 속도로 부자가 되는 사람이 늘어났다. 중국은 1994년에 자동차 중심의 교통 시스템을 수립하고 자동차 산업을 성장 산업의 지주로 삼았다. 이러한 중국의 정책에는 심각한 문제점을 내포하고 있었다.

13억 명의 근대화란 바로 1만 달러 이상 소득 국가인 서유럽·북미·오스트레일리아·일본·한국·싱가포르 등의 인구를 합친 것의 두 배 가까운 규모의 근대화를 의미한다. 인류는 2020년경부터 근대화를 넘는 새로운 문명과 새로운 지구촌 시스템을 맞이하지 않으면 안 될 것이다. 이 과정에서 반反근대화, 혐嫌근대화, 초超근대화의 여러 시도가 있을 것이고, 신야만주의, 중세 유럽과 같은 신암흑기를 경험하게 될지도 모른다.

전술한 지리학자 하비가 특히 주목한 사실은 일약 경제 대국으로 떠오른 중국의 도시화 과정에 있었는데, 중국은 지난 2015년 한 해 동안 100층 이상 건물만 85개를 건설해 막대한 시멘트를 사용했다. 중국의 현상은 '자본주의의 도시화는 잉여가치 창출을 위한 과정일 뿐만 아니라 창출된 잉여가치를 재흡수하는 장場이 된다'라는 점에서 하비의 주장을

그림 9-8 중국 도시의 길거리에 게시된 핵심적 가치관

뒷받침하는 것에 다름 아니다. 이러한 고층화와 인프라 건설 붐은 중국을 비롯한 전제적 국가에서 흔히 나타나는 현상이다.

중국에 가면 어느 도시를 가든 길거리에서 '실천 사회주의 핵심 가치관'이란 현판을 목격하게 된다. 중국이 추구하는 가치는 부강 · 민주 · 문명 · 화해 · 자유 · 평등 · 공정 · 법치 등인데, 여기에는 '세계의 공장'이란 별칭에 걸맞은 제조업 왕국답게 환경과 생태에 관한 목표가 배제되어 있다. 내가 보기에는 그것들 중 '부강富强'은 국가 전체로 보았을 때 실현 가능한 목표일지 몰라도 달리는 마차에서는 안 보이는 것이 많은 것처럼 다른 가치들은 요원해 보인다. 그렇다. 중국은 다른 개발도상국이 그러했던 것처럼 현재 질주하는 마차와 같다. 그와 같은 경험은 과거 일본과 한국도 겪은 바 있다. 느리거나 멈춰야 비로소 보이는 것도 있다.

중국의 국가 목표는 자유민주주의가 선행되어야 지속 가능한 가치를

담보할 수 있다. 중국인이 중시하는 평등 · 공평 · 기회균등은 사회주의 체제하에서만 보장되는 것이 아니다. 내가 보기에는 중국은 또 한 번의 개혁 · 개방 정책이 필요하다. 토인비(Toynbee and Ikeda, 1976)는 중국이 미국 · 러시아와 어깨를 나란히 할 수 있는 강대국으로 성장하는 것은 요원한 일이라고 주장하면서도 중국에 주목했지만, 나는 그의 예언에 동조하지 않는다.

한漢나라의 경우는 팍스 로마나 시대를 열었던 로마 제국과 시기가 일치한다. 한나라 때는 정치, 경제, 문화, 과학, 상업, 군사 등의 여러 분야에서 발전을 이룩한 바 있다. 특히 한무제 때 중국은 서역의 무역 욕구를 자극함으로써 실크로드의 발달을 이끌었다. 또한 당시의 팍스 시니카는 팍스 로마나의 쇠퇴와 같은 시기에 쇠약해졌다. 당나라 시대 때에도 또 다른 팍스 시니카가 진행되었으나 문명의 중심은 유럽에 있었다.

다이아몬드(Diamond, 1997)는 저서 《총, 균, 쇠》에서 인류의 문명사가 서남아시아의 퍼타일 크레슨트로부터 아시아 쪽으로 동진하지 못하고 에게해와 그리스의 유럽 쪽으로 서진한 이유를 지절의 상태에서 찾았다. 이것은 앞에서 설명한 바 있다. 즉, 메소포타미아 서쪽인 지중해 동부의 에게해와 그리스 일대의 수평지절률은 높은 데 비해 동쪽인 중앙아시아 일대는 지절률이 낮기 때문이란 것이다. 전술한 바와 같이 다이아몬드는 중국은 통일되어 있을 때가 많았고, 유럽은 언제나 분열되어 있었음은 땅의 생김새에 의한 것임을 지적한 것이다. 세계문명사에서 중국이 정치적 · 기술적 우위를 유럽에 빼앗긴 일을 제대로 이해하려면 먼저 중국의 만성적 통일과 유럽의 만성적 분열부터 이해해야 할 것이다.

중국 대륙에서는 퍼타일 크레슨트와 마찬가지로 1만 년 전에 농업이 발달하여 인구가 폭발적으로 증가하기 시작했다. 인구 증가는 청동기와 철기의 개발로 이어졌고, 문명이 잉태되어 국가와 제국이 생겨났다. 일찍부터 농경과 문명이 시작되고 통일된 제국을 건설한 중국이지만 문명의 중심에는 서지 못하고 고대의 영광을 상실하고 말았다. 중국은 중세에 그들의 우수한 범선인 정크junk선을 포기한 것을 두고두고 후회해야 한다. 이에 대해 다이아몬드(Diamond, 2014)는 중국인이 유럽인들처럼 전역으로 뻗어나가 세계를 정복하지 못한 이유를 유럽과 다른 정치 구조에서 찾았다.

이상의 설명에서 우리는 정치적으로 작은 단위로 분할되어 있던 유럽과 하나로 통일되어 있던 중국을 비교하게 된다. 지난 2,000년 동안 유럽은 통일된 적이 한 번도 없었지만, 중국은 거의 언제나 통일국가를 이루고 있었다. 이러한 차이는 땅의 생김새에서 비롯된 것이다. 수평지절과 수직지절이 복잡한 유럽은 여러 개의 정치적 단위로 분할된 반면에, 지절이 단조로운 중국은 통일을 유지하기 용이했다. 다이아몬드가 지적하듯이 통일이 항상 유리한 것은 아니다. 통일은 때로는 유리하고 때로는 불리하다. 유럽은 여러 국가로 분할된 까닭에 수많은 군주가 수많은 실험을 시도할 수 있었다. 이에 비해 중국의 통일된 제국은 다른 제국에 의해 붕괴되고 아무런 변화없이 새로운 제국이 세워질 뿐이었다.

여기서 나는 "중국은 왜 공산주의 국가가 되었는가?"란 의문을 갖게 된다. 이 문제 규명은 정치학자들의 소관이겠지만, 중국이 사회주의혁명으로 나라를 세운 구소련의 영향을 받아 마르크시즘을 받아들인 방식은 매우 흥미롭다. 스즈키(鈴木, 1988)의 《초월자와 풍토》에 의하면, 중국과 에티오피아의 경우 역사의 성취가 일회성이 아닌 영구성 있는 혁명인 것으로 생각된다. 중국은 직선적이면서도 동시에 순환적(윤회적)인 이중적 역사관을 형성했다는 점에서 에티오피아의 역사관과 공통된 점을 지니고 있다. 두 나라의 역사관을 거시적으로 보면 습윤 지역과 건조 지역의 점이지대라는 공통된 환경적 위치에 기초한 것이라 이해할 수 있다. 중국문명이 건조 지역과 습윤 지역, 또는 고원지대와 평야지대, 유목 · 목축지대와 농업지대의 점이지대인 관중평야의 시안西安에서 기원했다면, 에티오피아문명 역시 농업 지역과 유목 지역 또는 다우 지역과 건조 지역의 이질적 환경의 점이지대에 해당하는 북부 고원지대에서 기원했다고 볼 수 있다.

중국의 걸출한 지식인 위치우위(余秋雨, 1999)는 중국은 발전이 느린 것을 괘념치 말고 다른 길을 택해야 한다고 강조했다. 물질문명에 치중하지 말고 인간관계나 인륜관계에 치중해야 한다고 강조했던 것이다. 중국문명은 다른 문명과 비교할 때 인간관계와 인륜관계에 치중한 덕분에 장수할 수 있었음을 지적하면서도 지나치게 그 관계를 중시하면 분쟁이 야기된다며 투쟁 철학을 경계했다. 그는 중국문명의 미래에 대해 복잡한 미로와 같은 인간관계를 단순화해야 할 것임을 강조했지만, 중국의 민주화와 자유화에 대해서는 침묵했다.

중국에서 흔히 '관시關係'가 있으면 아무리 어려운 일이라도 쉽게 풀릴 수 있고 거꾸로 하찮은 일이라도 이 '관시'가 없으면 어려움을 겪는 경우가 많다고 알려져 있다. 일본인이 체면을 중시하는 것과 달리 중국인의 '관시'는 서로 이익을 얻을 수 있는 인간관계가 아니면 안 된다. 그 관계는 식사를 대접하거나 선물을 교환하거나 상대방에 이익을 줌으로써 유지된다. '관시'를 중시하는 중국인의 행동 규범은 준법정신과 도덕성이 훼손될 우려가 크다. 이러한 민족성은 개혁 · 개방으로 많이 희석되고 다양해졌지만 여전히 중국인을 이해하는 중요한 지표가 되고 있다. 오늘날은 17세기 후반 유럽문명이 정신혁명과 정치혁명에서 발단이 된 것처럼 중국의 분발이 요구되는 시점이다.

때로는 굴욕적인 각종 사절단을 보내기도 했지만, 역사적으로 한국은 중국과 오랫동안 외교 관계를 유지했다. 그들의 문물을 들여옴으로써 문화생활을 높일 수 있었다. 그러나 오늘날은 국제 질서에 따라 과거와 같은 형태의 사절단보다는 대등한 형태로 당나라 및 송나라와 신라 · 백제 · 고려가 행한 것처럼 활발한 무역 교류가 가능한 환경이 조성되었다. 통일신라 시대에 해상왕 장보고의 활약은 한국뿐만 아니라 중국과 일본에서도 잘 알려져 있다. 당시 한반도의 지식인들이 중국과 일본열도에 건너가서 활약한 사례도 많았다. 고대에는 한반도에서 일본열도로 각종 문물이 전해졌다. 불교문화를 비롯해 한자문화, 농경문화, 철기문화, 도자기문화, 주거문화, 건축문화, 의복문화 등이 그것이다. 그뿐만 아니라 수많은 사람들이 도래인渡來人이 되어 일본열도로 건너갔다. 일본의 나라奈良에 형성된 아쓰카飛鳥문화는 한반도에서 건너간 도래인이 주도한 문화였다.

인류문명이 처음 창출된 메소포타미아는 앞에서 설명한 것처럼 아시아 · 유럽 · 아프리카문화가 접촉하는 구대륙의 중심부이며 에게해 연안의 펠로폰네소스반도는 대륙적 스케일에서 볼 때 지절률이 가장 높은 땅이다. 나는 'The True Size Of'라는 웹 사이트에서 이들 땅에 한반도를 오버랩시키면 어느 정도인지 재미있는 실험을 시도해보았다.

실험 결과, 그림 9-9의 (a)에서 보는 바와 같이 한반도 전체의 남북 길이가 대략 메소포타미아의 북부와 남부에 걸친 크기이거나 그림 9-9의 (b)에서 알 수 있는 것처럼 그리스가 위치한 펠로폰네소스반도와 발칸반도를 망라할 수 있는 크기임을 알 수 있었다. 내가 이런 대비를 시도해본 이유는 한반도 정도 크기의 땅이라면 하나의 독자적 문명이 창출될 수 있는 최소한의 면적임을 보여주기 위함이다. 산업혁명을 성공적으로 일으켜 대영제국을 건설한 영국과 한반도의 크기를 비교한다면 거의 동일할 것이다. 따라서 하나의 문명을 창출하기 위해서는 한반도 정도의

그림 9-9 메소포타미아 및 그리스와 한반도의 면적 비교

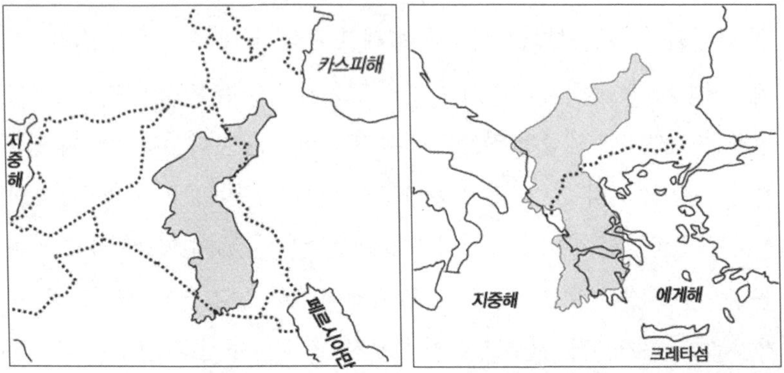

(a) 메소포타미아 (b) 펠로폰네소스반도와 발칸반도

땅만 있으면 충분하다는 결론을 얻을 수 있다.

한민족의 건국신화에는 이스라엘 민족의 《구약성서》와 같은 단군신화가 있다. 단군신화에 의하면 한민족은 세계화 시대에 어느 민족보다 잘 적응할 수 있는 역사적 배경을 지니고 있음을 알 수 있다. 한민족 최초의 국가인 고조선은 홍익인간弘益人間을 건국이념으로 삼았다. 환인이 환웅에게 준 '홍익인간'이란 구체적으로 부모에게 효도하고 부부간에 서로 존중하며, 예의와 법도를 잘 지키는 삶을 실천하여 두루 살기 좋은 세상을 만들라는 인간 교화의 이념이다. 모든 세상 사람들에게 두루 보탬이 되는 이타적 인간을 지향하여 건국한 나라는 세계에서 아마 한국밖에 없을 것이다.

이스라엘 민족의 건국이념이라 할 수 있는 시온주의Zionism도 한국의 이념에는 미치지 못한다. 이른바 젖과 꿀이 흐른다는 '약속의 땅'을 회복하고자 형성된 시오니즘은 19세기 후반 유럽의 유태인들 사이에서 발생한 유태인 민족국가의 수립과 의식재건운동을 일컫는다. 이는 유럽 사회에서 차별과 배척을 겪은 유태인들이 생존 차원에서 벌인 국가건설운동

이었다. 그러나 이런 운동이 벌어지기 전부터 시오니즘 정신은 구약 시대부터 이어져 내려온 유태인의 궁극적 지향점이었다. '시온zion'이란 예루살렘과 이스라엘을 가리키는 단어다. 그러므로 시오니즘은 유태인들의 민족자결을 소망하는 그들만의 민족해방운동에 다름 아니다. 그러므로 인류 전체를 대상으로 하는 우리의 홍익인간의 이념과는 비교가 되지 못한다.

홍익인간의 이념은 중국인이 숭배하는 중화사상中華思想보다 더 글로벌한 보편적 가치를 갖는다. 중화사상의 '중中'은 지리적 · 문화적으로 '중앙'이라는 뜻이며, '화華'는 '뛰어난 문화'를 의미한다. 중화사상은 그 배후에 이민족을 천시하는 관념을 지니고 있기 때문에 화이사상華夷思想이라고도 부른다. 즉, 중국인을 제외한 주변 민족은 모두 오랑캐라 불리는 야만인으로 인식한다는 뜻이다. 중국은 이른바 동북공정東北工程의 일환으로 주변국의 역사를 왜곡하고 있지만, 만약 고대사의 미스터리 중 하나인 요하문명을 대표하는 홍산문명紅山文明이 예맥족이 만든 문명이란 사실이 명확하게 밝혀지면 어찌할지 궁금하다. 이 문명은 황허문명보다 이른 시기에 동이족에 의해 창출된 것으로 추정되고 있다. 역사 왜곡은 중국의 민족적 중심을 이루는 한족漢族 특유의 우월감과 오만함의 극치라 아니 할 수 없다.

나는 명백한 근거는 없지만 재야 사학자들이 주장하는 홍산문명의 존재에 귀를 기울이는 편이며, 한국 최초의 고대국가인 '조선朝鮮'이란 국호는 마치 '일본日本'이란 국호가 그러하듯 스스로 명명될 수 없는 지명이라고 생각한다. 즉, '해가 뜨는 신선한 아침의 나라'라는 이미지는 한반도 북쪽에 위치했던 고조선 땅보다 더 서쪽 땅에서 느낄 수 있는 이미지다. 일본의 '해가 떠오르는 곳'이란 이미지 역시 일본열도 서쪽의 한반도에서 보는 이미지다. 이는 마치 아나톨리아가 서쪽에 위치한 그리스에서 볼 때 해가 뜨는 땅이란 의미에서 생긴 지명과 같은 맥락이며, 아시아라는 지명도 동일한 사례다. 동지중해 연안이 해가 뜨는 땅이란 뜻의 레반트라 불리는 것 역시 유럽에서 바라본 경우이므로 스스로 명명된 지명이 아니다. 따라서 한민족 최초 국가인 고조선의 서쪽 땅에 '조선'이라 인식한 또 다른 실체가 있었을 것이다. 나는 그 실체가 어느 나라였는지 그것이 알고 싶다.

왜倭가 '일본日本'이란 국호를 사용한 것은《삼국사기》신라본기에 의하면 7세기 후반인 것으로 기록되어 있다. 이것으로 보아 백제가 멸망하면서 비로소 독립한 것 같다. 역사학자들은 내 생각과 달리 이 국호가 중국대륙에 있는 제국을 강하게 의식해 만들어진 것이며, 일본열도에 현재까지 뿌리 깊게 살아 있는 태양신을 기반으로 그 신의 자손이라는 신화에서 비롯된 것으로 생각하고 있다. 역시 일본인들은 문화의 뿌리가 한반도보다 중국에서 유래된 것임을 믿고 싶어 하지만, 내 생각은 한반도라고 생각한다. 일본 학자들 중 요시다(吉田, 1900~1907)와 기무라(木村, 1875) 등의 주장에 따르면 일본이란 지명은 원래 일찍부터 한국인들이 사용하던 지명임을 지적한 바 있다.

그리고 일본의 '팔굉일우八紘一宇'는 일본의 천황제 파시즘의 핵심 사상으로 태평양전쟁 시기에 접어든 일본 제국이 세계 정복을 위한 제국주의 침략 전쟁을 합리화하기 위해 내세운 구호이며, '전 세계가 하나의 집'이라는 뜻을 갖고 있다. 이 구호는 1937년 고노에 후미마로近衛文麿 총리가 이끌던 문부성 발행의 국민정신총동원령 자료집에서 "황국의 국시는 팔굉을 일우하는(천황을 위해 전 세계를 하나의 집으로 만드는 세계 정복) 국가의 정신에 근거한다"라고 말한 데서 유래되었다. 일본 제국은 쇼와昭和 시대에 들어와 그것을 실현하기 위해 마르크스주의의 영향을 받아 이른바 대동아공영권大東亞共榮圈을 내세워 아시아 여러 나라를 침략했다. 그러므로 일본이 추구하던 사상 또한 우리의 홍익인간의 이념과는 비교할 수 없다.

역사적으로 보면, 일본은 내적으로 어려울 때 해양으로 진출하지 않고 대륙에 관심을 갖는 역사를 되풀이했다. 하우스호퍼(Haushofer, 1926)는《태평양지정학》에서, 일본의 국가 정책에서 해양 진출과 대륙 진출의 두 방향을 놓고 발생하는 분열은 위험을 가중시키는 결과를 초래할 것이라고 예상했다. 그의 날카로운 지적대로 해양 세력으로서의 일본은 전범국가로 역사에 남는 불행을 자초하는 방향으로 기울었다. 제1차 세계대전이 끝난 후 일본은 상선대商船隊와 해군력이 질적 · 양적으로 미국과 영국 다음가는 세계 3위의 해양 국가가 되어 있었다. 그럼에도 불구하고 일본은 상황이 전혀 다른 대륙 세력인 독일의 근대화 패턴을 모방해 섬나라로서의 아이덴티티를 상실하고 말았다. 일본은 1880년을 전후해 유럽의 근대화를 배우는 데 있어 영국보다는 독일을 모델로 삼았다. 그 이유는 1881년에 발생한 '메이지 14년의 정변'으로 영국식 입헌정치를 주장한 친영파가 몰락한 때문이었다.

19세기 말 일본의 정치가이자 전략가인 가쓰勝海舟 등은 일 · 청 · 한이 3국 동맹을 맺어 아시아 진출을 노리는 구미 제국의 해양 세력에 맞서야 한다고 주장한 바 있다(小西 編, 1985). 그들의 주장은 일본에서 일종의 민족적 방어 본능에서 우러나온 구상이었던 것으로 평가되고 있다. 한편, 근대 일본을 대표하는 계몽사상가인 후쿠자와는 일본이 문명화된 사회가 되기 위해서는 문명국들과 어울리고 그들을 본받아야 된다고 역설하면서 동시에 일본이 선도자가 되어 동양의 다른 국가들을 문명으로 이끌어야 한다고 주장했다. "오늘의 꿈을 펴기 위해 이웃나라의 개명開明을 기다려 함께 아시아를 일으킬 시간이 없다. 오히려 그 대열에서 벗어나 서양과 진퇴를 같이해 중국과 조선을 접수해야 한다. 문명국으로 발전할 능력이 되지 않는 국가와 민족이라면 철저하게 버리고 일본만이라도 개화의 대열에 들어서야 한다"라고 역설했던 것이다.

후쿠자와(福澤, 1875)가 저술한 《문명의 개략》이 조선에 입수되면서 그의 문명개화론은 1880년대 조선의 개화사상에 큰 영향을 끼쳤고, 1881년부터 일본을 방문한 김옥균 · 서재필 · 박영효 · 유길준 등은 그를 만나면서 그의 식견에 탄복한 것으로 전해지고 있다. 그는 자신들의 조국을 개혁하겠다는 그들의 애국심을 높이 평가하여 적극적으로 후원했다. 그는 갑신정변에 가담한 일부 인사들과 그 유가족의 비참한 처우를 전해 듣고 분개해 1885년 일본이 아시아를 벗어나야 한다는 이른바 '탈아론脫亞論'을 발표한 것이다. 그의 주장은 결과적으로 한반도를 침략해야 한다는 정한론征韓論과 맞물려 제국주의적 침략 사상의 토대를 마련하는 데 공헌한 셈이었다. 조선의 개화파는 식민주의를 피지배민에게 이로울 것으로 해석하는 오류를 범했다.

일본의 지성들은 서양문명을 인류 보편의 문명으로 받아들이면서 유럽 중심적 사고까지 수용하기에 이르렀다. 더 나아가 일본인들은 백인과 유사한 오리엔탈리즘을 만들어가면서 일본이 아시아에 속해 있지만 아시아가 아니기를, 즉 서양이기를 소망하는 자기 분열적 의식을 노출시킨 것이다. 따라서 상술한 후쿠자와의 탈아론은 정확히 표현하면 탈아입구론脫亞入歐論이라 할 수 있다. 그는 일본의 엘리트들에게 문명의 이름으로 중국과 조선의 내정을 간섭하라고 권고하고, 주변국을 문명화시켜야 할 국민적 사명을 담당하라고 설득했다. 일본인의 의식은 백인종에 대한 열등감과 동시에 황인종에 대한 우월감이 교차했다. 일본의 식민 사상에서 일관되게 발견되는 한 가지 요소는 인종적 이데올로기였다. 그리하여 일본은 혈액형까지 들먹이며 일본 민족이 우수한 민족임을 내세우기까지 했다.

1890년대 일본은 메이지유신 이후 줄기차게 추진하던 근대화를 잠시 멈추었다. 서구화에 회의가 생겼던 것이다. 청일전쟁의 승리로 서양과 대등한 반열에 올랐다고 믿었던 일본인들에게 찾아온 것은 국가적 모멸감뿐이었다. 그것은 일본이 정당하게 얻은 전리품을 서양인들이 인정해주지 않았기 때문이었다. 그리하여 일본은 동서문명을 조화시킨 새로운 문명의 창조자가 되어야 한다는 신문명론을 꺼내들었던 것이다. 이제 일본은 유럽도 아니고 아시아도 아닌 상태가 되었다.

박지향(2003)은 메이지유신이 일본인의 국민적 자각을 초래했다면, 청일전쟁은 제국주의적 자각을 불러일으켰음을 지적했다. 일본의 오류는 근대화를 서구화와 동일시한 데 있었다. 일본이 청일전쟁과 러일전쟁에서 승리하기 전, 일본의 지성인들이 주장한 평화론의 개요는 안중근이 주장한 "일본이 자존하는 길은 우선 한국의 국권을 되돌려주고, 만주와 청국에 대한 침략 야욕을 버리라!"라는 동양평화론과 일맥상통하는 것이었다. 그러나 영국 정부의 입장은 일본이 한국에 대한 폭압 정책만 펼치지 않는다면 한반도에 대한 일본의 지배권을 묵인하는 쪽이었다. 영국 정부는 한국과 일본 관계를 아일랜드와 영국 관계 정도로 인식했을 것이다.

이노우 타다타카伊能忠敬와 더불어 18세기 일본의 지리학자 하야시 시헤이(林子平, 1786)는 그의 저서《삼국통람도설》에서 주변국에 무슨 일이 발생하면 일본도 군대를 발동하여 3국에 간섭해야 한다는 지론을 펴면서 호전적 국수주의 사상을 피력한 바 있다. 이처럼 일본의 지성들은 해양보다 대륙 쪽에 관심이 많았다. 일본은 일본 민족이 '앞 접시 효과'를 잘 소화하여 창출한 해양문명국이므로 영국이 그러했던 것처럼 해양으로 진출했어야 옳았다. 이는 결코 일제가 미국과의 전쟁을 벌이기 위해 진주만을 기습적으로 공격한 것을 일컬음이 아니다.

일본의 대표적 소설가 무라카미 하루키村上春樹가 2016년 안데르센 문학상 시상식에서 발표한 '그림자의 의미'라는 제목의 수상 소감이 화제가 된 바 있다. 그는 "아무리 높은 담을 쌓고 밖에서 오는 사람을 쫓아내더라도, 아무리 힘들게 외부인을 배제하려고 해도, 혹은 역사를 편리한 대로 고쳤다고 해도, 결국 자기 자신이 상처 입게 된다"라고 지적했다. 아울러 "개인뿐만 아니라 사회와 국가는 자신들의 그림자를 마주해야 한다. 이를 직시하지 않으면 그림자는 더 강한 존재가 돼 돌아올 것이다"라고 말했다. 이것이 뜻하는 바는 난민이나 이민자에게 배타적인 일본 사회의 분위기나 우익 세력의 역사 왜곡 시도 등을 우회적으로 비판한 것으로 해석된다. 무라카미는 나의 트위터 친구여서 그가 평소 어떤 생각을 하고 있는지, 무슨 음식을 좋아하며 양말을 신을 때는 언제나 왼쪽부터 신지만 신발을 신을 때는 오른쪽부터 신는다는 매우 사소한 것까지 알고 있다. 나는 그가 머지않아 노벨 문학상을 수상할 것으로 기대하고 있다.

일본인들의 다수는 그들의 문화적 원류가 한반도임을 인정하지 않는 경우가 허다하다. 더욱이 그들의 조상이 한민족이라는 사실은 더욱 인정하고 싶어 하지 않는다. 다이아몬드 교수는 세계적으로 권위를 인정받고 있는 〈디스커버Discover〉지에 게재된 논문에서 일본인의 뿌리가 한반도에 있음을 규명했다. 즉, 현대 일본 민족은 2,400년 전 한반도에서 대량으로 이주한 한민족의 후예이며, 일본어는 한반도에서 통용되던 고구려어가 변화된 것이라고 보았다(나는 백제의 영향이 더 컸을 것이라고 생각한다). 물론 한 · 일 양국의 역사학자들이 제시한 두 민족의 뿌리에 관한 학설은 적지 않았지만, 다이아몬드 교수처럼 세계적인 권위자가 과학적 근거를 제시하면서 직설적이고 단정적으로 일본 민족의 뿌리를 추적한 논문은 획기적인 것이라 평가되었다. 그의 이론은 마치 영국인들이 아메리카 대륙으로 건너가 미국을 세운 것에 비유할 수 있는 일이다.

일본 정부와 일본인은 과거 그들이 아시아를 제패했던 일본 군국주의 시대의 향수에 젖어 있는 것은 아닌지 의심스럽다. 대한민국 정부는 한반도를 남한과 북한이라 부르는 데 비해, 조선민주주의 인민공화국은 남조선과 북조선으로 호칭한다. 일본은 북한처럼 한반도를 조선반도, 한민족을 조선 민족이라 부르는 경향이 있다. 한반도를 조선반도라 호칭하는 것은 일본 문부과학성이 정해놓은 공식 명칭이다. 한국인을 남북한 구별하지 않고 조선인이라 부르거나 한국어를 조선어라 부르는 경향도 있다. 일본은 한반도에서 남한과 국교를 맺은 나라임에도 불구하고 북한에서 주장하는 명칭을 따르는 것은 이해할 수 없다.

일본의 지리부도를 보면 국명이 바뀌는 나라의 국호를 비교적 빠르게 받아들여 수정하지만, 어쩐 일인지 조선 왕조가 멸망한 지 120년이 지났는데도 조선이란 지명을 고수하고 있는 것이다. 과거 그들이 지배했던 조선인을 경멸하듯 부른 '조센징'을 떠올리기 위함이 아닐는지 의심이 간다. 만약 다른 나라들이 일본을 과거의 국호대로 '왜倭'라고 부른다면, 일본의 반응은 어떨까?

일본의 글로벌 기업들이 해외로 진출하여 일본의 문화와 문명을 세계에 전파하면서도 세계화에는 둔감했다. 나는 연말이 되면 여러 일본의 지인들로부터 크리스마스카드나 연하장을 받는데, 그것들은 모두 일본 국내용 엽서였다. 해외로 보내는 우편물은 별도의 항공 봉투가 있음에도 불구하고 일본인은 그들이 평소 사용하는 국내용 봉투와 엽서가 다른 나라에서도 통용될 것으로 생각하고 있다. 이는 글로벌 스탠더드가 아닌 자기중심적 사고, 바꿔 말하면 일본 중심적 사고에서 비롯된 것이리라.

일본인들의 속성 중 하나가 내적 질서와 외적 질서가 매우 다르다는 점이다. 그것은 이른바 진심, 즉 속마음을 뜻하는 혼네本音와 겉마음을 의미하는 다테마에建前에서 비롯된 것인지도 모르겠다. 이러한 일본인의 이중성은 국제정치에서도 표출된다. 예의 바른 일본인들은 개인적으로는 그 무엇도 행하기를 주저하지만, 집단을 이루면 무엇이라도 할 수 있는 과감한 민족으로 인식되고 있다. 이러한 일본의 민족성을 19세기 말 영국인들은 이미 간파하고 있었다. 당시의 영국인들은 문명을 향해 전진하는 일본의 서구화가 피상적이라며 근대성의 핵심 요소 중 하나인 개인의 자유와 발전, 즉 서양식 개인주의를 발견할 수 없음을 간파했다.

나는 1978년 11월 일본 쓰쿠바대학 카스미가우라霞ケ浦 지역연구회의 일원이 되어 이바라키현의 작은 마을을 답사하던 중 제2차 세계대전에 육군 병사로 징집되어 전투에 참가했던 한 노인을 만난 적이 있다. 그는 현역 시절에 사용한 것으로 짐작되는 철모를 기름걸레로 정성스럽게 닦고 있었으며, 침략 전쟁에 참전한 사실을 전혀 인식하지 못한 채 단지 조국을 위해 목숨을 바쳤다는 자부심만을 가지고 있는 것으로 보였다. 일본에는 자국이 벌인 전쟁에 대해 참회하는 사람과 자랑스럽게 생각하는 사람이 혼재한다. 나는 일본에서 이런 두 부류의 사람들과 자주 접할 수 있었다.

외국인들은 일본이 중산층 비중이 높은 건강한 사회를 이룩한 자유민주주의 국가임에도 불구하고 좀처럼 정권 교체가 되지 않고 일당독재에 가까운 정권이 통치하는 나라임을 잘 이해하지 못한다. 또한 전범 국가이면서 일관되게 인류 최초의 원폭 피해자 흉내를 내는 것을 이해하지 못한다. 일본은 독일처럼 더 이상 전범 국가가 될 우려가 없음을 주변국들에게 알려 안심시켜야 할 것이다.

프랑스의 대표적 사상가 중 하나인 보드리야르(Baudrillard, 1981)는 학살의 망각도 학살의 일부라 했다. 나는 일본인의 글로벌 마인드의 결여를 지적하고 싶다. 그리고 인류의 보편적 가치를 존중해야 함을 말하고 싶다. 그래야만 일본이 염원하는 유엔의 안전보장이사회의 상임이사국이 되어 인류 평화에 기여할 수 있다. 영국의 처칠이 말한 것처럼 역사를 잊은 민족에게 과연 미래가 있겠는가. 나는 일본이 양심적 지식인이 많은 나라임을 알고 있다.

한 · 중 · 일 3국의 관계

문명이 야만과 미개의 단계를 거쳐 성립된 것이라면 문명은 인류의 보편적 가치를 포함해야 한다. 물질문명이 인류를 편하게 만드는 것이라면, 정신문명은 인류를 자유롭고 행복하게 하는 것이다. 그래서 인류는 많은 과학문명을 발달시켰고 각종 제도를 보완해 나아가고 있다. 그럼에도 불구하고 인류의 역사를 더듬어 볼 때 문명은 야만과 동행하는 경우가 많았다. 오늘날과 같은 개명한 사회에서 문명의 중심이 서진하여 동아시아로 다가오고 있는데, 북한은 논외로 하더라도 과연 한 · 중 · 일 3국 가운데 문명 중심국이 될 만한 자격이 어디에 있는지 생각해볼 필요가 있다.

제2차 세계대전 이후 100개국이 넘는 신생국들이 지구상에 탄생했다. 그들 중에서 선진국에 진입했거나 선진국 문턱에 다다른 나라는 불과 두서너 나라밖에 되지 않는다. 이스라엘, 싱가포르, 한국 정도다. 이들 중에 한국의 발전은 세계사적으로도 기적에 가까울 만큼 성공적인 사례로 꼽힌다. 1960년대를 전후한 한국의 1인당 국민소득은 아프리카의 케냐 수준과 비슷했고, 아시아의 필리핀의 1/3에 불과했다. 1960년대만 하더라도 한국은 원조를 받는 나라였는데, 이제는 거꾸로 원조하는 국가로 바뀌었다. 경제협력개발기구OECD가 발표한 2016년 통계에 따르면 그 규모가 경제협력개발기구 국가 중 14위에 달한 바 있다.

한국 경제는 지난 40년간 연평균 성장률 8%라는 '한강의 기적'을 이룩했다. 이는 서유럽 국가들이 150년간에 걸쳐 이룩한 성장률보다 높은 수치다. 아마 한국인들은 단군 이래 가장 안정된 경제적 삶을 누리게 되

없을 것이다. 그러나 '다이내믹 코리아'라 불리던 한국 경제는 2008년 이래 침체해 1인당 GDP 3만 달러 선에 진입하지 못하고 슬럼프에 빠졌었다. 한국은 1990년대 전반기 1인당 GDP가 8,000달러가 넘어서면서 정치적 민주화가 가능해졌다. 중국은 개혁 개방 정책을 도입하면서 매우 빠른 속도로 경제 성장을 이룩해 1인당 국민소득이 지난 60년간 150배나 크게 늘어났다. 과연 중국이 1인당 국민소득 8,000달러 혹은 1만 달러에 이르면 정치적 민주화가 달성될 수 있을지 궁금하다. 중국은 1976년 천안문사건 이래 민주화 욕구가 분출된 적이 없다. 더 나아가 중국이 정치적 민주국가로 거듭나 완전한 자유주의가 도래하면 과연 현 체제를 유지할 수 있을지 궁금하다. 중국의 민주화는 머지않아 도래할 것이다.

역사적으로 중국과 인접한 민족들은 대부분 한족에 흡수되고 말았다. 그러나 한민족은 중국과 오랜 기간 접촉과 교류를 하면서도 한족화漢族化하지 않고 고유성을 유지해왔다. 지금으로부터 1,400여 년 전 고구려는 수나라의 대군이 쳐들어왔을 때 30만 군사로 113만에 달하는 대군을 거의 전멸시켰고, 1,300여 년 전 당나라의 100만 대군이 쳐들어 왔을 때에는 15만 군사로 치명적 타격을 주고 격퇴한 바 있다. 일제가 아시아를 집어삼키려 했을 때 아시아에서 한국만큼 강력한 저항 정신을 보인 민족은 없었다. 이러한 사실은 한국인이라면 누구나 아는 역사이지만, 외국인은 잘 모른다.

아시아에서 최초로 노벨 문학상을 수상한 바 있는 인도의 시성詩聖 타고르는 인도의 국가國歌를 작사·작곡했을 뿐만 아니라 1929년 그의 시 〈동방의 등불〉에서 한국을 찬양하는 시를 읊은 적이 있다.

일찍이 아시아의 황금 시기에 빛나던 등불의 하나 코리아.

그 등불 한 번 다시 켜지는 날에 너는 동방의 밝은 빛이 되리라.

이 시는 일제 치하에 있던 한민족에게 큰 격려와 위안을 주었으며, 특히 독립 쟁취에 대한 강렬한 기원을 담고 있어 3.1운동 이후 실의에 빠져 있던 한민족에게 큰 감동과 자긍심을 일깨워준 작품으로 평가되고 있다. 타고르는 영국의 식민 통치에 대한 경험이 있었으므로 동병상련同病相憐의 심정으로 한국을 바라보았을 것이다. 그는 일본을 마지막으로 방문했을 때 아시아를 침략한 일본을 비판하면서 한국의 미래를 예언하고 있었던 것 같다. 타고르의 예언대로 코리아는 과연 동방, 즉 동아시아의 빛이 될 수 있을지 지켜볼 일이다.

한민족의 강인한 민족성과 우수한 두뇌, 정교한 손재주는 타의 추종을 불허한다. 유엔 통계에 의하면 한국인의 지능지수가 세계에서 가장 높고, 국제기능올림픽대회에서 한국인은 가장 우수한 손재주를 발휘한 바 있다. 아무리 역사의 수레바퀴가 돌아도 인접국들은 한국을 점령하거나 한민족을 멸족시키는 것은 불가능하다. 한국인의 유전자 속에는 아직도 저항 정신이 면면히 흐르고 있다. 물론 한민족에게도 단점은 있다. 국난에 접해야 뭉치는 속성과 배타적 속성 등이 그것이며, 소 잃고도 외양간을 고치지 않는 민족성에는 분명 문제가 많다. 또한 민족이 둘로 나뉘어 북한이란 존재가 인류 평화를 위협하고 있음은 한민족의 책임이다. 사리사욕에 매몰된 정치 지도자들도 예외는 아니다.

한국인들은 일제강점기 일본이 한국에 저지른 만행에 분노하고 과거사에 대해 반성할 줄 모르는 일본 정부에 독일 정부와 같은 사죄를 촉구하면서도 베트남 곳곳에 세워진 한국군 증오비를 외면하고 있는 사실을 각성해야 한다. 베트남전쟁 당시 한국군이 저질렀던 양민 학살의 만행에 대해 알고 있는 한국인은 많지 않은 것 같다. 프랑스의 계몽사상가 볼테르가 "관용이란 무엇인가? 우리는 모두 불완전한 존재이니 서로의 실수를 용서하는 것이 첫 번째 자연의 섭리 아니겠는가?"라고 강조한 것처럼 우리가 역사를 배우는 주된 이유는 과거의 잘못을 되풀이하지 않기 위해서이며, 과거를 반추함으로써 미래에 대비할 수 있기 때문이다. 한국 정부는 한국인이 일본에 요구하는 것처럼 기회 있을 때마다 베트남 국민들에게 진정으로 반성하고 사죄해야 한다.

19세기 한반도의 지배계층은 세상이 어떻게 바뀌는지 몰랐고 진취적이지도 못했다. 당파 싸움과 권력투쟁, 사리사욕을 탐하는 데 매몰되어 있었고, 백성들의 우수한 잠재력을 끌어내어 함양하는 데 태만했다. 예나 지금이나 이 나라의 지배층은 노블레스 오블리주의 정신을 지키지 못했다. 1894년과 1897년 한국을 다녀간 영국의 지리학자 비숍(Bishop, 1897)은《한국과 그 이웃나라들》에서 당시 상황을 이렇게 말했다. "한국은 가난하고 천한 수준에 머물러 있었다. 이는 불행하게도 한민족의 잠재된 에너지가 발휘되지 못한 탓으로, 중산층이 쏟을 숙련된 직업이 없으며 하층민은 일보다 아사餓死를 면하는 것이 절실하기 때문이었다." 한민족의 우수성에도 불구하고 당시의 대한제국이 최빈국에 머물러 있는 이유를 날카롭게 지적한 것이다.

이와 같은 역사적 배경에도 불구하고 한국인은 오늘날 비판 정신과 저항 정신이 매우 강한 민족이 되었다. 오늘날 한국 정치는 민주화를 이룩했음에도 정치 과잉 현상이 뚜렷하여 바람 잘 날이 없을 정도다. 미국의 경제학자 에이스모글루와 로빈슨(Acemoglu and Robinson, 2012)은《국가는 왜 실패하는가》에서 국가가 성공하기 위해서는 포용적 정치제도와 포용적 경제제도가 가지는 선순환을 잘 활용해야 한다고 지적했다. 권력을 가진 위정자들은 언제 어디서나 정부를 완전히 장악해 광범위한 사회적 진보를 훼손해서라도 자신들의 욕심을 채우려 한다. 경제 발전의 동력은 폭넓은 권력 분배가 동반된 포용적 정치제도로부터 나오며, 국민은 민주주의를 효과적으로 운용해 바로 그런 위정자들을 견제해야 한다. 그렇지 않으면 나라는 실패할 수밖에 없다. 권력이 대통령에게 과다하게 집중된 한국의 정치 체제가 개혁되지 못하면 사회는 정치 과잉에 빠지며 항상 시끄러워지기 마련이다. 주석主席에 모든 권력이 집중된 중국은 더 심각하다. 에이스모글루와 로빈슨의 저서는 중국처럼 착취적 정치제도 하의 성장은 지속 가능하지 않으며 머지않아 동력이 식어버릴 가능성이 높다는 점을 시사해준다.

조선말과 구한말, 이 나라 지배계급의 타락과 부패상을 개탄한 중국의 지성인이었던 량치차오(梁啓超, 1904)는 《조선의 망국을 기록하다》에서 "조선을 망하게 한 자는 처음에는 중국인이었고, 이어서 러시아인이었으며, 끝은 일본인이었다. 그렇지만 중 · 러 · 일이 조선을 망하게 한 것이 아니라 조선이 스스로 망한 것이다"라며 조선 멸망의 최대 원인이 조정과 양반계급에 있다고 강조했다. 그는 조선이 일제에 의해 멸망해가는 것을 보면서 "나는 눈물이 눈썹에 넘쳐흐름을 금치 못하겠다. 이제 조선은 끝났다. 지금부터 세상에 조선의 역사가 다시 있을 수 없고 오직 일본 속국으로서의 역사만 있을 뿐이다"라며 슬퍼했다.

눈물의 주인공은 조선 백성이 아니라 청나라 말기 변법유신파의 지도자였던 량치차오였다. 그는 1898년 청나라 무술변법운동을 주도했고, 신해혁명과 5.4운동과 같은 중국 근현대사의 굵직한 장면에서 중요한 구실을 한 실천적 지식인이다. 무술변법운동戊戌變法運動은 퇴폐한 정치를 개혁하여 새로운 정치를 실현해야 한다는 이른바 변법을 주장하는 운동이며, 신해혁명辛亥革命은 1911년 청나라를 무너뜨리고 중화민국을 성립시킨 중국의 혁명이고, 5.4운동은 러시아혁명과 한국의 3.1 운동의 영향을 받아 중화민국 베이징대학의 대학 교수와 학생들을 중심으로 확산한

반제국주의 · 반봉건주의혁명 운동으로 중국에 변화가 발생되는 계기를 제공한 사건이었다. 잘 알려지지 않은 사실이지만, 신해혁명에서 우리의 흥미를 끄는 것은 이 혁명의 근원지가 미국 캘리포니아였다는 사실이다. 양쯔강 유역의 각지에서 결기한 혁명 부대 요원은 미국 육군성의 승낙하에 은밀히 로스앤젤레스와 샌프란시스코 부근에서 육성되었다.

량치차오는 한일병합 발표를 앞두고도 황제 즉위 4주년 기념 연회를 자연스럽게 치른 조선 군신들의 어이없는 행태를 보면서 그들에게서 국가 의식과 주권 의식은 찾아볼 수 없다고 느꼈던 것이다. 그는 지도층의 이러한 성향이 결국 친일파를 만들어내 망국의 직접적인 주역이 되게 했다고 여겼다. 또한 중국에 대한 계몽 효과를 높이기 위해 비판적이고 냉소적인 논조를 띠었는데, 그중 안중근과 홍범도에 대해서만큼은 예외적으로 긍정적 평가를 하면서 찬양하는 모습을 보였다. 이것이 그의 조선에 대한 인식 가운데 거의 유일하게 볼 수 있는 긍정적인 대목이다.

량치차오의 냉소적 분석은 수긍이 갈 만한 대목이 많지만, 그가 조선의 멸망을 슬퍼한 진짜 이유는 조선이 청나라의 속국으로 보호받아야 하는데 일본에 빼앗겨 안타깝다는 데 있었다. 그의 속셈을 엿볼 수 있는 대목이다. 그는 은연중 중화주의가 내재된 민족주의적 인식을 갖고 있었고, 그의 인식은 정치가이자 사학자로서 중화 제국의 지배 질서를 유지하고자 하는 이해타산이 표출된 결과였다. 그는 한민족에 대해 남에게 기대기 좋아하는 천성을 갖고 있으며 당장 배부르면 미래에 대한 고민을 전혀 하지 않는다고 보았다. 심지어 조선 백성은 모욕을 당하면 분노하지만 금방 식어버린다고 조롱했다. 그는 조선 지도층의 이러한 성향이 결국 친일파를 만들어내 망국의 직접적인 주역이 되었다고 생각했다.

한민족이 창출한 고유한 문화는 많다. 한글의 과학적 우수성은 물론 온돌문화, 한복문화, 김치문화, 나물문화, 서당문화, 제사문화, 족보문화 등의 정신문명과 물질문명은 어느 민족에게서도 찾아볼 수 없는 고유성을 지니고 있다. 또한 한민족에게는 '기후자원'이 있다. 북방 민족과 남방 민족이 혼합된 한민족은 여름철에는 아열대기후를 무색케 하는 무더위와 싸워야 하고, 겨울철에는 냉대기후와 맞먹는 추위를 이겨내야 한다. 이렇게 번갈아 찾아오는 대륙성기후에 적응한 기후순화 덕분에 어떤 기후 조건하에서도 생산성이 떨어지지 않는 유전자를 지니고 있는 것이 한민족이다. 나는 이것을 '기후자원'이라 부른다. 이 '기후자원' 덕분에 한국의 노동자들은 세계 어느 곳을 가더라도 놀라운 적응력을 보여준 바 있다.

최근 타이완에서는 43년 만의 한파로 기온이 영상 4도까지 떨어져 이틀 새 50여 명이 숨지는 일이 발생했고, 2012년에는 유럽 대륙을 강타한 추위로 무려 300명이 사망하는 일이 발생했다. 2010년에는 남미 6개국에서 영하 10도의 한파로 175명이 사망한 바 있다. 하지만 이러한 기후 조건에서도 한국의 근로자들은 근로 의욕을 상실하지 않고 활동 에너지를 극대화해 일할 수 있다. 이것이 한국이 갖고 있는 자원인 것이다.

지금까지 살펴본 바와 같이 한·중·일의 관계는 서로 물고 물리는 관계임에 틀림없다. 이에 착안하여 이어령(2015)은《가위바위보 문명론》에서 3국간의 관계는 절대 권력 또는 절대 지배자가 존재할 수 없는 관계라고 설명했다. 동전 던지기가 서양의 결정 방식이라고 한다면, 가위바위보는 아시아권의 결정 방식이라는 것이다. 동전 던지기는 상대가 없어도 가능한 게임이지만, 가위바위보는 상대가 없으면 불가능하다. 가위는 주먹에게, 주먹은 보에게, 보는 가위에게 패하는 관계 속에서 영원한 승자도, 영원한 패자도 없는 방식이다. 가위바위보 문화의 유래는 정확히 알 수 없지만, 이 행위는 단순한 놀이문화가 아니라 논리 정연한 하나의 학문 체계라는 것이다.

한 · 중 · 일 3국은 가위바위보를 통해 의사 결정을 하는 수단과 방법을 활용했으므로 서양과 비교할 때 도구를 사용하지 않고 신체를 통해 상대방과의 관계를 중요하게 생각하는 소통문화였다. 이렇듯 한 · 중 · 일 3국은 절대 강자와 절대 약자가 존재하지 않으므로 서로 대립하지 않고 소통과 화합의 문화를 더욱 활성화해야 할 것이다. 고대 벽화에 등장하는 삼족오三足烏의 3(셋)에 대한 의미는 한민족 3수문화의 대표적인 상징이다. 삼족오(세발 까마귀)는 고대 동아시아에서 태양 속에 산다고 여겨졌던 전설의 새인데, 특히 동이 민족東夷民族의 천지인天地人사상과 삼신일체三神一體사상의 바탕이 된 한민족 고유의 상징이기도 하다. 3수문화가 생활 속에서는 '똑똑똑', '삼세판', '세 갈래', '삼신 할매', '삼 태극', '삼재三災', '가위바위보', '제사 때 잔을 세 번 돌리는 것', '중매를 잘 못 서면 빰을 세대 맞고, 잘 서면 술이 석 잔' 등으로 많이 활용되고 있다.

결론적으로 한 · 중 · 일 3국은 동북아시아에서 하나의 거대한 권역을 이루어 새로운 문명권을 형성해야 할 것이다. 오늘날 지구상에서는 국제화에 이어 한 걸음 더 나아가 세계화가 진전되고 있으며 정보화와 네트워크화가 심화되고 있다. 미국의 스콧(Scott, 2001)은 새로운 밀레니엄 시대를 맞이하여 출간한《세계도시-권역: 동향, 이론, 정책》에서 세계화의 산물이 세계도시global city라고 한다면, 정보화와 네트워크화의 산물은 더욱 범위를 넓힌 '세계도시-권역global city-region'이라고 지적한 바 있다. 세계도시에서는 세계화에 어울리는 문명이 창출되며, 세계도시-권역에서는 정보화에 어울리는 문명이 창출될 수 있다는 것이다. 세계도시-권역은 국경을 초월한 유력한 세계도시를 중심으로 이를 보완해주는 여러 도시들이 허브 앤드 스포크hub-and-spoke 체제로 연계되어 시너지 효과를 올리는 연합체를 뜻한다. 이러한 시대의 조류에 대응하기 위해 유럽은 EU

를 결성했고, 동남아시아는 ASEAN을 조직한 것으로 이해해야 한다. 그런 까닭에 동북아시아에서 '환황해권'이라던가 '환동해권'이란 대응책이 여러 학자들에 의해 제기되고 있는 것이다.

이러한 권역이 조직되어야 문명의 중심을 북미 대륙으로부터 아시아 쪽으로 끌어당길 수 있는 자장磁場 공간을 형성할 수 있으며, 무한 경쟁 시대에서 시대의 조류에 부합하는 새로운 문명이 창출될 수 있는 것이다. 오늘날을 태평양 시대라 부르는 것은 아메리카와 아시아 사이의 태평양에 자장 공간이 형성되었음을 일컫는 말이다. 이 자장 공간 안의 자기력은 자극磁極에 가까울수록 크고 멀어질수록 작아지므로 문명의 중심이 태평양을 횡단하기 시작하면 의외로 빠른 시기에 동아시아가 세계문명의 중심적 위치에 설 수 있게 된다. 이러한 주장은 이 책에서 시종일관 강조한 문명 간 교류 없이 새로운 문명이 창출될 수 없음과 궤를 같이 하는 것이다. 언어가 생긴 이래 인류는 부단히 교류를 행해왔고, 문자가 발명되면서 교류의 빅뱅이 일어났다. 그럼에도 불구하고 한 · 중 · 일 3국은 오만함에 충만해 자신들만의 독자적 역량으로 문명의 창출이 가능하다고 낙관하고 있는 것처럼 보인다.

지도를 펼쳐놓고 동북아시아를 보면, 만약 이 지역에서 한반도가 없다고 가정하면 해안선이 단조로워 지절률이 떨어짐을 알 수 있고, 일본열도가 없다고 가정해도 마찬가지 현상이 나타난다. 동아시아 일대에서 한반도와 일본열도가 없을 경우, 중국 대륙으로부터 돌출한 보하이만의 랴오둥반도와 황해의 산둥반도만으로는 높은 지절을 기대할 수 없다. 역사적으로 볼 때, 동아시아의 패권은 고조선 · 한 · 진 · 당 · 고구려 · 원 · 청 · 일본 등이 교차하는 활동의 무대였으며, 수많은 국가들이 서로 교류하며 문명을 꽃피웠다. 문명을 창출하는 창의성은 '같음'이 아닌 '다름'이 섞여야 가능하다.

문명의 중심이 어느 땅으로 옮겨가는가에 대한 관심도 흥미롭지만, 인류는 모두 문명의 혜택을 받으며 자유롭게 살아야 한다. 물질문명은 인간의 터전인 지구환경을 이롭게 하는 경우보다 오염시키는 경우가 더 많다. 그 점이 문명이 발달될수록 환경문제가 대두되는 이유다. 다이아몬드(Diamond, 2005)는 《문명의 붕괴》에서, 세계화로 인해 과거 이스터섬이나 빙하로 덮인 노르웨이령 그린란드처럼 홀로 붕괴되는 것이 아니라 공멸할 수 있다는 점을 지적하면서 경각심을 일깨우고 있다. 오늘날의 지리적 공간은 과거와 달리 무의미해졌으므로 한 사회가 혼란에 빠지면 다른 사회에도 영향을 미쳐 곤란을 겪게 된다.

이제는 정치적 영토가 아니라 경제적 영토를 넓히기 위한 무한 경쟁 시대에 돌입했다. 세계가 하나의 폴더에 담긴 셈이다. 다이아몬드는 과거 인류의 조상들이 겪은 성공과 실패에서 얻은 소중한 교훈을 망각한다면 전 세계가 붕괴에 직면하게 될지도 모른다고 경고하면서도 해결해 나아갈 수 있을 것이라는 낙관론을 폈다. 이제 우리는 억압의 시대와 식민의 시대를 지나 희망의 시대를 바라보아야 한다. 그러기 위해서는 기적의 시대를 만들어야 할 것이다.

고대와 달리 땅의 지절이 문명 창출에 미치는 영향력이 고도로 발달한 기계문명과 인간의 이동력과 정보력에 의해 미약해졌다. 하지만 그 땅에 남아 있는 물질문명은 비록 화석화되었더라도 정신문명이 되살아날 가능성은 남아 있을 것이다. 지절의 영향력이 미약해졌다기보다는 지절의 개념이 바뀐 것으로 이해하는 편이 옳을지도 모르겠다. 문명의 교류는 문자의 발명 이후 종이의 발명과 인쇄술의 발달로 또 다른 빅뱅을 일으켰다. 그리고 디지털 기술의 발달은 지절의 개념을 바꿔놓고 있다.

문명의 발달은 물질문명, 정확하게는 영혼이 없는 기계문명에 의해 촉진되지만 정신문명을 수반한다. 그러나 정신문명은 물질문명에 우선한다. 다만, 제도에서 문명 소생 및 발달의 실마리를 찾아야 하며, 무엇보다 자기 혁신이 필요하다. 중국 은나라 시조 탕왕은 '구일신 일일신 우일신苟日新 日日新 又日新'이라는 고사성어를 세숫대야에 새겨놓고 매일 세수할 때마다 다짐했다고 한다. 문명 역시 마찬가지 이치여서 고대 이집트 왕국이 쇠퇴한 것처럼 새로워지지 않으면 소멸하기 십상이다. 새로워진다는 것은 사람만을 뜻하는 것이 아니라 각종 제도와 문물이 새로워져야 함을 포함하는 말이다. 가보지 않은 길을 가는 것과 해보지 않은 일을 하는 것에는 고통이 따르기 마련이다.

인류는 증기기관을 이용한 1차 산업혁명을 시작으로 철강, 석유 및 전기 분야와 같은 신규 산업의 확장과 대량 생산을 위해 전력을 사용한 2차 산업혁명을 거쳤다. 그리고 아날로그 전자 및 기계장치에서 디지털 기술로의 발전을 이룩해낸 3차 산업혁명을 완성했다. 이로 인해 인류문명은 과거 5,000년 가깝게 이룩한 문명을 뛰어넘는 단계로 비약하여 이제는 4차 산업혁명의 문턱에 이르렀다. 세계 경제포럼 창립자 겸 집행위원장인 슈바프(Schwab, 2016)는 이제부터 전개될 4차 산업혁명은 이미 로봇공학, 인공지능, 나노기술, 생명공학, 사물인터넷, 3D인쇄 및 자율차량을 포함한 여러 분야에서 새로운 기술 혁신이 나타나고 있음을 지적했다. 이제 인류는 물리적 세계와 디지털 세계가 접목됨에 따라 과거에는 전혀 경험하지 못한 새로운 세계를 접하게 될 것이다. 그러면 어떤 문명이 창출될 것인지 가늠하기 어려울 정도의 새로운 문명이 우리 앞에 다가올 것이다.

2016년 다보스 포럼에서 화두로 제기된 4차 산업혁명은, PC가 보급된 지 40여 년이 지나 인류의 생활을 크게 바꿔놓은 것처럼 한 차원 높은 문명을 전보다 빠르게 현실화시킬 전망이다. 그러한 미래가 하드웨어의 도움으로 우리 앞에 다가오더라도 인류의 자유와 평등을 보편적 가치로 하는 행복한 미래를 보장받기 위해서는 소프트웨어가 뒤따라야 한다. 영국의 물리학자 호킹Hawking은 효과적인 인공지능을 만드는 것이 인류문명사에서 가장 큰 사건이 될 수도 있고 최악의 사건이 될 수도 있다는 경고를 한 바 있다. 인간을 능가하는 인공지능의 '지능폭발'을 우려한 것이다.

문명을 창출하여 문명국으로 거듭나기 위해서는 구성원의 창조력을 고양시키면서 정치권력을 한층 고르게 분배해야 한다. 그리고 시민과 땅(국토)에 대한 정부의 책임과 의무가 강조되어야 하며 일반 대중이 경제적 기회와 자연의 향유를 균등하게 누릴 수 있는 사회를 만들어야 한다. 이러한 사회를 실현하기 위해서는 지도자를 잘 선택할 수 있는 기회가 부여되어야 할 것이다. 그것을 게을리한 청나라와 조선 왕조는 이집트 왕국처럼 멸망할 수밖에 없었다. 문명이 인류를 행복하게 만들기 위해서는 양적 크기가 아니라 질적 내용에 달려 있다. 또한 문명의 발전 방향도 매우 중요하다.

서태평양의 동양 3국은 서양이나 타 대륙의 문명과 비교해보면 상대적으로 많은 차이가 나지만, 3국간 비교에서는 약간의 차이만 있을 뿐 큰 차이가 나지 않는다. 그래도 동양 3국이 서로 다름을 존중해주는 사회가 되어야 문명 중심국으로서의 공존이 가능하다. 그러나 문명은 거창함보다 인류를 정의롭고 행복하게 해주는 방향으로 발전해 나아가야 한다. 구체적으로 동양 3국은 센델(Sandel, 2010)이 말한 것처럼 공리주의 · 자유주의 · 공동체주의에 입각하도록 노력을 경주해야 한다. 아마 4차 산업혁명도 그것을 담보해주지 못할 것이다. 이제 서태평양 시대의 동아시아문명권은 지절의 관점에서 볼 때 그 중심이 한 · 중 · 일 3국에 걸쳐 창출될 전망이다. 토인비는 세계를 통합할 수 있는 나라가 서구가 아니라 중국일 것이라 예언했다. 하지만 나는 중국도, 일본도, 한국도, 그 어느 나라도 아니라고 생각한다.

인류는 약 500년 전부터 과학혁명 덕분에 비약적 발전을 하기 시작했지만, 장차 100년 또는 1,000년 후에도 오늘처럼 태양과 달이 지구를 비추고 비와 바람이 대지를 적시는 환경이 지속될 것인지는 아무도 모른다. 그때에도 여전히 인류가 문명의 혜택을 받으며 새로운 문명을 창출할 수 있을지도 확신할 수 없다. 만약 그때에도 인류가 생존하고 있다면, 그들은 지금의 우리가 아니다. 현생 인류의 유전자를 물려받은 후손일 것이다.

인류의 역사에서 제왕들은 자신의 정책 기조가 옳기 때문에 영원할 것이라 믿었고, 지배층들은 인권을 유린하면서까지 그들이 만든 문명이 불멸할 것이라 생각했다. 그러나 그들은 모두 죽었고, 그들의 정책과 문명은 그 시대를 반영한 것일지라도 지속 가능한 것이 아니었다.

시공을 초월한 인류의 보편적 가치는 포용적 제도가 뒷받침된 휴머니즘과 자유의 가치다. 이 이외에 또 무엇이 있을까?

참고문헌

여기서 밝히는 참고문헌은 본문 중에 저자가 직접 언급한 자료만을 게재해놓았다. 문헌은 국내외의 단행본과 논문이 함께 들어 있는데, 이들 문헌 중 단행본은 절판이 된 것들도 있으며 중세 문헌 중 일부는 후세에 재판된 것을 인용한 것임을 밝혀둔다. 그러나 절판된 문헌 중에는 인터넷으로 검색할 수 있는 것들도 많이 포함되어 있으니 참고할 수 있을 것이다. 정기 간행물의 경우는 출판 연도, 논문 제목, 학술지 명칭(이탤릭체), 호수, 페이지의 순으로 정리했고, 번역본은 원저자 중심으로 기재해놓았다. 참고문헌은 각 장마다 별도로 인용한 문헌을 밝혀 놓았으므로 중복된 것들도 있음을 밝혀둔다.

제1장

김교신, 1927, 김정환, 편, 2003,《성서조선》, 한국신학연구소.

김호동, 2003,《역사서설: 아랍, 이슬람, 문명》, 까치.

남영우, 2000,〈도시문명의 발생과 肢節率〉, 대한지리학회지, 35(3), 427~435.

남영우, 2001,〈메소포타미아 도시문명의 발생〉, 한국광역도시의 공간분석, 한국도시지리학회 하계학술대회, 3~11.

남영우, 2012,〈Ibn Khaldun의《역사서설》에 나타난 도시문명의 성쇠〉, 한국도시지리학회지 15(1), 163~175.

남영우 · 최재헌 · 손승호, 2016,《세계화시대의 도시와 국토》, 법문사.

박선미 · 김희순, 2015,《빈곤의 연대기》, 갈라파고스.

정수일, 2009,《문명담론과 문명교류》, 살림.

近藤次郎, 1977,《社會科學數學入門: 數學モデルの作り方》, 東洋經濟新報社, 東京.

鈴木秀夫, 1990,《風土の構造》, 講談社, 東京.

若山滋, 1990,《ローマと長安: 古代世界の都》, 講談社, 東京.

田制佐重 · 石田善佐 編訳, 1919,《英獨教育の比較》, 大日本文明協會, 東京.

Acemoglu, D. and Robinson, J. 2013, *Why Nations Fail: The Origins of Power, Prosperity, and Poverty,* 최완규 역, 2012,《국가는 왜 실패하는가》, 시공사.

Adams, R.M., 1966, *The Evolution of Urban Society,* Weidenfeld & Nicholson, London.

Allen, J., 2014, *As A Man Thinketh, Sublime Books,* Ilfracombe, England.

Bozeman, A.B., 1975, Civilization Under Stress, *Virginia Quarterly Review,* 51, 1~18.

Boswell, J., 1791, The Life of Samuel, Hibbert, C.(ed.), 1986, *The Life of Samuel Johnson,* Penguin Classics, New York.

Braudel, F., 1994, *History of Civilizations,* Allen Lane-Penguin Press, New York.

Chlilde, V.G., 1947, *History,* Cobbett Press, London.

Cholley, A., 1951, *La Géographie de L'Etudiant,* 山本正三 外 譯,《地理學の方法論的考察》, 大明堂, 東京.

Christaller, W., 1966, *Central Places in Southern Germany,* Prentice-Hall, Englewood Cliffs, NJ.

Davis, K., 1973, *Cities: Their Origin, Growth and Human Impact,* W. H. Freeman and Company, San Francisco.

Deetz, J., 1967, *Invitation to Archaeology,* 關俊彦 譯, 1988,《考古學への招待》, 雄山閣, 東京.

Diamond, J., 1993, *The Third Chimpanzee,* 김정흠 역, 2015,《제3의 침팬지》, 문학사상.

Diamond, J., 1997, *Guns, Germs, and Steel,* Brockman, Inc., 김진준 역, 1998,《총, 균, 쇠》, 문학사상.

Diamond, J., 2014, *Comparing Human Societies,* 강주헌 역, 2016,《재레드 다이아몬드의 나와 세계: 인류의 내일에 관한 중대한 질문》, 김영사.

Dubos, R., 1865, *Man Adapting,* 木原弘 譯, 1970,《人間と適應》, みすず書房, 東京.

Febvre, L., 1922, *La terre et l'évolution humaine, Introduction géograpique à l'histoire,* 飯塚 浩二 · 田辺裕 譯, 1972,《大地と人類の進化》, 岩波書店, 東京.

Gershevitc, I., 1985, *The Cambridge History of Iran, Volume 2,* Cambridge University Press, Cambridge.

Gourou, P., 1948, La civiisation du végétal, *Indonesië,* 1, 385~396.

Gourou, P., 1966, *Pour une géographie humaine,* Finisterra, Paris.

Gourou, P., 1973, *Pour une géographie humaine,* Flammarion, Paris.

Hägerstrand, T., 1967, *Innovation Diffusion as a Spatial Process,* Pred, A.,(Trans.),University of Chicago Press, Chicago.

Harari, Y.N., 2014, *Sapiens: A Brief History of Mankind,* 조현욱 역, 2015,《사피엔스》, 김영사.

Hughes, J.D., 1975, *Ecology in Ancient Civilization,* 표정훈 역, 1998,《고대문명의 환경사》, 사이언스북스.

Huntington, E., 1915, *Civilization and Climate,* 間崎万里 譯, 1938,《氣候と文明》, 岩波書店, 東京.

Huntington, S.P., 1996, *The Clash of Civilization and the Remaking of World Order,* 이희재역, 1997,《문명의 충돌》, 김영사.

Jacobs, J., 1969, *Economy of Cities,* Random House, New York.

Johson, G.A., 1975, Locational Analysis and the Investigation of Uruk Local ExchangeSystems, in Sabloff, J.A. and Lamberg-Karlovsky(ed.), *Ancient Civilization and Trade,* University of New Mexico Press, Albuquerque.

Lacoste, Y.(trans.), 1981, *Ibn Khaldun,* Verso, London.

Mahan, A.T., 1890, *The Influence of Sea Power upon History, Little,* Brown and Company, Boston.

Mallowan, M.E.L., 1966, Nimrud and Its Remains, *Archaeological Journal,* 123(1), 223~224.

Marsh, G.P., 1965, *Man and Nature: or Physical geography as modified human action,* 홍금수 역, 2008,《인간과 자연》, 한길사.

Marshall, T., 2015, *Prisoners of Geography: Ten Maps That Tell You Everything You Need To Know About Global Politics,* 김미선 역, 2016,《지리의 힘》, 사이.

Mill, J.S., 1834, Civilization: Signs of the Times, Levine, G.(ed.), 1967, *The Emergence of Victorian Consciousness,* Free Press, New York.

Mill, J.S., 1859, *On Liberty,* John W. Parker and Son, London.

Morgan, L.H., 1877, *Ancient Society,* 青山道夫 譯, 1958,《古代社會》, 岩波書店, 東京.

Müller, M., 1998, *Das Zusammenenleben der Kulturen,* 이영희 역, 1999,《문명의 공존》, 푸른숲.

Mumford, L., 1984, *The City in History,* 김영기 역, 1990,《역사 속의 도시》, 명보문화사.

Murdock, G.P., 1964, Cultural correlates of the regulation of premartial sex behavior, in Robert, A.M.(ed.), *Processes and Patterns in Culture: Essays in Honor of Julian H. Steward,* 399~410, Aldine, Chicago.

Perry, W.J., 1924, *The Growth of Civilization,* Methuen & Company, London.

Perry, W.J., 1937, *The Growth of Civilization,* Harmondsworth, Middlesex, England.

Rashevsky, N., 1968, *Looking at History through Mathematics,* MIT Press, New York.

Ratzel, F., 1896, *The History of Mankind,* MacMillan and Co., Ltd., New York.

Redman, C.L., 1978, *The Rise of Civilization,* 최몽룡 역, 1995,《문명의 발생》, 민음사.

Rihll, T.E. and Wilson, A.G., 1992, Modelling Settlement Structures in Ancient Greece: New Approaches to Polis, in Rich, J. and Wallace-Hadrill, A.(eds.), *City and Country in the Ancient World,* Routledge, London, 59~96.

Roberts, J.M., 1998, *Eastern Asia and Classical Greece,* 櫻井萬里子 譯, 2003,《世界の歷史:古代ギリシアとアジアの文明》, 創元社, 東京.

Rousseau, J.J., 1762, *Du Contract Social,* 김성은 역, 2016,《사회계약론》, 생각정거장.

Semple, E.C., 1922, The Influence of Geographic Conditions Upon Ancient Mediterranean Stock-Raising, *Annals of the Association of American Geographers,* 12, Issue 1.

Sion, J., 1909, *Les paysans de la Normandie orientale,* A. Colin, Paris.

Sjoberg, G., 1973, The origin and evolution of cities, *Cities: Their Origin, Growth and Human Impact,* W. H. Freeman and Co., San Francisco.

Smith, P.E.L., 1976, *Food Production and Its Consequences,* 戶澤充則 · 河合信和 譯, 1986,《農耕の起源と人類の歷史》, 有斐閣, 東京.

Spengler, O., 1918, *Der Untergang des Abendlandes: Umrisse einer Morphologie der Weltgeschichte,* 박광순 역, 1995,《서구의 몰락》, 범우사.

Taylor, E.B., 1884, Definition of Culture Session 2, *Popular Science Monthly, 26,* Wikimedea Commons, 145.

Toynbee, A.J., 1957, *A Study of History,* 홍사중 역, 2007,《역사의 연구》, 동서문화사.

Ullman, E.L.(1980), *Geography as Spatial Interaction,* University of Washington Press, Seattle.

Vidal de la Blache, P., 1922, *Principles de Géographie Humaine,* 飯塚浩二 譯, 1940,《人文地理學原理》, 岩波書店, 東京.

Wallerstein, I.M., 1974, *Geopolitics and Geoculture: Essays on the Changing World-System,* Cambridge University Press, New York.

Wenke, R.J. and Olszewski, D.I., 2006, *Patterns in Prehistory: Humankind's First Three Million Years,* Oxford University Press, Oxford.

Zhang, D. *et al.*, 2007, Global climate change, war and population decline in recent human history, *PNAS,* 104(49), 19214~19219.

제2장

남영우 · 곽수정, 2010, 〈이슬람 중세도시 페스의 도시경관 형성과정〉, 한국도시지리학회지, 13(2), 73~87.

남영우 · 곽수정, 2011, 〈고대도시 장안성의 입지적 의미와 도시구조〉, 한국도시지리학회지, 14(1), 1~17.

남영우, 2012, 〈Ibn Khaldun의《역사서설》에 나타난 도시문명의 성쇠〉, 한국도시지리학회지, 15(1), 163~175.

남영우 · 김부성, 2013, 〈요르단 마다바 모자이크 지도의 지도학적 의미〉, 한국지도학회지, 13(2), 1~10.

이병주, 2006,《산하》, 한길사.

堀口松城, 2005,《レバノンの歴史: フェニキア人の時代からハリーリ暗殺まで》, 明石書店, 東京.

藤岡謙二郎 編, 1983,《考古地理學: 古代都市》, 學生社, 東京.

松本健, 1996,《文明と環境》, 朝倉書店, 東京.

余秋雨, 1999, 千年一嘆, 유소영 · 심규호 역, 2001,《세계문명기행》, 미래M&B.

村山磐, 1990,《聖地の地理》, 古今書院, 東京.

Adam, J-P., 1999, *Roman building: materials and techniques,* Routledge, London.

Adams, R.M., 1981, *Heartland of Cities: Surveys of Ancient Settlement and Land Use on the Central Floodplain of the Euphrates,* The University of Chicago Press, Chicago.

Aretas, I., 2009, Petra: History, Myth, and Earthquakes, Stanford School of Earth, *Energy & Environmental Sciences,* 23, 2~3.

Bahn, P.(ed.), 2001, *The Archeology Detectives,* The Ivy Press, East Succex, England.

Benjamin, R.F. and Karen, P.F., 2009, *Civilization of Ancient Iraq,* Princeton University Press, Princeton.

Blackman, A.C., 1981, *The Luck of Nineveh,* 안경숙 역,《니네베 발굴기》, 대원사.

Brune, S.D., Hays-Mitchell, M. and Zeigler, D.J.(eds.), 2008, *Cities of the World: World Regional Development,* 한국도시지리학회 역, 2013,《세계의 도시》, 푸른길.

Budge, E.A.W., 1920, *By Nile and Tigris: A Narrative of Journeys in Egypt and Mesopotamia on Behalf of the British Museum Between the Years 1886 and 1913.* 2 vols. John Murray, London,

Butzer, K.W., 1965, *Conditions in Eastern Europe, Western Asia and Egypt Physical before the Period of Agricultural and Urban Settlement,* Cambridge Ancient History, Revised Edition of Volumes Ⅰ&Ⅱ, Cambridge University Press, Cambridge.

Callaway, J.A., 1979, Dame Kathleen Kenyon, 1906-1978, *The Biblical Archaeologist,* 42(2), 122~125.

Cook, A.B., 1914, *Zeus: A Study in Ancient Religion, Vol. I: Zeus God of the Bright Sky,* Cambridge University Press, Cambridge.

Daly, O.E., 2005. *Egyptology: the missing millennium, ancient Egypt in medieval Arabic writings.* UCL, London.

Diamond, J., 1993, *The Third Chimpanzee,* 김정흠 역, 2015,《제3의 침팬지》, 문학사상.

Dunand, M., 1940, Fouilles de Byblos, *Syria,* 21(3), 338~342.

Fischer, G., 1989, *Jahwe unser Gott: Sprache, Aufbau, und Erzaehltechnik in der Berufung des Mose(EX3-4)*, Freiburg, Switzerland.

Gibbon, E., 1776, *History Of The Decline And Fall Of The Roman Empire*, 한은미 역, 2010,《로마제국 쇠망사》, 북프렌즈.

Gulam, H,D.J., 2007. A brief primer on Good Samaritan Law for health care professionals. *Australian Health Review*, 31(3), 478~482.

Hansen, M.H.(ed.), 2000, *A Comparative Study of Thirty City-state Cultures: an investigation*, Kgl. Danske Videnskabernes Selskab, Copenhagen.

Harwood, J., 2006, *To the End of the Earth: 100 Maps that Changed the World*, 이상일 역, 2014,《지구 끝까지: 세상을 바꾼 100장의 지도》, 푸른길.

Herodotus, B.C. 440, *Historiai*, Grene, D.(trans.), 1987, *The History*, 박광순 역, 1996,《역사》, 범우사.

Hughes, D.J., 1975, *Ecology in Ancient Civilizations*, 표정훈 역, 1998,《고대 문명의 환경사》, 사이언스북스.

Hyams, E., 1952, *Soil and Civilization*, Thames and Hudson, London.

Hyatt, J.P., 1971, *Commentary on Exodus*, Oliphants, London.

Jean-Pierre, T. ,2005, *Je m'appelle Byblos*, H & D, Paris.

Jessup, S., 1881, *Ba'albek, Picturesque Palestine, Sinai, and Egypt, Div. II, D.*, Appleton & Co., New York, illustrated by Henry Fenn & J.D. Woodward, 453~476.

Jidejian, N., 1975, *Baalbek: Heliopolis: City of the Sun*, Dar el-Machreq Publishers, Beirut.

Killebrew, A.E., 2005. *Biblical Peoples and Ethnicity: An Archaeological Study of Egyptians, Canaanites, Philistines and Early Israel 1300~1100 B.C.* Society of Biblical Literature, New York.

Kramer, S.N., 1959, *History Begins at Sumer: Thirty-Nine Firsts in Man's Recorded History*, University of Pennsylvania Press, Philadelphia, PA.

Kramer, S.N., 1988, *In the World of Sumer, An Autobiography*, Wayne State University Press, Detroit, MI.

Lambert, W.G., 1960, *Babylonian Wisdom Literature*, Oxford, London.

Layard, A.H., 1849a, *Nineveh and Its Remains*, John Murray, London.

Layard, A.H., 1849b, *The Monuments of Nineveh: From Drawings Made on the Spot,* John Murray, London.

Layard, A.H., 1853a, *Discoveries in the Ruins of Nineveh and Babylon,* John Murray, London.

Layard, A.H., 1853b, *A second series of the monuments of Nineveh,* John Murray, London.

Lacoste, Y.(trans.), 1981, *Ibn Khaldun,* Verso, London.

Mallowan, M.E.L., 1965, *Early Mesopotamia and Iran,* 杉勇 譯, 1974,《メソポタミアとイラン》, 凹版印刷株式會社, 大阪.

Mallowan, M.E.L., 1966, Nimrud and Its Remains, *Archaeological Journal,* 123(1), 223~224.

Mancini, J.G., 1951, *Prostitution et Proxénétisme,* 壽里茂 譯, 1990,《賣春の社會學》, 白水社, 東京.

McCall, H., 1990, *Mesopotamian Myths,* 임웅 역, 1999,《메소포타미아 신화》, 범우사.

Milton, J., 1667, *Paradise Lost,* 정성국 역, 1983,《실낙원》, 홍신문사.

Oates, J. and Oates, D., 2001, Nimrud: An Imperial City Revealed, *British School of Archaeology in Iraq,* 69, 1~4.

Oates, J., 2008, *Babylon,* Thames & Hudson, London.

Omraam, M.A., 1984, *L'Amour et la Sexualité,* 福井憲彦・松本雅弘 譯, 1989,《愛とセクシュアリテの歷史》, 新曜社. 東京.

Oppenheim, A.L., 1964, *Ancient Mesopotamia: Portrait of a Dead Civilization,* The University of Chicago Press, Chicago.

Piotrovsky, B.B., 1969, *The Ancient Civilization of Urartu,* Hogarth, J.(trans.), Cowles Book Company, New York.

Rosental, F., 1956, *THE MUQADDIMAH: An Introduction to History,* Pantheon Books, New York.

Rosental, F., 1958, *Ibn Khaldūn: The Muqaddimah, An Intriduction to History,* Bolligen Ser., Princeton.

Rowley, H.H., 2011, *Student's Bible Atlas,* Lutterworth Press, Cambridge, UK.

Russell, J.M., 1992, *Sennacherib's "Palace without Rival" at Nineveh,* University Of Chicago Press, Chicago.

Scott, M.L. and MacGinnis, J, 1990, Notes on Nineveh, *Iraq*, 52, 63~73.

Shavit, A., 2013, *My Promised Land: The Triumph and Tragedy of Israel*, 19 November, Random House Publishing Group.

Sjoberg, G., 1973, The Origin and Evolution of Cities, in Davis, K.(ed.), *Cities: Their Origin, Growth and Human Impact*, W.H. Freeman and Company, San Francisco, 19~27.

Stephanie, D., 2013, *The Mystery of the Hanging Garden of Babylon: an elusive world Wonder traced*, Oxford University Press, Oxford.

Taylor, J., 2001, *Petra and the Lost Kingdom of the Nabataeans*, I.B. Tauris & Co Ltd., London.

Temple, R., 2003, Papers Presented at the 49th Rencontre Assyriologique Internationale, Part One, *Winged Human-Headed Bulls of Nineveh: Genesis of an Iconographic Motif*, London.

Toynbee, A.J., 1970, *Cities on the Move*, 長谷川松治 譯, 1975,《爆發する都市》, 社會思想社, 東京.

Toynbee, A. and Ikeda, D., 1976, *Choose Life: A Dialouge*, 飜譯委員會 역, 1986, 《21世紀를 여는 對話》, 일조각.

Wooley, L., Sir, 1934, *Ur Excavations(II), The Royal Cemetery*, A Report on the Predynastic and Sargonid Graves Excavated Between 1926 and 1931. The Carnegie Foundation. Former Asian Lecturer for the Commonwealth Series, administered by the University Museum of Archaeology and Anthropology.

Yadin, Y., 1965, *Israel Exploration Journal*, 15, excavation report Masada.

Yadin, Y., 1966, *Masada: Herod's Fortress and the Zealots' Last Stand*. Weidenfeld and Nicolson, London.

Zettler, R., 2003, Reconstructing the World of Ancient Mesopotamia: Divided Beginnings and Holistic History, *Journal of the Economic and Social History of the Orient*, 46(1), 3~45.

제3장

남영우, 1999, 〈터키 아나톨리아의 선사취락 차탈휘위크〉, 한국도시지리학회지, 2(2), 47~59.

남영우, 2011, 인류 최초의 도시적 취락 차탈회위크, 《지리학자가 쓴 도시의 역사》, 푸른길, 13~61.

鈴木秀夫, 1988, 《超越者と風土》, 大明堂, 東京.

Adkins, L. and Adkins, R., 2000. *The Keys of Egypt: The Obsession to Decipher Egyptian Hieroglyphs,* Harper Collins Publishers, New York.

Balter, M., 1998, Why Settle Down? The Mistery of Communities, *Science,* 282(5393), 1442~1445.

Batterbury, S.P.J. and Warren, A., 2001. The African Sahel 25 years after the great drought: assessing progress and moving towards new agendas and approaches, *Global Environmental Change,* 11(1), 1~96.

Breasted, J.H., 1909, *History of Egypt,* Charles Scribner's Sons, New York.

Breasted, J.H., 1916, *Ancient times, a history of the early world: an introduction to the study of ancient history and the career of early man,* Ginn and Company, Boston.

Carter, E., Matthew, W. and Stolper, M.W., 1984, *Elam: surveys of political history and archaeology,* University of California Press, Berkeley.

Carter, T., Poupeau, Bressy, G.,C. and Pearce, N.J.G., 2006, From chemistry to consumption: towards a history of obsidian use at Çatalhöyük through a programme of inter-laboratory trace-elemental characterization, in Hodder, I.(ed.), *Changing Materialities at Çatalhöyük: Reports from the 1995~1999 Seasons,* Cambridge.

Centre, UNESCO World Heritage, 2016, *Dholavira: A Harappan City—UNESCO World Heritage Centre,* whc.unesco.org. Retrieved 3 June.

Chataigner, C., Poidevin, J.L. and Arnaud, N.O., 1998, Turkish Occurrences of Obsidian and Use by Prehistoric Peoples in the Near East from 14.000 to 6.000BP, *Journal of Volcanology and Geothermal Research,* 85, 517~537.

Clay, A.T., 1924, The so-called Fertile Crescent and desert bay, *Journal of the American Oriental Society*. 44, 186~201.

Comelli, D. *et al.*, 2016, The meteoritic origin of Tutankhamun's iron dagger blade, *Meteoritics & Planetary Science*, 51(7), 1301~1309.

Contenau, G., 1954, *Everyday life in Babylon and Assyria*, Maxwell-Hyslop, K.R. & A.R.(trnas,), Arnold, London.

Cunningham, A. 1871. *The Ancient Geography of India, Vol. 1*, India Trübner and Co., London.

Davidson, B., 1974, Africa in Historical Perspective, *Africa: South of the Sahara 1974*, Europa Publications Limited, London.

Diamond, J., 1997, *Guns, Germs, and Steel*, 김진준 역, 1998,《총, 균, 쇠》, 문학사상.

Errington, E., 2002, Ancient Afghanistan through the Eyes of Charles Masson(1800-1853): The Masson Project at the British Museum, *IIAS Newsletter*, 27, 8~9.

Fevzi, V.G., 2010, *OBSIDIAN, TRADE AND SOCIETY IN THE CENTRAL ANATOLIAN NEOLITHIC*, Department of Archaeology and History of Art, Bilkent University, Ankara.

Gimbutas, M., 1956, The Prehistory of Eastern Europe. Part I: Mesolithic, Neolithic and Copper Age Cultures in Russia and the Baltic Area, *American School of Prehistoric Research*, Harvard University Bulletin No. 20, Peabody Museum, Cambridge, MA.

Gray, R.D. and Atkinson, Q.D., 2003, *The Indo-European Controversy: Fact and Fallacies in Historical Linguistics*, Cambridge University Press, Cambridge.

Hamblin, D.J. and Time-Life Books(ed.), 1973, *The First Cities*, Time-Life Books, New York.

Harlan, J.R., 1967, A Wild Wheat Harvest in Turkey, *Archeology*, 20, 197-201.

Herodotus, BC 440, *Historiai*, Grene, D.(trans.), 1987, The History, 박광순 역, 1996,《역사》, 범우사.

Hodder, I., 1997, *On the Surface: Çatalhöyük*, McDonald Institute for Archeological Research, Cambridge Univ. Press, Cambridge.

Hodder, I., 2004, Women and Men at Çatalhöyük, *Scientific American Magazine*, January(update V15:1, 2005).

Hodder, I., 2005, ÇATALHÖYÜK 2005 ARCHIVE REPORT, *Çatalhöyük Research Project*.

Hodder, I., 2008, Hitting the Jackpot at Çatalhöyük, *ÇATALHÖYÜK 2008 ARCHIVE REPORT*.

Hyams, E., 1952, *Soil and Civilization*, Thames and Hudson, London.

Isaac, E., 1970, *Geography of Domestication*, Pretice-Hall, Englewood Cliffs.

Jacobs, J., 1969, *Economy of Cities*, Random House, New York.

Jean-François, C., 2000, *ARABIA FELIX from the Time of the Qeen of Sheba: Eighth Century B.C. to First Century A.D.*, LaFarge, A.(trans.), 2002, University of Notre Dame, Notre Dame.

Kenoyer, J.M., 1997, Trade and Technology of the Indus Valley: New insights from Harappa Pakistan, *World Archaeology*, 29(2), 260~280.

Lamberg-Karlovsky, C.C., and Lamberg-Karlovsky, B.,, 1973, An Early City in Iran, in Davies, K.(ed.), *Cities: Their Origun, Growth and Human Impact*, W.H. Freeman and Company, San Francisco.

Lamberg-Karlovsky, C.C., 2001, *Excavations at Tepe Yahya, Iran, 1967~1975*, The third millennium, Cambridge, Mass.

Lawrence, T.E., 2016, *ARABIA FELIX: Bertram Thomas*, Amazon Digital Services LLC.

Mallory, J.P., 1989, *In Search of the Indo-Europeans: Language, Archaeology, and Myth*, Thames and Hudson, London.

McGovern, P. *et al.*, 2017, Early Neolithic wine of Georgia in the South Caucasus, *Proceedings of the National Academy of Sciences of the United States of America*, 114(48), 309-318.(www.pnas.org/lookup/suppl/ doi:10.1073/pnas.1714728114/-/DCSupplemental)

Meece, S., 2006, A bird's eye view—of a leopard's spots: The Çatalhüyük 'map' and the development of cartographic representation in prehistory, *Anatolian Studies*, 56, 1~16.

Mellaart, J., 1964, Excavations at Çatal Hüyük, third preliminary report,

Anatolian Studies, 14, 39~120.

Mellaart, J. A., 1967, *Çatal Hüyük:: A Neolithic Town in Anatolia,* McGraw-Hill, New York.

Morris, A.E.J., 1979, *History of Urban Form,* John Wiley & Sons, New York.

Mutin, B. and Lamberg Karlovsky, C.C., 2014, *The Proto-Elamite Settlement and Its Neighbors: Tepe Yaya Period IVC,* Oxbow Books.

Nietzsche, F.W., 1883, *Thus Spoke Zarathustra,* 장희창 역, 2012,《자라투스트라는 이렇게 말했다》, 민음사.

Oliver, R., 1999, *The African Experience,* 배기동 · 유종현 역, 2001,《아프리카: 500만 년의 역사와 문화》, 여강출판사.

Öztürk, Ö., 2005, *Karadeniz: ansiklopedik sözlük,* Heyamola Yayinlari, Türkçe.

Pliny the Elder, 77-79, *Naturalis Historia,* 中野定雄 · 中野里美 · 中野美代 訳, 2012,《プリニウスの博物誌》, 雄山閣出版, 東京.

Roberts, J.M., 1998, *Eastern Asia and Classical Greece,* 櫻井萬里子 譯, 2003,《世界の歷史: 古代ギリシアとアジアの文明》, 創元社, 東京.

Roberts, B.W. and Vander-Linden, M.(ed.), 2011, *Investigating Archaeological Cultures: Material Culture, Variability, and Transmission,* Springer Science & Business Media.

Santon, K., 2007, *Archaeology,* Parragon Books Ltd, London.

Sennett, R., 1996, *Flesh and Stone: the Body and the City in Western Civilization,* W. W. Norton & Company, New York.

Thomas, B., 1932, *ARABIA FELIX: Across the "Empty Quarter" of Arabia,* Gyan Books Pvt. Ltd. Delhi.

Thompson, E.A., 1948, *A History of Attila and the Huns,* 木村伸義 訳, 1999,《フン族: 謎の古代帝国の興亡史》, 法政大学出版局, 東京.

Ülkekul, C., 1999, *8200 Yillik Bir Harita: Çatalhüyük Şehir Plan/ An 8,200 Year Old Map—The Town Plan of Çatalhüyük,* Istanbul.

Van Beek, G.W., 1973, The Rise and Fall of Alabia Felix, in K. Davies(ed.), *Cities: their origin, growth and human impact,* W.H. Freeman and Company, San Francisco, 38~48.

Vansina, J., 1995, New linguistic evidence on the expansion of Bantu, *Journal of African History,* 36, 173~195.

Vladislav, A., 1974, Some Notes on the Typological Affinity Between Hattian and North-West Caucasian Languages. *Internationale Tagung der Keilschriftforscher der sozialistischen Länder,* Budapest, 23~25.

Walter, M.H., 2001, *The Sanskrit language: an introductory grammar and reader,* Curzon Press, Richmond Surrey.

Wertime, T.A. and Muhly, J.D.(eds.), 1980, *The Coming of the Age of Iron,* Yale University Press, New Haven.

Wheeler, M., 1966, *Civilization of the Indus Valley and Beyond,* Thames and Hudson, Cambridge.

Wiseman, D.J., 1964, Fragments of Historical Texts from Nimrud, *Iraq,* 26(2), 118~124.

Wiseman, D.J., 1968, The Nabu Temple Texts from Nimrud, *Journal of Near Eastern Studies,* 27(3), 248~250.

Wilkinson, T., 2016, *ARABIA FELIX: An Exploration of the Archaological History of Yemen,* Stacey International, London.

제4장

마르코 폴로, 김호동 역, 2015,《동방견문록》, 사계절.

헤로도토스, 박광순 역, 1996,《역사 Historiai》, 범우사.

장 자크 루소, 김중현 역, 2007,《학문과 예술에 대하여》, 한길사.

Aeschylus, BC 472, *Persai,* 천병희 역, 2008,《아이스퀼로스 비극 전집》, 도서출판 숲.

Braudel, F., 1996, *The Mediterranean and the Mediterranean World in the Age of Philip II,* 강주현 역, 2012,《지중해의 기억》, 한길사.

CARTA, 2013, *Atlas of the Bible,* The Israel Map and Publishing Co., Jerusalem, Israel.

Cartledge, P., 2002. *Sparta and Lakonia: A Regional History 1300 to 362 B.C..* Routledge, Oxford.

Cartledge, P., 2009, *Ancient Greece: A History in Eleven Cieties,* 新井雅代 譯, 2011,《古代ギリシア11の都市が語る歴史》, 白水社, 東京.

Derrida, J., 1993, *Khora*, 守中高明 訳, 2004,《コーラ: プラトンの場》, 未来社, 東京.

Diamond, J., 1993, *The Third Chimpanzee*, 김정흠 역, 2015,《제3의 침팬지》, 문학사상.

Diamond, J., 2005, *Collapse: How Societies Choose to Fail or Succeed*, 강주헌 역, 2005,《문명의 붕괴》, 김영사.

Hansen, E.V., 1971, *The Attalids of Pergamon. Ithaca*, Cornell University Press, New York.

Hehn, V., 1885, *The Wanderings of Plants and Animals: From Their First Home*, Swan Sinnenschein and Co., London.

Herodotus, BC 440, *Historiai*, Grene, D.(trans.), 1987, The History, 박광순 역, 1996,《역사》, 범우사.

Jean-Baptiste, D., 1964, *L'idée d'Europe dans l'histoire*, 이규현 · 이용재 역, 2003,《유럽의탄생》, 지식의풍경.

Kasper, R. and Schwarzrock, G. 2002, *Putzger Atlas und Chronik zur Weltgeschichte Wissenschaftl.* Buchges, Berlin.

Kazantsakis, N., 1946, *Víos kai Politía tou Aléxi Zormpá*, 이윤기 역,《그리스 인 조르바》, 열린책들.

Kazantsakis, N., 1950, *O Kapetán Mikhális*, 박영범 역, 1980,《자유냐 죽음이냐》, 청사.

Kosmetatou, E., 2003, The Attalids of Pergamon, in Andrew, E.(ed.), *A Companion to the Hellenistic World*. Blackwell, Oxford, 159~174.

Kostof, S., 1991, *The City Shaped: Urban Patterns and Meanings Through History*, 양윤재 역, 2009,《역사로 본 도시의 모습》, (주)공간사.

Lin, Y.(林語堂), 1936, *My Country and My People*, William Heinemann Ltd., London.

Mylonas, G.E., 1966, *Mycenae and the Mycenaean Age*, Princeton University Press, Princeton, NJ.

Papadopoulos, J.K. 1997, Knossos, in Delatorre, M., 1995, *The conservation of archaeological sites in the Mediterranean region: an international conference*, organized by the Getty Conservation Institute and the Paul Getty Museum, Los Angeles, 6~12.

Ratzel, F., 1896, *The History of Mankind*, MacMillan and Co., Ltd., New York.

Roberts, J.M., 1998, *Eastern Asia and Classical Greece*, 櫻井萬里子 譯, 2003, 《世界の歷史: 古代ギリシアとアジアの文明》, 創元社, 東京.

Semple, E.C., 1911, *Influences of Geographic Environment, on the Basis of Ratzel's System of Anthropo-Geography*, H. Holt & Co., New York.

Side, E.W., 1978, *Orientalism*, Vintage Books, New York.

The Hellenic Ministrynof Culture and Sports, 2016, *A Journey to the Land of Immortals:Treasures of Ancient Greece*, The Japanese Organizers, 朝日新聞社 外, 東京.

Walter, B., 2007, *Babylon, Memphis, Persepolis: Eastern Contexts of Greek Culture*, 남경태 역, 2008,《그리스문명의 오리엔트 전통》, 사계절.

White, W.L., 1997, *The Incestuous Workplace Stress and Distress in the Organizational Family*, Center City, Hazelden, Minn.

제5장

남영우, 2003, 〈이탈리아 고대도시 폼페이의 도시구조〉, 한국도시지리학회지, 6(2), 9~29.

남영우, 2011, 시간이 멈춰진 폼페이,《지리학자가 쓴 도시의 역사》, 푸른길, 63~98.

남영우, 2012, 〈Ibn Khaldun의《역사서설》에 나타난 도시문명의 성쇠〉, 한국도시지리학회지, 15(1), 163~175.

배은숙, 2013,《로마 검투사의 일생》, 글항아리.

Alexandria, A., 2013, *History of the Arians*, Routledge, London.

Bakan, D., 1990, *Sigmund Freud and the Jewish Mystical Tradition*, Free Association Books, London.

Benefiel, R.R., 2016, The Culture of Writing Graffiti within Domestic Spaces at Pompeii, *in Inscriptions in the Private Sphere in the Greco-Roman World*, Brill, 80~110.

Gibbon, E., 1776, *History Of The Decline And Fall Of The Roman Empire*, 한은미 역, 2010,《로마제국 쇠망사》, 북프렌즈.

Gilfilan, S. C., 1965, Lead Poisoning and the Fall of Rome, *Journal of Occupational Medicine*, 7(2), 53~60.

Hodge, A.T., 2001, *Roman Aqueducts and Water Supply*, Duckworth, London.

Hughes, J.D., 1975, *Ecology in Ancient Civilization*, 표정훈 역, 1998,《고대문명의 환경사》, 사이언스북스.

Huntington, E., 1915, *Civilization and Climate*, 間崎万里 譯, 1938,《氣候と文明》, 岩波書店, 東京.

Richard, R., 2014, *Barbarians*, Arktos Medea Ltd., London.

Roberts, J.M., 1998, *Rome and The Classical West*, 本村凌二 譯, 2003,《世界の歷史: 古代ローマとギリスト教》, 創元社, 東京.

Robinson, D.J., 1997, The Social Texture of Pompeii, in S. E. Bon and R. Jones(eds.) *Sequence and Space in Pompeii*, Oxbow Monograph 77, Oxford, 135~144.

Sennett, R., 1996, *Flesh and Stone: the Body and the City in Western Civilization*, W. W. Norton & Company, New York.

Scarre, C. *et al.*(eds.), 2003, *Past Worlds: Collins Atlas of Archeology*, Times Books, Slovenia.

Snow, J., 1965, *Snow on Cholera*, Being a Print of Two Papers by John Snow, New York.

Wells, H.G., 1916, The White Man's Burthen, *What Is Coming?: A Forecast of Things after the War*, Cassell, London.

제6장

김부성 · 남영우, 2012, 〈플랑드르 지방의 중세도시 브뤼헤의 기원과 성쇠〉, 한국도시지리학회지, 15(2), 1~22.

김상근, 2012,《천재들의 도시 피렌체》, 21세기북스.

남영우, 2008, 〈크로아티아의 성곽도시 두브로브니크의 盛衰〉, 한국도시지리학회지, 11(2), 1~12

남영우, 2011a, 지상낙원 두브로브니크,《지리학자가 쓴 도시의 역사》, 푸른길, 235~265.

남영우, 2011b,물의 도시 베네치아의 게토,《지리학자가 쓴 도시의 역사》, 푸른길, 201~232.

남영우, 2012, 세계의 성곽경관과 한국 성곽의 유형 비교,《한국과 국제성곽건축 비교연구》, 남한산성 국제학술 심포지엄, 207~235.

손세관, 2007,《베네치아: 동서가 공존하는 바다의 도시》, 열화당.

鈴木秀夫, 1980,《森林の思考 · 砂漠の思考》, NHKブックス, 東京.

鈴木秀夫, 1990,《風土の構造》, 講談社, 東京.

別技篤彦, 1989,《世界の風土と民族文化》, 帝國書院, 東京.

Albin, P., 2004, A survey of the past earthquakes in the Eastern Adriatic(14th to early 19th century), *Annals of Geoghysics,* 47, 675~703.

Batuta, I., 1353, *Riḥlah,* 정수일 역, 2001,《이븐 바투타 여행기 1》, 창비.

Boccaccio, G., 1492, *Decameron,* 박상진 역, 2014,《데카메론 1》, 민음사.

Diamond, J., 1997, *Guns, Germs, and Steel,* 김진준 역, 1998,《총, 균, 쇠》, 문학사상.

Ennen, E., 1987, *Die europäische Stadt des Mittelalters,* 안상준 역, 1997,《도시로 본 중세유럽》, 한울아카데미.

Foa, A. 1990, The New and the Old: The Spread of Syphilis, 1494-1530. in Muir, E. and Ruggiero, G.(eds.), *Sex and Gender in Historical Perspective,* 29-34. Johns Hopkins University Press, Baltimore.

Girouard, M., 1987, *Die Stadt,* Campus Verlag, Frankfurt am Maim.

Horowitz, E., 1988, Coffee, Coffeehouses, and the Nocturnal Rituals of Early Modern Jewry, *Association for Jewish Studies,* 14, 17~46.

Lacoste, Y.(trans.), 1981, *Ibn Khaldun,* Verso, London.

Leguay, J-P, 1984, *La rue au Moyen Age,* Rennes, Paris.

Masson, G. (tra.), 1975, *Courtesans of the Italian Renaissance,* Martin's Press, New York.

Morgan, D.O., 1991, *Mogols,* 권용철 역, 2012,《몽골족의 역사》, 모노그래프.

Muratori, S. 1960. *Studi per una Operante Storia Urbana di Venezia,* Istituto Poligrafico dello Stato, Roma.

Ottersbach, C., 2012, Fortress Building in Europe and Eastern Asia 1500-1800, *The Namhansanseong, Study Series,* 3, 52~99.

Pirenne, H. 1946. *Medieval Cities,* Princeton University Press, Princeton.

Pullan, B.S., 1971, *Rich and Poor in Renaissance Venice,* Basil Blackwel, Oxford.

Sagan, C., 1977, *The Dragons of Eden,* 임지원 역, 2014,《에덴의 용》, 사이언스북스.

Selzer, S., 2010, *Die mittelalterliche Hanse,* WBG, Darmstadt.

Shakespeare, W., 1600, *The Merchant of Venice,* 최종철 역, 2010,《베니스의 상인》, 민음사.

Tschanz, D,W., 2007, *Saudi Aramco World: History's Hinge Ain Jalut,* Aramco World, 58(4), archive.

Verhulst, A,, 1999, *The Rise of Cities in North-West Europe,* Cambridge University Press, Cambridge.

Von Richthofen, F., 1877-1912, *China, Ergebnisse eigener Reisen(5 Bände mit Atlas)*, 海老原正雄 訳, 1943,《支那旅行日記》, 慶応書房, 東京.

Waldseemüller, M., 1507, *Cosmographiae Introductio,* 長南実 訳, 1965,《新世界》, 岩波書店, 東京.

Ward, D., 1971, *Cities and Immigrants,* Oxford University Press, New York.

Willemyns, R., 2002, The Duch-French Language Border in Belgium, *Journal of Multilingual and Multicultural Development,* 23, 36~49.

Yungman, L. 2014,, Food, *in Muhammad in History, Thought, and Culture: An Encyclopediaof the Prophet of God,* Fitzpatrick, C. and Walker, A.(ed.) 2016, ABC-CLIO, Santa Barbara, CA.

제7장

남영우, 2011, 서구 도시문명의 특징 이해하기,《지리학자가 쓴 도시의 역사》, 푸른길, 305~350.

남영우, 2016, 〈하야시 시헤이의 생애와 업적: 삼국통람도설과 부도의 독도를 중심으로〉, 영토해양연구, 11, 118~157.

남영우, 2011, 로마와 다른 세계도시 장안성,《지리학자가 쓴 도시의 역사》, 푸른길, 168~197.

남영우 · 곽수정, 2011, 〈고대도시 장안성의 입지적 의미와 도시구조〉, 한국도시지리학회지, 14(1), 1~17.

남영우 · 최재헌 · 손승호, 2016,《세계화시대의 도시와 국토》, 법문사.

박영흠, 2011,《세계사를 움직인 100대 사건》, 청아출판사.

안성찬, 2011, 루소, 문명 비판에 일생을 바치다,《문명 밖으로》, 한길사, 189~214.

장 자크 루소, 김중현 역, 2007,《학문과 예술에 대하여》, 한길사.

林子平, 1786,《三國通覽圖說》, 須原屋, 江戶.

別技篤彦, 1989,《世界の風土と民族文化》, 帝國書院, 東京.

野澤秀樹, 1999,〈地理学発展の鏡としての地理学雑誌〉, 地學雜誌, 東京地学協会, 108(6), 663~672.

田淵安一, 1979,《西歐の素肌 ヨーロッパのこころ》, 新潮社, 東京.

Barry, C., 2002. *The Extraordinary Voyage of Pytheas the Greek: The Man Who Discovered Britain,* (Revised ed.), Penguin Books, New York.

Dawkins, R., 2006, *The God delusion,* 이한음 역, 2007,《만들어진 신》, 김영사.

Defoe, D., 1719, *The Life and Strange Surprising Adventures of Robinson Crusoe of York,* 김영선 역, 2007,《로빈슨 크루소》, 시공주니어.

Derrida J., 1993, *Khôra,* Galilée, Paris.

Diamond, J., 2014, *Comparing Human Societies,* 강주헌 역, 2016,《재레드 다이아몬드의 나와 세계: 인류의 내일에 관한 중대한 질문》, 김영사.

Erickson, E.J., 2003, *Defeat in Detail: The Ottoman Army in the Balkans, 1912–1913,* Greenwood Publishing, Westport, CT.

Frye, J. and Frye. H., 1985. *North to Thule: an imagined narrative of the famous lost sea voyage of Pytheas of Massalia in the fourth century B.C.,* Algonquin Books of Chapel Hill, Chapel Hill, NC.

Goethe, J.W. von, 1829, *Italienische Reise,* 홍성광 역, 2008,《이탈리아 기행 1, 2》, 웅진씽크빅.

Guizot, F.P.G., 1828, *The history of civilization in Europe,* 임승휘 역, 2014,《유럽 문명의 역사》, 아카넷.

Hall, B., 1818, *Account of a Voyage of Discovery to the West Coast of Corea and the Loo-Choo Island in the Japan Sea,* John Murray, London.

Harari, Y.N., 2014, *Sapiens: A Brief History of Mankind,* 조현욱 역, 2015,《사피엔스》, 김영사.

Hinnant, C.H., 1980, *Thomas Hobbes: A Reference Guide,* G. K. Hall & Co., Boston.

Hobbes, T., 1651, *Leviathan,* 진석용 역, 2017,《리바이어던》, 나남출판.

Klaproth, M.J., 1832, *San Kokf Tsou Ran To Sets,* Allen & Co., Paris.

Lock, J., 1689, *Two Treatises of Government,* Awnsham Churchill, London.

Mackinder, H.J., 1904, The Geographical Pivot of History, *The Geographical Society,* 23(4), 421~437.

Montesquieu, C.L.S., 1748, *Esprit des Lois,* 고봉만 역, 2006,《법의 정신》, 책세상.

More, T., 1516, *Utopia,* Logan, G.M. and Adams, R.M.(eds.) 1989, Cambridge University Press, Cambridge.

Newton, I., 1686, *Philosopiae Natulalis Principia Mathematica,* 조경철 역, 1999,《프린시피아》, 서해문집.

Roberts, J.M., 2003, *The Making of the Europeaqn Age,* 鈴木董 譯, 2003,《世界の歷史: 近代ヨーロッパ文明の成立》, 創元社, 東京.

Rousseau, J.J., 1762, *Du Contract Social,* 김성은 역, 2016,《사회계약론》, 생각정거장.

Said, E.W., 1978, *Orientalism,* Pantheon Books, New York.

Schivelbusch, W., 1990, *Das Paradies, der Geschmack und die Vernunft,* 이병련 · 한운석 역, 2000,《기호품의 역사》, 한마당.

Sennett, R., 1996, *Flesh and Stone: the Body and the City in Western Civilization,* W. W. Norton & Company, New York.

Skelton, R.A., 1958, *Explorer's Maps, Chapters in the Cartographic Record of Geographical Discovery,* 안재학 역, 1995,《탐험지도의 역사》, 새날.

Tacitus, P.C., 98, *Germania,* 천병희 역, 2012,《게르마니아》, 숲.

Weber, M., 1920, *Die protestantische Ethik und der "Geist" des Kapitalismus,* 김덕영 역, 2010,《프로테스탄트 윤리와 자본주의 정신》, 길.

Weber, M., 1958, *The City,* The Free Press, New York.

제8장

남영우, 2007, 〈메소아메리카 테오티우아칸의 기원과 성쇠〉, 한국도시지리학회지, 10(1), 1~13.

남영우, 2011, 신들의 장소 테오티우아칸,《지리학자가 쓴 도시의 역사》, 푸른길, 101~129.

남영우, 2015,《도시공간구조론》, 법문사.

이주영, 1995,《미국사》, 대한교과서주식회사.

司馬遷, 소준섭 역, 2016,《사마천 사기 56》, 현대지성.

犬養道子, 1966,《私のアメリカ》, 新潮社, 東京.

別技篤彦, 1989,《世界の風土と民族文化》, 帝國書院, 東京.

曾村保信, 1990,《地政學入門》, 中央公論社, 東京.

Aven, A. S. and Hartung, H., 1982, New Observations of the Pecked Cross Petroglyph, in Tichy, F.(ed.), *Space and Time in the Cosmovision of Mesoamerica,* 43rd International Congress of Americanists, Vancouver, 25~42.

Beadle, G., 1980, The Ancestry of Corn, *Scientific American,* 242(1), 112~119.

Berdan, F., 1982, *The Aztecs of Central Mexico: An Imperial Society. Case Studies in Cultural Anthropology,* Holt, Rinehart & Winston, New York.

Dawkins, R., 2006, *The God delusion,* 이한음 역, 2007,《만들어진 신》, 김영사.

De Tocqueville, A. 1835-1840, *Democracy in America,* 杉木謙三 訳, 1957,《アメリカの民主々義》, 朋文社, 東京.

Diamond, J., 1993, *The Third Chimpanzee,* 김정흠 역, 2015,《제3의 침팬지》, 문학사상.

Durán, F.D., 1994. *The History of the Indies of New Spain,* University of Oklahoma Press, Doris Heyden.

Excavation at Lubaantún 1970, *Antiquity,* 44(75), 216~223.

Galbraith, J.K., 1977, *The Age of Uncertainty,* 원창화 역, 2011,《불확실성의 시대》, 홍신문화사.

Golitko, M., and Feinman, G.M.. 2015, Procurement and distribution of Pre-Hispanic Mesoamerican obsidian 900 BC-AD 1520: a social network analysis, *Journal of Archaeological Method and Theory,* 22, 206~247.

Gottmann, J., 1961, *Megalopolis: The Urbanized Northeastern Seabord of the United States,* The M.I.T Press, Cambridge, MA.

Gourou, P., 1973, *Pour une géographie humaine,* Flammarion, Paris.

Harmond, N., 1973, The Planning of a Maya Ceremonial Center, in K. Davies(ed.), *Cities: their origin, growth and human impact,* W.H. Freeman and Company, San Francisco, 72~81.

Lea, H., 1911, *The Valor of Ignorance, Harper and Brothers: with specially prepared maps,* Harper & brothers, New York & London.

Lawrence, A., 1999, The Skyscraper Index: Faulty Towers, *Property Report,* Dresdner Kleinwort Waserstein Research.

Manzanilla, L. *et al.,* 1994, Caves and Geophysics: An Approximation to the Underworld of Teotihuacan, Mexico, *Archaeometery,* 36(1), 141~157.

Martin, S. and Nikolai G., 2000, *Chronicle of the Maya Kings and Queens: Deciphering the Dynasties of the Ancient Maya,* Thames & Hudson, London.

Menken, H.L., 2006, *Treatise on the Gods,* Johns Hopkins University Press, New York.

Miller, M.E., 1985, A Re-examination of the Mesoamerican Chacmool, The Art Bulletin, *College Art Association,* 67(1), 7~17.

Price, B., 1978, Secondary State Formation: An Explanatory Model, in R. Cohen and E. Service(eds.), *Origins of the State: The Anthropology of Political Evolution,* Institute for the Study of Human Issues, Philadelphia, 161~186.

Sandel. M.J., 2010, *JUSTICE: What's the right thing to do?,* 이창신 역, 2010, 《정의란 무엇인가》, 김영사.

Sanders, W. *et al.,* 1979, *The Basin of Mexico: Ecological Processes in the Evolution of a Civilization,* Academic Press, New York.

Scully, V., 1968, *Modern Architecture,* 조대성 역, 1984, 《현대건축론》, 기문당.

Sugiyama, S., 1992, Rulership, Warfare, and Human Sacrifice at the Ciudadela: An Iconographic Study of Feathered Serpent Representations, in J. Berlo(ed.), *Art, Ideology, and the City of Teotihuacan,* Dumbarton Oaks, Washington, D.C., 205~230.

Sugiyama, S., 1993, Worldview Materialized in Teotiuacan, Mexico, *Latin American Antiquity,* 4, 103~129.

Toynbee, A.J., 1957, *A Study of History,* 홍사중 역, 2007, 《역사의 연구》, 동서문화사.

Toynbee, A.J., 1970, *Cities on the Move,* 長谷川松治 譯, 1975, 《爆發する都市》, 社會思想社, 東京.

Tozzer, M.A., 1957, *Chichén Itzá and its Cenote of Sacrifice: A Comparative Study of Contemporaneous Maya and Toltec,* Memoirs 11-12,

Peabody Museum of Archeology and Ethnology, Havard University, Cambridge, MA.
Zelinsky, W., 1973, *Cultural Geography of the United States,* Prentice-Hall, Englewood Cliffs, N.J.

제9장

남영우, 2016, 〈하야시 시헤이의 생애와 업적: 삼국통람도설과 부도의 독도를 중심으로〉, 영토해양연구, 11, 118~157.
박지향, 2003,《일그러진 근대》, 푸른역사.
이성규 편역, 2007,《사마천 사기》, 서울대학교출판부.
이어령, 2015,《가위 바위 보 문명론》, 마로니에 북스.
吉田東伍, 1900-1907,《大日本地名辭書》, 富山房, 東京.
內村鑑三, 鈴木 範久 譯, 1995,《代表的日本人》, 岩波文庫, 東京.
渡辺京二, 1998,《逝きし世の面影》, 葦書房, 東京.
鈴木秀夫, 1988,《超越者と風土》, 大明堂, 東京.
木村正辭, 1875, 日本略史, 文部省, 東京.
法政大学大原社会問題研究所 編, 1965,《日本労働年鑑 特集版 太平洋戦争下の労働運動》, 労働旬報社, 東京.
福澤諭吉, 1875,《文明論之概略》, 福澤諭吉蔵版, 松沢弘陽 校注, 1995, 岩波書店, 東京.
山折哲雄 編, 2005,《環境と文明》, NTT出版, 東京.
余秋雨, 1999, 千年一嘆, 유소영 · 심규호 역, 2001,《세계문명기행》, 미래M&B.
小西四郎 編, 1985,《勝海舟のすべて》, 新人物往来社, 東京.
安田喜憲, 2004,《文明の環境史觀》, 中公叢書, 東京.
梁啓超, 1904, 朝鮮亡國史略, 최형욱 역, 2014,《조선의 망국을 기록하다》, 글항아리.
林子平, 1786,《三國通覽圖說》, 須原屋, 江戶.
矢津昌永, 1904,《韓國地理》, 丸善株式會社, 東京.
伊東俊太郎, 2002,《文明と自然: 對立から統合へ》, 刀水書房, 東京.
鄭也夫, 2015,《文明是副産物》, 오한나 역, 2018,《문명은 부산물이다》, 흐름출판.
河野收, 1981,《地政學入門》, 原書房, 東京.

Acemoglu, D. and Robinson, J.A., 2012, *Why nations fail: the origins of power, prosperity and poverty,* 최완규 역, 2012,《국가는 왜 실패하는가》, 시공사.

Aleni, G., 1623, *Zhifang waiji(職方外紀),* Wigal, D., 17century, Reproduction in Historic Maritime Maps.

Algarotti, F., 1739, *Viaggi di Russia,* LETTERE SULLA RUSSIA, QUESTO E-BOOK: http://www.e-text.it/

Baudrillard, J., 1981, *Simulacres et Simulation,* 하태환 역, 2001,《시뮬라시옹》, 민음사.

Bishop, I.B., 1897, *Korea and Her Neighbours,* 이인화 역, 1994,《한국과 그 이웃나라들》, 도서출판 살림.

Brown, L., 2005, エコ・エコノミー: 地球のための經濟を構築する, 山折哲雄 編, 《環境と文明》, NTT出版, 東京.

Descartes, R., 1637, *Discours de la Methode,* 이현복 역, 2016,《방법서설: 정신지도를 위한 규칙들》, 문예출판사.

Diamond, J., 2005, *Collapse: How Societies Choose to Fail or Succeed,* 강주헌 역, 2005,《문명의 붕괴》, 김영사.

Diamond, J., 1997, *Guns, Germs, and Steel,* 김진준 역, 1998,《총, 균, 쇠》, 문학사상.

Diamond, J., 2014, *Comparing Human Societies,* 강주헌 역, 2016,《재레드 다이아몬드의 나와 세계: 인류의 내일에 관한 중대한 질문》, 김영사.

Fairbank, J.K., 1992, *China: A New History,* Press of Harvard University Press, Cambridge, MA.

Glaeser, E., 2011, *Triumph of the City,* 이진원 역, 2011,《도시의 승리》, 해냄.

Gourou, P., 1984, *Riz et civilisation,* 김길훈 · 김건 역, 2010,《쌀과 문명》, 푸른길.

Harari, Y.N., 2014, *Sapiens: A Brief History of Mankind,* 조현욱 역, 2015,《사피엔스》, 김영사.

Harvey, D., 2015, *The Ways of the World,* 최병두 역,《데이비드 하비의 세계를 보는 눈》, 창비.

Haushofer, K., 1926, *Geopolitik des pazifischen Ozeans,* 日本青年外交協会研究部 訳, 1926,《太平洋地政学・地理歴史相互関係の研究》, 日本青年外交協会, 東京.

Hegel, G.W.F., 1830-1831, *Vorlesungen über die Philosophie der Geschichte,* 長谷川宏 訳, 1994,《歴史哲学講義(上・下)》, 岩波書店, 東京.

Huntington, S.P., 1996, *The Clash of Civilization and the Remaking of World Order,* 이희재 역, 1997,《문명의 충돌》, 김영사.

Jean-Baptiste, D., 1964, *L'idée d'Europe dans l'histoire,* 이규현 · 이용재 역, 2003,《유럽의탄생》, 지식의풍경.

Lévi-Strauss, C., 1955, *Tristes Tropiques,* 박옥줄 역, 1998,《슬픈 열대》, 한길사.

Mackinder, H.J., 1904, The Geographical Pivot of History, *The Geographical Society,* 23(4), 421~437.

Mackinder, H.J., 1996, *Democratic Ideals and Reality. A Study in the Politics of Reconstruction,* National Defense University Press, Washington, DC.

Marshall, T., 2015, *Prisoners of Geography: Ten Maps That Tell You Everything You Need To Know About Global Politics,* 김미선 역, 2016,《지리의 힘》, 사이.

Matteo Ricci, S.J., 1602, *Kunyu Wanguo Quantu(坤輿萬國全圖)*, Image Database of the Kano Collection, Tohoku University Library, Sendai.

Mattern, J., 1942, *Geopolitik: Doctrine of National Self-Sufficiency and Empire,* The Johns Hopkins Press, Baltimore.

Müller, H., 1998, *Das Zusammenenleben der Kulturen,* 이영희 역, 1999,《문명의 공존》, 푸른숲.

Ratzel, F., 1896, *The History of Mankind,* MacMillan and Co., Ltd., New York.

Saint-Exupery, A.M.R. de, 1943, *Le Petit Prince,* 김화영 역, 2007,《어린 왕자》, 문학동네.

Sandel. M.J., 2010, *JUSTICE: What's the right thing to do?*, 이창신 역, 2010,《정의란 무엇인가》, 김영사.

Schwab, K., 2016, *The Fourth Industrial Revolution,* 송경진 역, 2017,《클라우스 슈밥의 제4차 산업 혁명》, 새로운현재.

Scott, A.J., 2001, *Global City-Regions: Trends, Theory, Policy,* Oxford University Press, Oxford.

Spencer, H., 1857, *Progress: Its Laws and Cause,* Fitzgerald, New York.

Spengler, O., 1918, *Der Untergang des Abendlandes: Umrisse einer Morphologie der Weltgeschichte,* 박광순 역, 1995,《서구의 몰락》, 범우사.

Spykman, N.J., 1942, *America's Strategy in World Politics: The United States and the Balance of Power,* Harcourt, Brace and Company, New York.

Spykman, N.J., 1944, *The Geography of the Peace,* 奥山真司 訳, 2008,《平和の地政学: アメリカの大戦略の原点》, 芙蓉書房出版, 東京.

Tönnies, F., 1887, *Gemeinschaft und Gesellschaft,* Fues's Verag, Leipzig.

Toynbee, A.J., 1957, *A Study of History,* 홍사중 역, 2007,《역사의 연구》, 동서문화사.

Toynbee, A.J., 1970, *Cities on the Move,* 長谷川松治 譯, 1975,《爆發する都市》, 社會思想社, 東京.

Toynbee, A. and Ikeda, D., 1976, *Choose Life: A Dialouge,* 飜譯委員會, 1986,《21世紀를 여는 對話》, 일조각.

Von Ranke, L., 1880～1888, *Weltgeschichte,* 장병칠 역, 1976,《젊은이를 위한 世界史》, 삼성문화재단.

그림 자료 출처

그림 2-23	AP연합뉴스, 유투브
그림 3-3	http://www.catalhoyuk.com/site/west_mound
그림 3-4	http://www.catalhoyuk.com/site/west_mound
그림 3-5	Chataigner, Poidevin and Arnaud(1998), pp. 83~84를 수정
그림 3-7	Öztürk(2005), GNU Free Documentation Licensed를 참고
그림 3-11	이스탄불 고고학 박물관
그림 3-18	Saffy(2011)
그림 3-20	Centre, UNESCO World Heritage(2016)에서 발췌
그림 3-21	Van Beek(1973), p. 43
그림 3-22	Van Beek(1973), p. 42를 수정
그림 3-23	Santiago(2006)
그림 4-1	http://www.explorecrete.com/Knossos/knossos.html
그림 4-2	http://www.forumancientcoins.com/Articles/Mycenae/
그림 4-4	CARTA(2013), p. 8
그림 4-8	Kasper and Schwarzrock(2002), p. 62
그림 4-15	폼페이 박물관
그림 5-9	Scarre et al.(eds.), (2003)
그림 6-5	손세관(2007), p. 56
그림 6-11	Ottersbach(2012), pp. 52~99
그림 6-12	남영우(2008), p. 7
그림 6-15	Selzer(2010), p. 127의 것을 수정
그림 7-5	https://matome.naver.jp/odai/2140925536244870001/2

그림 7-6 Bibliothèque nationale de France
그림 8-3 Aven and Hartung(1982)의 것을 수정
그림 8-6 남영우(2011), p. 124
그림 8-7 www.latinamericanstudies.org
그림 8-8 Durán(1994) and Codex Magliabechiano, p. 141
그림 8-10 Dresden Codex 1915(2016), p. 62
그림 8-11 멕시코 국립 고고학 박물관
그림 8-12 Harmond(1973), p. 72
그림 9-3 Toynbee(1970), pp. 70~71

땅의 문명

1판 1쇄 2018년 10월 30일
1판 7쇄 2021년 7월 30일

지은이 남영우
펴낸이 임지현
펴낸곳 (주)문학사상
주소 경기도 파주시 회동길 363-8, 201호 (10881)
등록 1973년 3월 21일 제1-137호

전화 031)946-8503
팩스 031)955-9912
홈페이지 www.munsa.co.kr
이메일 munsa@munsa.co.kr

ISBN 978-89-7012-989-1 (03900)

이 도서의 국립중앙도서관 출판예정도서목록(CIP)은 서지정보유통지원시스템 홈페이지 (http://seoji.nl.go.kr)와 국가자료공동목록시스템(http://www.nl.go.kr/kolisnet)에서 이용하실 수 있습니다. (CIP제어번호 : CIP2018029097)

Civilization of the Land